深圳城市更新探索与实践

Exploration and Practice of Urban Regeneration in Shenzhen

深圳市城市规划设计研究院

司马晓 岳隽 杜雁 黄卫东　著

中国建筑工业出版社

图书在版编目（CIP）数据

深圳城市更新探索与实践 ／ 司马晓等著 ． — 北京：中国建筑工业出版社，2019.6（2021.2 重印）
ISBN 978−7−112−23576−6

Ⅰ．①深… Ⅱ．①司… Ⅲ．①城市建设−研究−深圳
Ⅳ．① F299.276.53

中国版本图书馆 CIP 数据核字（2019）第 063441 号

审图号：粤 S（2019）02−7 号

责任编辑：刘 丹 徐 冉
责任校对：李欣慰
设计：another design

深圳城市更新探索与实践

深圳市城市规划设计研究院 司马晓 岳隽 杜雁 黄卫东 著
＊
中国建筑工业出版社出版、发行（北京海淀三里河路9号）
各地新华书店、建筑书店经销
广州而纳则广告设计有限公司 制版
北京富诚彩色印刷有限公司 印刷
＊
开本：787×1092毫米 1/16 印张：33 ¾ 字数：544千字
2019年9月第一版 2021年2月第三次印刷
定价：**199.00**元
ISBN 978-7-112-23576-6
（33864）

编委会

序 一

现代城市规划伴随 19 世纪大规模的人口城市化和城市问题而发源于西方，从理想主义起步，面对解决"城市病"问题，经历了理性主义的丰富和完善，又随着"二战"后大规模的重建浪潮退去而逐渐转向广阔的社会科学领域。

今天的中国也走到了城镇化的历史拐点，快速的物质空间建设将逐渐让位于更整体的三生治理创新。这对我们规划学科是一次"大考"：如何应对社会经济发展的新需求，同时又避免核心理论的空心化和专业公信力的下降，以致陷入"规划无用论"的泥潭？我们是否有理由相信，中国有智慧和魄力开辟一条通向"和谐城市"的本土路径？

关于这一点，我总对深圳寄予特殊的期望和信心，它自诞生起就是务实改革和本土探索的先锋。从土地有偿使用制度改革到中国城市的第一条生态控制线，深圳积极探索城市土地资源与经济社会发展的良性关系，较早地走上了城市存量建设用地再开发的路子。城市规划和管理因此不得不协调城市人的空间欲望与自然、社会、时间三方面要素之间复杂的平衡关系。深圳需要有节制地应用和管理它有限的土地资源；需要在多元社会中建立开放协商与共同行动的机制，并围绕价值创造与利益分配发展出良性的社会关系；同样需要应对快速发展过程中空间需求的演变，处理长期与短期利益的矛盾。纵观深圳的城市更新发展历程，既取得了突出的成就，也遗留下许多难解的问题，但数十年间深圳几代管理者和规划师不懈探索的气魄无疑是令人敬佩的。

尽管我在上海的时间更多一些，但也像很多学者一样时常关注着深圳。值深圳市城市规划设计研究院三十而立之际，把在城市更新领域多年积攒的经验与思考集结成册，对于一个规划实践机构是难能可贵的。向纵深看，本书对于深圳城市更新的发展演进做了长程的追溯和梳理，对各阶段的政策与规划技术有深入的剖析；向截面看，本书呈现了深圳城市更新的全景面貌与完整的制度和技术框架。读者可以很欣慰地看到，当中国城市发展逐渐迈入存量时代，深圳已经在多元社会协同发展、空间支撑创新升级等前沿领域先行做了充分地探索。

2016年有幸参与联合国"人居三"大会（第三次联合国住房和城市可持续发展大会）起草《新城市议程》的工作，深感面向包容、面向创新是城市规划下一阶段的主要挑战，也是城市规划学科再次焕发活力的契机。"全人类的永续城市和住区"既是建设美好物质空间的议题，更是建设美好社会的议题。从这个意义上说，本书既是前三十年探索的总结，也是未来三十年探索的起点。

同济大学副校长
中国工程院院士
德国工程科学院院士
瑞典皇家工程科学院院士

序 二

城市更新与深圳

城市更新贯穿城市生长的全过程。一般意义的城市更新，是伴随着城市演进发展，人们对既有生产生活方式、条件、环境的持续改造和使之变得美好的过程。现代意义的城市更新，是欧美等城市化先行国家为应对城市发展而进行的探索，在两个方面展开：一个是第二次世界大战后，欧美国家一些大城市中心城区出现人口和工业向郊区转移的趋势，原来的城市中心区出现经济萧条、社会凋敝和环境恶化等现象，面对这一整体性的城市问题，在许多国家兴起了一场城市更新运动。另一个是20世纪六七十年代的美国，面对快速城市化后由于民族宗教、收入差异等社会矛盾造成的居住分化、社会冲突等问题，政府启动了由市场运作的、以清除贫民窟为目标的大规模城市更新运动。虽然目标是改善居住、整治环境和振兴经济，但引发的社会不公等问题很多，来自社会的严厉批评也很多，1980年代后就停止了。中国城市化发展滞后于欧美，但伴随改革开放的释能，坚持以经济建设为中心的发展大潮，中国经济和综合国力发生了历史巨变，中国城市化水平由改革开放前1978年的17.9%到2018年接近60%，已经进入了"城市中国"的历史新时代。这中间规模和影响远超欧美国家现代意义城市更新运动的"中国式城市更新"贡献巨大，特别典型的是发展速度和质量都堪称奇迹的经济特区——城市深圳，其"中国式城市更新"的"非典型性"贡献尤其值得总结。

深圳的历史可以分为两个大的阶段。第一阶段，从六千多年前发现人类活动，到两千多年前原住民——百越人的繁衍生息；从一千七百多年前东晋东官郡的县郡属地，到六百多年前的南头古城；从三百多年前客家人移民迁居，到改革开放前的逃港风潮。先民生存与自然演进的漫长博弈，朝代更迭和国家功能的消长蝶变，作为人类活动聚居地的深圳，人类建造活动绵延活跃，直到改革开放前香港对面那个经济落后、生活困难的边防重镇，一般意义的城市更新从未停止过。第二阶段，1979年中国改革开放，设立经济特区，开启了深圳现代城市的史诗里程。40年极速生长，深圳跨越了制度、时代的预设，超出了所有人的预期。深圳实现了一般城市通常百年、数百年才可能的发展积累，呈现出时间、空间的碾压式超强扩张，密度、规模的挤压式超高增长。伴随城市深圳发展全过程的"中国式城市更新"，全程顺应和助推了发展导向的"造城"和推倒重来的"造富"，全面见证和反映了城市生活的剧变和经济发展的奇迹。

40年城市深圳的沧桑巨变，是当代中国城市的典型代表，是当代中国的巨大成功。深圳既是现象级的个案，又具有重要的典型意义。科学总结、深度考查、客观梳理、透彻剖析这一城市个案，对深化认识、全面贯彻习近平总书记对深圳重要批示"朝着建设中国特色社会主义先行示范区的方向前行，努力创建社会主义现代化强国的城市范例"的目标使命意义重大，对进入"城市中国"新时代的现代化强国建设伟大事业意义重大。

40年城市深圳的沧桑巨变，"中国式城市更新"的"非典型性"贡献，是以经济建设为中心高速增长模式下的典型现象，其主要特点有三。第一，单一目标推动的建设更新循环。招商引资，项目带动，效率优先，资本拉动，快速建设，滚动更新。其"非典型性"表现为，建设与更新在时间上连贯交叉，在空间上同框同步。经济发展，目标导向，建设与更新都是硬道理。第二，强大需求驱动下的动力机制。政府推动，资本驱动，市场躁动，利益多动，各种发展需求，各种大干快上。第三，效率惯性拖行下的"难啃骨头"。按照市场经济三次分配理论，城市更新属于二次分配，公平原则下兼顾效率。而现实中仍然是效率优先、惯性使然，加之政策法律尚不健全，实际工作中利益纷扰，欲速不达，如鲠在喉。

40年城市深圳的沧桑巨变，改革开放，筚路蓝缕，才有今天超越梦想的举世瞩目。新时代新使命，新挑战新作为，勇立潮头，不忘初心，再造未来先锋城市的行稳致远。"中国式城市更新"新定位新要求，作为承载城市深圳高质量创新发展的重要战略选择和空间政策，其"非典型性"将在深圳完成转型升级，成为"城市中国"供给侧空间制度改革的"典型经验"，而且必将上升为惊艳世界的"深圳经典"。

第一，突出问题导向，通过城市更新破解城市发展的认知局限和资源短板。城市空间有限，土地资源稀缺，长期以来成为制约深圳发展、限制深圳城市想象力的短板和痛点。而现代城市发展理念是，城市发展不受地理空间和自然资源限制。特区城市、国家一线城市、超大型城市、国家经济中心城市、"深港双城"、城市群（粤港澳大湾区）、新型城镇化、世界城市网络等，40年发展深圳为自己创造了开放无限、想象力丰富的外部发展空间。而市域国土不足2000km²，开发比率近50%，不可能也不允许粗放使用、惯性拓展的方式继续下去了。深圳是中国城市快速发展中最早遭遇土地瓶颈、最早不依赖土地财政的城市；是经济社会快速发展变迁与城市规划、土地管理制度改革、实践探索最典型的城市。40年发展，城市可利用建设用地基本上全部面临再利用问题，土地市场效益基本上全部完成了一次分配，城市更新成为城市规划建设、土地使用的主导方式，这是典型的土地资源倒逼发展转型。而深圳从来善于变被动为主动，化挑战为机遇。建立"城市思维"，引领"城市时代"，改革导向，创新破局，超越土地认知，发现空间价值，做"城市中国"可持续空间发展模式的引领者和实践地，城市更新让未来深圳的可持续高质量发展具有无限的可能。

第二，和谐共享导向，通过城市更新促进社会治理公平公正。城市更新涉及面广，利益关系复杂，既是实体上的城市重建，更是公共政策层面的社会治理。深圳近50%的建设用地覆盖率主要由符合城市规划、法律关系清晰的建成区，不符合或不完全符合城市规划、法律关系清晰或待清晰的建成区两部分组成。前者规划建设质量普遍较好，但由于经济社会发展过快，规划调整和城市更新的需求一直存在，适应发展、依法可控是其特点。后者规划建设质量参差不齐，存在环境条件差、土地利用率低、公共安全问题多、社会治理不健全等问题。总体上建设和更新始终处于动态交互的过程，土地权属、利益关系的作用影响，相当程度上大过规划建设管控。两部分的共同点是，一次分配基本完成，土地权属全面覆盖，利益关系固化已经是深圳规划建设和国土管理的基本现实。服务发展，公平公正，公共利益优先，各方共建共享，这是深圳城市更新的创新意义、社会意义、实践意义所在。深圳必须坚持创新引领、守护公平，发挥经济特区立法权优势。加快健全完善制度体系，坚持长远利益、公共利益、公平原则优先；加快立法进程，依法守护公平公正，依法破解私欲膨胀；建立健全开放治理新模式，政府保障公共优先、法律保证公正有序、市场发挥主体作用。

第三，绿色生态导向，通过城市更新建设人与自然和谐共生的城市生态。城市是自然生态的组成部分，尊重自然、回归自然，是城市生活的最高境界。深圳的自然本底很好，但经济发展过程中忽略了自然、忽视了人文，造成人与自然、城市与自然的不适应、不友好、不和谐。2005 年深圳划定全国第一条生态控制线，但自然生态的碎片化、结构性和不可逆的问题依然严重，修复或重建需要的耐心、投入和时间绝非经年。建设人与自然和谐共生的城市生态，城市更新是最佳方法和唯一路径。近年住房与城乡建设部要求在全国城市开展生态修复、城市修补（简称"双修"）工作。"双修"与城市更新的统筹和一体落实，是深圳实现绿色生态梦想的历史机遇和当代责任。一要对城市生态格局进行系统性、结构性更新修复。以城市自然本底和基本生态控制线为基础，高质量构建全覆盖绿色生态体系；对标世界先进水平，设定60% ~ 65% 的绿化覆盖率目标，下大力气调减建设用地。二要对全市所有功能性公共、环境设施进行功能性更新"双修"。包括居住社区、办公和公共楼宇、道路交通、公园游憩环境等。城市功能性软硬件的标准、建设、维护和管理，代表其现代化、国际化、人性化的水平，比"高大上""新奇特"要务实、先进的多。三要对全市既有建筑进行绿色更新修补。与城市更新计划安排充分衔接，建立质量安全检测、绿色环保评估、设施便利维护和清洁美观养护的完善机制。四要坚持久久为功，坚定不移，制度保障，绣花功夫。

第四，品质生活导向，通过城市更新加快以人为本的城市创新生态建设。深圳必须高质量创新发展，这既是国家要求，也是自身转型、转段的必然。加快建设创新生态系统是深圳重要紧迫的当前工作。创新生态系统是以企业为主体，大学、科研机构、政府、金融等中介服务机构为系统要素载体的复杂聚落，通过网络协作，整合人力、技术、信息、资本等创新要素,有效汇聚、协同创新、创造价值,实现各主体的可持续发展。支持和保障创新生态系统的空间载体是城市,系统的核心是人。处理好城市、创新和人的关系,巩固既有并加快培育新的创新生态优势,深圳需要在高质量发展中更加重视品质生活。科技创新离不开文化滋养,创新工作有赖于品质生活,创新活动更需要城市呵护。追求品质、持续更新才有持续创新。一是以人为本。重视创新,就要懂得人,关注家庭、关心家人,健康完满的家庭生活可以滋养、促进创新。二是品质生活。保证工作与生活之间联系的安全、便捷、周到、自适和个人空间,提供工作与生活以外开放的郊游、交流、健身、购物、出行等城市便利。三是城市文化。历史涵养、文化多元、现代教育、国际医疗、往来便利、网络生活,城市更新不只是求新求变,更重要的是文化自信,守护传统。通过城市更新保护、留下优秀历史建筑和传统文化街区,为科技创新打下城市文明的独特印记。

第五,竞争优势导向,通过城市更新保持城市发展优势和持久活力。40 年发展让深圳获得了明显的竞争优势。新时代高质量创新发展,如何保持优势,持续领先?首当其冲是城市本身。传承、延续深圳改革创新、开放包容、现代多元、务实活力等城市特质和优势,就要整体把握和重视城市工作,深刻认识城市在"经济社会发展、民生改善中的重要作用",学习贯彻中央城市工作会议精神,尊重城市发展规律,在"建设"与"管理"两端着力,转变城市发展方式,完善城市治理体系,提高城市治理能力,解决"城市病"等突出问题。深圳城市工作的两端,着力点都是城市更新。一要确立城市更新是打造城市竞争优势的发展战略和重要路径。深圳的城市更新,不是重复"中国式城市更新"的拆旧建新,不是欧美的城市更新运动,而是"城市让生活更美好"的一整套经济发展、社会治理的制度体系。二要明确城市更新的原则做法。尊重规律,以人为本;问题导向,提质强能;循序渐进,雕琢美好;绣花功夫,常更长新;久久为功,绿色生态。坚持"四不":不是新建,不能重建,不可大拆大建,不搞推倒重来。三要在城市更新战略实施上创新优强。改变经济产业发展与城市建设管理"两张皮"的问题,改革政府部门分隔、企业市场混沌的各说各话和盲人摸象的经验做法。在巩固发展既有优势方面,制造业是深圳发展实体经济的根基,全国科技强市的优势地位是务实奋斗的结果。科技创新是深圳最看重的优势,"是全国一面旗帜"。

以两者为例，在制定行业发展规划时，应专门拟订制造业发展、创新生态系统建设"空间布局规划"，在现状调研、规律需求、趋势研判、空间保障等科学谋划之后，提出明确具体的城市更新实施计划。优势行业与空间规划一体融合，重点保障。在培育发展新优势方面，会展经济和会展功能是深圳新优势的重要方向，建设全球海洋中心城市是深圳新的发展领域和国家定位。以前者为例，随着全球最大的会展中心一期工程即将投入使用，在组织协调、构建配置区域、国家、全球资源网络的同时，能否做到城市综合配套与会展中心使用同步和协同？各方面准备程度和质量将成为最大挑战。深圳必须举全市之力，实现宝安区、大空港的全面升级提质，建成大湾区东岸强大的核心枢纽功能。方法路径只有一个：整体谋划，城市更新。在服务发展优势企业方面，深圳有总数超过300万家的企业和商户，成长着一大批有活力、有竞争力的优秀企业，2017年世界500强企业有6家总部设在深圳。这是深圳最宝贵的财富、最大的优势。华为公司是杰出代表，其独特的企业文化和发展模式，独步中国，领先世界，让政府和市场既兴奋又困惑。回看华为发展，"两张皮"的问题始终存在，政府服务能力和水平迫切需要改进提升。总结华为过往、关心华为发展，了解在华为全球战略中深圳的问题所在，如何更优？怎样更强？向华为学习，就是向世界学习。了解企业发展需求，认识企业生命周期，在城市工作的方方面面为企业创造开放公平、合宜需要的发展环境和条件，让供给侧与需求侧通过市场、经由企业"谈婚论嫁"。大概这才是营商环境可复制可推广的企业最爱。城市更新持续为企业提供营商环境的理想空间，让企业更优，让优势更强。

深圳城市更新将承载和记录未来的深圳故事。

是为序。

深圳市政协党组成员

原深圳市规划和国土资源委员会党组书记、主任

原广东省住房和城乡建设厅党组书记、厅长

前 言

在一座诞生仅 40 年的城市，"城市更新"却成为空间发展与治理的核心关键词，这一城市现象及其背后的规划变革过程，值得这座城市的规划从业者们记录与思考。

人们常把"改革"与"创新"视为深圳立市与发展的使命。事实上，深圳的改革创新并不都是预先设定的命题作文。更多的试错和试对，来自人们对这座"城市实验室"快速吐故纳新、自我迭代的集体响应。40 年来，内外部经济、社会、环境的剧变以目不暇接之势洗礼这座城市。经济产业转型、社会形态重构与人居环境演替，不断挑战着这座城市的治理能力。当蛇口、华侨城、天安、前海等不同代际的业态空间渐次出现，当岗厦村和大冲村的拆迁重建创造了本地村民一夜暴富的神话与外来务工者失去落脚之地的悲歌，当华强北和水贝在草根山寨中崛起又沉浮，当大鹏所城与较场尾在企业或民间的策动下蜕变成"新天地"，这座城市的规划师们敏锐地注意到了市场经济蓬勃发展多年后城市功能、空间价值、社会利益与人本需求的逻辑变迁，以及规划制度体系、技术方法与规划师角色定位的适时调整需要。深圳的城市更新与城市更新规划由此从实践中应运而生、演化适应，以至今日自成一体并受到业内同行重视，可谓这座城市贡献给中国城市发展改革与治理创新的又一范式性贡献。

本书定名为《深圳城市更新探索与实践》，正是基于对深圳城市更新探索与实践关系的清醒认识。本书的目的决不在于对汗牛充栋的"城市更新"概念与理论作更多叠床架屋的释义注解，而是希望借助大量一手的实践案例来追溯城市更新之于深圳的发生缘起，还原城市更新规则的制定过程，详解城市更新规划的技术要点，并冀图通过对实践的客观描述、总结和反思，启发读者从深圳城市更新的历程和经验中，获得对中国城镇化新阶段城市发展与规划工作特点的先期认识。在实践的历史中阅读深圳城市更新，或许更能使读者理解深圳城市更新的特殊价值：

第一，深圳城市更新摸索了城乡土地二元化背景下的土地再开发制度路径。

在改革开放以后我国逐步建立并实行的土地使用制度下，无论是农村集体土地转为合法合规建设用地，还是国有用地调整使用属性，均需经由政府之手，由此形成国家对土地一级市场的垄断。这种模式客观上促进了城市公共资源的积累，推动了中国城镇化的快速发展，却也带来了较大的制度成本。因躲避土地征用难题而出现的"城中村"以及被土地批租制度变相保护的"低效用地"等现象比比皆是，成为上一阶段中国城镇化的典型注脚。但是，随着各个城市陆续出现功能转换需求、寻求产业转型发展，拆迁安置与重新"招拍挂"的办法不仅陷入历史遗留产权纠纷的困扰中，也带来了产业空心、地价高企、服务不足等新的城市问题。在国家尚未对土地二次使用做好充分政策准备之时，深圳城市更新就在土地确权和整备方面率先破局，建立了分类别、一揽子解决历史遗留问题的处置规则。这些尝试，也为当前国土空间统一管理新形势下土地高效使用和城乡资源全要素管控的空间治理工作探索了道路。

第二，深圳城市更新搭建了协调市场与公共利益的城市空间资源协商平台。

尽管我们的城市规划管理往往羞谈"利益"，但是随着城市经济与社会文明的发展，城市中多元主体对其所有、所占空间权属与利益的诉求却越来越难以回避。不断激变且愈发显性的社会形态促使我们在存量规划建设中正视并纳入多元利益格局。而深圳的城市更新规划便体现了"实实在在"的利益协商特点。政府、开发商、权利人和广大公众以城市更新为平台，按照政府制定的规则和程序，在多方利益博弈中推进规划立项、审批与项目实施。在制度建立初期，政府可能会由于缺乏经验而损失应得的公共资源，非利益直接相关方的社会参与也相对缺位。但随着城市更新效果的显现，政府逐步在更新规则中加入公共贡献与政府调控的内容，公众的参与方式也因渠道明确而更加理性。"规则"意识通过城市更新逐步嵌入到了城市公共政策当中，进而推动城市运营与治理的可持续发展。

第三，深圳城市更新树立了社会和谐共生的城市发展价值导向。

城市发展的最终目的是让居于其中的人们生活得更美好。以经济发展为中心的中国城镇化的"上半场"为人民带来了前所未有的发展机遇，一部分人受惠于时代而"先富起来"。但是进入"下半场"的中国城镇化已无法承受单一经济维度增长下的社会负效应，我们既要做大蛋糕，还要分好蛋糕。城市更新表面上虽是物质空间的改变，实质也是社会阶层与社会关系的重构。深圳城市更新与城市更新规划注重及时捕捉城市产业的新生空间需求与从业者对就业、居住环境的新要求，并通过可持续的城市运营，使城市更新担当起促进不同社会群体共同交流、共享信息与能力升级的重要平台和手段。

第四，深圳城市更新塑造了更多有活力的品质空间。

在复杂的理论与实践长河中，"城市更新"时不时与消灭空间多样性的"规划自负"、花费大量财政投入的"涂脂抹粉"等负面词条联系在一起。诚然，资本投放后的新功能建造可能是市场化开发模式下城市更新的主要措施，但塑造多种多样、富有活力的公共空间，增强城市生活的吸引力，提升居民的幸福感，是城市更新所应永远追求的目标。深圳城市更新坚持人文导向，在制度设计上不仅对公共空间比例予以明确要求，也对创新性产业用房提出可行的鼓励措施。更新腾出的空间更多用于提供城市公共服务，让居民共享城市发展的红利。诸多由城市更新塑造、新生的社区和园区，已经培育起创新、创意的城市氛围，成为深圳新一轮改革创新的重要策源地。

从世界工厂到全球城市，伴随深圳的城市视野和战略基点不断扩大和提升，以城市更新为代表的城市空间治理体系也势必需要持续改进。深圳城市更新的过往道路不是指引城市未来的金科玉律，也绝非放之四海而皆准的教条规范，适宜每个城市的城市更新与存量规划方法，也必将建基于城市自身的实践过程之上。

本书以深圳城市更新探索与实践脉络为总体线索，共分为 3 个板块、9 个章节：第 1 章为绪论，它将城市更新置于深圳城市发展的历史图景中，展现了深圳作为改革开放的先锋之城，其经济社会发展与空间演变之间的必然联系；第 2 章至第 7 章为主干，它纵贯了深圳城市更新的理论基础、实施评价、制度体系、规划案例等多个维度，可令读者了解深圳城市更新的全貌；第 8 章和第 9 章为讨论，这一部分对深圳城市更新的目标、体制和效应进行了客观反思，继而基于对多方面需求的判断，提出我们对未来城市空间发展与治理的思考。本书既是一本面向城市规划与管理相关从业者的理论读物与制度、政策、技术和案例手册，也是面向非专业大众的普及读物。每一位读者都能从本书中获得对深圳城市更新的认识与见解。

深圳市城市规划设计研究院有幸亲历了深圳城市更新制度体系从摸索、酝酿到建立、完善的全过程。回顾过往，深圳的城市更新与城市更新规划有太多的项目、事件值得总结与反思，它的丰富度和厚重性不是简单的政策法规文件与技术规范可以概括的。站在实践者的立场，我们自觉有责任向读者、向同行交待深圳城市更新实践的来龙去脉。这也是促使我们把深圳的城市更新故事讲出来的巨大动力。然而在繁重的规划设计工作之余，如何将这些故事整理好、讲得好，成为摆在我们面前的不小挑战。自本书起笔至今，著述披阅近十载，增删改写数次，为此凝聚了数十位专业技术人员的热情和心血。付梓之际，尽管心中仍有颇多欲辨之言，我们相信它已可以经得起历史的检验。

我们不满足于回望过去及描述现在，我们更希望通过亲身参与深圳城市更新的过程，把视线瞄向更远的未来。如果说深圳过去的成功在于速度和效益，最根本的动力是因为它吸引了数以千万的优秀人才聚集到这里，那么深圳未来的标杆意义则应该在深刻变化的全球格局、国家转型的区域格局以及创新引领的城市竞争格局中，进一步增强可持续发展能力与文化感召力，成为更具吸引力的机会城市和枢纽城市。也许在不远的将来，深圳城市更新所追求的生态功能化、空间精细度、文化先进性、环境宜居性、创新独特性和治理现代化等目标，将成为定义城市质量的新标准。

怀揣着梦想的一代又一代深圳人，用自己的实践和创新，精彩、骄傲地生活在这座城市。他们永远在路上，永不停步。

目　录

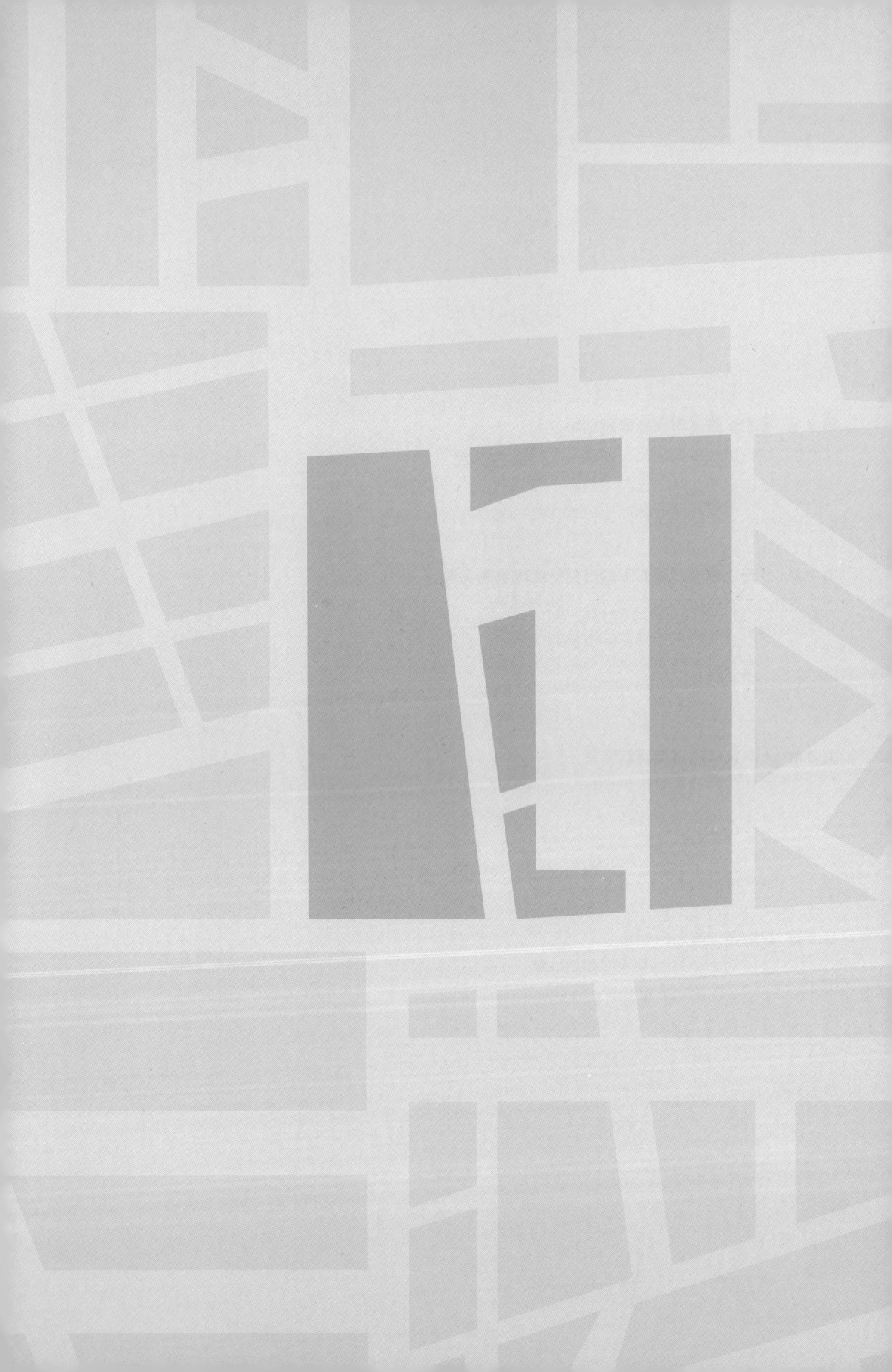

第 1 章

城市发展与城市更新

每个城市都有其在不同阶段的发展主题，但很少有城市像深圳这样，在中国波澜壮阔的改革开放历程中，承担着激烈剧变的改革创新实验使命。短短 40 年，深圳历经引进外资、发展进出口、工业主导、高新产业和金融业崛起等多个阶段。这其中以城市更新为主题开展的城市治理，是改革步伐中重要的探索。我们有必要探究深圳在这些不同阶段城市更新的发展要素与动力来源，在可能偶然性的更新实践中寻求创新城市发展的必然规律。

1.1 深圳：一座超级生长的城市

1.1.1 改革开放的试验场

深圳之于国家的意义，是改革开放的试验场。正是在不同阶段的改革推动下，快速成长为一座特大城市。

建市初期，面临大规模的建设任务，特别是需要快速建设满足迅速增长的人口需要的各种基础设施和公共设施，涉及规模巨大的启动资金，资金筹集成为建立经济特区最关键的任务。为此深圳经济特区开始尝试新体制的实验，即按照市场经济规律办事，正如小平同志所说的"杀出一条血路来"。1987年深圳敲响了土地使用权拍卖的第一槌，终结了我国历时数十年的土地无偿、无限期、无流动的供应和使用制度。当土地撤除了行政管制的藩篱后，土地生产力获得巨大解放，巨大的资产价值逐步显化，土地不再只是城市建设的承载物，而是作为重要资本投入到城市建设发展中。

为了快速推进城市建设，深圳打破了原来建设体制的条块分割管理模式，积极推进包括规划、设计、征地、施工、资金在内的"五统一"建设模式，做到"综合开发、配套建设、规划一片、建设一片、投产获益一片"。原特区内罗湖—上步、华侨城、蛇口等城区，以及上步、八卦岭、蛇口等工业区相继建成，陆海互相配套、四通八达的交通网逐步形成。深圳从一个落后的边陲小镇迅速成长为一座正在冉冉升起的新兴城市，城市的建设为发展经济、引入外资创造了良好的投资环境。

深圳大力发展以工业为主并且将工业和贸易相结合的外向型经济，

积极推进包括企业管理、国有资产管理、市场体系、资金市场、劳务市场、房地产市场等方面的配套制度改革，经济逐步走上了稳定、协调的发展轨道。作为对外开放和经济体制改革的前沿阵地，深圳充分发挥技术、管理、知识和政策的合力，释放对内、对外的辐射能量，积极联通国内外市场，为全国经济体制改革提供了经验。

随着《深圳经济特区土地管理条例》（1987）和《深圳经济特区住房制度改革方案》（1988）的颁布实施，标志着特区土地和住房制度改革的开启，深圳率先走上了市场化的道路。从这一时期开始，土地有形市场覆盖住宅、工业用地、酒店、商铺、地下空间、加油站等，成为全国土地交易范围最广的市场；房屋由完全福利分配逐步转向市场经济下的商品分配，房地产业的快速发展开创了全国房地产改革的先河。

1992 年，小平同志南巡深圳，发表了重要讲话，深圳特区创业的热情进一步被激发。原特区内外先后采取统一征地和统一转地的方式，快速实现了土地城市化，农民全部转变为居民，深圳成为我国第一个、也是迄今为止唯一一个完全城市化地区。在城市化过程中，深圳探索建立了"一级政府、三层管理"的创新基层管理体制，政府的管理重心向社会治理下沉，逐步向服务型政府转变。

进入 2000 年之后，深圳的示范作用更多地体现在不断推进的社会管理体制改革上。深圳率先探索构建现代城市社会治理体系，推动改革开放向纵深迈进，为全国推进供给侧结构性改革、实施创新驱动发展战略、构建开放型经济新体制提供实践样本。在产业发展领域，深圳从 20 世纪 80 年代的"三来一补"低端加工制造业起步，90 年代重点发展高新技术、金融服务、现代物流业和文化创意四大支柱产业，再到进

时间阶段	全国制度背景	深圳发展特点
1980～1989 年	实现经济体制、户籍制度、土地使用制度、财政体系等多项制度改革	城市发展起步、外向型经济显著
1990～1999 年	建立现代企业制度、推动住房制度改革、优化完善土地征收制度	原特区内城市快速建设、原特区外工业区急剧扩张
2000～2009 年	实施城镇化发展战略、加强土地资源节约集约利用	新兴产业保持高速发展、土地资源瓶颈约束呈现
2010～2014 年	加快农村土地制度改革、促进新型产业发展、推动新型城镇化	产业创新、复合型园区发展、特区一体化加快
2015 年至今	"一带一路"倡议、促进国家创新发展	城市建设日新月异、粤港澳大湾区中重要作用凸显

图 1-1 国家制度背景下深圳城市发展特点。

图 1-2   从深圳大南山顶远眺
前海、后海和市区全景 | 图片
来源：大勇工作室。

入 21 世纪之后强化高科技制造和全球贸易，深圳紧紧抓住不同时代世界产业格局发展中的宝贵机遇，顺利实现了产业新旧动能转换。在城市建设领域，深圳通过组团开发模式，有效推动了全域开发建设，快速形成了城市样貌。与此同时，为应对快速城市化过程中城市建设规模外延扩张带来的生态与环境问题，深圳率先于 2005 年划定了基本生态控制线。自此，生态"铁线"的理念深入人心，城市粗放型扩张的趋势得到了有效遏制。

在由"速度深圳"走向"效益深圳""质量深圳"的过程中，对于深圳这一座城市由于超常规速度建设发展所产生的超常规新陈代谢问题，特别是城市功能、城市环境的代谢，深圳积极综合运用土地政策、产业经济、房地产运营、社会与法律等多种手段，大力推动了包括旧城、城中村（旧村）、旧工业区在内的城市更新，这又一次使深圳成为中国城镇化改革创新的"试验场"。

深圳特区自成立以来，可以说承担了多项国家改革的"先行区""示范区""试点区""试验区"的重任，国家制度的每一次变革都会映射到深圳的探索实践中，同时深圳的改革创新为全国提供经验参考。制度变革和地方实践的双重叠加，引发深圳城市发展一次又一次地快速推进。政府在这样一次次的快速推进中促成体制机制的不断完善，企业与资本在快速推进中增强了竞争力，人才在快速推进中得到了超乎寻常的成长，社会也在高频次的改革中变得理性与成熟。这归根结底在于对锐意改革的坚持和对持续创新的追求，这成为深圳这座城市的基因，促使深圳成为中国改革开放以来最具代表性和示范性的新兴城市。正如英国《经济

学人》对深圳的评价，"改革开放 40 年，中国最引人瞩目的实践是经济特区。全世界超过 4000 个经济特区，头号成功典范莫过于深圳"。

1.1.2 快速工业化叠加城市化

20 世纪 80 年代的边陲小渔村，经过不足 40 年的建设，跻身中国一线城市，毗邻香港的独特区位优势加上国家政策的初期扶植为深圳生长提供了原始动力。深圳利用自身区位优势，大力发展外向型经济，为城市发展奠定了经济基础。随后的户籍制度改革和土地使用制度改革，加速了深圳的人口流入和城市建设，财税体制改革则为政府进行建设用地开发提供了基本动力，建设用地规模迅速扩大，城镇化率快速增长。更为重要的是，深圳以极大的包容度激发内在发展动力，鼓励多元发展，其超级生长性呈现的形态和发展阶段既有中国其他城市共同的轨迹，又具深圳独有的特征。

1. "正规工业区"与"草根厂房"的双轮运转

与中国改革开放的起步动作相似，引进资金投资办厂是深圳特区成立之初的首要任务，但这一过程在深圳却明显地形成了泾渭分明的两条路径：原特区内，国家调配了中航、南油、招商局、华侨城等 8 大央企支援建设，政府配合划拨了大量的土地供其整体开发；原特区外，原农村集体土地由农田变工厂，承接了大量香港转移过来的"三来一补"产业，沿着广深铁路、107国道、深惠公路等形成了工业区连绵走廊。

原特区内接受政府土地划拨的央企和国企兼具政府的部分职能，具备实质的开发决定权，因而大大调动了其建设热情（曾崇富，1997）。这些大型企业多以滚动开发的形式，"开发一片、配套一片、成型一片、收益一片、带动一片"，先后主导形成了蛇口、上步、南油、华侨城等以产业为核心功能的片区。早期这种将大规模土地划拨交由央企、国企开发的模式，在城市建设起步阶段吸引了资金、技术、人才，而且经过多年经营，上述片区已成为了组织城市资本、生产、生活，提供城市服务的大型综合社区。

企业和政府共同管理经营，可谓中国最早的政企合作营城模式。但随着深圳城市发展，土地空间资源日益紧张，除了早期批准的这些开发区，政府没有再新增成片以企业为主经营的开发区。1998年《深圳市委、深圳市人民政府关于进一步加强规划国土管理的决定》颁布实施，各开发区不再拥有规划土地管理权，改由市政府实行统一管理。虽然这些开发区的土地管理权已被收回多年，但其自组织的管理模式在很大程度上仍然在片区后续发展过程中起到重要的发展引领作用，尤其是"华侨城"和"蛇口"，已分别成为华侨城集团和招商局集团不断发展壮大的成长"母体"。由于企业的半政府管理模式，上述片区的产权相较城中村要简单清晰，一旦管理企业在自身发展战略的指导之下开始城市更新，比

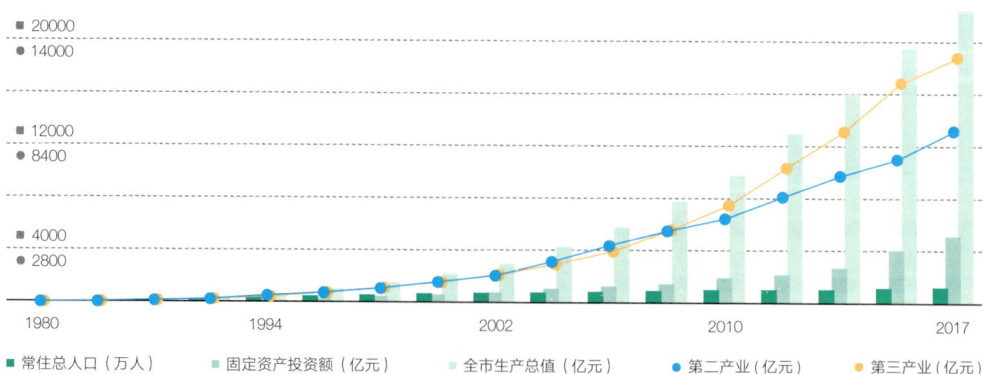

图1-3 深圳1980～2017年人口和GDP数据。这期间，深圳城市建成区规模从3.8 km²扩大到925.2km²，呈现多中心、网络化、综合化城市发展格局；常住人口从33万增加到1252.83万（实际管理人口已突破2000万），人口增速位居国内各大城市首位；GDP从2.7亿元增长到22438.39亿元，年均增速高达23%| **数据来源**：《深圳统计年鉴2017》。

较容易被激发，其中上步片区（华强北）的商业化改造和华侨城原东部工业区旧厂房改造为 LOFT 创意产业园区就是最为典型的代表。

享有政策优势和国企资源的原特区内工业园区快速发展，用地规模很快就不能满足发展需求。1988 年以后，原特区内工业区进行产业升级，劳动密集型工业外迁到原特区外，原特区外各村镇工业发展明显加快。1993 年，富士康总裁郭台铭多次来到龙华，为兴建新厂区选址时声称"看得见的这片地我都要了"。这一年，外商投资井喷式增长，IBM、希捷、康柏、惠普、三星等纷纷来深圳建厂或追加投资。在巨大的产业需求驱动下，原特区外村镇集体建设了大量的工业区，这些工业区主要沿着城市发展轴线如深惠路、107 国道呈带状分布，而且很多厂房未经政府批准大量开工建设，原特区外的村办集体工业园逐步成为原特区外城区建设的主体。原农村集体工业区早期超高速的扩张迎合了产业的急速发展，集体农业用地大规模地转化为城市建设用地，完成了从农业化到工业化的快速转变。根据 2008 年 9 月出台的《关于加快推进我市旧工业区升级改造的工作方案》，其中统计得出当时 914 个工业区中有 680 多个旧工业区，其中原村办工业区占全市旧工业区总数的 87%。

深圳原特区外以"一村一镇"为单位的土地开发和出让与珠三角其他村镇工业区并没有区别。2008 年全球金融危机爆发，技术含量低、劳动密集型的代工厂倒闭潮来临，部分村办工业区厂房闲置，而市、区两级政府主推的新型产业园区却呈现良好的发展势头。随着原特区内外交通路网的构建、地铁的开通，原特区外龙华、光明、大运、坪山四大

深圳早期成片开发建设片区统计一览表　　　　　　　　　　　　表 1-1

片区名称	启动时间	开发主体	授权管理土地面积（km²）
蛇口工业区	1979	招商局集团	10.85
上步工业区	1980	赛格、华强、中航、桑达、鹏基、中电、爱华、兰光八大国企	1.45
八卦岭工业区	1982	深圳市工业发展服务公司（后更名为鹏基集团）	1.16
南油开发区	1984	南油集团	23.01
华侨城片区	1985	华侨城集团	4.8
盐田港片区	1985	东鹏实业（后更名为盐田港集团）	盐田港 6 km 海岸线及前方水域和后方陆域
科技工业园区	1985	中科院与深圳市政府合作	1.15
车公庙片区	1985	深圳市工业区开发公司（后更名为泰然集团）	1.18

新城的崛起，村集体经济时代发育的旧工业区也开始逐步转型为先进制造业、高新技术产业园区，政府通过城市更新对这些隶属于原农村集体的工业区进行升级，避免了国内一些早期的工业区因为土地关系复杂被锁定，只能低效出租甚至闲置，错失产业转型时机的状况。

从工业化的初始积累到产业转移提升，再到创新型产业的多元发展，无论是早年隶属于央企国企的"正规工业区"，还是脱胎于村集体的"草根厂房"，日益密集多样的产业链条已经把它们紧紧联系在了一起。

2. 原特区内外发展二元化

对于深圳，城市化浪潮来得太快、太迅猛。

深圳经济特区成立后，为了更好地管理特区，防止大量移民涌入，在1982年开始设立"二线关"，3年后筑起了一条84.6 km 长、2.8 m 高的防线，深圳在这一特殊管理线作用下经历了原特区内外不同的城变。从1980年经济特区成立至1992年，以原特区内的城市建设为重点，原特区外的建设以镇村为单位自发进行；1993~2004年，原特区内全面城

图1-4　深圳龙华区原村办工业园区，20世纪80年代兴建，缺乏统一规划，开发强度低，厂房破旧、简陋、配套设施严重缺乏 | 图片来源：大勇工作室。

市化后，建设容量逐步饱和，原特区外的城市化进程逐步加快；自 2005 年以后，原特区外实现全面城市化，整个深圳纳入一体化发展进程。

1992 年 6 月 18 日市政府颁布《关于深圳经济特区农村城市化的暂行规定》，原特区内土地一次性征为国有。随着罗湖、福田、南山的 68 个行政村、173 个自然村和沙河华侨农场，陆续改建为 100 个居委会、66 个集体股份公司和 12 家企业公司，原特区内初步完成了农村城市化过程，原特区内的 4.6 万原村民陆续转为城市居民。

随着原特区内的全面城市化，1993 年原特区外宝安、龙岗撤县设区，由深圳市统一管理。虽然深圳实现了市级行政管辖权的统一，但是面对原特区内外不同的发展背景，如何将这种管理权落实到位，成为当时政府管理部门必须面对的挑战。特别在当时特区优惠政策的推动下，大量资金涌入城市开发建设领域，在巨大利益驱动下，遍地兴起开发区热和房地产热，土地供应秩序混乱，多头供地，炒地盛行。在这一过程中，原特区内外土地利用产生了巨大差异。原特区内采用政府统一组织、引导成片开发的方式，这使得原特区内发展建设较为有序。而原特区外区、镇、村三个轮子一起转，"自下而上"大规模推进开发建设。特别在村级占有大量土地的条件下，小规模工业区和独立厂房遍地开花，村镇住宅建设迅速蔓延。由于缺少对开发建设的有效约束和监管调控，集体土地大规模转化为城市建设用地。随着经济发展加速，原特区内城市化工作的大规模铺开以及原特区外撤县设区后工业化的快速推进，城、镇、

图 1-5　1992 年 7 月 16 日，深圳上步实业股份有限公司正式成立，这是深圳第一家集体股份公司 | 图片来源：刘廷芳。

村建设不同程度地加大了土地开发和房屋建设。

为了合理利用有限的土地资源，让城市发展有更多预留空间，2003年市政府出台《深圳市人民政府关于加快宝安龙岗两区城市化进程的通告》，提出宝安、龙岗两区村集体经济组织全部成员转为城市居民。2004年出台《深圳市宝安龙岗两区城市化土地管理办法》，明确两区农村集体经济组织全部成员转为城市居民后，原属于其成员集体所有的土地属于国家所有，从而完成原特区外的农村城市化进程。

虽然2004年城市化转地之后，名义上土地已完全国有化，但实际上大量原农村集体土地并未完全由政府掌握，还存在应征未转和应补未补的情况（一般统称为未征未转土地）。根据深圳市规划和国土资源委员会（以下简称市规划国土委）[1] 对原农村土地现状调查数据显示，2009年原农村集体组织（个人）掌控着约390 km² 建设土地（占当时全市建设用地的42%），但其中仅有95 km² 为合法用地。在原农村合法用地之外，原农村实际占用的土地在名义和法律上虽然属于国有，但是这些土地上建造的建筑物实际由原村民控制和交易。

伴随着工业化叠加城市化，原特区内外发展产生了巨大差异，形成了鲜明的二元化特征。原特区内的土地早在1992年完成了集体土地的统一征用，原农村集体用地被局限在一个有限的发展空间；而原特区外的宝安和龙岗两区直到2004年才将土地一次性转为国有。这10年，恰恰是原特区外土地建设最为快速的时期。至1995年，宝安、龙岗两区建成区面积已达198.44 km²，是原特区内建成区的近两倍[2]。

在原特区内外二元化发展的条件下，日益暴露出严峻的土地粗放利用问题。根据2010年《深圳市工业区基础信息调查及改造策略研究》显示，截至2009年9月底，全市占地面积大于5000 m² 的工业区，原特区内有253个，原特区外3628个。原特区内工业区地均销售额为197.72亿元/km²，工业区厂房租金平均为30元/m²；原特区外工业区地均销售额仅为25.78亿元/km²，租金仅为7~15元/m²，原特区内外的土地利用

---

[1] 2018年3月，国家机构改革方案明确组建自然资源部，随后各省、市均根据这一要求实施机构改革。2019年1月《深圳市机构改革方案》公布，不再保留市规划和国土资源委员会，组建市规划和自然资源局，并组建市城市更新和土地整备局，由市规划和自然资源局统一领导和管理。本书如无特殊说明，涉及国家、省、市规划国土主管部门的，仍使用机构改革前的名称。

[2] 资料来自陈荣撰写的《特区外围农村城市化的现状特征及村镇规划策略》一文，该文收录在《深圳市城市规划设计研究院论文集（1990−1998）》。

效益差异明显（杜雁等，2010）。土地粗放利用的后果直接导致了土地资源的紧缺，严重制约着深圳进一步可持续发展。

整体来说，深圳于 1992 年和 2004 年实施的两次农村城市化，为保障城市的快速发展起到了直接的支撑作用。通过城市化过程中对土地的统一征转，完成城乡土地二元结构体制向土地全部国有的一元化转变。随着工业化、城市化迅速推进，在各种配套政策无法充分保障的条件下，城市化过程中各种矛盾共生，原特区内与原特区外、原农村合法土地与合法外土地等二元现象凸显。虽然深圳当前农村城市化和土地国有化宣告完成，但是如何在情况复杂的土地上真正实现特区一体化挑战巨大。

3. "落脚城市"之城中村

"城中村"一词并不是一开始就有的，是随着城市和村落的发展，在两者逐步形成差异化的景象后，才被冠以了这样一个标识。可以这样说，城中村是我国市场经济时期城市快速发展与计划经济时期遗留的城乡二元结构相碰撞的矛盾产物。

在 20 世纪 80 年代中后期，随着"三来一补"企业的发展，大量新增就业人员和外来务工人员涌入深圳，极大地刺激了原农村住房的生长，原村民和原村集体纷纷投入到可带来高额租金回报的房屋建设之中。当时由于缺乏规划和政策性规范的指引，原特区内的农村建设一度出现了混乱局面，政府随即出台若干政策，包括采取用地红线控制管理、惩处非法占用土地行为等措施对这些乱象予以控制。在这些政策当中，《深圳经济特区农村社员建房用地的暂行规定》（1982）确立了划定新村以利于村民建房和集体经济发展的思路，提出了新村土地划定标准。该规定同时指出，划定新村的同时，旧村用地收归国家，政府暂时不征用的村民住宅用地，暂不付征地费，也不对地上建筑物进行补偿，村民仍可使用，在政府征地时，村民再退出；但在后续实际实施过程中，旧村并没有被收回，新村和旧村的土地成了原村民兴建房屋的主要区域。

进入 20 世纪 90 年代，深圳市委、市政府颁布《关于深圳经济特区农村城市化的暂行规定》（1992），对原特区内土地实施统一征用。原特区外撤县设区，政府出台《深圳市宝安、龙岗区规划、国土管理暂行办法》（1993），将原特区外宝安、龙岗两区纳入"统一规划、统一征用、统一开发、统一出让、统一管理"的系统，将村镇规划审批、建房审批权等归由市规划国土主管部门统一管理，实现了原特区外原村民建房审批政策从宽到严的转变。随后 2003 年深圳市委、市政府颁布《关于加快宝安龙岗两区城市化进程的意见》，将原特区外土地一次性转为国有，启动了原特区外农村城市化进程。

政府对土地的全面收紧给原村民造成了一种心理上的恐慌，大多数人期望通过抢占土地和建设房屋来守住自身利益，而村镇规划和建房审批权上收后相关配套政策的缺失，导致了原村民住房报建基本处于不批、不管的无政府状态，这样原村民抢建行为开始扩大蔓延。在这一时期内，一方面，弃旧村、建新村的行为比比皆是，新村划定数量不断增加，范围迅速扩大；另一方面，新村建筑层数显著增加，抢占集体用地内道路等公共设施用地现象开始大量发生，建筑间距显著缩小，用地红线外的旧村建筑也大量增加，违法建筑开始形成规模。与此同时，随着城市的快速发展，原本位于城市边缘地区的原农村土地逐渐被快速扩张的城市建设用地包围。受制于原先以镇为单位进行开发建设的行政管理体制，原特区外城镇建设的中心仍呈现农业经济主导时期形成的散点状态，"村村点火、户户冒烟""都市里的村庄"蓬勃而兴，但其建设管理仍然呈现镇村模式，并且因为不断加建扩建导致人居环境差、公共服务严重匮乏、安全隐患突出等问题。据统计，深圳历史上有 5 次原农村抢建高峰，

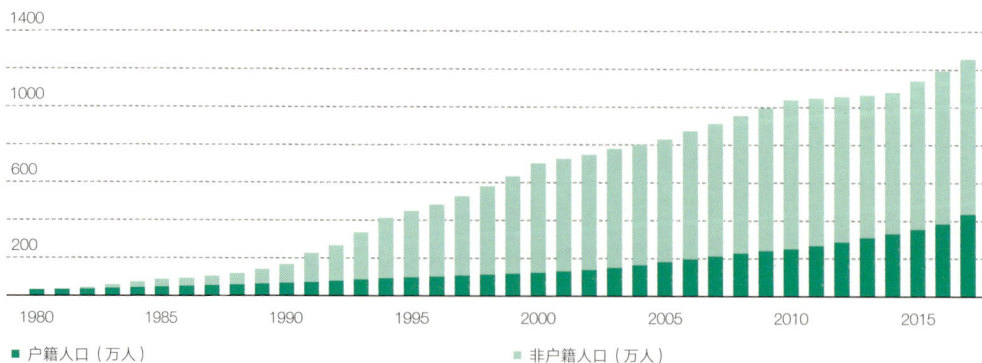

图 1-6 深圳非户籍人口经历了两次爆炸式增长。1983～1984 年，深圳 1983 年的工业总产值占 GDP 的 55%，电子工业企业已发展到百余家，制造业蓬勃发展，使得大量的外来务工人员涌入深圳。1992～1994 年，香港和台湾地区的制造业大规模转移到原特区外的宝安和龙岗，劳动密集型产业的巨大需求吸引了人口涌入。深圳作为外来人口占比最高的一线城市，户籍与非户籍的人口结构严重倒挂 | **数据来源：**《深圳统计年鉴 2017》。

第一波发生在 1982～1987 年，主要以原特区内为主；第二波在 1987 年土地有偿使用制度开启以及 1989 年原特区内集体土地开始统一征用的过程中，主要表现为土地资产价值显化后对土地要素的抢占；第三波是 1992 年原特区内城市化以及 1993 年宝安县撤县改区的过程中；第四波在 1999～2002 年查处违法建筑相关政策出台期间；第五波发生在 2003～2005 年宝安、龙岗两区城市化期间。

为控制住原村民违法建设的态势，1999 年深圳市人大颁布《深圳市人民代表大会常务委员会关于坚决查处违法建筑的决定》，要求对 1999 年 3 月 5 日之前发生的违法建筑作为历史遗留问题予以处理，对之后发生的违法建筑坚决依法清理、拆除。随后，2001 年市人大颁布《深圳经济特区处理历史遗留违法私房若干规定》《深圳经济特区处理历史遗留生产经营性违法建筑若干规定》（以下简称"两规"），对 1999 年 3 月 5 日前的违法建筑处理的具体要求予以明确。原特区内外均根据相关政策要求成立了"两规"处理办公室并开展了"两规"申报处理工作。2004 年市委、市政府出台《关于坚决查处违法建筑和违法用地的决定》，要求 2004 年 10 月 28 日后新产生的违法建筑有一栋拆一栋。2009 年市人大出台《关于农村城市化历史遗留违法建筑的处理决定》（一般称为"三规"），要求对 2009 年 6 月 2 日前产生的各类违法建筑进行一揽子处理。2013 年市政府出台《〈深圳市人民代表大会常务委员会关于农村城市化历史遗留违法建筑的处理决定〉试点实施办法》（市政府令第 261 号），开展了为期 15 个月的处理试点工作。2015 年市政府出台《中共深圳市委深圳市人民政府关于严查严控违法建设的决定》《深圳市关于全面疏导从源头遏制违法建设的若干措施》和《深圳市查处违法用地和违法建筑工作共同责任考核办法》等"1+2"文件，对区党政主要领导进行严格考核。在此工作基础上，2018 年 9 月《深圳市人民政府关于农村城市化历史遗留产业类和公共配套类违法建筑的处理办法》公布，按照分类处理、先易后难、区别主体、逐个突破的原则，将公共配套类、生产经营性和商业办公类历史违建作为优先处理类别。

"历史遗留违法建筑"成为深圳处理原农村土地上违法建筑的专有名词，从而形成了原农村土地管理的特定领域。根据市规划国土委统计数据显示，截至 2014 年底，全市历史遗留违法建筑 37.3 万栋，建筑总面积达到 4.28 亿 m^2，占当时全市建筑总量的 43%。

与原农村历史遗留违法建筑的建设规模形成鲜明对比的是，由于这些房屋在开发建设过程中对于配套服务设施和市政基础设施并未予以足够关注，致使房屋建设环境与经济发展水平存在较大的差距，呈现出特有的城中村景象。看城中村内部，拥挤逼仄，环境脏乱；看城中村外部，一栋栋豆腐块式宅基地上生长出来的密集建筑与周边林立的大厦、整齐划一的工业区交织混杂。城中村大量历史遗留违法建筑问题的特殊性，现状高容积率以及市政公用和基础设施配套严重缺乏的突出问题，都给

图 1-7   深圳南山区大冲村在 2002 年和 2010 年的建设状态，这一时期原特区内城中村普遍从两层半加建到七八层。

图 1-8   深圳南山区白石洲村内密集的房屋，建筑密度高、强度大，间距难以满足消防要求 **｜图片来源：**大勇工作室。

城市品质的提升带来了巨大的困难。

尽管城中村与现代都市形成巨大反差，但其低廉的租金、便利的生活条件使其成为外来人口在城市工作、生活、社会交往的重要场所。根据深圳市住房和建设局（以下简称市住建局）2016 年的一项摸底调查，深圳全市范围内的城中村多达 1782 个，居住人口大约 700 万。对于深圳 31 万原村民而言，城中村为其提供丰厚的租金收入和分红。对于 700 多万外来人口来说，城中村因相对低廉生活成本，为其提供了丰富的低成本生活，成为其"落脚城市"的第一站。城中村是深圳的组成部分，为城市的快速发展提供了大量民间廉租房，及时填补了政府及企业在保障性住房（廉租房）建设方面严重不足留下的欠账。

城中村成为深圳这座移民城市中"深漂"的蜗居，外来人口和城中村逐渐形成了一种关系紧密的寄居文化和移民文化。城中村的租客包罗万象，农民工、IT 人士、白领、自由职业者等，其中不乏创客等高科技人才也扎堆在这孵化产品，租金低廉的城中村为中低收入和创业群体的生存发展提供了弹性的包容空间。

深圳城中村具有的独特本土特征，使深圳有别于北京、上海等城市。上下沙村是车公庙周边上班一族的"大后方"，湖贝村聚集的是在东门做批发生意的潮汕人，桂庙新村是科技园白领和深圳大学学生的编外"宿舍"，民乐村是福田 CBD 白领的"睡城"，皇岗村、石厦村、大望村是"攸

图 1-9　深圳福田下沙村的盆菜宴在 2007 年被评为广东省非物质文化遗产。大盆菜宴在深圳有源远流长的历史，据传起源于南宋末年。现在的大盆菜主要与点灯、祭祀和节日、庆典等活动相结合，是深圳原村民节庆活动的重要表现形式　| 图片来源：图虫创意。

县的士村"，下梅林围面村和布尾村被坊间称为"保姆村"。城中村承载着外来人口对家园的向往和认同，更是很多人"深圳梦"实现的起点。扎根在深圳的外乡人，将各地的风土人情、特色美食，甚至是神祇香火带进这座异乡的生活场所。

　　与深圳共生的城中村的另一面，还反映了具有岭南民居历史村落特征的广府文化和客家文化。800多年的广府移民史，300多年的客家移民史和华侨史，存在于自然村落的古建筑、民俗传统等"活"历史中，是深圳城市发展的重要承载，但起初这一特征并未得到重视。1987年出版的《深圳地名志》中记载，深圳有1500多个村落。2015年深圳市史志办公室进行了一次全面的自然村落历史人文普查，普查前摸底汇总的全市自然村数量是1225个，在普查的过程中，陆续有24个自然村列入拆迁计划，至2017年3月，统计村落数量下降为1008个[1]，自然村落正在逐渐消失。事实上，现代化、国际化的深圳已经没有一个传统意义上的村落，但城中村仍承载着深圳原村民的传统民俗、生活习俗，如举办盛大的大盆菜宴、舞狮、山歌、赛龙舟、祭祖等活动，这些文化活动是深圳城市文化不可或缺的组成部分。作为深圳鲜活的民生博物馆，城中村引起了政府及民间人士的广泛关注。大鹏所城、甘坑小镇、金龟村、观澜版画村、较场尾等经过多年的保护及新功能植入，已成为深圳乡村文化、民俗旅游的热点地区。

4. 强大创新基因催生中国"南硅谷"

　　自特区成立以来，深圳经历了从口岸贸易经济到"三来一补"工业化，由"三来一补"加工业转向发展高新技术产业及现代服务业和战略性新兴产业迅猛成长的产业转型升级，为深圳经济的可持续发展奠定了坚实的基础。

　　作为国内发展高新技术产业的先发城市，20世纪90年代初市政府力主发展高新技术产业，主动淘汰当时主导市场的"三来一补"产业，

---

[1] 2017年4月28日，深圳市史志办公室对深圳市自然村落名单进行了公示，宝安区自然村落为116个，大鹏新区121个，福田区27个，光明新区44个，龙岗区281个，龙华新区125个，罗湖区38个，南山区51个，坪山新区170个，盐田区35个。但深圳市本土文化艺术研究会会长廖虹雷先生认为，在深圳市版图内，真正保留了原始物质形态的自然村，已经寥寥无几。普查上报的自然村落，实际上是社区，名"村"实亡。

向以电子信息产业为重点的高新技术产业转型。1994 年深圳开始加速产业转型升级，大量"三来一补"加工业外迁至邻近的东莞、惠州、中山等地区。1995 年市政府正式明确以高新技术产业为先导的战略构想，以科技创新推动产业升级迭代（邹兵，2017）。1996 年，经国务院批准，政府在深圳湾原有的深圳科技工业园等 5 个园区的基础上，集合了 11.5 km² 的土地，整合成立深圳南山区高新技术产业园区，引进虚拟大学，重点发展电子信息等产业，推动科技与市场相结合。

为满足高新区快速发展的需要，2001 年 7 月市委发布《中共深圳市委关于加快发展高新技术产业的决定》，确定建设高新技术产业带的战略决策。市政府组织编制了"9+2"高新技术产业带规划，这一产业带西起南山—前海片区，东至龙岗葵涌—大鹏片区，由高新区、留仙洞、大学城、石岩、光明、观澜、龙华、坂雪岗、宝龙碧岭、大工业区等"9+2"个片区组成。在 1995 年深圳市高新技术园区规划的基础之上，2009 年市政府将留仙洞、大学城、坂雪岗、光明、坪山等 14 个高新技术产业发展区域纳入深圳高新区规划管理范围，总面积 185.6 km²，从土地征收、产业引入与培育等方面提供统筹引导，以提供必要的空间支持。同时，政府持续实施高新技术企业培育计划，引导和支持企业强化技术研发能力，高新区各项经济指标取得持续、快速的增长。

深圳高新技术产业深耕多年，于 2009 年之后进入总体爆发期，逐步形成一区多园的空间布局。以 1996 年设立的深圳市高新技术产业园区为核心，围绕成长壮大的明星企业或者产业群落，全市陆续形成多个新一代信息技术产业、新材料产业、文化创意产业、互联网产业、新能源产业、生物产业、智能装备产业、机器人产业、航空航天产业等综合新型产业基地或园区。在全球技术和知识一体化的趋势下，深圳已经成为世界级技术进入中国进行产业孵化的中转站和交流中心[1]，高新技术产业成为深圳的第一支柱产业。1996 年深圳高新技术产业园区成立后，经统计有 60 多家高新技术企业，全市产值过亿的高新技术企业有 20 家。2015 年末深圳高新区的年产值超亿元企业增长到 429 家，其中超 10 亿的 98 家，超 100 亿元的企业 10 家；境内外上市公司 84 家，截至 2016 年 4 月，上市公司总市值超过 9000 亿元[2]。根据深圳市科技创新

[1] 资料来自 2015 年 12 月 30 日《南方日报》报道文章《深圳创新能否"杀出第二条血路"》。

[2] 资料来自 2016 年 8 月 2 日《21 世纪经济报道》报道文章《全国最小高新区如何重新定位？》。

委员会网站公开资料，2017 年深圳新增国家级高新技术企业 3193 家，累计达 11230 家，新增市级高新技术企业 1759 家，总数达到 4530 家，世界 500 强企业 7 家，数量仅次于北京、上海，深圳成为全球创业生态网络的重要城市之一。

20 多年以来，深圳高新区以市场为导向，将科技与金融相结合，利用地缘优势吸引全球创新资源，吸引了联想、四通、北大方正等国内知名企业入驻，同时孵化培育了华为、中兴、腾讯、迈瑞等一大批本土企业，赢得"北有中关村，南有深圳湾"的赞誉。多年来，深圳的高新技术产业，走的是企业自主创新发展的道路，并以"6 个 90%"为特征：90% 以上的创新型企业是本土企业、90% 以上的研发机构设立在企业、90% 以上的研发人员集中在企业、90% 以上的研发资金来源于企业、90% 以上的发明专利出自于企业、90% 以上的重大科技项目发明专利来源于龙头企业[1]，民营企业是深圳高新技术产业最为活跃的经济增长点。根据深圳市统计局公布的一项 2016 年对 GDP 总量贡献最大的 20 强企业榜单显示，华为、中兴、富泰华工业（富士康旗下公司）、腾讯等位居前列。其中，位列榜首的华为是唯一一家增加值超过 1000 亿元的企业。

在产业迭代升级的过程中，创新能力成为深圳产业"腾笼换鸟"直接转换动力。根据福布斯中国发布的 2017"创新力最强的 30 个城市"榜单，深圳、北京、上海、苏州、广州、成都、芜湖、杭州、合肥、重

图 1-10 深圳科技工业园在 1985 年奠基和 2009 年建成的样貌 | **图片来源：**刘廷芳。

---

[1] 资料来自 2017 年 6 月 10 日《南方都市报》报道文章《深圳创新特点："6 个 90%"》。

庆分别位列前十强。深圳以华强北、深圳湾创业广场等为基地，创客队伍不断壮大，正在从"世界工厂"向"世界创新中心"转变。深圳的创客公司如柴火空间、创客工场、矽递科技等在国内外已具有一定的知名度和影响力（唐文，2015）。2016 年深圳市新增创客空间 81 家、创客服务平台 32 家、孵化器 12 家，累计培育了 66 家创客服务平台和 237 家创业孵化载体，7000 余台大中型科研仪器设备向社会开放共享[1]。深圳作为全国创新创业活动最活跃的城市，2015 年全国大众创业万众创新活动周开启，2016 年全国双创周活动以深圳湾创业广场为主会场，双创周活动吸引了大量青年创客的关注目光，活动周期间参观人数超过 41 万人次。为展示创客空间和创意成果、交流草根创新经验、对接创客项目、激发大众创业热情，深圳还举办了首届深圳国际创客周[2]。深圳之所以能够成为全球关注的创客中心、创业热土，一方面是政策上提供鼓励支持，另一方面是提供了多样化低成本的创业空间。

从深圳制造到深圳"智"造，深圳始终坚持保障实体经济发展、促进实体经济产业转型升级的根本理念。从 20 世纪 80 年代成立深圳科技工业园总公司，就模仿硅谷经验开始深圳高新技术产业的起步。发展到今天，深圳的 PCT 国际专利申请量连续十多年稳居全国第一位，在全球性的创新活动活跃的城市当中，深圳居第二名[3]。深圳的企业创新

图 1-11　深圳 1991～2016 年高新技术产业产值。深圳高新技术产业以电子信息产业为核心，带动战略性新兴产业的蓬勃兴起 | **数据来源：**《深圳统计年鉴 2017》以及相关公开资料。

图 1-12　深圳 2004～2016 年各类专利申请授权量。2017 年 PCT 国际专利申请数据显示，深圳累计 PCT 专利 69347 件，在全球创新能力活跃的城市中，仅次于东京位居第二，其中高新区是深圳发明专利申请集中区 | **数据来源：**《深圳统计年鉴 2017》。

---

[1] 资料来自 2017 年深圳市政府工作报告。

[2] 资料来自 2016 年 10 月 12 日搜狐网报道文章《全国"双创周"深圳开幕 中外创客比拼创意》。

[3] 资料来自 2017 年 4 月 28 日深圳新闻网报道文章《2016 年深圳知识产权统计分析报告出炉》。

能力及全球专利布局能力突出，形成了以南山区科技园、深圳湾超级总部基地、后海金融总部经济基地、留仙洞总部基地、大沙河创新走廊等为中心的高新技术产业集中区。

5. 特区一体化下的多中心建设

为满足紧约束条件下城市转型发展对空间的需求，1993 年启动对《深圳经济特区城市总体规划（1986—2000）》修编，市政府着力构建"大深圳"的格局。随即在《深圳市城市总体规划（1996—2010）》中突破传统的市区规划与城镇体系规划的二分做法，将全市纳入规划区，实现城市总体规划全覆盖。顺应城市自然地理格局特征，以及市场条件下城市开发的特点，深圳以原特区内为中心，以面向区域协调发展的西、中、东三条发展轴和以促进西联东拓的东、西两条发展带为基本骨架，构建了轴带结合、梯度推进的网状组团式空间结构，拓展形成了深圳的空间格局。

2010 年 5 月 27 日，国务院关于扩大深圳经济特区范围的批复发布。根据这一批复，自 2010 年 7 月 1 日起，深圳正式实施经济特区扩容，原特区外宝安、龙岗两区纳入特区范围，总面积由 395.8 km² 扩容为 1952.84 km²，增加了约 5 倍，深圳迎来了大特区时代。随后，市政府正式发布《深圳经济特区一体化发展总体思路和工作方案》，以基础设施建设为支撑，以光明、龙华、坪山、大运四大新城发展为依托，拉开了特区一体化下的大深圳建设。

深圳市委、市政府先后实施了两轮推进特区一体化建设的"三年实施计划"，投资重点为补足原特区外基础设施和基本公共服务等短板。根据《深圳市国民经济和社会发展第十三个五年规划纲要》，6 年来原特区外投资超过 8899 亿元，占深圳总投资的 70% 左右，高水平、高质量地推动了城市化，原特区内外的差距在逐步缩小。2017 年，新一轮的"三年实施计划"《深圳经济特区一体化建设攻坚计划（2017—2020 年）》发布，要求进一步加大政策、资源、人才等向原特区外的倾斜力度，到 2020 年基本实现深圳特区一体化。同年深圳开展特区一体化五年攻坚行动，全年政府投资 80% 以上投向原特区外及特区一体化项目。

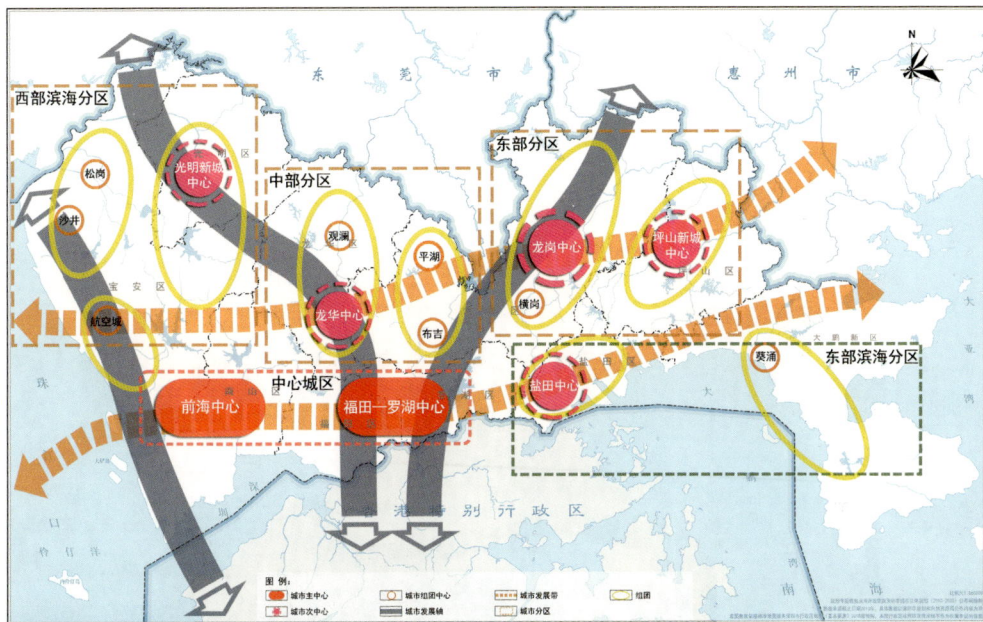

图 1-13 《深圳市城市总体
规划（2010-2020）》城市布
局结构规划图。此前的 1996
版城市总体规划构筑了原特区
内外一体化的基本框架，确立
了西、中、东三条发展轴线。
2010 版城市总体规划围绕城市
转型，进一步整合原特区内外
资源，调整布局结构，强化培
育多中心 | 图片来源：深圳市
规划和自然资源局。

特区扩容以后，基础设施建设的互联互通，尤其是地铁和高铁站的
规划建设，对深圳多中心的形成起到明显的导向作用。通过四通八达的
地铁网络建设，加大了各组团之间的联系，房地产投资热点区域随之不
断扩展，沙井、光明、坪山等原本城市边缘地带，逐渐成为新的城市功
能聚集区。

在城市中心服务体系构建及拓展方面，在陆续形成的罗湖中心区、
福田中心区、南山后海中心区、宝安中心区以及前海中心区的基础上，
随着地铁龙华线和深圳北站开通，改变深圳城市核心单向西漂的格局。
依托深圳北站，城市中心北拓，龙华区从福田后花园晋升为深圳北中心
区域。2016 年深圳提出"东进战略"，打造新的区域发展极，龙岗中
心城地位在大运会以后再一次得到强化，坪山中心区的建设开始全面提
速。随着城市空间西移、北拓、东进的拓展，城市空间逐步呈现为多中
心、网络化布局特征。各城区特色发展越发明晰，其中罗湖区侧重服务
业、创意产业高密度聚集，福田区侧重金融创新产业及文化综合统筹，
南山区加强完善公共服务、助推高新技术产业，宝安区以产业统筹强化
先进制造业，龙华区以片区统筹实现副中心建设，大鹏新区以生态保护
为主推动全境旅游发展等。

图1-14 2008年和2018年的深圳福田中心区。福田中心区面积约4 km²，1996年中心区城市设计方案全球公开招标，1998年市民中心、图书馆、音乐厅等大型公共建筑陆续开工建设。随着大量公共设施的建成并投入使用，大量金融机构陆续进入中心区，亚洲最大的地下铁路枢纽——深圳福田站的开通运营，福田中心区已成为市级乃至更大区域的行政、文化、商业、金融、交通枢纽中心 | **图片来源**：云发。

在这一格局下，深圳步入存量时代，不再以快速扩张为主要特征，而是进入土地、空间、社会关系和经济结构全面调整时期。各区陆续依据自身产业发展优势和特征，以城市更新为手段，补足公共服务的历史欠账、培育更具竞争力的优势新产业、提升社区发展服务能力。

6. 粤港澳大湾区的创新服务核心

2014年深圳市政府提出发展湾区经济，2015年中央提出"一带一路"倡议的顶层设计，2017年"粤港澳大湾区"被正式写入国务院政府工作报告，这标志着珠三角已经进入到世界级湾区竞争阶段。创新是整个粤港澳大湾区发展的核心驱动力，打造具有世界影响力的科技创新中心是未来大湾区的主要发展方向。当前大湾区已经聚集了相对完整的高科技产业链——深圳的科技创新力、香港的"世界窗口"、广州的高校资源、东莞佛山的制造产业。在中国未来发展的过程当中，在大湾区"煲一锅"创新驱动增长的"浓汤"，以此来完成中国经济发展下一阶段应该承

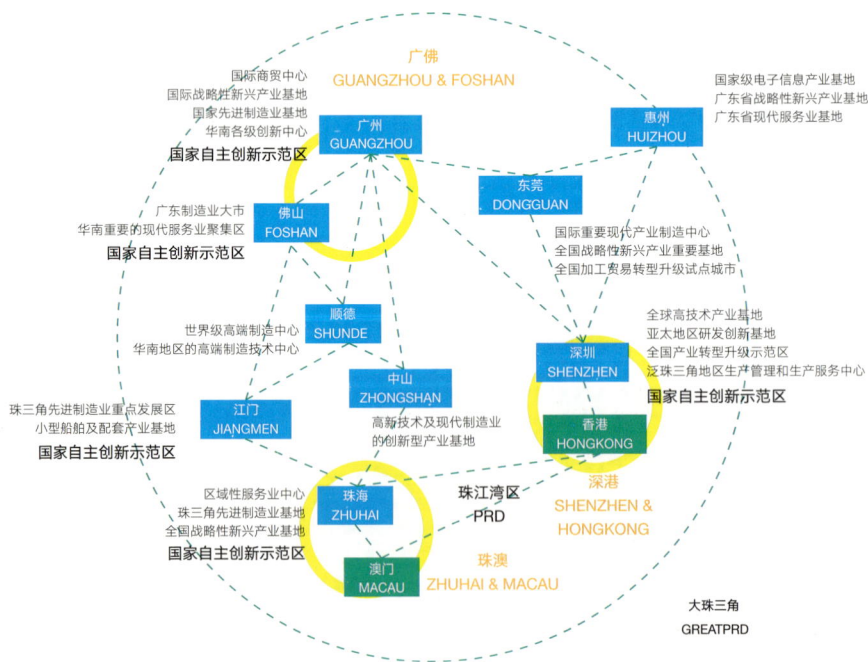

图1-15　随着粤港澳大湾区内高铁、桥梁、路网的内联外接，将带动人流、物流、资金、技术的区域流动，进一步加速产业的流动、集聚、创新。

担的使命 [1]。

在粤港澳大湾区的城市角色和分工中，深圳的科技产业创新能力、国家金融中心地位最为瞩目。随着后海湾区、前海蛇口自贸区、大空港片区等先后崛起，深圳在湾区的脊线价值日益凸显。深圳在粤港澳大湾区的整体布局中，担当了越来越多的聚能效应，华为、腾讯、中兴、大疆等一大批世界级知名企业已成为粤港澳大湾区的创新发展中坚力量，并带动一批企业集群式涌现，促使珠三角产业生态链形成规模和集聚效应。其中表现强劲的后海湾总部基地和深圳湾超级总部基地将成为整合总部经济和研发设计的高地；前海深港合作区则是粤港澳大湾区的重要

粤港澳大湾区"9+2"城市定位及经济总量比较　　　　　　　　　　　　表 1-2

城市名称	城市定位	市域面积（km²）	2017 年末资金总量（亿元）	2017 年度 GDP（亿元）
广州	国家重要中心城市，历史文化名城，国际综合交通枢纽，商贸中心，交往中心，科技产业创新中心，逐步建设成为中国特色社会主义引领型全球城市	7434	51369	21503
深圳	全国性经济中心城市和国际化城市	1997.47	69668	22438
东莞	国际制造名城、现代生态都市	2460	12498	7582
佛山	全国重要的制造业基地，国家历史文化名城，珠三角地区西翼经贸中心和综合交通枢纽	3797.72	14042	9550
珠海	国家经济特区、珠江口西岸核心城市和滨海风景旅游城市	1736.46	6929	2565
中山	珠江三角洲地区性中心城市、珠江口西岸交通枢纽城市、国家创新型专业制造基地、国家生态旅游城市、国家历史文化名城	1800.14	5414	3450
惠州	珠江三角洲地区性中心城市之一	11599	5486	3831
江门	中国侨都、海丝节点、粤港澳大湾区西翼枢纽门户城市、岭南生态儒城	9505	4272	2690
肇庆	珠三角连接大西南的枢纽门户城市	14891	2260	2201
香港	宜居、具竞争力及可持续发展的"亚洲国际都会"	1106.34	—	26626（亿港元）
澳门	世界旅游休闲中心	33	—	4042（亿澳元）

注：资金总量即金融机构本外币各项存款余额，反映一个城市对资金的吸附能力。
数据来源：2017 年度各地国民经济和社会发展统计公报。

---

[1] 资料来自 2017 年 6 月 22 日《新浪财经》报道文章《周其仁谈"粤港澳"大湾区：创新要有"密度"和"浓度"》。

图 1-16 深圳前海是粤港澳大湾区的重要服务支点，将打造深港两地产业和经济协同发展、制度对接的合作体系 | **图片来源：**大勇工作室。

服务支点和粤港澳深度合作示范区；通过 107 国道和广深高速将宝安区先进制造业和东莞的产业扩展基地聚合，成为湾区最具创新的"广深科技创新走廊"主体区域。同时深圳的产业、人才、技术、资本不断向珠三角及粤东西北地区外溢，成为区域的创新驱动核心。

2017 年 9 月《广深科技创新走廊规划》正式印发，强调要把以广深沿线为主轴的科技创新走廊打造成为"中国硅谷"，成为有能力对标甚至超越美国硅谷的"高速公路"。深圳科创走廊的主引擎，设想构建以"空港新城、高新区、坂雪岗科技城、国际生物谷"为核心的 4 大创新平台以及 18 个节点在内的科创空间格局。2019 年 2 月，《粤港澳大湾区发展规划纲要》颁布，明确要求着力打造粤港澳湾区，建设世界级城市群，打造高质量发展的典范。

随着"一带一路"实施及"粤港澳大湾区"战略的推进，对于新增土地及存量土地功能升级的需求在不断上升。事实上，深圳从南山高新科技园区到宝安先进制造基地，延展到东莞庞大的制造产业集群，直至广州科学城、大学城等，已形成中国最具活力的创新走廊。尽管科技创新走廊涉及的范围基本上已是城市建成区，但通过城市更新，这条大走廊可以源源不断地实现新动能的培育与机制创新实践，培育具有全球竞争力的科技企业。处于粤港澳大湾区核心地区的深圳，尤其需要通过城

市更新进一步提升产业链条的能级：一方面提供更为优质的城市服务，吸引更多的总部经济，使其在湾区经济中辐射能力更强；另一方面，维护差异化、多元化的创新生态，培育新兴产业，加快区域创新要素的流动。这反映出粤港澳大湾区真正竞争力在于研发服务支持下的产业链聚集，既要有高端的研发和金融服务，也要有相应的转化制造环节，才能共生成为强大的湾区经济共同体。

1.2 城市更新的缘起与发展

中国改革开放赋予了深圳不断创新的历史使命，在特区 40 年快速工业化和城市化发展历程中，土地与城市发展形成了紧密的互动关系。面对日益短缺的土地资源，迫使深圳不得不以城市更新去推动这一复杂关系向着有利于城市可持续发展的方向前行，得益于深圳高新技术产业发展累积带来的强大内生动力和粤港澳大湾区的区域辐射赋能，深圳得以在全域陆续开始集土地、产业、社会、空间等于一体的城市更新的探索与实践。

自 2005 年深圳首次面对"土地难以为继"的客观现实，全面启动城中村（旧村）改造伊始，城市更新就成为这个国内行政辖区面积最小的特大城市实现存量发展和创新引领的必然选择。

1.2.1 基于个案的探索

在 20 世纪 80 年代初期，深圳一些单体建筑开始改造，其后由政府组织对一些快速发展的地段进行改建，原村民为了改善居住条件也进行了一定的改造。其后从 20 世纪 90 年代中后期开始，旧村、旧工业区零星改造出现，逐步发展成较大规模的自发性改造。

这一时期的城市更新，多源于原权利主体自发改造行为，整体呈现出项目式、地块式的改造特征，改造规模较小，改造的政策与程序也无章可循。虽然当时原特区内外不同辖区确定了各自的改革试点和相应的改造计划，但基本都是摸着石头过河，边实践边摸索，政府对于改造项目一般采取一事一议的方式。

由政府主导最早启动的城市更新项目是罗湖旧城区改造，即东门老街改造，始于 1981 年。作为政府主动投入的第一个改造项目，曾经提出全部整体重建，后调整为以"建立保护格局、降低开发强度、突出公共服务"为改造目标（朱荣远，2000）。而由市场主导并获得多方关注的城市更新项目是上步工业区的转型。1994 年，万科下属的万佳百货进驻华强北，将原先的电子生产工业厂房改造为国内首个仓储式大卖场，随后万佳百货周边陆续聚集了服装、餐饮、电器等商业市场，华强北商圈时代自此开启。这之后，位于城市核心地区的旧村如罗湖蔡屋围村、福田岗厦村、南山大冲村和罗湖渔民村等开始了整体改造路径的探索。对于罗湖渔民村和福田渔农村这些改造成功的典型案例，政府在政策、规划以及资金方面不同程度给予了一定支持。但大多数旧村改造，比如罗湖蔡屋围村、福田岗厦村和南山大冲村等，面临的条件非常复杂，改造难度较大，因此在这一时期进展并不顺利。这时的旧村改造，缺乏指导性的政策、机制等方面的支撑，政府尚未形成统一的思路。改造采取的由市场自发开展的一事一议模式的可复制性较差，导致全面推进改造困难重重。

在这些改造个案推进的过程中，社会各界的关注点聚焦于如何认知这些在快速城市化过程中遗留的旧村以及新划定新村的发展问题。问题认知主要聚焦土地、空间、农村管理这 3 个方面。在土地方面，首当其冲的就是因土地权属不清和违法建筑盛行引发的对产权合法性的认定以及相关拆迁补偿标准的讨论；在空间方面，基本形成了新旧村不同使用功能的空间杂乱分布、公共服务设施和市政设施无法达到城市规划要求、人居环境质量低下的统一共识；在管理方面，逐步意识到社会治安管理任务的繁重，以及原农村集体经济组织管理能力提升的重要性。

从这个时期开始，旧村改造的思潮逐步兴起，专家学者从不同角度对旧村改造提出了思路建议。第一，强调改造的关联性和系统性。由于旧村改造牵扯较多问题，需要系统研究旧村改造的相关政策配套，统筹土地、规划、财政等多个相关管理部门并运用系统思维来解决旧村改造中存在的种种问题，将旧村改造纳入正规的城市管理渠道（刘满衡，2002；周林，2005）。第二，突出旧村问题解决的针对性。基于城市和农村在规划管理方面的差异，需要专门针对旧村规划及其管理制度进行研究，比如摒弃以村民宅基地为单位的"棋盘式"规划模式，构建集体股份公司社会支持体系，成立专门的城市更新主管部门，建立城市更新活动的监管机构和监管措施等（杜杰，1999；胡细银，2002）。第三，凸显利益协调的重要性。从平衡政府、业主和改造单位三者之间的利益关系入手，需要运用基准容积率、地价、房地产权调换与货币补偿结合等多种方式，破解旧村改造的难题（韩荡，2004）。

在旧村改造思潮的影响下，政府试图引导旧村改造并管理市场自发的更新行为。1991年，市政府组织成立了旧村改造领导小组及旧村改造办公室，全面统筹全市旧村改造工作，同时出台了零星政策，用以限制原村民改建行为并规范原村民新建行为。但是，由于当时基本政策面主要集中在对违法建筑进行封堵，对于旧村改造中"自下而上"产生的诉求缺少疏导，使得当时的旧村改造在上位政策层面缺乏足够的可实施性。

虽然在这个阶段政府的主导作用没能发挥出来，旧村改造办公室也因旧村土地退出困难、旧村管理问题复杂等被迫撤销，但是在当时政府财力有限的情况下，自发推动的旧城、旧村和旧工业区改造中市场力量引入的正面效果开始得以认可。因此在这个阶段后期，"旧改"工作逐步转向政府调控和市场运作相结合的思路上来，开始综合考虑产权、社会、经济等多元化因素的影响。

1.2.2 "四个难以为继"困境下的研究、规划与实践

随着城市经济的快速发展，超级生长的深圳在建设用地方面遭遇了瓶颈。公开数据显示，从1986年到2000年，深圳土地开发建成度已超过30%的公认警戒线，GDP每增长1亿元，土地资源消耗相应增长24万 m^2；而在同期，香港GDP每增长1亿港元，建设用地相应增长仅2000 m^2 [1]。相比之下，深圳土地资源利用方式明显是粗放、低效和不可持续的。

2001年初，《深圳市城市总体规划检讨与对策（1996—2010）》提出了深圳土地消耗过快、面临无地可用的警示，随后在深圳掀起了一波广泛而深刻的有关经济社会可持续发展的大讨论。如何在十分有限的

---

[1] 资料来自2015年2月4日《华夏时报》报道文章《深圳土地开发危局》。

土地空间上保持高速发展的态势，如何破解资源、人口、环境难题成为社会各界关注的焦点。2005 年 1 月，时任市委书记李鸿忠在市委三届十一次全会上首次提出，深圳面临"土地，资源，人口，空间"这"四个难以为继"，其中土地紧缺是"四个难以为继"的第一位矛盾，在城市无法外拓空间的客观现实面前，内耕"可再生的土地资源"成为启动城市更新的直接诉求。

城中村首先被纳入城市更新。城中村存在着错综复杂的土地权属问题，土地征转只是实现了名义上的国有化，原农村集体和原村民实际掌握着占全市建设用地总量超过 1/3 的土地，城中村成为土地问题最突出的代表。在当时的社会舆论下，由于城中村的法治管理和公共服务供给均游离于城市管理之外，城中村被视为城市环境的"毒瘤"。2003年深圳市政府相关单位组成联合课题组，形成了《关于我市违法建筑问题的调研报告》和《关于城中村改造的调研报告》。据该调研成果分析，当时深圳全市 90% 以上的违法建筑都遍布在城中村内，查处违法建筑必须与城中村改造联动。这一时期相关部门着手组织开展了对全市城中村（旧村）以及旧工业区的摸底调查，编制了《深圳市城中村（旧村）改造总体规划纲要（2005—2010）》《深圳市城市更新与旧区改造策略研究》《深圳市旧城、旧工业区改造策略研究》等，以城中村（旧村）、旧工业区为主要改造对象的城市更新成为当时的研究热点。

2004 年 10 月，深圳市政府召开全市查处违法建筑暨城中村改造工作动员大会，拉开了深圳城中村（旧村）改造工作的大幕。这次整治城中村违法建筑及城中村改造行动被视为深圳历史上政府决心最大、力

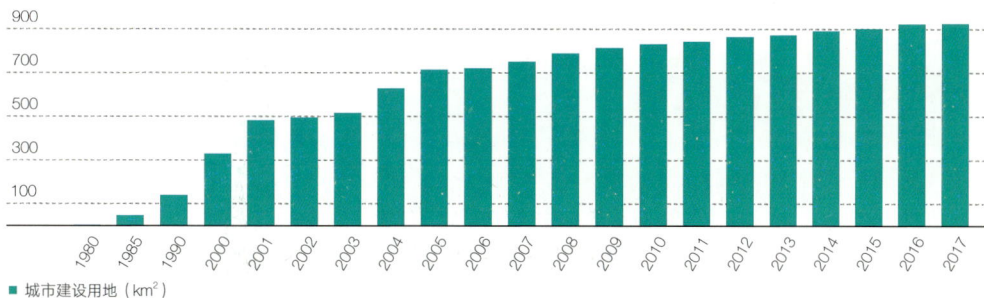

■ 城市建设用地（km²）

图 1-17　经历近 40 年的高速发展，深圳城市可建设用地几乎消耗殆尽。《深圳市城市建设与土地利用"十三五"规划》要求，至 2020 年全市建设用地总规模控制在 1004 km² 以内，新增建设用地控制在 87 km² 以内。**| 数据来源**：深圳统计年鉴及相关公开资料。

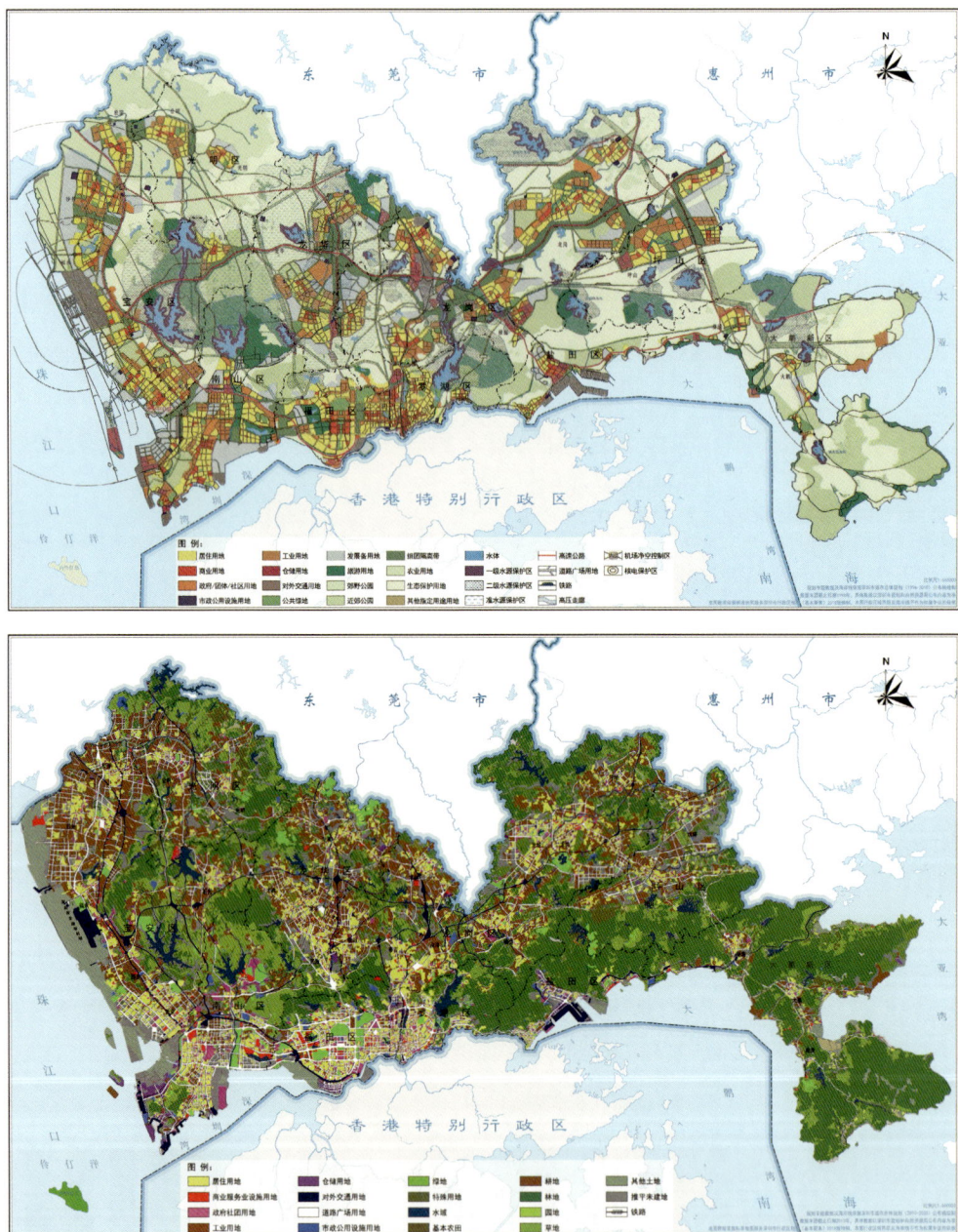

图1-18 深圳1996版城市总体规划用地规划图和2010版城市总体规划用地现状图的对比。当时原特区外的土地征收未到位,原特区外的旧村和工业区扩张迅速,远远突破规划建设用地的范围 | **图片来源:**深圳市规划和自然资源局。

度最强的一次行动。会上正式颁布了《深圳市城中村（旧村）改造暂行规定》，这成为深圳城市更新工作逐步走向规范化和制度化的开端。随后设立市、区两级专职机构指导城中村（旧村）改造工作，改造对象从原来的旧城、旧村扩展到城中村（旧村）等，改造范围也从原来以原特区内为重点扩大到全市层面，城中村（旧村）改造的探索从个案探索逐渐转向规模化推进。政府之所以对城中村（旧村）实施这次大手术，一方面是受土地资源紧缺的倒逼，另一方面也希望主动作为，以改造为契机，一揽子解决二元结构制度下城乡差异突出、土地权属混杂的困境。

2005 年是全面推进城中村（旧村）改造的开局之年，10 月由深圳市城市规划设计研究院（以下简称深规院）编制完成的《深圳市城中村（旧村）改造总体纲要 (2005—2010)》正式发布，这是深圳城中村（旧村）改造的第一个纲领性规划文件，标志着深圳城市规划重心开始从外延式空间扩张转向内涵式空间提升。

根据《深圳市城中村（旧村）改造总体规划纲要 (2005—2010)》，截至 2004 年 12 月底，全市共有 320 个原行政村，共有原村民住宅 35 万栋（占当时全市住房面积的 49%，容纳 520 万城市人口），总用地面积 93.49 km²，总建筑面积 1.06 亿 m²，建筑规模十分庞大。《深圳市城中村（旧村改造）中长期计划（五年计划）》中明确提出 " 争取在 2010 年前原特区内城中村的拆除重建规模达到总量的 20%，原特区外城中村的拆除重建规模达到总量的 5%，原特区外城中村综合整治的规模达到总量的 20% " 的改造目标。

在旧工业区改造方面，根据《深圳市城市更新与旧区改造策略研究》，将工业用地的更新改造根据目标要求区分为开发型、提升型、清退型、调控型这 4 种类型，当时初步统计深圳全市可能涉及城市更新改造的工业用地为 226 km²。具体包含：规划工业园区内的旧工业区 96 km²；城市中心区、轨道交通站点半径 500 m 范围内工业用地 30 km²；生态控制线内工业用地 33 km²；其他工业用地 67 km²。其中，涉及功能置换或者升级改造的工业用地为 193 km²，涉及用地清退的工业用地为 33 km²。随后《深圳市人民政府关于工业区升级改造的若干意见》（深府〔2007〕75 号）和《关于推进我市工业区升级改造试点项目的意见》（深府办〔2008〕35 号）相继出台，要求整合工业区布局，完善工业区功能配套，提高工业土地使用价值，加快推进旧工业区升级改造，促进城市可持续发展。

2010年8月国务院正式批复《深圳市城市总体规划（2010—2020）》。新一轮城市总体规划改变了常规以空间拓展为主的思路，提出由增量扩张转向存量优化。重点挖潜旧工业区、旧住宅区、城中村（旧村）的土地利用效能，运用城市更新、土地整备等多种方式，对土地进行统一管理，推动城市发展转型。规划到2020年城市更新改造用地规模达到190 km²，其中旧工业区改造规模为126 km²。

在相关规划的引导下，大量城市更新项目开始在政府和市场的共同推动下得以陆续实施，列入改造计划多年的罗湖蔡屋围村、福田岗厦村、南山大冲村等城市中心区域的城中村进入实质操作阶段并完成拆除重建。与此同时，成规模的城中村（旧村）综合整治也大量开展，如布吉大芬村、大鹏较场尾等，在政府的主导下完善市政公共基础设施，经过自发的建筑改造，注入了新的经济业态，两者分别华丽转身为大名鼎鼎的油画村以及极具人气的滨海旅游小镇。在城中村（旧村）改造中，相关政策明确鼓励国内外有实力的机构通过竞标开发或者参与开发城中村（旧村）改造项目，为房地产开发企业操盘城中村（旧村）改造打开了窗口。随后几年陆续建立起以华润、京基、卓越等房地产开发企业为代表的资本参与方与政府共同推进的协商机制，促进改造项目的实施落地。在旧工业区改造方面，政府选取赛格日立（深业上城）、天安数码、水贝珠宝等12个旧工业区升级改造项目作为试点，加大推动旧工业区的升级转型。

这一阶段，政府以更加明确的姿态加大对城中村（旧村）改造和旧工业区改造工作的统筹管理。政府在逐步清晰的政策框架内，组织各方力量深入分析城中村（旧村）和旧工业区的改造思路和改造模式，着力探讨政府和市场共同作用下的改造路径。同时关注到多元主体之间的利益博弈，系统思考城中村（旧村）和旧工业区改造过程中面临的产权处置、审批管理和公众参与等一系列问题，这些探索对于后续城市更新政策的出台奠定了坚实的基础。具体来看：

首先，城中村（旧村）改造和旧工业区改造研究的内容和深度有了较大提升。一方面，对城中村（旧村）的形成过程、原因、存在问题以及改造建议等开展了系统研究。其中2007年完成的《深圳市城市总体规划修编（2007—2020）》之《深圳市城市更新与旧区改造策略研究》

专题，首次以"城市更新"这一名词统一所有改造对象，包括城中村（旧村）、旧工业区、旧居住区、旧工商住混合区。该研究摸清了全市更新改造的家底，全面掌握了城市更新的空间资源潜力，对以往涉及更新改造的相关政策和机制进行了检讨和评价。面对改造中存在的问题，这一阶段主要针对改造政策适用范围不明确、市场诉求与政府意愿之间产生错位、相关改造政策之间衔接不足、土地权属问题未得到根本解决、违章建筑和违法用地现象没有得到有效控制、城中村（旧村）规划建设标准没有纳入城市规划体系、改造的经济目标比重过大及市场化程度与社会资本的参与程度不高、城市风貌设计缺乏特色等方面进行了深入分析。在以上问题判断的基础上，社会各界对城市更新的认知进一步深化，形成了"深圳的城市更新是城市化进程中的更新，与大规模城市建设同步""不断地推动城市更新将是深圳未来发展的一项长期任务"等若干共识（市委政策研究室课题组，2008）。另一方面，相关研究呈现出多领域、多视角的特点。针对城市更新的内涵认知、目标体系、法律保障、市场化运作等多个方面开展进一步研究，并且结合当时出台的相关政策，对城中村（旧村）和旧工业区改造路径进一步梳理和完善，对未来趋势进行合理判断。其中，在土地政策方面，强调关注产权处置（黄金，2006；张建荣，2007）、农村与城市融合（王如渊和孟凌，2005）、村集体股份公司职能转变（周锐波和闫小培，2009）等方面的问题；在规划管理方面，强化规划引导作用，加强城市更新专项规划的整合以及与产业规划、社会经济规划的协调（王卫城，2006），注重规划的连续性（马航，2007），建立公开公平公正的公示制度，为城市更新全过程提供咨询和监督（李江和王芬芳，2006）；在多元参与方面，运用博弈理论模型，明确政府调控作用，保障原权利主体的合法权益，适当遏制开发商获利空间，实现三者的利益均衡（王敏坚，2007）。随着深港城市＼建筑双城双年展的开展，与城中村有关的专题展览和论坛日益活跃，专业团队对城中村进行了更为综合的研究和讨论，涉及社会系统、住房保障功能、历史文化传承等多个角度，社会各界对城中村的认知也更为客观、多元。《关于做好市委市政府 2007 年度重大课题调研工作的通知》中明确将城市更新政策研究列为 2007 年度重大研究课题，强调推进全市"旧改"系列政策配套，为有序推进城市更新工作做好保障。该项研究的开展为其后制定城市更新办法提供了重要的研究支撑。总体来看，这一阶段关于深圳城市更新的研究内容更为丰富，研究层次更加深入，很多研究提出了指引性的政策建议，例如平衡市场诉求与政府预期、协调多元主体的博弈关系、明晰城市更新的法定规划体系等。

其次，出台城中村（旧村）改造和旧工业区改造的纲领性文件，主要包括 2004 年《深圳市城中村（旧村）改造暂行规定》和 2007 年《深圳市人民政府关于工业区升级改造的若干意见》。以上文件确定了城中村（旧村）和旧工业区的改造条件和改造方式，制定了改造计划和实施策略，并提供了一定的改造优惠政策。为了解决市层面城中村（旧村）改造政策在原特区外的不适应问题，在 2004 年出台的《深圳市城中村（旧村）改造暂行规定》及其实施意见的基础上，2006 年发布了《关于推进宝安龙岗两区城中村（旧村）改造工作的若干意见》和《关于宝安龙岗两区自行开展的新安翻身工业区等 70 个旧城旧村改造项目的处理意见》，宝安区和龙岗区也相继出台了各自"旧改"的实施细则，对具体政策进行了适应性调整，从而满足原特区外城中村（旧村）改造的现实需求。

再次，成立专门机构开展旧改工作。为了加强城中村（旧村）改造和旧工业区改造的统筹管理，2004 年全市成立了隶属于市规划国土主管部门的城中村（旧村）改造办公室，建立了统一管理架构，2007 年成立了市、区工业区升级改造领导小组办公室。对城中村（旧村）和旧工业区改造活动加强政府管控，同时对改造过程中相关主体的参与行为进行了更为清晰的指引，比如社区申请、实施主体参与等。

最后，形成城中村（旧村）改造和旧工业区升级改造的规划体系和相应的计划管理体系。在规划管理方面，构建全市改造规划总体纲要和改造专项规划两个层次规划，总体纲要侧重对全市城中村（旧村）和旧工业区改造工作进行总体部署，专项规划侧重对改造项目进行规划控制。《深圳市城中村（旧村）改造总体规划纲要（2005—2010）》第一次全面部署了城中村（旧村）改造的原则、目标、任务、模式、计划管理等内容，并明确提出 "各区政府负责组织编制城中村改造专项规划，经市规划委员会批准后，由各区人民政府负责组织、协调本辖区内城中村改造项目实施"。《深圳市工业区升级改造总体规划纲要（2007—2020）》对旧工业区改造进行了总体安排。城中村（旧村）改造以及旧工业区升级改造规划的具体内容逐步得以明确，编制标准及相关规则进一步明晰，改造规划逐步成为城市规划管理的重要内容。在计划管理方面，对城中村（旧村）改造实行两级（市、区两级）两类（综合整治类和全面改造类）计划管理，旧工业区升级改造计划实行市、区两级年度计划管理，相应计划与市层面的近期建设规划年度实施计划和年度土地利用计划进行了良好衔接。

相较于上一阶段来说，本阶段的工作不再局限于就"村"论"村"的视角，而是针对城市更新的各个方面开展了广泛的探讨，并且针对城市更新背后的利益关系和作用机理进行了深入的剖析。政府通过顶层设计推动城市更新、主动探索构建城市更新制度体系，相关政策的出台也为这一阶段的城市更新实践提供了支撑。

1.2.3 全面推进过程中更新制度生成

虽然上一阶段城中村（旧村）改造和旧工业区升级改造已经奠定了一定基础，但是土地历史遗留问题处理、土地出让制度的政策壁垒，以及政府、市场与原村民的利益关系协调等困难依然存在，城市更新规划编制成果的法定性及审批机制等尚未明确。因此，城市更新如何破解现行政策约束成为这个时期必须突破的瓶颈。

2008 年，广东省启动"三旧"改造行动，破除了存量土地再开发的政策壁垒。随后，2009 年在全国范围内影响广泛的《深圳市城市更新办法》正式出台，该办法作为一个阶段性的关键突破，成为深圳城市更新政策的基础和核心，为政府全面推进城市更新工作奠定了基础，它对全国的影响力近年愈来愈显著。这一时期，深圳城市更新以城市更新单元作为基本管理单位，实行常态申报，加速推动城市更新工作从个案探索走向全面实践；城市更新全面引入协商规划，政府作为制定规则、统筹规划的主体，以保障公共利益为重点，以协商规划为平台综合平衡各主体利益；城市更新政策不断深化，在规划目标的制定和实施途径的选择上，建设了一套既能保证公共利益和整体目标，又能容纳多元利益群体的目标和诉求的政策体系；构建了面向实施的城市更新技术和管理体系，加大对土地历史遗留问题的处理，细化规划编制要求以及实施管理程序；坚持政府引导下的市场化运作，由市场和政府共同推动城市更新；成立城市更新办公室，加大城市更新统筹管理等。

2010年7月1日，深圳经济特区正式扩容，宝安龙岗两区纳入特区，原特区外经济进一步发展的诸多羁绊得到进一步清除，深圳经济发展和城市转型迈入新的阶段。随着深圳完全城市化后，原特区内外协同发展开启，针对历史形成的存量建设现状，这一时期更着重在机制以及规划的指导思想方面进行应对，开展了一系列一体化研究，以求实现全市协调发展，城市更新工作在特区一体化的格局下得以全面发展。

在实践领域，随着政策体系的建立健全，市场逐步适应了城市更新项目的管理要求，申报开展的城市更新项目数量大量攀升。根据市规划国土委的数据统计，2004～2009年近6年时间里城市更新已完成单元规划审批的项目数量为50项，在《深圳市城市更新办法》（2009）出台后的2010～2012年仅3年时间里共审批127项。其中，在《关于申报2010年深圳市城市更新单元规划制定计划的通知》出台后，由于城市更新项目计划申报的要求以及市区两级相关部门工作的组织等相关内容得以明确，市场积极参与城市更新，市规划国土委一个月内共收到计划申报逾300项。2012年深圳全市存量建设用地的计划供应规模首超新增建设用地的供应规模，以城市更新为代表的存量土地再开发成为保障土地供应的重要力量。城市更新在实践中焕发出蓬勃的生机，契合市场需求的各种改造应运而生，各种探索积极开展。原特区内区位条件优良的几个大型城中村，比如水贝村、岗厦村、大冲村等，一批旧工业区综合整治试点项目，比如蛇口网谷、大鹏鸿华印染厂、罗湖艺展中心、宝安西乡臣田工业区等，加快推进改造。

在研究领域，随着国家层面城市双修、城市设计试点等工作的相继开展，学术界对存量发展时代的探讨持续升温。基于存量发展背景下的城市更新研究进一步开放，城市更新作为解决城市问题的综合手段，在公共政策导控方面的作用更加凸显。主要表现为：一是扩展研究对象。多元改造对象更为全面地进入研究视野，旧村、旧城、旧工业区、旧商业区等不同的实施路径进一步拓展。二是强化利益调控。城市更新涉及的利益调控探索日益深化，面对个别项目拆赔比突破上限、容积率点状突破、拆迁补偿高企等现象，提出要灵活运用各种调控手段以实现环境、经济和社会的综合平衡（赵若焱，2013），进一步厘清各方主体的博弈机制并且提供可行的政策依据（樊行等，2009；郭少帆和王成晖，2011；李文婷，2014），制定多元化、针对性的利益调控政策（邹广，

2015；敬宏愿和杨妍，2015；岳隽等，2016）。同时要重视低收入群体（如城中村租户）等的利益保障，通过政府调控满足该部分主体的利益诉求（赵若焱，2013；周彦吕等，2016）。三是突出规划计划管理。针对城市更新计划立项缺乏宏观指导、上层次专项规划管控力度不足的问题，提出需要探索将城市更新规划纳入现行城市规划管理体系的实施路径，进一步加强城市更新单元规划制度探索工作（吕晓蓓和赵若焱，2009；刘昕，2010；贺传皎和李江，2011；范丽君，2013；单皓，2013；李江和胡盈盈，2015；缪春胜，2016）。同时对城中村开展社区规划等进行有益探索，强化城市更新规划中针对突出问题如交通、产业、公共服务等的专题研究（刘应明和何瑶，2013；李启军，2015；田宗星和李贵才，2017）。四是加大多元协调。突出强调深圳城市更新市场化特点，聚焦多元协调模式，探索存量时代的城市治理模式，提出需要通过"自下而上"的参与式、协商式城市更新，促进社区、原权利人和市场主体在城市更新和城市规划管理中自治和参与决策能力的提升（秦波和苗芬芬，2015），从而提高市民在城市更新领域的参与能力和参与意识。在构建多元参与机制方面，构建多方参与平台和协商博弈机制，大力发展第三方组织形式（非盈利和非政府组织），联合行政机构、专家学者、其他相关部门和单位及民众，对城市更新进行广泛的讨论和沟通。五是立足系统改革。系统思考城市更新涉及的规划、产权处置、土地分配、利益协调、行为关系、历史文化保护、体制机制等多个方面，从改革的角度重视城市更新的系统性和区域性，从整体层面加强对个体项目的统筹，加大城市更新统筹研究（曹南薇，2013；樊华等，2015）。加强城市更新政策配套和体制机制建设，积极探索建立从中央到地方的法律、规章和实施细则一套系统的、多层次的法律政策体系，并以试点逐步推广（刘贵文等，2017），引导城市更新模式从行政管理向司法管理转变。加强多部门之间协同联动，设置多部门联合工作平台，做好衔接，共同指导城市更新的顺利推进。

　　整体来看，深圳在上一阶段思考的关键问题在这一阶段城市更新政策配套完善过程中逐渐得以疏解，而这一阶段面对的更加复杂和多元的问题，使得深圳城市更新研究不再局限于在政策框架内推进，而是根据城市发展和品质提升的需求，深入探索社会、经济、文化的持续发展。深圳的城市更新研究，已经融入存量时代城市治理的大格局。

　　这一时期，深圳城市更新规划体系进一步优化。在相关全局性规划制度完善的同时，建立了城市更新五年专项规划和城市更新单元规划的管理体系。一方面，为了适应更加广泛的城市更新需求，市规划国土委组织编制了两轮城市更新五年专项规划，同步开展城市更新计划的常态申报，推动更新项目滚动式发展。另一方面，细化、深化城市更新单元规划编制技术管理工作，进一步发挥单元规划的有机性、灵活性和适应性。

　　城市更新工作机制进一步理顺。市城中村改造工作领导小组更名为市城市更新领导小组，市城中村改造工作办公室更名为市城市更新办公室，划归市规划国土委管理。2014 年 9 月，市城市更新办公室更名为市城市更新局，统筹推进全市城市更新工作。同时，对市政府相关部门以及各区政府在城市更新工作中的职责进行了明确。

　　城市更新政策体系走向制度化建构。《深圳市城市更新办法》(2009)提出了城市更新的概念，适用范围覆盖了各类旧区，提出多种改造模式和改造方式，首次设立城市更新单元规划制度，重视公众参与及合法权益保障，有机衔接相关政策，实现城市更新的一大跨越。随着城市更新主干政策的建立和完善，相关配套政策也在不断丰富和发展，为全市的城市更新活动提供了良好的政策基础。与此同时，配套政策的完善需求和大量的实践案例反馈也引发管理机构更加系统和多元的思考，不断创新与完善城市更新单元规划制度、历史遗留问题处置政策、拆迁补偿协调机制以及市场主导实施程序等。

　　总体来看，深圳城市更新的研究与政策的出台和项目的实践这三者紧密互动。大批研究成果为解决这一问题提供了思路，这些思路结合实践的校核进一步上升为政策规则，后续在政策实践应用中出现的问题又成为相关研究的对象。在城市更新演变发展的动态过程中，研究开展、政策制定和实践推进这几个方面互为支撑、相互促进，共同搭建了城市更新制度建构和完善的路径。

1.2.4 更新体制机制的进一步改良

　　随着深圳市辖各区城市更新工作的深入开展，城市更新需要解决的矛盾各不相同，城市更新诉求不断差异化呈现。2015 年 8 月政府发布第 279 号令《深圳市人民政府关于在罗湖区开展城市更新工作改革试点的决定》。该决定将市规划国土委等 9 个职能部门涉及城市更新项目相关的包括行政审批、行政确认、行政服务、行政处罚、行政监察等职权，下放到罗湖区行使，从而在区级层面实现审批统筹和一站式服务，自此深圳城市更新管理工作的重心开始下放，走上一条强区放权、简政提效的体制改革探索之路。

　　改革后最直接的效应就是城市更新项目审批环节大大减少。改革前城市更新审批要经过区政府、市规划国土委各管理局、市规划国土委和市政府四级，改革后减少了市规划国土委各管理局和市规划国土委两个层次，市规划国土委各管理局和市规划国土委全程提供政策和技术咨询，并根据试点情况及时调整优化全市层面的城市更新专项规划和相关政策及各类技术规范和操作指引。经过资源整合和流程再造，城市更新项目的审批环节由 25 个压缩至 12 个，审批时间进一步被压缩。各区在城市更新强区放权改革的过程中，大力推动更新政策的配套，不断提升更新管理的服务水平。以罗湖区为例，2015 年 10 月罗湖区政府制定出台了《罗湖区城市更新实施办法（试行）》，2015 年 12 月制定罗湖区城市更新项目"一站式"审批服务流程图，2016 年 3 月制定《罗湖区城市更新业务办理指南》，2016 年 5 月制定出台《罗湖区城市更新重点项目认定办法》，启动编制《罗湖城市更新操作手册》和《罗湖区旧住宅区城市更新若干规定》等，从 2016 年 7 月起推出"城市更新开放日"，每两周举办一次[1]。

　　2016 年 10 月，《深圳市人民政府关于施行城市更新工作改革的决定》（深圳市人民政府第 288 号令）及其实施意见出台，进一步推动城市更新领域强区放权，实行城市更新工作改革。原由市规划国土委及其各管理局行使的大部分城市更新项目的职权调整至各区政府行使，更新管理工作进入市级统筹、区级决策的工作模式。强区放权的目标，是强化区政府结合地区发展实际、主动引导城市发展、综合整体改善城市环境的重要作用，在提质提效的基础上，将城市更新作为直面市场与公众需求的一项公共政策予以深度推进。在城市更新强区放权的背景下，各区开启了差异化、定制化的城市更新的探索。

---

[1] 资料来自 2016 年 8 月 26 日《中国经济导报》报道文章《罗湖城市更新 再造新"深圳速度"》。

1.3 城市更新的推动力

　　深圳城市更新不仅是城市转型发展的重要手段，也是城市社会经济发展的重要路径，是城市多年来在经济发展、社会管理、城市治理等方面的综合抓手。深圳依赖市场、产业、土地、财政等要素的推动，在全国率先全面推进城市更新。这其中，有些要素反映了城市发展的基本特征和主要规律，有些是城市长期积累的政策基础和操作平台，有些是应新形势需求的制度创新。

1.3.1 快速更新迭代创新的产业

　　产业是深圳的经济基石，深圳成立 40 年以来已经完成了 3 次重要的产业升级转型，构建了完善的产业生态链。深圳目前已经形成了较为合理的梯次型产业结构——战略性新兴产业、未来产业、现代服务业及传统优势产业，共同构成深圳经济发展的"四方面军"[1]。

　　随着深圳产业的跨越升级，在空间综合资源配套上要求对产业发展进行积极响应与引导（李启军，2015）。深圳产业高效的更新迭代使得新兴产业和高增值产业对用地的需求巨大，而大量的带有集体经济属性的工业区利用效能低下，用地分散无序、容积率低、基础配套设施不完善。根据市规划国土委有关数据，截至 2009 年，深圳 5000 m^2 以上

---

[1] 资料来自 2016 年 2 月 27 日《深圳商报》报道文章《深圳制造业不存在"倒闭潮"》。

的工业园区有 3881 个，这些数以千计的产业园区是深圳产业转型升级的重要资源保障。如何引导低效工业区升级改造，拓展产业发展空间，成为深圳城市更新的重点。

产业结构升级的表现呈现出多元化的样貌。华侨城创意产业园、罗湖笋岗艺展中心、蛇口网谷、大鹏艺象 ID TOWN 等是旧厂房综合整治成功转型升级的代表。其中蛇口网谷通过综合整治改造，吸引互联网、电子商务、软件开发等企业进驻，苹果中国南方研发中心亦选址在此。现行《深圳市城市规划标准与准则》（简称为《深标》）在工业用地分类中新增创新型产业用地（M0），继而在城市更新中予以企业更大的自由度，予以产业园区更多的复合功能。龙岗区的天安云谷作为深圳首宗规模最大的"工改 M0"拆除重建类城市更新项目，建成后可提供产业用房 140 万 m^2。目前，项目一期已建成使用，引进了一批包括华为在内的知名企业与上市公司总部、研发中心入驻。

珠三角地区的东莞、佛山、惠州、中山等地作为"同根同制"的产业统筹协调地区，为深圳产业转移及区域性创新企业研发总部聚集提供了良好的开放流动大平台，人员和物资通过区域快轨和市域轨道交通的高效组织衔接，基本实现了 1 小时交通圈，资金、信息更是助推了流动的效率和能量。开放的本质是流动，经济要素只要动起来，经济就会变活[1]。区域资源间的流动可以有效缓解深圳要素成本高、科技创新型企业运营成本高、技术人员生活成本高等问题，同时增强科技和产业的

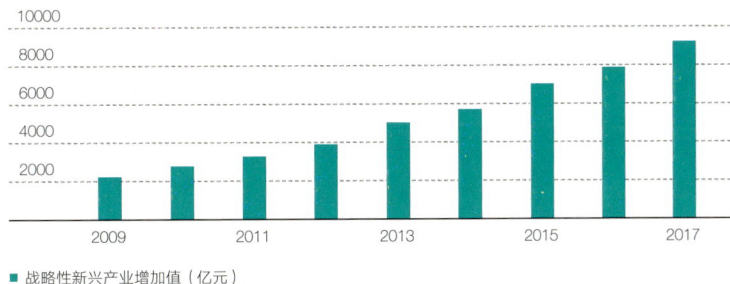

图 1-19　深圳 2009~2017 年战略性新兴产业增加值 | **数据来源**：《深圳统计年鉴 2017》和深圳市政府 2016 年工作报告。

[1] 资料来自 2017 年 7 月 13 日《南方周末》报道文章《郑永年：不仅要有地理上的大湾区，还要有制度上的大湾区》。

集聚效应与辐射效应。表现在空间上，适应上述高流动性、多样化的空间供给往往通过城市更新得以实现。

对标国际一流大都市圈高端化、区域化、国际化职能，深圳面临的是狭小的发展空间和快速提高的运营成本，不得不通过城市更新实现空间的再次重构，为产业发展提供空间保障，强化文化创意、金融服务、科技创新、总部经济等核心职能，形成强大区域势能效应。正是这些极具活力的高新技术和创新产业园区的不断兴起，才使得深圳的城市更新一开始就不同于简单的环境改造，而是紧密结合创新种子的培育以及明星级企业的扩大，一方面提供新增产业空间，一方面提供多元的服务设施与环境。新兴产业通过城市更新获得空间和服务支持，原有产业借助城市更新空间增量转型，并获得更高的服务能级。

1.3.2 创新突围的土地政策

土地制度改革是深圳改革创新的核心组成部分。建市近 40 年来，深圳土地管理制度一直先行先试，做出了勇敢而卓有成效的探索。深圳土地政策的创新突围主要在以下两个方面交织演进，一个是国有土地的市场化配置，另一个是原农村土地的优化管理。

在改革开放初期，1987 年《深圳经济特区土地管理条例》实施，深圳率先探索土地有偿使用制度改革，直接促成了国家对宪法和有关法律法规的修改。率先推行土地"招拍挂"出让，不断深化土地资源市场化配置。随着《深圳经济特区土地使用权出让办法》《深圳经济特区房屋租赁条例》《深圳土地征用与收回条例》《深圳市土地交易市场管理规定》等政策的相继出台，逐步构建了较为完善的土地房地产交易管理体系。

与此同时，深圳对原农村土地管理的强化，从特区成立初期就开始了，一直延续在城市化发展的整个脉络当中。1986 年《关于进一步加强深圳特区内农村规划工作的通知》确立了原特区内城中村用地红线制度，将城中村最大程度控制在红线范围内，有效防止了城中村的蔓延生长。1992 年《关于深圳经济特区农村城市化的暂行规定》和 1993 年《深圳市宝安、龙岗区规划、国土管理暂行办法》，以及 2004 年《深圳市宝安、龙岗两区城市化土地管理办法》，通过土地统征和统转实现了原特区内外土地全部国有化，为城市快速发展提供了土地资源保障，这些政策也成为界定原农村土地产权归属的基本依据。为了保障城市化过程中原村民和原农村集体的发展，政府通过划定非农建设用地、落实征地返还地、提供扶持发展用地等多种形式给予原农村一定数量的合法用地。随着经济持续快速发展带来的旺盛住房需求，原村民和原农村集体在巨大的经济利益驱动下不断进行房屋的加建、抢建，合法外用地和历史遗留违法建筑不断增加。政府不断出台相关政策予以管制，2001 年"两规"政策和 2009 年"三规"政策的出台，为历史遗留违法建筑的产权确认提供了主要的解决路径。2009 年政府全面启动城市更新，加大探索运用新的确权路径来解决原农村土地合法化问题。2012 年国土资源部和广东省人民政府联合批复了《深圳市土地管理制度改革总体方案》，这被称为深圳历史上的"第三次土改"。这一轮改革的重点主要围绕存量土地再开发这一核心来展开，城市更新、土地整备、产业用地供给等政策在这一轮改革中不断突围，将全部土地纳入合法化、市场化的轨道成为深圳城市发展的重要基石。

权属来源	管理要求		
原村集体红线用地		原特区内划定旧村 / 新村红线	按城中村用地处理
旧屋村用地			旧屋村范围认定
非农建设用地		1993 年宝安区划定非农 1998 年龙岗区划定非农	2005 年调整划定，宝安重新划定，龙岗补足划定	落实非农建设用地指标 优化非农建设用地落地
征地返还地	对征收的集体土地给予一定比例的返还地	对征收的集体土地给予一定比例的返还地	落实征地返还指标
已按历史遗留用地政策处理用地		2001 年"两规"处理	2009 年"三规"处理	"试点办法"处理 产业类和公共配套类处理
未征未转土地			运用城市更新和土地整备政策处理
发展阶段	1980 ~ 1991 年 特区设立之初	1992 ~ 2003 年 原特区内城市化 原特区外撤县建区	2004 ~ 2009 年 原特区外城市化	2010 年至今 特区一体化

图 1-20　深圳城市化进程中原农村土地权属管理。

1.3.3 充沛持续的公共财政投入

充沛的财政资金是深圳对基础设施建设不断加大投入的强力保证。2017 年深圳一般公共预算收入达 8624 亿元，其中中央级收入 5292.4 亿元，增长 11.1%；地方级收入 3331.6 亿元，同口径增长 10.1%。全市一般公共预算支出 4595 亿元，增长 9.1%，完成年初预算的 99%，支出进度创历史新高 [1]。

重大基础设施建设对城市发展至关重要，深圳一直将基础设施建设放在重中之重的位置，投入大量公共财政建设高铁、地铁、公路、口岸、学校、医院、公园等配套设施。以南山区深圳湾片区为例，随着深圳湾滨海公园、深圳湾口岸、深圳湾体育中心的陆续建成，迅速带动周边土地获得高质量的开发，目前该片区已发展成为高新技术产业、总部经济以及高端住宅的集聚区。

随着轨道枢纽、高铁站、口岸等大型区域性交通设施的高效运行，大大推进了原特区内外交通基础设施的完善和交通环境的提升，改变了深圳尽端式地理区域的不利局面，这不仅疏通了特区一体化发展的经脉，也带动了周边地区经济要素的流动、土地价值的提升。2016 年国家《中长期铁路网规划》确立了深圳国家铁路枢纽城市的定位。深圳目前形成了罗湖站、布吉站、深圳北站、福田站、前海枢纽、坪山站、光明城站等多个铁路枢纽，同时，还开展了西丽、机场东、平湖三大铁路枢纽的规划设计工作。铁路建设进一步带动周边地区活力，实现土地升值，也促使周边临近的东莞、中山、惠州等地资源与深圳互动，逐步构筑了深圳外溢发展的战略支点，推进环深大片区的布局。

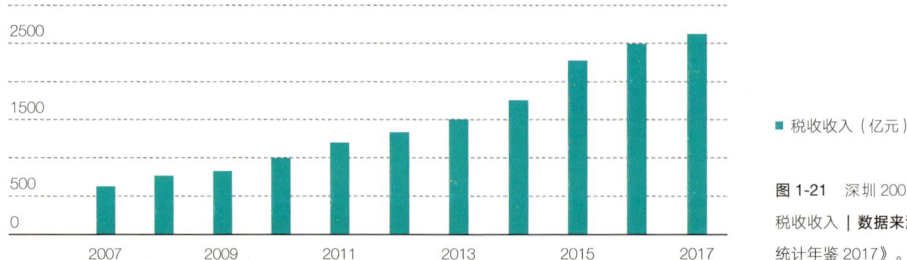

■ 税收收入（亿元）

图 1-21　深圳 2007～2017 年税收收入 | **数据来源：**《深圳统计年鉴 2017》。

[1] 资料来自《2017 年深圳市预算执行情况和 2018 年预算草案的报告》。

轨道交通成网运营大大促进了特区一体化进程，提升沿线周边地区城中村、旧村、旧工业区的土地价值。截至 2016 年底，深圳共有 8 条地铁线路、198 座车站，运营线路总长 285 km。目前，深圳地铁所辖线路累计日均客运量达 428 万人次，公交分担率达到 42%。到 2035 年，深圳将形成 33 条线路、总里程 1335 km 的轨道网络，为目前已开通里程的 4.7 倍 [1]。深圳地铁网络的不断延伸完善，购房或者创业的热点区域随着地铁开通或即将开通的区域而不断扩展，引发了以往边缘地带城市更新的需求，而轨道站点周边 500 m 范围内因具有高土地价值成为城市更新的重点选择区域。

区域高速公路网的内联外接，促进沿线经济开发带的形成和崛起。深圳、东莞、广州的区域联结通道——广深高速和沿江高速对于三地沿线产业发展的拉动作用巨大，是打通三地信息制造业、现代物流业的大通道。正在建设中的深中通道，是连接珠江东岸的深莞惠与西岸的珠中江两大城市群唯一的陆路直连通道，同时又是连接深圳前海—蛇口、广州南沙和珠海横琴这三大自贸试验区的战略通道，这一通道的建成将加

图 1-22　深圳轨道交通线网规划方案示意 | **数据来源：**根据《深圳市轨道交通线网规划 (2016—2035)》（公示方案）、《深圳市城市轨道交通第四期建设规划（2017—2022 年）》公布稿，广东省综合交通运输体系发展"十三五"规划公布稿进行绘制 | **图片来源：**深圳市规划和自然资源局。

---

[1] 资料来自 2018 年 8 月 27 日《南方网》报道文章《下一站 2035 年，深圳将拥有 33 条地铁线路，总里程 1335 公里》。

快人流、技术、信息、物流、资金在珠三角区域的流动。

1.3.4 拥有强大建设运营能力的房地产企业

深圳是中国房地产市场化的起源地。20 世纪 80 年代初，蛇口工业区率先实行职工住房商品化，政府投资开发东湖丽苑等涉外房地产项目，销售对象为当时的港人、华侨。随后政府从香港引入房屋预售制度，成为国内首个实行楼房预售的城市。1992 年之后，深圳在全国率先开发建设商品房小区，较快解决了居住配套，有效改善了城市面貌，出现了一大批开发质量和综合水平领先于全国的居住小区，不仅发挥了改革排头兵的示范作用，也为城市建设积累了资金，有力推动了城市发展。以上一系列创举激活了城市的发展建设，一系列房地产市场化经营不仅催生了本地一大批房地产企业，也吸引了大量的国内外投资。深圳房地产企业作为中国房地产行业的开拓者，在专业化中发展，在多元化经营中壮大，具有较强的资源整合能力及创造个性产品的能力。华侨城的旅游地产、招商的产业地产、华润的万象城综合体、万科的"云地产"等产品线模式，在全国各地陆续推广。

深圳房价从 20 世纪 80 年代的每平方米一千多元一路上涨到目前的五万多元均价。近十年房价涨幅位居全国所有城市首位，总体上涨508.5%、年均上涨 20.4%[1]。作为全国人口密度最高以及人口净流入的城市，每年源源不断地涌入人口带来持续购买力，使得深圳房屋供应紧缺，需求旺盛。根据 2013 年住房调查，深圳全市的存量住房为：住房总量 5.2 亿 m^2、1035 万间套。其中，商品房 11941 万 m^2，约 128 万套；政策性保障性住房 2793 万 m^2，约 34 万套；单位及个人自建住房 4721万 m^2，约 55 万套；原村民集体经济组织自建、合建房 26006 万 m^2，33.44 万栋，约 650 万套间；工业区配套宿舍及其他 6549 万 m^2，168万套间 [2]。对应深圳官方统计一千多万的常住人口，市场供应的商品房和政府提供的保障房显然缺口巨大。尽管持续走高的房价使得开发商可以消化高昂的拆迁赔偿成本，但是也同样面临开发强度过高带来的人居

---

[1] 资料来自 2016 年 2 月 26 日《中国证券报》报道文章《清华报告：深圳房价 10 年上涨 508%，年均涨 20.4%》。
[2] 资料来自《深圳市住房保障发展规划 (2016–2020)》。

环境质量下降的风险。

　　深圳新增土地供应极其有限，城市更新项目成为房地产开发企业获取土地、进行房地产开发的主要渠道。深圳目前有13家一级房地产企业、800多家房地产企业，几乎所有的企业都不同程度地投入资本，介入城市更新项目。不同房地产开发企业依托自身的优势，培育并发展了不同特色的城市更新项目。当"房子是用来住的、不是用来炒的"相关政策

图 1-23　深圳 1985～2015 年商品房（住宅、办公楼、商业用房）销售面积 | **数据来源**：《2016 深圳房地产年鉴》。

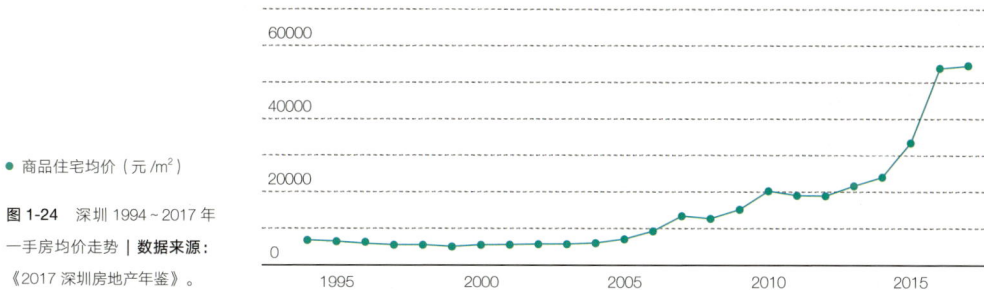

● 商品住宅均价（元 /m²）

图 1-24　深圳 1994～2017 年一手房均价走势 | **数据来源**：《2017 深圳房地产年鉴》。

深圳城市更新项目占房地产市场供比　　　　表 1-3

年份	城市更新供应商品房（万 m²）	房地产供应占比（%）
2011	91	21
2012	148	23
2013	290	35
2014	256	35
2015	436	47
2016	297	43
2017	260	50

数据来源：深圳市规划和国土资源委员会公布的相关信息。

出台，深圳房地产开发企业以其敏锐的商业触觉拓展发展路径，通过对城中村、原农村集体厂房、工业仓储等存量空间进行内部提升，将其改造为青年公寓以提供给深圳引进人才及上班族群。目前已有深业、万科、金地、招商蛇口、华润置地等房企，依托自身产品和物业服务能力，布局长租公寓，市场已形成万科泊寓、万科万村、深业柠盟、金地草莓社区、招商蛇口壹栈等品牌。此外产业类城市更新培育了产业运营这一新型房地产业务，改变了原有产业用房一次性建设销售的模式。通过增加物业自持比例，依靠更加富有前瞻性的前期研究、更精细化的空间设计、更丰富的共享公共设施，房地产企业形成了具有黏合性、综合性、生长型的产业地产运营产品。

1.3.5 成熟的市场经济体制

深圳经济的高速发展得益于政府尊重市场规律，产业更多是适应市场的需要自发升级。同时，政府以前瞻性的眼光适时推出政策助推经济转型：从"三来一补"的劳动力密集型产业向高新产业转变，从低附加值的电子工业转向高附加值的信息产业，大力培养更具技术含量、更具规模效应的高科技产业。成熟的市场经济是自下而上生成的，这离不开政府顺势而为，对市场趋势进行恰当的回应，以规划引领、税收优惠、公共服务、宏观调控和中长期计划制定、公平的规则、激励创新等手段增大市场动力。华为董事长任正非曾说："创新是企业的事，政府不要管，政府就是搞好环境，保护好知识产权"[1]。深圳的创业密度居全国大中城市首位，创业环境领先主要体现在政府干预少、优惠政策多，创

图 1-25　深圳 2004 年、2008 年、2013 法人单位个数 | **数据来源：**深圳统计局网站普查公报。

■ 法人单位总数（个）

---

[1] 资料来自 2016 年 5 月 17 日《南方日报》报道文章《让市场配置资源发挥好政府作用》。

业者机会多。政府在成熟的市场经济体制下不断创新制度，提供了良好的创业发展环境。法治化、市场化——其实政府只要管住这两条堤坝，让企业在堤坝内有序运营（陈远鹏，2016），同时政府建立好规则，在法治化和市场化方面为企业提供最有力的保障。深圳的政府与企业正是形成了这样一种共生互补的良好关系，让企业在激烈的竞争中得以享有健康稳定公平的发展机会。

2013 年深圳率先在全国启动商事登记制度改革，这是发挥市场在资源配置中决定性作用的一项重要改革。深圳商事登记制度的改革，进一步创造了优良的营商环境，减轻了企业负担，激发了"大众创业、万众创新"的热情，商事主体表现出快速的增长。

当城市更新这个新生事物在深圳全面铺开时，政府同样以"自下而上"的市场化的方式予以应对：政策法规上保障，利益上多方协商，开发上引入资本。政府负责制定并完善城市更新法规、政策和制度框架，不断修正以适应不断变化的市场环境、产业提升、住房保障、公共利益等需求。

第 2 章

城市更新的特征识别

当前涉及城市更新的相关概念术语较多，不同术语应用的背景和针对的主要对象、目标、模式等存在一定差异。但是作为城市发展的一种模式，城市更新往往呈现出多元性、综合性、整体性和动态性等属性，并且这些属性随其生长的环境不断扩展、调整和优化。本章从对城市更新的共通特征识别出发，进而在分析我国典型城市或地区城市更新要点的基础上，重点探讨深圳城市更新的三大特征——市场化、协调化和法制化。

2.1 城市更新的共通特征梳理

　　城市更新涉及很多定义，无论是从广义还是从狭义来看，城市更新的出发点在于不断解决城市存在和新产生的问题，是一种城市发展的模式。随着不同城市发展阶段城市更新内涵的丰富，相关表述日益细分，典型的有城市再开发、城市再生、城市复兴、城市更新、城市再活化、旧城改造、棚户区改造、城市土地整理等。这些不同用词强调的是城市更新在对象、目标、路径等方面的差异，究其内生动力，是从不同角度展开的对城市不同时空尺度的再塑造，这种塑造的过程让城市获得新的生命力。正如彼得·罗伯茨（Peter Roberts, 2000）所言：城市更新是一种综合和全面的愿景及行动，它意图解决城市问题，并力求为一直受到改变的地区经济、物质、社会和环境条件带来持续性的进步。

　　虽然不同的国家、地区、城市在不同的时代结合自身的特点演绎着不同的城市更新，使得城市更新呈现出多姿多彩的样貌。但是，在国内外城市更新发展演进的历程中，可以发现各地的城市更新基本呈现出多元化、综合性、整体性和动态性的典型特征。其中，多元化主要体现在更新对象多元、更新目标多元、参与主体多元、实施路径多元以及利益博弈多元等；综合性是指城市更新涉及经济、社会、文化、空间、土地、景观等多领域，多类因素关联互动；整体性要求城市更新作为一项系统性活动需要将不同的领域进行整体统筹；动态性则是指伴随着城市的发展，城市更新的理念、内容和政策等在实践活动中不断变化和调整。

2.1.1 城市更新具有不同维度多元化特征

1. 城市更新对象的多元化

根据多样的分类方式，可以区分不同的城市更新对象。根据改造对象的实体特征，可以区分为物质空间和非物质空间，物质空间主要包括土地、建筑、设施、环境等，非物质空间一般涉及邻里关系、经济联系、社区网络、空间感知、人文环境、文化气息等。根据改造对象的使用功能，可以分为旧城区、旧工业区、旧商业区、历史文化街区等。根据更新前土地开发利用的程度，可以区分为低效土地、空闲土地、高强度开发土地等。根据不同地区房屋建设的特殊形成过程，还可以区分出一些特殊的对象，比如贫民窟、棚户区、城中村等。

城市更新对象多元化的背后，反映出城市更新改造诉求的多样化。包括有：基于物质环境整体改善的居住区拆除重建、侧重建筑清理重建的景观衰退地区再造、旨在实现邻里复兴的贫穷社区更新、基于经济复兴的旧城中心活化、基于文化发展的建筑遗产保护和再利用、基于土地资源挖潜的"棕地"再开发和土地整理、基于产业发展的旧工业区转型、基于人文主义关怀的社区多维度更新、基于解决城市化过程中特殊二元矛盾的城中村改造等。

随着人本主义和可持续发展思想的兴起，城市更新的对象向着社会、经济、环境、信息等多视角延伸。

2. 城市更新需满足多个目标

城市更新的目标不仅仅局限于单纯的物质空间改善，更多体现了社会、环境、经济、文化、历史等多元目标（姜杰等，2013）。伴随着城市更新理念的不断发展变化，大拆大建式的城市更新模式受到越来越多的质疑，取而代之的是更加综合的更新目标和手段。城市更新不仅追求物质空间改善带来的城市结构和环境优化，协调解决利益相关方的矛盾，关注产业引入带来的城市经济活化，而且强调人居环境和就业岗位的改善带来的人口素质和文明程度的提高，最终希望实现城市的可持续发展。城市更新的目标主要体现在：

注重公共利益落实。城市更新需要提供多样的公共设施、文化感知、休闲体验等满足人们日益多样的需求。城市更新的本质和根本目标是提升和改善城市整体社会福祉（姜杰等，2013）。在这一过程中，城市更新需要针对不同主体的生理和心理需求、就业机会的变化、城市更新带来的生活成本变化、社会各阶层公平分享城市化收益等领域提供更为广泛的响应（顾哲和侯青，2014；刘天河和易纯，2016）。

促进经济发展和拉动产业提升。城市更新过程中，针对物化空间的改善，不仅可以带动建筑业、制造业、运输业、通信业、服务业、管理业等多种传统产业的发展，还可以进一步促进低碳技术、绿色建筑、信息技术、海绵城市等新兴产业的发展，从而在促进产业升级转型的同时推动经济进一步增长。

延续历史文化传承。城市更新改造的对象往往保留着在此居住或者工作过的人们的精神寄托，具有一定的历史记忆和人文气息。城市的历史文化作为时代的缩影，是在不同价值观影响下进行的判断、取舍与利用。城市文脉的延续，需要通过城市更新将历史文物、优秀近现代建筑、历史文化街区等在保护的基础上实现活化和复兴（阳建强等，2016）。

提升城市竞争力和可持续发展能力。随着全球一体化发展，城市之间的竞争愈加激烈，如何获得更多的资源以及对这些资源进行更好地优化配置成为城市发展的主要动力。城市更新通过对城市软硬件环境的改善，从而优化城市自身资源的利用，提高城市提供高品质生活环境的能力，创造出可持续发展的城市魅力。

3. 城市更新注重因地制宜采取多元路径

由于各地城市更新实践的制度环境和基础条件各不相同，因此更新的实施路径也各具特色。

首先，各方力量的发挥因需求而定。一般根据特定的时代背景和城市发展要求，面对公共利益重大但市场价值较低的城市更新项目时，政府会主动介入并主导实施。该类更新项目的特点以保障公共利益为重，从宏观层面长远考虑并综合实现经济、社会、环境和文化等价值的提升。在城市更新可以带来较大经济利益的情况下，市场一般会选择主动介入，通过与权利主体合作开发或者通过产权变更自主开发获取经济利益。该类更新项目的特点为在区位优势和土地价值充分体现的条件下，城市更新的投资回报较高，市场参与充分且活跃。由权利主体主导的城市更新则是权利主体自身基于环境改善或者功能提升实施的自发改造。该类更新项目需要权利主体具有较好的经济实力（一般为企业）和政策理解能力，能够同时充当权利主体和市场主体两种角色。从城市更新的实践中可以看出，以上各种力量在不同情形下可以开展合作，从而使得城市更新演变出"政企合作""政企社"三方伙伴关系等多种实施模式，通过引入市场资本促进城市更新的方法在全球广泛使用。

其次，各种建设改造方式可单独或联合使用。有的针对现状建筑和设施进行集中修缮，以整治人居环境为主要目标，一般不改变用地主体和土地利用性质。有的通过改变建筑使用功能来提升土地和建筑物的价值，旨在保护原有建筑特色的基础上引入新的产业功能，活化地区经济。有的为了加速地区发展，破旧立新，实现整体全面改造。以上改造方式在具体更新过程中，会根据实际情况选择使用，涉及一些复杂的综合项目时还会将多种方式连同使用。

2.1.2 城市更新涉及多个利益主体的多元博弈

城市更新在其作用对象转变的过程中涉及多种利益调整，不同主体的行为都在不同程度上影响着城市更新的进程。

1. 利益主体呈现多元特征

城市更新一般主要涉及政府主体、权利主体、市场主体以及第三方组织，此外还涉及由于城市更新实施带来影响的其他利益相关主体。在政府主体层面，一般包括不同领域及不同层级的管理部门。在权利主体层面，根据土地和房屋的权属特征可以区分为具有不同话语权的权利主体，这些权利主体根据自身的利益诉求会形成不同的利益群体。在市场主体层面，根据其在城市更新中具体的市场行为主要包括开发商、承包商、融资方等或以上兼而有之的市场主体。在第三方组织层面，既有为城市更新提供专业技术支撑的各类服务型机构（比如规划、金融、法律、财税等服务机构），又有为城市更新提供政策解读、形势研判和实践评析的非政府组织、各种社会团体等。对于利益相关主体，其构成非常宽泛，主要指与城市更新活动密切相关或受城市更新影响较大的周边居民和租户等。在城市更新过程中，这些主体的角色变化非常丰富，相应地，其利益诉求和行为特征也比较复杂。

2. 利益诉求多元且日益细分

随着城市更新工作的持续推进，各方主体参与程度显著提高，不同利益主体的多元化利益诉求逐步显化，以政府主体、权利主体和市场主体为主的博弈机制逐步形成。

对于政府主体，希望通过城市更新实现保障公共利益的目标，具体包括改善城市形象、提升人居环境、推动基础设施建设和环境建设、完善社区治理等。在此基础上，更大层面推动城市可持续发展，通过城市更新盘活发展空间以保障重大产业项目落地、优化空间结构，释放土地价值，并获得可持续的财政税收，保障城市社会经济既快速又可持续的发展。

权利主体诉求主要包含两个层次。首先是自身合法权益和经济利益的保障，其次是在保障自身合法权益条件下，解决自身未来发展和周边环境改善的问题。权利主体由于掌握产权这一条件，往往可以获

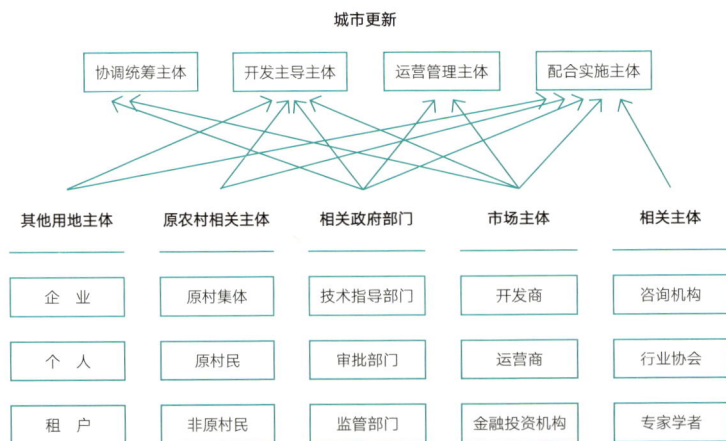

图 2-1　深圳城市更新中多元主体运作。

得与产权相对应的土地房屋价值，以及更新后因环境改善而带来的土地增值。

市场主体为城市更新提供了大量资源，有力地推动了城市更新实践。其核心追求的是城市更新前后因土地价值释放带来的经济利润。因此，市场主体往往更倾向于区位较好、土地价值提升较大的地区来推动城市更新。在早期城市更新活动相关规则尚未明晰的情况下，市场主体往往容易追求自身经济利益最大化而忽视或规避公共利益。随着城市更新规则日益明晰，市场主体在不断提高自身应对能力的同时，也会逐步意识到公共利益保障对项目品质的提升作用，开始逐渐主动承担起社会责任。市场作为城市更新的主要推动者，其提供的资金和社会资源对城市更新的实施具有重要影响（车志晖等，2017）。

在改造过程中，仅仅满足政府主体、权利主体与市场主体三方经济利益的简单平衡不足以引导城市更新科学、健康、可持续的发展，城市更新过程中的其他多元主体也在利益平衡过程中发挥着积极的作用，这些主体包括更新物业涉及的租户和企业更新项目周边居民、企业以及专家协会和行业组织等。这些公众的基本诉求主要反映在自身相关利益的保障以及维护城市的公共利益和可持续发展。此外，对于社会公平、历史文脉继承和生态保护等尤为关注。相比普通市民来说，专家和行业组织参与程度更高，其对城市更新的实施具有较大的影响力。除此之外，城市更新过程中规划管理、法律咨询、金融服务等服务技术机构在维护所从事的行业准则的基础上，为城市更新项目提供有价值的专业咨询与服务。

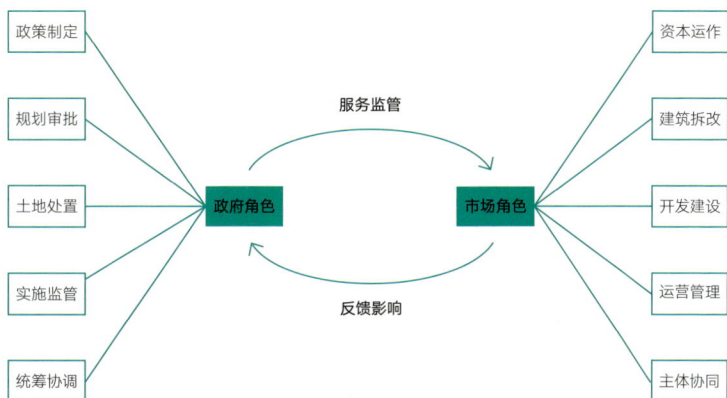

图 2-2　在市场主导、政府引导的城市更新过程中政府与市场的角色关系。

3. 利益主体介入方式各不相同

政府和市场的角色把握及其相互作用关系，是城市更新效率高低的重要影响因素。目前，我国已有的城市更新实践中逐步在政府和市场角色方面形成两种典型模式。一种是市场主导、政府引导；另外一种是政府完全主导。一般以市场为主导的城市更新，所在城市的市场成熟度较高，政府作为城市更新规则的制定者，通过调控重要的一些指标，依靠市场力量处理存量改造过程中的复杂问题，提高城市更新运行效率。以政府为主导的城市更新，需要政府投入较大的组织力量和资金保障，对于城市的一些重点地区和重要战略项目，政府多通过这种模式实现改造目标。在市场经济并不完全成熟的条件下，政府介入城市更新能够更好地维护公共利益，优化资源配置，减少市场失灵的影响。

一般而言，政府参与城市更新的主要动作包括制定政策规则、主导实施或引导社会力量参与，直接推动的支撑来源于财政资金或者政策优惠。权利主体可以自行改造，也可以委托市场主体改造，在具体的意愿表达、拆迁补偿谈判、规划方案设计、实施工作推动等方面，不同权利主体会根据是否符合自身利益诉求选择参与城市更新的具体动作及其相应的程度。市场主体大多可以为城市更新提供资金支持和社会资源整合力量，并且为城市更新项目开发、运营、房地产建设等提供成熟的市场化经验，在不同的市场条件下，市场主体可以选择通过多种路径介入城市更新工作。因城市更新可能带来的对环境、房价、交通、产业等多方面的影响，第三方组织和其他利益相关者往往可以通过咨询服务、公众参与、意见征求、媒体宣传等多种形式表达自身利益诉求，积极参与到城市更新的实施过程中。

在城市更新推动过程中，政府与市场的角色在不断调整变化，需要特别关注角色失衡的问题。政府角色失衡主要体现在政府缺位、错位和越位3个方面（陈蕾，2015）。具体来说：政府缺位主要表征在以市场为主导的模式中，由于政府过度让位给市场主体，进而导致公共利益和弱势群体利益受损，给城市未来的可持续发展埋下隐患；政府错位是指政府作为"理性经济人"的角色，过度追求经济利益，与市场角色关系界定不清；政府越位则常发生在政府主导模式中，政府过度干预市场机制运行而导致市场对资源的高效配置作用未能充分体现。市场角色

的偏差主要体现在出于逐利的本性而对社会综合效益考虑缺失，容易
导致城市发展容量被点状突破和公共设施配套缺失等市场失灵问题产
生。因政府和市场两者之间角色关系变换带来的不同更新模式没有明
确界限，会形成政府与市场的角色和力量此消彼长的连续过程（何芳，
2014），因此无论政府或市场谁来主导，都需要结合各自的角色定位
来统筹平衡。

4. 利益主体之间存在复杂的博弈关系

　　无论是城市更新还是其他的存量土地再开发路径，都会涉及原有的
和新的权利主体之间的使用权转换，以及随之带来的增值收益分配问题。
这一过程中各方主体由于差异化的利益诉求往往形成了博弈关系，核心
指向土地增值收益的分配。从土地发展权的视角能够更好地理解各方主
体之间的成本收益关系和土地增值收益分配关系，从而保证各方主体利
益平衡的实现（田莉等，2015）。

　　在城市更新博弈过程中，最主要的就是土地在发展过程中形成的增
值收益如何在多元主体之间进行分配。自身利益的最大化是城市更新中
各类主体的直接诉求，这样对于利益的争夺必然导致复杂的利益博弈关
系和相应的行为。这些博弈在城市更新的不同阶段、不同层次、不同条
件下逐步发展变化，其结果呈现出协调平衡或矛盾激化等多种状态，直
接影响着城市更新的成败。

　　具体梳理我国不同土地开发情形下的土地增值收益分配关系，可以
发现如下的演进过程。在早期新增建设用地利用过程中，用地主体之间
通过地方政府这一桥梁，实现的是单方面的协调，也即政府通过土地征
收将农村集体土地转变为城市国有建设用地。这一过程中政府给予农民
和村集体一定的货币补偿，农民和村集体失去土地所有权、使用权和相
应的增值收益。之后，政府通过划拨、出让和租赁等方式，将土地使用
权及其增值收益让渡给新的用地主体，用地主体需要支付土地出让金或
土地租金及相关的税费等。在这种模式中，主要涉及地方政府与农民和
村集体，以及地方政府与新的用地主体之间一对一的协调博弈。随着土
地征收问题的日益凸显以及《中华人民共和国物权法》的出台，人们对
于自身财产权保护的意识越来越强烈，土地征收、收回、收购等的补偿

方式也日益多元化。从早期的单一货币补偿，发展为物业置换、留地安置，乃至近年创新的地票、房票等，利益博弈由传统的一对一逐步向多方协调演化。

针对主要利益群体来说，市场主体与权利主体之间的冲突往往发生在拆迁安置补偿领域，由于不同情形下这两类主体的利益关系并不完全公开，常常引发市场主体与权利主体之间的交易性冲突。而政府主体与权利主体之间的矛盾则主要体现在公共利益方面，政府对公共利益的判定是否得当直接决定着公共利益的维护落实和私人权利合法实现之间的平衡关系。政府主体与市场主体之间的博弈焦点则是在城市更新实施的政策要求和开发规则方面，政府不仅需要规范和约束市场行为，而且需要通过激励政策促使市场推动城市更新。市场主体作为实际投资和实施主体，实现自身利益最大化是其推动更新的主要动力。总的来说，产权、规划、地价和安置补偿这些要素影响下的利益分配成为城市更新过程中的主要博弈焦点。

2.1.3 城市更新是各类需求共同催生的结果

1. 经济发展需求

在全球经济重组的过程中，世界城市体系和城市内部空间均发生巨大的重组和转型（严若谷等，2011）。在全球网络中担任重要经济节点的城市，由于经济重组带来的产业结构升级转型，导致城市空间迫切需要因此改变（胡毅和张京祥，2015）。因此，城市更新针对工业化转型以及全球产业经济的服务化转向，利用产业转型、吸引外资、经济复兴、创造更多就业机会等多种方式，促进提升城市更新地区的经济活力与多样性。

此外，随着新经济和复合经济的发展，城市更新使得城市在原有的工业用地上衍生出高级的新兴产业，这些新兴产业的发展成为实现城市复兴、推动城市产业重组的主要途径，同时也对城市内部的社会结构、城市功能、城市形态与肌理等产生深刻的影响。

2. 社会需求

从社会角度来看，城市更新从早期关注单一维度的物质环境更新，逐步发展为对社区环境的综合整治、社区经济和产业的发展以及居民参与下的社区重建等的综合考量，成为解决城市问题的一种重要手段。城市更新承载着缩小社会贫富差距、提高社会服务水平、增加就业机会、重建邻里关系和激发社交空间活力等多种社会需求（Murray C.，1984；Sassen S.，1990；Raco M.，2005；阳建强等，2016）。例如在旧城区和旧居住区城市更新过程中，城市更新致力于解决人口密度大、建筑老旧、公共配套设施不完善、交通拥堵、慢行通道和开敞空间等活动空间无法满足需求等问题。英国政府于 2003 年专门推出了可持续社区计划（Sustainable Communities Plan），为后代的发展解决经济、社会和环境问题，实现社区可持续发展。在这一过程中，城市更新需要协调不同社会群体的利益，让城市各阶层共同分享城市发展的成果（姜杰和宋芹，2015）。这做出的不仅仅是空间的改变，更为重要的是重新塑造了生活在这些空间里的人们的社会网络关系，这种塑造必须以满足个人的发展与社会的需求为共同出发点。

3. 历史文化传承需求

城市是历史文化的特殊载体，每一个城市都是历史片断的累积，城市存在的最大意义就在于它具有传承人类文化的功能，使人类能够不断实现自我更新（苗阳，2005）。城市更新不只是物质空间的再次组合与社会经济结构的重新调整，还在于塑造具有历史文化特色的景观与承继城市文化的发展特征。

在城市更新过程中，通过对历史文化街区、历史风貌区等特殊区域的保护，以及在此基础上对历史文化的挖掘和激活，实现历史文化的持续发展和真正复兴（唐燕等，2016）；通过对具有地域特色的城市风貌的保护与营造，突出其在城市整体有机发展中的重要作用，避免城市变得千城一面、毫无生气；通过对文化创意产业及其承载地区的影响，起到促进城市产业文化增长的作用；通过对人们生产生活场所的留存与改良，促进居民建立家园意识和社会认同感。

4. 科技发展推动

科学技术是城市更新的重要推动力。随着以信息化、网络化为代表的新科技革命兴起，对城市更新提出许多新的可能。科学技术的进步极大地影响了人们工作和生活空间的再组织，对城市更新的空间组织逻辑提出新的要求。新型产业空间的出现、公共空间需求的多样化、土地立体化利用、职住平衡的空间组织以及各种功能融合空间的协调再造等，都成为城市更新中亟待进一步探索的领域。

此外，随着大数据的研究及应用需求的与日俱增，除了可以对城市更新过程中传统的物质空间数据、基础设施数据和社区经济数据进行分析以外，还可以对社会认知、物理环境、安全维护、就医就学、住房供需、交通出行、就业失业和各类服务状况等多类数据在更新改造前后的变化进行分析，从而为城市更新的政策研究、规划编制、经济评估和实施监测等提供有力的数据支撑。比如，北京城中村改造中运用了多参数化更新设计手段（徐丰和王立春，2014），上海围绕城市更新区域评估、更新单元划定、城市更新实施方案编制等构建了全生命周期体系（朱宇，2015）。

未来科学技术的变革将进一步激发人类对未来城市的构想，随着人工智能、VR 技术、生命健康、绿色经济等新技术新理念的快速发展，城市发展的轨迹将产生重大的变革。作为实现城市发展的重要路径，城市更新也必然积极应对新技术带来的新思想、新观念、新手段的挑战，从而实现进一步发展。

2.1.4 城市更新是一个系统推动的过程

1. 城市更新需要多专业集成

城市更新不仅需要解决城市物质性老化、结构性缺失和功能性衰退等问题（阳建强和杜雁，2016），同时还需满足城市土地空间资源扩展、产业结构转型、综合功能提升以及相关联的传统人文环境、历史文化环境和社会网络延续等需求，这样城市更新的推进不只局限于某个专业领域，而是通常以多种力量集成的形式呈现出来。具体来看，城市更新工作涉及规划设计、土地供给、交通承载、产业发展、历史文化保护、资金保障、法律服务等多项内容，涉及社会、经济、政策、技术、人文等多领域的工作，需要城乡规划学、地理学、经济学、社会学、生态学等多学科的共同参与。

国内城市更新研究与实践，从 20 世纪 80 年代末期开始逐渐扩展，早期以清华大学吴良镛院士课题组从建筑学的研究视角展开。随后从 20 世纪 90 年代开始，一些规划学者逐渐提出渐进式更新、审慎更新、保持城市多样性和可持续性的更新等规划理念，进而引入针对旧城房地产开发、区域经济发展、城市发展基金等与城市更新关系讨论的经济学视角，后续又引入社会学视角，比如城市更新与社会结构、社会网络、社会公平、绅士化、文化资源等开展讨论。城市更新作为跨学科、多学科研究已成为必然。

2. 城市更新需要加强整体管理

一般拆除重建类城市更新项目从规划到落地再到建成少则五六年多则十来年，涉及拆迁谈判、土地整理、规划编制、开工建设、实施监管等一系列工作，是一项十分复杂的系统工程。为了达成城市更新的目标，需要运用系统论、运筹学、全生命周期管理等方法来统筹城市更新项目，

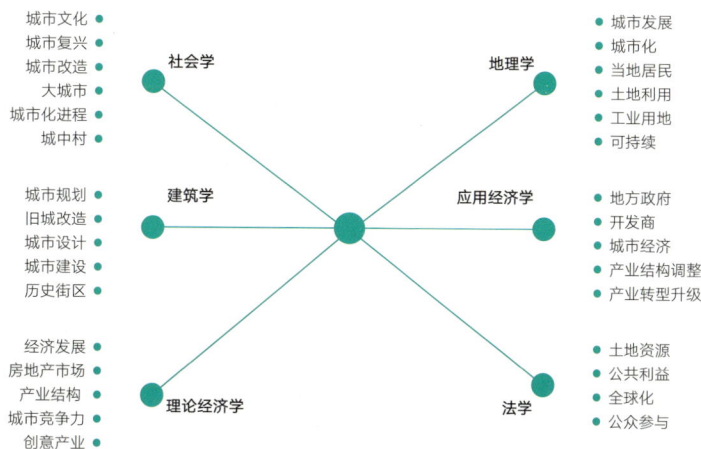

图 2-3 城市更新涉及的多学科研究主题 **| 资料来源**：百度学术。

社会学：城市文化　城市复兴　城市改造　大城市　城市化进程　城中村

地理学：城市发展　城市化　当地居民　土地利用　工业用地　可持续

建筑学：城市规划　旧城改造　城市设计　城市建设　历史街区

应用经济学：地方政府　开发商　城市经济　产业结构调整　产业转型升级

理论经济学：经济发展　房地产市场　产业结构　城市竞争力　创意产业

法学：土地资源　公共利益　全球化　公众参与

从而建立起一套良好的、有机的城市更新管理运作机制。

　　城市更新涉及面广，各种因素彼此关联、相互影响，需要从多个角度予以协调。对于城市更新的总体谋划，必须从城市宏观层面着眼于长远发展的目标对近期工作予以整体平衡。对一些影响城市发展的重大更新项目，不能仅受制于个案的分析，还需对整体片区乃至整个城市发展的影响作出科学评估。对于城市更新涉及的政策，需要考虑在经济、规划、土地、法律、行政管理等多个方面，加强系统研究并制定完善的政策体系。

2.1.5 城市更新不断动态发展

1. 理念阶段性演进

　　"二战"后西方城市更新的广泛实践与理论思想的发展演变互相影响，相互推动。在思想理论层面可以概括为从形体主义思想向人本主义思想的转变（董玛力等，2009；阳建强，2012），即从形体决定论、功能主义、现代机械主义到城市多元论、历史价值保护、可持续发展理论的转变。西方早期的形体主义（Physical Design）规划思想本质上把动态的城市发展看成一个静态过程，希望借助整体的物质改造来解脱城市发展的困境（李其荣，2000）。这种以形体规划出发的城市改造思想，以奥斯曼巴黎改造、芝加哥城市美化运动、勒·柯布西耶（Le Corbusier）光辉城市和 CIAM（国际现代派建筑师组织）功能主义思想等为代表。这种以物质环境改造为重点的城市美化运动由于缺乏对社会问题的关注和对城市社会肌理的破坏，使其意义有所折损，这也是西方早期城市更新运动的主要问题和特征（张京祥和陈浩，2014）。当以形体规划为思想基础的城市更新改造无法解决更深层次的社会问题时，社会各界开始了对大规模城市改造的反思。以刘易斯·芒福德（Lewis Mumford）《城市发展史——起源、演变和前景》（1961）、简·雅各布斯（Jane Jacobs）的《美国大城市的死与生》（1961）、E·F·舒马赫（Schumacher E. F.）《小的是美好的》（1973）、克里斯托弗·亚历山大（Christopher Alexander）等《俄勒冈实验》（1975）等著作为代表，从不同立场指出大规模物质重建对复杂城市经济社会问题的处理存在致命缺陷。进而人本主义规划思想悄然兴起，开始了可持续发展思想影响下的新探索。

人本思想强调城市发展中主要考虑人的物质和精神需求，强调"利人原则"在城市更新中的核心地位，城市多样性、历史价值保护和可持续发展观是人本主义规划思想的主要内容（王如渊，2004）。一方面是带来城市更新目标的丰富和多元，另一方面则是延续趋向谨慎渐进式的小规模改建为主的社区邻里更新（赵民等，2010）。以乔纳森·巴奈特（Jonathan Barnet）的城市设计思想、保罗·大卫多夫（Paul Davidoff）的"倡导性规划"（Advocacy in Planning）、查尔斯·林德布洛姆（Charles E. Lindblom）的"渐进式规划"（Incrementalism）以及朱迪斯·英尼斯的"沟通式规划"（Communicative Planning）等思想为代表，规划的各种尝试不断应运而生。随着规划思想的转变，城市更新的规划实践日趋丰富。城市更新从最初被限定为物质性的城市空间规划，逐步发展为关注城市多样性、实现可持续发展的综合手段，相应地在规划思想影响下的城市更新逐步发生改变。

伴随我国快速的城市化进程，适应中国国情的城市更新理论逐步出现，其中最具有代表性的就是 20 世纪 80 年代的有机更新理论和 20 世纪 90 年代的系统更新理论。其中，有机更新理论强调城市是一个动态发展的有机体，解决城市问题应妥善处理当前与将来的关系，以追求城市的可持续发展（吴良镛，1989）。系统更新理论则是指出城市更新

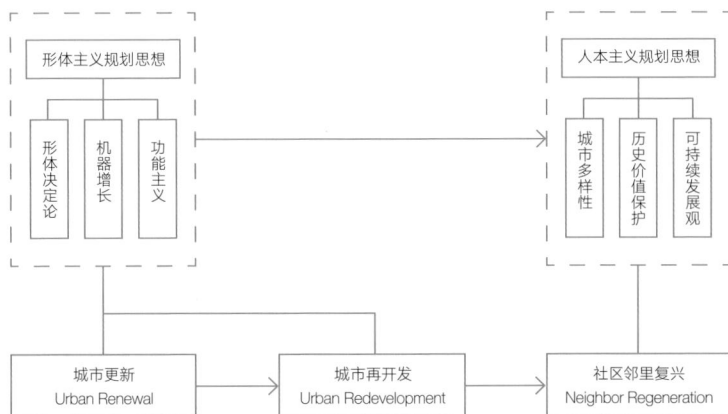

图 2-4 城市更新理论发展 | **图片来源**：李其荣 . 对立统一：城市发展历史逻辑新论 [M]. 东南大学出版社 .2000。

的目标是在城市整体结构调整综合协调基础上实现城市总体结构的整体延续以及历史文化传承，城市更新不仅仅是物质更新，应该转向综合的结构、功能更新（阳建强和吴明伟，1999）。不同于西方城市划分清晰的更新阶段，国内城市更新理论进行阶段性总结的研究不多且未形成明确共识。我国城市更新实践构建在快速城市化背景下，不同类型和模式的更新同时发生，且彼此之间是一种模糊、渗透而非迭代的关系（张京祥和陈浩，2014）。随着可持续发展理念的兴起，除了城市自身问题，学者们更多开始关注城市发展过程中的资源枯竭、环境破坏和污染、人口爆炸等问题，收缩城市、渐进式更新、存量更新、退型进化等新的城市更新相关理念纷纷涌现（赵民等，2010；褚冬竹和严萌，2016；周盼等，2017）。

纵观国内外城市更新理念的发展，趋向为从改善物质环境转向解决多方位社会问题，通过对大规模城市改造的不同角度的反思，越来越关注对社会公平正义的维护（刘洁，2016）。总的来说，城市更新作为城市存量土地再开发的重要途径，不断以城市发展理念为引导。随着我国逐步开启新型城镇化发展，城市更新在集约用地、低碳城市、绿色建筑、海绵城市、TOD 开发模式、地下空间利用、综合管廊建设等方面加大探索。其中，在集约用地领域强调通过改善用地结构、布局，挖掘用地潜力，提高建设用地投入产出比例；在海绵城市领域，着力加强城市在适应环境变化和应对雨水带来的自然灾害等方面的良好弹性；在 TOD 开发模式领域，加强公共交通为导向的开发，通过土地使用和管理政策等来协调城市发展过程中产生的交通拥堵和用地不足的矛盾；在地下空间利用领域，契合城市地铁建设的快速发展，充分发掘城市地下空间资源的开发潜力，推进城市空间的立体开发。

2. 目标和实施路径等不断调整变化

为适应城市发展，城市更新的对象、目标、实施路径和运作方式等会根据时代要求不断调整。基于这种差异化的导向，使得城市更新可以有针对性地解决不同时代的突出矛盾、从而更好地满足不同时代的需求。

西方城市更新一般分为 20 世纪 50 年代的重建（Reconstruction）、20 世纪 60 年代的活化（Revitalization）、20 世纪 70 年代的更新

（Renewal）、20 世纪 80 年代的再开发（Redevelopment）、20 世纪 90 年代的再生（Regeneration）以及 21 世纪初的复兴（Renaissance）等（张更立，2004；董玛力等，2009；彼得·罗伯茨和休·赛克斯 / Peter Roberts & Hugh Sykes，2009）。以英美为代表，在城市发展的不同阶段，城市更新的目标存在不同的侧重点。一开始以清除贫民窟、改善住房为主，开展城市美化运动，比如美国的住房改善计划（Priemus Hugo & Gerard Metselaar，1993）以及英国的贫民窟清理行动。随后面对内城衰退问题，美国开展社区清理、重建和复兴计划，英国推动福利色彩社区更新、引导市场导向旧城再开发和实施社区综合复兴。在实施路径方面，美国刚开始主要采取大规模推倒重建的方式，在推土机式重建受到广泛的社会批评后，开始探索社区参与、邻里修复和经济振兴的实施路径。从运作方式来看，英国早期的城市更新以政府主导下的公共部门投资为主，随着大量私人企业和个人投资的进驻，政府逐步减少资金投入，当前普遍采用政府、市场、社区三方合作方式，政府少量投入支持社区建设，私人资金主要投入开发。

伴随快速城市化历程，我国的城市更新逐步经历了从单一改造到多元探索的发展道路。20 世纪 90 年代前后，国内开始在上海、北京、天津、福州等大城市开展城市危旧房的改建活动，侧重旧城改造和基础设施完善，不断推进规模化、简单化、快速化的城市更新项目，主要采取政府主导的方式，实施大规模的拆除重建或环境整治。随后在学习和反思国外城市更新相关做法的过程中，开始探索保护更新与改造重建相结合的多种城市更新模式，其中老工业地区的综合升级转型以及城市化进程中的城中村改造逐步成为城市更新的重点领域。随着国内土地市场和房地产市场的不断发展，广东"三旧"改造作为主要发端，探索了"政府为主导，市场化运作"的更新改造模式，带动了全国城市更新改造的快速发展。面对国内城市发展的差异性，广州、佛山、深圳、北京、上海、杭州等地相继开展了不同类型的城市更新探索，城市更新的对象、目标、内容和实施路径不断丰富，城市更新的模式更加多元、融合。

从国内外城市更新发展的阶段来看，可以发现城市更新的目标与城市发展的阶段性需求有着紧密的关联关系。一般在早期的城市更新中，城市更新的目标主要是通过物质空间的改善来实现。随着城市更新活动的开展，在以往物质更新的基础上，城市更新逐渐注重人居环境，强调从社会、经济、环境、生态等多个维度综合治理城市问题。当前在面对资源紧缺和生态破坏、地区特色和文化逐渐消亡，以及如何获取更为长远发展等各类问题时，城市更新将可持续发展、低碳绿色发展、历史文化保护等宏观性、全局性的目标进一步综合起来。

3. 政策持续性跟进

世界各地城市更新的实践方式各不相同，相应地，城市更新的政策体系也不尽相同。城市更新政策的出台与其所在的国家和城市推进城市更新的时机、条件和环境等密切相关，同时也受到立法程度的重大影响，但是不管政策出台的程度如何，城市更新政策总是在与社会经济发展诉求相适应的道路上不断发展。在此以英国和我国城市更新政策体系构建为例，梳理其城市更新政策的发展脉络。

英国面向社区环境改善和社区发展的政策探索

针对城市物质环境恶化带来的布局混乱和卫生问题严重的现实情况，英国 1875 年出台了《住宅改善法》，第一次提出了关于清理贫民窟的法律规定（倪慧，2007）。1964 年出台的《住宅法》，提出设定改善地区（Improvement Area）和一般改善区（General Improvement Area）制度。1977 年英国政府颁布了《内城政策》，明确提出了内城的经济、环境、社会、人口与就业等多方面综合发展目标，修正和补充了原有的城市政策。1978 年出台的《内城区法》提出建立工业和商业改善地区，推进实施"城市计划"和"内城伙伴关系计划"（Urmi S，2004；Clos Joan，2011；United Nations Human Settlements Programme，2011）。1989 年的《地方政府和住宅法》提出在内城衰退严重地区设立住宅更新区（Housing Renewal Area）。20 世纪 90 年代以来，随着市场主体开始主导城市更新，公私合作伙伴关系作为经济开发的公共政策被正式提出，城市开发公司（UDC）也相继成立。接着在人本主义思想的牵引下，英国开展"城市挑战"与"综合更新预算"（SRB），并且通过 SRB 资助了 1000 多个城市更新计划（Brennan A.et al.，1999；Davies J，2001）。进入 21 世纪，英国着眼更加全面的城市问题解决策略，相继开展了以"关注社会排斥下的弱势群体"为主的邻里复兴等一系列行动（严雅琦和田莉，2016），积极培养公众参与和社区能力（Carley M，2000）。英国城市更新是在明确的主旨目标引导下，逐步建立"自上而下"与"自下而上"相结合的城市更新机制（United Nations Economic Commission for Europe，2008），针对性地进行了政策安排，城市更新政策的完善实现了从传统的物质更新向多领域多主体综合更新的转变。

我国各地实践基础上的差异化政策探索

我国城市更新与城市建设息息相关，在房地产市场增长带动下，全国范围内陆续启动危旧房、城中村、旧工业区等更新改造活动。虽然国家没有针对城市更新出台专门的法律法规，但在《中华人民共和国城乡规划法》《中华人民共和国土地管理法》和《国有土地房屋征收与补偿条例》等相关政策中明确了旧城区改造、土地改变用途利用和房屋拆迁安置等方面的具体要求。各地在相关法律法规的政策约束框架内，针对各自的实际问题和实施路径，开展了积极的改革探索，逐步构建适应自身发展特点的城市更新政策体系。例如，上海 2015 年出台了《上海市城市更新实施办法》，随后相继出台了《上海市城市更新规划土地实施细则（试行）》《上海市城市更新规划管理操作规程》和《上海市城市更新区域评估报告成果规范》等配套政策，涉及功能混合、地块调整、容积率调整、智慧低碳技术应用等方面。广东推进的"三旧"改造以节约、集约用地为出发点，旨在盘整存量土地资源，出台了《关于推进"三旧"改造促进节约集约用地的若干意见》等一系列政策，形成了相对完善的城市更新实施机制。深圳关注城市空间的拓展和挖掘，根据自身特点和实践反馈，出台了《深圳市城市更新办法》及《深圳市城市更新办法实施细则》等政策，明晰了土地处置、地价测算、容积率核定、规划技术指引等一系列规则，逐步构建出一套系统的城市更新政策体系，并着重引入市场力量提高可实施性。

2.2 我国典型城市或地区更新探索要点

　　如前文所述，城市更新在世界各地的实践中逐步形成了一系列的共通特征，虽然这些特征其内在生成的逻辑千差万别，但是对其共通道理的理解为我们清晰地认识城市更新的内涵提供了基础，也为更好地推动城市更新提供了经验借鉴。

　　随着城市化的快速发展，我国不同城市在建设和扩张过程中不同程度地遇到了土地资源紧缺、已建用地利用低效、历史文化建筑受到破坏等问题，于是不同城市结合自身的实际情况开展了丰富多元的更新探索与实践活动。虽然各地并未统一使用"城市更新"这一名词，但从广义的"城市更新"语义来看，大都可以放在城市更新这一大的背景下进行研究。总体来看，北京、上海、杭州和珠三角地区的城市更新活动较为明显并且具有一定代表性。

2.2.1 北京：突出历史文化保护，大力推动棚户区和城中村改造

　　北京较早就开始了以旧城改造为代表的城市更新活动。1953年北京市委向中央上报的第一个城市总体规划《改建与扩建北京市规划草案的要点》中，提出对旧城要坚持既要保护、又要改造的规划原则（黄健文和徐莹，2010）。

　　北京在城市更新过程中关注历史文化保护，大力开展了历史街区修

复与微更新，如南锣鼓巷、大栅栏地区等的更新改造。该类更新活动一般在文化传承的目标下侧重于完善和提升旧城街区的功能和活力（魏立志，2017），避免大拆大建、实现有机更新。这种更新将城市更新与社区治理结合起来，通过发挥社区居委会的主体作用，在更新改造中建立参与式协商机制，同时将完善公共服务配套设施和提高生活服务品质的行动计划有机融入更新改造过程中（江奇和叶晶晶，2016）。例如在大栅栏更新活动中，社区居委会成立了更新改造咨询委员会，由政府主导调动街区居民参与社区共建。上述历史街区保护更新强调对更新项目整体性的人文历史综合考虑，并在改造过程中强调居民参与，充分调动社会资源，多方合作、渐进式地推进更新改造活动。

从 2008 年起北京开始积极推进城乡一体化建设，出台了《关于率先形成城乡经济社会发展一体化新格局的意见》，促进城市与农村的一体化协调发展。在这一纲领性文件指引下，北京加大城镇化和新农村建设，将城乡接合部地区作为城乡一体化发展的先行示范区予以重点建设。2010 年之后北京整体启动了 50 个市级挂账重点村的城市化工程，同步推进城中村建设治理，对城乡接合部地区人口密度高、卫生环境脏乱差、违章违法建筑多的村进行集中整治改造，全面改善其生产生活环境。

棚户区改造作为一项重大民生工程，兼具保障安全、改善环境、促进发展等在内的综合更新目标。北京大力推进棚户区改造，改善居民的居住生活条件。北京在棚户区改造方式上，遵循"一区一策、一街一策、一地一策"的改造原则，既有将风貌保护与民生改善相统一的以保护为主的改造方式，又有通过征收拆迁方式实施的危房改造、城中村改造等其他方式。为了更好地推进棚户区改造工作，北京成立了由时任市长牵头的棚户区改造和环境整治领导小组，设立了相应的指挥部和办公室，形成了"一个牵头部门、一个实施主体、一批文保专家"的工作机制（北京市住房和城乡建设委员会，2015）。

此外，北京积极实施满足产业梯度转移的工业用地置换、老工业基地调整改造等工作，将老工业区复兴和现代产业培育紧密结合起来，积极打造职住平衡的高端城区。

2.2.2 上海：不断扩展更新对象，聚焦公共要素短板
进行优化完善

上海城市更新在 20 世纪 80 年代以旧区改造和城中村改造为主，在进入 20 世纪 90 年代后基于上海中心城"退二进三"的政策引导，逐步开启了产业升级转型探索（关烨和葛岩，2015）。随着《上海市城市更新实施办法》及相关配套政策的出台，上海城市更新逐步发展成为推动城市发展的重要模式。2016 年，上海开启"行走上海"计划，启动了包括共享社区计划、创新园区计划、魅力风貌计划、休闲网络计划在内的城市更新四大行动计划，积极有序地实施城市更新。

上海城市更新的推进，既可以"自上而下"开展，由政府主导，并引入专业人员和公众参与；同时又可以"自下而上"来开展，由市场主体发起，政府进行协调，专业人士配合。由政府主导推进的更新方式，开发力度大、投入资金充足，较容易产生示范效应，如外滩滨水区改造、新天地改造等。由市场等其他主体开展的城市更新工作，在充分结合公众意愿的过程中，逐步形成了由政府、产权主体、市场主体（私营机构）主导，社区力量和公益组织日益强化的城市更新实施主体关系（苏甦，2017）。在这种合作机制作用下，更新项目的实施也较为顺利，如苏州河仓库 soho 区和田子坊改造等，实现了传统旧厂房到文化创意产业园区的转变。

上海城市更新工作的特点在于实行区域评估并加强全生命周期管理。区域评估主要用来确定地区更新需求，明确更新政策适用的范围和要求，明确更新的内容和实施方式；全生命周期管理聚焦土地合同管理，通过约定权利义务，进行全过程管理，加强土地循环利用的全环节管控。

上海城市更新坚持以人为本，激发都市活力，提升城市品质和功能，优先保障公共要素，改善人居环境，增强城市魅力（成元一，2017）。上海在城市更新过程中，倾向于采取小规模、针灸式、渐进式的有机更新，着力强化缺什么就补什么的更新策略。在完善城市功能方面，侧重提升功能适宜性、多元性和复合型，激发地区活力，创造便捷生活；在增加公共服务设施方面，侧重解决原有设施与公共诉求之间的差距与错位；在保护历史风貌方面，强调更好地留存区域内值得保护保留、修缮的文化风貌要素；在完善慢行系统方面，提倡形成便捷舒适的慢性网络；

在完善公共空间方面，加大场所功能和公共空间品质的提升。

2.2.3 杭州：以"城市双修"为价值导向，推进城市有机更新

杭州在 2005 年前后开展了以违法建筑处理为核心的违法建筑集中整治活动，到 2007 年前后推动了以城中村为主要对象的新农村建设示范村，2013 年开展了大规模"三改一拆"活动（即对城市规划区内旧住宅区、旧厂区和城中村的改造）。总体来看，杭州城市更新遵循"协同推进，全民共享，分步实施，全面推进"的思路（中国城市科学研究会，2017）。

近年来，杭州城市更新活动突出城市是有生命的有机体这一认知，形成了具有自身特色的有机更新体系。在这一体系中，杭州将生态修复和城市修补作为城市有机更新的重点领域，积极推动生态格局修复、生态环境保护、生态景观修复、历史文化街区保护与利用、城中村改造、工业遗产保护利用、工业园区提升改造、城镇危旧住宅房屋治理改造、城市环境整治、小城镇综合整治等多种更新活动。同时，基于城市更新目标的多样性，杭州将有机更新区分为 3 个层次来推进。一是针对单一旧住宅区、旧厂房改造的点状更新；二是以某一类别的城市空间改造为抓手，带动周边区域的整体提升；三是对于具有相似历史特征的，针对整个大区域进行内部空间优化（杨毅栋和洪田芬，2017）。此外，为合理释放产业发展转型需求的空间资源，杭州探索建立了工业（产业）发展单元规划管理制度，实施"空间换地"和"亩产倍增"的存量工业用地挖潜的政策路径，充分提高产业用地效率。杭州通过差异化、网络化、系统化的城市修补和有机更新，促进城市空间优化、人居环境改善、历史文化传承、社会经济发展的系统提升（张磊，2015）。

2.2.4 珠三角：以"三旧"改造试点为契机，着力建构存量开发制度

2008 年，国土资源部与广东省以部省合作方式开展节约集约用地试点示范省工作，明确提出了"三旧"改造的概念。之后，在国土资源部指导下，广东省积极推动了"三旧"改造工作。主要举措包括有：对拟改造地块标图建库，编制改造专项规划、妥善处理历史遗留问题、通过土地协议出让和零星土地整合开发等多种手段激活市场开发活力、运用公共设施的用地贡献和房屋配建等多种手段保障公共利益。广东各城市依托"三旧"改造试点探索的平台优势和政策红利，大力推动各自的城市更新工作，相关试点工作取得了明显的成效。其中：

广州城市更新经历了由"政府主导、计划推进——政府弱化、快速推动——政府主导、控制实施——强化政府主导、鼓励市场进入"几个典型阶段（姚之浩和田莉，2017）。2015 年广州市城市更新局正式挂牌成立，出台了《广州市城市更新办法》这 1 个核心文件和《广州市旧村庄更新实施办法》《广州市旧厂房更新实施办法》《广州市旧城镇更新实施办法》这 3 个配套文件。随着广州城市更新政策的完善，广州已将"三旧"改造提升为城市更新，内涵更加丰富、外延更加广泛（广州市人民政府法制办公室和广州市城市更新局，2016）。当前广州城市更新按照"三旧"改造政策、棚户区改造政策、危破旧房改造政策等相关政策要求，遵循"政府主导、市场运作，统筹规划、节约集约，利益共享、公平公开"的原则来开展，区分全面改造和微改造两种方式，积极推进城市更新。

深圳在 2004 年推动城中村（旧村）改造和 2007 年推动工业区升级的基础上，于 2009 年出台《深圳市城市更新办法》，此后经过近10 年的探索和实践，逐步建立了城市更新的制度体系。深圳城市更新遵循"政府引导、市场运作、规划统筹、节约集约、保障权益、公众参与"的原则，区分综合整治类、功能改变类和拆除重建类 3 种类型推进城市更新工作。

珠海于 2010 年出台《关于加快推进"三旧"改造工作的意见》，加强对"三旧"改造的统筹和引导。2012 年出台《珠海市城市更新管理办法》，以城市更新单元作为更新活动的基本管理单位，探索建立城

市更新体制机制。在这一管理办法的基础上，2016 年出台《珠海经济特区城市更新管理办法》，形成一个总纲、两个配套文件、三个分类指导文件和多个操作办法的政策体系，稳步推进城市更新工作。

和全国其他地区相比较而言，珠三角地区以"三旧"改造为抓手的城市更新工作更为系统化和规范化。各城市基本成立了专门的城市更新主管部门，建立了成体系的城市更新管理政策，基于政府和市场的运作也形成了良性的互动局面，从而初步形成了以存量改造为主要目标的城市更新制度框架。基于广东省城市更新探索的广度和深度，国土资源部于 2013 年在对广东省"三旧"改造经验进行全面总结的基础上，经国务院批准后在浙江、辽宁、上海等地推广，并于 2016 年出台《关于深入推进城镇低效用地再开发的指导意见（试行）》，推广珠三角地区探索的城市更新制度成果。

2.2.5 小结

随着我国城市发展渐次进入存量时代，在城市更新领域，不仅开展了"自上而下"的整体性研究、规划、政策思考，而且全国各地"自下而上"地推动了大量案例的实践和创新。时至今日，我国城市更新已经在一些经济发达地区建构了相对完善的制度体系，城市发展需求的变化得到了城市更新制度的支撑回应。虽然由于城市发展阶段和发展特征的不同，各地城市更新中遇到的问题不同，所采取的解决路径也存在一定差异，但是在城市更新多元化探索中，大多在以下 3 个方面持续强化。

一是关注高效配置空间发展资源，保障公共利益实现。随着城市更新涉及的改造项目在不同地区呈现快速增长趋势，在地区空间资源总量约束的前提下，如何将有限的空间资源配置到最需要的地方，同时兼顾公平，成为城市更新的首要问题。在高效配置空间发展资源的同时，必须以公共利益的实现为基本准绳。一般经过城市更新，需要落实大量的公共利益项目。这一方面是因为我国在快速城市化进程中城市建设还存在较多的公共设施欠账，另一方面在城市品质提升方面，人居生活改善的目标有了更高要求，对公共配套设施的要求也更进一步，需要通过城市更新落实道路、学校、绿地等独立占地的设施以及社区服务设施、公共停车位、保障性住房等。这些都对空间资源再优化、重组和配比提出了新的挑战，也对城市更新理念的转变和技术方法支撑提出更高要求。

二是关注多方利益协调，保障城市更新实施。以存量土地为主要对象的城市更新，将面临更多的产权主体和利益主体。这些主体大多从个体角度出发希望尽可能多的获得空间增量，而尽可能少地承担公共利益负载。如果无法协调这些利益相关者之间的利益诉求，在缺乏规则的情况下难以做到公平与效率兼具。此外，城市更新项目受到利益多方博弈的影响，对项目的规模、项目范围的选择、项目开发周期和项目实施进度等都产生了较大的影响，城市更新项目的经济可行性、社会效应和生态效应等需要进行综合评估。这些都需要在城市更新制度建构方面能够进行相应的对接和承载，切实支撑城市更新项目的实施。

三是关注政策、体制、技术等的衔接，保障城市更新管理制度协同。我国原有基于新增建设用地供应、建设、管理的制度已经运行几十年，但是由于存量土地再开发利用的新的特征的出现，这使得进入存量发展时代后城市开发建设管理的制度与传统的以新增建设用地为主的建设管理制度有了明显差异。城市更新制度如何更好地嵌入现有城市管理和城市治理体系当中，同时与相关的改革有机互动，在城市更新全流程管理过程中如何建立起协同运作的管制制度，对于保障城市更新顺利开展具有重大的意义。

2.3 深圳城市更新的三大特征：市场化、协调化、法制化

城市更新主要是通过结构功能调整、环境治理改善、公共服务设施完善、特色空间和城市风貌打造等多种手段来实现。这些手段在实施过程中必须面对复杂的土地、建筑、产权、社会、经济、环境等现实问题，如果这些问题得不到妥善处理，那么城市更新可能沦为无法实现的愿景。因此从面向实施的角度来推动城市更新，是能否实现更新的重要支撑。

将关注的焦点放到深圳，可以发现深圳在快速城市化的过程中，对城市更新进行了持续的探索和实践，其最鲜明也是最直接的目标就是以面向实施为着力点推动城市更新创新发展。面向实施要求在城市更新过程中，将城市更新的目标和解决现状问题的路径有机对接起来，从问题锁定到路径匹配继而到目标达成，形成贯通的脉络。深圳采取了面向实施的城市更新策略，形成了市场化、协调化、法制化的更新特征。

2.3.1 市场化：逐步构建政府引导、市场主导的运作模式

1. 市场化模式的选择

从各地实践来看，城市更新中政府和市场各自角色的发挥取决于其所在地区的经济社会背景和体制机制运行环境。深圳城市更新选择了更为开放的市场化运作方式，有其历史的必然原因。从根本上讲，这不仅

源于市场化机制创新改革的城市使命，而且源于城市更新交易费用过高条件下市场引入的必然，其具体表现为以下几个方面：

一是，深圳作为改革开放先行先试的"排头兵"，率先在全国探索了土地有偿使用制度。历经四十余年的市场化建设，土地和房地产市场机制相对健全，市场交易十分活跃，这为城市更新的市场化道路提供了制度基础。

二是，作为拥有立法权的国家首批改革开放实验区，深圳在政策制定上有着与生俱来的优势。在广东传统的外向型经济发展基础上，深圳较早地实现了"大市场、小政府"的角色转换，市场和社会组织对于深圳的城市建设有着不可忽视的作用。因此市场化的城市更新道路，也是符合深圳自身城市管理特点的必然选择。

三是，改革开放四十年来，深圳的社会经济发展和城市建设以难以企及的速度飞快发展。随着城市的快速发展，土地价值日益显现，土地价值与日俱增，进一步拉高了土地产权的交易费用，同时也活跃了土地资产资本运作等金融行为。

四是，深圳自身城市所辖面积较小，历经几十年土地资源的扩张式粗放利用，导致了土地资源的难以为继。在政府对土地一级市场严格把控的土地管理制度基础条件下，土地供需矛盾突出，存量土地再开发的需求强烈。但政府往往无力承担城市更新所需的大量资金，因此需要引入市场主体的积极参与。

五是，由于深圳自身的历史原因，将近 70% 的原农村土地为合法外用地。加之在城市迅速增长的过程中，因以非正式自发建设的方式解决紧迫的住房问题而产生了大量的产权模糊的用地和用房，深圳的城市更新必须破解这一产权困境。根据科斯理论，产权的清晰界定是市场交易成本降低的重要因素。当前深圳土地房屋产权不清晰给交易成本的降低带来了巨大的困难，而市场的引入对于解决这一困难可以发挥一定的作用。

总体来说，深圳选择市场主导的城市更新模式，一方面基于土地价值提升、土地供求不平衡带来的巨大交易成本，需要市场主体来支持；另一方面则是基于自身的发展特点，市场主体的话语权不断提高，需要市场力量快速有效地推动城市更新、提升城市竞争力。更为重要的是，在城市更新过程中必须看到政府的作用和市场的力量互相有机协同。虽然城市更新项目由市场来主导，但是政府发挥的总体调控和引导作用不容忽视，只有在政府合理引导下，市场主导才成为可能。

2. 市场化实践的演进

政府和市场作为推动城市更新过程中最重要的两股力量，其角色定位和职责边界一直是城市更新中探讨的基本命题。城市更新绝非政府一厢情愿，只有政府和市场合理发挥其作用，才能够使各自的贡献正向累积。

当前对于政府与市场两者在社会经济活动中角色关系的研究已经十分成熟。从理论上来说，西方经济学在讨论政府与市场力量发挥的过程中，主要分为凯恩斯主义经济学派和自由经济学派。其中，凯恩斯主义主张政府作用，要求政府采取积极行动，一方面运用积极的货币和财政政策进行总需求管理，另一方面运用收入再分配政策以扩大有效需求。自由经济主义则主张加强市场配置，认为经济主体通过自利行为和市场竞争，可以在实现个人利益的同时实现社会利益，主张不受干扰的市场机制是最有效率的资源配置方式。但在具体实践过程中，政府与市场的主导作用并不是一成不变的，比如西方就经历了早期自由经济主义思想主导、大危机时代对政府作用的关注、"滞胀"条件下"新自由主义"发展以及金融危机爆发后政府力量回归等多种变化。我国在城市化发展探索过程中，政府主导和市场主导的关系也在不断地变化和优化。新中国成立初期政府力量与市场力量并存，计划经济时代强调政府管控和分配，进入改革开放后建立社会主义市场经济、逐步释放市场对资源高效配置的力量。当前在城镇化发展的新时期，政府加大调控作用，特别是在稀缺的重要资源领域（如生态资源的保护、农用地转为建设用地的控制）等。

可见政府和市场之间的关系，在实践过程中是不断变化的，而且随着社会经济的发展，政府参与经济活动的广度和深度不断加强，参与经济活动管理的方式也不断地丰富和深化，城市更新领域内政府和市场的关系也呈现出这样的特征。在市场经济并不完全成熟的条件下，政府介入城市更新能够更好地维护公共利益，优化资源配置，市场作为城市更新的主要推动者，其提供的资金和社会资源对城市更新的实施具有重要支撑作用。在市场经济出现一定不良倾向的时候，政府的引导会调整一定的利益格局，从而实现政府和市场两者作用的互动协调。

深圳的城市更新实践经历了市场自发更新、政府主导、市场主导与政府引导相结合这 3 个典型阶段。

早期深圳的城市更新多属于原村民和企业的自发行为，政府主要充当协助管理的角色，对城市更新项目的统筹调控较为有限（贺辉文等，2016）。这一阶段市场力量逐步开始活跃，继而成为城市更新的主要动力和行动先锋，政府角色的发挥则显得较为迟缓。由于政府统筹力量的不足，当时的更新改造活动混乱无序，许多旧工业厂房根据企业自身的需求开展改造，缺乏改造标准和规范，也为后续城市的发展埋下了一定的隐患。

2004 年后，随着城中村（旧村）以及旧工业区改造在更大范围内的推动，逐步引发了产权处置、公共服务配置、产业转型发展等一系列问题，政府公共管理的角色开始凸显，逐步将之前由市场推动的零星式改造转向由政府统一规划、统一政策、统一推动的统筹管理模式。政府出台了城中村（旧村）改造的一系列政策，主导推动了田心村环境整治、东门"旧改"等多个项目。但是这一过程中，由于受制于产权制度、市场环境、政策支撑等多种因素的制约，政府与市场的角色关系并未明确界定，政府主导下的城市更新推动也不是很顺利。

2009 年之后，为了应对土地资源极度紧缺和释放存量土地空间的迫切需求，深圳积极探索城市更新的市场化道路，明确提出了"政府引导、市场主导、多方参与"的基本原则。其中，政府引导在于更好地发挥政府在城市更新中的指导、监督和管理、服务作用，市级层面主要负责政策制定、整体统筹和监督管理，区级层面主要负责项目实施运作与协调推进。市场主导重点在于强调真正发挥市场在资源配置方面的决定性作用。一方面，可以采取权利主体自行实施、市场主体单独实施或者两者联合实施城市更新的不同方式；另一方面，投入社会资金参与城市更新。在市场主导的情况下，城市更新的可行性研究、协商谈判、计划申报、规划编制和开发建设等工作事宜交给市场解决，提高了城市更新运行效率。通过明晰市场主体参与城市更新的实施路径，将部分的土地开发权让渡给市场主体和权利主体，从而强化市场在城市更新实施过程中的主导力量，当然政府在此过程中也逐步强化完善政策法规和制度供给，保障市场作用的发挥。

随着 2012 年《深圳市城市更新办法实施细则》和一系列规范指引

类政策出台，此后几年内深圳城市更新实践活动出现了井喷式地增长。政府不断配套完善政策规则，科学协调了政府和市场的双重力量，让市场主体在政府的规则制度框架之内开展规范化运作。

进入 2015 年以后，政府针对城市更新过程中的新形势、新问题，逐步加强对城市更新的调控作用。一方面加强统筹协调城市更新工作，积极发挥调控引导和监管者的角色；另一方面针对城市更新项目的具体情况，在保障城市发展整体利益的情况下适当兼顾各方利益，通过简化审批流程、强区放权等形式适当保障市场主体的合理利益。此阶段深圳的城市更新中，政府和市场的角色在不同实施方式中组合形式更加多元和协调，两者关系更加倾向于在实现城市整体利益基础上的互利共赢。政府强化了在城市重点片区（重点城市更新单元）、政策性用房（人才住房、保障性住房和创新型产业用房）、产业空间（工业区块线）等方面的主导作用。市场主体则在相应的政策规则下，不断提高自身的适应能力。

从深圳城市更新发展过程来看，政府与市场的力量发挥并不是一个简单的线性过程，而是政府与市场关系不断深化和优化的合作过程。从深圳的探索经验来看，以政府宏观调控为导向，政府政策为支持，以开发商为改造主体的城市更新模式是切实可行的（吕晓蓓和赵若焱，2008）。在城市更新中，政府主体需要承担更为综合的服务型政府角色、公共利益代表者和弱势群体维护者的角色。一方面通过制度建构和规则完善，引导和促进市场主体开展投资，监督市场行为；另一方面充分建立多元主体的利益诉求表达机制，协调各方主体的利益分配，维护社会公平，保障城市公共利益。而对于市场主体而言，需要在政府制定的制度框架内合法有序开展城市更新活动，不断提升自身参与能力，及时反馈更新实践问题，促进政府对城市更新政策的完善。

2.3.2 协调化：以推动实施为共同目标，促进多元主体的互动协作

1. 多元主体作用的发挥与协调

对于城市更新来说，涉及更新对象不同，更新方式和更新前后增值

收益也不同，因此多元主体之间的利益分配关系也具有多元化特征。深圳土地产权复杂，存在着从集体土地向国有土地转制过程中产生的各类模糊产权，因此涉及的利益主体更为多样，利益诉求更为复杂。利益协调作为深圳城市更新的核心，一直备受关注。

在深圳城市更新制度构建和实践活动中，多元主体在土地增值收益方面的博弈不断经历变化和调整。2004 年以前，政府对于城市更新工作尚未建立健全的管理机制，城市更新项目主要依靠市场主体和权利主体之间的利益协商来实现，个别案例以政府主导方式来运作。比如2003 年罗湖渔农村改造案例，政府发挥主导作用，对整个开发实施了积极的导控。在这样的合作模式里，利益博弈主要在于权利主体自身经济利益的追求与政府主体对城市环境改善的综合考量。随着《深圳市城市更新办法》对城市更新活动的进一步规范和完善，深圳开始结合自身实际，积极引入市场主体参与城市更新，明确提出城市更新实施主体可以是权利主体、市场主体和政府中的一个或多个，实施主体的多元性逐步显化，建立了以"政府主体—市场主体—权利主体"为核心的三方利益博弈机制。这三方主体以城市更新单元规划为载体，借助城市更新空间方案与利益平衡方案的动态调整，实现三方在利益分配方面的共识。随着深圳城市更新政策体系逐步完善，多元主体的利益关系不断得以明晰，政府在产权、规划、地价、拆迁补偿等 4 个方面采取针对性的政策调控，来平衡政府主体、市场主体、权利主体以及相关方的利益分配。

城市更新是对城市资源的重新分配过程，能否有效实施，关键在于城市更新的实施机制是否顺畅，以及开放互通平台各方利益主体是否能够尽快达成对城市更新目标和利益分配的共识（黄卫东和唐怡，2011）。基于多元主体协调的规则建立，有助于城市更新在合法的政策框架下，快速理清高效可行的城市更新操作流程，从制度上减少实施阻碍；增强市场主体和权利主体在规则制定方面的参与感和认同感，使得依据规则执行的城市更新政策和相关规划能够快速被相关方理解和接受，共同推动城市更新的实施。从城市更新发展趋势来看，多元主体因不同的利益诉求和不断调整的权利关系，在更新项目实施过程中产生碰撞和博弈，这种碰撞和博弈的过程会持续推动城市更新规则向着明晰的方向前进。

加强政府的引导和调控

随着城市更新的不断发展，政府逐渐转变身份，从最初的主导推动，逐步转变为调控引导的监管者角色。

首先是政府积极充当城市更新的规则制定者。深圳在城市更新探索过程中，政府通过完善的政策和制度供给，将部分土地开发权让渡给市场主体，明确市场主体的参与路径，积极吸引社会资本参与。其根本在于调控土地增值收益在公共利益、市场经济利益和权利主体个体利益之间的平衡，调动各方参与推动城市更新的积极性。同时，在规则构建的过程中，政府对权利主体主要保障其合法利益，限制其超额利润，而对于以房地产开发企业为代表的市场主体来说，加强政策、制度约束，进一步推动城市更新过程中权利主体和市场主体之间关系的优化调整。在这个层面上，政府通过规则的制定与不断完善，调控引导城市更新过程中的不同利益主体的参与方式与利益分配格局，根据城市发展需要和项目实施实际情况，从整体层面上引导城市更新的发展。

其次是政府承担城市更新的实施监管者。政府作为城市公共利益和整体利益的代表方，需要在城市治理过程中坚守底线与原则。在以城市更新为代表的存量土地再开发过程中，深圳加强了对政府自身代表的利益底线的设置，保障和逐步优化公共利益的实现方式，最大程度消除外部不经济的影响。另外，政府加强了城市更新过程中的审批监管和其与规划法定程序的衔接，保障城市更新按照规则实施。

由于政府完全主导模式容易使权利主体难以参与更新和分享改造后的土地增值收益，从而在一定程度上会阻碍项目实施，市场主体的有效作用又无法充分发挥，这将最终导致城市更新推动困难。因此，深圳坚持政府的积极引导，提供清晰明确的市场主体参与路径，吸引社会资本共同撬动城市更新，将政府回归到监管主体角色，实现了管理型政府向服务型政府的转变，满足存量时代城市治理模式的管理要求。

提高权利主体参与能力

在其他地区的城市更新活动中，权利主体往往因为话语权较弱而致使其权利易受到侵害。然而深圳由于早期自发的更新活动，权利主体一直处于相对强势的地位。在进入 2009 年以市场主导为特征的城市更新阶段后，政府主体为了约束市场主体对经济利益的最大化追求，进一步强化了权利主体的参与作用。比如在城市更新政策中规定必须获得一定数量的权利主体同意后，才可以申请开展更新。在这种政策机制下，权利主体拥有了参与城市更新以及表达利益诉求的主动权。以城中村（旧村）改造为例，在项目申报更新计划之前，必须由实施主体征得权利主体成员的同意，签署城市更新意愿表。在这一过程中权利主体可以自由地选择实施主体，通过协商谈判保障自身利益，而非被动地接受拆迁安置补偿。

此外，权利主体可以通过意愿调查、听证会、公示公告等多项制度充分发挥其主观能动性，也可以自行组织城市更新活动，权利主体的自主性逐渐增强。其与政府之间不再是被动接受与强制改造关系，与市场主体之间也不再是单纯的补偿安置或者合作开发关系，而是共同参与存量时代城市发展和治理的利益共同体。

通过城市更新，政府通过制度供给充分调动了权利主体的参与积极性，能够尽快地实现其身份和角色的转变。在深圳城市更新蓬勃发展和规则制度建构逐渐成熟的过程中，权利主体也可以通过其他项目的经验借鉴和耳濡目染的政策宣传，逐渐提高对城市更新的认识，培育其维护自身财产权利和参与城市治理的意识和能力。在当前城市更新过程中，权利主体一般会积极了解各项更新政策，提高政策认识水平，在此基础上通过分析自身获得的收益和付出的成本，明确底线和自身合理的利益空间，在多次沟通协调中不断提升自身谈判能力和参与城市更新各项事务的能力，从而更好地发挥自身在更新项目实施过程中的合理作用。

发挥市场主体的积极作用

虽然强化权利主体地位避免了因强制拆迁引发的社会冲突，但是这也导致了谈判成本和谈判周期的增加。资本的逐利性和市场的快速变化，使得市场主体需要建立快速响应机制，有效地完成协调博弈过程。

深圳早期的城市更新活动，市场主体在前期介入路径不明晰，造成信息不能完全共享，从而导致改造成本较高。这样市场主体介入的主观能动性较低，导致自由竞争的市场机制无法形成，存量土地资源优化配置效率较低。

其后深圳在探索过程中，迅速明确了市场主体的参与路径，并通过各种政策的引导和规则建构来约束并规范城市更新中的市场行为。市场主体在掌握和运用上述政策规则的同时，会不断提高自身对进入城市治理阶段后自身应对快速变化环境的能力。这一过程同时带动了相关规划设计、咨询服务、法律咨询、金融等系列产业，促进了相关企业的优胜劣汰，推动了基于城市更新的存量时代的成熟社会组织保障，进而促进城市更新行业的健康发展和城市治理在各行业各领域的联动实现（贺辉文等，2016）。随着市场体系的不断成熟，城市更新中市场主体的积极作用得以进一步发挥。

培育多元的社会力量

在新的城市治理变革的形势下，社会组织积极改变博弈策略，提升自身参与实力，为深圳的城市更新实施提供了巨大的推动力。多方参与是通过更新意愿征集、公示公告、协商谈判、公众咨询等多种途径，将城市更新涉及的利益相关方纳入到整个实施过程中，充分保障上述群体的知情权和参与权（张宇钟和凯文，2015）。

为了让政府主体、权利主体和市场主体可以更好地进行沟通协调，相关企业自发组织成立了城市更新协会。2014 年 6 月，深圳市龙岗区城市更新协会（现更名为深圳市城市更新协会）成立，这是中国第一家城市更新协会，在衔接政府与市场、解决现实困难和提供改造思路等多个方面发挥了积极的作用。

随后，在市规划国土委和市城市更新局的指导下，2015 年 10 月，深圳市城市更新开发企业协会成立，吸引了 59 家企业加盟，目前已经扩展到百余家企业。开发企业协会注重通过有能力的成功企业积极传授经验，让城市更新产业链上涉及的多类企业通过这一平台共享信息资源，从而更好地推动城市更新项目。

此外，与城市更新相关的技术和咨询服务团队的专业性进一步提高，通过专业咨询、信息共享、沙龙交流、专家授课、展会举办等多种方式，极大地提高了社会各界对城市更新的认知度。

2. 多元协调手段的综合应用

一般来说，存量土地再开发过程中，由于面临复杂的土地现状利用和产权问题、新的规划情况，以及由此产生的更为复杂的利益关系，需要运用土地分配、规划调整、资金补偿等综合手段来实现城市更新利益分配。上述综合手段不仅涉及规划、土地、产权、经济、法律、社会、人文等多个领域，同时又涉及用地功能转换、容积率调整、地价分类补缴、税收调控等多种工具。只有形成相互协调的作用机制，才能更好地引导城市更新朝着城市发展需要的方向实施。

土地分配

对调控对象来说，土地分配主要是针对城市更新过程中的复杂产权问题，通过土地的合理分配来平衡各方利益。在土地价值日益凸显的深圳，市场主体和权利主体显然已经不再满足于单纯的建筑面积分配和货币补偿，土地开发权的吸引力更大。而政府主体也需要一定的土地用于完善城市功能和落实公共设施，土地手段作为城市更新的重要调控手段之一，其作用日益凸显。

城市更新中土地手段最有效的调控工具即为调配各方获得的可开发建设的土地面积（政府获得一定的公共利益用地）。例如深圳城市更新中规定的移交政府用于公共利益保障的用地比例不低于 15%。此外，城市更新中土地产权的调控表现在制约一些不符合条件的项目不被纳入城市更新范围，通过产权处置规则限制市场主体的利益分配。同时运用地价调控工具，根据更新前后的建筑功能和产权变化，对不同增值空间设置了不同的地价调控规则，一方面适当调控市场主体获得的利润空间，另一方面间接引导市场主体的城市更新行为更加符合城市发展需要。

规划许可

规划许可主要针对城市更新项目范围内需要落地的物业及设施进行规定。在明确了土地分配之后，规划建筑量、公共设施类型及数量、建筑形态和布局等，对于城市更新项目实施具有较大影响，需要通过城市更新单元规划予以明确。深圳的城市更新单元规划，多基于已有的法定规划，结合政策调控要求与项目实际情况调整相关指标。而单元规划编制和调整的过程，也是多方主体和多种价值观相互协调博弈的过程。

首先，基础设施和公共设施落实是城市更新单元规划的基本要求，过多和过高标准的基础设施、公共服务设施会挤压市场主体可开发用地空间，从而影响可售物业建筑面积和销售利润。但这些公共设施落实得过少，又会影响项目品质和区域未来的长远发展，从而影响销售价格。因此，政府采取规定公共配套设施落地底线（必须按照《深标》的要求配建社区级配套设施）、引导大型公共设施配建（对于独立占地的医院、学校等，鼓励纳入城市更新单元统筹考虑）和通过城市更新单元规划审批 3 个主要方式来引导城市更新项目实现合理的配套设施建设。其次，城市更新活动是对已有城市功能的完善和人居环境的提升，已有法定规划由于编制时间较久、多数不能适应新的区域发展需求，因而需要根据实际情况进行合理的规划用地性质调整，包括道路的贯通、地块功能组合的优化、土地用途的调整等，并在规划审批之后予以落实。最后，规划调控的另一个核心工具则为容积率，在土地分配和用地性质已经确定的情况下，容积率的确定不仅会直接影响市场主体的可售建筑面积，而且也会影响权利主体的使用环境和周边区域承载力，是三方利益博弈的焦点。在这一过程中，市场通过开展规划研究和单元规划编制来明确自身的利益诉求，政府通过政策规定来引导市场行为，同时也通过片区统筹规划和专项规划等来统筹协调区域的整体开发要求。

经济调节

城市更新中的经济调节主要通过资金补偿和租税费调节来实现。虽然深圳城市更新项目多数采用实物补偿，拆迁安置工作由市场主体完成，涉及补偿资金较少，但针对重点城市更新项目涉及的重要基础设施建设，各区制定了相应的管理办法，并在这些管理办法中明确了各专项资金申请适用情形、申请程序和责任部门。城市更新作为一种市场开发行为，其中涉及拆迁安置、开发建设、物业销售等多个环节，涉及多种情形下的租税费调控。具体来说：在拆迁安置阶段，权利主体获得拆迁补偿相关费用时，需要交纳增值税和所得税等；市场主体取得可开发建设用地时需要交纳一定标准的地价（地租），在开发建设过程及销售阶段，也要按照一般开发项目交纳增值税、土地增值税和所得税等。由于税收为国家法定，目前主要针对新增建设用地开发过程来调控，并未结合存量土地再开发的特点建立起一套针对性的租税费调控体系。在未来土地租税费体系改革中，需要针对存量土地再开发的不同情形下配套一定的租税费调控工具，以进一步规范城市更新中各主体的经济活动。

人文保护

深圳针对非定级的保护对象，人文保护最初并没有纳入城市更新的规范性文件中，而是专家、行业协会组织等具有影响力的利益相关主体的自发行为，主要针对在城市更新活动中需要避免采用拆除重建式方式破坏历史文化建筑、民俗习惯、社会文化等。随着城市更新发展逐渐成熟，各方主体特别是第三方组织和利益相关方愈发意识到人文因素对城市发展不可替代的作用。例如大鹏所城的历史建筑保护、海边地区传统村落的风貌保护、大鹏南澳地区渔民传统捕鱼售卖的生产方式的保护等。

深圳城市更新中的人文保护早期是通过规划公示、意见咨询和听证会等公众参与的途径予以保障，公众、专家和行业组织等通过公示的规划方案来表达对人文因素保护的需求和建议，并通过媒体反映给城市居民和管理者。在《深圳市拆除重建类城市更新单元规划编制技术规定》（2018）出台之后，明确将历史建筑保护纳入了城市更新单元规划，要求拆除重建类城市更新单元内涉及文物保护单位、未定级不可移动文物、紫线、历史建筑、历史风貌区、特色风貌区须进行历史文化保护专项或专题研究。其中除文保单位和城市紫线按照相关规定执行以外，涉及历史风貌区、特色风貌区、历史建筑的、有上层次规划的，应落实相关规划要求。无上层次规划的，根据《深圳市城市规划标准与准则》及其他相关技术、标准、规范，划定核心保护范围和建设控制地带，明确禁止性使用功能，提出相应的风貌保护控制要求以及保护范围内的建设活动控制要求，并说明保护控制措施与合理的活化利用方案。

法律支撑

在广东省"三旧"改造政策基础上，深圳建立了一套以《深圳市城市更新办法》为核心的政策体系，用以保障城市更新活动的有序实施。随着城市更新在深圳社会经济发展中作用越来越突出，近几年，深圳逐步探索将城市更新核心政策上升到法律条文，通过研究《深圳经济特区城市更新条例》（草案稿），提高城市更新核心内容的法律地位。就目前的政策体系来看，深圳城市更新在以下 3 方面加强法律支撑：

一是对城市更新单元制度的规范。比如提高了城市更新单元规划的法律效力，要求必须通过编制单元规划来落实城市更新活动；对于拆除重建类城市更新，需要满足 2/3 以上人数和产权面积的权利主体同意实施，并将这一内容通过城市更新意愿书明确下来。

二是加强城市更新与其他管理工作的衔接。比如明确了城市更新实施过程中涉及的土地历史遗留问题处置程序，并对处理程序不断简化。

三是城市更新审批管理程序得到优化。在探索初期，为了鼓励城市更新项目快速实施，将城市更新单元规划视同对法定图则的调整，随后将用地功能调整的法定图则审查环节植入到更新单元规划编制审批流程中，以保证单元规划的严肃性。随着城市更新的日益成熟和复杂多元，简单的嵌入式审批程序已经不能满足所有情况，为了保证城市更新政策的严肃性，政府要求城市更新活动涉及法定图则强制性内容修改的，首先开展法定图则修编，然后进行更新单元规划申报审批。此外，对于涉及原农村集体的城市更新项目，要求对集体资产的处置公开进行，避免城市更新过程中的贪污腐败问题。

2.3.3 法制化：基于规划、政策和体制的规范性管理

1. 基于规划制度的法定化探索

现行的城市规划体系主要是针对新增建设用地利用管理而发展建立的，面对存量时代复杂的城市问题，产生了一定的不适应性。基于存量土地再开发诉求的城市更新规划的产生，更多地反映了以期通过一种复合的、整体性的方法来解决复杂的、存量时代的城市发展问题。

但是这样的城市更新规划如何接入原有的城市规划体系，在一开始是存在一定困难的。一方面，由于现行的法定规划几乎都是政府主导的"蓝图式""终极式"规划，其中难以容纳利益博弈的动态变化和市场运作的弹性空间（舒亚丽，2013）。另一方面，现行的法定规划，特别是城市总体规划之类的上位规划，并未涉及城市更新中多元化的目标指引，对城市更新的指导和约束意义较弱。

在这一条件下，既不能直接地用城市更新规划来替代原有的法定规划，又必须保证城市更新规划与现行规划管理体系特别是法定规划体系的有效衔接，避免因为城市更新规划的模糊定位，导致规划编制过程中类型、内容、深度以及审批的层次和机构界定不清，阻碍城市更新的有效实施。

因此，深圳城市更新开启了单元规划的探索，在解决上述问题方面进行了积极的尝试，有力保障了城市更新工作的稳步开展和规范化管理。深圳城市更新单元规划是对法定规划的补充、调整，通过镶嵌的方式纳入法定规划，从而保证其规划效力。

在城市更新单元规划探索的基础上，深圳在城市更新的探索实践过程中，逐步建立了城市总体规划（含专题研究）、城中村和旧工业区专类改造总体规划、城市更新五年专项规划、城市更新单元规划的城市更新规划制度。通过"自上而下"的统筹谋划和"自下而上"的个案实施，形成了上下衔接、系统有机的更新规划体系，为深圳城市更新活动的顺利实施，提供了规范管理的基础。

在宏观层面，政府组织编制的城市总体规划中专门开设城市更新专题研究，并专门针对城中村（旧村）和旧工业区等特定类型开展总体规划，在此基础上对接国民经济发展五年规划等，组织编制城市更新五年专项规划，明确规划期内全市城市更新的目标、规模、空间安排、时序推进以及实施策略，引导市场力量关注重点地区的城市更新工作。同时组织编制城市更新单元年度计划和批次计划，根据项目申报情况分时序将符合条件的城市更新项目纳入更新计划。从全市的角度对城市更新活动的目标导向、重点区域和实施监管等进行规范。

在微观层面，市场主体一方面积极发挥市场优势推动城市更新共识的达成，另一方面根据政府制定的城市更新单元规划和计划申报指引，开展城市更新前期准备和计划申报工作。当城市更新项目纳入计划之后，通过城市更新单元规划的编制和报审工作，因地制宜地明确项目地区的改造具体要求。在城市更新单元规划编制过程中，开展多项专题或专项研究，将项目实施范围内涉及的地权重构、利益平衡规则的制定和实施、公共利益保障等予以落实。最终通过城市更新单元规划的批准实施实现对法定图则的调整和优化，将城市更新规划的成果纳入法定规划管理体系中。

2. 基于政策体系的法制化建设

在深圳早期的自发性城市更新活动中，主要依靠房地产开发企业和权利主体合作实施，政府不加以管控，城市更新基本处于自发状态。2004 年之后，深圳出台了《深圳市城中村（旧村）改造暂行规定》和《关于工业区升级改造的若干意见》，政府开始系统化推进城市更新。在这一过程中政府发挥积极作用，但由于规划土地政策以及更新程序和流程等尚未明确，相关探索处在试验阶段。虽然这一阶段政府开展的政策探索对城市更新项目尚未形成实际指导作用，但却为后来的城市更新政策体系出台奠定了良好的基础。

2008 年开始，政府在对城市更新政策体系架构进行全面研究的基础上，依据广东省"三旧"改造相关政策，于 2009 年 12 月出台了《深圳市城市更新办法》。在此基础上，深圳逐步出台了《深圳市城市更新办法实施细则》和《关于加强和改进城市更新实施工作的暂行措施》等一系列配套性文件。随着城市更新地不断推进，上述政策体系和政策内容不断得以优化和完善，在这一过程中，深圳逐步建立起了一套系统的、符合市场化的更新政策体系，形成了城市更新中各方主体行有所据的规则体系。

深圳市城市更新政策是城市更新活动开展的重要法律法规依据，通过各种规范性要求，对全市开展的城市更新项目以及项目参与主体进行约束和引导。

首先，《深圳市城市更新办法》将城市更新活动过程中涉及的对象、原则、模式以及城市更新在计划、规划、改造主体与权利主体关系、地价标准、出让方式等方面均做出了明确的、系统的规定。同时，《深圳市城市更新办法实施细则》在《深圳市城市更新办法》的基础上，对更新办法中规定的内容进一步深化和细化，使得城市更新从实际操作层面具备了规范实施的基础。

其次，围绕上述基础性规章和规范性文件，政府相关部门陆续针对城市更新过程中城市更新单元管理涉及的各项环节进行了详细和具体操作规则的配套，涵盖了计划审批、土地信息核查、历史用地处置、规划审批、实施主体确认、房地产证注销、用地出让、地价缴交等多个方面的内容，逐步实现了城市更新政策的制度化建设。

经过多年发展，深圳城市更新政策体系逐渐成熟。在底层政策基石逐步稳定坚实的基础上，强化政策的顶层设计和加大法律保障成为城市更新政策制度化建设的重要任务。深圳城市更新需要探索更高层次、更为规范的法治化发展道路，由此《深圳经济特区城市更新条例》（草案稿）应运而生。通过这一工作的开展，可以将城市更新上升到立法高度，从法律保障的角度对全市城市更新活动予以更加严格的管理和规范。

3. 基于体制机制的规范化管理

城市更新是一项集合土地核查与分配、用地功能研究、产业功能提升、公共服务配套、道路交通影响、城市设计、历史文化保护、海绵城市建设以及建筑物理环境分析等多项内容的系统工程，涉及规划国土、文体教育、交通运输、住房建设、产业发展、环境保护等多个部门管理。根据城市更新项目的不同内容和特点，各部门在城市更新管理中的分工和侧重有所不同，需要制定详细、明晰的权责分工，形成完善的城市更新管理体制，促进城市更新管理与建设实施的高效结合。

深圳的城市更新实施机制和工作流程，随着政策逐步丰富、逐渐成熟。深圳于2004年成立了市、区两级的城中村改造办公室主管城中村(旧村）改造工作。市城中村改造办公室作为当时市规划主管部门下属临时性机构，职责无法覆盖城中村（旧村）改造的全部内容，在协调多个部门方面存在较大困难。由于各部门之间的行政许可和审批机制缺乏统一的组织机构和行政程序予以协调，这一时期城中村（旧村）改造的实施效率并不高。2009年《深圳市城市更新办法》出台后，成立了市城市更新办公室，设在市规划国土委，各区也相应设立了城市更新办公室。相较于城中村改造办公室，城市更新办公室在行政级别和专职管理等方面均有了较大的提升。全市逐步形成市区两级城市更新组织管理架构，建立了多部门协调联动的沟通平台。在市层面，市城市更新办公室作为市规划国土委的派出机构，负责全市城市更新方面的政策和技术规范的制定、计划编制和城市更新的指导协调和宣传服务工作。各区层面，区政府、区城市更新主管部门、市规划国土委各管理局以及区发改、国资等相关职能部门职责分工明确，区政府负责全面统筹，区城市更新主管部门负责城市更新项目的具体实施建设、专项规划编制和资金统筹，市规划国土委各管理局和其他职能部门负责各领域的城市更新指导和协助工作，形成了规范的城市更新项目管理制度。

2014年9月，市城市更新办公室更名为市城市更新局，负责统筹推进全市的城市更新工作。2015年9月，市政府将罗湖区作为城市更新改革试点区，积极推进城市更新强区放权改革。市规划国土委负责的拆除重建类城市更新单元计划审查、规划审查事项由市城市更新局直接受理并履行审查（审批）职能，市规划国土委各管理局将不再受理。原由市规划国土委及其派出机构行使的涉及辖区城市更新项目的行政职权，直接调整至辖区城市更新主管部门行使。

在城市更新相关事项下放之前，区级城市更新主管部门负责城市更新项目的计划申报以及未突破法定图则的城市更新项目审批；对于突破法定图则的城市更新项目需要上报市规划国土委审批。下放之后，各区根据自身情况，纷纷出台了各自的城市更新实施管理办法，进一步明确了计划审批、土地信息核查、更新单元规划审批、实施主体确认、用地建筑施工行政许可等各个环节的实施流程，建立起各区城市更新项目实施流程的规范化管理，进一步加强了对辖区内城市更新工作的管理和统筹。

此外，随着城市更新对象和路径的日益多元，政府越来越认识到加大对城市更新的目标、方式、利益平衡等核心内容宣传的重要性，这对于促成政府、公众、权利主体、市场主体等多方利益主体形成更新共识，具有非常重要的意义。一方面，各级政府积极利用各种平台及主要媒体，开展城市更新政策的宣讲工作，积极宣传和引导城市更新工作；另一方面，相关部门深化推动城市更新调研和检讨工作，不断总结问题，对政策进行及时的校正与更新。政府逐步建立了规划、计划、核查、监管、服务等多个领域的综合保障体系，保障了多元主体在城市更新多个领域的有效参与。

总体来讲，城市更新管理涉及链条长、环节多，需要各级政府及各部门按照城市更新的相关流程有序开展各项工作。深圳通过设立城市更新的专职行政管理部门，建立了有机完整的组织管理系统，对于保障更新过程中公共利益落实、维护社会公平、优化城市更新实施运行等发挥了重要作用。同时现行的强区放权——将城市更新管理权下放到区层面行使，适应了现状深圳各区发展特征和路径差异化的特点，促进了地方管理者在城区治理方面的主动有为，实现城市更新的经济、社会等综合目标的全流程负责，这体现了深圳作为中国的一个特大城市在辖区治理模式方面的探索与创新。

第 3 章

城市更新案例回溯

回顾深圳城市更新过去数余年的实践，并非完全按照某个
理论或行政指令执行，而是在规划与实践的反复互动中踽
踽前行。深圳自带的时代特征和发展基因，产业再升级的
动力，社会不同形式的参与，法规政策的延承与适时创新，
多种力量在不同阶段反复叠加、冲突、协调，形成了本章
鲜活而富有启发借鉴意义的案例。

3.1 华强北："三来一补"工业区的持续 转变

3.1.1 从工业园区到"中国电子第一街"

深圳华强北（前身为上步工业区）是中国改革开放的缩影，它在不足 2 km² 的土地上展示了中国改革开放的惊人速度。从计划经济到社会主义市场经济、从农业区到工业区、从飞地型工业区到城市型工业区、从单一生产制造功能到生产性服务业萌芽、从生产性服务业发展到城市功能区再到城市中心区直至世界范围内具有影响力的商圈、从地面空间到地上地下空间的综合开发，中国社会发展过程中的经济体制转轨、工业化和城镇化进程等几乎所有精彩的篇章都在华强北有具体的体现。

华强北在深圳的创新创业中扮演了重要的角色。作为 30 多年前的电子产品加工基地，随着电子产品和电子销售市场的繁荣，工厂外迁、商业进入，被誉为"中国电子第一街"。在智能手机、平板电脑时代，是闻名全球的硬件供应链和产业链集中地，有令人惊叹的创新和低成本创造能力。国际巨头英特尔、微软、高通、思科等纷纷看中其灵活的"生态系统"，在 2012 年前后开始向深圳投入资源，开设了观察岗，密切关注华强北的最新趋势。

经济发展需要空间载体，华强北的每一次转型和重构都需要以土地作为支撑。从工业化、城镇化、信息化、制度建设、体制改革、空间转型和产业升级等诸多视角都可以讲述华强北的故事，但每一个视角下的发展均得益于土地发展潜力的提升，并且这种提升的过程是几何级的。从这个意义上来看，华强北的故事可以概括为土地发展潜力的"提升、提升再提升"，而促成土地价值几何式提升的有效途径正是城市更新。因此，华强北的城市更新具有很强的改革实践探索价值。

华强北的渊源需要从改革开放之初说起。其区位位于深圳福田区，为一个由上步中路、华富路、红荔路和深南大道围合而成的总面积约为1.45 km² 的区域。在改革开放之前，华强北是宝安县的荒郊地区。深圳经济特区成立后，城市空间扩张迅速向郊区推进。20 世纪 80 年代初，深圳城市建成区沿着深南路延伸到华富路旁的上海宾馆附近，即当时的城乡分界线，华强北在当时属于典型的城乡接合部。1980 年规划始建的上步工业区定位为电子工业和来料加工园区，1985 年基本完成建设。

至 20 世纪 80 年代中后期，随着上步工业区电子元器件产业的发展，功能上与其配套的赛格电子元器件市场应运而生。当时我国的改革开放正处在探索与尝试的初期阶段，社会主义市场经济体制尚未确立，市场交易依然在很大程度上沿袭计划经济时代的规则和制度。国有企业可以凭红头文件的配额指标采购到元器件，但大量的私营企业因为没有红头文件的配额指标而面临无米之炊的尴尬困境。1988 年，深圳市赛格集团（原为国企深圳市电子工业总公司改组的深圳电子集团公司），敏锐地发现了私营企业电子元器件市场需求的先机并付诸行动，在华强北建成了全国第一家综合性专业电子配套市场——赛格电子市场，占地面积1400 m²，商户 170 余家。这也是后来引领上步工业区发展成为华强北商业圈的第一家配套市场。20 世纪 90 年代至 21 世纪初，华强北迎来了最辉煌的时刻，上下游供应链、信息流、物流以及人流在此处交汇，奠定了中国最大的电子集散中心的内核。

而该以怎样的方式描绘当下的华强北？或许在一些消费者的认知中，它依然是"山寨"一条街，但"山寨"早已消失在华强北的历史尘埃中；或许在很多人的印象中，北京的王府井、上海的南京路、广州的上下九名声更大，但实际上这些商业街的营业总额均不及单个赛格电子市场的营业额。在电商对实体商业"围剿"的背景之下，传统商圈纷纷落马，但是华强北显然已经率先突围。至此，上步工业区这个曾经的乳名也悄然走进历史，任谁也无法预料曾经的"三来一补"工业区竟然产生了如此巨大的市场效应。然而华强北的成功并非神助，而是借助于城市更新一步一个脚印逐步实现。

3.1.2 城市更新与产业转型升级的互动过程

1. 第一阶段（1988~1993年）：工业区引入专业电子市场

华强北通过第一轮城市更新实现了从工业区到商业功能区的转型，尽管在此过程中，资产重组和体制改革等其他方面的手段不可或缺，但是，城市更新确实为华强北的转型提供了重要的空间支撑。城市更新之前，华强北是以电子元器件生产为主导的工业园，主要功能是工业生产。从用地结构来看，工业用地所占比例最大，占总用地面积的29%，其次为居住（包括单身宿舍），占总用地面积的17%，有一定的企业办公用地，但比例较低，占总用地面积的7%；从建筑形态来看，多为6~8层的框架结构式标准厂房，厂房平均层数3.8层，厂区建筑密度44%，容积率1.5（黄卫东等，2011）。

从1988年开始，华强北在产业结构"退二进三"的转型与升级过程中拉开了城市更新的序幕。这一阶段的标志性事件就是1988年赛格电子市场的建立，华强北拓展了生产性服务业职能，逐步成为中国南方最大的电子产品生产及批发零售中心，"退二进三"的产业转型倒逼物质空间的升级改造，局部更新调整就此开始。

深圳华强北城市更新与城市功能演变互动关系   表3-1

年份	1979~1987年	1988~1993年	1994~1999年	2000~2010年	2011年至今
市场特点	从农业向电子工业转型	综合工业园区	华强北商业街	城市综合商圈	电子元器件产业链、创客中心
标志事件	1982年深圳电子大厦竣工，成为电子工业生产基地	1988年赛格电子市场成立	1994年万佳百货进驻	2007年华强北"电子市场价格指数"正式发布；2008年被授予"中国电子第一街"称号	2015年华强北国际创客中心和赛格众创空间对外开放
主要规划	—	—	《上步工业区调整规划之调查研究报告》（1994）《上步工业区调整规划》（1999）	《上步片区发展规划》（2004）《上步片区城市更新规划》（2008）	《上步片区第三单元城市更新专项规划》《上步片区第七单元城市更新专项规划》《上步片区第十四单元城市更新专项规划》
主导产业	电子工业和来料加工	电子产品交易中心、证券业集中地	电子产品、金融服务业、餐饮、商贸等	电子产品、硬件市场、物流、餐饮、商贸、高新技术研发基地等	电子硬件产品、物流、商贸、自主创新产业等

华强北第一个阶段的城市更新，主要通过市场主体自发地对工业厂房的增改扩，实现工业生产向金融、证券、办公、商业和服务业等功能的转变。这一时期，政府对市场主体的更新改造行为采取了较为宽容的态度，超过半数的更新改造建筑并未经过有关部门的审批而具有合法性（张玉娴，2009）。

2. 第二阶段（1994～1999 年）：华强北商业街形成

20 世纪 90 年代后期，华强北的区位条件发生了显著的变化，已经由改革开放初期的城市郊区转变为城市中心区。1994 年，万科企业下属的万佳百货超市进驻华强北，标志着华强北由一个工业物流园区逐步转成现代商业街区，开始向城市大商圈衍变（殷景文，2009）。万佳、女人世界、儿童世界、顺电等零售商业和餐饮业在这一时期沿华强北路陆续建成并开业，片区内的高新技术、电子市场、金融证券、商业办公等快速发展，华强北开始呈现多种业态并存的繁荣景象。

在市场自发的"工改商"城市更新项目取得明显集聚效应的同时，政府开始重新审视华强北片区的发展定位。1998 年，政府为民办十件实事中明确提出打造"华强北商业街"。但这一时期，由于华强北的更新动力主要来自市场力量，在政策环境和规划指引尚不充足的条件下，迅速增大的建筑规模体量给片区的基础设施和公共服务设施带来了巨大的压力，使得华强北这一"工改商"城市更新集聚的地区明显呈现出景观改造和基础设施建设严重滞后的局面。在此背景下，政府及时介入基础设施建设并进行景观改造无疑成为当时破解华强北发展瓶颈的一剂良药。

1999 年底，华强北一期改造完成，基础设施的供给水平和质量极大提高，曾是工业厂房区的华强北开始散发出商业区的时尚气息。片区混合共生的多元业态生境进一步吸引了研发设计、电子商务、商贸物流等产业的发展，与此相适应的用地结构发生了重大变化。片区内商业办公用地的比例开始迅速提高：至 1999 年底，商业办公用地占用地面积的比例已经提高到 23%，而工业用地则从 1990 年初的 29% 下降至 11%，居住用地占比仍维持在 17% 左右（黄卫东等，2011）。

华强北第二个阶段的城市更新，仍然是市场自发推动下的工业功

图 3-1　深圳 1983 年、1985 年和 1997 年的上步片区。借助地缘优势和电子产业集聚发展，华强北实现了由旧工业区向以电子市场为主导的城市综合型商圈转变，成为市场经济环境下主动求变的突出样本 | 图片来源：刘廷芳 。

能向办公、住宅和商业等功能的持续调整，但是这种调整已经不仅仅局限于原有建筑的加改扩，拆除重建的诉求越来越强烈。而且相比之前，政府采取了更加积极的措施，加大公共空间和基础设施的建设，逐步加强了对城市更新的介入程度。

3. 第三阶段（2000～2010 年）: 功能混合促进综合商圈形成

2000～2010 年期间，华强北的规模和辐射范围进一步扩大，日均客流量达到 50 万人次（王嘉和郭立德，2010）。华强北成为销售额排名全国第一的商业街区，是商业密度全国最高的商业街区以及全国电子产品经营面积最大、种类最多的商业街区。

华强北的业态特征表现为: 电子专业市场为主体，百货、餐饮、服装、文娱等多元业态混合，形成了中国电子市场价格指数和中国 IT 市场指数，华强北已成为全球电子市场的风向标。高端产业要素集聚水平不断提高，对空间供给的质量和水平提出了更高的要求，在此背景下，华强北城市更新的最明显特征就是向多元化和混合性方向发展。

随着上步片区经济发展的变化，原上步工业区的大量厂房功能已发生转变，亟待引入商业用途。同时由于城市轨道交通线网建设，福田区政府开始谋划华强北电子一条街如何应对地铁开挖工程对商业的

图 3-2 《上步片区城市更新规划》是华强北片区城市更新的纲领性文件。规划开创性地提出了城市更新单元的概念，打破既往以用地权属边界作为开发单元的限制，优先考虑保障城市公共利益，将城市公共利益与市场开发利益在单元内进行捆绑和有效关联，为城市高价值地区提高公共利益保障提供了有益的技术方法借鉴。

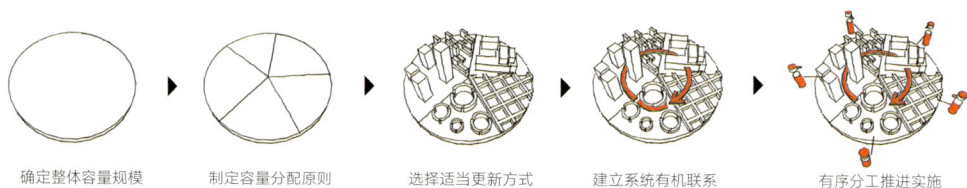

确定整体容量规模　　　制定容量分配原则　　　选择适当更新方式　　　建立系统有机联系　　　　有序分工推进实施

图 3-3　《上步片区城市更新规划》总体更新思路为"估容量、立规则、续活力、搭平台"，通过更新单元制度的建立，平衡更新利益分配。

影响。这一时期，华强北物业持有者的更新意愿强烈，但却面临缺乏统筹指导以及缺乏多种类型产权重新认定规则等，仅仅依靠市场力量已经无法推动华强北片区城市更新。为有效解决上述问题，2008 年 7 月，深规院统筹规划、市场、产业和政策等多个团队研究成果，编制《上步片区城市更新规划》。2008 年 12 月《上步片区城市更新规划》通过市政府审批，成为深圳第一个获得批准的以片区整体功能提升为目标的城市更新改造专项规划。

该规划依据华强北现状街坊地块划分、产业功能特征、土地权属情况等条件，将华强北片区划分为成熟型更新单元、重点更新单元和一般更新单元共计 3 大类 16 个单元，确立了 600 万 m² 的建筑容量作为总体控制目标，并将建筑容量分配到各个城市更新单元。

在该阶段的城市更新过程中，深圳关于城市更新的政策也相继出台，为其城市更新提供了必要的依据，并有效地抑制了片区内城市更新的盲目性和随意性。华强北用地多元性和混合性的发展，衍生出土地使用的多级市场，满足了灵活多变的置业需求，同时，由于其区位优势和低廉土地租金，大大提高了市场吸引力，无论是商贸等传统产业还是信息技术等新兴产业都在这里找到了适宜生存的土壤。

华强北第三个阶段的城市更新，逐步凸显出功能混合、改造模式多元、改造力量融合的特征。政府和市场在持续的更新过程中，不断寻求互补有机的合作关系，共同推动片区发展。

4. 第四阶段（2011 年至今）：轨道建设带动地下空间全面开发

2010 年前后，华强北商圈出现大量土地使用权到期的建设用地，华强北迎来新一轮的改造期，华强北的城市更新继续向纵深方向发展。这一阶段华强北的内外环境发生了一些变化。首先，全球经济低迷，国际经济发展环境尚未摆脱 2008 年金融危机的影响。其次，随着电子商务的崛起，传统商圈受到了极大的冲击。再次，深圳电子元器件的生产和制造等产业正处在转型阶段。最后，地铁 7 号线施工，华强北主干道封路围挡。

从城市更新的内在需求来看，华强北地面空间资源的开发密度已经达到较高的水平。片区内新的空间发展诉求需要通过地下空间开发建设来实现，这一方面可以通过运用功能延续性的原则，将地面功能进行延续，另一方面也可以通过补充地面功能，形成地上地下空间功能的互补（徐新巧，2010）。从规划和政策体系来看，华强北的规划和政策体系已经基本成熟，具备了通过地下空间开发的方式推动城市更新的条件。在规划方面，在《上步片区城市更新规划》的基础上编制的法定图则于 2013 年获批。从政策支持来看，《深圳市城市更新办法实施细则》于 2012 年出台，《关于加强和改进城市更新实施工作的暂行措施》于 2012 年出台，《深圳市城市更新历史用地处置暂行规定》于 2013 年出台。至此，华强北城市更新实施需要的规划和政策环境基本具备。

但当时的内外部条件决定了该次城市更新更加重要、也更加艰难。之所以重要，是华强北面临着更加复杂的发展环境，已成进退维谷之境——世界范围内正发生着新一轮的产业转型升级，电子商务对传统商业已形成"围剿"之势，"山寨"之实虽已尽退而"山寨"之名尚未根

图 3-4 深圳华强北立体街道设计概念图。深规院 2007 年完成的《华强北片区近期交通改善对策研究》，针对华强北地区空间资源严重受到人流、车流迅猛增长的挤压导致片区交通负荷超重的情况，结合深圳交通发展政策、片区交通需求及交通发展条件，提出华强北片区交通发展策略及片区交通近期改善对策。

除，而且修地铁围挡后人流锐减，办公和商业用房空置率迅速上升。地铁围挡终有拆除的一天，但是无法确保华强北的商业奇迹能否持续到这一天。之所以艰难，是在这种背景下华强北的城市更新面临着新的难题：一是物业确权难题，建筑物存在未办理规划验收和违法加建等诸多情形。二是城市更新成本日渐提高，改造主体的积极性受到影响。三是规划指标的难题，上位规划对各更新单元的规划增量指标有明确的要求，更新主体对规划增量的诉求与顶层设计中规划指标控制之间的矛盾突出。

　　针对以上困难，政府加强了城市更新政策的配套。一方面，率先在上步片区开展地价测评体系建设和不完全产权房地产确权研究，并将其纳入土地制度改革范围。另一方面，依据《深圳市城市更新历史用地处

图3-5　改造中的深圳华强北，因为地铁施工，华强北2012年开始封街进行地上、地下空间的升级改造，历时4年之久 | **图片来源**：大勇工作室。

图3-6　深圳华强北长930m的主街在2017年以步行街姿态重新开放 | **图片来源**：岳隽。

置暂行规定》进一步完善实施主体确认的做法和程序。

对于城市更新项目市场评估价地价较高的问题，依据《关于加强和改进城市更新实施工作的暂行措施》（2012），引入市场评估机构参与地价评估，按照评估结果的 85% 计收地价，同时采取不计息分期缴交地价的做法。同时，在规划增量不变的前提下，加强对更新单元内部改造主体的协调指导。

2017 年 1 月 14 日，尘封近 4 年之久的华强北商业步行街重新开街，新增地下商业空间约为 2 万多 m^2，实现地上和地下共 600 万 m^2 的立体性商业空间，为创客办公和新消费提供增量空间。而在华强北封街 4 年期间，其周边地块更新按照《上步片区城市更新规划》稳步推进，若干重大更新项目实施。

华强北路地下空间汇聚 1、2、3、7 四条地铁线，是深圳地下交通最密集的区域。地下空间两侧共预留 42 个连接口，远期周边商家和建筑可直接通过地下通道与华强北地下空间连通，形成庞大的地下综合商业网络。与此同时，华强电子市场亦改造升级开放，地上及其周边地下空间的陆续释放，使得这一地区的活力得以持续。

3.1.3 案例反思及述评

1. 空间供给侧改革该以怎样的方式推进？

华强北因发展而转型，但产业转型与升级过程中空间供给与需求之间的矛盾较为突出。

解决的方式有两种。一种是空间扩张，另外一种就是城市更新。在城市发展的早期阶段，产业转型与升级所需要的空间资源可以通过城市的空间扩张来实现。一般无论是郊区型城市化还是飞地型城市化都必须以适度规模的后备土地资源作为支撑。但是，深圳作为土地资源极度短缺的城市，不可能提供后备土地资源。

因此，当城市化发展到一定的阶段，城市由增量扩张转变为内涵式发展，城市更新就必然成为产业转型升级过程中空间供给的主导方式。在华强北的案例中可以非常明显地看到，在一次又一次的产业转型升级过程中，城市更新提供了有效的空间资源支撑。深圳等一线城市较早地遇到了土地和空间资源难以为继的发展困境，其他城市也将陆续面临这种难以为继的发展难题，是停滞不前还是进行空间供给侧改革，华强北城市更新的案例已经给出了答案。

2. 市场主导并推动下的城市更新，政府该如何作为？

华强北的城市更新具有很强的市场自觉性，市场主体主导并积极推动了城市更新。但是，依然有必要思考在城市更新过程中政府该如何作为的问题。时任华强北街道党工委书记蔡转弯曾说过，"华强北的商家就像是一群野生动物，他们坚信适者生存的自然法则，靠着灵敏锐利的市场嗅觉，不断实现自我蜕变般地野蛮生长"。市场主体为了获得其发展所需要的空间资源，一次次推动了华强北的城市更新并在其中起到了主导作用。在此过程中尤其是初期阶段，政府相对包容和未加阻拦的态度也助推了市场主体对城市更新的探索。

从整个发展历程来看，华强北的案例提供了"政府力量要不要介入、介入的程度如何、以怎样的方式介入"等诸多问题的答案。从政策制定来看，华强北的城市更新先后经历了缺乏政策依据、政策探索制订、政策体系逐步建立等不同的发展阶段，城市更新面临的政策环境逐步成熟。从政府参与情况来看，从早期依靠市场主体自觉性、相对宽松的阶段到逐步参与到基础设施建设和景观改造的主动参与阶段，政府对城市更新的介入程度不断深化。从规划指导情况来看，华强北城市更新规划从无到有，并在城市更新过程中发挥了积极主导作用。因此，华强北城市更新的探索实践过程是政府主体逐步介入城市更新并发挥积极作用的探索过程，尤其是城市更新在向纵深方向发展的过程中，政府主体发挥的作用越来越大。

3. 在物质空间规划与实际偏离的情形下，城市更新规划该如何编制？

华强北的城市更新和产业转型表现出非常明显的市场自发性特点。早在 2008 年《上步片区城市更新规划》开始编制前，上步片区已经开展了多轮不同类型的规划编制工作。最早 1994 年编制的《上步工业区调整规划》于 1999 年编制完成，之后有关部门进行了持续地跟踪研究并不断调整应对策略，其中较重要的是 2004 年的《上步片区发展规划》（黄卫东和张玉娴，2010）。但两次规划的目标与实际建设的状况存在明显的错位，特别是在开发强度方面，实际建设的建筑容量和容积率都远远超过规划指标。之所以会出现这样的状况，是因为华强北已经自发形成了完整的电子产业链，从物质空间入手的传统规划方式在这个片区无从下手，如果用规划功能和开发强度严格控制，而不按照市场需求及时扩大空间增量，可能影响华强北的整个产业生态链。

2008 年《上步片区城市更新规划》编制完成并通过市政府批准，其主要创新之处是根据产权、功能和业态等特征对片区的服务能力进行了专项研究，从而确定了建筑容量的总体指标并实现了各单元指标的统筹协调分配。以这一规划为基础，2013 年华强北片区法定图则编制完成，进一步全面有效指导华强北城市更新项目的实施。

3.2 大冲村：从城中村到"华润城"的谈判之路

3.2.1 跨越 17 年的谈判与重建

城市更新是各方利益主体通过有限的资源实现预期目标的博弈过程，其利益博弈以及随之展开的谈判与协调是更新项目中最重要的环节，因为它在很大程度上决定了更新的内容和结果。城市更新包括旧工业区、旧商业区、旧住宅区、城中村及旧屋村等多种类型。其中，城中村由于错综复杂的地权结构、违章建筑和历史遗留问题等原因，谈判和利益协调过程尤为复杂。如何妥善平衡各方利益、化解各方矛盾是城市更新项目成功推进的关键。大冲村规模大，涉及问题多，在深圳城中村改造中具有代表意义。分析大冲改造过程中复杂而曲折的协调过程，有助于直接理解利益协调的艰难。

缘起

大冲村位于深圳南山高新区东部，东临大沙河，紧邻深南大道、沙河西路等城市干道。在由增量建设转向存量发展的背景下，大冲村在1998 年纳入"旧改"计划，项目改造范围 68.5 万 m²，并于 2002 年被市政府列为旧村改造项目的重要试点，成为当时深圳最大的城中村改造项目。2005 年 4 月 22 日《南山区大冲村旧村改造详细规划》获得通过。从 1998 ~ 2005 年这 7 年期间，尽管市政府十分重视大冲村城市更新项目，但是因开发商未能确定，项目仅停留在规划阶段。

转机

2005 年 9 月,市政府确定华润集团作为大冲村旧改的合作开发商,一度陷入停滞的大冲村"旧改"出现了转机。2006 年 4 月,南山区旧改办、粤海街道办、大冲实业股份公司、华润集团组成的联合工作组成立。2007 年 3 月,华润集团与大冲实业股份公司签订了改造合作意向书;同年 9 月~11 月,华润集团根据当时新的规划设计条件开展了大冲旧改项目整体概念规划国际咨询,并选中美国 RTKL 公司的方案。但是由于这一时期拆迁补偿标准一直未能确定,项目推动依然十分缓慢。

突破

2008 年 7 月,南山区政府大冲旧改驻点工作组驻村办公,就大冲村改造项目中拆迁安置补偿这一核心难题进行沟通协调。同年 9 月,大冲实业股份公司与华润集团签署了《深圳市大冲旧村改造项目合作开发(框架)协议书》,确定了补偿标准,项目取得实质性进展。同年 12 月,深规院作为技术统筹单位,组织编制《深圳市南山区大冲村改造专项规划》。2010 年 1 月~3 月,华润集团与大冲村民签订拆迁安置补偿协议,签约率达 97.1%。至此,大冲村旧改项目各方主体的利益博弈与协调过程终于取得突破性进展。

图 3-7   深圳南山大冲村改造后成为集万象天地、华润置地大厦、住宅、公寓和五星级酒店等于一体的新商业服务中心 | **图片来源:** 大勇工作室。

审批

2010年10月~2011年3月，《深圳市南山区大冲村改造专项规划》先后向南山区政府、市规划国土委、市城市更新办等部门汇报，深规院项目组根据专家意见多次修改优化调整方案。2011年9月28日，《深圳市南山区大冲村改造专项规划》经市建环委第7次会议审批通过。

实施

2011年12月大冲村举行整体改造奠基典礼，2013年12月大冲村"旧改"回迁自住A区的主体结构封顶，2014年10月大冲华润城首期高端住宅"润府"开盘，2014年11月大冲华润城甲级写字楼物业华润置地大厦E座发售，2014年11月大冲华润城"润府"二期开盘，从2014年下半年起至2015年底，总建筑面积约110万 m² 的回迁物业分期分批竣工并交付给原村民 [1]。从1998年纳入改造计划算起，大冲村改造历时17年终于基本完成。

3.2.2 多元主体的利益诉求及博弈过程

1. 围绕1998版改造规划展开的第一轮博弈

大冲村改造的第一轮利益博弈围绕《深圳市大涌旧村改造规划》展开，该版规划1998年编制完成 [2]。

当时相关主体的利益诉求比较直接。从政府的利益诉求来看，希望通过改造来改善城市环境和基础设施供给水平，集中对城市空间形象进行提升并对基础设施进行改善。从原村民的诉求来看，首要是获得货币和房产补偿，其次是居住环境和基础设施建设水平的提高。从市场主体的诉求来看，主要是除回迁住宅的建设之外能够获得一定规模的物业用于出售或自持。从当时城市更新运作的环境来看，原村民住宅的拆迁基本以就地安置为主，少量工业区会被置换到原特区外。这样大冲片区的整个改造规划以住宅为主，基本不涉及写字楼、商业办公和城市综合体

---

[1] 资料来自2014年12月31日搜狐网报道文章《首批773户大冲村民还迁华润城》。

[2] "大冲"原名为"大涌"，因建村时村旁有条大河（古时称为"涌"），由此得名为"大涌"。

等业态，山体、荔枝林、河涌、水塘、庙宇和祠堂等基本得到保留。

但是这些诉求在谈判过程中一直未能达成共识，这与改造后建筑容积率过低、无法实现三方共赢有着直接关系。大冲村原村民以前以种田打鱼为生，20 世纪 70 年代，逃去香港从事建筑工人的村民很多，这些村民在赚钱之后，就开始回村建房，大冲村的建筑体量开始迅速增大，到 1998 年前后各种类型房屋的建筑总量已经达到了相当的规模。当时，大冲旧村改造规划所确定的建筑总量约为 110 万 m^2 左右。这样低的建筑总量不仅难以满足高额的拆迁成本平衡需求，而且难以实现市场主体的获利诉求。

2. 围绕 2005 版改造规划展开的第二轮博弈

大冲村改造的第二轮博弈围绕《南山区大冲村旧村改造详细规划》展开，该版规划在 2005 年获得政府审批通过。

由于之前 1998 年编制的改造规划无法实施，所以在 2002 年开始修编规划，新一轮的利益博弈重新展开。相对于上一轮规划，政府、原村民和市场主体的利益诉求并未发生大的调整，但是经济社会的外部环境却发生了明显改变。首先，深圳房地产市场在 2003 年以后呈现出迅猛发展的趋势，住宅价格呈现了明显的上涨趋势。其次，由于城市中心西移，南山高新区发展势头良好，临近高新区的大冲村其区位优势开始显现，写字楼和办公楼宇等业态的需求增多。再次，地铁 1 号线在大冲布设站点。无论是住宅还是商业办公，大冲村改造都预示着旺盛的市场需求。

深规院在编制《南山区大冲村旧村改造详细规划》时，吸取了第一版规划无法落地的经验教训，搭建了协调各方利益的技术平台。在规划编制过程中积极引入经济测算，对所有的改造成本（包括拆迁安置费用、货币赔偿成本、工业外迁成本、改造建设总成本、商品房地价成本、商品房销售成本等）开展了详细地分析。通过建立"成本—利润"比较模型，从经济角度测算这次改造后的建设开发规模。此版方案确定改造后的总建筑面积为 136 万 m^2。

随后，《南山区大冲村旧村改造详细规划》在市建环委 2005 年第一次会议上获通过，以此为基础的《深圳市南山 07-03 号片区 [高新区

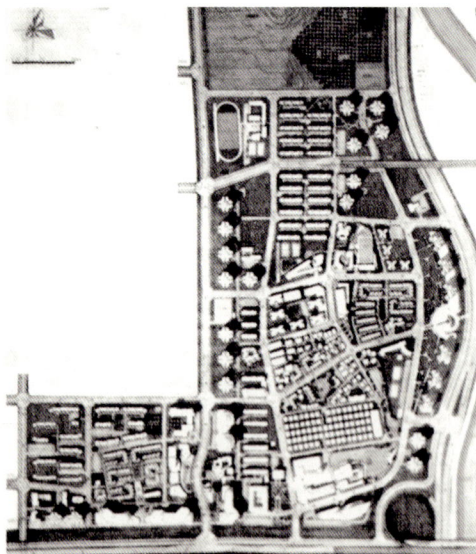

图 3-8 《深圳市大涌旧村改造规划》(1998)规划总平面图。本版规划实地重点调查了村落生态环境、人文景观、建筑空间类型及其演变特点,规划针对旧村环境整治、传统生活空间的保留,以及新的居住模式提出了建议。

图 3-9 《南山区大冲村旧村改造详细规划》(2005)总平面图。方案从改造策略、经济赔偿标准、开发强度、空间布局、配套设施、环境景观、历史文脉、可行性等各层面进行了多达近 30 次的反复论证和修改,最终形成了一个基本满足各方利益的平衡结果。该版规划确定大冲的未来发展定位是:深圳市高新技术产业园区的生活配套基地、与深圳市整体城市形象及高新园区形象相适应的城市居住区。

图 3-10 《深圳市南山区大冲村改造专项规划》(2011)总平面图。方案在商业活力提升、宗祠及古树保留、公共设施配套和立体化交通组织等方面做了积极探索。完成了回迁自住、回迁出租、保障性住房、商品房等的布局,增设林荫大道、景观街道及各类开敞空间。但因赔偿回迁物业基数过大导致建筑量过高,环境的舒适度不足,出行交通拥堵。

中区东地区]法定图则》（含大冲旧改用地）也在 2006 年获得市图则委通过。

　　尽管《南山区大冲村旧村改造详细规划》已经做了详细的经济测算，但它仅仅代表大冲村改造在理论上可行。当时以改造规划为基础的利益协调主要表现为技术团队的分析，政府、原村民和市场 3 个重要主体在方案中是缺少声音的。至于在实际操作的层面是否真的可行，则有待于在引入市场主体后进一步检验。

3. 围绕 2011 版改造规划展开的第三轮博弈

　　大冲村旧改的第三轮博弈围绕 2008 年开始编制的《深圳市南山区大冲村改造专项规划》展开。在本轮博弈过程中，各方利益主体所面临的环境又发生了变化，其主要的利益诉求和矛盾焦点同样也发生了变化。

　　从政府主体的目标诉求来看，对大冲"旧改"项目的期望不再是单纯的环境整治和基础设施建设，而是融入了商业及服务业升级助力高新技术产业发展的目标。2008 年全球金融危机爆发，经济发展外部形势不容乐观，以深圳为代表的珠江三角洲地区由于外部经济活跃，受到经济危机的冲击较大。在此背景下，深圳亟待通过产业结构调整和升级来消除经济危机的负面影响。2008 年 12 月国务院批复同意实施《珠江三角洲地区改革发展规划纲要（2008—2020 年）》，深圳被定位为"一区四市"，即国家综合配套改革试验区以及全国经济中心城市、国家创新型城市、国际化城市和中国特色社会主义示范市。无论是产业升级转型的诉求还是区域及城市发展的理想，都需要一定空间资源的支撑。在此背景下大冲村的城市更新项目不能仅仅是环境质量和基础设施建设水平的提升，它必然要承担城市进一步发展所需要的商业、办公、文化等复合式服务功能。

　　从大冲村原村民来看，先行一步拆迁的、位于福田 CBD 的岗厦村改造的天价补偿让他们对利益有了更高的要求，他们期待更高的拆迁补偿和更好的物业安置环境，但当时的拆迁安置政策走向并不明朗。在经过改革开放 30 年的资本原始积累之后，原村民的经济地位与改革开放之初已经不可同日而语，他们深谙土地的重要性，自然也明白这是最后一次以土地权利主体的身份进行的利益博弈。

从市场主体的诉求来看，看似比较简单，但实施起来也有较高的难度。其一，违建问题十分严重，对于深圳的城中村而言，在项目实施前突击抢建已经成为一种惯例，大冲村在华润介入之后的两三年时间内，抢建的建筑体量已经高达近 20 万 m^2。其二，土地权属问题和历史遗留问题突出并相互交叉，尽管这对于深圳的城中村而言是一种通病，但大冲村的问题尤为突出。其三，建筑补偿的标准问题，无论是合法建筑还是违法建筑，安置补偿标准都缺乏依据，尽管后来确定了补偿标准，但是钉子户的出现会瞬间抬高原村民对拆迁补偿的期望。其四，大冲村更新改造规划的建筑总量，已经从 1998 年的 110 万 m^2 提高到 280 万 m^2。但大冲村实际要拆除的建筑有 1400 多栋、现状建筑量已高达 110 万 m^2，也就意味着华润只能通过新增更多的建筑量来提高自己的收益。但规划指标中，容积率已经达到 6.8，建筑量的提高在政策和实施层面都存在难度。此外，还有一个非常重要的市场因素，2008 年深圳房价处于低谷，大大降低了华润的市场预期。

政府、原村民和市场的利益博弈最终聚焦在《深圳市南山区大冲村改造专项规划》的编制上，这一版规划必须实现三方共赢才具有实施的可能性。作为技术团队的深规院将本轮规划称为"小开门"和面向实施的规划。之所以称之为"小开门"规划的原因，首先它是一次"开门"的规划，政府、原村民和市场的利益诉求须融入规划，因为他们任何一方都有用脚投票的表决权。其次，它是一种有限度的"开门"规划，租户、公众、专家等主体的价值观和利益取向依然难以体现。

在第一轮和第二轮改造规划的基础上，历时 3 年有余，经过与政府、原村民和华润的多达上百次沟通、征求意见和反复修改，专项规划最大限度地协调了各方利益并最终获得通过。至此，以改造专项规划为平台的三方博弈终于告一段落，但围绕项目实施的新一轮博弈也就此开始。

4. 改造规划批复之后围绕项目实施展开的第四轮博弈

大冲村改造的第四轮博弈具体表现为市场主体在整体利益格局相对确定的情况下，在政策允许的范围内争取利益的上限。比如规划设计条件的微调、物业管理区域的划分等，市场主体一直在争取对自己更为有利的方式，其中最为突出的两个博弈要点是基准地价的确定和地价的缴交方式。

在基准地价方面，由于不同年份基准地价在不断上升，因此采用哪一年的基准地价作为计收地价的依据对利益格局产生较大的影响。《深圳市南山区大冲村改造专项规划》的批复时间是 2011 年 9 月 28 日，所以对市场主体而言按照 2011 年的基准地价对其最为有利，基准地价的参照时间点越靠后对其越不利。此时《关于加强和改进城市更新实施工作的暂行措施》（深府办〔2014〕8 号）等政策已经出台，关于城市更新地价缴交的规则有所变化。由于土地出让合同的签订是按地块分批次完成的，这意味着大冲村"旧改"涉及的补缴地价不可能用一个时点的标准来计算。政府主体和市场主体依据相关政策最后博弈的结果是：2015 年 11 月 2 日前签订土地出让合同的地块，地价标准按照城市更新单元规划批准时（即 2011 年）的公告基准地价标准执行，之后签订土地出让合同的，地价标准按届时的公告基准地价标准执行。

在地价缴交方式方面，地价分几次缴交及何时缴交也对市场主体和政府主体的利益格局产生影响。依据财政部、国土资源部等五部门《关于进一步加强土地出让收支管理的通知》(财综〔2009〕74 号)规定，"市县国土资源管理部门与土地受让人在土地出让合同中依法约定的分期缴纳全部土地出让价款的期限原则上不超过一年。经当地土地出让协调决策机构集体认定，特殊项目可以约定在两年内全部缴清。首次缴纳比例不得低于全部土地出让价款的 50%"。可以看到，对市场主体最为有利的地价缴交方式是首批款缴纳 50%，第二批款在两年内的末期还清。而对政府主体最为有利的方式则是一次性缴交所有地价。华润希望采取分期缴纳地价方式，其中，一期（回迁补偿物业建设宗地）的地价款分三期缴纳，签订土地出让合同时缴付 50%，签订土地出让合同之日起一年内再缴付 25%，余款在签订土地出让合同之日起两年内缴清，地价核算适用现行基准地价标准；其余后期开发建设宗地的地价款在一期土地出让合同签订的同时预缴 25%，签订后期开发建设各宗地土地出让合同时再缴付 25%，余款在各宗地土地出让合同签订之日起一年内缴清，地价核算适用现行基准地价标准。华润集团分三次缴交地价的方式并未违反国家的相关政策，因此被政府主体接受。

3.2.3 案例反思及述评

从技术层面来看，大冲村改造在文化遗产传承、城市功能复合、街道场所打造和城市天际线设计等方面进行了一系列的探索和创新。在文化遗产的传承方面，原址保留了郑氏宗祠、大王古庙、水塘及老榕树等景观节点，并利用斜向的村落肌理——主街将其串接，使历史文脉得到一定延续。在城市多元功能复合方面，临地铁站布局大型购物中心及开放式商业街区，办公楼与酒店沿主干路布置，居住塔楼及配套设施相辅相成，构成集生活、工作与娱乐于一体的超大型都市综合体。在空间连通方面，通过林荫大道、景观道路、景观街道和主街4种道路的设置形成路网骨架，并将内部开放空间、重要节点和地标建筑有机串连，实现功能活动和公共场所的良好连通。将建筑的阳光与景观朝向整合统一，降低高层建筑投影对周围环境的负面影响，界定出公共与私密的开放空间，为临近的高新区及周边地区提供城市全面升级的综合服务功能。

1. 如何通过更新规划构建各方利益协调的平台？

大冲改造的案例展示了深圳城市更新过程中复杂的利益博弈和漫长的谈判与协调过程。可以看到，大冲村旧改项目从1998年纳入计划到2015年基本完成实施，耗时如此之久的重要原因在于缺乏有效的利益沟通协调平台。

在大冲村第一轮改造规划中，由于对经济测算的重视程度不够，缺乏项目落地的经济基础，改造规划没有实现相关利益主体的诉求，因此难以实施。在第二轮规划中，增加了较为细致的经济测算，在技术的层面已经具备了可行性，但是由于市场主体未明确，依然没有成功搭建起政府、原村民和市场主体的利益沟通平台。在第三轮规划中，有了细致的经济测算，而且通过技术团队构建了政府、原村民和市场主体利益博弈的平台。政府部门加强对各方利益关系的协调，同时通过村民访谈、媒体宣传、模型展示等多种途径引导广泛的公众参与。多方利益博弈下更新调整的框架得以搭建，平衡兼顾了原村民、政府及市场主体的利益，并在三者之间建立了密切的合作关系，使原村民、政府及市场主体的利益在未来发展中融为一体，通过多方共赢使改造规划成为可实施的规划。

正因为这种平台的构建，才推动了大冲更新项目从规划到落地的真正执行。

2. "小开门"中的规划编制团队是否也是"槛外人"？

在复杂的利益博弈过程中，规划编制团队的理想和价值观如何在"小开门"的规划平台中实现是大冲村改造项目带来的另外一个层次的思考。

闭门规划因为受到的干扰因素较少，能够更多地考虑城市发展的理想；开门规划因为众筹各个阶层和主体的力量，能够最大限度满足不同人群的利益诉求，但实现起来挑战巨大。就大冲村改造规划而言，它更像是一种介于闭门和开门规划之间的"小开门"规划。其核心是通过规划编制团队的努力实现三方共赢：回迁物业选址、物业赔偿量和基础设施环境必须让原村民满意；留给华润出售或自持的物业必须确保华润盈利；留给政府作为公共设施、市政基础设施的用地必须符合相关规划要求。原村民和市场主体拥有用脚投票的权利，政府主体拥有项目审批权，三方利益主体都需要深度参与规划编制过程。

然而，作为规划编制者的技术团队在这种半封闭式的规划平台中该何以自处？这就有必要思考在这个"小开门"的规划平台中，技术团队是否是置身事外的"槛外人"这一问题。如果连技术团队本身都要置身事外，公众诉求如何表达，专家观点置于何处等一系列的问题将随之而来，类似于后来发生的湖贝村"旧改"的百家争鸣和白石洲"旧改"的公示延期等现象的出现也就不足为奇。不可否认，"小开门"的规划探索相对于闭门规划是一种进步，但如何建立一种更为开放的工作机制以回应社会更广泛的公共诉求，依然值得反思。

3. 利益博弈的结果是"和了"还是"糊了"？

从近期利益来看，大冲村城市更新实现了三方利益"和（胡）牌"的过程，但从长远和更广泛城市群体的利益来看，项目实施的结果并非尽如人意。由于三方共赢是"旧改"批准实施的基本条件，在任何一方诉求未能实现的情况下项目都难以实施落地，于是通过复杂的利益博弈和多方协调实现了三方共赢。然而这个政府搭台、市场主体唱戏、原村民叫好的"旧改"项目貌似皆大欢喜，实则暗含了一些对城市总体发展不利的消极因素。

改造前，大冲村有大约 7 万多暂住人口，原村民 1300 户约 5000 人。涉及的暂住人口（租户）因为没有产权，居住权利在改造过程中没有任何保障。高收入者或许会在项目完成之后重新回到这里居住，但是对于大量的中低收入者而言，拆迁之日便是离开之时。于是一个大冲村倒下去，租户又会在其他城中村聚集，留给政府的则是房价高涨、人才流失和企业发展成本升高等一系列问题。市场主体和原村民获得的超额回报实则是政府公共财力的投入和城市发展所带来的溢价。从某种意义上来看，在城中村建筑轰然倒塌的一瞬，一千个本地亿万富豪站起来，但同时也可能意味着若干外来企业成长机会的丧失。

3.3 蛇口工业区：从建城到营城的"蛇口模式"

3.3.1 从首个对外开放的工业区到城市运营的典范

蛇口工业区是我国第一个出口加工工业区，是深圳探索改革开放的起点。这片土地逐步从 1.24 km²，后来逐渐扩展到 10.85 km²，孕育了一批具有世界影响力的现代化企业，开展了一系列大胆创新的改革试验，打造了独具特色的高品质、国际化社区，发展成为环境优美、基础设施完善、社区功能齐全的新型海滨城区。

"蛇口模式"在改革开放初期就备受瞩目并一度成为国内工业区开发建设的典范。然而，随着全面开放政策的推行，大批新兴产业园区在全国范围内井喷式增长，蛇口工业区逐渐沦为一般性的开发区，失去了示范先锋特色。蛇口现有城区发展空间有限、交通负荷过大、地租成本攀升、地区特色消失等问题日益突出，蛇口需要思考新的发展条件下的新的发展路径。

2015 年 4 月 27 日，广东自贸试验区前海蛇口片区正式挂牌，总面积 28.2 km²。前海蛇口自贸片区继续先行先试、深化改革创新，因地制宜地打造"深圳版自贸区空间发展模式"，成为全国其他同类自贸区的典型示范。前海蛇口片区如何通过区域统筹协调实现产城融合共生，成为蛇口再次腾飞的关键（黄汝钦和程龙，2012）。

3.3.2 从"中国改革开放第一炮"到"蛇口自贸区"

1. 第一阶段（1978~1991年）：被誉为"中国改革开放第一炮"的蛇口工业区成立

　　1978年对于中国是一个意义深远的伟大转折点，开启了改革开放历史新时期。当时，时任交通部外事局副局长袁庚在赴港调研的基础上提出了在蛇口建立经济开发区的建议。1979年1月31日蛇口工业区正式成立，7月2日蛇口工业区基础工程正式破土动工，打响了中国

图3-11　1985年和2015年的深圳蛇口半岛 | 图片来源：刘廷芳，大勇工作室。

改革开放的"第一炮"。自此，蛇口开始开发建设，这也称为深圳开发
建设的起点。

　　随后，蛇口工业区砥砺前行，不断壮大。1979年蛇口工业区始建时，
发展方针是"三个为主"和"五个不引进"。蛇口工业区以拓荒者的热
情投入这片热土，"时间就是金钱，效率就是生命"这句口号生动反映
了当时蛇口人的开拓创新热情。虽然蛇口远离罗湖市中心，半岛经济仍
得到快速发展。工业发展方面，蛇口成为吸引外资和劳动密集型加工制
造业的重要飞地。由于吸引了大批国外资金和先进技术，蛇口培育出一
大批颇具实力的企业，如中集、南玻集团、金蝶软件、中国联通等。港
口方面，工业区发展了我国最早的对外通航海港，并日益壮大，占据深
圳港口吞吐量的半壁江山。金融服务方面，蛇口培育发展了招商银行、
平安保险等为代表的知名企业。

2. 第二阶段（1992~1999年）：内外部发展环境剧变，产业
转型升级受挫

　　20世纪90年代蛇口工业区面临的外部发展环境已成剧变之势。首

图 3-12　1984 年的深圳蛇口老街，老街一直保持着"渔文化"的鲜明特征｜**图片来源：**刘廷芳。

先，蛇口工业区作为先发的沿海经济开发区，与后发的经济开发区已无多大差异。其次，1992 年小平同志南巡讲话以及香港 97 回归的临近，深圳从一个荒凉的边陲小镇变成热火朝天的创业者天堂，生产要素成本随之日渐提高，后发优势逐步丧失。再次，经济特区的产业发展经历了十多年的积累，也在酝酿着升级和突破，高科技产业和第三产业成为新的发展目标，传统制造业开始外迁。

从内部发展条件来看，蛇口工业区的发展模式存在硬伤。蛇口工业区发展的关键在产业，而产业的发展与政策、土地、劳动力优势密不可分。但是仅仅凭借廉价的土地和劳动力，而缺乏产业核心竞争力注定是无法持续的。大批依靠廉价土地和劳动力发展的企业逐步外迁并波及关联产业。招商银行走向全国，平安保险出售，一批全国性的科技企业外迁，蛇口产业发展像多米诺骨牌一样环环受挫。

蛇口工业区的局限性在这一阶段暴露无遗。由于蛇口半岛具有多个建设管理主体，城区空间得不到协调整合，各种资源难以有效共享，种种各自为政、小而全的弊端渐渐显露出来。所以，在政策红利逐步消失、生产要素成本水涨船高的情况下，蛇口工业区的发展趋势呈现了明显的放缓趋势。在这种局面下，蛇口改革与探索的脚步并未因此终止，在半岛范围内的蛇口工业区和南油集团、南山区进行了一系列城区空间融合的有益尝试，但收效甚微。从规划的视角来看，1992～1999 年短短 8 年之中，《蛇口工业区总体规划》三度修编，反映出政府和企业对蛇口工业区转型之路的持续思考。

3. 第三阶段（2000～2008 年）：旧改拉开序幕，工业区向综合性城区转变

随着制造业的进一步外迁，大量闲置用地逐渐向其他功能用地转化，为文化创意产业的发展提供了发展空间。三洋厂区建成于 1980～1983 年期间，是深圳最早的一批"三来一补"厂房，我国第一部反映打工者生活的电视剧《外来妹》就是取景于此。2005 年招商地产完成了对三洋厂房的回购，2006 年 1 月正式启动改造。改造后的南海意库总建筑面积达到 10 万 m²，逐步成为知名动漫游戏、创意设计企业的进驻基地，初步形成产业集聚效应，为创意产业发展积累了丰富的经验，收到了良

好的经济社会文化综合效应。

随着沃尔玛的引入和花园城购物中心的建成，蛇口工业区逐步向综合性城区转变。2000 年 4 月，沃尔玛购物广场进驻蛇口花园城中心一期，营业面积 2 万 m²，是沃尔玛与招商地产社区综合开发战略的首次结合。蛇口居民消费力相对较高，带动蛇口沃尔玛店的年销售额多年来在沃尔玛全国大卖场中名列第一。2006 年 5 月，涵盖蛇口沃尔玛在内的花园城购物中心建成，面积 7 万多 m²，是深圳首家区域性体验式购物中心，大大提升了蛇口半岛宜居宜业的城市服务能级。

4. 第四阶段（2009 ~ 2015 年）："再造新蛇口"的重新定义

面对空间资源日趋紧张的发展瓶颈以及多头管理和各自为政的体制弊端，2009 年起，蛇口工业区启动"再造新蛇口"工程，重新定义蛇口，改变工业区的形象，锻造中国卓越的园区综合开发运营商。2015 年底，招商局集团以蛇口工业区为载体，通过对旗下上市公司招商地产的吸收合并，成功实现首个地产央企"招商蛇口"挂牌上市，提出了新的发展战略——"前港、中区、后城"，分别对应三大业务板块：邮轮产业、园区开发、社区开发 [1]。

游轮港口产业的导入及其上下游产业的集聚在"前港、中区、后城"的模式中具有重要的先导作用。以邮轮母港为核心，通过"船、港、城、游、购、娱"联动发展，打造城市生活圈而非业态单一的港口经济区。随着世界范围内邮轮经济的迅猛发展，在城市产业经济中渗入"邮轮经济"的元素已成为不少国际大都市的通用做法（孙晓东和冯学钢，2012）。而港口和航运也恰好是百年招商的传统擅长领域，招商系企业以独资、参股或联合开发的形式介入天津、青岛、上海、厦门和深圳邮轮母港的开发运营，2015 年接待邮轮游客达 228.3 万人次，占中国全年接待总量的 90%[2]。招商蛇口敏锐地看到了游轮经济的市场前景，把游轮母港作为再造新蛇口的核心发力点。

---

[1] 资料来自 2016 年 6 月 26 日环球网报道文章《招商蛇口："前港、中区、后城"蛇口模式加快复制》。
[2] 资料来自 2016 年 11 月 13 日《21 世纪经济》报道文章《邮轮港争夺战：前景美妙建设火爆如何盈利成行业难题》。

园区发展过程中的顶层设计具有重要的战略意义，但是顶层战略的落地实施还需要具体的项目作为支撑。海上世界成了招商港口战略中的旗舰项目。2010 年海上世界项目启动改造，包括写字楼公寓、精品酒店、高尚住宅和商业文化广场等，总计 70 万 m^2 新建筑面积和 5 万 m^2 的综合商业改造面积。经过近 4 年建设和环境设计，海上世界建成总建筑规模约 100 万 m^2 的滨海都市综合体。

园区开发在"前港、中区、后城"的模式中是连接"前港"和"后城"的纽带，也是产业发展的重要载体。招商蛇口已经形成了规划设计、土地一级开发、厂房及研发楼建设、招商服务、物业管理服务、配套设施服务和市政公用事业服务等职能相结合的完整服务链体系。

园区开发的经典案例是 2010 年更新改造的蛇口网谷，其核心区产业用地超过 23 万 m^2，产业用房建筑面积超过 42 万 m^2，致力于打造成为服务优质、品质高端、国际标准的国际化创智型综合产业城区。蛇口网谷的产业空间以综合整治和拆除重建两种方式为主，主要面向移动互联网、电子商务和物联网。园区开发过程中将空间资源的再利用与产业研究、产业聚集、投资和服务紧密结合，形成平台效应。除了以蛇口网谷、南海意库为代表的创新创业孵化平台之外，招商蛇口不仅加大与知名院校和科研单位战略合作关系，还积极提供全生命周期的金融服务，吸引各类国家级科技创新平台进入，正是在此背景下苹果研发中心于 2016 年落户蛇口。

社区运营在"前港、中区、后城"的模式中属于"后城"建设的内容，是实现产城融合和职住融合的重要途径。招商蛇口以绿色地产为主打特色，在社区建设领域运用绿色理念和绿色技术进行产品升级。同时，通过城市更新加快社区共享中心、邻里中心、服务中心的建设，并利用原工厂配套宿舍改造成为新型人才公寓，为落户本地的创新企业提供服务。

5. 第五阶段（2015 年至今）：自贸区时代的国家使命

"蛇口模式"的成功之处在于从建城到营城发展思路的改变，并在发展过程中融入更多的生态和文化元素。借两次深港城市＼建筑双城双年展之机，蛇口将其人文历史、空间场所和国际展示三者结合，酝酿发

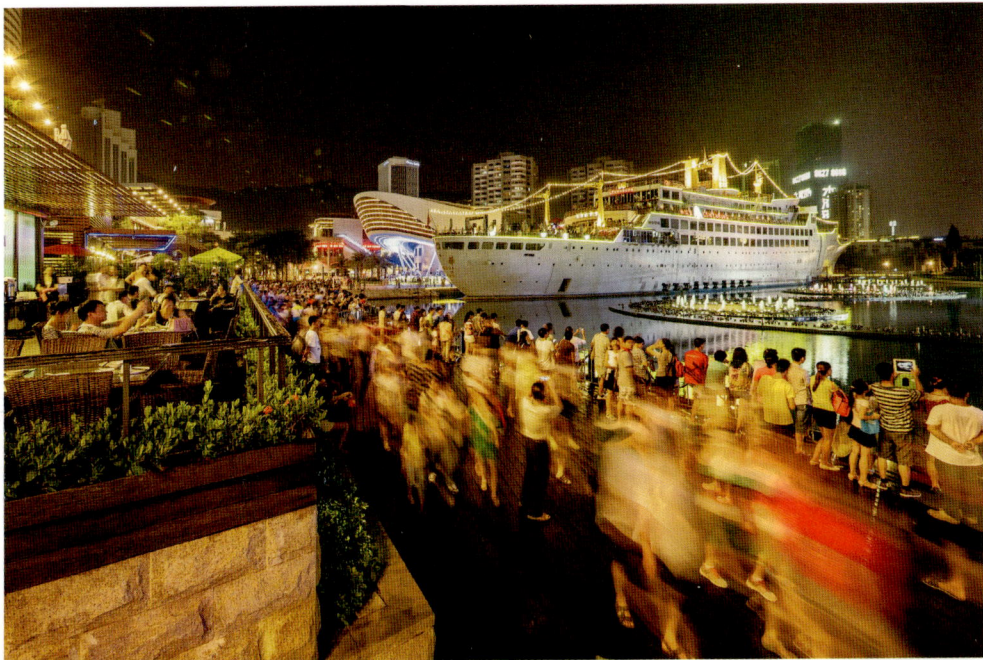

图 3-13　伴随着改革开放成名的深圳海上世界，是深圳西部滨海的文化休闲区。2010 年作为"再造新蛇口"的代表工程，通过滨海公共空间的营造，成为集滨海商务、居住度假、文化休闲的综合片区 | 图片来源：大勇工作室。

图 3-14　在转型发展的背景下，深圳蛇口工业区提出了"再造新蛇口"战略，推动产业升级转型和城市更新，使蛇口成为保留传统风貌和渔村文化、尺度宜人、宜居易业的国际化滨海中心城区 | 图片来源：大勇工作室。

展为一系列独特的蛇口文化事件，激发城市发展的链式反应 [1]。这些场所包括有浮法玻璃厂、蛇口客运码头旧仓库和蛇口原大成面粉厂等。

通过这些活动的举行，原有的老旧工业空间演变为先锋艺术文化中心，吸引人们重新审视这些空间价值的同时，激发了创意产业的发展，给城区带来了新的活力。蛇口在工业遗产的去留问题上，并不是快速地、全面地一拆了之和大开发、大建设，反而是与产业升级转型的过程相协调，在适应中寻找调整的可能，在旧的环境中培育新的经济增长。

2018 年 12 月，《中国（广东）自由贸易试验区深圳前海蛇口片区及大小南山周边地区综合规划》获得市政府批复，蛇口片区在新的发展期待下将迎来新的成长：旧城区综合改造将进一步提升，工业历史遗存价值将进一步得以挖掘和释放，一批创新文化设施将进一步加快配套，蛇口又一次开启再出发的征途。随着前海蛇口自贸区的成立，蛇口作为

图 3-15　2013 年和 2015 年连续两届的"深港城市\建筑双年展"落户蛇口，成为激活浮法玻璃厂、大成面粉厂等一批蛇口工业区老厂房焕发新活力的"强心剂" | **图片来源：**云发，大勇工作室。

[1] 资料来自 2014 年 9 月 22 日北京文艺网报道文章《威尼斯国际建筑双年展中国馆之解读蛇口工业区》。

国家自贸区中规模最小的片区，将充分发挥地缘优势，打造粤港澳湾区可持续发展的示范基地。

3.3.3 案例反思及述评

1. "蛇口模式"如何一步步从战略理想变为现实？

　　"蛇口模式"从理想变为现实，其根本原因在于有一套相互契合且层次递进的路径体系，而且在这一路径中政企通力合作，持续推动包括消费体验、产业支撑、创新发展和文化提升这四大板块，而且每一个板块都通过具体项目的支撑，将产城融合的理念落到实处。第一个板块是消费体验，其基本思路是借助已有的资源为新蛇口的发展集聚人气。招商蛇口选择了海上世界作为项目支撑，主要考虑到海上世界承载了老深圳人的情感记忆，在过去的发展过程中已经积累了较高的知名度和美誉度。第二个板块是产业支撑，集聚人气的重要目的是支撑产业的发展，而产业的发展反过来提高人气的集聚效能。在这一板块招商蛇口选择了其最具发展优势的邮轮母港产业，通过全力打造集邮轮运营、免税贸易、旅游目的地、港口经营等一体化的邮轮产业链。第三个板块是创新驱动，主要项目支持是蛇口网谷、南海意库的发展，培育创新创业氛围，丰富创客活动。第四个板块是文化提升，主要项目支撑是深港城市＼建筑双城双年展及设计互联、蛇口改革开放博物馆公共活动等，将城市发展的文化基因进一步彰显与强化。

2. 城市更新过程中如何实现从物质空间到综合服务的供给侧改革？

　　"蛇口模式"的成功之处在于从建城到营城的发展理念的转变，实现了由物质空间到综合服务的供给侧改革。虽然物质空间的更新改造是城市更新的应有之意，但并不是最终目标，如何实现经济、社会、环境的可持续发展才是城市更新的根本动力。蛇口工业区在城市更新过程中，回归到城市永续发展的主题，更多地关注开发、建设、运营全过程的统筹，在城市更新的过程中实现了从物质空间到综合服务的供给侧改革。

3. 城市更新过程中如何促进产业转型升级？

城市更新尤其是旧工业区升级改造类项目的最主要目的是促进产业转型升级，"蛇口模式"能成功并可复制的重要原因是在产业转型升级方面形成了产业与金融结合的发展思路。在提升产业凝聚力方面，成立产业发展基金，拓宽产业投资和获利途径；在产业合作方面，融合产学研等多方力量，通过资金合作、智库合作、股权合作等多种方式促进产业合作；在产业资本服务方面，借助各种金融资源为企业提供全生命周期的资本服务，保障产业发展资金需求。

4. 如何构建政企相互信赖的关系？

"蛇口模式"成功的前提在于构建政府和企业良好的合作关系。首先，"蛇口模式"成功的关键在产业，招商局集团本身掌握的产业资源在"蛇口模式"中充当了触媒的作用，只有构建了政府和企业良好的信赖与合作关系，触媒的作用才能得到发挥。其次，"蛇口模式"的精髓在于"政企合作、长期开发、持续运营"，其发展壮大离不开政府对其长期的信任和支撑，因此通过政企合作提高企业的根植性是"蛇口模式"成功的又一关键。再次，"蛇口模式"的成功需要一定体量的空间资源，在空间尺度上属于城区或准城区的概念，这些空间的释放不仅需要相配套的政策环境，同样也需要企业为各种功能的植入提供各种可能。

3.4 金威啤酒厂：市场机制下城市记忆留存的探索之路

深圳虽然建市时间不长，但总有一些物质空间以其极具特色的形态被社会所认同。但这些物质空间按照当前的相关政策，尚未得到一定的保护资格。这些物质空间一旦面临更新，势必容易遭到资本获利的影响。其中，金威啤酒厂的改造就是一个典型案例。

3.4.1 金威——深圳人自己的啤酒品牌

改革开放之后，深圳市啤酒消费市场逐步形成，但一直没有本地啤酒品牌。在此背景下，1989 年原粤海企业（集团）控股深圳啤酒有限公司在罗湖区布心街道建成深圳啤酒厂。1990 年 7 月 28 日，第一瓶金威啤酒下线，深圳从此有了自己的本土啤酒，并呈供不应求之势。随后，为强化本地啤酒的品牌效应，金威啤酒厂在布心东昌路建立了一栋金色玻璃的 5 层圆形建筑，并命名为金威酒楼（金威啤酒广场的前身）。去金威啤酒广场吃生蚝喝啤酒，成为当时深圳人的时尚。

2002~2006 年，金威啤酒每年保持 30% 以上的增速，占据了深圳市场 70%~80% 的市场份额，然而，从 2006 年开始金威啤酒业绩出现下滑，2007 年、2008 年两年出现巨额亏损（袁田，2012）。虽然，作为深圳的一张城市名片，金威啤酒在 2008 年获得"30 年影响深圳人生活的功勋品牌"，然而往日的辉煌已不复存在。2012 年，为避免深陷过度竞争的困境，粤海控股决心把金威啤酒卖掉，最终华润雪花收购金威。出售啤酒业务后，金威啤酒厂停产，公司名称从金威啤酒集团有限公司改为粤海置地控股有限公司（以下简称粤海置地），集中房地产发展及投资业务。

2012 年 12 月，金威啤酒厂列入《2012 年深圳市城市更新单元计划第四批计划》，项目拆除用地面积 86538.3 m²，规划更新单元用地 90283.9 m²。金威啤酒厂更新单元作为粤海置地的旗舰项目，计划拆除金威啤酒厂新建商务办公区。然而，以怎样的方式留存几代深圳人的城市记忆已然成为金威啤酒厂城市更新首先要回答的问题。

3.4.2 城市记忆留存路径探索

1. 项目列入城市更新年度计划，历史工业建筑保护从无到有

在《金威啤酒厂城市更新单元规划》编制的前期阶段以及列入计划直至上报初期，都是以拆除重建为主，并没有关注到金威啤酒厂的历史价值。2012 年 8 月，在市规划国土委业务会议审议《2012 年深圳市城市更新单元计划第四批计划》（草案）时，认为金威啤酒厂具有城市历史记忆价值，其厂区的更新改造应适当保留历史工业建筑，以啤酒博物馆等形式丰富更新内涵、延续城市记忆。随后，《市规划国土委关于金威啤酒厂申报城市更新单元计划有关意见的函》（深规土〔2012〕2473 号）明确了该项目纳入《2012 年深圳市城市更新单元计划第四批计划》，并提出对历史工业建筑保护和延续城市记忆等内容。然而，对现有工业遗存建筑怎么进行保护、保留哪些部分并不是很清晰，对于啤酒博物馆怎么建设也没有明确的思路。

2. "非紫非保"，实施主体对历史工业建筑保护反应消极

尽管市规划国土委对项目实施过程中历史工业建筑保护有了比较明确的态度，但是这一更新项目既不在城市紫线范围内，也没有纳入文物古迹保护的范畴，粤海置地作为项目的实施主体对历史工业建筑保护的积极性并不高。纳入城市更新计划之后，粤海置地委托深规院编制《罗湖区布心街道金威啤酒厂城市更新单元规划》。2013 年 11 月，初步

规划方案形成。与此同时，市规划国土委第一直属管理局对金威啤酒厂城市更新单元拆除范围内和城市更新单元周边土地和建筑物信息进行核查，并向粤海置地复函（2013 年 1695 号文和 2014 年 1598 号文）。在这一阶段的规划编制过程中，虽然方案中明确提出了啤酒博物馆，但是对历史工业建筑的保护问题依然存在较大的争议。就初步方案的总体情况来看，与政府 2473 号文保留部分历史工业建筑和延续城市记忆的要求相去甚远。

政府 2473 号文为何会有延续城市记忆的要求，具体原因可以归结为 3 个方面：首先，金威啤酒厂拟拆除重建范围内的历史建筑虽然未纳入紫线保护的范围，但客观上存在比较有特色的啤酒发酵罐群、灌装车间、管廊、水塔、易拉罐罐装车间等工业元素。其次，鉴于普通市民对深圳老金威啤酒的感情，公众和新闻媒体等舆论声音表达了对历史建筑进行保护的诉求。再次，旧厂房活化利用的"蛇口模式"发展成效明显，获得社会各界广泛认同，尤其是"深港双城双年展"等活动事件等也影响了政府主体的决策过程。

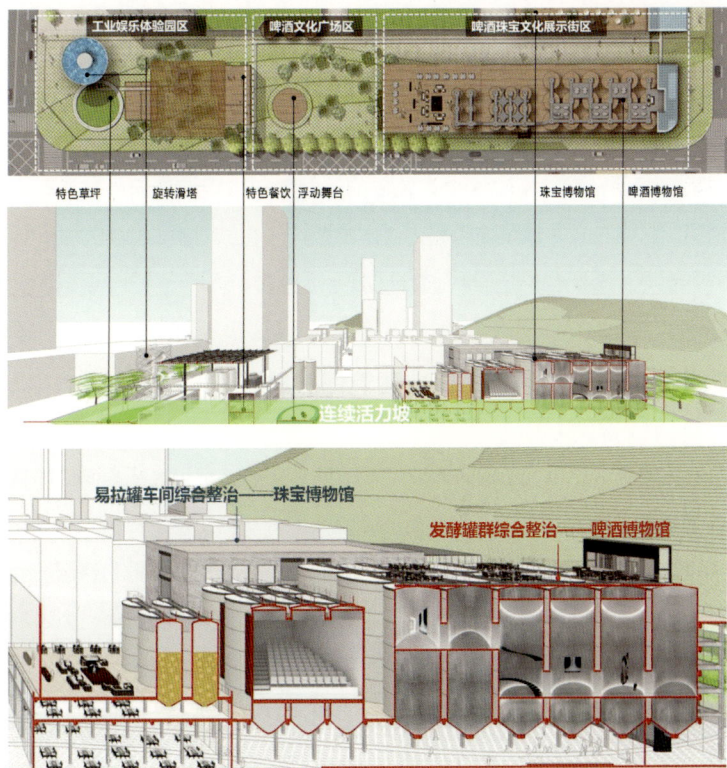

图 3-16　深圳金威啤酒厂城市更新单元规划，规划在探索旧工业区的城市更新过程中，兼顾产业发展与工业遗产保护。将金威啤酒厂标志性元素融入新的珠宝产业综合体，保留了最有特色的发酵罐群和易拉罐罐装车间，改造成为啤酒博物馆、艺术酒店。同时将保留的酵罐群、灌装车间、管廊、水塔等工业元素，通过环境设计融合到珠宝商业街区，形成特色的公共空间。

由于在紫线范围外独立论证历史文化保护的工作机制并未建立，所以直到 2015 年初，金威啤酒厂城市更新中历史文化遗址保护的方案依然没有确定。首先，"非紫线，非文保"对历史建筑保护的实施力度存在较大的博弈空间。政府虽然有保护金威啤酒工业区历史建筑的要求，但是并没有将其列入紫线范围，也未明确规模及其保护的范围。其次，政府意图与市场主体的发展诉求相去甚远。政府希望尽可能多地保护历史工业建筑，市场主体虽然有建设博物馆的意愿，但是对于历史工业建筑以及设备保护的积极性并不高。再次，地块产权结构单一，市场主体在项目规划方案编制过程中有较多的谈判筹码。更新单元内共计 7 个地块，其中有 4 个地块使用权为金威啤酒厂所有，面积 86538.28 ㎡；3 个地块为国有未出让土地，面积仅为 3746.72 ㎡。

图 3-17　专家对金威啤酒厂工业遗存保护方案的手绘草图。金威啤酒厂城市更新项目在编制过程中，邀请多位专家进行研讨，并组织多家设计单位以工作坊方式共同参与，提供规划建议与概念方案，逐步理顺工业建筑的保护范围与保护利用策略。

3. 招贤引智建坊，创新工业建筑保护思路

历史工业建筑价值的认知以及保护的思路与方案已经成为制约项目继续推进的关键性技术问题，在这种情况下"开门"规划和引入外脑显得颇有必要。为此，深圳市城市设计促进中心联合多方机构和资源，通过组织工作坊、研讨会等方式讨论金威啤酒厂的城市更新策略，为本项目乃至深圳未定级工业遗产的保护与利用提供有益的思路和方案。

第一轮讨论，形成了兼顾保留与再生的基本思路。2015 年 2 月 12 日，在金威啤酒厂举办了"新遗产、新价值"——金威啤酒厂工业遗存

保护利用"马拉松"工作坊。工作坊主要集中于啤酒与珠宝的关系、现有建筑空间保留价值、空间的感受形式、周边地区的配套需求、金威品牌的延续及未来入驻珠宝企业的需求等问题展开发散讨论。最后形成了导则性引导、兼顾保留与再生的基本思路。

第二轮讨论，形成了系统性保留与加建景观平台的工作思路。项目团队一致认为在深圳这样一个年轻但已经进入存量发展的城市，探讨老旧建筑物如何再生利用的意义重大，只有突破对既有城市更新策略的路径依赖，才能从规划方法上提升对既有建筑的价值挖潜，实现可持续规划设计 [1]。在此基础上，对于金威啤酒厂的现状建筑进行系统保留，在原有建筑上加建景观平台，再在平台上构筑新的建筑物，满足新的功能需求，实现保护、再生、价值等的多维诉求。

4. "旧瓶装新酒"，兼顾发展与保护的实施方案出台

本阶段解决的核心问题是划定合理的工业遗产保护范围线。项目采用了开放的规划编制方法，并邀请市建环委的委员提前介入。最终形成了 3 种思路方案：第一种方案以产业转型升级为主，忽视工业遗产保护，该方案仅在片区最北侧建筑的地下室建立一座啤酒博物馆，无历史工业建筑保留，对城市记忆延续考虑得较少。第二种方案以工业遗产保护为

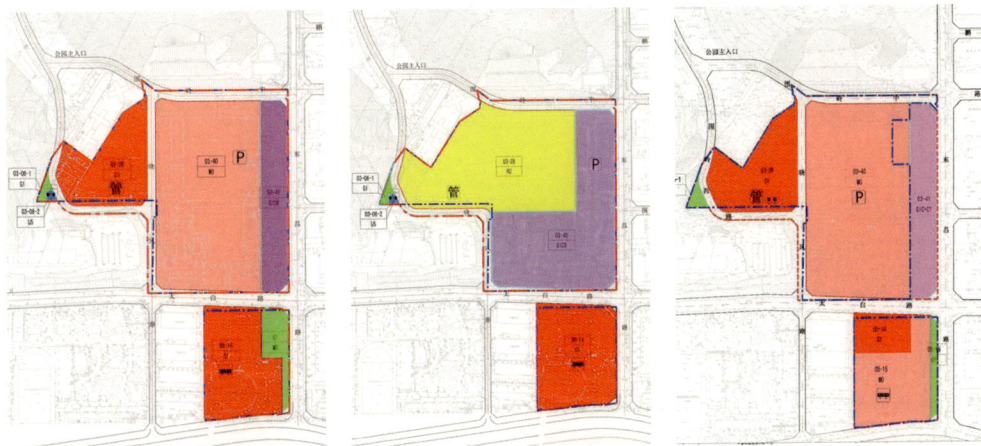

图 3-18　如何以金威啤酒的"老瓶"酿出更新更有价值的"新酒"，金威啤酒厂更新规划过程中 3 种思路的规划用地方案。

[1] 资料来自 2015 年 4 月 7 日深圳市城市设计促进中心官网报道文章《工业遗址再造＝系统性保留＋价值新增？罗湖布心项目工作坊成果整理深化》。

主，对产业转型升级重视不够，该方案把金威啤酒厂历史生产工业流程线所涉及的建筑全部保留了下来，但未考虑运营经济可行性。第三种方案兼顾了产业转型升级和历史文化保护。经过几轮方案的论证修改，形成了最后方案的雏形：将有价值的工业遗产主要保护在基地东侧，并对局部建筑进行综合整治和工业设备的迁移，划定工业遗产保护范围线，保护范围线外结合新产业功能布局进行拆除重建。

最后这一方案在工业遗产保护方面可概括为"旧瓶装新酒"。所谓"旧瓶"，是针对不同的文化遗产元素采用了不同的保护方式，具体方式可以分为 4 类：一是建构筑物现状保留和综合整治，产权和土地使用权无偿移交给政府；二是现状保留和综合整治；三是对部分发酵罐和啤酒管道设备进行可迁址保留；四是对料仓和糖化间进行记忆重塑原型复建。所谓"新酒"是通过工业元素的提取和运用，将工业遗产与珠宝产业相结合，重塑工业遗产的新价值，主要措施包括：针对特色化、集中化的工业元素，采用整体保留、功能置换的方式，比如利用原有发酵罐群打造啤酒文化博物馆，利用罐装车间打造珠宝博物馆；针对特色化、集中化的工业元素，另一种保护方式是记忆保留、功能重塑，比如：原型复建厂区特殊元素，形成富有特色的室内空间；针对分散布局、特色鲜明的工业元素采取迁址保留活化利用的方式，如保留厂区记忆、活化利用工业遗产打造公共体验场所改造利用设备管道打造特色工业遗产活力节点。

3.4.3 案例反思及述评

1. 形势反思："非紫非保"历史工业建筑保护将呈常态化

对金威啤酒厂历史工业建筑进行保护的曲折过程绝非偶然也不会仅是个案，类似这种具有很好的历史文化价值，对城市记忆留存有着重要意义但是没有划入城市紫线或列入文物古迹保护范围的老旧工业园区，进行相应的保护将会呈现常态化趋势。既然未列入强制性保护的范畴之内，价值如何认定、要不要保护、保护的程度如何以及怎样保护等一系列问题将会随之出现。显然，这些问题的解决不能仅仅依赖于政府部门

的坚持或市场主体的自觉。因此，针对这类历史建筑必须专门设立相关
规定及指引，甚至立法来保护。

2. 价值发现：装得下"新酒"才有利于留得住"旧瓶"

历史工业建筑的保护应该与一般意义的文物古迹保护有所差异，在
保护的基础上，赋予其新的功能和价值并加以利用有利于项目的实施，
而单纯的为保护而保护的方案在实践的层面很难操作。

从金威啤酒厂的更新方案制订过程来看，市场主体从自身经济利益
出发对留存历史工业建筑有抵触情绪，如果政府主体一味地强调保护而
无视市场主体的经济利益诉求则不利于项目的实施。因此，充分挖掘历
史建筑的价值并与项目的产业发展目标相结合是一种行之有效的思路。
在金威啤酒厂的案例中随处可见历史工业建筑与珠宝产业发展结合的设
计，比如在工业元素的提取和运用过程中，工业设备被改造为引导公共
空间流线的标识。通过诸多对历史工业新价值的挖掘，市场主体的态度
从抵触变成了接受。装得了"新酒"的"旧瓶"才是有价值的"旧瓶"，
同理，与新的产业发展目标相契合的历史工业建筑也更有价值，不仅能
够降低保护的成本，也能够提高保护的效果，而且还能调动市场主体的
积极性。

3. 利益平衡：1.5 倍的建筑面积奖励指明了新的利益平衡方向

城市更新项目的经济测算是否能够实现平衡直接决定了项目能否落
地，对于包含历史工业建筑保护的项目而言，它还决定了保护的力度和
效果。在金威啤酒厂城市更新案例中，经过多轮博弈与方案的推敲，首
次采用了按保留建筑的建筑面积及保留构筑物的投影面积之和奖励 1.5
倍建筑面积的方式，从而推动了项目落地和实施。该措施指明了城市更
新项目中利益协调时可利用容积率奖励作为工具，从而提供了一种可参
考借鉴的利益平衡路径。

2015 年 9 月 1 日，市规划国土委发布了《深圳市城市更新单元规
划容积率审查技术指引（试行）》，其中第四条第五小节规定："城市
更新单元拆除用地范围内，因保留符合新《深标》10.2.4.7 条要求且无

偿移交政府的历史建筑，按保留建筑的建筑面积及保留构筑物的投影面积之和奖励 1.5 倍建筑面积；有其他重大保护价值的，可适当增加奖励。同时，实施主体应承担上述保留建、构筑物的活化和综合整治责任及费用"。本条规定的内容正是参照金威啤酒厂城市更新项目的探索实践而制定的政策。

4. 记忆留存：物质空间的再造要融入文脉延续的理想

历史工业建筑的保护并不仅仅是物质空间本身的保护及其价值发现，也是物质空间再造的过程中对城市文脉的延续以及对市民地方感知和依恋情怀的保留。

反思金威啤酒厂更新项目，从改造标准来看，项目范围内所有建筑物的质量、开发强度、现状使用状况、景观形象等方面均符合拆除重建条件。之所以不全部拆除重建，最重要的原因是它承载了市民的城市记忆和地方感知的情怀。在物质空间再造和重塑的过程中，物质实体的保留固然重要，但在新空间塑造中继承已有空间的文化基因同样不可或缺。金威啤酒厂更新单元的规划设计，巧妙地化解了市场主体希望多拆多建和政府主体主张少拆多留的矛盾，选择了在物质空间新建过程中通过继承已有空间基因的方式延续城市的文脉和空间记忆。或许这种手法的运用仅仅是在政府和市场博弈过程中的无奈之选，但是在物质空间的再造过程中融入城市文化基因的做法无疑具有深远的示范意义。

3.5 湖贝村："去留之争"和"公共利益"的认知与实现

3.5.1 1992 年列入旧改计划，20 年后终启动

改造缘起：地处东门商圈、有 500 年历史的湖贝古村纳入旧改

湖贝村位于罗湖东门商圈中心地带，是深圳墟的发源地之一，也是原特区内保存较好、范围较大的古村落。湖贝古村占地 4.5 万 m²，分为东、西、南、北四坊。其中，南坊面积约 1.3 hm²，有 500 多年历史，有三纵巷、八横巷，格局保存完整，有宗祠、门楼、水井和 200 多间民居，是典型的广府系坊巷式排屋村，是罗湖区乃至深圳原特区内目前保存最好、范围最大的古村落。而湖贝的东、西、北坊则在后期逐步加建形成城中村。由于环境破旧和安全隐患等问题，湖贝村在 1992 年被纳入罗湖区旧村改造范围。

工作推进：历时 20 年终于推进，华润成为合法实施主体

湖贝村旧改项目列入计划之后，先后有 10 余家房地产开发企业曾与湖贝股份公司接触洽谈湖贝村改造事宜，但由于难度太大而迟迟未能启动。2011 年，罗湖区人民政府与华润置地签署了战略合作框架协议，支持华润置地对湖贝片区进行改造。2012 年罗湖区政府与华润置地签署了拆迁补偿框架协议，湖贝股东大会表决结果确立了湖贝旧村改造由华润置地作为开发主体的合法地位。

3.5.2 百家争鸣：公众意见的充分表达及回应

1. 重大转折：华润方案引发百家争鸣

　　2014 年深圳大学建筑与规划学院饶小军教授领衔的团队提出了湖贝南围古村的保护范围，2016 年湖贝片区城市更新的公示方案也划出了湖贝古村保护的范围，然而这一公示的范围明显小于专家的建议方案。随后，关于保护湖贝旧村的话题在社会上引起了广泛的关注，并迅速发酵成一场围绕深圳历史文化遗产讨论的公众参与事件，舆论浪潮倒逼政府和市场主体进行沟通和回应。

　　一石激起千层浪，一批建筑师、学者、艺术家发起了"湖贝古村120 城市公共计划"。公共计划认为，湖贝村承载了深圳历史，这些历史信息不仅仅包含在祠堂以及 440 栋民房中，还有更多记录在三纵八横的坊巷空间格局（紧凑而持续生长的格局）和地理方位（面湖而居、傍水而市）之中，这是城市规划与建筑专业在讨论古村古建筑历史保护时需要不断进行的"建筑—空间—地理脉络"关系的系统拓展[1]。

图 3-19　深圳罗湖湖贝古村全景 | **图片来源：**大勇工作室。

---

[1] 资料来自 2016 年 7 月 18 日《南方日报》报道文章《湖贝旧改：打开公共事件的讨论空间》。

2016 年 8 月，由深圳市土木再生营造研究所、未来 + 学院发起"身边城市"系列独立研究计划——"湖贝请留门"，既表明湖贝古村作为深圳共有文化资产的保留已然成为一起广泛参与的公共事件，也表达了深圳城市更新从湖贝项目起，要为"来了就是深圳人"的新移民留一扇门，让其可以成为落脚中心城区的"家园"，同时这也是探讨深圳城市更新公众参与的新形式之"门"。

2. 权威专家与媒体陆续介入湖贝大讨论

具有权威性和影响力的专家学者在湖贝村保护中率先发声。城市规划大师吴良镛、古城保护专家阮仪三等纷纷为湖贝呼吁，要求保留湖贝村。阮仪三教授认为，湖贝村是深圳具体的历史遗产，是深圳的"乡愁"，并建言建立未定级不可移动文物先予保留机制。

"湖贝古村 120 城市公共计划"在认同"湖贝共识"的原则下，举办了一系列公开活动，一批城市文化、社会学者、规划建筑专家等参与研讨建言，并提供多种保护湖贝村的技术方案。同济大学徐磊青教授的 408 研究小组对湖贝村深入调研，形成了《湖贝村调研报告》，评估了湖贝村的物质空间和社会价值。若干专家一致认为，湖贝古村是人们认同的公共文化资源，即使它并不一定具有很高的文物价值，却具有不可替代的精神象征[1]。

图 3-20　深圳大学建筑与城市规划学院团队绘制的湖贝旧村南坊综合评价图 | 图片来源：《深圳市历史建筑与历史风貌区评估标准研究》。

[1] 资料来自 2016 年 7 月 3 日《深圳商报》报道文章《湖贝古村 120 城市公共计划举行 专家工作坊积极献策》。

图 3-21　深圳罗湖湖贝古村现状。湖贝村已有 500 多年的历史，其中，东、西、北坊为不断加建的城中村，南坊为整体保存完好的古村，历史可追溯到明成化年间 | **图片来源：** 大勇工作室。

图 3-22 深圳罗湖湖贝住户主要为在东门水产市场、夜市、菜市等周边做生意的潮汕人，久居于此的他们将潮汕文化深深扎根于此 | 图片来源：
大勇工作室。

同时,湖贝古村的更新和保护也引发了主流媒体的高度关注,湖贝话题迅速成为网络媒体热议的事件。媒体较为全面客观地向市民呈现了湖贝村的价值与现实困境,以及保护事件中专家、政府、市场主体、原村民、租户等多方不同的立场和意见。媒体的多角度报道搭建了更为多维开放的公众讨论平台,保持了客观全面的姿态,并未形成一边倒的舆论压力。

3. 政府、市场主体和技术服务团队互动

面对湖贝古村保护所引发的公众热议,政府、市场主体和规划设计机构并没有回避,而是作出了积极的回应,形成了良好的沟通反馈机制。

政府对湖贝事件高度关注,迅速回应并表达了明确的立场,积极发挥协调和促进作用。2016 年 6 月,时任市委书记马兴瑞视察湖贝时,提出"要坚持开发与保护并重,不断完善规划方案,切实做到文化传承和城市更新双赢"。2016 年 7 月,罗湖区城市更新局召开新闻发布会,针对湖贝统筹片区城市更新工作的相关问题做出说明。2016 年 8 月,广东省住房和建设厅副厅长蔡瀛调研湖贝村,提出希望通过城市更新改造改善旧村面貌,进一步消除安全隐患,提升市民群众生活质量,同时使湖贝记得住"乡愁"。

在政府表态和公众舆论压力下,市场主体的态度发生了转变:不再坚持最初计划参照大冲旧改模式将湖贝拆除重建打造成超大型现代都市综合体的方案,转而开始研究探讨旧村异地重建、局部保留、完全保留等不同方案,让出部分利益,进一步扩大旧村保护范围。

从 2010~2016 年,深规院项目团队先后编制了 6 轮规划与建筑方案,并在成果编制过程中保持与政府、房地产开发企业、原村民及原村集体股份公司、专家学者之间不断地沟通协调。2016 年 5 月,深规院项目团队结合政府、专家、媒体及"湖贝古村 120 城市公共计划"等意见,提出湖贝古村原址保留区域约 10000 m²(其中核心保护区 6000 m²,风貌重建区约 2300 m²)的新规划方案。与此前方案相比,新方案对湖贝古村在较大范围进行保留。

2016 年 7 月 26 日,罗湖区政府领导携华润置地、深规院项目团队赴北京拜访了吴良镛院士等专家,就湖贝新的更新方案进行了深入交

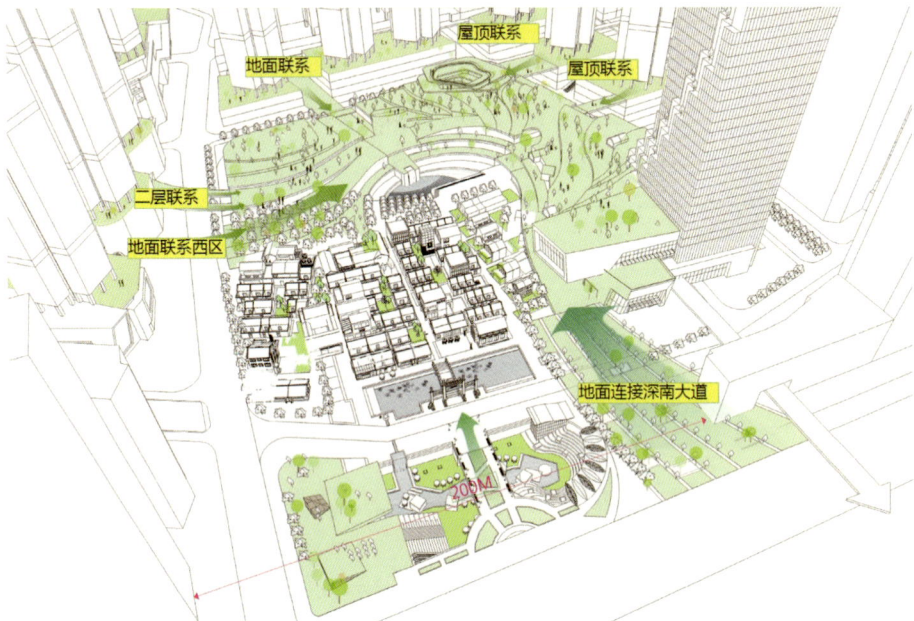

流。吴良镛院士在肯定当前方案"积极保护、整体创造"思路的同时，提出了适当进行改建扩建，加强建筑特色和文化内涵，加强新老建筑对话等建议。2016 年 10 月中旬，深规院项目团队采纳专家意见后，对湖贝更新规划方案进行了再次的修改调整，成果再次上报罗湖区城市更新局。

图 3-23　2016 年 12 月提交罗湖区城市更新局审查的《湖贝城市更新统筹规划》方案，将湖贝沿深南大道的界面打开，展示湖贝的历史遗存并形成 3.6 hm² 的大型公共空间（含中央公园、旧村和前广场）。

3.5.3 案例反思及述评

1. 广泛的公众参与才能避免意见表达的偏激与接受过程的被动

广泛深入的公众参与不仅能够最大限度地避免更新方向的偏差，也能够有效降低实施过程中来自外界的阻力。因此，城市更新过程中应逐步建立健全公众参与沟通渠道。在湖贝村"旧改"中，从项目立项到方案评审之间的较长时间内，社会各界的声音是缺位的。

2016 年 5 月，湖贝更新方案视频在网络上发布之后，专家和舆论的声音迅速发酵，"去留之争"和"公共利益"成为社会关注的焦点。

然而，无论是院士联名致信给市委书记还是研究团队发起的公益性研讨活动，意见表达的过程更多的是隔空喊话。由于法定的沟通渠道并未建立，有些观点只能以报纸、网络新闻、微信公众号、学术报告等形式推送出来，让市场主体和技术团队接收到这些信息。在人人都可以发声的自媒体时代，百家争鸣的声音很容易引发一些充斥着火药味的舆论战，导致不良的社会影响。幸而在本案例中，主流媒体采取了客观中立的态度进行了报道，政府、市场主体和技术团队也以积极正面的态度接收吸纳了社会各界的观点和建议。

2. 历史文化遗产保护的声音应特设前置通道才能避免"刀下留村"的匆忙

拆除重建类城市更新在物质空间层面表现为拆旧建新。既然是拆旧，那么在相关的历史文化遗产保护中，诸如是否有价值、要不要保护以及如何保护等问题随即出现。事实上，社会各界的声音在更新方案出来之前就能提前表达出来的可能性很小，然而一旦方案公示之时，便也是临近项目实施之时，推翻或者修改方案的难度之大可想而知。信息的不对称很容易导致专家声音未落，而历史文化遗产先倒下的遗憾。因此，保护的声音应特设前置通道才能避免"刀下留村"的匆忙。

在湖贝村城市更新案例中，无论是院士的联名致信还是研究团队采用"120"这一冠名作为研究主题，无不彰显出专家对历史文化遗产保护的焦虑、抢救心态，而避免这种情况的有效对策也许就是为历史文化遗产保护的声音特设通道。2018 年 9 月修订完成的《深圳市拆除重建类城市更新单元规划编制技术规定》中，增加了历史文化保护专项或专题研究的内容，要求更新单元内涉及文物保护单位、未定级不可移动文物、紫线、历史风貌区、特色风貌区、历史建筑，须进行历史文化保护专项研究。对于历史文化遗产保护而言，这是良好的开端。

3. 公众意见的收集与反馈是公共利益表达与实现的重要途径

公共利益的价值表达与实现的重要途径之一是收集市民意见并做出反馈。相对于专家、学术团队以及新闻媒体等声音之外，公众声音虽然重要，但实际上也最容易被忽略。首先，公众咨询需要相对专业的社会调查方法，而不是简单的一句"您有什么样的利益诉求"能概括的，公众意见的整理工作也相对繁琐，无论是登门入户还是街头随访都会比较辛苦。其次，公众意见表达的意愿并不高，以城中村的租户为例，他们不属于拆迁补偿的对象，所以一般不会热衷于表达与其利益不太直接相关的意见，然而城中村的世事百态和未来发展不应也不能无视他们的意见。最后，尽管公众意见无法像专家意见一样逐条被反馈，但是其意见表达出来的综合结果正是更新的基本动力和方向，对公众意见的反馈其实就是公共利益的表达与实现过程。

在湖贝村的案例中，408 研究小组对居民进行实地调查，为后续工作推进提供了可借鉴的思路。因此，在未来的城市更新项目中，广泛的公众意见征集应在方案规划设计之前进行，而对意见征集结果的提炼和反馈则应贯穿于方案编制和项目实施的全过程。

4. 城市更新方案评估的专项研究可有效避免专家意见"破而不立"的难题

专家评审是城市更新方案制定过程中的一个重要环节，一般是专家把脉更新方案的核心问题，充分表达意见和看法。然而，这一过程的不足是专家意见的"破而不立"，即使在评审的过程中提供了很好的批判性意见，但是如何解决问题却因时间短暂无法阐述建设性方案。

湖贝村更新提示了一条很好的思路，那就是调动更多的研究团队针对方案进行详细的研究。以 408 研究小组的成果为例，以现有方案为靶向，对湖贝村社会生态、产业链条、发展潜力和空间多样性进行全面研究，并提出方案优在哪里、有哪些不足和改进的方向。以充足的数据和社会调查为基础，有详细的分析过程和明确的结论，尤其对租户进行了实地调查，客观上也表达了租户的声音。相对于评审会上的专家意见，其研究报告具有很好的参考价值。因此，在城市更新方案的意见征集中，让更多专业人员加盟研究、对方案进行评估，是一种可以借鉴尝试的工作思路。

以上案例媒体相关报道摘录：

■ **明确定位全国最具影响力电子交易中心 上步片区完成规划审查**

深圳特区报 2012-02-11

市政府常务会议正式通过了《上步片区城市更新规划》和《上步片区城市更新工作方案》。随即启动上步"3+1+1"重点工作（上步片区3、7、14试点单元更新规划、华强村改造、华强北路立体街道国际咨询），上步片区更新工作正式展开……

■ **地铁 7 号线昨全面开工 华强北地下空间同步建设**

南方日报 2012-10-24

在华强北路立体街道地下商业空间开发项目与地铁 7 号线华强北站同步建设中，为减少地下商业空间开发及地铁 7 号线华强北站施工期间对华强北商家影响…… 由于 7 号线南北走向的施工面，将与华强北主街完全重合，施工期将对现机动车主干道全封闭……

■ **华强北立体街道改造明日开始施工**

邓翔 南方日报 2016-04-14

2013 年 2 月 27 日凌晨，随着深圳地铁 7 号线的进场施工，华强北主干道开始了为期 3 年之久的围挡封路……今后的华强北主干道和以往相比，最大的不同在于它将成为一条步行街……华强北依然会在重要位置设置专用小推车的货物导向通道，保证物流畅通有序……

■ **大冲探索旧改新模式**

徐强 深圳特区报 2012-10-21

大冲村整体改造范围 68.5 万平方米，建筑物 1500 多栋，总建筑面积逾 100 万平方米；涉及近千户原村民、300 多户非村民、7 万多暂住人口、现总建筑面积 100 多万平方米的拆迁安置工作……确立了"政府主导、市场运作、股份公司合作参与"的大冲旧改模式……

■ **招商蛇口："前港、中区、后城"蛇口模式加快复制**

余舒虹 经济观察报 2016-06-26

2015 年底，招商局集团与招商地产合并重组后，招商蛇口提出新的发展战略——"前港、中区、后城"，分别对应三大业务板块：邮轮产业建设与运营、园区开发与运营及社区开发与运营……

■ **深圳太子湾邮轮母港正式开运 邮轮经济加速启航**

中国经济网（北京） 2016-11-29

国家旅游局同意在深圳蛇口太子湾区域设立"中国邮轮旅游发展实验区"。按照规划，深圳的邮轮旅游发展实验区规划占地面积为 9.4 平方公里……

■ **深圳可否留下金威啤酒**

黄娜 深圳晚报 2012-02-23

金威啤酒重组更名的消息出现后，受到了社会各界的关注。在微博上迅速成为热门话题，很多金威啤酒的粉丝都表示了对金威啤酒的留恋……挽留金威啤酒，挽留深圳历史……

■ **金威啤酒厂升级成深圳最大的珠宝产业基地**

蔡淑敏 肖纯 深圳商报 2015-12-30

作为我市第一个以拆除重建方式为主对工业遗存进行保护性开发的旧改项目，金威啤酒厂在拆旧建新的同时非常注重对旧遗迹的保留与融合……为鼓励城市更新项目对工业遗存的保护，市规划国土委依据城市更新政策创新性地对该项目工业遗存保留给予了建筑面积奖励，项目共奖励建筑面积 13900 平方米……

■ **拆？留？500 年湖贝陷旧改争议**

郭锐川 南方都市报 2016-07-04

为了争取整体保留湖贝旧村南坊，一批专家学者发起了"湖贝古村 120 城市公共计划"。在城市开发与文化保护之间，究竟如何平衡？城市记忆的保留与权利主体的诉求，应当如何抉择？围绕着湖贝旧村城市更新的诸多争议，让这片本已十分复杂的区域增添了更多不可预知的变数……

■ **深圳湖贝村："城中村"的另一种选择**

丘濂 三联生活周刊 2016 年第 31 期

作为移民建设出来的城市，城中村对于深圳的贡献不言而喻。"不是来了就是深圳人，而是来了先当村民，出来才是深圳人。"在深圳从事城中村研究的美国文化人类学者马力安这样说……当人们讨论湖贝旧村的去留时，也是在讨论它作为城中村在未来的更多种选择……

■ **湖贝旧改：打开公共事件的讨论空间**

吕冰冰 苏妮等 南方日报 2016-07-18

湖贝村承载了深圳历史，历史信息不仅包含在祠堂、质量好的建筑乃至这 440 栋民房中，还有更多记录在三纵八横的坊巷空间格局（紧凑而持续生长的）和地理方位（面湖而居、傍水而市）之中。这是城市规划与建筑专业在讨论古村古建历史保护时需要不断进行的建筑—空间—地理脉络关系的系统拓展。其实，就是关注这里所包容的生活和在这里居住创业的深圳居民……

4

第 4 章

城市更新的实施进展

城市更新是一场永续的运动，在城市发展的不同阶段，城
市更新推进的程度与当时的社会经济发展需求、市场力量
的投入以及政策的支持等有着直接的关联，不同时代背景
下的城市更新有其服务于那个时代的使命。本章围绕深圳
城市更新不同的改造对象、不同的改造方式、不同阶段的
改造过程等，以开放和发展的视角分析城市更新实施进展，
更为综合地呈现深圳城市更新的整体状况。

4.1 整体进展

4.1.1 不同对象的更新改造情况

深圳城市更新中采取的不同方式（如拆除重建或综合整治）在城市发展的不同阶段有着显著差异，以下从城中村（旧村）、旧工业区和旧居住区这3种主要改造对象，分别说明不同改造方式下城市更新的实施推进情况。

1. 城中村（旧村）改造

深圳在20世纪90年代开展的旧村改造过程中，实际动工的旧村改造项目数量有限，改造力量以市场主体和原权利主体的自发行为为主。当时由于旧村改造相关的政策并不完备，旧村改造面临种种阻力，仅个别项目完成旧村改造工作。至旧村改造推进到21世纪初期，大多数改造项目逐步演变为历史遗留项目。

在2004年启动城中村（旧村）改造之后，政府通过全面改造（包括整体拆建和局部拆建）以及综合整治两种方式推动城中村（旧村）改造。随着《关于推进宝安龙岗两区城中村（旧村）改造工作的若干意见》（2006）和《关于宝安龙岗两区自行开展的新安翻身工业区等70个旧城旧村改造项目的处理意见》（2006）等政策的颁布实施，各区政府、各相关部门积极有序推进城中村（旧村）改造，一些旧村改造历史遗留项目再次被纳入城中村（旧村）改造年度计划并予以推进。

　　当时的城中村（旧村）改造年度计划，不仅明确了改造项目的时序安排和资金支持，而且根据实施条件分为实施类和规划编制类两种情况，避免条件不成熟的改造项目盲目纳入，影响计划的实施管理。实施类改造项目主要为改造条件基本成熟且在计划年度有实质性进展的项目，具体又可以分为全面改造项目计划和综合整治项目计划。规划编制类改造项目主要进行改造专项规划的编制等前期工作，若改造专项规划在当年内能通过市建环委批准并具备改造实施条件，则可以调整为实施类改造项目。

　　对于以全面改造方式开展的城中村（旧村）改造项目，由于涉及错综复杂的地权结构、与日俱增的违章建筑、不断提高的补偿要求以及不稳定的开发风险等难题，推进艰难。一些范围较大的城中村，比如南山大冲村和福田岗厦村等，持续开展数年。这期间个别城中村，比如罗湖

图 4-1　深圳第一个万元户村罗湖渔民村，2001 年进行旧村改造，按照"统一规划、统一设计、统一管理、统一分配"的思路，成为深圳第一个政府主导、原村民参与并实施的旧村改造项目 | **图片来源：** 刘廷芳。

图 4-2　深圳福田渔农村在 2005 年 5 月 22 日进行集中爆破，被称为"中国第一爆"。渔农村是福田区首个整体拆除重建的城中村改造项目，针对违建处理、拆迁补偿、物业分配等难点问题予以试点探索 | **图片来源：** 图虫创意，大勇工作室。

渔民村和福田渔农村等，在政府大力支持下完成了拆除重建工作。

对于以综合整治方式开展的改造项目，当时基本由政府主导来推进。通过编制城中村（旧村）环境综合整治规划，获取改造扶持资金，开展综合整治改造。由于综合整治改造项目一般都需要跨年度实施，各区分别制定辖区内城中村（旧村）综合整治改造投资及工作计划，确保综合整治改造项目顺利实施。2007 年《深圳市城中村（旧村）改造扶持资金管理暂行办法》颁布实施，在《2007 年深圳市城中村（旧村）改造年度计划》中明确"当年市财政对列入各年度的改造计划综合整治

图 4-3　政府主导对布吉大芬油画村实施综合整治，包括拆除违法建筑、疏通村内道路、优化市场秩序、增加公共设施等。通过多元主体的积极参与，实现了城中村向艺术文化聚集中心的改变，2010 年 5 月上海世博会深圳案例馆以《深圳大芬村——一个城中村的再生故事》为主题参展 | 图片来源：大勇工作室，云发。

项目，安排了 8 亿元城中村（旧村）改造扶持资金"，城中村（旧村）综合整治工作开始大力推进。由于部分城中村安全状况较差，市政府于 2009 年出台《深圳市城中村综合整治项目投资管理暂行办法》，加快推进以消防安全治理为重点的新一轮城中村综合整治工作。这一轮城中村综合整治项目主要包括未列入城中村全面改造的一般整治类项目和综合整治类项目。一般整治类项目按照消防安全"七个一"标准实施整治（包括逃生口制作安装、管线整治、消防给水整治等工程）。综合整治类项目按照城中村（旧村）综合整治规划编制内容、深度及技术指引和城中村消防安全治理技术要求实施整治，建设内容涵盖了消防安全、给水、排水、电力、通信、燃气、道路交通、管线综合、环卫、危险边坡、公共服务设施、沿街景观、公共开敞空间、历史文化遗存保护等多项内容。这一轮城中村综合整治工作具体分为一类、二类和三类这 3 种类型的项目来实施，其中一类的要求标准最高。全市在这一轮城中村综合整治中安排的 3 类项目有 1342 个，截止到 2010 年 7 月底，已有 712 个竣工验收，占 53.1%[1]。

　　进入 2012 年后，以城市更新单元为抓手的城市更新在土地政策等方面取得了重要突破，原先积累数年的历史遗留改造项目和近年申报的新的改造项目均利用这一时期的政策红利，大力推进拆除重建工作。根据《深圳市城市更新年报（2012）》，当年福田区有 15 个重大项目集中开工，南山区有 8 个总投资超 100 亿元的大型城市更新项目同时开工，龙岗区有 18 个城市更新项目联合动工等。同一时期，城中村（旧村）的综合整治工作持续推进，部分项目通过综合整治工程联合总验收后予以完结。

　　2014 年，深圳城市更新多个百万"旧改"大盘相继入市，比如华润城（大冲"旧改"）等。这一时期，城中村（旧村）拆除重建工作如火如荼地开展，市场资本大量进入城中村（旧村）改造领域，大大小小的城中村（旧村）改造资源被各类房地产开发企业通过协商洽谈和签订合作框架协议等方式予以占据。但与此同时，城中村（旧村）大规模拆除重建改造所带来的社会问题凸显，比如原有住户的生存发展问题、旧村历史价值的保护问题、房地产价格拉动带来的社会影响问题以及拆迁

---

[1] 资料来自 2010 年 7 月 30 日《晶报》报道文章"深圳城中村综合整治完成过半"。

图 4-4 1980 年代、1990 年代和 2010 年代的深圳福田岗厦村。深圳 1996 年启动福田中心区建设，岗厦成为福田中心区内唯一的旧村。1998 年，市政府确定福田中心区建设区域，提出岗厦河园片区实行"预留天窗"，由此拉开了岗厦河园片区改造工作的序幕 | **图片来源：**刘廷芳，大勇工作室。

图 4-5 深圳"京基 100"大厦。被列为广东省"三旧"改造重点工程的罗湖蔡屋围北区于 2007 年启动城市更新，改造完成后，除了原地返还蔡屋围的原村民住宅外，新建成的集酒店、商业、商务办公于一体的"京基 100"成为罗湖深南大道上的新地标 | **图片来源：**大勇工作室。

图 4-6 深圳盐田三村、四村和西山吓村整体搬迁项目，是深圳首个最大、最复杂的异地安置城中村改造项目。由于上述村落零星分布在盐田港后方陆域，严重影响了土地的集约利用和空间整合效益，通过城市更新有利于进一步整合盐田港后方陆域土地资源，为东部现代港口物流业发展提供空间保障 | **图片来源：**大勇工作室。

补偿过程中产生的钉子户高额赔偿等，引起了社会各界的关注。由于各种来深圳的人才大多会将各类低租金的城中村作为第一站，但随着这类空间被更新改造，相应的租金和生活成本也逐渐提高，原租住在其中的创业者需被迫选择新的居住空间。为解决这一问题，政府要求城市更新提供保障性住房等政策性用房，通过降低成本为城市可持续发展所需要的人才和企业提供生存场所。

进入 2017 年以来，政府开始放慢城中村（旧村）拆除重建工作，大力推动综合整治工作。2017 年政府开启新一轮城中村（旧村）改造规划纲要编制工作，明确全市有近一半的城中村（旧村）只能进行综合整治，不得拆除重建。市规划国土委于 2017 年 7 月 6 日发布了《关于规范城市更新实施工作若干问题的处理意见（二）》中明确，已纳入城中村综合整治（二类）计划且实施整治完毕未满五年的城中村区域原则上不纳入城市更新单元拆除范围。同年，市政府出台《深圳市"城中村"综合治理行动计划（2018—2020 年）》，要求开展新一轮城中村综合治理，分期、分类完成，提升环境卫生和安全水平。2019 年出台的《深圳市城中村（旧村）综合整治总体规划（2019—2025）》中也明确要求，针对城中村现状居住用地划定综合整治分区范围，积极开展以综合整治为主，融合辅助性设施加建、功能改变、局部拆建等方式的更新。同时，规范引导推进综合整治分区内城中村住房规模化统租改造。

随着国家在宏观层面对房地产市场调控力度的加大，房地产租赁市场的发展和保障性住房的建设成为重要的领域。一些市场主体逐步参与到城中村（旧村）综合整治过程中来，政府和市场等主体积极以综合整治的方式提供新型且相对低成本的居住空间。通过复合式的更新改造模式，对公共服务设施进行完善、对建筑安全环境进行提升，从而提供更多高品质的居住生活空间。2016 年以来，"冈厦 1980""42 号公寓"等城中村个体建筑改造兴起，一时城中村"爆改"成为一种现象。随着人才住房政策的出台，一些城中村比如福田水围村、万科新围仔村等被改造为人才住房，通过采用多方合作的模式实施成片改造。在这些改造中，一般由原农村集体股份公司发挥协调开发的作用，企业进行长租式公寓建设，政府再进行回收并提供一定额度的补贴价格租给符合条件的申请人（公司）。

2. 旧工业区改造

在 20 世纪 90 年代初期，深圳已经有部分旧工业区由市场自发实施了改造，比如华强北上步工业区改造、八卦岭工业区升级改造等，当时这些工业区的管理主体根据市场需求对工业区进行了综合整治和功能改变，促进了新旧产业的更迭。2005 年"四个难以为继"提出以来，政府对土地和空间资源盘活的高度重视，加上新一轮的产业结构调整中大力发展战略性新兴产业 [1] 的需要，将工业区升级改造作为破解土地资源短缺、推动产业结构升级的重要举措。2007 年《深圳市人民政府关于工业区升级改造的若干意见》出台，鼓励对不符合工业布局规划和现代工业发展要求、不符合安全生产和环保要求、不符合建筑容积率和土地利用率低的工业区等，按照"政府引导、市场运作、社会参与、共同受益"的改造原则，大力倡导进行综合整治和全面改建。为切实推动工业区升级改造工作，在市、区层面均成立了工业区升级改造领导小组及其办公室，协调统筹工业区升级改造工作。由改造主体负责编制工业区升级改造项目的产业规划、升级改造专项规划和改造实施方案，经批准后组织实施。

考虑到工业区改造涉及土地政策、资金扶持、市场操作等多种复杂问题，2008 年深圳市政府出台《关于我市工业区升级改造试点项目的意见》，并印发《关于加快推进我市旧工业区升级改造的工作方案》。在这一工作方案中，提出采取自行改造与收购改造相结合、整治与重建相结合、改造后自用与有条件租售相结合的方式，并选取天安数码厂房公寓区、福田燃机电厂、金地工业园、水贝国际珠宝交易广场、特力吉盟黄金首饰产业园区等 12 个试点项目进行探索。受相关政策环境的制约，当时对工业区升级改造要求必须坚持"工改工"的原则，改造后的工业园区以自用为主，严格控制出租，不得转让，对于工业区产权不清晰的问题，要求按照"两规"政策及其他相关政策进行处理明确产权后再实施改造。此外，强调有些产业升级只需更换产业门类，应加大工业区综合整治的力度，着力完善市政和公共配套设施，满足产业发展需求。在当时的政策背景下，这些试点改造项目主要以综合整治方式来运作，

---

[1] 深圳先后出台实施生物、互联网、新能源、新材料、文化创意、新一代信息技术、节能环保等七大战略性新兴产业规划及配套政策，战略新兴产业的快速增长成为深圳经济发展的主要引擎。

基本采取原权利主体自改的方式。

2009 年《深圳市城市更新办法》出台，将原本分而治之的城中村（旧村）改造和旧工业区升级改造以及旧城区、旧居住区改造等统一纳入城市更新的范畴，并且将改造方式明确为拆除重建、综合整治、功能改变这 3 种方式。同年，《深圳市工业区升级改造总体规划纲要（2007—2020）》发布实施，提出了产业空间优化调整的分类指引和近期重点改造的要求，工业区改造由试点摸索逐步推向全面开展。

随着城市内各组团的快速发展，一些旧工业区所在区域逐步成为城市发展的中心地区，面临着用地功能的调整。在《深圳市城市更新（"三旧"改造）专项规划（2010—2015）》中，针对地铁轨道站点一定距离内的工业用地，要求积极转为居住、商业和工业的混合性用地，实施

图 4-7 深圳华侨城原东部工业区的旧厂房，现如今已改造成为华侨城创意产业发展基地。产业园在保留原有厂房的建筑形态和历史痕迹的同时，通过艺术展、公共活动、文化会议等活动的举办形成新的产业经济，同时也为市民的休闲娱乐提供了独特的感知和体验场所 | **图片来源：**大勇工作室。

图 4-8 深圳蛇口南海意库项目对原有的三洋电子工厂采用微改造、低碳化的绿色更新模式，从建筑外立面和功能布局上重新设计、重新规划，从而吸引总部办公和文化创意等新产业的入驻，成为生态低碳建筑技术在城市更新中运用的成功典范，被深圳首届"双创节"选为主要展场 | **图片来源：**吴彪。

高密度开发，促进城市发展。在这一背景下，除了"工改工"以外，"工改居"和"工改商"类的改造项目也逐步加入城市更新改造的阵营，工业区升级改造的思路朝着工业、居住、商业以及以上用途相混合等多个方向展开。由于居住用途和商业用途等完全意义的经营性用地在地价水平上明显高出工业用地，市场的获利空间较大而且改造难度较小，对于符合条件的"工改居""工改商"和"工改综合"类城市更新项目推进得较为迅速。但是对于"工改工"这一类型的城市更新，由于拆除重建成本较高、产业升级的增值收益空间不及商住类地产开发项目高等直接原因，显得动力不足、市场活跃程度不高。根据对深圳工业区的调查显示，1230 个有改造意愿的工业区中有 57% 表示希望通过局部改造、完善基础设施等方式实现产业升级（郜昂等，2017），旧工业区通过保留利用原有建筑物来实现升级改造的方式更加符合原权利主体的意愿。

2013 年《深圳市人民政府关于优化空间资源配置促进产业转型升级的意见》出台，进一步强调"支持旧工业区实施综合整治和功能改变等混合类城市更新，推进传统产业升级转型，促进高效益产业和高素质人才集聚，建设生产、生活、生态和谐发展的现代化产业园区"。在这一政策及相关政策的指引下，工改类城市更新项目主要在以下 3 个方面加大探索：一是继续强化推进旧工业区综合整治，二是创新开展"工改 M0"类城市更新项目，三是积极落实创新型产业用房配建。在以上探索和实践的过程中，各区基于自身的产业优势，积极打造工业区升级转型的综合平台，通过多种方式有机互促地推动工业区发展。在推动工业区实施更新改造的过程中，为了激活存量工业再利用、规范工业楼宇的使用，市政府先后出台了《深圳市工业楼宇转让暂行办法》(2008)《深圳市工业楼宇转让管理办法（试行）实施细则》（2013）《深圳市规划和国土资源委员会关于工业楼宇转让管理有关事宜的通知》（2014）等，明确了城市更新中涉及工业楼宇转让流程、补缴增值收益等的具体规定。这些政策与工业区的更新政策互通联动，积极引导工业用地的有序调控和转型发展。

总体来看，深圳在城市更新过程中持续加大促进产业转型最重要的3 个要素——技术、资金、人员的有效流动和聚集。对内，通过主题性园区的策划，满足新产业进驻成长需求，为其提供精准化的空间支持和园区服务，并为引入可能的其他相关企业作好空间预留，完善各类配套设施，提高园区的建设与管理水平，为现代产业发展创造高效便捷的环境平台。对外，通过城市更新释放发展空间，集聚发展势能，加大对临深地区的产业辐射和经济联系，除了东莞、中山、惠州、汕尾、河源等地的经济被带动之外，上述地区的空间资源、制造业聚集反过来也将助推深圳产业转型升级。在空间及成本的影响下，深圳部分制造企业会自发迁往邻近地区调整。与此同时，临深地区内新兴行业企业研发运营总部也逐渐向深圳转移。通过更新有助于推动深圳和周边区域形成良好的产业链上下游分工与配合，发挥各自的比较优势。

1）持续推动旧工业区综合整治

2013 年，为了更好地保障新兴产业对用地和空间的需求，深圳积极推广以蛇口网谷为代表的旧工业区综合整治模式，大力开展旧工业区综合整治更新试点。市城市更新办遴选出 9 个旧工业区综合整治试点项目，分别为罗湖笋岗街道笋岗艺展中心、南山招商街道蛇口耀皮厂房综合整治、南山沙河街道华侨城创意文化园三期、宝安西乡街道臣田工业区综合整治、龙岗横岗街道大运软件小镇、龙华大浪街道大浪商业中心、大鹏葵涌街道葵涌奔康工业区综合整治、葵涌鸿华印染厂综合整治、葵涌街道沙鱼涌更新，通过试点进一步加大对旧工业区综合整治的引导和扶持力度。2014 年，市规划国土委制定了《关于加强和改进城市更

图 4-9 深圳罗湖区笋岗艺展中心依托现有产业基础，通过产业空间的扩展、配套设施的完善和外观的改造，创建集家居饰品展销、交易、艺术品创作及配套于一体的时尚消费基地 | **图片来源：** 大勇工作室。

新实施工作的暂行措施》，在项目立项、建设及地价等方面明确了旧工业区综合整治扶持鼓励政策。2015 年，市规划国土委出台《深圳市综合整治类旧工业区升级改造操作指引（试行）》，要求对旧工业区采取加建扩建、功能改变和土地延期等一系列激励政策，试点开展以综合整治为主的复合式城市更新。2016 年，《深圳市城市更新"十三五"规划（2016—2020）》中将旧工业区综合整治列入全市十大专项行动重点工作，旧工业区综合整治由试点阶段逐步转向全面铺开。未来随着《深圳市综合整治类旧工业区升级改造操作指引（试行）》及《深圳市旧工业区升级改造类城市更新单元规划编制技术规定》等相关配套政策的出台，旧工业区复合式城市更新项目进一步加快。

当前旧工业区综合整治一般由工业用地原权利主体申报规划方案，并自筹资金实施更新改造。改造范围大多局限于原权利主体自有用地及其物业，综合整治的目的也多局限于自身发展需要。随着旧工业区综合整治工作的探索和展开，市场资本逐步介入，大片区、有统一规划的旧工业区综合整治项目开始出现。这类项目的实施，不仅可以改善地区城市风貌，而且可以同时保障产业转型升级与人才安居，取得了良好的综合效益。此外在旧工业区改造过程中，鼓励按照绿色建筑的标准进行规划、建设和运营管理，尽量避免大拆大建，积极探索实施有机更新。

2）创新开展"工改 M0"类城市更新项目

"工改 M0"类城市更新主要指将现有普通工业用地（M1）改变为新型产业用地（M0），将旧工业区拆除重建为包含新型产业、配套商业、配套公寓等多种业态并存的复合式产业园区。

不同产业对空间有着不同的需求，以产业发展为目标的空间供给必须适应产业的需求并予以响应。根据深圳产业发展特点，同时参考香港、台北、新加坡等城市的经验，深圳适时将工业用地定义从原先"工矿企业的生产空间、库房及其附属设施的用地"扩展为"以产品的制造、生产、精加工等活动为主导，配套研发、设计、检测、培训、管理等活动的用地"，同时不再按照环境影响划分工业用地的类别，而是结合产业升级转型与土地混合使用的需求，将工业用地划分成普通工业用地（M1）和新型产业用地（M0），其中普通工业用地（M1）是指以生产制造产品为主的工业，新型产业用地（M0）是指融合研发、创意、设计、中试、无污染生产等创新型产业功能的用地。将新型产业用地与传统工业用地进行区分，明确新型产业这一用地类型，并细分新型产业用地管理的若干要求，可以体现出新型产业的高附加值特征，提高产业用地的多样化供给和用地效率。

作为工业用地（M）里的细分地类，现行《深标》对新型产业用地（M0）的主导用途、建设指引、容积率管控、兼容性和地价计收等方面给予了明确规定。从用途管理来看，新型产业用地（M0）的主导用途为无污染的厂房和研发用房，另外考虑人才引进的需求提供了商业、宿舍及相关配套设施等其他用途；在兼容性方面明确了主导用途的建筑面积（或各项主导用途的建筑面积之和）不宜低于总建筑面积的 70%，进一步提高用地的混合度，助推技术交流和创意激发；从建筑类型来看，新型产业用地（M0）的建筑类型介于第二、第三产业之间，可容纳大多数新型产业的功能需求，包含研发、孵化、中试、创意、动漫、设计、云计算等功能；在容积率管控方面，由于新型产业用地（M0）可加大土地立体化利用程度，不用受制于传统工业厂房设计的空间局限，因此从促进土地集约利用的角度出发，新型产业用地（M0）的容积率可以进一步提高；在地价计收方面，由于新型产业用地（M0）与传统的工业用地（M1）有明显区别，新型产业用地（M0）地价计收主要参考了研发类产业办公性质的特点，基准地价按照办公用地和工业用地两者基准地价的平均值确定，市场评估地价按照同片区办公楼面地价的 80% 确定；在配套用房建设方面，新型产业用地（M0）允许配建不超过总建筑量 30% 的产业配套用房，物流用地（W0）允许配建不超过总建筑量 40% 的产业配套用房，这些产业配套用房主要包括商业、宿舍、可附设的市政设施、交通设施、其他配套辅助设施等。

随着新型产业用地（M0）相关政策的出台，政府加快引导创新型产业用地的开发建设。截至 2018 年 6 月底，全市累计有 101 个拆除重建类产业升级项目获得规划审批，更新改造后将提供建筑面积 1908 万 m² 的产业用房及产业配套设施，为新型产业和市政府鼓励发展产业提供了空间保障 [1]。目前成功改造的典型项目有：蛇口网谷、深业上城、天安

图 4-10　深圳龙岗天安云谷城市更新项目于 2010 年启动，借助华为产业辐射核心腹地的区位优势，拓展产业发展空间，为高新产业提供创业孵化及创新驱动服务，成为以云计算产业、互联网产业、物联网产业、新一代信息技术产业研发设计为核心的自主创新研发基地 | **图片来源**：郎昂。

图 4-11　位于深圳福田区核心地段的深业上城更新项目于 2013 年启动，其前身是赛格日立工业区。改造完成后，成为集产业研发、文化产业、公寓、酒店、商业于一体的城市大型服务综合体，同时建设有步行廊道，将笔架山、莲花山两大城市级公园联系起来，实现城市公共空间的有机融合 | **图片来源**：大勇工作室。

图 4-12　深圳罗湖区笋岗—清水河物流产业园依托广深铁路建设发展起步，曾是深圳开发最早、规模最大的仓储区，被称为"中国第一仓"。通过城市更新推动老旧仓储工业区转型升级，不断提升现代物流业的服务能级，逐步推动总部经济基地和现代服务业基地的升级转型 | **图片来源**：大勇工作室。

数码城等，为促进产业转型升级、提高土地利用效率和完善城市功能发挥了积极的作用。

3）积极落实创新型产业用房配建

在城市更新推进过程中，市政府适时相继推出《深圳创新型产业用房管理办法（试行）》（2013）和《深圳市城市更新项目创新型产业用房配建比例暂行规定》（2016）等一系列政策，将创新型产业用房作为政府可调剂的产业用房，强制要求拆除重建类城市更新项目，需要按规定比例配建创新型产业用房，推动从"以地招商"向"以房招商"转变。作为一种政策性产业用房，建成后由政府回购的，产权归政府所有；建成后政府不回购的，产权归项目实施主体所有；建成后需按创新型产业用房管理有关规定租售，开发主体需与市产业主管部门签订监管协议。创新型产业用房为需要扶持的新兴产业和企业提供支持，以此培育有潜力的新兴中小企业。根据《深圳城市更新年报（2015）》，"十二五"期间全市通过城市更新单元规划落实创新型产业用房 49.4 万 m^2。

3. 旧居住区改造

2009 年《深圳市城市更新办法》颁布实施后，木头龙、金钻豪园、南苑新村、鹤塘小区、华泰小区、龙溪花园、海涛花园、桥东片区这 8 个旧住宅区，被列入 2010 年深圳城市更新单元第一批计划。目前这 8 个旧住宅区中，除了改造面积较小（开发建设用地面积为 1.33 万 m^2）、业主相对单一（共计 200 多户）的南山区沙河街道的鹤塘小区完成全面签约以外，其余改造项目皆因各种原因几近停滞。

这些旧居住区改造存在产权不清晰、房屋转手较多无法找到原权利主体以及房地产开发企业倒卖开发权等多种问题，但最大的障碍来自少数房屋业主对拆迁补偿不满意而导致拆迁谈判无法达成，出现了"拆不动、赔不起、玩不转"的改造困境。分析其中的政策条件可以发现，根据《国有土地上房屋征收与补偿条例》（2011），除了基于公共利益的征收行为可以进行房屋征收以外，由市场协商谈判进行的房屋拆除和搬迁没有明确规定，这使得以市场谈判推动拆迁实施的旧居住区更新缺乏强制拆迁的法律程序，而《深圳市城市更新办法实施细则》（2012）中要求"100% 业主同意并签署《拆迁补偿安置协议》方能进行下一步工作"，这样在旧居住区改造中就面临着补偿标准缺乏规范、钉子户难以解决等难题，从而影响了旧居住区的改造进度。

2018 年 6 月，市住建局发布《深圳市人民政府关于加强棚户区改造工作的实施意见》，针对市域范围内使用年限在 20 年以上的存在住房质量安全隐患、使用功能不齐全、配套设施不完善情况的老旧住宅区等纳入棚户区改造政策适用范围，不再采取城市更新的方式进行改造，而是采取"政府主导 + 国企实施 + 安置房建设 + 保障房建设"的模式，推进成片老旧住宅区的更新改造，这使得旧居住区改造开始探索通过城市更新、棚户区改造并行的方式予以推动。

图 4-13　拆后重建后的深圳罗湖鹿丹村。罗湖鹿丹村小区由于海砂房导致的渗漏水、墙体开裂等质量安全隐患问题，于 2001 年确定由原市住宅局进行整体拆除重建，历经法规政策、房地产市场、机构调整等多种变化的影响，终于在 2014 年 5 月正式启动房屋拆除工作 | **图片来源：** 大勇工作室。

4.1.2 不同进度的改造规模

对于拆除重建类城市更新项目，需要经历计划审批、单元规划审批、土地出让手续办理和房屋预售许可这 4 个主要的行政管理环节。随着 2012 年《深圳市城市更新办法实施细则》的颁布实施，城市更新项目基本具备了可操作的政策基础，原来累积的一些项目快速推动完成计划和规划审批，并陆续进入土地出让、开发建设和市场交易环节。根据《深圳城市更新年报（2015）》，深圳城市更新项目实施率在 2012 年为 7%，至 2015 年已超过 27%，项目实施率大幅提高。

从不同年份来看，不同城市更新项目从批准更新计划到办理房屋预售的时间周期长短不同，而且一个更新项目往往要历经数年，不同年份既有新增项目又有存量项目。从不同辖区来看，通过更新计划、规划审批、办理土地出让和房屋预售这四个环节的项目数量，并不是简单的递减关系，反而是存在一定的变化。

从不同环节来看，根据《深圳市城市更新年报（2015）》，全市"十二五"期间列入城市更新单元计划涉及拆除用地的总面积达到 2189.82hm^2，审批通过城市更新单元规划涉及拆除用地面积达到 1729hm^2，完成出让用地总面积为 985.12hm^2，计容积率总建筑面积达到 6511 万 m^2，以上 3 类涉及的土地面积年均分别为 438hm^2、346hm^2 和 197hm^2。统计城市更新年报中 2014～2016 年进入房屋预售环节的城市更新项目信息，这 3 年通过城市更新进入房屋预售的项目数量为 132 个，涉及建设用地面积 380.3hm^2，累计提供建筑面积 954.6 万 m^2。

■ 列入城市更新单元计划涉及
    拆除用地总面积（hm^2）

■ 审批通过城市更新单元规划
    涉及拆除用地总面积（hm^2）

■ 完成出让用地总面积（hm^2）

图 4-14   深圳"十二五"期间城市更新计划、规划、出让情况 | **数据来源：**《深圳市城市更新年报（2015）》。

4.1.3 不同区域的改造特征

深圳下辖 9 个行政区和 1 个功能区 [1]，除大鹏、盐田外，各区的经济总量及人口规模基本都超过或接近我国中等城市规模。因此深圳各区的城市更新发展相当于一个中等城市的持续再造，每个区都不容小觑。

1. 原特区内外差异显著

由于深圳在城市发展过程中存在的原特区内外二元化问题，原特区内和原特区外在城市更新项目推动方面差异显著。原特区内城市更新项目以提升城区品质、催生都市新功能作为更新的主要目标，借助城市更新提供多样化城市服务；原特区外城市更新项目以补足公共服务设施及基础设施缺口、提升土地使用效率和解决历史遗留土地问题为主要目的，推动城区服务能力大幅提升。根据《深圳市城市更新年报（2015）》对 2011～2015 年这 5 年列入城市更新计划项目的统计，这些项目中原特区外用地占 76%。从规划批准建设用地和签订的土地合同面积来看，原特区外分别占 74% 和 67%；从计容积率建筑面积来看，原特区外的计容积率总建筑面积为原特区内的 2.3 倍。以上数据说明与原特区内相比，原特区外城市更新项目数量多、拆迁面积大、建设面积大。

2. 各区更新推进各有侧重

深圳各区在发展目标和实施策略方面不尽相同，城市更新作为各区

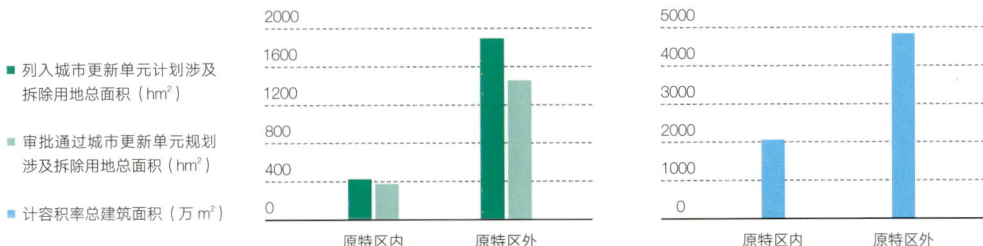

- 列入城市更新单元计划涉及拆除用地总面积（hm²）
- 审批通过城市更新单元规划涉及拆除用地总面积（hm²）
- 计容积率总建筑面积（万 m²）

图 4-15　深圳"十二五"期间原特区内外城市更新计划情况 | 数据来源：《深圳市城市更新年报（2015）》。

---

[1] 2017 年 9 月经广东省委省政府同意由深圳全面主导深汕合作区建设和管理，深圳有了"10+1"个区。

新时期发展的重要手段，近年来体现出尊重地区发展、助力实现核心竞争力的特点，各区陆续根据自身的实际情况与发展目标形成差异化的更新模式。

从列入城市更新计划涉及的拆除用地面积和审批通过城市更新单元规划涉及的拆除用地面积这两项指标来看，原特区内的南山区拆除用地面积在原特区内居首，罗湖区次之，盐田区最少；原特区外的龙岗区是全市城市更新拆除用地的第一大区，宝安区和龙华区相继递减，光明区和大鹏新区大体相当。

从不同辖区来看，南山区重在依托空间品质提升推动产业转型，福田区着眼于国际化城区建设，以城市更新带动金融、文化、民生服务升级，罗湖区加强城区整体改造提升、积极打造国际消费中心，宝安区强调以多样复合的更新方式来应对不同片区、不同项目的发展诉求，龙岗区通过城市更新大力推动产业转型升级、挖掘存量土地潜力，大鹏新区高度重视保护与发展的平衡关系。各区都试图通过多种改造方式适应不同区域的发展需求，量身打造更新改造方案。

作为全国自主创新先锋城区和深圳高新技术发展强区，南山区是深圳创新资源最集中、创新活动最活跃、创业氛围最浓郁的地区。数据显示，南山区高技术服务业占第三产业比重接近40%，集中了腾讯、中兴、大疆、光启研究院等一大批高新技术企业。城市更新作为南山区加快深圳国家自主创新示范区建设的重要手段，释放本地创新发展空间的同时需为高新技术产业提供优质的城市服务。南山区优先推动大沙河创新走廊等全市重点产业园区的整体升级改造，通过辖区内25个旧工业区的升级转型、空间拓展和功能再造，加大总部研发基地和人才公寓的供给。

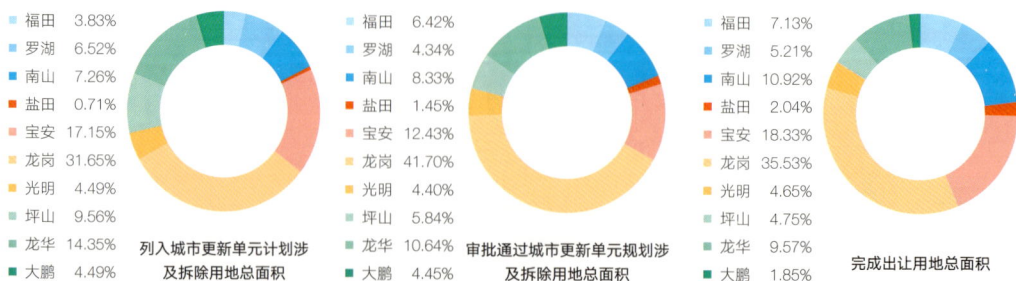

	福田	3.83%		福田	6.42%		福田	7.13%
	罗湖	6.52%		罗湖	4.34%		罗湖	5.21%
	南山	7.26%		南山	8.33%		南山	10.92%
	盐田	0.71%		盐田	1.45%		盐田	2.04%
	宝安	17.15%		宝安	12.43%		宝安	18.33%
	龙岗	31.65%		龙岗	41.70%		龙岗	35.53%
	光明	4.49%		光明	4.40%		光明	4.65%
	坪山	9.56%		坪山	5.84%		坪山	4.75%
	龙华	14.35%		龙华	10.64%		龙华	9.57%
	大鹏	4.49%		大鹏	4.45%		大鹏	1.85%

列入城市更新单元计划涉及拆除用地总面积　　审批通过城市更新单元规划涉及拆除用地总面积　　完成出让用地总面积

图4-16 深圳"十二五"期间各区城市更新单元计划、规划、出让情况 | **数据来源：**《深圳市城市更新年报（2015）》。

对于更新项目集中的高新技术产业园区，通过鼓励自有产业用地扩容、政府主导创意科研主题园区升级，引入资金、经验丰富的大型企业参与、提升环境等多种方式，实现了高新区作为深圳创新龙头地区的可持续发展。

　　福田区作为深圳最早发展的中心区，在城市更新过程中，一方面依托更新项目优化完善公共配套设施，另一方面通过城中村综合整治，为就业中心地带提供住房保障。与此同时，福田区凭借辖区内坐拥福田站、车公庙、华强北、岗厦北综合交通枢纽及地铁交通网络最为密集的有利条件 [1]，在地下空间规划、开发及管理方面推进土地资源的集约利用，通过城市更新实现地下商业的规模达到 9.9 万 m²，居全市首位。

---

[1] 福田区主要运营地铁线路共 5 条，站点 39 个；在建线路 4 条，站点 47 个；规划的地铁 14 号线和 16 号线也即将开工建设，是深圳地铁最密集的区域。

4.2 综合效应

城市更新作为拉动城市发展的重要引擎，其直接的作用是通过不断投入资本，实现空间重塑、文化展现和经济提升，从而形成城市发展与更新的良性循环。截至 2018 年 6 月，深圳市已列入城市更新计划的项目共计 695 项，拆除用地面积约 53.18km²；已批城市更新规划项目 420 项，规划批准开发建设用地 22.35 km²，批准总建筑面积 1.17 亿 m²；累计签订土地使用权出让合同 525 项，供应用地面积约 15.25 km²，土地出让合同约定的建筑面积 5624.2 万 m²，现已建成约 2624.7 万 m²，合同地价金额 1213.81 亿元，在拆旧建新的同时，还大力推进综合整治类城市更新，2016 年和 2017 年完成旧工业区综合整治建筑面积分别为 79 万 m²、116 万 m²[1]。

综合来看，深圳城市更新在以下几个方面取得了显著的进展：

首先，产业升级是经济发展的第一动力，深圳持续推动旧工业区综合整治、创新"工改M0"类更新并积极落实创新性产业用房配建，引导产业用地潜力的释放和经济的集聚发展。

第二，城市更新为城市发展所需的住房提供了更多元的供给途径。深圳在城市更新过程中，不仅通过"拆旧建新"实现城市重点发展区域的新增商品房供应，升级住房产品，而且采用保障性住房配建和城中村（旧村）集中整治为租赁用房等多种方式满足不同人群的居住需求，为保障"居者有其屋"提供了有力的支撑。

---

[1] 资料来自 2018 年 9 月 1 日深圳人大网报道文章《城市更新成深圳土地供应主要来源 我市拟将公共利益用地与城市更新项目"捆绑"》。

第三，城市更新消除安全隐患，增加公共服务。深圳城市更新有效消除了防洪、消防、建筑结构等安全隐患，提供了多样性的公共设施，开放了各类公共空间，为城市生活带来了更多都市体验，提升了城市服务的水平和质量。

第四，城市更新不仅是物理形态上建筑物的拆旧建新，更涉及各方利益重构、政府职能转变和法治社会构建等多个方面的变化。深圳在城市更新过程中逐步化解城市化过程遗留的土地问题、加大公众参与的力度并积极推动社区包容性发展，这些使得深圳的城市更新成为推动社会发展的重要平台。

最后，面对城市更新过程中存在的不确定性，深圳在城市更新探索和实践的过程中，尽管依然面临很多困难，也存在一定问题，但已形成了不断反思、及时纠偏、永动改革创新的做法。

4.2.1 释放存量土地潜力，激发经济集聚能效

城市更新作为深圳释放存量土地潜力、促进经济发展的重要推手，可以从以下 3 组数字看出成效：从 2012 年以来深圳每年城市更新供应用地超过 200 万 hm^2，城市更新成为土地供应的主要来源；2011 年以来，城市更新完成投资额占全年固定资产投资额的比例不断提高，到 2016 年该比例已达到 65%；深圳城市更新供应商品房占房地产市场的比例不断提高，2016 年城市更新供应商品房约 297 万 m^2，占全市房地产市场供应总量比例为 43%，城市更新逐渐成为商品房供应的重要来源。

1. 产业升级持续推动

产业升级是经济发展的第一动力，以产业升级为主要目标的城市更新，通过建立形式多样、使用灵活的产业空间发展模式，积极植入产业发展所需的各项功能，提高产业发展所需的综合公共服务配套水平，从而推动产业空间的供给侧改革。

深圳在产业类的城市更新项目中，有的通过环境整治、功能置换的方式来提升园区功能，比如华侨城创意文化园、蛇口南海意库、大鹏鸿

图 4-17 深圳 2011～2016 年城市更新完成情况 | **数据来源：** 《深圳市城市更新年报（2016）》。

华印染厂、罗湖笋岗艺展中心等项目通过综合整治实现功能再造，在提供有特色的文化与创意空间的同时有效保护了一批工业遗存。有的通过拆除重建的方式供给产业空间增量支持新型产业发展，比如福田深业上城、龙岗天安云谷等通过拆除重建的方式将低效利用的旧厂房转变为高新技术、金融服务等多种产业并存的现代园区。有的将拆除重建与综合整治连同开展，在保护工业遗产的同时也植入并带动新产业的发展，比如罗湖金威啤酒厂的改造。有的项目因地制宜地结合生态环保技术、海绵城市建设等进行绿色更新模式创新，蛇口网谷、南海意库等更新项目综合利用了节地、节能、节水等数十项绿色技术，进行绿色更新实践。这些旧空间借助多样化的更新方式，有的成为文化创意园区、产业特色街区，有的成为国际性展览、高端产业体验的展场，有的成为产城融合发展的载体，体现出深圳产业发展的个性化和灵活性。

2. 多层次居住产品的供给

深圳城市更新中，多层次居住产品的提供主要来自3个方面。一是通过拆除重建产生新的商品房供应。这些新增商品房主要来源于城中村（旧村）改造，当然也包括个别旧居住区改造和旧工业区改造产生的商品房。截至 2018 年 6 月，通过城市更新单元规划落实商品房建筑面积约 6669.7 万 m²，已批准预售的建筑面积约 1779.9 万 m²[1]。二是通过配建实现保障性住房供应。全市 2018 年上半年通过单元规划配建人才住房和保障性住房总建筑面积约 413.2 万 m²，约 8.3 万套。从保障不同人群住房需求出发，在城市更新过程中，深圳在政策方面加强引导，通过在市场化更新过程中设置保障性住房、创新型产业用房、人才公寓等公共利益的政策杠杆，推动拆建类更新项目在供应就业岗位的同时落实政策性住房配套。全市"十二五"期间通过城市更新单元规划落实保障性住房达到 235 万 m²[2]。城市更新作为保障住房筹集建设的重要渠道之一，正在逐渐消减资本逻辑的城市更新带来的负面效应。三是通过对城中村（旧村）和旧工业区等开展综合整治，实现集中公寓供应。在职住不均、房价高企的条件下，通过长租公寓、人才安居房等，满足产业人群就近安居的需求，避免职住空间的失配。

3. 商业综合体带动片区服务升级

新的商业综合体项目不断借助城市更新途径得以实现，大规模、综合性、现代化、高品质的标志性商业综合体建筑，推动消费升级、产城融合、智慧城市等。华润万象城采取 HOPSCA 的地产开发模式，将酒店（Hotel）、写字楼（Office）、生态公园（Park）、购物中心（Shopping）、会所（Convention）、城市超级寓所（Apartment）等结合为一体，创造出多功能、现代化、综合性城市多维空间。华强北九方购物中心以城市综合体为依托，采用主题街区式布局方式，将开放式街区空间与室内休闲购物空间完美结合，为市民带来全新的消费体验，引领潮流的城市生活。此外随着轨道交通的快速发展，一些综合性地铁站点的地上、地下空间得以更多地开发和利用，地铁商业中心日益兴盛，在城市服务功能升级、片区配套设施改善、产业升级转型等都发挥了重要的作用，积极

[1] 资料来自 2018 年 9 月 1 日深圳人大网报道文章《城市更新成深圳土地供应主要来源　我市拟将公共利益用地与城市更新项目"捆绑"》。

[2] 资料来自《深圳市城市更新年报（2015）》。

改变着城市的经济格局。比如华强北片区作为地铁 2 号线、地铁 3 号线、地铁 7 号线汇集的片区，地上、地下空间高度联合发展，地下空间内商业活动丰富。

4.2.2 提升城市机能，创造城市独特魅力

1. 多样性公共设施落实

自改革开放以来，深圳的高速发展吸引了大量就业人口，常住人口年平均增长速度高达 10.3%。截至 2017 年，常住人口已达 1191 万人 [1]。人口的高速增长凸显出以医疗、教育为代表的公共配套设施配建的相对滞后。城市建设的快速发展使得全市可用的未建设用地基本耗尽，城市土地资源紧缺成为实现公共利益供给的瓶颈。如何破解公共设施配套滞后、补足公共服务历史欠账成为影响深圳民生建设和可持续发展的难题之一，城市更新的首要任务就是保障公共服务设施与市政基础设施的有效供给。

深圳城市更新通过政策明确了城市更新中满足公共利益需要的土地贡献、政策性用房（人才住房和保障性住房以及创新型产业用房）、附

图 4-18　深圳华强北九方购物中心的开放式街区空间｜图片来源：岳隽。

---

[1] 资料来自《深圳市统计年鉴 2017》。

建类公共设施等的量化标准，并设计了灵活的激励制度，从而引导鼓励开发主体提供更多的公共利益用地和建筑空间，满足独立占地设施以及非独立占地建筑空间需求。

公共利益涉及的用地包括绿地、水域、道路、市政交通设施用地、公共管理与公共服务设施用地等，包括落实或优化法定图则规划道路、拓宽现状道路、打通断头路、加密现状路网密度、增加公共服务与公共管理设施用地，包括教育、医疗、文化体育、行政管理等设施用地。根据《深圳市城市更新年报（2015）》，拆除重建类城市更新项目实际的平均土地贡献率达 30% 左右。

公共利益涉及的建筑空间主要包括附建式公共设施，比如社区管理用房、物业服务用房、社区警务室、便民服务站、社区菜市场、文化活动中心、社区健康服务中心、社区老年人日间照料中心、公交首末站、邮政支局、再生资源回收站等。截至 2018 年 6 月底，全市审批通过的拆除重建类城市更新单元规划了中小学 125 所、幼儿园 252 所、社区健康服务中心 231 家等。其中，已落实的公共配套设施建筑面积约 40 万 m^2，包含中小学 14 所、幼儿园 43 所、社区健康服务中心 44 家等 [1]。

为了避免城市更新项目点状开花带来的区域级大型公共配套设施缺乏的问题，城市更新在新的政策规定中逐步加强了对区域级大型公共配套设施的要求，比如大型独立占地的医院、学校等，均可纳入城市更新拆除重建项目范围。同时政府加大 3 片区城市更新统筹规划的编制和管理。特别是自城市更新实施强区放权之后，各区的城市更新项目需要纳入各区的城市更新五年专项规划统筹安排，从而更好地保障公共利益的实现。

2. 增添城市魅力

城市生活的迷人之处，往往来自人与人之间的交流与互动，建筑物与建筑物之间将变成城市生活的新舞台，打造的不仅是都市空间，也是都市生活。城市魅力的增加，不仅来自更广泛意义上的地标，而且还来自生态、社会、人文环境改善过程中的城市感知。

---

[1] 资料来自 2018 年 9 月 1 日深圳人大网报道文章《城市更新成深圳土地供应主要来源 我市拟将公共利益用地与城市更新项目"捆绑"》。

对地标的理解，不仅包含摩天大楼，还包含城市的鲜明印记。比如被视为深圳坐标原点的上海宾馆、诞生"三天一层"深圳速度的国贸大厦、中国第一栋自己设计施工的摩天大楼——地王大厦，都见证了深圳快速发展的历史时刻。当前深圳推动城市更新过程中，又涌现出了新的地标建筑。这些地标中既有拆除重建的摩天大楼，也有综合整治将新旧元素有机融合后生成的工业特色建筑，还有因文化活动等打造的城市独特符号以及在城市的特定场所形成的特色空间和主题事件，这些构成了城市的特色意象。

3. 强化城市发展主轴

深圳在城市建设过程中受地形地貌制约、广深港区域经济轴的拉动影响等逐渐形成了带状组团的城市空间结构格局，历版城市总体规划对深圳空间结构的考虑也一直坚持组团式的空间布局要求。城市更新作为政府引导下推动城市建设的重要手段，由点带面强化组团式城市结构，推动城市组团空间形态不断优化完善。在《深圳市城市总体规划（2010—2020）》空间发展要求的引导下，深圳从 2010 年以来已纳入城市更新计划的项目，其总体空间布局基本落在城市发展的重点区域，这些城市更新项目在城市多中心发展过程中起到了积极的带动作用，逐渐成为推动城市各级中心建设的重要途径。

城市主干道作为连接城市功能组团的重要纽带，对重点地区建设具有明显的带动作用。深圳城市更新项目在 107 国道、宝安大道、龙岗大道、福龙路、布龙路等重要的交通主干道沿线地带具有明显的集聚倾向，有效完善了主干道沿线区域的服务功能，提升了沿线城市建设品质。以107 国道为例，其作为深圳西部连接宝安区与中心区最重要的交通干线，是宝安区城市发展的中轴，长约 30 km 的 107 国道沿线零散布局有工业用地 25 km²，集聚了大量的传统制造业工业园区。107 国道沿线特别是西乡段大量集聚的更新项目，推动 107 国道沿线两侧产业用地功能提升，积极释放沿线存量土地以及发展居住、商业服务业和绿地等，为 107 国道市政化改造后周边地区发展提供新的发展空间。

深圳人口密度多年连居全国首位，充分发挥轨道交通对土地利用效益的提升作用，坚持集约化发展成为深圳的必然选择。轨道交通对商业性公共设施、居住等用地功能具有强烈的吸引力，从而在规划引导和政策的影响下，轨道沿线的更新项目集聚发展。随着地铁轨道网建设的加快，截至目前深圳已建和在建的地铁从 1 号线到 11 号线，共 11 条线路、242 个地铁站点，城市更新项目优先在地铁站点周边实现复合式高强度开发。2012 ~ 2016 年获批的城市更新计划项目中，大约 60% 的项目落在轨道沿线 1000m 缓冲区范围内，这些项目拟拆除重建用地面积占到所有计划项目总拆除重建用地面积接近 60%，也就是说近六成的拆除重建类城市更新项目都能较为便利地接驳到地铁这一快速交通方式上，从而大大提高了生活工作的便利性。

4.2.3 建构更为融合的社区，推动社会发展

1. 化解土地历史遗留问题

深圳虽然通过土地统征统转，实现了名义上的土地国有化，但大量土地并没有完成征（转）补偿手续，产生了历史遗留违法用地和历史遗留违法建筑，这些用地和建筑由于产权问题无法进入公开市场，从而无法实现资源的优化配置。城市更新作为存量土地再开发的一种模式，对利益分配和产权配置产生了重大的影响，其中对于拆除重建类城市更新项目，可以通过拆旧建新的做法将产权遗留问题予以彻底解决，使改造完成后的土地和建筑物产权清晰，从而进入公开市场交易。虽然，深圳城市更新的目标不仅仅针对疏解产权问题，但是在以城市更新单元为管理对象的更新活动中，解决产权问题是不得不面临的问题。因此，城市更新成为破解深圳土地产权困境的主要抓手之一。

首先，城市更新逐步解决原农村非农建设用地和征地返还地落实的问题。当前深圳非农建设用地存在的主要问题涉及以下两个方面：一是在深圳城市化征（转）地过程中虽然给原农村集体安排了一定的非农建设用地指标，但这一指标在划定过程中存在无法落地、指标超标或不足等情形；二是在已落地的非农建设用地上，由于现有建筑物实际用途与批准用途的冲突，需要对其进行调整。在城市更新过程中，通过调剂使用非农建设用地指标、按政策要求补足非农建设用地指标欠账等做法，

积极解决非农建设用地落地、冲突调整问题。

其次，城市更新落实旧屋村改造的若干要求。旧屋村是深圳发展过程中自然形成的原村民居住聚集片区。随着城市发展，旧屋村的功能形态无法满足城市建设的需求，在实际管理中也长期存在各类安全隐患问题，需要对旧屋村进行改造。深圳早期针对旧屋村用地未有行之有效的常态化改造路径，直至 2004 年城中村（旧村）改造全面铺开后，旧屋村认定等相关政策内容才逐渐在更新政策内细化，城市更新成为处理旧屋村改造问题的主要方式。在城市更新政策中明确了旧屋村的认定标准和较优惠的地价政策，确认了符合一定条件的原农村集体和原村民保留原状的旧屋村用地及地上建筑物的权益构成，继而通过城市更新将旧屋村用地积极纳入改造范围，逐步将旧屋村土地纳入国有化范畴。

最后，积极探索创新未征未转土地的处置路径。深圳城市更新建立了土地权属核查的工作基础，通过政策组合应用，依托设置历史遗留违法用地的处理比例、提高历史遗留违法用地处置需要贡献土地的比例和相应补缴地价标准，在政策上将现有的原农村土地管理政策基础与城市更新中创新的重构产权政策有机结合，逐步消化处理历史遗留违法土地和历史遗留违法建筑问题，推动实现真正意义上的土地国有化。根据《深圳市城市更新年报（2015）》，2011～2015 年通过城市更新实施处理历史用地 176.48 万 m²，其中政府收回用地 35.2 万 m²。

2. 回应公众需求，推动社会包容性发展

城市更新作为一项涉及土地、经济、社会、文化等诸多方面的系统工程，不仅与权利主体和市场主体有关，更与城市居民相关。随着城市更新工作逐步深入开展，城市中不同群体的需求日渐显现并分化。政府在对这些公众需求的回应过程中，通过政策制度的逐步完善、审批机制的逐步优化，让城市更新逐渐向包容性方向发展，保障城市整体利益，实现社会、经济与环境效益综合平衡。

城市更新作为未来城市治理的关键抓手，引导市场、社会主体和专业力量的积极参与，通过对社会需求的回应，推动实现新时代城市可持续发展的治理模式。城市更新中公共利益不只是改善物质空间环境（如提供绿地等开放空间、学校等社区公共设施），还包括"居者有其屋"

（如提供一定数量的中低收入住宅、人才公寓等低成本居住产品），确保弱势群体在更新过程中不被忽视，实现城市公共服务功能的提升、城市风貌的保持、就业机会的增加、文化遗产的保留等。

　　深圳原村民在长期的生活过程中，建立起了一种紧密的邻里互助关系和社会网络关系。城市更新在回应原村民场所记忆及邻里空间等社会交往需求的过程中，逐渐从单一的、社会排斥性改造向社会包容性改造转变。深圳的城中村（旧村）在更新过程中开始关注原村民的邻里关系、社会网络、场所空间等因素。一方面，在设计中对片区内历史文脉和富有生活气息与地域文化场所的空间予以保留，更新其文化内涵和文化品质，对于更新项目改造涉及的历史风貌区，如平湖大围、梅冈世居等，在更新过程中活化利用建筑类不可移动文物，并从空间设计角度留存传统客家文化场所。另一方面，充分尊重民意，积极采取就近安置或原地回迁的方式，让愿意搬回的原村民就地安置居住，并保留祠堂、古树等重要构筑物和场所记忆，尽可能地保存原有的社会关系，维护长久的社会情感。

3. 开放与多样的参与机制

　　拆除重建类城市更新项目操作周期长，仅前期就包括立项、规划、拆迁、实施主体确认和土地取得等多个环节，所需的平均周期在 5～8 年，对周边地区影响较大，其中涉及的社会公平、城市文脉留存、低收入群体生存空间等容易引发争议。城市更新多年实践表明，更新表面上是改变了空间面貌，实质上是通过经济关系改变引发社会关系的重构。

图 4-19　左图为深圳福田新洲南香郁中央大厦里的旧村祠堂，右图为深圳大冲原址保留的郑氏宗祠、大王古庙、水塘及古树，这些保留元素置身于高楼大厦之中 | **图片来源：** 大勇工作室，李理。

与城市发展和城市公平息息相关的城市更新始终是舆论的焦点话题，社会中专业团体及民间组织越来越重视城市更新的社会影响，湖贝村、白石洲等改造项目相继引发了社会大众的多方关注与讨论。城市风貌记忆能否延续、低成本生存空间如何保障等社会热点话题也在持续引发关注，居民对城市功能本原的重新审视进一步被激发。城市更新作为更多的利益相关者及社会各方合法利益的公共政策集合，无形中为社会参与提供了平台。

同时在城市更新实践中，依靠行政力量独立决策的传统模式逐渐被更加丰富和多样化的治理模式所取代（张磊，2015）。社会中更多的专业团体及民间组织更广泛地参与城市更新，部分公益组织已经开始自发开展城市更新社会影响评估。比如湖贝村改造引发社会公众及专业团体的多方关注与讨论，"湖贝村改造"的网站检索近43000条，并引发数十家媒体报道。

2017年深港城市/建筑双城双年展的主题为"城市共生"，以城中村为出发点，选择南头古城为主展场，同时还有罗湖、盐田、龙华上围、龙华大浪、光明迳口等城中村实践分展场与主展场形成多区联动与互补。由于策展方、参展人与原村民要就展场布置进行多轮商谈，被称为"最艰辛布展"。城中村产权复杂，即使创作的都是世界级的艺术家，为了能在某面墙上创作壁画，需要大量的协商。但通过艺术家、社区工作者与原村民最为直接的接触与对话，让不同教育背景的人在一段特定的时间、相对固定场所内展示了对家、城市、空间与艺术不同的理解与表达。

虽然社会参与实践已逐步深入，但城市更新的社会影响评估仍然未能成为实施更新的法定程序或必要条件，其他关乎社区发展的就业、生活、文化、社会关系等因素仍然尚未得到足够的考量，因此深圳城市更新在回应社会化需求的方面仍任重道远。

4.2.4 实践中的制度调整与变革，引领更新制度创新

对城市更新实施进展的分析，需要放在一定的时代背景下结合其目标来进行，并在更长的时间尺度上和更大的空间尺度上予以思考，这些

需要我们在后续持续开展。随着城市更新全生命周期管理的日益成熟，未来可以对城市更新展开多维的大数据分析，从而挖掘出更多的信息以支持城市更新管理工作的完善。

分析深圳城市更新发展的主要历程，可以发现在以个案零星项目推进更新的年代，个别项目的实施更多具有的是符号意义。但当城市更新项目进入大量开展的阶段，多个项目的运作就产生了群体效应。我们既要看到城市更新在推动产业转型升级、补足城市公共配套、拉动基础设施建设、解决历史遗留问题等方面发挥的积极作用，同时也要关注到因群体效应带来的负外部性。当前社会与业界对深圳城市更新的评价存在一定的争议。其中赞成者认为城市更新创造性地突破了深圳土地资源极度稀缺的困境，为深圳在新时代粤港澳大湾区参与世界竞争提供了不可或缺的发展空间；反对者认为深圳城市更新已经沦为资本的驱动工具，房地产开发企业与业主借助大拆大建获得超额利益，却损耗了城市公共利益，加重城市公共交通及服务设施负担，破坏城市历史文化与风貌。

站在反思的角度回看深圳城市更新走过的路，客观地来讲，城市发展的过程是一个不断新陈代谢的过程，在其中出现的问题需要在不断调整的过程中实现改进。对于市域面积小、土地资源严重短缺的深圳而言，城市更新作为整合多方资源、激活城市创新的重要手段，这与深圳发展环境的快速变化、国家赋予的创新使命、市民参与意识的增强等有着直接的关系。同时我们也要关注到正是因为增量时代制定的一系列分配指令式规划在实践中受到较大挑战，集解决历史累积问题和当今衍生问题于一身的城市更新单元规划才应运而生，而且深圳的市场环境迫使城市更新不断地从法规依据、管理制度、规划编制、工作流程等方面持续探索创新，从而使城市更新服务于更深层次的城市治理。深圳城市更新在实践中不断变革，城市更新作为激发城市活力、协调平衡利益的公共政策，自身形成了有机生长的特质。深圳城市更新引发的制度探索对我国当前以发展质量为先、新旧动能转换为手段的新型城镇化推进具有重要的参考价值。

第 5 章

来源于丰富实践的城市更新规划技术改良

紧扣市场经济体制下存量建设的现实，深圳城市更新规划与现有规划体系形成补充细化和嵌合关系，从土地产权基础、公共利益导向、市场的能动性、多元协商机制等多个方面，充分体现并回应城市发展的基本要求，形成规划引导和规划实施并重的规划创新机制。

5.1　城市更新规划体系的展开

5.1.1 旧城、旧村改造规划的兴起

20 世纪 90 年代，针对成立特区之前存在的旧城（老墟镇）和旧村，开展了改造规划的编制工作。随着城市建设的快速铺开，需要对旧城（老墟镇）进行功能调整与升级，围绕这些旧城（老墟镇）如何转型发展，编制了相关的规划设计。比如《罗湖旧城改造规划》《布吉旧城改造策略研究》《蛇口镇旧城改造规划》《南头老城大新片区改造规划》等。针对旧村，由于配套设施的不完善以及开敞空间的缺乏，在市区相继成立旧村改造领导小组和办公室、大力推动旧村改造的背景下，旧村改造规划编制日益增多。这一阶段开展的旧村改造规划，主要涉及调整用地结构、完善各项配套服务设施、落实各项市政供应设施、引导原村民住宅改造、对开发建设时序作出引导等内容。为了提高旧村改造规划的可实施性，一般在改造规划中会明确区分近期和远期改造目标，并通过用地布局规划和局部详细蓝图设计等凸显旧村改造后的形象，以推动旧村加大改造力度，保障规划实施。

自原特区内 1992 年全面城市化之后，原特区内划定了原农村用地红线，原农村建设基本被约束在这些用地红线范围内。相对之前已经建设形成的旧村而言，这里被称为新村，后来新村和旧村统一被称为城中村（旧村）。当时这些新村的建设基本依据各村自己组织编制的简单规划，其规划的科学性不足，随着新村土地的快速开发建设，逐步生长成为建筑密度基本在 60% 左右的"握手"楼群，建筑密度过大，环境配套较差，

这样建设时间不长的新村也不得不面对改造问题。

进入 1997 年，深圳按照每镇一村改造试点的要求，铺开了大量的改造规划编制和村镇改造指引编制工作，强调以政府为主导，要求规划全面、制度跟上。这些规划由各区规划国土部门派出机构牵头，由各村自发组织编制，以合理引导村庄工业相对集中发展、村民住宅联建统建。

1999 年深圳提出规划全覆盖，在村镇规划管理的基础上，以法定图则的编制和实施作为依法决策的保障，着力解决配套设施和环境改善问题。在政府大力推动旧城、旧村改造的条件下，原特区内和当时的宝安、龙岗两区都大力推动改造规划编制工作。政府希望通过改造规划的编制和实施来落实城中村（旧村）的学校、道路等公共设施，解决环境差、配套差的问题。但是出于对经济利益的诉求，各村往往将公共设施安排在需要拆迁的旧村土地之上，而旧村的拆迁并非一件简单的事情，这样改造规划安排的公共设施陷入了难以落实的局面。虽然这一时期大部分的村庄改造规划基本都得到政府批准，但实际的实施效果并不理想。

5.1.2 城中村（旧村）和旧工业区改造规划纲要的提出

由于城中村（旧村）的建设水平与特区快速建成的城市风貌之间存在明显的差距，在城市发展质量提升的要求下，为促进城中村（旧村）在空间、管理、经济、文化等方面与城市的全面融合，2004 年 10 月，市政府出台了《深圳市城中村（旧村）改造暂行规定》，启动了违法建筑清查工作暨城中村改造动员大会，开始进行建市以来力度最大的包括旧村、新村、旧屋村等在内的城中村改造。随着市、区城中村改造办公室等组织架构的日益完善，城中村改造迫切需要一个全面指导的纲领性文件予以统领，于是市政府迅速启动了《深圳市城中村（旧村）改造总体规划纲要（2005—2010）》的编制工作。2005 年 10 月，由深规院牵头编制完成的城中村改造规划纲要获得了市政府批复。这是全国首个在城市整体层面完成的改造规划，标志着改造规划不再仅仅以单独的改造项目为对象，而是发展为总体指引与具体实施并存的规划体系。

2005 年《关于深圳市城中村（旧村）改造暂行规定的实施意见》出台，明确了城中村（旧村）改造工作的决策依据和运作规则。其中，城中村

（旧村）改造规划包括全市城中村（旧村）改造总体规划纲要和城中村（旧村）改造专项规划两个层次。城中村（旧村）改造总体规划纲要是城中村（旧村）改造的指导文件，城中村（旧村）改造专项规划是对一定规划范围内城中村（旧村）改造项目的具体规划安排。

城中村（旧村）改造总体规划纲要作为全市层面城中村（旧村）改造规划管理的抓手和项目层面改造专项规划编制的依据，其内容包括 8 个方面。①分析全市城中村（旧村）的现状和主要问题；②研究城中村（旧村）改造对社区发展、产业转型、房地产市场等方面的影响及对全市经济社会发展的影响；③确定全市城中村（旧村）改造工作的目标体系，包括总体目标、分项目标和阶段目标；④确定全市城中村（旧村）的改造规模、空间布局、功能定位及实施时序；⑤统筹平衡各区城中村（旧村）改造计划，提出全市城中村（旧村）改造中长期计划建议；⑥制定城中村（旧村）改造工作的分类改造指引；⑦拟定城中村（旧村）改造专项规划的具体技术要求；⑧建立城中村（旧村）改造的基础信息数据库和动态监控信息系统。

鉴于城中村问题的复杂性、综合性，在《深圳市城中村（旧村）改造总体规划纲要（2005—2010）》的编制过程中，设置了房地产市场影响研究、公共财政影响研究、土地管理政策研究、产业与劳动力发展影响研究以及社会影响研究这 5 个专题，每个专题的设置有其特定的要求。分别来看：深圳当时的客观情况是大量的原农村集体厂房没有配套宿舍，务工人员大多数居住在就近的城中村，政府担心城中村改造会对低收入人群的住房保障造成冲击，开展了产业和劳动力发展影响专题研究。因担心城中村（旧村）改造后新增的较大规模的商品房供给会对房地产市场造成冲击，开展了房地产市场专题研究，引入城中村改造计划，在供给上强调改造规模和节奏的控制，以维护房地产市场的健康稳定。由于土地问题是城中村（旧村）改造工作中最复杂的，专门开展了土地政策专题研究，在历史遗留违法建筑处理、土地和房屋产权明晰、房屋拆迁补偿、土地开发收益分配以及综合管理等方面提供了可供操作的策略和建议。考虑到城中村（旧村）改造必然需要大量资金投入，针对其是否对公共财政产生影响，开展了公共财政影响专题研究。此外，围绕城中村（旧村）改造可能带来的社会影响也进行了专题分析。这些专题基于不同的视角对城中村（旧村）改造可能带来的影响进行了深入研判，从而为后续合理确定城中村（旧村）改造计划以及稳妥推进城中村（旧村）改造提供了重要支撑。

在《深圳市城中村（旧村）改造暂行规定》（2004）及《深圳市城中村（旧村）改造总体规划纲要（2005—2010）》两个核心文件出台的基础上，政府逐步针对城中村（旧村）改造形成了计划指引、规划编制技术规定及资金管理等在内的一揽子规范性文件，全面指导城中村（旧村）改造工作。

进入 2007 年，工业区升级改造成为解决深圳城市转型期产业发展空间不足的重要突破口。市政府颁布出台了《深圳市人民政府关于工业区升级改造的若干意见》，随即市政府组织编制了《深圳市工业区升级改造总体规划纲要（2007—2020）》，作为指导工业区升级改造的纲领性文件。《深圳市工业区升级改造总体规划纲要（2007—2020）》在对全市旧工业区进行全面摸查的基础上，结合城市功能优化和产业结构调整需求，对旧工业区改造的空间规模、布局和时序等进行了统筹安排，有序引导旧工业区升级改造项目的推进。需要说明的是，针对旧工业区这一对象开展的改造项目，与当时开展的旧城、城中村（旧村）改造项目有着明显的不同，很多项目并不是因为建筑质量和环境景观差、交通及市政设施配套不足引发的改造，而是虽然建筑质量较好但是功能无法满足产业发展需求，迫切需要通过升级改造来实施功能的转变和土地空间的优化利用。

总体而言，城中村（旧村）改造规划纲要和工业区升级改造规划纲要的产生，标志着在以往专门针对新增建设用地的规划体系中，开始孕育适应存量土地再开发需求的规划架构。

5.1.3 改造规划面临的困难

在实施层面，针对城中村（旧村），政府制定了《深圳市城中村（旧村）改造专项规划编制技术规定（试行）》，规范城中村（旧村）改造专项规划的编制工作。由于城中村（旧村）改造专项规划要求按照法定图则或详细蓝图的深度来编制，在面对存量土地时，不论是法定图则还是详细蓝图都遭遇了一定困难。

1. 城中村（旧村）改造专项规划编制的要求

2004 年启动的城中村（旧村）改造包括综合整治和全面改造两种模式。对于全面改造的城中村（旧村）要求按照《深圳市城中村（旧村）改造专项规划编制技术规定（试行）》要求编制城中村（旧村）改造专项规划，对于综合整治的城中村（旧村）要求编制城中村（旧村）环境综合整治规划。

《深圳市城中村（旧村）改造专项规划编制技术规定（试行）》是深圳针对更新改造领域第一次系统地提出面向实施的规划编制的技术要求，具体内容如下：

一是明确城中村（旧村）改造专项规划编制的内容。城中村（旧村）改造专项规划是对规划范围内城中村（旧村）改造项目进行规划管理的依据。该专项规划以已经批准的总体规划、分区规划、其他上层次规划以及城中村（旧村）改造总规划纲要为依据，对规划编制区内城中村（旧村）改造项目的目标、模式、功能定位、土地利用、建设强度、绿地系统、道路交通、公共与市政配套设施等做出规划。其主要内容包括：①位置、用地面积、总人口、原村民人口、原村民户数、社会组织状况、经济发展状况、原村民收入水平、土地利用结构、各类建筑面积和质量、用地和建筑物产权、绿地景观、道路交通、公共服务设施、市政公用设施及其与周边地区城市功能的关系等，并综合分析城中村（旧村）存在的问题；②主要属性和特征，将总体规划纲要中的相关规定具体化；③改造的目标和功能定位；④合理的拆建比、建筑物总量及功能构成；⑤参照详细蓝图的内容和深度要求，确定建筑功能布局和空间结构、地块划分和规划控制指标、室外空间环境和绿地系统建设布局、公共服务设施、道路交通设施和市政公用设施的建设布局；⑥提出规划实施时序和实施措施，制定土地利用和建设管理规定，必要时提出保护或延续社区文化、改善社区管理的建议。

二是明确城中村（旧村）改造专项规划编制的深度。城中村（旧村）改造专项规划的本质即为针对改造地区编制的详细规划，按照城中村（旧村）的区位、规模、建设特点和管理要求的差异，城中村（旧村）改造专项规划分为 A、B 两类，不同的城中村（旧村）改造专项规划在内容和深度上各有侧重。A 类指原特区外规模较大的城中村（旧村）改造项目，专项规划以法定图则深度为主；B 类指原特区内规模较小的城中村（旧村）改造项目，专项规划以详细蓝图深度为主。其他根据具体条件和规划管理需要，分别纳入 A 类或 B 类。

三是明确城中村（旧村）改造专项规划的成果构成。主要包括规划文本、规划图纸和规划研究报告。其中规划文本是对规划各项目标和内容的规定性要求，规划图纸是说明规划意图和规划方案的相关图示，规划研究报告是指关于规划设计情况的技术性研究和说明文字，是对规定性要求的论证和解释。

四是明确城中村（旧村）改造专项规划的地位。经批准的城中村（旧村）改造专项规划是编制或修订涉及该规划编制区的法定图则及其他相关规划的依据。

从以上分析可以看出，城中村（旧村）改造专项规划编制技术的明确，对规范这一类型的改造规划编制工作起到了重要的引导作用。但同时可以发现，虽然城中村（旧村）改造专项规划编制是针对改造地区进行的定制化操作，但是还是传统的法定图则或详细蓝图的技术路线。无论是法定图则还是详细蓝图，在针对改造地区时，自身的编制技术都存在一定的问题，无法完全解决存量土地再开发过程中遇到的复杂利益博弈问题，这对如何编制一个可实施的改造规划提出了较大的挑战。

2. 改造地区法定图则与详细蓝图编制遭遇的困难

为了适应市场经济发展和城市土地使用改革的要求，1991 年 9 月颁布的《城市规划编制办法》中明确了控制性详细规划的编制要求，在详细规划层次上明晰了开发控制图则的编制技术规定。1996 年，深圳参考国外区划法和我国香港推行法定图则的经验，决定逐步推行法定图则，加强法定图则在落实城市总体规划目标、有效实施土地开发控制、规范规划管理程序等方面的作用。1998 年《深圳市城市规划条例》颁布施行，明确全市建立"总体规划、次区域规划、分区规划、法定图则、详细蓝图"五级城市规划体系。随着 1997 年《深圳市城市规划标准与准则》、1998 年《深圳市法定图则编制技术规定》和《深圳市法定图则审批办法》等相关文件的颁布实施，深圳以法定图则为核心的城市建设用地规划法制化管理体系逐步形成。

2008 年《中华人民共和国城乡规划法》颁布实施，确定控制性详细规划作为规划管理的依据。为贯彻落实相关要求，深圳市政府提出 2010 年实现全市规划建设用地法定图则全覆盖的要求。为此，市规划国土委组织开展了法定图则"大会战"，计划 2 年内完成全市近 250 项法定图则（其中已批复 89 项）。根据法定图则"大会战"相关信息汇总，截至 2012 年 2 月底，全市通过市法定图则委审批 187 项，覆盖率 73.2%，基本实现了城市规划建设用地法定图则的全覆盖（叶伟华等，2012）。随着全市法定图则的全覆盖推进，法定图则成为指导城市建设和实现规划管控的法定依据，发挥了城市规划先导和统筹的作用，实现了市场经济条件下针对土地开发控制的规划管理体制的深层次变革。

根据《深圳市城市规划条例》第十九条，法定图则应对分区内各片区土地利用性质、开发强度、配套设施等作进一步明确规定。在法定图则快速推进的过程中，对于亟待实施改造的存量用地，短期内很难得出基于法定要求的规划控制指标。但是城市建设将法定图则作为依据，法定图则必须对即将推进的城市建设工作提供保障，这样法定图则在有改造活动的地区出现了一时难以编制完成并通过审批的被动局面。在这种情况下，深圳对改造地区的法定图则编制进行了适应性调整，即对于局部可能纳入改造的城中村，以原农村集体行政管理界线为基础，划定"天窗"地区，单独框出来。对于这类确定为"天窗"的特殊地区，在法定图则中仅需明确用地面积和配套设施规模，对用地性质、功能布局、容积率、路网结构等不作强制性规定，待城中村改造方案确定后再通过法定图则个案调整程序补充完善至已有的法定图则当中。通过这种"开天窗"的方式解决了法定图则要尽快批准作为城市建设依据，而改造地区规划指标又无法快速落实之间的时间差问题，为日后城市更新单元规划逐步以"打补丁"的方式"嵌回"法定图则埋下了伏笔。

1999 年，市城市规划委员会第八次会议审议并通过了市中心区等 11 个地区的法定图则，其中《深圳市中心区法定图则》针对福田岗厦河园片区这一城中村改造地区进行了第一次"开天窗"探索。市中心区法定图则片区总用地面积 413 hm²，其中包含岗厦村 20.57 hm²。在法定图则编制过程中，这部分城中村用地规划指标的确定面临诸多困难。虽然 1998 年深规院开展了《深圳市岗厦村河园地区综合改造规划》研究，对该地区多种改造方式下的空间格局和经济可行性进行了分析。但是由于当时房地产市场发育不成熟、经济测算较难平衡等诸多原因，法定图则中很难完全确定岗厦村的改造指标，加之当时对于这类改造规划没有明确的审查程序和规划编制指引，规划审批时限更是无法预计。因此，在市中心区法定图则亟待审批以确保新增城市建设用地得到合法利用的条件下，在这一法定图则中不得已对于已建成的城中村用地划定了一个范围，对于这一范围内地块的控制指标要求结合改造规划等另行明确，从而形成法定图则针对城中村地块"开天窗"的做法。

法定图则通过"开大窗"方式对城中村改造地区进行"留白"处理，但是改造地区的发展仍然面临法定规划缺位的问题。对于那些未启动法定图则编制或已完成法定图则编制却急需改造的地区，为了推进城市更新项目，则探索以详细蓝图进行规划编制并进行报批。改造地区的详细蓝图审批通过后，再启动法定图则个案调整程序，法定图则调整后即可作为城中村改造项目的法定依据，这成为当时城中村改造规划法定化的另一种路径。比如在福田渔农村改造中，依据《渔农村改造详细蓝图》

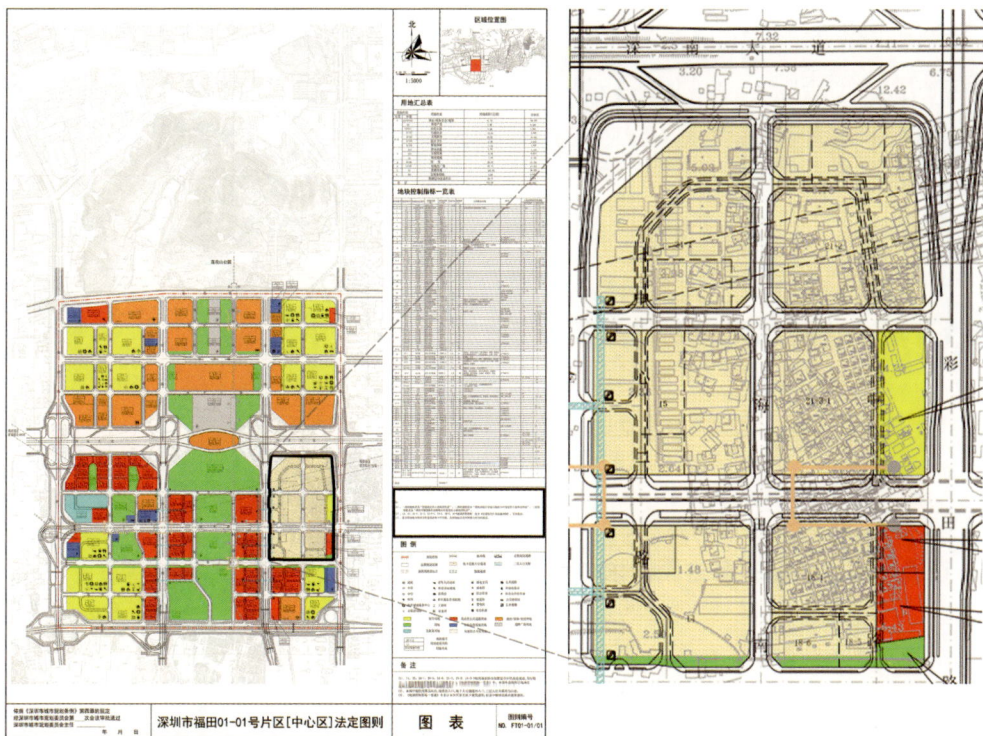

图 5-1 深圳福田中心区法定图则中岗厦村改造片区"开天窗"方式的表达。

中的规划控制要求，通过"政府主导、市场运作、村民合作"的模式，成功实现了旧村改造。

但是对于达到详细蓝图深度的城中村（旧村）改造专项规划，其本身在编制主体、具体内容以及实际落实等方面存在较多的问题。首先，详细蓝图的编制主体多样且实施主体模糊。深圳详细蓝图的编制与全国其他地区开展的修建性详细规划编制工作一样，编制主体来源较多，规划主管部门、市场主体均可以组织编制详细蓝图，但却没有明确的改造实施主体，实施主体的欠缺使得详细蓝图的编制缺乏落地的稳定性。其次，虽然详细蓝图考虑拟开发建设地块的建筑、道路和绿地等空间布局，开展必要的道路交通、绿地系统、工程管线、竖向以及景观等规划设计，初步估算工程量、拆迁量、总造价等，但是对于改造利益调整涉及的公共贡献、公共空间等没有明确的政策规定，因而在空间安排上缺乏有效的调控手段。最后，详细蓝图在编制过程中忽视瑕疵产权的处理路径，尤其是面对城中村大量历史遗留违法建筑，在其土地和房屋产权无法明晰的状况下，详细蓝图的编制对改造项目的实际操作缺乏有效的指导。

回顾这一时期针对改造地区编制的改造专项规划，虽然已经具备了一定的技术编制规则，但是由于缺乏土地、规划、产权、经济等多种利益平衡手段的综合运用，其发挥的作用非常有限。在解决存量土地再开发的问题时，只能做表面文章，导致核心的规划指标在利益协调过程中不断妥协。

5.1.4 城市更新单元规划的探索

为了克服改造地区法定规划编制的困难，深圳逐步开始城市更新单元规划的尝试。

1. 正视利益相关者的多方面诉求，予以积极响应

区别于增量规划，存量规划涉及现有土地及物业权利主体的合法权益，政府无法单凭公共利益诉求处置改造用地，因此必须协调并解决改造过程中的多个利益冲突，才能具有可实施性。在改造规划编制过程中，

不协商或协商不充分都不行。只有在对协商的认识基本统一的情况下，才有可能促成改造规划的实施。而这一共识的得出随着改造项目的不断推进逐步形成。深圳在改造规划编制过程中逐步开始引入协商，探索满足各方需求的协商机制，协商式的规划编制方式逐步成为改造规划探索的主要方向。

2005 年南山桃园路开始改造，如何达成改造的共识不得不考虑引入协商。南山区政府尝试与道路周边有关的原农村集体共同商讨如何优化整合空间资源的问题，依托当时市规划主管部门的城市设计处（详细蓝图的行政许可部门）组织开展的《南山区桃园路城市设计》来达成利益协调的目标。承接这一任务的深规院开展了为期两年的研究工作，期间多次组织了包括政府部门、原农村集体、相关业主共同参加的研讨会议。刚开始的会议上各方几乎没有观点表达，没有任何效果。随着多轮会议的开展，参会的主体慢慢有了协商的意识，各方利益诉求逐步趋于理性，逐步形成利益协调的共识。这一案例直观地反映出通过协商可以更好地解决改造规划中利益博弈的障碍，规划从"背对背"走向"面对面"，可以发挥积极的作用（黄卫东，2017）。随着"开门规划"方法的日益成熟，2008 年前后市规划主管部门正式提出"开门规划"，探索建立开放式的多元主体协调机制。

城市更新单元规划强调可实施，既要落实由政府代表和维护的公共利益，又要考虑市场经济效益因素带来的项目实施性问题。多元主体利益的平衡，需要坚持开放的协调机制，提供协商的平台，促进政府主体、市场主体、相关权利主体以及公众对改造规划方案达成共识。全过程的"开门规划"与以往关起门来编制与审议规划相比，有了较大改进，是城市更新工作得以推进的关键手段。这样，城市更新单元规划突破传统规划中单纯以政府为主导的"自上而下"的规划编制模式，或单纯以市场为主导的"自下而上"的规划编制模式，搭建了多元主体的利益协调平台，城市更新单元规划的技术方法在传统的空间规划的基础上有了新的扩展。

2. 借助多专业合作提高规划可实施性，发挥协同研究的力量

改造规划作为面向实施的一种规划类型，是综合解决城市更新中各类问题的重要依据，受到相关方的高度重视。改造规划要想实施得下去，

必然涉及很多领域，需要将来自多元主体的诉求直接反馈到改造规划的编制当中。改造规划作为改造工作的顶层设计，由原来仅仅靠城市规划、市政相关研究人员组成的团队，逐步扩展为产业、土地、交通、生态、建筑、经济等多专业合作的技术团队。

在 2006 年《罗湖区黄贝岭旧村改造详细蓝图调整》编制过程中，项目申报主体基于房地产开发运营的理念，主动提出多专业协作的工作模式。市场策划、建筑设计与规划设计首次同步开展工作，共同进行充分、全面的市场调研，更好地满足空间需求。在同年启动的《深圳市长城国际物流中心项目详细蓝图》编制过程中，作为规划编制单位的深规院，尝试开展多团队合作，主动引入市场研究、营销策划团队。这些团队研究完成的项目建议书与可行性研究报告，作为城市更新规划的基础支撑。

在这些尝试的基础上，以深规院为代表的规划设计机构，开始在城市更新项目的规划实践中，开启多专业合作模式。在这一模式中，由项目委托方牵头组织，以城市规划专业为核心，结合项目特点和需求，灵活组织调动各专业团队，融合市场策划、产业研究、交通研究、市政研究、建筑设计、投融资测算、生态分析等多专业，对城市更新单元规划开展多专业融合的规划编制探索。在这一开放的规划编制平台上，规划师开始发挥重要的综合性统筹协调作用，面向多元利益主体和多个专业技术团队，将利益平衡涉及的方方面面内容有机地融合入规划方案中。这样，城市更新单元规划的编制由原来只是城市规划编制单位根据城市规划要求进行编制，逐步演变为多专业技术团队的共同合作，形成规划、交通、市政、生态、建筑等多个领域综合的规划成果。

随着城市更新单元规划编制方法的改革与创新，伴随而来的不仅仅是规划编制技术路线的变化，更重要的是不同专题的引入与内容的扩展，为城市更新单元规划提供了充分的技术依据。

3. 赋予市场主体规划编制权，调动市场主体的积极性

规划编制主体的不同，对规划的思路有着直接的影响。以前无论是总体规划还是详细规划，基本都由政府委托，由规划师根据政府调控目标来进行编制。但这样的编制路径对于以市场主导来推进城市更新

并不适应。

从市场的角度来看，在新增土地供应的具体操作过程中，一般是市场主体拿到地以后再编制详细蓝图，对上一阶段的规划指标进行细化，进一步开展报建审批工作。但是对需要改造的存量地区，规划改造方案对改造后的土地收益有着直接的影响。市场主体是否开展城市更新项目必须以明确的改造条件为前提，改造规划必须充分反映市场主体的意图。因此市场主体要么直接编制改造规划，要么深度介入改造规划编制，如果缺少这样的条件，就很难保障改造规划的可实施性。

从政府的角度来看，政府无法把城市更新的所有事项都大包大揽。当以市场为运作力量时，政府发挥的作用主要是服务和监督好城市更新项目。政府期望通过城市更新单元规划搭建起多元主体利益协调平台，促进相关各方通过沟通协商达成更新发展的共识。围绕推动改造规划实施的核心目标，需要将规划的编制权下放到市场主体手中，更多层面激活规划目标的实现。但同时政府需要考量的是，改造规划如果由市场单位来编制，如何保障公共利益的实现。深圳通过城市更新系列政策明确了公共利益保障的要求，规划的相关管控条件具体且清晰。在规则明确且透明的条件下，就算政府不再主导改造规划的编制，城市更新单元规划也不会失去公共政策的导控。此外，对于详细蓝图的编制，大多是市场主体，如果明确市场主体来编制城市更新单元规划，自身也是一种延续。更为重要的是，这种规划编制权的让渡，有一个重要的制度条件，即深圳的城市更新采取了土地协议出让制度，在这一条件下市场主体提前介入改造规划编制是可行的。

城市更新单元规划的编制主体由市场主体来承担，这极大地激发了市场主体推动城市更新的积极性。

4. 打破宗地开发的局限，引入城市更新单元以实现空间统筹协调

传统的新增土地利用模式是将土地进行清理后纳入土地储备再按照宗地进行出让。而在以存量土地为主的再开发过程中，由于改造前后规划发生调整，原有的土地产权边界与规划的宗地边界并不可能完全一致，这使得仅仅针对单独宗地来编制改造规划不具备可行性。但是如果要扩

大范围来编制改造规划，那这个范围如何划定就成了一个必须解决的问题。在深圳城中村改造过程中，对于如何划定改造涉及的拆除范围，曾经遭遇了很多困难：比如零星空地能否划入改造范围？不同权属来源的用地能否腾挪使用？规划路网对现状用地的切割带来的畸零问题如何解决等。深圳在具体实践中，以城市更新单元当抓手来实现空间统筹。

　　由深规院开展的《上步片区城市更新规划》是全市第一次对城市更新单元的实践应用。该规划摒弃既往的单一地块更新方式，以城市更新单元为对象开展了合理空间资源容量评估和增量分配规则制定，通过配套设施的完善、功能的优化组合和对空间更新模式的引导，解决片区突出的空间资源供需矛盾。2008 年 12 月，市政府常务会议审批通过了这一规划，城市更新单元的思路得到了认可。这一时期，市规划国土主管部门正在积极推进城市更新办法的草拟工作，政策研究者们借鉴上步城市更新单元的做法，将划定城市更新单元的思路纳入城市更新政策当中。

　　2009 年《深圳市城市更新办法》颁布实施，城市更新单元规划被明确为管理城市更新活动的基本依据。其基本的划定原则为：对于需要进行城市更新的区域，在保证基础设施和公共服务设施相对完整的前提

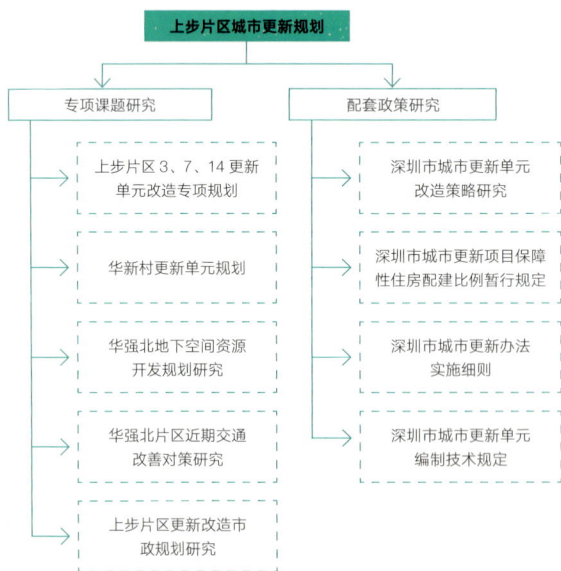

图 5-2　在《上步片区城市更新规划》的统筹指引下，华强北片区内编制了多个专项规划和试点更新规划，高效有序地推动了地区建设，为《深圳市城市更新办法实施细则》等相关政策的出台提供了研究支撑。

下，按照有关技术规范，综合考虑道路、河流等自然要素及产权边界等
因素，划定相对成片的已建设用地作为城市更新单元。随即在2012年《深
圳市城市更新办法实施细则》中对划定城市更新单元的要求进行了细化。
具体包括：更新单元内拆除范围的用地面积应大于 10000 m²；更新单
元不得违反基本生态控制线、一级水源保护区、重大危险设施管理控制
区（橙线）、城市基础设施管理控制区（黄线）、历史文化遗产保护区（紫
线）等城市控制性区域管制要求；更新单元内无偿移交给政府，用于建
设城市基础设施、公共服务设施或者城市公共利益项目等的独立用地应
当大于 3000 m² 且不小于拆除范围用地面积的 15%；属于国有未出让
的边角地、夹心地、插花地的，总面积不超过项目拆除范围用地面积的
10% 且不超过 3000 m² 的可以作为零星用地一并出让给项目实施主体；
因规划统筹确需划入更新单元的未建设用地，可以结合规划编制进行用
地腾挪或者置换等。

　　自此，城市更新单元成了城市更新管理的基本单位，划定城市更新
单元的若干要求体现了政府对利益调控的引导方向。这使得更新单元这
样的空间范围不再仅仅是空间概念，而成为实现利益平衡的空间载体，
基于这一空间载体编制的单元规划具备了实施的基础。

5. 应用多元技术手段协调实现利益平衡

　　城市更新的启动与地区现实问题的解决有着直接的关联，如城市基
础设施建设、公共服务设施缺口和城市安全问题等。从政府的角度出发，
希望通过城市更新的实施落实城市发展所需的公共利益保障；而对于市
场主体及相关权利主体而言，他们希望在城市更新实施过程中实现较高
的收益。为满足不同主体的诉求，在城市更新单元规划编制过程中，必
须加强与实施有关的技术手段应用，找到合理分配利益的主要规则。比
如，对于更新项目可开发建设规模的确定就是一项需要综合运用各种技
术手段的事项。一般而言，一个城市更新项目其可开发规模（含可售卖
面积）与项目收益有显著的正向关联，但过高的可开发规模对改造区域
的基础设施和公共服务设施会带来过大的压力，会产生对配套设施增配
的需求，这些需求又会给政府或市场主体带来开发建设的新要求。在深
圳城市更新单元规划实践过程中，通过区别基础容积、转移容积和奖励

容积这些不同的容积来源构成，建立了复合的容积率计算体系，为合理确定城市更新项目的可开发规模提供了技术支持。另外，为了保障城市发展，在城市更新项目中捆绑落实公共利益成为通用做法。如何将这些公共利益需求进行细化并与空间组织方案对接起来，也需要在规划技术方法上予以改进。深圳在城市更新项目推进过程中，不断细化落实公共利益项目的类型、规模、布局及实施等内容，使得公共利益的保障有了系统的技术规则的支撑。

深圳城市更新单元规划编制技术的成熟离不开这些利益规则的明晰，而这些利益规则的应用调整优化又带动了更新单元规划编制技术的革新。两者紧密互动，生长成为一个共同生命体，这也是城市更新单元规划具有生命力的来源。

6. 从落实法定图则转向优化调整法定图则

在城中村改造专项规划探索过程中，相关政策明确了经批准的城中村改造专项规划是编制或修订涉及该规划编制区的法定图则及其他相关规划的依据，这一规定解决了城中村改造专项规划法定化的问题。2009 年《深圳市城市更新办法》颁布实施，城市更新单元规划作为管理城市更新活动的基本依据，具备了法律效力。这一时期对城市更新单元规划的要求，是根据法定图则确定的各项控制要求来制定的，相应内容纳入到法定图则，由市规划国土主管部门批准后实施。随后《关于授权市城市规划委员会建筑与环境艺术委员会审批城市更新单元规划的通知》（2010）出台，明确了法定图则延续现有审批机制执行，而城市更新单元规划则充分发挥市建环委的作用。涉及调整法定图则强制性内容的，经市规划国土主管部门和区政府审查后，由市建环委进行城市更新单元规划审批。城市更新单元规划审批完成后即纳入该地区法定图则编制或修编的成果，成为规划设计条件的审批依据。这样，城市更新单元法定化的路径得以明确下来。

从更好地发挥城市更新单元规划对城市更新项目的实施指导作用来看，城市更新单元规划不能停留在法定图则既有要求的框架里，而是需要在现有法定图则的基础上不断进行扩展与细化。在这样的目标引导下，深圳结合实践对城市更新单元规划编制技术不断进行改良，通过《深圳市城市更新单元编制规划技术规定》（2011）《城市更新单元规划审批操作规则》（2013）《深圳市城市更新单元规划容积率审查技术指引（试行）》（2015）《深圳市拆除重建类城市更新单元规划编制技术规定》（2018）和《深圳市拆除重建类城市更新单元规划容积率审查规定（2019）》等予以规范。在这一过程中，城市更新单元规划实现了对法定图则的优化调整。

7. 小结

综合上述 6 个方面的尝试，分析深圳城市更新单元规划产生的缘由，发现与以下两个方面有着直接的联系。一是在深圳土地资源紧约束的背景下，城市空间发展模式已由新增资源供给逐步转向存量资源挖潜，存量资源与新增资源的显著差异，使得存量规划的探索成为城市规划转型的重要领域；二是面对城市更新中遇到的突出难题，特别是，从规划编制到规划实施无法形成有效传导，法定图则、详细蓝图等原有规划均不能有效应对的情况下，如何适应城市更新特点、探索创新面向实施的规划编制技术方法，成为推动城市更新的迫切需求。

在这样的条件下，根据城市更新"政府引导、市场运作、规划统筹、节约集约、保障权益、公众参与"的基本原则，政府部门以及规划编制技术单位结合城市更新项目实践，开展了一系列规划技术的探索与创新，不断积累城市更新单元规划的编制经验。在城市更新政策创新的驱动下，在一系列技术突破及经验总结过程中，城市更新单元规划制度日益成熟。城市更新单元规划一方面完成了法定化的要求，成为可以不断修改完善法定图则的重要路径，另一方面更新单元规划所能达到详细蓝图的这种深度要求，使其又承担了兼具法定图则管控和详细蓝图实现的跨界角色。

深圳城市更新单元规划的出现，契合了时代的背景，具有很强的实践价值。首先，顺应了城市转型过程中空间发展模式的需求，体现了节约集约用地的基本国策，在有限的土地资源条件下，有效拓展了城市发展空间，提高了土地使用效率。其次，作为全国首创的存量规划的法定类型，深圳城市更新单元规划首开先河，进行了大胆的探索与实践。对存量规划的发展提供了清晰的蓝本。最后，在城市更新单元规划探索与实践过程中，积累了大量宝贵经验，包括城市更新政策制定、规划体制机制完善、规划技术方法改良等，对于全国其他城市开展城市更新规划工作具有重要的借鉴意义。

5.1.5 总体层面城市更新规划的类型与作用

为了从宏观层面统筹指导城市更新工作，在以城市更新单元规划为抓手的基础上，逐步开展了支撑总体规划的城市更新专题研究、针对城中村（旧村）和工业区的改造总体规划纲要、市区两级的城市更新五年专项规划以及片区层面的城市更新统筹规划所涉及的研究与编制工作。城市更新规划体系不仅向体系化方向发展，而且与城市总体规划、近期建设规划等紧密衔接起来。这一更新规划体系的形成，紧扣市场经济体制的制度背景和存量建设的现实，更注重整体协调和局部突破的有机结合，更注重政策制度的设计，更注重规划的法制化和民主化建设，从而成为现有城市规划体系的必要补充，开启了深圳存量时代规划管理的崭新发展局面。

1. 支撑总体规划的城市更新专题研究

2006 年深圳启动了《深圳市城市总体规划（1996—2010）》的修编工作，由于当时"四个难以为继"问题凸显，政府把城市更新作为解决城市转型诸多问题的重要途径和抓手。因此在修编工作中专门增加了《深圳市城市更新与旧区改造策略研究》（以下简称《改造策略研究》）作为重要的支撑性专题，对全市的城市更新工作进行系统谋划。

《改造策略研究》的主要目的是从全市整体利益出发，在城市总体规划层面进行城市更新总体部署，作为城市更新管理的依据，指导和统筹城市更新工作。其主要内容包括 3 个方面：一是摸清家底、全面了解和掌握全市城市更新的空间资源潜力，并确定未来的改造规模；二是从全市层面提出城市更新的宏观策略，并针对各区提出差异化的改造指引；三是剖析城市更新推进的掣肘因素，提出城市更新政策协调发展的建议。依照《改造策略研究》的主要成果，形成了《深圳市城市总体规划（2010—2020）》中城市更新专章和专门图件，对城市更新的规模控制、分区指引、分类改造重点等提供了方向指引，明确了近期建设规划中存量土地再开发活动的计划安排。在总体层面，《改造策略研究》对深圳城市更新活动有了全面的分析，呈现出以下 3 个特点。

更新资源潜力与更新规模调校相结合

在深圳城市发展模式转型的背景下，新增用地和改造用地的关系及各自供应规模成为城市总体规划修编时必须明晰的核心问题。在《改造策略研究》中全面分析了城市更新空间资源的潜力，为判断改造用地的规模提供了坚实的分析基础。在此基础上，《改造策略研究》进一步结合城市更新的目标导向，进行了更新改造用地的需求分析和供需关系调校，从而明确提出了各类更新改造用地的改造规模。

一是全面摸清更新空间资源潜力。深圳城市更新涵盖了城中村（旧村）、旧工业区、旧居住区及旧工商住混合区等多元改造对象，不同的改造对象具有不同的改造特征和改造需求。《改造策略研究》对城中村（旧村）、旧工业区、旧居住区、旧工商住混合区等更新改造对象进行界定、详细普查摸底和分析，掌握了各类更新改造对象在空间分布、改

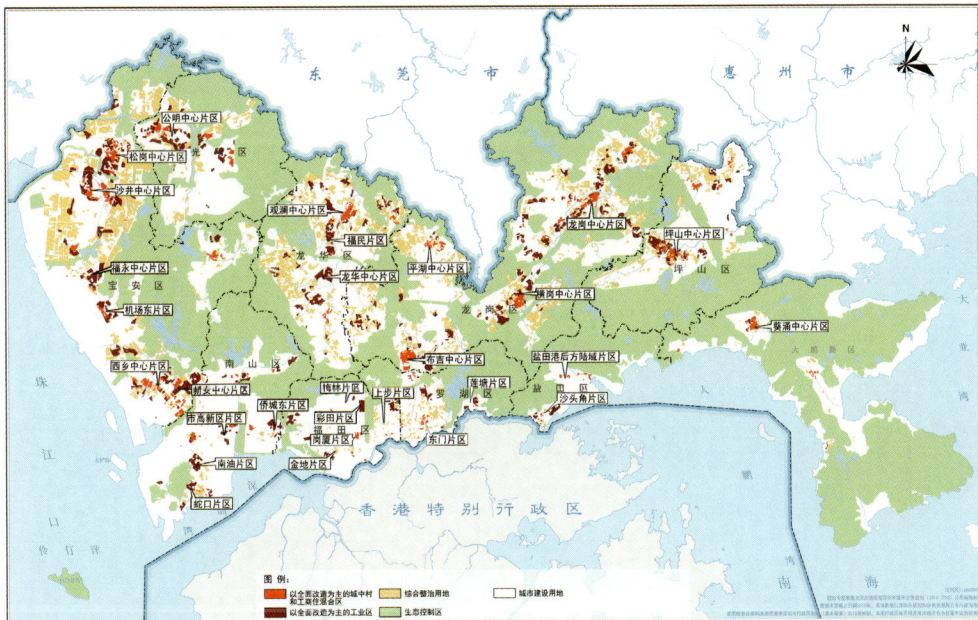

图5-3　《深圳市城市总体规划（2010—2020）》城市更新规划图。按照分类引导的思路，依据更新对象涉及的土地权属、政策基础、矛盾焦点等差异，针对其不同特征制定相应的规划引导要求 **｜ 图片来源：**深圳市规划和自然资源局。

造规模、开发建设、配套设施、产业发展、经营管理、改造意愿等方面的信息，为更新改造规模的确定和空间指引的制定提供了重要基础。

二是进行目标导向下的更新规模调校。《改造策略研究》结合更新目标和策略导向，通过对各种目标的分解和重组，并辅以经济、社会、环境多维度的技术分析方法，对城市更新用地的需求进行了分析。在此基础上，进一步建立了城市更新中土地供应与土地需求之间对应关系调校的原则，综合考虑社会经济保障、房地产市场供需平衡、财政平衡等因素，兼顾各类改造对象之间的平衡，对各类改造对象的改造方向和规模进行综合调校，从而确定规划期内整体的城市更新规模。比如，《改造策略研究》以保持产业持续发展的需求为前提，提出了工业用地的最大可置换量，并在此基础上提出保留工业用地的升级改造方式和规模，作为更新规模确定的基础。

更新目标策略与差异化空间改造指引相结合

《改造策略研究》在全市整体层面考虑城市转型发展对城市更新的需求，建构了契合城市总体发展战略的更新目标和更新策略，以指引城

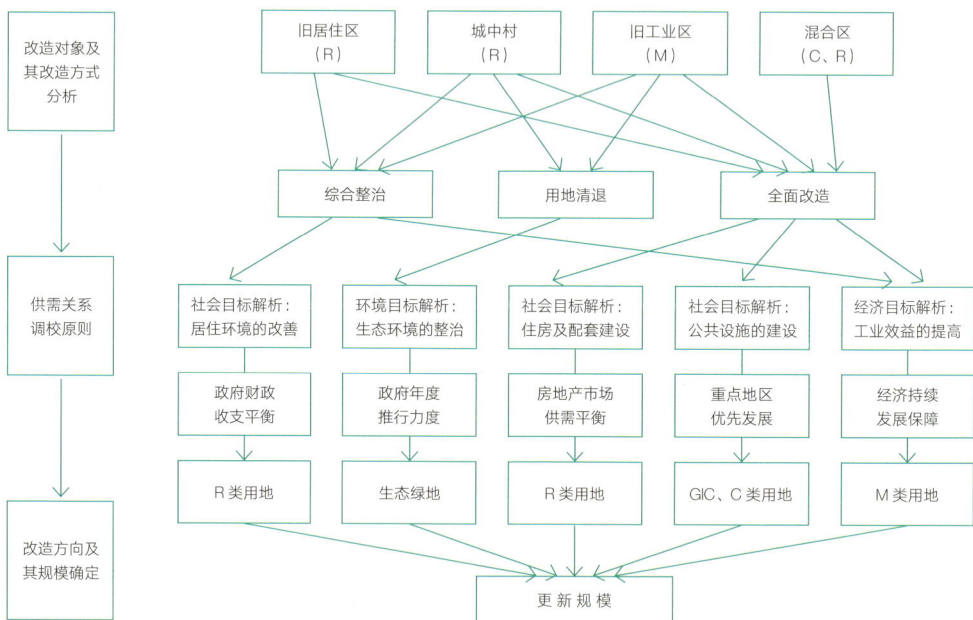

图 5-4 《深圳市城市更新与旧区改造策略研究》依据经济、社会、环境等多个目标策略导向，对城市更新供需关系进行调校。

市更新的总体方向。同时进一步将其落实在空间上，形成了差异化的分区空间改造策略指引。

一是契合城市总体发展战略确定更新目标策略。在资源紧约束条件下，《改造策略研究》提出依据城市总体发展目标，以空间形态更新为手段，推动城市发展模式和增长方式的转变，促进城市的健康、和谐、持续发展。基于更新改造的总体目标，《改造策略研究》从优化城市功能布局、完善公共配套设施、解决居住增长需要、合理调控更新规模等方面提出更新的总体目标策略，并对城中村（旧村）、旧工业区、旧居住区等几类更新对象的改造方式和功能进行引导，从而使更新目标策略与城市总体发展战略充分契合。

二是制定差异化的分区改造指引。由于不同地区的现状基础与规划目标差异较大，更新的目标和内容也存在相应的不同，因此《改造策略研究》不仅将更新目标策略落实在空间上，还进行了差异化的空间指引。研究从现状问题和发展目标的差距分析入手，基于地理空间特征、现状产业基础、各片区发展定位等，将全市域的改造空间划分为城市综合服务区、城市环境敏感区和城市产业集聚区三大类特征区以及八类目标地区，分别提出更新指引、分阶段实施指引和重点地区建议等，使改造策略指引更具有针对性。

空间规划与政策协调相结合

相关政策机制不完善是影响城市更新实施推动的重要因素。《改造策略研究》在空间规划引导的基础上，对更新改造政策和机制进行检讨和评价，对城市更新中政策面临的核心问题和掣肘因素，如准入条件、地价核算、公共贡献等进行了深入分析，并提出相应的政策协调建议，以保障和推进空间规划的实施。

当时深圳已出台的与城市更新直接相关的政策只有《深圳市城中村（旧村）改造暂行规定》及其实施意见，某些其他类型改造项目无政策可依、难以推动。基于此问题，《改造策略研究》中提出运用地方立法权制定"深圳市城市更新促进条例"，将所有更新对象、组织方式、改造模式等纳入统一的政策平台上统筹考虑、综合平衡，为城市更新改造的实施提供法律依据和保障。《改造策略研究》中提出的政策建议为后续出台《深圳市城市更新办法》等相关政策奠定了基础。

2. 面向城中村（旧村）和旧工业区的改造总体规划纲要

分析上一版的《深圳市城中村（旧村）改造总体规划纲要（2005—2010）》和《深圳市工业区升级改造总体规划纲要（2007—2020）》，这两个改造类的总体规划纲要具有以下4个方面的特征。

一是改造对象明确。两个改造总体规划纲要分别针对城中村（旧村）和旧工业区提出改造行动纲领。虽然并没有覆盖所有的更新对象，但对于城中村（旧村）和旧工业区这两类城市更新的主要对象，在改造总体规划纲要编制过程中进行了深入的调查摸底，为后续开展城中村（旧村）改造和旧工业区改造打下了坚实基础。

二是研究内容广泛。为了更深入地研究更新改造可能产生的影响，科学地制定更新改造策略，两个改造总体规划纲要均以相关拓展性的专题研究作为支撑。在城中村（旧村）改造总体规划纲要研究过程中，针对房地产、土地、人口、公共财政、社会影响等进行了专题研究，引导了城中村（旧村）改造的一些重要共识的形成。比如在改造规模方面强调进行供给规模控制，保障房地产市场稳定发展；在改造时序上提出要引入改造计划，有时序地稳步推进改造等。

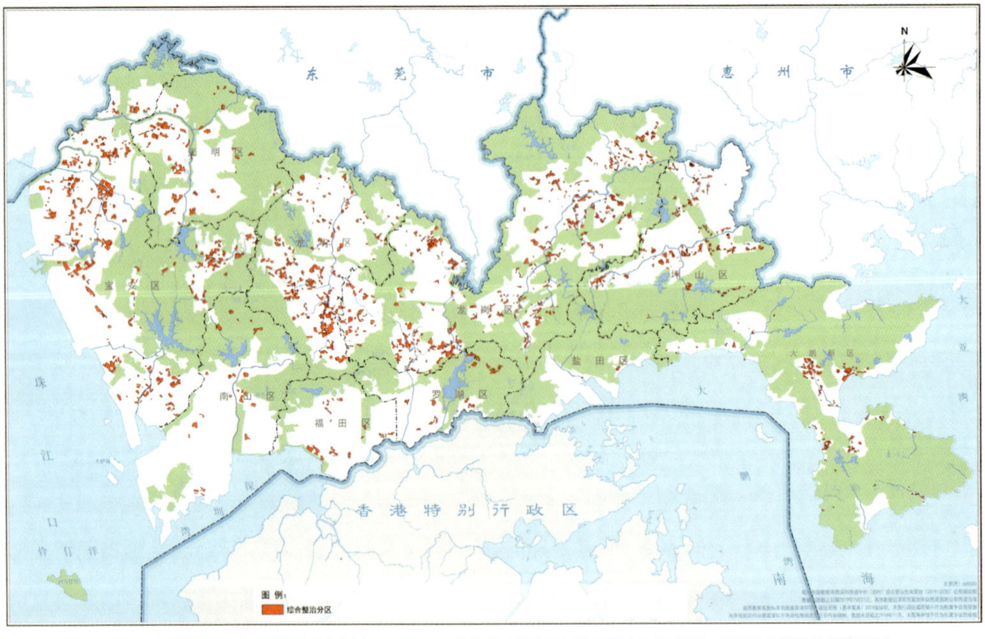

图 5-5　《深圳市城中村（旧村）综合整治总体规划（2019—2025）》综合整治分区范围图　│ **图片来源：** 深圳市规划和自然资源局。

三是改造指引具体。改造总体规划纲要核心内容是明晰改造的目标策略，并针对性提出近期行动纲领，从而具体引导哪些地方优先推动改造并明确改造采用什么样的方式。两个改造总体规划纲要均明确了改造的总体部署以及近期的工作目标。其中，总体部署包括提出契合城市功能和空间完善需求的重点改造地区，并从完善公共服务设施、促进产业升级转型、推动文化保护与融合、促进经济多元化转型、完善管理秩序等方面提出改造的具体措施要求。在改造近期目标引导方面，包括城中村（旧村）和旧工业区的改造范围、改造模式、规模调控、功能引导等，为具体的改造工作提供明确的方向和路径指引。

四是政策机制保障。两个改造总体规划纲要均开展了相关改造策略研究并提出了政策机制保障的建议，为后续城市更新五年专项规划的编制以及城市更新政策的制定奠定了重要基础。比如，设立市区两级城中村（旧村）改造专项资金，扶持综合整治类改造项目以及市政基础设施和公共服务设施建设项目，补贴经济效益差而社会效益高的改造项目；编制市区两级五年改造计划，逐年编制年度工作计划，并将改造计划和国民经济与社会发展规划、近期建设规划等相衔接；加强旧工业区产业转移及退出补偿、安置补偿、收回收购鼓励、产权处置等相关政策出台，为旧工业区升级转型打造良好的政策运作环境。

这种适应存量土地再开发的总体规划，近年不断地更新并发展演变，其中《深圳市城中村（旧村）综合整治总体规划（2019—2025）》已经出台，着力加强对城中村（旧村）综合整治类更新的引导与调控，针对旧工业区的新一轮改造总体规划也正在进行修编，总体层面城市更新分类导控的规划发展脉络基本形成。

3. 市区两级的城市更新五年专项规划

随着 2009 年《深圳市城市更新办法》的出台，深圳城市更新的内涵和对象有了较大的拓展。为了加强全市范围内的更新统筹，《深圳市城市更新办法》要求制定全市城市更新专项规划，以明确全市城市更新的重点区域及其更新方向、目标、时序、总体规模和更新策略，指导全市范围内的城市更新单元划定、城市更新计划制定和城市更新单元规划编制。在此背景下，深圳编制了《深圳市城市更新（"三旧"改造）专项规划（2010—2015）》，作为指导全市更新工作的纲领性文件。当时相关政策虽未明确要求各区编制城市更新专项规划，但宝安区和大部分新区（包括光明新区、龙华新区和大鹏新区）为了承上启下统筹推进辖区内各项城市更新工作，仍根据自身需要组织编制了区层面的城市更新专项规划。由于当时区层面的城市更新专项规划没有明确的编制技术指引要求，因此在规划年期、编制内容、成果形式等方面存在一定差异，具有各区定制化编制的特征。

随着城市更新强区放权工作的推进，《关于加强和改进城市更新实施工作暂行措施的通知》(2016) 中明确要求科学编制全市城市更新"十三五"规划，分区落实城市更新"十三五"规划。城市更新专项规划在落实城市总体规划要求、面向近期建设规划的基础上，进一步加强了与国民经济和社会发展规划的衔接，并与国民经济和社会发展规划统一了规划年期。城市更新五年专项规划逐步区分为市区两级城市更新五年专项规划，成为市区两级城市更新单元计划与规划编制的重要依据。这也反映出在空间资源紧约束、进入存量发展时代的背景下，深圳城市更新作为实现城市经济社会增长和可持续发展的重要抓手，承担了对阶段性城市经济社会发展目标进行分解落实的重要任务。

城市更新五年专项规划作为面向多元更新对象、衔接总体规划与近期建设规划、全面指导城市更新工作的纲领性文件与行动指南，在编制上具有 5 方面特征。

合理评估潜力

更新潜力评估是确定城市更新规模的重要基础，全市、各区城市更新五年专项规划均需对城市更新潜力进行评估，并对接广东省"三旧"改造标图建库的要求建立统一的 GIS 空间数据库。在更新对象的分类上，深圳城市更新五年专项规划对接了广东省"三旧"标准，分为城中村（旧村）、旧工业区、旧城区（包括旧住宅区、旧工商住混合区、历史文化街区）三类。在更新用地潜力的评估上，则需要结合具体情况选择合理的方式进行研究。以《福田区城市更新五年规划（2016—2020）》为例，通过以基础潜力用地减去核减对象的方法，结合地籍权属边界校核数据，得出辖区"三旧"潜力用地的规模和范围。其中，基础潜力用地包括符合更新政策年限的"三旧"用地、《深圳市城市更新"十三五"规划（2016—

2020）》划定的潜力用地、上报广东省住建厅备案的"三旧"用地、法定图则明确划定的更新单元等；核减对象包括现状容积率较高用地、空地、未建设用地、单独地块小于 3000 m² 用地、已进入实施的更新单元、已批未建更新单元等。

明晰更新策略

城市更新五年专项规划在城市更新内涵和对象拓展的基础上，建立了市区层面的系统性更新目标和策略指引。从空间、产业、社会、生态等方面综合性地提出了更新总体策略，针对城中村（旧村）、旧工业区、旧居住区、旧工商住混合区等多元更新对象分别提出差异化的更新方式和功能改造指引，并进一步提出了密度分区与城市设计、配套设施与综合交通、保障性住房配建等方面的系统性规划要求，为城市更新单元规划的编制提供了更为明晰的依据。在更新策略的导向上，城市更新五年专项规划结合城市发展需要及上一阶段城市更新实践中存在的问题进行适时优化调整。比如，针对目前城市更新模式以拆除重建类为主而综合整治及功能改变类较少的问题，《深圳市城市更新"十三五"规划(2016—2020）》强调提倡有机更新，引导以复合式更新和综合整治为主的更新模式，并将其列入考核指标；面对旧工业区更新改造项目，为了引导产业平稳转型和有序升级，强调保障制造业用地规模，提出严格控制工业区块线范围内的"工改商"和"工改居"项目，对"工改 M0"的规模进行控制，并对其布局进行引导等策略。

面向近期建设

城市更新五年专项规划的规划期限为 5 年，承接城市总体规划，并作为城市近期建设与土地利用规划的重要组成部分。与总体规划层面城市更新专题研究面向整个总体规划期限进行长远的宏观更新统筹不同，城市更新五年专项规划是面向近期实施的指引，通过提出规划期内改造规模、固定资产投资、公共配套设施和重点改造地区等量化指标的方式，明确城市更新近期工作目标和任务，作为更新实施推进的管理依据。

强调重点推进

城市更新五年专项规划强调以重点地区为抓手推进更新实施。重点地区的改造需求迫切、改造动力较强，对提高城市经济、社会文化和生态环境等综合效益具有重要意义。城市更新五年专项规划明确提出了重点地区的分类改造指引，包括重点地区的划定范围、更新目标和工作要点等内容，并要求规划确定的重点地区优先纳入城市更新年度计划，由相关部门加强统筹大力推进，从而重点推进，补足城市服务短板，完善城市功能。

对接更新管理

《深圳市城市更新办法》确立了以城市更新单元计划和规划为核心的管理机制，城市更新五年专项规划作为城市更新单元计划和规划制定的重要依据，与城市更新管理充分衔接，城市更新五年专项规划强调通过明确实施管理抓手来推进。比如，城市更新五年专项规划着力强化城市更新年度计划管理和构建城市更新单元规划制度，要求纳入城市更新计划的项目原则上应在城市更新五年专项规划确定的更新范围内，并且指导法定图则编制（修编）时依据该专项规划划定城市更新单元。

4. 片区层面的城市更新统筹规划

片区层面的城市更新统筹规划的提出，其主要诉求落脚于"统筹"二字。这种基于统筹目标的城市更新规划研究工作，最初并不是由政策安排的，而是在城市更新探索实践的过程中，基于利益调节的现实需求逐步衍生出来的。其最鲜明的特点在于，这类规划带着强烈的利益调节色彩。这种调节既区别于目前基于项目实施需求的城市更新单元规划，又有别于基于市区层面城市更新总体指导的城市更新五年专项规划。正是基于这一特征，片区层面统筹类的城市更新规划探索与实践在近几年日益丰富。这类规划可能不一定冠以"统筹"之名，但具备"统筹"之实。不论规划名称中是否带有"统筹"二字，从带有"统筹"意味的角度出发，可以对这类规划予以了解。

根据深圳城市发展背景和城市更新工作的推进程度，城市更新统筹规划在不同阶段呈现出不同的特征。在 2009～2012 年间，深圳多个片区开展了城市更新统筹研究，主要由政府主体委托，大多以辖区或辖区内的街道为统筹对象，相关规划研究成果后续转化成为区层面的城市更

基于统筹目标的城市更新规划实践　　　　　　　　表 5-1

时间	项目名称	规划面积	委托单位	立项主旨
2008	上步片区城市更新规划	1.45 km²	福田区城市更新办	确定片区合理的空间容量，依据更新配套支持条件、产业功能导向等因素将片区划分类别和更新单元，作为资源增量分配控制基础
2009	光明新区城市更新规划	156 km²	光明新区城市建设和管理办公室	对更新对象进行选取与分类，对生态控制线内外制定差异性更新策略，划定城市更新单元，制定更新单元指引，统一部署、分步实施地推进计划，提出更新保障措施
2010	蛇口工业区城市更新与发展总体规划	20 hm²	招商局蛇口工业区有限公司	挖潜拆除重建用地，通过新老建筑组合植入产业服务、生活服务、公共场所功能，基于山海景观的高度控制要求对开展有限的高度提升，实现空间的紧凑、精明增长
2011	龙岗区横岗街道城市更新规划研究	50 km²	龙岗区横岗街道办事处	工业红线划定，更新总量分配，公共配套落实
2011	布吉街道城市更新规划研究	30 km²	龙岗区布吉街道办事处	更新总量分配，公共配套落实
2014	罗湖区黄贝岭社区城市更新统筹规划	1.29 km²	深圳前海君义投资有限公司	将生活配套与公共文化事业发展相结合，城市设计以大公园、摩天楼、街道系和文化圈为核心，进行功能分区与公共配套落实
2015	南澳墟镇综合提升规划	58.6 hm²	大鹏新区城市更新与土地整备中心	协调各类已批规划成果，提出规划调整建议，结合年度实施计划，统筹项目建设方案，提出多方协商、多方参与的实施机制
2016	宝安区福永街道大洋工业片区产业统筹更新空间发展方案	83.9 hm²	市规划国土资源委员会宝安管理局	探索统筹兼顾、复合更新路径下的高健产业空间结构的导控框架，探索存量地区高强度、复合式产业园区的更新模式
2016	福田区城市更新统筹规划工作指引	78.8 km²	福田区城中村（旧村）改造办公室	科学框定总量，分配增量（确定城市更新增量"天花板"），落实公共配套设施，紧贴管理需求导向，将研究成果转化为工作手册与城市设计导则
2017	高新北区升级改造项目规划优化调整规划专项	2.7 km²	深投控和深圳建筑设计研究总院	探索"政府主导、统一规划、产业升级、单一主体、投控统筹"的政企合作统筹模式
2017	南山区科技园中区项目概念规划设计	3.7 km²	深业沙河（集团）有限公司	全区统筹，规划立体式绿色生态廊道和全域化的公共空间，促进交通提爱，通过空间分区和产业规划鼓励产城融合，通过建筑和空间设计塑造活力街区
2017	梅林—彩田片区城市更新统筹空间规划	1.47 km²	深圳万科房地产有限公司	重视城市统筹运营，建设立体交通网，塑造垂直城市形态，探索共享城市服务配套，划定更新统筹单元，加强各相关部门参与
2017	大鹏新区城市更新专项规划（2016—2020）	294 km²	大鹏新区城市更新局	创新复合更新方式与分区管控技术，推进分区更新规划采取"差异化、定制化"编制方法
2017	深圳市宝安区凤凰第一工业区及周边地块城市更新片区规划研究	97.1 hm²	宝安区城市更新局	促进产城融合，建设配套完善、环境优美的高端智造园区

备注：以上为深规院近年承担的部分城市更新统筹规划编制项目。

新五年专项规划。在 2014～2015 年期间，基于城市更新单元规划累积并暴露的问题，政府开始探索协调更新单元规划实施的路径。但这一时期的城市更新统筹规划并没有明晰其法定依据和地位，呈现出不同层次、不同类型的多样化探索，大多数研究成果无法对城市更新单元规划实施产生实质的影响，对城市更新单元规划实施的指引效果有限。

自 2016 年以来，深圳实施城市更新强区放权，各区积极主动加强城市更新统筹研究，并在相关政策中逐步明确了城市更新统筹规划的作用和地位。2016年11月发布的《深圳市城市更新"十三五"规划（2016—2020）》中明确提出加强更新统筹片区规划，划定车公庙、梅林—彩田片区、蛇口、西丽中心、小梅沙、盐田河临港现代服务业产业带、铁仔山—碧海片区、阿波罗未来产业城、光明中心、坪山中心、北站周边片区、葵涌中心等相对成片、规模在 3~5km² 的区域作为更新统筹片区，以强化政府的主导力度，平衡片区整体利益，落实重大公共基础配套设施。《深圳市宝安区城市更新暂行办法》（2017）第十四条中明确"片区规划研究成果经区城市更新工作委员会审定后，作为城市更新计划及城市更新单元专项规划申报、受理、审查的依据"，同时要求"未开展城市更新片区规划研究的，城市更新主管部门不得受理城市更新单元计划及城市更新单元专项规划的申请"。《深圳市龙岗区城市更新实施办法》（2017）中也明确提出"开展重点片区城市更新规划研究，按照'利益共享、责任共担'的原则，探索统筹计划申报、规划编制、项目开发时序的片区更新模式，保障公共设施优先落实，实现片区统筹发展和提升"。

片区层面的城市更新统筹规划是为落实城市更新五年专项规划和统筹协调不同城市更新单元规划，虽然不作为法定规划，却已逐渐成为城市更新主管部门审查城市更新单元规划的重要参考，为审查城市更新单元计划立项、单元规划编制提供重要依据。特别地，在城市更新强区放权的背景下，片区层面更新统筹规划越来越受到重视，逐渐成为各区政府开展城市更新工作、实现发展诉求、统筹公共资源的重要平台。

由于各辖区发展阶段、更新诉求和管理机制等的不同，对片区层面城市更新统筹的需求多样，统筹本身的要点及内涵也不断地变化。总体来看，片区层面的城市更新统筹规划目前尚处在探索阶段，未来更新统筹规划将进行更为多样的尝试。

5.2 市区两级城市更新五年专项规划的控制与指引

5.2.1 市区传导的更新专项规划编制

市区两级城市更新五年专项规划是在宏观层面指引市、区开展城市更新全局工作的纲领性文件。在城市更新强区放权的背景下，将宏观层面市一级的城市更新专项规划拓展为市区两级，能够更好地契合各区发展诉求、调动各区主观能动性，对于衔接落实更新计划管理和统筹指引更新单元规划编制具有积极作用。此外，深圳城市更新项目多以"自下而上"的市场推动为主，加强宏观层面的更新统筹对于引导更新契合城区发展目标具有重要意义。

市区两级城市更新五年专项规划在合理评估更新潜力的基础上，对更新改造规模、更新功能引导、设施配套要求、"两房"配建、更新重点片区等方面进行整体传导和对接，有效地推动了由市层面向区层面逐级落实更新指引。重点涉及以下6个方面：

一是分级落实改造规模。全市城市更新"十三五"规划中确定至2020年全市城市更新潜力用地的规模为308.8 km²。在这一潜力规模范围内，计划全市在"十三五"规划期内，更新单元计划规模控制在35~50 km²，年度规模7~10 km²，其中拆除重建类更新用地供应规模为12.5 km²，非拆除重建类（综合整治、功能改变等）更新用地规模为17.5 km²。根据各区发展的实际，需要将全市层面改造规模指标分解到各区，一方面是调控各区更新的重点，另外一方面平衡各区发展。

二是明确各区发展重点。全市、各区城市更新五年专项规划结合规划期内的城市发展目标，提出与之契合的城市更新方向和目标，并从城市空间、产业发展、社会民生、低碳生态等优化角度拟定更新发展策略指引。其中，市级的城市更新五年专项规划着重于规划期限内全市更新总体目标策略的制定；区级城市更新五年专项规划则充分衔接市级城市更新专项规划，侧重于目标任务的分解落实，并且根据各区自身发展特点和需求，提出针对性的目标策略。

三是引导更新方式和功能。为了合理引导不同类型的更新方式与功能，全市层面的城市更新五年专项规划针对城中村、旧工业区、旧城区分别提出方向性指引。比如，全市城市更新"十三五"规划提出城中村改造以综合整治为主、拆除重建为辅，并结合城中村的区位条件、建筑质量、交通条件等因素，提出差异化的更新鼓励方式和功能引导方向。在此基础上，进一步由区级城市更新专项规划对具体更新方式进行落实，并对改造为工业、商业、居住功能的比例进行合理安排。

四是保障公共服务设施。为了提高城市公共配套和基础支撑系统能力，保障存量背景下高质量增长和可持续发展，全市、各区城市更新五年专项规划加强了对公共配套设施、市政、交通基础设施和城市安全保

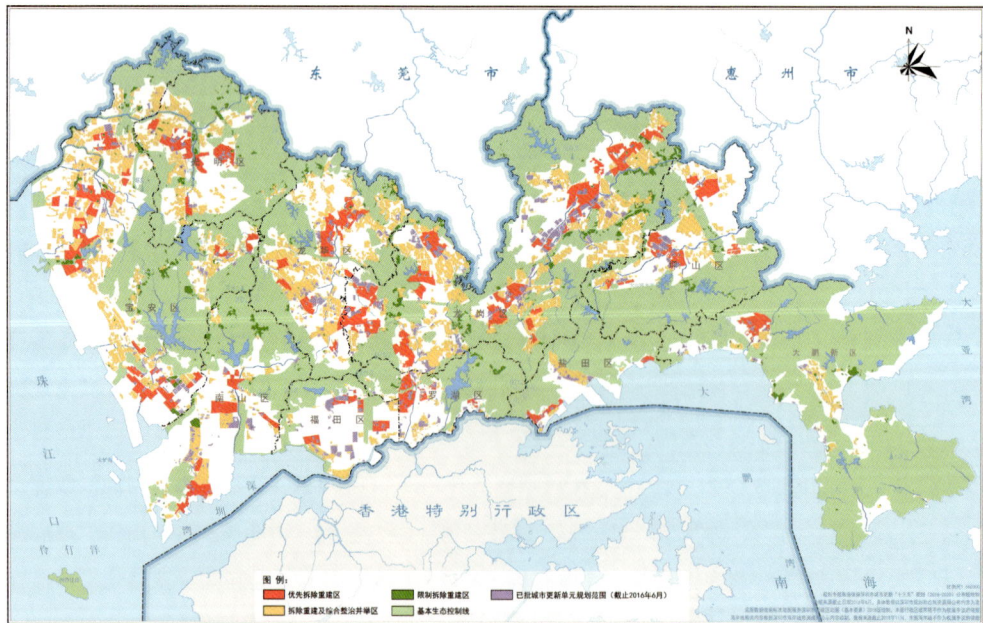

图 5-6   《深圳市城市更新"十三五"规划（2016—2020）》的城市更新分区指引图，综合考虑片区的物质形态、配套设施、基础支撑能力、生态环境等现状基础条件，按城市更新的重要性和控制要求划定分区 | **图片来源**：深圳市规划和自然资源局。

障的指引和任务分配。全市城市更新"十三五"规划提出了 3 方面指引：一是要求各区加强对配套设施的承载能力和综合防灾能力的评估；二是强调配套设施应与城市更新项目同步实施；三是明确提出各区任务分配。各区的城市更新专项规划则在此基础上，确定辖区内通过城市更新贡献的配套设施内容和建设时序，并明确将具体目标任务分配到街道或社区范围内。市级城市更新五年专项规划提出的设施配套任务是底限要求，各区在优先保障任务要求的基础上，可以根据辖区发展需求适当提高。

五是明确"两房"配建指引。"两房"是指人才住房和保障性住房、创新型产业用房这两类政策用房，是深圳打造国际创新型城市、优化人才发展环境、完善住房保障的重要空间载体。城市更新是"两房"持续供应的重要渠道，因此，全市、各区城市更新五年专项规划均对"两房"配建做出了专项指引。在人才住房和保障性住房方面，以《深圳市城市更新项目保障性住房配建规定》为基础，各区根据实际情况积极拓展人才住房和保障性住房来源，探索符合条件的旧工业区依程序改造为人才住房和保障性住房。在创新型产业用房方面，根据《深圳市城市更新项目创新型产业用房配建规定》，各区进一步明确配建比例和建设管理要求。全市城市更新"十三五"规划对人才住房和保障性住房、创新型产业用房安排了各区配建任务，在此基础上，各区在区城市更新五年专项规划中进一步明确辖区内的"两房"建设规模与空间布局指引。

六是指导更新统筹片区。为了加强中观片区层面城市更新统筹，城市更新五年专项规划对更新统筹片区进行了划定和指引。全市城市更新五年专项规划仅提出更新统筹片区的划定原则和导向指引，具体更新统筹片区的范围则由各区政府划定，并由各区主导编制片区更新统筹规划研究。在城市更新强区放权之后，各区拥有结合自身发展情况和更新诉求划定和规划更新统筹片区的权限，这有利于调动各区积极性，加快推进片区更新统筹的相关工作。

5.2.2 市区衔接的更新计划管理

在当前市区两级城市更新五年专项规划编制思路下，城市更新五年专项规划具有突出的更新计划管理功能，可以实现市区城市更新单元计划的高度衔接，经批复的城市更新五年专项规划是更新单元计划申报的审查依据。在城市更新单元计划管理上，市区两级的更新计划可以通过城市更新五年专项规划予以协调。城市更新年度计划与更新规划是一种相辅相成的关系，通过制定年度计划可以统筹年度城市更新需求和更新单元范围，调控城市更新五年项目的规模与分布，同时衔接城市更新五年专项规划和城市更新单元规划（刘昕，2010）。

一是"自上而下"的任务分配。城市更新五年专项规划通过将更新目标转化为量化的更新指标要求，进行从全市到各区"自上而下"的任务分配和管控。全市城市更新"十三五"规划在评估城市更新潜力的基础上，明确提出规划期内计划完成的各类更新用地规模、更新模式分区、更新单元计划总规模和设施配套配建任务等，并将指标要求拆解落实到各区，作为各区更新实施的管控要求。

二是指标要求与空间布局高度衔接。为了引导城市更新项目集中在城市重点发展地区，城市更新五年专项规划通过划定更新模式分区的方式对城市更新单元计划进行管理。2016 年出台的《关于加强和改进城市更新实施工作的暂行措施》要求拆除重建类更新计划项目位于全市城市更新"十三五"规划的优先拆除重建区，或者各区城市更新五年专项规划划定的拆除重建区范围内。在城市更新五年专项规划中，各类更新

深圳城市更新分区计划规模分配表   表 5-2

分区	新增更新计划规模分配（hm²）	更新用地供应规模（hm²）			
		拆除重建类		非拆除重建类	
福田	140~200	50	4.0%	70	4.0%
罗湖	335~480	120	9.6%	65	3.7%
南山	210~300	75	6.0%	80	4.6%
盐田	110~160	40	3.2%	25	1.4%
宝安	740~1060	265	21.2%	360	20.6%
龙岗	1170~1560	420	33.6%	560	32.0%
光明	185~300	65	5.2%	100	5.7%
坪山	185~300	65	5.2%	85	4.9%
龙华	370~520	130	10.4%	230	13.1%
大鹏	55~120	20	1.6%	180	10.3%
总计	3500~5000	不低于 1250		1750	

数据来源：深圳各区城市更新"十三五"规划。

用地规模和更新模式分区形成了指标要求与空间布局高度衔接的严格管理机制，并纳入统一的数据库中进行更新单元计划申报审查管理。

三是下限考核与上限控制相结合。城市更新五年专项规划通过对各类更新用地规模下限考核和更新计划总规模上限控制相结合的管理形式，形成了刚弹有度的市区更新计划管控衔接方式，有利于推进更新计划的管理实施。具体而言，全市城市更新五年专项规划将各类更新用地规模指标要求拆解落实到各区，作为各区更新实施绩效考核的指标，而各区更新计划用地规模的总和则不应突破全市城市更新五年专项规划明确的上限。

除了城市更新规划制定计划以外，市区两级城市更新五年专项规划也可以更好地推动实施计划的落实。从程序上来看，纳入城市更新单元规划制定计划的城市更新单元，在城市更新五年专项规划和总体规划、法定图则的指导下，可进行城市更新单元规划编制，通过审批的城市更新单元规划即视为对该地区法定图则相应内容的修编。城市更新单元规划审批通过后，结合近期建设与土地利用规划年度实施计划，按照相关程序确定核准改造实施主体，达到区政府监管要求并具备实施改造条件的项目，即转入城市更新项目实施计划，并统一纳入近期建设与土地利用规划年度实施计划，进入开发建设和后续实施。市区两级城市更新五年专项规划在编制过程中，已经充分考虑了不同年度内城市更新项目实施进度，从而使得计划的推进更加有序。

5.3 城市更新单元规划编制详解

5.3.1 城市更新单元规划的主要类型

深圳城市更新分为拆除重建、综合整治和功能改变 3 种方式，不同的改造方式涉及的城市更新单元规划的编制有所不同。其中，拆除重建类城市更新项目按照政府引导、市场运作的原则，根据申报主体的意愿由市、区政府统筹制定城市更新计划，市场主体开展城市更新单元规划的编制工作，政府推进更新单元计划和规划的审批工作。综合整治类城市更新项目大多由政府主导推进，由区政府组织开展规划编制、项目审批与实施工作，政府对项目实施提供专项的资金安排。功能改变类城市更新项目需由原土地权利人提出申请，属于市场自发的城市更新行为，该类更新项目无需编制规划，但需要充分尊重公众的知情权并征得利害关系人的意见。

1. 拆除重建类更新单元规划编制

拆除重建类城市更新是当前市场主体采取较多的一种城市更新方式，是城市更新单元的主要应用领域，其政策保障及技术文件的配套较为完善。根据《深圳市拆除重建类城市更新单元规划编制技术规定（修订）》（2018）相关要求，由城市更新单元计划申报主体委托具有一定资质的规划编制单位负责规划编制工作。

拆除重建类城市更新单元规划的内容包含产权梳理、用地整理、空间方案、容积率测算以及各类专题或专项研究。城市更新单元规划要求以已生效的城市总体规划、土地利用总体规划、分区（组团）规划、城市更新专项规划和法定图则等已批法定上层次规划为依据，落实城市更新的各项法规和政策，结合城市修补、生态修复、海绵城市、绿色低碳等城市发展理念，对城市更新单元的目标定位、更新模式、土地利用、开发建设指标、公共配套设施、道路交通、市政工程、城市设计、利益平衡等方面做出细化规定，明确城市更新单元实施的规划要求、协调各方利益、落实城市更新目标和责任。专项或专题研究的内容包括：公共服务设施研究、城市设计研究、海绵城市建设研究、规划功能研究、交通影响评价研究、市政工程设施研究、历史文化保护研究、建筑物理环境研究等。在编制深度方面，城市更新单元规划属于法定图则层次的成果，编制深度参照详细蓝图执行，其中交通影响评价、市政工程设施专题或专项研究深度参照法定图则执行。在编制时限方面，城市更新单元计划自公告之日起一年内，原则上需完成城市更新单元规划的报批工作。逾期未完成的，主管部门可以按有关程序进行更新单元计划清理，将该城市更新单元调出计划。

2. 综合整治类单元规划编制

综合整治类城市更新的对象，集中于城中村（旧村）和旧工业区。《深圳市城中村（旧村）综合整治规划编制内容、深度及技术指引（试行）》（2008）和《深圳市综合整治类旧工业区升级改造城市更新单元规划编制技术规定（试行）》（2015）分别明确了城中村（旧村）和旧工业区综合整治类城市更新单元规划编制技术要点。

城中村（旧村）综合整治单元规划编制

城中村（旧村）综合整治是指在现状建筑空间形态不发生根本变化的基础上，采取各种手段对城中村（旧村）居住环境的净化、美化、优化改造。综合整治型项目，一般除公益性设施外，建筑总量不增加，并且通常不涉及房地产开发行为。根据《关于深圳市城中村（旧村）改造暂行规定的实施意见》（2005），由区政府组织编制并审批城中村（旧村）环境综合整治规划。在城中村（旧村）环境综合整治规划编制过程中，需要体现公共利益、增进社会和谐，同时尊重历史传统、塑造特色空间，注重资源节约且强化可操作性。

编制城中村（旧村）环境综合整治规划是对城中村环境、设施问题及其改善方案的全面、系统性梳理与安排，用于统筹指引城中村（旧村）环境综合整治各项工作的开展与落实。城中村（旧村）环境综合整治规划编制内容包括综合整治总体目标、规划原则、综合整治方案、项目投资估算和规划实施措施等。在城中村（旧村）环境综合整治规划中，需要对市政工程（含给水工程、排水工程、电力工程、通信工程、燃气工程）、道路交通工程、管线综合、环卫工程、防灾与减灾、公共服务设施、街道景观、公共开敞空间及历史文化遗存保护等方面内容做出具体安排，明确需要进行整治的标准解析与设定。另外，需要进行城中村（旧村）综合整治投资估算，包括计划实施项目的投资估算及已实施项目的工程造价分析。在规划实施措施中，需要提出分期实施计划，包括综合整治区的各项整治工作的实施计划，提出实施时序方面的建议，同时提出保障综合整治项目顺利实施的建设管制规定及其他相关配套措施的建议。

旧工业区综合整治单元规划编制

旧工业区综合整治单元规划编制的主要任务是尊重现状权益和建设特征，在保障安全和可实施性的前提下，以上层次规划和城市更新的法规、政策等为依据，结合生态本底、海绵城市、绿色低碳等城市发展理念，对综合整治类旧工业区升级改造的目标定位、改造模式、建筑控制规模、土地利用、开发建设指标、公共配套设施、道路交通、市政工程、城市设计等方面做出细化规定，明确旧工业区综合整治类城市更新单元实施的要求和责任。旧工业区综合整治单元规划的编制深度参照详细蓝图执行，技术文件一般包括规划研究报告和技术图纸。

旧工业区综合整治单元规划在一般城市更新单元规划编制的基础上，具有以下两个方面的技术特点：一是在旧工业区综合整治项目依据的政策条件下，结合旧工业区现状建筑特点，研究增量规模与"加、改、扩"的方式。以综合整治为主的旧工业区升级改造，模式主要包括综合整治、功能改变、加建扩建和局部拆建等，鼓励旧工业区采取复合式更新方式和综合整治为主的更新方式。二是强调建筑安全的评估，对于旧工业区综合整治项目开展建筑物加建工作的，需委托有资质的检测评估机构开展《结构安全性检测鉴定及加建可行性报告》编制工作，重点评估旧工业区综合整治加建工程的建筑物现状结构安全性等级，评估开展加建工程后建筑物的安全性，提出确保项目安全的工程技术处理意见。

5.3.2 拆除重建类单元规划的主要特征

1. 编制技术不断深化完善

城市更新单元规划编制技术脱胎于传统的法定图则和详细蓝图，结合深圳城市更新的相关政策和实际需求，逐步演变成为契合城市更新发展需求、面向实施的规划编制技术体系与技术指引。其重点是针对城市更新项目特点，规范包括用地处置、更新方式、功能控制、城市设计及利益平衡等内容在内的一系列编制技术要点。

深圳城市更新单元规划的编制技术在探索与实践过程中，不断摸索逐步形成并持续进行优化完善。自 2009 年《深圳市城市更新办法》颁布实施以来，政府陆续颁布实施了《深圳市城市更新办法实施细则》等文件，以《深圳市城市更新单元规划编制技术规定（试行）》（2011）的出台作为标志，城市更新单元规划的编制进入了规范化阶段。后续随着《深圳市城市更新单元规划制定计划申报指引（试行）》（2010）《城市更新单元规划审批操作规则》（2013）《深圳市城市更新单元规划容积率审查技术指引（试行）》（2015）等一系列技术规定与指引文件的颁布实施，城市更新单元规划在编制技术方法、研究内容及成果深度的规范性等方面进一步明晰，规划技术控制要素得到不断深化细化。与此同时，城市更新单元规划的编制管理与城市规划相关技术规范（比如《深圳市城市规划标准与准则》《深圳市建筑设计规则》等）进行了充分衔接，从而形成了城市更新单元规划与相关规范同步更新的技术升级路线。

近年来为全面落实中央城市工作会议精神，加强城市设计、历史文化保护、城市双修及海绵城市等要求，进一步加强与国家、省、市现行技术规范体系、深圳城市更新制度体系、深圳城市规划成果体系的衔接，市规划国土委开展了对单元规划编制、容积率审查、单元计划管理等政策的修订工作，结合城市更新强区放权的新形势以及城市更新实践中遇到的问题，以面向实施的精细化管理为落脚点，细化城市更新单元规划编制的具体要求，保障其可操作性，相继出台了《深圳市拆除重建类城市更新单元规划编制技术规定》（2018）《深圳市拆除重建类城市更新单元计划管理规定》（2019）《深圳市拆除重建类城市更新单元规划容积率审查规定》（2019）等政策文件。

深圳城市更新单元规划编制技术的发展，始终与城市发展要求紧密结合，对于城市更新项目涉及的落实公共利益、测算开发规模、促进产业转型升级、落实生态和海绵城市建设目标、精细化城市设计等方面，一直保持着动态调整完善的状态。经过多年的实践，深圳城市更新单元规划编制的技术改进，提高了更新单元规划编制和审批的效率，有效完善了城市更新规划管理的制度建设。城市更新单元规划作为管理拆除重建类城市更新活动的基本平台，成为完善城市功能结构、落实城市基础设施和公共服务设施的重要抓手。

2. 多个专项或专题研究提供支撑

专项或专题研究是城市更新单元规划编制精细化的要求，也是应对城市更新复杂性、科学评估项目建设影响、确保规划合理性的重要支撑。随着深圳城市更新单元规划的探索，逐渐形成了系列专题或专项研究要求，而且各项专题研究的设定，不断跟随城市发展目标的变化而进行动态调整。

早期城市更新单元规划涉及的专题或专项研究内容包括：产业发展研究、规划功能研究、道路交通研究、公共服务设施研究、市政工程设施研究、城市设计研究、历史文化保护与利用研究、建筑物理环境研究和经济可行性专项研究等内容。近年来，城市更新单元规划弱化了经济可行性的研究，强化了城市设计和海绵城市的相关研究，并增加了历史文化保护与利用专项研究。弱化经济可行性研究，主要是考虑到城市更新单元计划申报主体（多为市场主体）在单元规划编制过程中，都会将经济收益作为首要因素，这样政府在单元规划编制过程中无须介入更新项目财务盈利分析，应将关注重点放在公共资源投入与公共利益保障方面。强调城市设计和海绵城市专项研究，高度契合了城市设计法定化以及海绵城市建设的发展目标与要求，彰显出城市更新单元规划在推动城市可持续发展方面的积极作用。增加历史文化保护与利用专项研究则体现了在城市更新过程中对城市历史、文化保护的高度关注。

目前城市更新涉及的专题或专项研究的内容包括：城市设计研究、海绵城市建设研究、规划功能研究、交通影响评价研究、市政工程设施研究、公共服务设施研究、历史文化保护研究、建筑物理环境研究等。每个城市更新单元都必须开展公共服务设施研究、城市设计研究、建筑物理环境研究、海绵城市建设研究和生态修复研究，其他专项或专题研究则具体根据项目特点和需求开展。

3. 规划成果实现技术与管理的双重要求

城市更新单元规划是面向实施的规划，所以其成果涉及的技术文件、研究报告和各种专项或专题研究的深度，都必须达到详细蓝图或法定图则的深度并满足项目可实施性的要求。

深圳拆除重建类城市更新单元规划中各类专项 / 专题研究的适用条件与内容要点　　表 5-3

专项专题研究	适用条件	内容要点
历史文化保护专项研究	更新单元内涉及文物保护单位、未定级不可移动文物、紫线、历史建筑、历史风貌区	梳理更新单元内的历史文化要素，落实上层次规划历史保护要求，划定核心保护范围，提出保护范围内的建设活动控制要求，并提出保护措施和合理的活化利用方式
城市设计专项研究	所有城市更新单元	协调项目与周边空间关系，重点针对城市空间组织、公共空间控制、慢行系统组织、建筑形态控制等内容进行深入研究，明确城市设计要素和控制要求
海绵城市建设专项研究	所有城市更新单元	评估现状地下水位、水质、地质土壤及其渗透性能、内涝灾害等水文地质条件，进行区域海绵城市的影响评估，并提出相应的改善措施
产业发展专题研究	涉及产业用地的城市更新单元	评估周边地区的产业发展趋势，结合城市更新单元的发展条件，分析产业发展的需求和供给潜力（新增和改造），提出城市更新单元的产业升级方向、门类选择与发展指引
规划功能专项研究	涉及优化法定图则用地功能布局或法定图则未覆盖的	从市场需求、政策导向、提升服务等角度，提出城市更新单元的功能发展方向、发展指引以及更新单元的用地性质和功能配比
交通影响评价专项研究	涉及突破法定图则确定的建筑总量或法定图则未覆盖的	评估更新后空间容量产生的交通负荷，细化应对措施优化周边交通情况
市政工程设施专题研究	涉及突破法定图则确定的建筑总量或法定图则未覆盖的	评估现状水、电、气、环卫、消防等市政设施的设计供给能力和实际运行负荷情况，进行区域市政设施支撑能力分析及对市政系统的影响评估，并提出相应的改善措施
公共服务设施专项研究	所有城市更新单元	根据更新单元及周边地区已批更新单元核算人口增量，预测设施需求，明确公共服务设施的种类、数量、分布和规模
建筑物理环境专项研究	所有城市更新单元	研究单元的空间组织、建筑布局、场地设计、绿化设置等对地区小气候的影响，评估项目物理环境，设计优化环境体验
根据调整的内容开展相应的专项研究	涉及对法定图则其他限定性条件作重大调整的	根据调整内容确定

资料来源：《深圳市拆除重建类城市更新单元规划编制技术规定（修订）》（2018）。

在借鉴并融合法定图则和详细蓝图成果形式与编制内容的基础上，城市更新单元规划的成果形成了"技术文件＋管理文件"的基本形式，内容包含产权梳理、用地整理、空间方案、容积率测算以及各类专题或专项研究。技术文件包含规划研究报告、专项或专题研究、技术图纸，是关于规划设计情况的技术性研究论证，后续行政许可和建筑方案设计应以技术文件作为重要参考依据；管理文件包含文本、附图、规划批准文件，其中法定审批机构最终核发的规划批准文件，是实施更新单元规划管理的审批依据。规划审查过程中管理文件通过文本和附图体现，规划审批通过后管理文件通过规划批准文件体现，由文本和附图转化。

作为城市更新单元规划主要成果，技术文件和管理文件分别在精细化和简明化两个方向进行优化。

首先，技术文件精细化。技术文件内容包括规划研究报告、专项或专题研究以及技术图纸。其中，规划研究报告要求在常规现状概况与分析、规划依据与原则、功能控制、空间控制等内容的基础上，增加土地核查和历史用地问题处置、更新单元范围划定等内容，强化设计策略及控制要求，对利益平衡的内容进行深化细化。专项或专题研究根据相关要求开展，专项研究可附于规划研究报告之后，与规划研究报告合订成册，专题研究应当由具备相应资质的第三方设计机构另行编制并独立成册。技术图纸在内容上，除了区位、现状、地块划分与指标控制、交通市政等图纸以外，结合更新的利益平衡内容增加了土地与建筑物信息核查、拆除与建设用地范围、分期实施规划等图纸，并且结合城市品质提升要求增加了城市设计、历史文化保护、海绵城市建设等图纸。在表达上，技术图纸不仅强调对土地、空间开发关系的清晰表达，比如建设用地空间控制图分为两张，一张表达与奖励开发量有关的底层架空、二层架空以及连廊、通道、公共空间等，另一张表达与奖励开发量无关的内容；而且基于公共性及可实施视角，规范上一级相关标准的表达，比如对与《深标》退线要求相符的地块不需要标注退线退距要求等。此外，根据对各技术图纸关系的梳理，可以将相关图纸进行合并或组图表达，比如在总平面布局示意图基础上，增加首层平面布局示意图、剖面分析、竖向分析等，形成城市设计分析图（组图）等。

其次，管理文件简明化。管理文件是规划行政主管部门实施城市更新单元规划管理的操作依据。管理文件包括规划批准文件、文本和附图，其中规划批准文件以行政主管部门最终审批通过为准。管理文件实现了从规划文本到规划批准文件的变化，体现了与政府管理操作实际需求的对接，有利于进一步提高更新单元规划的管理效率。管理文件的附图与技术文件的附图并不相同，技术文件的附图针对各要素进行全面表达，仅有特殊要求时才在管理文件的附图中表达，管理文件附图更少，表达内容也更为简洁。

5.3.3 拆除重建类更新单元规划的编制要点

如何让城市更新单元规划体现公共利益并具有可实施性，是更新单元规划编制过程中着力解决的问题。围绕这一目标，拆除重建类城市更新单元规划的编制在以下 4 个方面进行了重点探索，即：公共利益优先、利益平衡实现、产业空间供给创新和城市品质提升。通过这 4 个方面规划技术方向的引导，将城市更新单元规划编制的各项要求转化落实为细致具体的规划实施要点。

1. 公共利益优先：以利益协调为手段，保障公共服务供给

作为公共政策的城市规划，公共性是城市规划的根本属性，是城市规划活动的价值基础，维护公共利益是其核心价值取向。城市更新带来了既有利益的重组，往往容易出现互相争夺利益以致公共利益被侵害的局面。因此随着城市更新中对公共利益的认识日益加深，从明确公共产品布局方案、确定城市更新的运作规则、将局部开发纳入到城市开发的整体考虑之中等各个方面，均在强化引导公共利益的合理和公平实现，避免个体利益诉求侵害城市的整体利益。

在城市更新单元规划过程中，主要通过制定强制性的控制要求来维护公共利益。比如通过对各类开发建设空间实施管控来实现公共政策的空间化、通过公益型配套设施定量与定点来保障公共利益的落实等，这些都需要在制定更新单元利益平衡方案过程中予以实现。

首先，在落实公共设施方面，需要在明晰更新单元总的空间增量规模及功能配比的基础上，校核公共设施的承载力。不仅落实上层次法定

规划安排的道路、市政、公共设施及绿地等公共利益用地，同时需要根据单元规划，结合项目自身开发容量要求增配相应的公共设施。并且结合周边更新单元统筹配建公共设施，明确市场主体需承担的独立占地的城市基础设施、公共服务设施以及配套建设的城市基础设施和公共服务设施。涉及分期建设的，需考虑在分期安排中优先落实公共服务设施，从而完善城市公共服务设施，提升城市公共服务供给水平。

其次，随着城市功能的变化，不断衍生出新的、更具公共性与开放度的服务职能，同时以往被纳入经营性功能的用地（用房）也会因为城市功能的需要转化为带有公共属性的用地（用房）。这就需要根据拟更新地区的建筑增量规模、功能与相关政策要求，明确申报主体必需承担的、具有公共属性的用地（用房）相关要求。比如：需承担的创新型产

图 5-7　深圳拆除重建类城市更新单元规划编制技术要点。

业用房、保障性住房或其他城市公共利益项目用地的拆除责任和移交要求，配套建设保障性住房、创新型产业用房或其他城市公共利益项目的相关要求（包括类型、规模、位置、产权管理等）以及政府主管部门要求落实的其他绑定责任等。

最后，城市更新单元规划作为多元主体利益协调的平台，在利益平衡与分期实施管理方案的明确方面具有重要作用。如何在项目实施阶段确保公共利益落地是城市更新单元规划的重要内容之一。无论城市更新项目是一次性建设还是分期建设，都需要在技术文件和管理文件中予以明确规定。特别针对分期建设的城市更新项目，必须针对更新单元内不同阶段的项目编制利益平衡方案，明确规定开发的权利和义务并保障公共设施优先。

通过以上的规划安排，从落实公共政策的角度出发，既严格依照法定规划落实更新后的公共设施，又具有一定的灵活度，兼顾相邻地区公共设施统筹核算基础上社区共享的城市服务职能要求，从而将公共利益的实现通过政府批复设计要点的形式保障其可实施性。

1）明确公共设施供给要求

由于深圳城市建设高速度发展，待更新地区多数都面临法定规划确定的公共服务设施和市政道路等基础设施用地被占用而难以实施的问题，通过拆除重建进行土地整理，是解决上述公共设施历史欠账的唯一途径。除此之外，城市更新还需要在高密度建设的条件之下，提高社区共享的保障性住房、文体设施、公共空间等。因此，无论是在制度设计还是空间布局等方面，城市更新单元规划都要面对新旧矛盾交织的公共设施落实问题。

城市更新单元规划是以法定规划为基础进行编制的，落实法定规划确定的服务配套、绿地广场、道路等公共设施是城市更新单元规划的基本要求。城市更新单元规划通过比上位法定规划更为深入的研究，并结合市场需求、土地权属、改造意愿，统筹解决上位法定规划中公共设施无法落实的问题，明确公共产品布局方案，引导公共利益的合理、公平分配。

《深圳市城市规划标准与准则》（简称为《深标》）是确定城市更

新单元规划公共设施配置的重要依据。现行《深标》于 2013 年 12 月 16 日通过市政府审批，2014 年 1 月 1 日起施行，2018 年 12 月局部修订"密度分区与容积率"相关内容。在公共设施配置方面侧重以提高土地利用效率为目标，趋向于鼓励混合、高效的公共设施用地利用，建设集约、紧凑的公共活动中心。这需要适度提高公共设施的建设规模，降低单项公共设施的用地规模。上一版《深标》于 2004 年 4 月 1 日施行，至 2014 年 1 月 1 日已有约 10 年，在此期间多数已批复的法定图则依据 2004 版《深标》配置各种公共设施。两版《深标》对公共设施的配置要求有较大差异，主要体现在教育、医疗设施的用地规模、服务规模和公共设施分级配置方面。现行《深标》出台后，对城市更新单元规划落实公共设施有较大影响。

根据以上这些公共设施的类型与特点，可以将其划分为独立占地公共设施及附建式公共设施两大类。其中，独立占地公共设施一般包括：派出所、综合体育活动中心、教育设施（高中、初中、九年一贯制学校、小学、幼儿园）、综合医院、养老院等，还包括独立占地的市政设施（小型垃圾转运站、公共厕所、环卫工人作息房）和市政道路、绿地及广场等。附建式公共设施一般包括：社区管理用房、物业服务用房、社区警务室、便民服务站、社区菜市场、文化活动中心、文化活动室、门诊部、社区健康服务中心、社区老年人日间照料中心、公交首末站、邮政支局、邮政所、再生资源回收站等。

在具体编制城市更新单元计划和规划的过程中，在落实独立占地和附建式公共设施时，主要的情形包括有：一是按照法定图则的要求落实，包括规模和布局；二是按照法定图则的要求落实规模，但布局进行优化调整；三是按照片区发展要求，增设公共设施的类型，并明确相应的规模，落实空间布局。由于早期法定图则编制在公共设施方面安排不足，在编制城市更新单元规划时大多都涉及增设公共设施的情形，具体增设的公共设施类型和规模主要结合更新单元所在的片区条件和发展诉求综合来确定。具体来看，对于落实公共设施有以下 3 个主要的技术动作：

首先，明确影响范围内法定图则要求的公共设施，以法定图则为依据落实法定图则安排的独立占地的公共服务设施、绿地广场及道路等公共利益项目。这需要充分解读城市更新单元所在片区的法定图则，如果城市更新单元位于法定图则片区边界，还需解读紧邻地区的法定图则。

《深圳市城市规划标准与准则》（2013）中公共设施及部分交通设施和市政设施配置表　　　　表 5-4

类别	项目名称	服务规模（万人）	配置要求
管理与服务设施	派出所	10 ~ 15	●
	社区管理用房	1 ~ 2	●
	物业服务用房	—	●
	社区警务室	1 ~ 2	●
	便民服务站（社区服务中心）	1 ~ 2	●
	社区菜市场	1 ~ 2	○
文化娱乐设施	文化活动中心	10 ~ 15	●
	文化活动室	1 ~ 2	●
体育设施	综合体育活动中心	10 ~ 15	●
	社区体育活动场地	<0.5, 0.5 ~ 1, 1 ~ 2	●
教育设施	寄宿制高中	—	○
	普通高中	—	○
	初中	(18 班) <3	●
		(24 班)3 ~ 5	
		(36 班)5 ~ 7	
		(48 班)7 ~ 9	
	九年一贯制学校	(27 班)1.5	○
		(36 班)1.5 ~ 2	
		(45 班)2 ~ 3	
		(54 班)3 ~ 3.5	
	小学	(18 班)<1.5	●
		(24 班)1.5 ~ 2	
		(30 班)2 ~ 2.5	
		(36 班)2.5 ~ 3	
	幼儿园	(6 班)<0.5	●
		(9 班)0.5 ~ 0.8	
		(12 班)0.8 ~ 1.0	
		(18 班)1.0 ~ 1.5	
医疗卫生设施	综合医院	(200 床)3 ~ 5	●
		(500 床)10 ~ 12	
		(800 床)15 ~ 20	
	门诊部	—	○
	社区健康服务中心	1 ~ 2	●
社会福利设施	养老院		●
	社区老年人日间照料中心	1 ~ 2	●
交通设施（部分）	公交首末站	—	●
市政设施（部分）	邮政支局	10 ~ 12	○
	邮政所	1 ~ 2	●
	小型垃圾转运站	2 ~ 3	●
	再生资源回收站	2 ~ 3	○
	公共厕所	1 ~ 2	○
	环卫工人作息房	0.8 ~ 1.2	○

注：●表示必须配置，○表示根据实际需求配置。

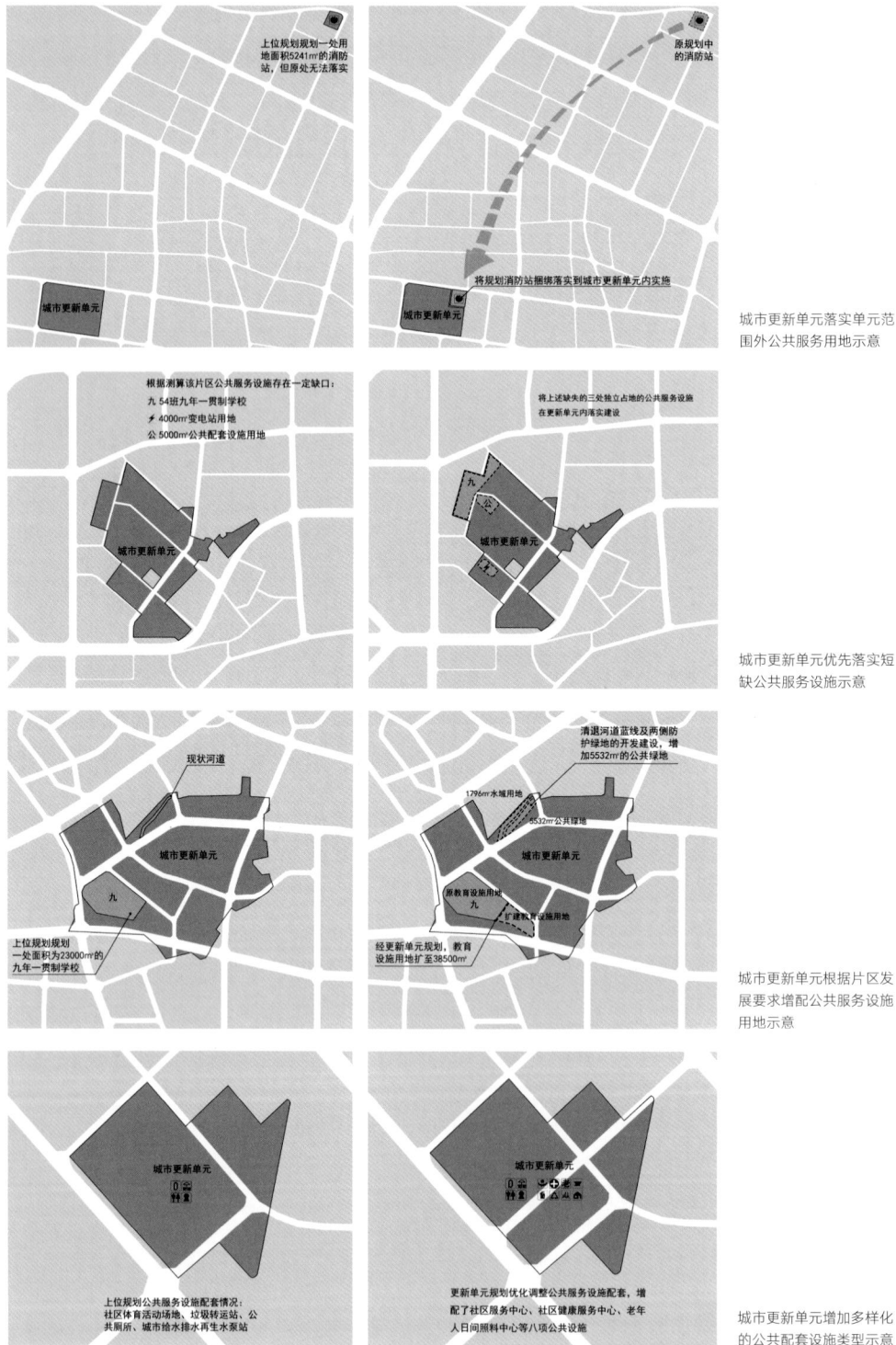

城市更新单元落实单元范围外公共服务用地示意

城市更新单元优先落实短缺公共服务设施示意

城市更新单元根据片区发展要求增配公共服务设施用地示意

城市更新单元增加多样化的公共配套设施类型示意

图5-8 深圳城市更新单元规划落实独立占地公共设施的多情形示意。左图为上位法定规划要求，右图为更新单元规划优化调整情况。

明确法定图则在城市更新单元范围内和周边影响区域内的公共利益要求，包括公共配套设施类型、位置、地块形状、规模、设置方式和道路等级、断面、线位等。

其次，在法定图则基础上优化公共设施布局。充分考虑地区发展需求，评价城市更新单元及周边地区现状公共配套设施供给条件，根据城市更新单元及周边地区已批更新单元核算人口增量，确定区域发展亟须的公共配套设施。同时根据现行《深标》的要求校核法定图则中确定的公共配套设施类型、位置、地块形状、规模、设置方式，结合土地权属、开发时序，研究更为细化深入的城市更新单元空间布局规划方案，落实与优化法定图则要求的公共利益，尽可能解决区域发展亟须的公共配套设施需求。与此同时，还需用现行《深标》校核已批复法定图则的公共设施。比如有些城市更新项目位于现行《深标》颁布前通过审批的法定图则范围内，如果城市更新单元范围内有规划的教育设施，按照现行《深标》，教育设施可减少用地规模，但这些用地指标需用来落实区域发展亟须的其他公共配套设施。

最后，充分考虑地区发展需求，通过区域分析合理确定更新单元内公共利益用地功能。评估城市更新单元及周边地区公共设施供给条件，开展项目建设影响评价，确定片区亟须完善的公共设施。如果法定图则在城市更新单元范围内规划的公共配套设施不是周边区域发展亟须的设施，且周边区域近期无法提供该设施，该更新项目在无法再贡献额外用地落实亟须配套设施的情况下，则可进行区域统筹考虑，经相关部门同意，通过调整法定规划要求落实的公共配套设施类型来落实亟须的公共配套设施，尽快推进城市更新和周边片区的整体升级。

对于更新单元规划的独立占地公共设施，在用地规模方面，原则上应不小于法定图则中规划的用地规模，且需符合现行《深标》有关规定。在用地选址方面，应充分考虑公共设施的使用需求，与项目开发建设特点相结合，并充分考虑周边用地的影响以及交通组织情况。对于更新单元规划的绿地、广场，原则上规划用地规模应不小于法定图则中规划的用地规模，具体布置可结合城市更新单元规划空间布局统筹考虑。对于更新单元规划的道路用地，原则上需落实法定图则要求，但具体的规划道路线位可结合更新单元规划进行局部优化调整，保证与周边城市道路的衔接。

　　对于附建式公共服务设施，《关于城市更新实施工作若干问题的处理意见（二）》（2017）中明确所有公共配套设施的设计应当保证空间实用、设计合理。在具体的更新单元规划中通常结合建筑概念设计，对附建式公共服务设施进行合理布局。特别是对于部分市政设施，随着工程技术的发展进步，不再独立占地，可以通过附建的方式来解决。深圳已于2016年10月26日在城市更新项目中建成并投产了全国首例嵌入式附建变电站（110千伏投控变电站），对于部分符合附建条件的市政设施，已明确鼓励在城市更新项目中推行附建方式。

　　除了根据公共服务设施供给条件和缺口规模落实独立占地和附建式公共设施以外，对于城市更新单元范围内及在周边地区存在已规划但未实施城市更新项目的，需要根据更新项目规模开展交通和市政设施的专题或专项研究，评估更新项目对交通、市政设施的影响是否在可承受范围内。积极研究优化改善交通条件、完善市政基础配套的措施，从而避免出现更新后市政、交通设施超负荷运行的负面效应。由于不同更新项目的区位条件不同，实际在交通、市政设施方面的缺口表现不一，需要针对项目所在地区的实际需求进行综合统筹评估。在满足交通负载的要求下，一般为了保障更好的交通通行条件，在城市更新单元规划中主要采取增设支路、优化路网结构、设计地上和地下综合交通等交通流量疏解措施等。

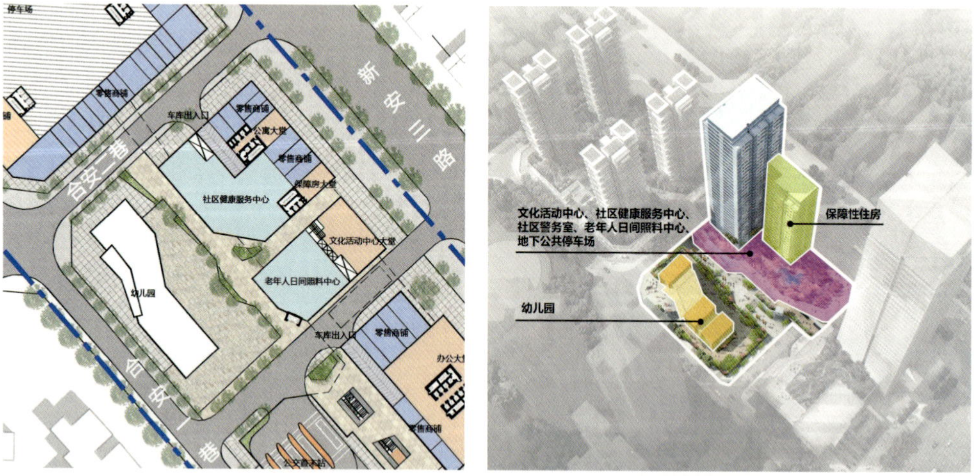

图 5-9　深圳某城市更新单元优化附建式公共设施布局示意。该项目除住宅、公寓、商业、办公等功能外，还需要落实保障房、公交首末站、幼儿园、文化活动中心等公共服务设施。规划采取了平面与竖向相结合的方式，集中优化布局各类建筑功能与设施，优化空间组织方案。

2）落实公共利益捆绑责任

随着城市功能的提升和相应政策的优化，公共设施的内涵不断拓展。城市更新规划需要落实的公共设施还应包含法定规划未明确、但依据相关政策规范要求需落实的公共设施。根据《深圳市城市更新办法实施细则》《关于加强和改进城市更新实施工作的暂行措施》《深圳市城市更新项目保障性住房配建规定》《深圳市城市更新项目创新型产业用房配建规定》等政策，通过城市更新需要提供的公共类设施包括：无偿移交政府的独立用地、保障性住房、人才公寓、创新型产业用房和公共配套设施等。

在无偿移交给政府的独立用地方面，根据《深圳市城市更新办法实施细则》要求，城市更新单元内可供无偿移交给政府，用于建设城市基础设施、公共服务设施或者城市公共利益项目等的独立用地应当大于3000 m² 且不小于拆除范围用地面积的 15%。城市规划或者其他相关规定有更高要求的，从其规定。移交的土地用于落实规划确定的城市基础设施、公共服务设施、城市公共利益项目等，除移交土地以外，其余部分可协议出让给项目实施主体按照规划进行建设。

《深圳市人民政府关于深入推进城市更新工作的意见》（2010）明确要求通过城市更新促进城市发展方式转变，在城市更新中配建保障性住房，达到促进社会公平正义的目的。2016 年 1 月，市规划国土委印发《深圳市城市更新项目保障性住房配建规定》对于拆除重建类城市更新项目中的保障性住房配建，分别明确了改造方向为居住用地的项目和改造方向为新型产业用地的项目位于一类、二类和三类地区的配建基准比例和配建比例核增、核减规则，规定了城市更新单元规划中需明确配建保障性住房的配建类型、配建比例、建设规模、公共服务设施等内容。除了通常意义上的保障性住房，比如廉租房、公共租赁住房、经济适用住房、安居型商品房等，深圳将人才住房作为一项特殊的保障性住房单独列出，专门出台了针对旧居住区改造中提供人才住房的相关规定，并针对办公商业用地上的商务公寓，也要求移交一定比例的空间用于人才公寓。为积极引导城市住房保障的实现，在 2016 年《关于加强和改进城市更新实施工作的暂行措施》中又将人才住房、保障性住房的配建比例进一步提高。在人才公寓方面，根据《关于加强和改进城市更新实施工作的暂行措施》（2016）要求，拆除重建类城市更新项目改造后包含商务公寓位于《深圳市城市更新项目保障性住房配建规定》确定的一、二、三类地区的，建成后分别将20%、18%、15%的商务公寓移交政府，作为人才公寓。移交政府的商务公寓免缴地价，建成后由政府按照公共租赁住房的方式回购，产权归政府所有，纳入全市住房保障体系由住房建设主管部门进行管理。总体来看，一类、二类及三类地区的划定考虑了城市空间结构、城市发展战略性重点地区、城市轨道发展等影响保障住房空间分布的因素，是城市更新在全市层面对保障住房的空间统筹与引导，避免了既往"地在哪儿，住房建在哪儿"的保障住房建设的被动状态。

在创新型产业用房方面，根据2016年8月颁布的《深圳市城市更新项目创新型产业用房配建规定》，对各种情况下的创新型产业用房的配建比例有具体要求。配建比例规定了更新项目改造后提供的创新型产业用房的建筑面积占项目研发用房总建筑面积的比例。

在社区级公共配套设施方面，根据《关于加强和改进城市更新实施工作的暂行措施》（2016）要求，提高公共配套设施配建标准。拆除重建类城市更新项目配建的社区级非独立占地公共设施应满足法定图则、相关专项规划和《深标》要求，涉及的公共设施规模不小于社区级公共配套设施汇总表中确定的规模，并在此基础上增配50%且不小于1000 m² 的社区级公共配套用房，具体功能在建设用地规划许可前明确。

为了更好地保障以上这些创新型公共设施的供给，在城市更新单元规划编制过程中采取了以下途径。

一是实现无偿移交政府的独立用地规模和开发量之间的相互联动。政府希望通过城市更新改善片区整体环境，减少市政配套、交通配套的压力，鼓励城市更新项目尽量增加土地贡献。同时为了保障城市更新项目的可实施性，制定了容积率奖励政策。若城市更新项目实际土地移交率超出基准土地移交率（15%），超出部分核算出的用地面积与基础容积率的乘积即转移建筑面积，可纳入城市更新项目的开发量。根据《深圳市城市更新项目保障性住房配建规定》（2016）土地移交率超过30%但不超过40%，保障性住房比例核减2%；土地移交率超过40%，保障性住房比例核减3%。在城市更新强区放权后，各区通过调研分析研究后出台了一些更具针对性的政策，以保障和鼓励城市更新中公共利益的落实。例如，在《深圳市龙岗区城市更新审批操作规程》中规定，符合《龙岗区城市更新单元计划申报和单元规划管理的暂行规定》计划申报条件，城市更新单元落实独立占地不小于 6500m² 的重要公共、市政基础设施，土地贡献率高于 35% 的项目，可予优先申报审批。

二是公共设施优先，合理利用无偿移交给政府的独立用地。按照法定图则，一些更新项目无偿移交给政府的独立用地达不到拆除范围用地面积的 15% 或者小于 3000 m²，依据《深圳市城市更新办法实施细则》（2012）要求，这些项目必须在法定图则基础上额外增加移交用地的规模，使项目移交的用地规模不低于拆除范围用地面积的 15% 且大于 3000 m²，增加的用地可根据城市更新单元的改造方向确定规划功能。

三是集中布局政策性用房，规划设计标准一致。结合城市更新单元的基本情况明确其各类政策性用房的最低配置比例，严格依据政策要求确定各类政策性用房的最低配置规模。在城市更新单元规划中，政策性用房应尽量集中布局，便于管理与维护。如果配置的政策性用房规模较大（如配建的保障性住房建筑面积超过 30000 m²），宜在单元范围内安排一定的集中用地进行建设。政策性用房的户型设计、景观环境设计不能降低标准。

四是公共配套设施的布局应便于居民使用。依据《深标》及《深圳市建筑设计规则》相关规定，城市更新单元中非独立占地的公共配套设施宜相对集中布局在建筑物首层。如用地条件确实有限，部分配套设施只能设置于建筑物二层时，应设置单独出入口并满足无障碍设计要求。所有公共配套设施的设计应保证空间实用，设计合理。

深圳城市更新单元规划中额外增加移交用地的功能确定要求　　表 5-5

改造方向	额外增加的移交用地可优先考虑落实的规划功能	备注
居住	教育、医疗、文体	重点解决人口增加带来的配套压力
商业	道路、公交场站、广场	重点解决交通量增加带来的交通压力
工业	高中、消防站、变电站、垃圾转运站、公交场站	高中非义务教育设施，全市统筹布局，占地规模较大，难以在一般的更新项目中落实

资料来源：深圳市规划和国土资源委员会公布的相关信息。

3）确保公共利益优先落地

如何在项目实施阶段确保公共利益落地也是城市更新的重要议题。深圳建立了一套结合项目分期和验收的实施监管机制，无论项目是一次性建设还是分期建设，现行政策的指导原则是城市更新单元中的公共利益部分应该被优先、高标准、高品质地落实。

首先，城市更新单元规划涉及分期实施的，其分期实施方案制定应在公共利益优先的原则下，保障各分期的独立可实施性，明确分期建设期间的临时性措施。分期实施方案需明确各分期内实现的空间增量、须承担的拆除责任、土地移交、配套建设及其他绑定责任等，明确各分期的责权利划分。需要分期实施的城市更新单元规划，需分别绘制每一期实施规划图，分期实施汇总图是在最新有效的地形图上，标绘各期对应的拆除用地、独立占地的公共服务设施用地及其他移交给政府的独立用地、开发建设用地范围线并区分颜色，并附本期《地块控制指标一览表》《开发建设用地技术经济指标一览表》以及《独立占地的创新型产业用房或者保障性住房用地技术经济指标一览表》。

其次，建立城市更新项目审批监管机制，确保公益责任落实。在项目建设审批阶段，实施主体必须按照规划的实施监管协议，确保完整履行了每个建设分期承诺的各种责任，才能从管理主体获得申请房地产预售、申请规划验收、工程竣工验收和最终向市场销售的资格。《深圳市

图 5-10 深圳某城市更新单元规划在项目分期中优先落实公共利益示意。此更新项目贡献的市政道路及配建的保障性住房、12班幼儿园、社区健康服务中心、文化活动室和社区老年日间照料中心等公共服务设施均安排在第一期地块实施。此外，项目一期还必须完成项目拆除范围内的所有建筑物的拆除工作，并将两块用地移交给政府相关部门作为公共利益用地。

城市更新办法实施细则》（2012）明确了城市更新单元的项目监管机制，要求市、区政府相关部门对城市更新单元规划确定的独立占地的城市基础设施和公共服务设施的建设立项应当予以优先安排，与城市更新项目同步实施。

总体来看，在规划阶段，城市更新项目必须完整地阐明各类建设责任的实施分期。在项目建设审批阶段，实施主体必须按照规划的实施监管协议，确保完整履行每个建设分期承诺的各种责任。通过这套贯穿规划设计和实施监管全程的机制设计，城市更新项目自身的利益与城市公共利益融为一体。市场实施主体不能只顾及营利部分的建设和销售而忽略或延迟公共利益部分的实施，而是必须保证两者的同步推进或公共利益优先推进。

2. 利益平衡实现：以厘清产权为基础，多手段实现发展权再分配

随着我国"以公有制为主体，多种形式并存"所有制体制的确立，利益多元化格局开始出现。以"经济人"假设为前提的市场经济刺激了个体的积极性，反映在城市发展和建设领域，出现了多元化的局面，表现出利益主体的多元化、建设活动主体的多元化、社会需求的多元化等。反映在城市更新项目中，则表现出随着多元化现象的出现，导致利益协调的难度不断加大。

城市更新单元规划作为城市更新项目开展的基本依据，是对各种资源在土地和空间上的合理统筹与协调。其实施的目的在于指导城市更新的有序进行、反映社会各方面的要求，力求在各个利益集团之间得到平衡。因此，城市更新单元规划是将不同利益主体对经济、社会、环境等各方面的不同要求，进行空间化的政策集合。由于在实现个人利益的同时往往会导致对他人利益一定程度的损害，在城市更新的过程中需要努力消除或减少这种损害，以期达到多赢的目标，实现城市有限资源的公平和高效配置。

1）将产权核查与历史用地处置作为产权重构基础

城市更新单元规划主要面向存量建设用地，规划编制首先需要明

晰更新单元内现状土地及建筑物产权关系，界定权利主体的合法用地边界。土地及建筑物信息核查结论将作为判断项目是否符合列入城市更新单元计划的重要依据，也是判断城市更新单元规划保障公共利益所需的贡献土地的重要考量。厘清城市更新单元内土地及建筑物产权关系，是实现更新单元范围内土地发展相关权利再分配的基础。

城市更新单元计划经市政府批准后，在城市更新单元规划编制之前，计划申报主体应当向主管部门申请对城市更新单元范围内的土地及建筑物信息进行核查、汇总。主管部门根据计划申报主体提供的土地使用权出让合同、用地批复、房地产证、旧屋村范围图、建设工程规划许可证、测绘报告、身份证明等材料，对城市更新单元范围内土地的性质、权属、功能、面积等进行核查，对地上建筑物的性质、面积等信息进行核查和汇总，并将核查结果函复计划申报主体。城市更新单元内土地和建筑物需完善手续的，应当按照相关程序加以完善确权后一并纳入城市更新单元。考虑到现状建筑面积主要依据申报主体提交的现状测绘报告确定，因此 2018 年 11 月在相关政策更新时取消了信息核查中的建筑物核查内容。

《深圳市拆除重建类城市更新单元规划编制技术规定（修订）》（2018）明确了土地信息核查成果的表达要求。在规划研究报告中概况与分析内容部分要求明确更新单元土地信息核查结果及土地处置方案，并注明数据来源和获取方式。在技术图纸中对土地核查成果图也有明确的要求，即依据土地信息核查结果，标绘更新单元内所有地块的宗地号（或用地红线号、用地方案号等）、土地权属、土地权属单位或实际占用单位、土地用途等。应当用不同颜色标示土地权属核查结果，包括国有已出让用地、国有未出让用地、城中村用地、旧屋村用地、符合历史遗留违法建筑处理相关规定且以办理房地产权登记或已取得处理意见书的用地、未完善征转手续的用地（根据用地行为发生在 2009 年 12 月 31 日之前或之后进行区别标示）、其他用地等。

2）合理调整并划定更新单元范围及拆除用地范围

在城市更新单元规划中，拆除范围线、更新单元范围线以及项目开发建设用地范围的划定，是开展城市更新单元规划的重要基础，也是实现城市更新单元利益平衡的重要手段。如何合理划定这些范围，需要进行综合考量。从《深圳市城市更新办法》《深圳市城市更新办法实施细则》到《深圳市拆除重建类城市更新单元规划编制技术规定（修订）》《深圳市拆除重建类城市更新单元计划管理规定》，逐步通过政策不断规范城市更新单元范围及拆除用地范围划定的技术要求，从而基于这些范围边界的确定有效协调开发利益和公共利益的平衡实现。

城市更新单元范围的划定

　　根据《深圳市城市更新办法》，对于需要进行城市更新的区域，应当在保证基础设施和公共服务设施相对完整的前提下，按照有关技术规范，综合考虑道路、河流等自然要素及产权边界等因素，划定相对成片的区域作为城市更新单元。同时对于城市更新单元范围内的边角地、夹心地、插花地等零星未出让国有土地可以纳入城市更新规划一并更新改造，但这部分零星土地总面积不超过该项目总用地面积的 10% 且不得超过 3000 m²。这一政策给零星破碎的未出让土地的利用创造了条件，在城市更新单元规划过程中，项目申报主体根据实际条件积极运用此项政策。

　　但是，要满足零星土地不得超过 3000 m² 的规模限制，并且在布局方面满足规划要求，在实际规划过程中并非易事。因此，《深圳市城市更新办法实施细则》中进一步对更新单元范围的划定进行了细化指引。对于零星用地超出规模的部分，应当结合城市更新单元规划的编制，进行用地腾挪或者置换，在城市更新单元规划中对其规划条件进行统筹研究。未建设用地因规划统筹确需划入城市更新单元，在征得土地使用权人同意后，可以结合更新单元规划的编制，进行用地腾挪或者置换，这样用地腾挪或置换的手段被引入到城市更新单元规划编制中来。

　　土地腾挪、置换与零星用地政策出台的目的一致，均是以实现土地资源整合、提高土地使用效率为目标。区别就在于土地腾挪、置换仅仅局限于不同产权用地在空间上的交换或位移，原权利人拥有的用地规模不会因此发生改变，但通过土地腾挪、置换，会使地块更加规整，更有利于开发建设。这样可以较好地解决在拆除重建类城市更新单元规划编制过程中，经常遇到的项目产权宗地边界与规划建设用地边界不一致，用规划用地边界去切割现状用地产权边界产生的土地破碎化问题。

城市更新单元拆除范围的划定

拆除重建类城市更新单元规划必须满足一定的用地贡献要求，而这些用地贡献基本要通过拆除已有建筑物来实现，因此，如何划定城市更新单元拟拆除范围成为控制用地贡献水平的重要技术手段。更新单元拆除范围的确定需以落实公共利益为导向，结合现状土地权属等情况综合确定。在这一过程中，政府部门主要以规划统筹为目标，尽量要求周边符合条件的区域统筹申报，扩大规模，更好地落实公共利益。按照上述原则对拆除范围合理性提出建议后，结合相关部门意见及更新单元实际情况进行更新单元拆除范围的优化调整。

面对土地国有化过程中产生的历史遗留用地问题，在划定城市更新单元拆除范围时，规定更新单元内合法建设用地的比例，这是深圳城市更新单元拆除范围划定的一大创新。在实践过程中，随着更新政策的不断调整，不断优化城市更新单元可申报范围，逐步降低拆除重建类城市更新单元内合法建设用地的比例门槛，并相应完善历史用地处置政策，逐步提高了通过城市更新单元规划解决土地国有化转制遗留问题的力度。2016 年颁布的《关于加强和改进城市更新实施工作的暂行措施》，规定城市更新单元拆除范围内合法建设用地比例不低于 60%，合法用地比例在 50%~60% 之间的，可以通过简易处理后纳入城市更新单元。此外，对于政府主导的重点更新单元，进一步降低合法用地比例，拆除范围内合法用地的比例应当不低于 30%。这样，在城市更新单元拆除范围划定过程中打破原有固化的宗地边界，促成土地开发权再分配，最终破解城市更新单元内土地产权问题，实现上层次规划发展要求与更新项目改造诉求的对接。

从具体工作程序来看，拆除重建类城市更新单元在划定拆除范围时，会进行多轮的调整。首先一般会依据城市更新单元计划申报主体的土地确权申请，由市规划国土委直属管理局出具关于某片区更新单元土地权属意见的复函，划定拆除范围。随后根据土地信息核查核定的产权界限，对之前土地确权明确的拆除范围进行调整，将部分国有未出让的道路用地调出拆除范围。其次以权利主体合法宗地边界为基础，结合申报更新项目的实际建设情况进行调整，如果存在超出权利主体合法用地范围的违法建筑时，划定的拆除范围还需包括违章建设的建筑物、构筑物等，并由项目申报主体自行清理违章建设后，将清理的土地退还给政府主管

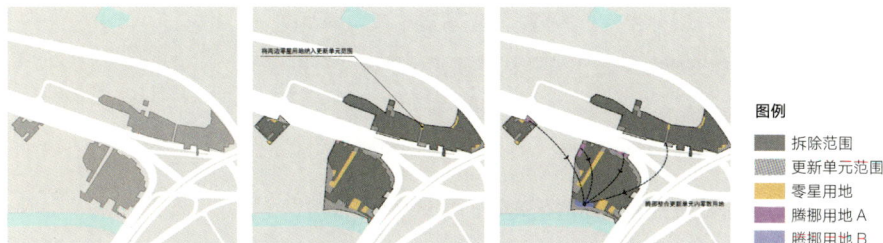

城市更新单元范围划定结合零星用地纳入过程示意

图例
- 拆除范围
- 更新单元范围
- 零星用地
- 腾挪用地 A
- 腾挪用地 B

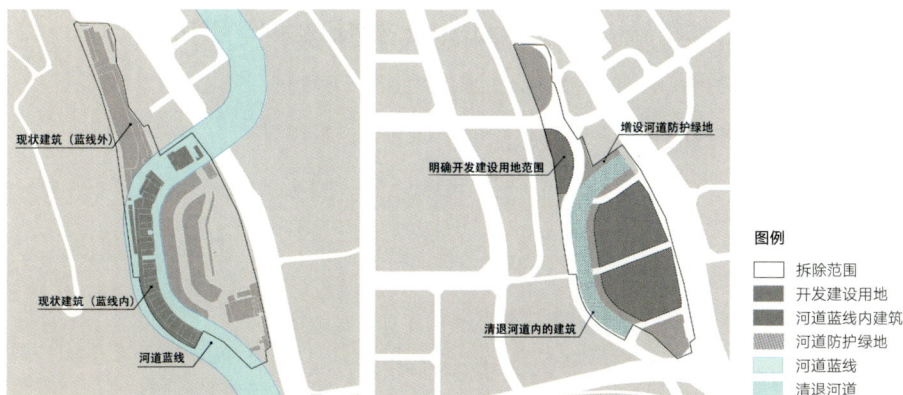

城市更新单元拟拆除范围划定结合用地清退过程示意

图例
- 拆除范围
- 开发建设用地
- 河道蓝线内建筑
- 河道防护绿地
- 河道蓝线
- 清退河道

城市更新单元规划中土地置换过程示意

图例
- 更新单元范围
- 开发建设用地范围
- 国有未出让用地
- 土地腾挪 A
- 土地腾挪 B

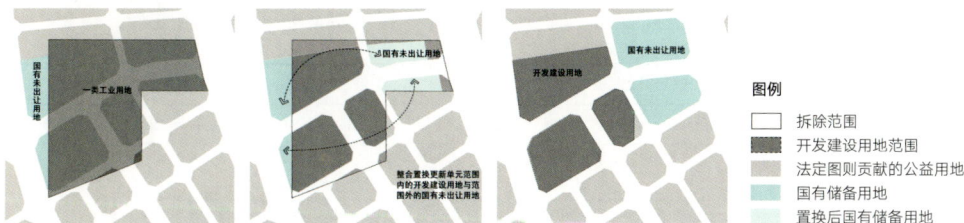

城市更新单元规划中土地腾挪置换过程示意

图例
- 拆除范围
- 开发建设用地范围
- 法定图则贡献的公益用地
- 国有储备用地
- 置换后国有储备用地

图 5-11　深圳城市更新单元范围线和拆除范围线划定示意。

部门。最后，基于拆除范围与更新单元范围的调整，结合用地布局方案，最终确定拆除用地范围、独立占地的城市公共利益项目用地以及开发建设用地范围，开展用地置换等。

3）构建满足利益平衡需求的可开发空间量化规则

城市更新单元规划通过土地产权整理、产业发展策划、公共设施配置和其他专项或专题研究等内容，已经明确了更新项目的现状基础条件、更新发展功能和公共利益要求。但对于市场主导的实施性规划，还有一个关键问题亟待解决——即如何通过容积率调控来合理分配开发权和开发收益。

城市更新中容积率测算方法的演变

在城市更新单元规划形成之前，城市更新涉及的开发容积率控制由法定图则实现。与国内大多数城市推行的控制性详细规划相似，深圳法定图则在城市建设用地快速扩张阶段应运而生，是政府按计划配置基础设施和公共服务设施，并为土地开发市场主体提供发展预期的重要依据。

深圳城市更新单元拆除范围划定主要要求   表 5-6

	具体内容
1	拆除范围的用地面积应当大于 $10000m^2$，且不得违反基本生态控制线、水源保护区、重大危险设施管理控制区（橙线）、城市基础设施管理控制区（黄线）、历史文化遗产保护区（紫线）、城市河流水系和水源工程保护与控制区（蓝线）等城市控制性区域管制要求
2	拆除范围的划定应当符合全市城市更新五年专项规划及各区域城市更新五年专项规划的相关空间管控要求
3	以下用地不划入拆除范围：(a) 市年度土地整备计划和棚户区改造计划确定的区域；(b) 未建设用地、独立的广场用地和停车场用地；(c) 土地使用权期限届满的用地；(d) 调出更新单元计划未满 3 年的用地
4	拆除范围边界涉及道路的：(a) 规划道路与现状道路一致的，原则上以现状道路边界为界，现状道路用地不纳入拆除范围；(b) 规划道路与现状道路不一致且规划道路为未建成区的，原则上以规划道路边界为界，规划道路用地不纳入拆除范围；(c) 规划道路与现状道路不一致且规划道路现状为建成区的，原则上以规划道路中心线为界；规划道路为支路的，范围应包含相对应的规划支路用地。拆除范围边界涉及其他线性工程控制用地的，参照上述要求确定边界
5	拆除范围边界涉及山体、河流等自然地理实体的，原则上以自然地理实体边界为界，应包含完整的宗地和建筑物，以及明晰的产权边界
6	拆除范围内合法用地比例要求：坪山中心区范围内的不低于 50%；重点更新单元内的不低于 30%；其他更新单元的应当不低于 60%
7	拆除范围内建筑物应在 2009 年 12 月 31 日前建成。旧住宅区未达到 20 年的，原则上不划入拆除范围；现状容积率超过 2.5 的城中村、旧屋村，原则上不划入拆除范围
8	重点更新单元位于福田、罗湖、南山、盐田的，拆除范围用地面积原则上不小于 15 万 m^2；位于其他区的，原则上不小于 30 万 m^2
9	城市更新单元内可供无偿移交给政府用于建设城市基础设施、公共服务设施或者城市公共利益项目等的独立用地应当大于 3000 m^2 且不小于拆除范围用地面积的 15%。城市规划或者其他相关规定有更高要求的，从其规定

资料来源：《深圳市拆除重建类城市更新单元计划管理规定》（2019）。

在法定图则中，其开发容积率测算方法侧重于"自上而下"的指标分配，难以有效应对存量用地再开发过程中出现的"自下而上"的利益分配问题。早期法定图则在面对实际存量用地改造项目时，往往通过"开天窗"的方式预留弹性，经过详细蓝图的论证和审批，再对法定图则进行个案修改"补天窗"，这一阶段对于城市更新项目容积率测算的具体方法仍然缺乏适应性的标准和指引。2004 年《深圳市城中村（旧村）改造暂行规定》和 2005 年《关于深圳市城中村（旧村）改造暂行规定的实施意见》出台之后，深圳开始大面积推行城中村（旧村）改造专项规划，逐步探索在经济可行性分析的基础上，借助拆建比指标来研究确定开发容积率的方法。

拆建比为更新改造前后的总建筑面积之比，能够直接反映项目成本和收益的经济平衡关系。然而以拆建比作为确定开发容积率的依据有诸多局限性。首先，拆建比将现状建筑的经济价值简单视作与建筑面积成正比，忽视了建筑的不同功能带来的价值差异；其次，借助拆建比来确定开发量局限在单个项目中经济成本与收益的"小平衡"，而缺乏基于地区基础设施承载力和发展条件比较的统筹考虑即"大平衡"；另外，拆建比不能将项目的公共利益贡献与开发主体的经济收益进行挂钩。总而言之，尽管拆建比指标一定程度反映了城市更新项目成本与收益的市场特征，也在早期的更新改造规划编制中发挥了一定参考价值，但由于忽略了城市服务功能提升的需求，亟待改善。

2003 年深规院和同济大学合作完成了《深圳市经济特区密度分区研究》，随后经过数年的补充和完善，在 2009 年 10 月 29 日颁布的《深圳市法定图则编制容积率确定技术指引（试行）》中引入了基于密度分区的容积率测算方法。密度分区的基本思路是将城市开发的强度和收益与所在地区的基础设施、公共服务投入的强度进行匹配，即在城市中心区等基础设施和公共服务投入较大、支撑较强的地区允许更大的开发强度来提升土地使用效率。根据地块所在的密度分区和各地块的规划用地功能计算出地块基准容积率，再经过地块规模和交通条件两个修正系数进行微调，即可得到该地块的容积率上限值。

《深圳市法定图则编制容积率确定技术指引（试行）》中特别规定了"城市更新单元内改造地块容积率，在满足公共服务设施和市政基础设施等支撑条件的前提下，可以在计算容积率的基础上，依据相关政策

给予适当提高 "，同时 " 对于提供并非仅服务于本单元的道路、公共服务设施和市政基础设施的，还可依据土地贡献率等给予相应的容积率奖励 "。为应对城市更新项目开发成本较高的现状，这一技术指引在城市更新项目容积率上限测算中留出了一定的弹性，但如何测算这部分可以额外获准的容积率增量当时仍未明确。需要补充说明的是，密度分区的颁布实施并不意味着未达到密度分区所示容积率的已建设用地都无条件获得扩建增容的权利，密度分区所示的容积率应理解为更新改造项目容积率测算的基本依据。但更新项目是否能够通过审批实施落地，还取决于城市规划要求，如功能改善、公共设施建设的必要性等。

现行《深标》在《深圳市法定图则编制容积率确定技术指引（试行）》的基础上，针对城市更新特点增加了依据更新地块土地移交、公共空间、公共设施等城市公共贡献获取容积率奖励的测算方法，体现 " 同地同权 "

《深圳城中村（旧村）改造专项规划》中基于拆建比和轨道交通修正的容积率计算方法   表 5-7

基于现状容积率和拆建比的容积率规定

拆除改造范围现状容积率	拆建比参考值	拆除重建范围总建筑容积率参考值
≤ 1.0	—	3.2
1.5	1:2.5	3.8
2.0	1:2.1	4.2
2.5	1:1.8	4.5
3.0	1:1.6	4.9
3.5	1:1.5	5.3
≥ 4.0	1:1.4	5.7

考虑交通区位的容积率附加值

		轨道		
	与站点距离	1 条	2 条	3 条
容积率 居住	200m 内	1	2	3
	500m 内	0.4	0.8	1.6
	500m 外			
非居住	200m 内	2	4	6
	500m 内	0.8	1.6	2.4
	500m 外			

资料来源：《深圳市城中村（旧村）改造专项规划编制技术规定（试行）》。

《深圳市城市规划标准与准则》中居住用地容积率计算方法   表 5-8

现行《深标》密度分区居住用地容积率指引

分级	密度分区	基准容积率	容积率上限
1	密度一、二区	3.2	6
2	密度三区	3.0	5.5
3	密度四区	2.5	4
4	密度五区	1.5	2.5

现行《深标》居住用地地块规模修正系数

用地规模（hm²）	≤ 0.7	0.1~1	1	> 1 时，每增加 1 公顷（不足 1 公顷时按 1 公顷修正）
修正系数	-0.06	-0.03	0	-0.05

现行《深标》居住用地地块规模修正系数

地块类别	一边临路	两边临路	三边临路	周边临路
修正系数	0	+0.10	+0.20	+0.30

资料来源：《深圳市城市规划标准与准则》（2018 年局部修订）。

和"奖励贡献"的基本原则。2015 年 9 月，市规划国土委颁布了《深圳市城市更新单元规划容积率审查技术指引（试行）》，标志着深圳城市更新单元规划中开发规模的研究方法与审查规则趋于成熟。该技术指引规定，城市更新单元的规划建筑面积由基础建筑面积、转移建筑面积及奖励建筑面积 3 部分组成。2017 年 11 月，市规划国土委发布了关于《深标》中密度分区与容积率章节局部修订的条文草案和说明，调整了密度分区划分、基准容积率以及修正系数等内容，同时将地块内的地上规定建筑面积和地下规定建筑面积之和称为"容积"，包含基础容积、转移容积及奖励容积。2018 年 12 月，市规划国土委发布了《关于施行 < 深标 > 中密度分区与容积率章节修订条款的通知》，通过密度分区划定的调整、地块容积及容积率管理的优化、基准容积率和修正系数的调整，进一步适应更新项目差异化管理需求。

深圳城市更新单元规划历经十余年的探索和总结，依据公共利益保障、城市规划标准与准则、开发利益与公共利益平衡等要求，以基准建筑面积、转移建筑面积、奖励建筑面积的测算为基础，逐渐形成了一套公开透明、刚弹结合的容积率测算方法，在激发市场主体积极性的同时，保障了公共利益落地。

城市更新中基础建筑面积、转移建筑面积和奖励建筑面积的测算

基础建筑面积，基于城市密度分区与地块开发条件修正后确定。基础建筑面积是指由项目所处密度分区、用地功能、发展条件所决定的建筑面积。基础建筑面积的测算，首先需要根据项目所处的密度分区及规划开发建设用地功能，按照《深标》计取地块基准容积率，并进一步结合地块的道路交通条件、轨道交通条件及地块规模等因素，对开发建设用地容积率进行校核，得到项目开发建设用地基础容积率，以此计算城市更新单元基础建筑面积。

转移建筑面积，体现了公共利益用地的超额贡献。转移建筑面积是指在城市更新单元中，将超额贡献的公共利益用地上可获得的开发建设面积通过转移的方式，累积到项目规划建设用地上。转移建筑面积技术规则的建立，保障了不同开发主体因规划需要而超额贡献公共利益用地时，能获得公平的开发收益回报。

奖励建筑面积，为鼓励项目贡献公共服务设施所产生的建筑面积。

奖励建筑面积是指城市更新单元因提供法定图则规定以外的公共利益设施或公共空间而获得的建筑面积[1]。根据《深圳市拆除重建类城市更新单元规则容积率审查规定》（2019），对政策性用房（安居型商品房、公共租赁住房、人才住房及创新型产业用房）附建式公共服务配套设施及市政配套设施、经核准作为公共空间的建筑架空层或建筑室内空间、经核准设置的架空连廊以及无偿移交政府的历史建筑[2]等，明确其奖励面积大小，并对奖励建筑面积进行总量约束，规定城市更新单元可获得的奖励不得超过基础建筑面积的30%。

以光明区某城市更新单元规划为例分析城市更新单元开发容积率的测算过程。首先，测算基础建筑面积。具体依据包括有：《深标》中的密度分区居住用地容积率指引、居住用地地块规模修正系数、居住用地周边道路修正系数。项目中经营性用地根据密度分区和修正系数计算得出基础建筑面积为158308.6 m²。其次，计算转移建筑面积。城市更新项目打通了两条城市道路，并提供了保障性住房、公共绿地和若干其他公共服务设施，贡献的公共利益用地除了满足15%的基本要求之外，超额贡献的26135.3 m²按照项目平均容积率3.25计算出转移建筑面积76157.8 m²。再次，计算奖励建筑面积。开发企业建成后移交给政府的公共利益设施按照容积率确定技术指引中的计算方式，折算为奖励建筑面积28240 m²。最后以上三者相加，项目开发建设用地上的最大建筑面积共计262706.4 m²，根据规则计算后得到的量需要根据承载力校核，

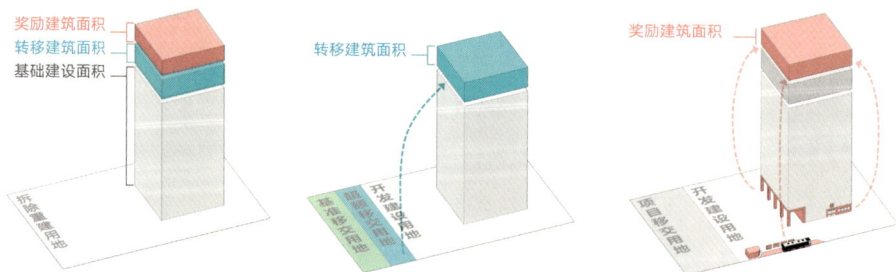

图5-12 深圳城市更新单元规划中容积率测算构成示意。

---

[1] 开发主体需要完成更新单元规划中约定的公共设施和公共空间的建设任务，在建设完成后将产权移交给政府。接受移交的部门和补偿政策详见《关于加强和改进城市更新实施工作的暂行措施》（2016）中的相关规定。

[2] 《深标》中定义的历史建筑是指具有一定保护价值，尚未公布为文物保护单位，且在建筑样式、文化价值、产业记忆等方面具有保护价值的建筑物、构筑物。

深圳城市更新中可奖励项目及奖励方式 表 5-9

可奖励项目类别	奖励方式
配建政策性用房	除计入基础容积的部分，其余按建筑面积奖励 1 倍建筑面积
附建公共服务配套设施及市政配套设施	按建筑面积奖励 1 倍建筑面积，其中，社区健康服务中心和社区老年人日间照料中心，按其建筑面积的 2 倍计入奖励容积；垃圾转运站和变电站，按其建筑面积的 3 倍计入奖励容积
架空连廊	为连通城市公交场站、轨道站点或重要的城市公共空间，经核准设置 24h 无条件对所有市民开放的地面通道、地下通道、架空连廊，并由实施主体承担建设责任及费用的，按其对应投影面积奖励 1 倍建筑面积
保留历史建筑且无偿移交政府	保留已纳入市政府公布的历史风貌区、历史建筑名录或市主管部门认定为有保留价值的历史风貌区或历史建筑，按保留建筑的建筑面积及保留构筑物的投影面积之和奖励 1.5 倍建筑面积

资料来源：《深圳市拆除重建类城市更新单元规划容积率审查规定》（2019）。

深圳光明某城市更新单元规划容积率测算示例 表 5-10

基础建筑面积计算表

地块编号	地块规模（m²）	基准容积率	规模折减	道路修正	容积率	地块建筑量（m²）
02-01	18499.2	2.8	0.95	1.3	3.5	64747.2
03-01	30181.1	2.8	0.85	1.3	3.1	93561.4
合计	48680.3	—	—	—	3.3	158308.6

转移建筑面积计算表

面积计算构成			数量（m²）	备注
拆除用地面积			87684.1	
权属清晰用地面积			81623.6	a
未见征转地记录用地面积			3614.4	b
合法手续完善用地面积			81623.6	a+b×80%
其他	贡献用地面积		35676.7	c
	其中	不少于 15% 用于土地贡献	12677.3	(a+b×80%)×15%
		可奖励设置的用地	26135.5	c-(a+b×80%)×15%
根据法定图则及深标计算的平均容积率			3.25	d
转移建筑面积			76157.8	[(a+b×80%)×15%-c]×d

奖励建筑面积计算表

公益贡献项目	数量（m²）	奖励面积（m²）
保障性住房	19340	19340
公共配套建筑	8900	8900
社区体育活动场地	2000	0
奖励建筑面积合计	—	28240

备注： 按照《深圳市城市规划标准与准则》（2013）核算基准容积率。

在确保公共利益能够得以满足的条件下予以落实，否则需要进行规模调整或功能调整。

3. 产业空间供给创新：实现多样化、差异化产业升级

产业升级是城市更新的重要驱动力。城市更新不是简单地将新建筑取代旧建筑，而是要满足产业创新对空间的需求。随着粤港澳大湾区发展战略的实施，深圳在以供给侧改革促进产业持续创新方面持续深化推进。除了以保障房为主导的居住类改造项目，城市更新更多承担了工业、商业、办公等功能提升和服务升级的需求，涉及产业方向选择、产业空间落实、城市服务职能创新等内容。因此，寻求产业功能发展的内核，并予以空间统筹和落实，成为深圳城市更新的重要任务之一。

产业创新对空间的需求有明显的不同。基于专利技术和研发产品的创新，需要相对完整甚至封闭空间服务于创新企业的网络建构，需要对法律、展示、交易、金融、社区服务、文化交往等多种更加复合的空间。城市更新的目标要保证产业空间供应，必须与产业发展需求相适应。对于工业改造类型的产业项目，不仅要研究产业发展导向，对接鼓励发展的产业名录。同时，也要分析项目引入有没有具体动作、合作意向。因此，涉及产业升级的城市更新单元规划，必须进行产业发展专题研究。研究内容包括评估周边地区的产业发展趋势，结合城市更新单元的发展条件，分析产业发展的需求和供给潜力（包括新增和改造），提出城市更新单元的产业升级方向、门类选择与发展指引等。产业主管部门负责对城市更新项目的产业专题研究报告进行审查，其审查结论对于城市更新项目如何调整用地功能具有重要参考意义。同时，城市更新单元规划中的产业研究不能仅仅停留在研究和策划阶段，更多需要为产业运营主体提供技术支持。创新性产业的研究相较以往的产业分析，除了需要对项目外部发展条件和内部发展动力两方面进行分析之外，还要关注创新要素的流动性。

此外，基于产业发展的需求变化，城市更新应积极实践以高品质城市空间促进产业发展的理念，解决现有城市运营系统与产业需求之间不适应的矛盾，促进产业的再一次腾飞。具体探索方向包括：一是探索面向产业需求的多层次服务体系，合理组织空间布局模式；二是构建更加

扁平而弹性的空间氛围、更加多元的微社区环境，促进特色空间的供给。在产业和空间研究的基础上，通过合理的空间组织实现产业空间保障、城市公共配套的双重定制式供给。

从深圳当前产业升级的路径来看，由城市更新推动的产业升级可分为 3 种类型：延续既有产业基础的产业扩容项目、探寻新的产业方向的转型项目和以商业、办公为主导的消费功能升级项目。其中，延续既有产业基础的产业扩容项目更多借助综合整治类和"工改工"类城市更新实现，创新产业发展的项目主要依托"工改 M0"来实现，以商业和办公为主导的消费功能升级项目主要依托拆除重建类"工改商"或"工改商办"来实现。

1）促进现有产业扩容

在产业升级类城市更新项目中，部分项目表现出既有产业发展态势良好，但产业进一步升级发展所需要的空间规模不足以及产业与空间特征不匹配的特点。对于这类城市更新项目，需要进一步明晰既有产业的升级方向与路径，并对升级后的产业空间需求和特征予以研究。结合项目用地情况，提出保障既有产业进一步升级发展的空间方案。

罗湖笋岗街道艺展中心项目是罗湖区近年来选择培育的一批旧工业区综合整治类城市更新的试点项目之一，以既有产业的升级扩容为基础

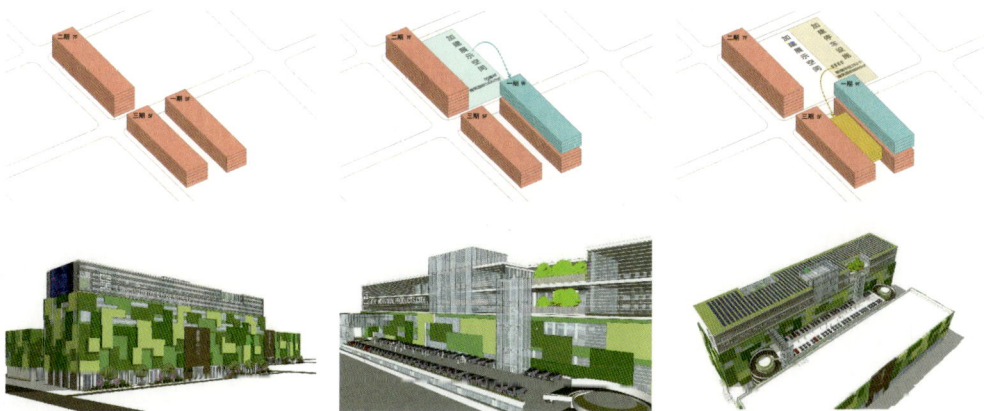

图 5-13　罗湖区笋岗艺展中心旧工业区综合整治，左、中、右 3 图分别为主体保留、加建停车设施和顶层加建展示空间，对应实现功能优化、空间蜕变和配套升级。

进行城市更新。艺展中心原是国内首家大型家居饰品专业 MALL，连续七年被选为"文博会"分会场，具备良好的交通区位及产业基础，且具有建筑结构稳固、上位规划和政策支持明确的优势。然而随着城市不断发展及自身经营发展，艺展中心逐渐面临产业空间不足，配套停车库缺乏等问题。因此更新采用综合整治的方式，通过功能优化、空间蜕变、配套升级 3 个主要策略，在不进行拆除重建和功能彻底转变的前提下，着力将艺展中心发展为功能更加复合、更适应市场需求，空间设计和配套服务更加适应功能需求的城市文化综合体。

2）积极发展创新产业

　　产业转型需关注一个或多个产业在城市的出现或引入、发展与更新、转型或退出等环节，受到政策、环境、企业、区位等众多因素影响。新型产业和传统工业相比，由于生产加工环节的明显差异，两类产业在用地方面存在比较明显的区别，从空间资源的组织来看也需要进行差别化地设计。此外，产业创新所需的空间供给模式一般根据企业类型也有所

新型产业与传统工业的用地政策差异分析　　表 5-11

用地政策		传统工业	新型产业
土地供应	供应方式	早期以协议出让方式为主，2006 年以后要求按照招拍挂方式出让	主要采用招拍挂出让方式，同时鼓励以租赁方式或先租后让、租让结合方式供应土地
	用地来源	以新增建设用地供应为主，一般为土地供应	除新增建设用地供应以外，加大存量建设用地供应，可以采用产业用房形式供应
	用地规模	视工业类型而定，一般用地规模较大	用地规模比传统工业要小
	使用年期	一般为 50 年	一般多为 30 年左右且年期设置具有灵活弹性
	地价计收	基本按照基准地价计收	根据具体功能差异，按照不同用地地价（区分基准地价和市场地价）根据一定计算公式缴纳
土地利用	建筑功能	独立用地，用地混合程度较低	与商服、居住、公共设施用地适度混合，混合程度较高
	开发强度	容积率较低，大部分在 1 以内	容积率较高，甚至逐渐向商服用地容积率靠近
	配套设施	仓储、交通以及生产配套设施，除职工宿舍以外较少有生活配套设施	金融、咨询、娱乐、体育等配套产业为主，可共用人力资源、物业管理、餐饮等公共配套服务并且有便捷的生活服务设施
土地管理	产权分割	基本不涉及产权分割	可以进行产权分割，适应不同产业产权管理需要
	准入退出	基本不设置准入退出机制	有严格准入退出机制，并且实施经营状况评估监管
	运营管理	基本为用地企业自身管理	一般需要运营公司进行综合管理服务
	税收调控	主要受企业所得税、增值税等基本税制约束	有各种税收优惠减免政策可适用，税收调节较为灵活

区别，针对大型企业通常需要提供相对完整甚至封闭空间，而针对中小型企业则需要提供多个企业共享的中试研发平台和服务支持。

现行《深标》在用地分类方面增加了新型产业用地（M0）和新型物流用地（W0），有别于普通工业用地（M1）和普通物流用地（W1）。其中新型产业用地允许建设用于产业研发办公的写字楼，契合了产业整体转型升级的需求。城市更新项目能否取得产业主管部门的认可，成为城市更新单元规划用地性质能否调整为新型产业用地(M0)的重要依据。

虽然在现行《深标》中明确了新型产业用地（M0）和新型物流用地（W0）的规划标准，但是在实际的项目运作中依然存在一定的困难。以罗湖笋岗长城物流城市更新项目为例，在其改造过程中遇到以下突出问题：一是产业空间产品的设计需要与产业功能相匹配。该项目的整体发展定位是视觉效果创意产业基地，这就需要将相关创意产业的空间特征进行分析，制定合理的空间组织方案（包括高层与超高层和裙房等）。由于视觉效果产业的核心功能是摄影棚，在空间组织方案中如何落实摄影棚并安排好摄影棚与其他建筑的空间关系成为空间组织研究的重点。

《深圳市城市规划标准与准则》2004 版本与 2013 版本中工业用地分类及标准   表 5-12

类别代码		类别名称	范围
大类	中类		
M		工业用地	工矿企业的生产车间、库房及其附属设施的用地。包括专用铁路、码头和道路等用地。不包括露天矿用地，该用地归入水域和其他非城市建设用地（E）
	M1	一类工业用地	对居住和公共设施等环境基本无干扰和污染的工业类型的用地
	M2	二类工业用地	对居住和公共设施等环境有一定干扰和污染的工业类型的用地
	M3	三类工业用地	对居住和公共设施等环境有严重干扰和污染的工业类型的用地

注：上表摘自《深圳市城市规划标准与准则》（2004）。

类别代码		类别名称	范围	适建用途
大类	中类			
M		工业用地	以产品的生产、制造、精加工等活动为主导，配套研发、设计、检测、管理等活动的用地	
	M1	普通工业用地	以生产制造为主的工业用地	主导用途：厂房 其他用途：仓库（堆场）、小型商业、宿舍、可附设的市政设施、可附设的交通设施、其他配套辅助设施。对周边居住、公共环境有影响或污染的工业不得建设小型商业、宿舍等
	M0	新型产业用地	融合研发、创意、设计、中试、无污染生产等创新型产业功能以及相关配套服务活动的用地	主导用途：厂房（无污染生产）、研发用房 其他用途：商业、宿舍、可附设的市政设施、可附设的交通设施、其他配套辅助设施

注：上表摘自《深圳市城市规划标准与准则》（2013）。

二是产业用地及其空间的使用需要与产业形态相适应。项目落实到用地上为新型物流用地（W0），既然是物流用地，技术经济指标是物流建筑占 90% 以上。但是随着新产业形态的出现，对产业空间的理解和在空间上如何安排有了新的变化。按照原有的产业园区布局的一些规范，物流建筑是工业建筑，商业建筑是民用建筑，工业建筑和民用建筑需要有一定的距离。但是对于新型物流用地来说，可以发展智慧仓储、服装道具仓储等功能，其在商业和工业使用方面的差别不再那么明显。传统对工业建筑和民用建筑的规划设计约束条件，给新型物流产业的空间安排带来一定制约。为了适应新的产业形态需求，空间安排必须与之相适应，并且用地管理与之相配套。

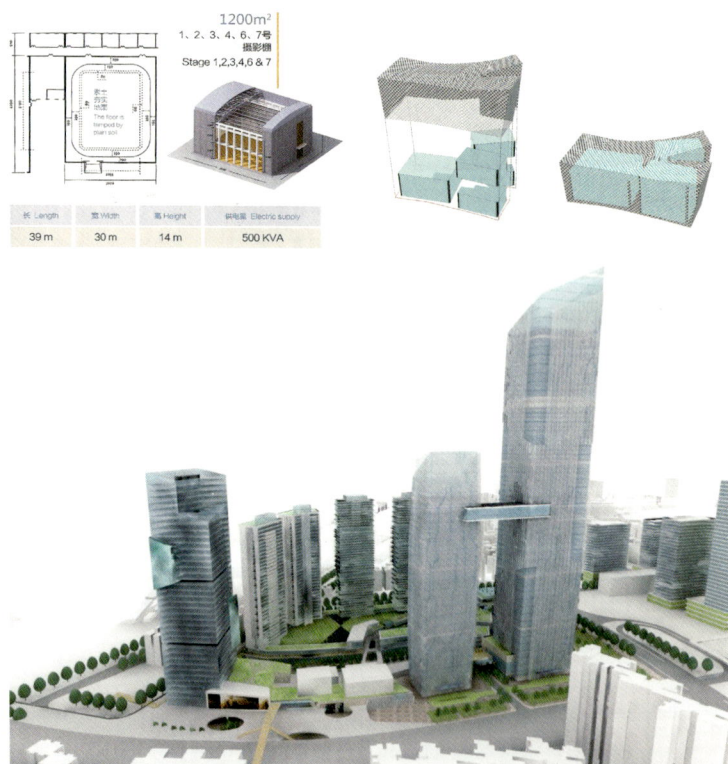

图 5-14　为了解决新型物流用地与其他产业用地的优化布局，在罗湖笋岗长城物流城市更新单元规划中，精细解析各产业单元的空间需求、工程要求、动线组织等，以影棚建设为核心拟建设 6 个特效影棚（其中 2000 m² 影棚 1 个、1000 m² 影棚 2 个、500 m² 影棚 3 个），形成多维城市影视创新基地，构建核心产业、周边产业和产业配套三个圈层构成的影视文化产业集群。

3）规范产业配套用房

根据现行《深标》规定，新型产业用地（M0）允许配建不超过总建筑量 30% 的产业配套用房，物流用地（W0）允许配建不超过总建筑量 40% 的产业配套用房。产业配套用房主要包括：商业、宿舍、可附设的市政设施、交通设施、其他配套辅助设施等。

随着 2013 年深圳推动产业升级转型"1+6"配套政策出台，政府对产业及其配套用房的销售政策予以松绑，允许进行分拆销售。由此，在"工改工"类型的城市更新单元中，由于产业配套用房可规划为配套商业和宿舍，在政策松绑下，其物业价值凸显，而受到市场的高度关注。一些房地产开发企业甚至将产业配套宿舍与商务公寓的概念有意进行混淆，试图通过建筑设计的方式将产业配套宿舍包装打造成为商务公寓进行销售，以获得高额利润。这一做法与政府允许建设产业配套宿舍的初衷相背离。为了规范产业配套宿舍建设，政府出台了相应的政策措施予以约束，以保证配套宿舍回归其产业服务的根本职能。

《深圳市建筑设计规则》中明确规定，"单间式宿舍每个居室宜附设卫生间。如因条件限制难以附设时，应每层集中设置公共厕所和公共盥洗室，且其卫生设备的数量应满足相关规范要求。除食堂外，不得另行设置厨房。单间式宿舍除阳台以外的户内建筑面积不得超过 35 m²，套间式宿舍不得超过 70 m²；且宗地内所有套间式宿舍规定建筑面积之和不得超过宿舍总规定建筑面积指标的 30%。仅限单间式宿舍可设置双层床，套间式宿舍仅可设置单层床"。

4）推动消费功能升级

根据城市地租理论，城市中心城区内的一般制造业企业会逐步外迁，但部分非制造企业会继续依托中心区良好的公共配套，重新选择与平衡企业布局。

随着城市更新的深入开展，政府对于产业类城市更新项目愈发重视。支撑这类项目的产业研究已不仅仅局限于"工改工"项目，而是进一步扩展到改造方向为商业、办公的项目。尤其在深圳城市更新进入到强区放权新阶段后，区政府作为行政、经济和社会发展的主要责任主体，直接面对既往由于产业规划研究的缺位，导致以商业、办公为主导功能的项目，在建成运营后面临销售、出租的巨大压力。高档华丽的商场、写字楼建设好了却无人问津，房地产开发企业走投无路，又转向政府寻求帮助，给政府带来巨大压力。因而在城市更新过程中，政府会避免产生缺乏实质性商业、服务业需求的楼宇经济，更加关注辖区内新产业的引进与长期运营，以获得稳定的财政收入，推动长远发展。以罗湖区为例，一方面其城市土地资源相较其他区更紧张，另一方面其商业、服务业又面临福田、南山的竞争性挤压。为了改善这一局面，罗湖在城市更新单元规划审批权下放的试点期，要求以商业、办公为更新方向的项目必须开展产业规划研究，积极引导城市更新项目落实产业发展要求。同时，对于积极落实政府引导并引入优质企业的更新项目，列入城市更新重点项目，予以一定规模的开发量奖励。此外，在城市更新单元规划阶段，

深圳龙华某工业区更新单元的业态规划内容　　　　表 5-13

业态	品类	单店使用面积（m²）	品牌数量	使用面积（m²）
餐饮	宴会中心	1500~2000	1	1500~2000
	美食广场	1000~1500	1	1000~1500
	特色餐饮	200~500	10~15	5000~7000
	休闲简餐	100~200	8~10	1500~2000
	轻便美食	80~100	5~8	500~800
	合计		25 间	11000
娱乐	电影院	2000~3000	1	2000~3000
	健身中心	1000~1500	1	1000~1500
	合计		2 间	4500
配套	社区超市	1000~1500	1	1000~1500
	银行/通讯营业厅等	500~800	2~3	1000~2000
	跨境电商体验店/家居精品/护理用品等	200~300	5~8	1500~2000
	时尚服饰/运动服饰/鞋履箱包	100~200	8~10	1000~2000
	运动用品/3C 数码/时尚配饰	100~200	8~10	1000~2000
	美容/美甲/美发/摄影/花店等	50~80	5~8	400~600
	药店/健康用品/保健用品/烟酒专卖/母婴用品/宠物用品	50~80	5~8	400~600
	合计		40 间	11000
总计	店铺数总面积		约 77 间	25000~30000

要求对于消费升级和产业提升并行的更新项目进一步开展业态规划，对未来不同业态对应的空间规模进行细分配比，明确具体企业的引入方案，将商业空间设计与运营管理一起进行统筹，引导推动消费功能升级。

4. 城市品质提升：以精细化设计为抓手，营造高质量、特色化的城市环境

城市更新单元规划不仅需要落实法定规划和相关政策要求的公共设施，而且需要体现所在单元或片区公共价值的关注点，因此每一个更新单元都有其自身特色。在城市更新单元规划编制过程中，需要考虑一定的属于本地区特色化公共职能的引入，比如鼓励公共交往、体现环境品质、保护生态安全等。随着近年来国家对生态文明、绿色低碳、永续更新、保留城市发展记忆等发展理念的倡导，深圳在城市更新单元规划中不断强化城市设计相关要求，积极引导城市有机更新，推进实施城市修补和生态修复，提高城市发展的质量。

当前城市更新单元规划要求所有城市更新单元进行城市设计专项研究，落实上层次规划中城市设计对更新单元的控制要求，有针对性地提出城市设计策略，明确城市设计要素和控制要求。具体包括：在城市空间组织研究、建筑形态控制研究、慢行系统与景观环境设计研究、公共空间等方面细化设计原则与指引；明确通道、连廊、建筑架空层、地下空间等整体开发，跨街建筑物等设计的原则及控制要求；强调地域性气候特征与城市设计的关系，提出针对重点地区须进行生态修复研究；重视更新项目的设计品质，强调城市设计对下一阶段建筑设计的指导性等。

1）公共空间精细化设计

深圳城市规划和建设成就很大程度上得益于组团状空间结构提供的"弹性"与"韧性"，组团之间的生态公园为这个城市赢得了"公园之城"的美誉。当城市结构骨架基本稳定后，城市更新面对的就是如何在社区范围内（包括生活社区，创新社区、产业社区等）通过更新提供开放度更高、品质更高的公共服务设施。最能体现社区特色的就是公共空间，它涵盖了历史记忆、邂逅与交往、儿童游憩、安全通行、资源展示

与共享等众多职能。公共空间是城市中最具价值的开放空间，是营造良好的社会环境重要的公共资源。对于城市更新而言，公共空间的重塑是设计与管控的重要内容。

作为面向公众开放的公共领域，公共空间是人们享受自然、进行社交活动的重要场所。公共空间不单纯是个固化物质的概念，其作用在于让进入这一空间的人们开展广泛的参与、交流与互动，这些活动包括公众自发的日常文化休闲活动以及有组织的聚会活动。随着城市建设不断发展、人们生活水平不断提高，公共空间呈现多样化和多元化的特点。比如立体城市的建设使三维的公共空间成为可能、地铁的建设使地下商业街和地下公共通道得以实施、都市休闲主义理念下公共空间与商业街区结合更加紧密等，这些多样化、多元化的需求使得公共空间形式日趋丰富和多元。

依据现行《深标》，公共空间按类型可划分为室外型、室内型，按功能可划分为绿地型、广场型、街道型。一般城市更新开发建设地块控制要点主要涉及街道和建筑附属空间（既可能室外、也可能室内），毗邻绿地、广场的地块还需对其建筑界面予以控制。

公共空间应坚持"公平、活力"的布局原则，其规划应面向所有人群的需求，注重公众可达，并确保公私利益的平衡。其设计应立足于营造安全舒适的环境，激发多元的活力，鼓励人们最大限度地使用。同时，应保障公共空间的公平分配。公共空间一般属于政府管理的城市资源，从规划管理的角度出发，在城市更新项目中增设公共空间，是开发建设行为中的控制要点之一。

公共空间的设计要点包括：①室外附属的公共空间通常保障 24 小时开放，庭院式或建筑内部附属公共空间根据用地管理情况设定开放时

《深圳市城市规划标准与准则》中公共空间的类型划分　　表 5-14

划分依据	类别	特征
空间	室外型	建筑空间之外的公共空间
	室内型	在建筑空间之内与室外公共空间保持连通性的公共空间，净空不小于 5.4m
功能	绿地型	绿化占地比例不小于 65% 的公共空间
	广场型	绿化占地比例小于 65% 的公共空间
	街道型	依附于城市道路、步行街或内部道路的线性公共空间

限，但须保障在通行时间内开放；②要有完整连续的路线设计，贯通并保持连续性，避免空间死角，在路线设计上应根据行人需求，使之成为行人连接的必经路线，从而达到鼓励使用的目的；③保证必要的视线监督，鼓励附属空间与建筑内部的互动，形成"街道眼"，有效提高空间的安全性，降低犯罪发生的可能。

与新建项目相同，城市更新项目也应提供占建设用地面积 5%～10% 独立设置的公共空间，建筑退线部分及室内型公共空间计入面积均不宜超过公共空间总面积的 30%。公共空间面积小于 1000 m^2 时，宜与相邻地块的公共空间整合设置。广场型公共空间宜利用建筑进行围合，围合率控制在公共空间周长的 50% 以上，最大开口不宜超过周长的 25%。公共空间周边的建筑底层宜作为商业、文化、娱乐等用途，以增加其活力和场所感。考虑到部分城市更新项目用地局促、建筑覆盖率较大，难以提供首层独立占地的公共开放空间，因此城市更新项目中鼓励设置架空层公共空间。依据《深圳市建筑设计规则》建筑首层架空或其他楼层与城市公共通道连通的部分架空，作为 24 小时免费向公众开放

图 5-15　深圳某城市更新单元规划，充分发挥了临近主干路绿化带的优势，通过首层建筑架空提供地面层公共空间，将项目公共开放空间融合到城市主干道步行系统之中。

的公共空间，梁底净高不小于 5.4 m。

在公共通道方面，依据《深圳市建筑设计规则》，建筑楼层（包括首层）内，按城市规划要求设置的 24 小时免费向公众开放的城市公共通道，其中车行通道有效宽度不小于 4 m，净高不小于 5 m；人行通道净宽不小于 3.5 m，梁底净高不小于 3.6 m。依据《关于加强和改进城市更新实施工作的暂行措施》（2016），城市更新单元规划确定的公共车行通道建成后产权移交政府。依据现行《深标》，不含商业的地下公共通道最小宽度不应小于 6 m，净高不宜小于 3 m；含商业的地下公共通道最小宽度不应小于 8 m，净高不宜小于 3.5 m，局部节点最小净高不应小于 2.5 m。

此外，对于小地块项目因地块规模而无法贡献独立用地的，可采用设置公共空间的方式弥补。根据《关于加强和改进城市更新实施工作的暂行措施》（2016），小地块城市更新单元（拆除重建地块规模小于

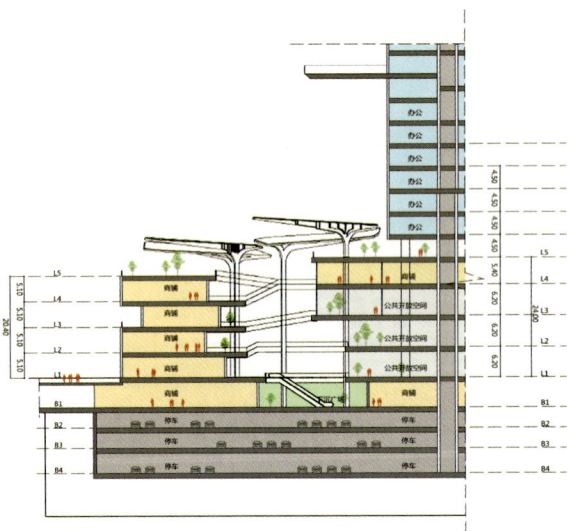

图 5-16 深圳某城市更新单元规划，由于单元面积较小且单边临路，项目地块进深较小无法移交独立用地，通过补缴地价的方式回购该部分用地，并通过架空层公共开放空间来弥补无法提供独立占地的绿地或广场的不足。

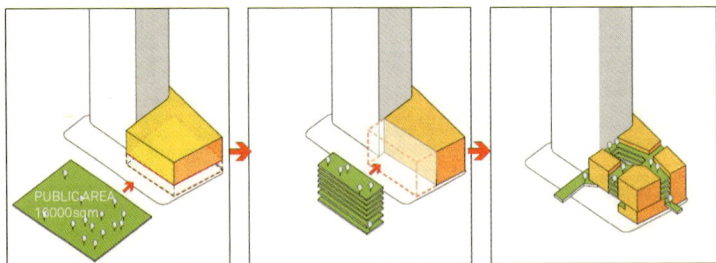

图 5-17 深圳某城市更新单元规划在有限的可建设区域中引入城市公共开放空间以保障市民慢行活动。将公共开放空间化整为零，融入商业开发建设空间之中，将公共开放空间和商业开发空间融合为有机的整体，相互促进，实现城市公共权益与市场经营权益共赢。

10000 m²）可供无偿移交给政府的独立用地应当不小于拆除范围用地面积的 30%。小地块城市更新单元因地块规模等限制性因素而无法移交相应规模的独立用地给政府的，在城市更新单元规划中应尽量通过公共空间等其他形式提供连续舒适的公共空间环境。虽然目前小地块城市更新项目已经叫停，但是对于高密度建成区公共空间的配置设计的探索仍将持续推进。

2）慢行系统多层次连接

香港早在 20 世纪 70 年代就开始加强主要商务区的立体慢行系统建设，主要满足部分就业密集区的人口密度高、地势陡峭、人行道狭窄和开发强度高对慢行交通的需求，偏重连接、舒适高效，快速疏散轨道站点的人流，连接必要的商业设施，标识清晰，并针对高温多雨的气候条件设置顶棚以防雨防晒。比如香港半山设置有自动扶梯和人行天桥系统，这些半山自动扶梯设在地势陡峭、靠近中环 CBD 的地区。结合东西向的公交系统，自动扶梯方便行人到达海拔较高的地区；人行天桥设置在沿岸地区，提供跨高速公路和主干道的行人通道，同时连接多个超

图 5-18　香港半山自动扶梯和人行天桥系统。

高层建筑和高开发强度商业建筑。

相较香港，深圳在城市更新中逐渐对立体慢行系统开始重视，强调办公商务区与周边公共空间的连接以及办公商业楼宇之间的立体连接平台设计。就目前的实施效果来看，二层连廊或平台虽然可以实现步行的无障碍安全通行，但其对首层空间特别是商业空间的视觉、活力、环境的影响较大，需要根据更新项目的业态、物理环境、交通等特点综合考虑慢行系统连接的必要性及其相应的连接形式。

3）地下空间综合利用

自 1998 年深圳启动城市轨道交通建设以来，截止 2017 年底已完成运行地铁线路 8 条，合计里程为 285km，到 2020 年轨道交通三期全部完工后，将形成 11 条完整的地铁线路，合计里程将达到 430km。高密度的轨道网不仅实现了大运量公共交通的供给，也对地下空间的开发使用提出了一体化设计建设的需要。

在城市更新单元规划中通过对地下空间的综合利用可以有效拓展城市空间资源，丰富城市使用功能。日本成熟的地下空间的设计及其开发利用的技术经验，对于深圳具有较大的参考价值。比如，日本东京车站

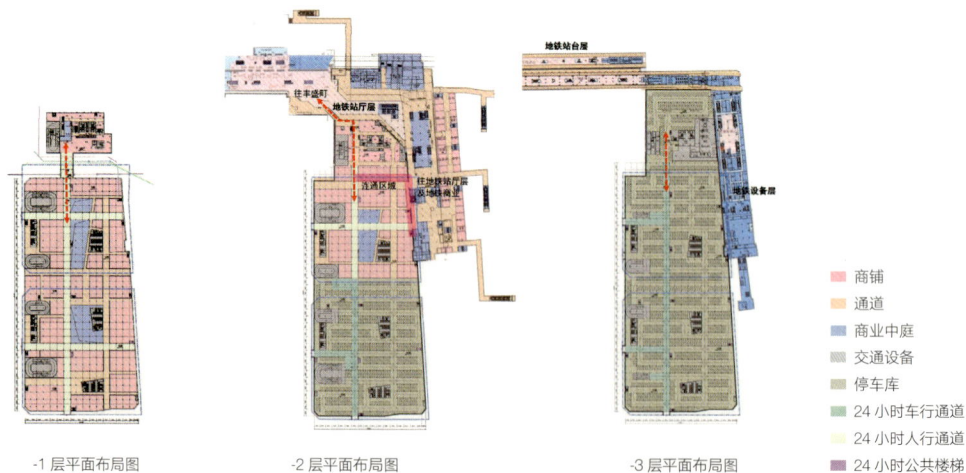

-1 层平面布局图   -2 层平面布局图   -3 层平面布局图

图例：
- 商铺
- 通道
- 商业中庭
- 交通设备
- 停车库
- 24 小时车行通道
- 24 小时人行通道
- 24 小时公共楼梯

图 5-19 深圳某城市更新单元规划中地下空间的综合利用布局。项目北侧紧邻地铁四条线路（1、7、9、11 号线）交汇的车公庙站，规划对项目地下空间进行了综合利用布局，包括明确地下各层平面使用功能、地下各层平面连接通道及交通组织等，并将地下空间指引纳入用地出让许可条件。

是铁路和地铁的枢纽站，现有 7 条铁路线、2 条高速铁路线、1 条地铁线汇集于此，3 个相互连接的地下商场向车站东西两侧扩展，其特点是将地下商业空间与城市交通组合，形成立体化的城市公共空间网络。深圳城市更新地下空间的功能设置主要突出 3 个方面：一是地下停车，二是地下商业，三是地下公共联系通道。在当前地铁轨道站点快速建设的带动下，地下空间的价值多样性需要进一步挖掘。通过精细化的空间设计手法，可以使地下空间的商业消费、人流动线引导与地面交通空间进行高效和舒适地衔接，可以明显缓解地面交通压力，提高城市运行效率。

4）历史文化片区保护与活化

2014 年市规划国土委组织编制《深圳市历史风貌区和历史建筑专项调查、评估、保护行动规划》，并发布第一批共 42 处历史建筑名录，与此前发布的《深圳市历史建筑和历史风貌区保护规划编制指引》共同形成专项指引性文件。《深圳市拆除重建类城市更新单元规划编制技术规定》（2018）中规定更新单元涉及文物保护单位、未定级不可移动文物、紫线、历史建筑、历史风貌区，均应进行历史文化保护专项研究，落实上层次规划相关要求，明确保护范围，并对城市空间、建筑风貌等提出保护措施和活化利用、保育方式。

根据《城市紫线管理办法》（2004）的要求，按法定图则中城市紫线控制相关内容及《深圳市城市紫线规划》相关规定落实。具体来看：涉及历史风貌区、特色风貌区的，有上层次规划的，应落实相关规划要求。无上层次规划的，根据现行《深标》及其他相关技术、标准、规范，划定核心保护范围、建设控制地带，提出相应的风貌保护控制要求、保护控制措施与合理的活化利用方式。涉及历史建筑的，有上层次规划的，应落实相关规划要求。无上层次规划的，根据现行《深标》及其他相关技术、标准、规范，划定更新单元内历史建筑的保护范围线，明确禁止性使用功能、保护范围内的建设活动控制要求，并提出保护措施及合理的利用方式。

在未列入历史保护建筑但又具有城市记忆的建筑保护方面，为了鼓励在城市更新项目中保留这类建筑，相关政策明确了保留历史性建筑的奖励措施，对于符合一定条件的情形按照保留建筑的建筑面积的 1.5 倍及保留构筑物的投影面积的 1.5 倍计入奖励容积。

在历史文化片区的保护和活化过程中，既可以通过综合整治的方式来落实保护，也可以在拆除重建过程中通过予以保留的形式来活化。以福田上沙村为例，梳理整合已经开展的专项工作（三线整治工程、水环境治理工程、同富裕工程、城中村扶持项目工程、市政基础设施整治工程、环卫设施整治工程等），查漏补遗完善环境综合整治工作，在街景整治、历史文化遗存保护、公共空间整治、公共配套设施整治、道路交通设施整治和市政设施整治等方面明确具体要求，重点对于保存完好的黄公祠和天后宫、名木古树等这些历史遗存进行了针对性保护。在龙岗五联竹头背和岭背坑片区城市更新单元规划中，对于传统客家围屋七星世居也进行了保留与活化。通过调整法定图则路网，恢复原有客家围屋"背山面水"的风水格局，同时最大限度串联绿地、公园等自然景观要素，构建人文遗存与自然景观一体化的公共空间体系。

5）生态宜居环境营造

在环境品质方面，在城市更新单元规划中要求开展相关专项或专题论证，规划建筑面积应满足交通市政设施承载能力并符合机场净空、生态保护、特定城市设计（日照、防噪、通风、景观等）等相关控制要求。

建筑物理环境研究

建筑物理环境专项研究主要包括对建筑物自然通风、声、光、热等影响进行分析并提出改善措施。以更新项目所在街坊（周边次干道及以上层级道路围合而成的片区）为单位，分析更新单元所在区域环境特征，研究更新单元的空间组织、建筑布局、场地设计、绿化设置等对区域小气候的影响，提出改善区域风环境、热环境、光环境、声环境方案。

随着人们生活水平的提高和健康理念的转变，以及现代社会对于节能、环保的迫切要求和倡导，通风设计越来越受到人们的重视，如何做好、用好、控制好自然通风成为一个重要的研究课题。良好的建筑通风可以实现有效被动式制冷，可以在不消耗能源的情况下降低室内温度，在夏季取代（或部分取代）传统空调制冷系统，此外可以提供新鲜、清洁的自然空气（新风），带走潮湿气体，有利于人的生理和心理健康。风

图 5-20　在城市更新单元规划中对日照、通风等多种条件下建筑单体及其组合进行优化模拟，引导自然通风最大化，提高日照采光，降低热岛效应。

环境模拟评估主要参照《深圳市自然通风评估方法》，对风压、风速等进行要素模拟评估，以判断更新前后自然通风的变化状态。

城市热环境主要受气候要素和空间形态要素的影响，其中气候因素为直接影响因素，设计因素为间接影响因素。设计因素包括城市用地空间结构、通风廊道和下垫面（建筑、绿地、水体、道路）等，相应的指标有容积率、绿地率等。依据气象观测数据进行热环境模拟评估，在模拟中主要考虑背景气候状况及下垫面（建筑、道路、水体等）对热环境的影响。

日照分析评价主要根据更新范围内外、不同建筑类型、不同的日照标准进行多维度的日照分析，精细到不同的标高和户型，并由有资质的建筑设计公司予以确认。

声环境分析与评价通过噪声地图，直观、全面反映城市空间中的噪声环境状况，主要根据《城市区域噪声标准》予以噪声控制和消减。

土壤环境风险防控

根据市规划国土委《关于城市更新实施工作若干问题的处理意见（二）的通知》（2017），明确提出"城市更新项目涉及现状为或者曾作为电镀、线路板、铅酸蓄电池、制革、印染、化工、医药、危险化学品储运等行业工业用地及污水处理厂、垃圾填埋场、垃圾焚烧厂、危险废物及污泥处理处置设施等市政设施用地，或者涉及已列入我市污染地块名录内地块的，须开展土壤环境风险防控"。按照《深圳市建设用地土壤环境调查评估工作指引（试行）》的规定，组织开展土壤环境调查评估并提供相应的风险管控方案或治理修复方案。土壤安全检测一般由城市更新单元规划申报主体委托相关有资质的机构开展。一般结合项目用地原有工业生产的布局，在有土壤污染风险的区域，通过钻探采集土壤样本，并进行化验分析，对土壤污染情况进行判断，并以此对有污染风险的更新项目，提出土壤修复方案。

土石方平衡

为落实城市绿色基础设施、绿色建筑等具体措施，对于原有建筑拆除产生建筑垃圾处理的情形，需在进行竖向设计时，尽量结合地形地貌进行开挖空间设计，减少土石方外排量。为从源头上减少城市建设余泥渣土排放，促进可持续发展，市规划国土委发布《市规划国土委关于加强竖向规划设计管理减少余泥渣土排放的通知》（2017）提出城市更新单元规划应编制竖向规划设计专篇，增加土石方平衡方案，编制《建

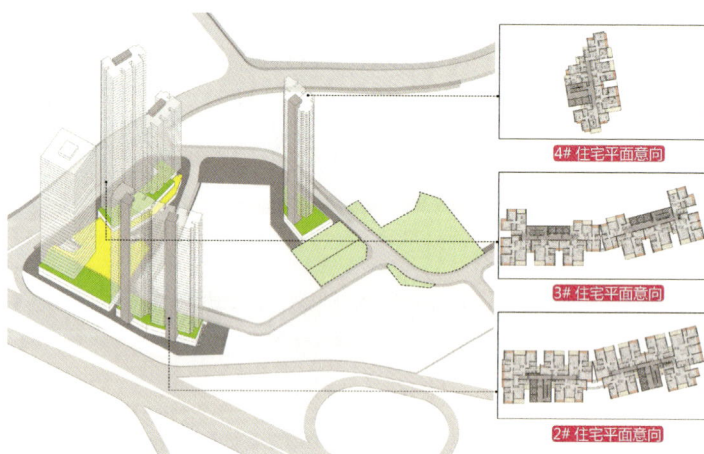

图 5-21 深圳某城市更新单元规划中的降噪设计。除采取在道路沿线装隔声屏障、在道路沿线绿带上种植树木林带、建筑的玻璃幕墙和窗户采用中空玻璃构造提高隔音等级等措施以外，在更新单元规划编制中对住宅塔楼的布局进行优化，规划连续实墙面形成隔声屏障，降低道路噪声的传播。

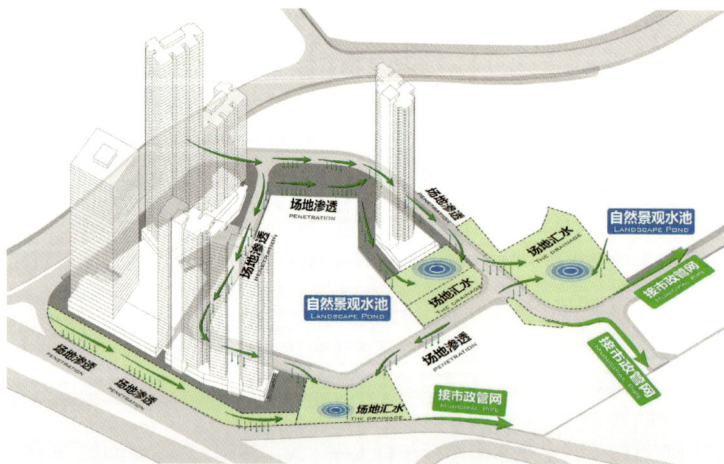

图 5-22 深圳某城市更新单元规划海绵城市建设专项规划图。结合项目的水文地质情况，研究规划海绵城市建设方案的可行性，通过用地布局的调整，结合绿地设计景观水池，增大项目整体渗水率。

筑废弃物计算一览表》。从控制建设时序、预留开发土方回填、减少外运的角度出发，对土石方开挖涉及的挖方量、填方量进行分析，提出土石方平衡改善措施。

海绵城市建设

通过加强城市规划建设管理，建立和完善城市"海绵体"，可以充分发挥建筑、道路和绿地、水系等生态系统对雨水的吸纳、蓄渗和缓释作用，有效控制雨水径流，实现自然积存、自然渗透及自然净化。根据《深圳市海绵城市建设专项规划及实施方案》和《深圳市海绵城市规划要点及审查细则》，明确规定所有城市更新单元均应进行海绵城市建设专项研究，明确海绵城市建设目标，落实上层次规划相关要求，进行区域海绵城市影响评估，并结合总体平面图合理布局主要海绵设施。

自然生态保育

深圳在自然生态环境保护方面，于 2005 年在全国率先划定基本生态控制线，颁布实施《深圳市基本生态控制线管理规定》，着力强化对污染河流的全面综合水体治理，近年更是通过海绵城市的建设将城市防洪安全和生态景观建设予以结合。城市更新除了人的体验，也要考虑自然生态保育，如何在高密度建设的压力之下，彰显城市自然生态的价值，需要专项的研究支持，比如对建筑高度影响鸟类迁徙路线的研究，避免高强度建设对生态的不良影响。

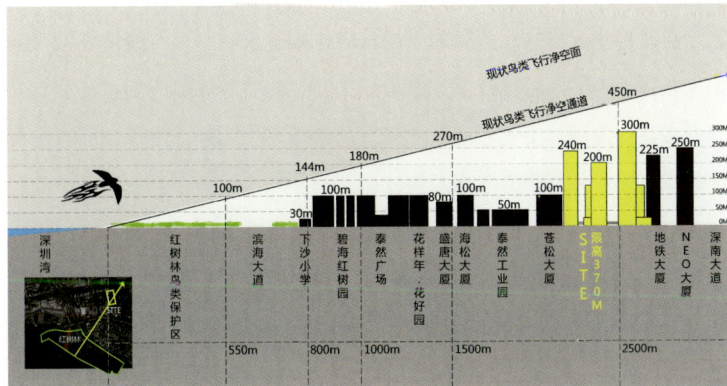

图 5-23　深圳某城市更新单元对鸟类迁徙路线的保护。在规划编制过程中考虑了鸟类迁徙活动对建筑高度的影响，对处于自然保护区周边的地区在开展更新项目时要求进行建筑高度对鸟类迁徙活动的影响分析。

5.4 片区层面城市更新统筹规划实践

5.4.1 更新统筹规划的主要应用场景

根据不同主体、不同层面对更新统筹规划的不同诉求，可以将其区分为以下 3 种主要情形。

1. 情形一：基于统筹协调更新单元规划的视角

城市更新单元规划经过 2010～2015 近五年的集中推行实施后，累积并暴露了一些问题，比如产业集聚效应不明显、交通市政承载负荷加大、大型公共设施落地困难、保障性用房供给有限、现有法定规划指导作用弱化等。根据对深圳历年列入城市更新单元规划申报计划的项目用地规模的统计分析，发现全市拆除重建类城市更新项目平均改造规模约为 8 万 m^2 左右，而原特区内的改造规模相对更小。随着拆除重建类更新项目碎片化的发展，更新单元的统筹作用逐步被削弱，政府开始探索如何在较大范围内进行开发容量分配和公共利益的供给平衡，在落实公共配套设施的同时协调各更新单元规划的实施。此外，由于深圳城市发展非常迅速，外部条件不断发生变化，一些城市更新项目在更新单元规划编制期间，出现片区发展定位及目标发生重大调整、重大基础设施增设、停车需求显著增加以及满足新增建筑量的公共设施配套增加等状况，使得这些城市更新项目的单元规划需要根据片区发展要求重新开展条件分析，并加强片区统筹协调的内容。以上这些问题的解决都需要在更大的空间尺度上，对依托城市更新项目开展的城市更新单元规划进行统筹协调。

回到城市更新单元规划发展的路径，可以发现与增量规划指标的逐级下达和层层分解的特点不同，城市更新单元规划作为一种存量规划体现出非常强的、反映"自下而上"需求的特征。在城市更新单元规划探索和实践的初期阶段，由于更新项目数量较少，单一项目容积率等规模指标的上限约束和基础设施支撑系统的下限供给对地块和片区的发展影响或许不大。但是随着更新项目数量的增多，当拆除重建类城市更新在一定地区广泛铺开时，其新增建筑规模的叠加效应不容忽视，而每个更新单元的实施个体是无法解决一定地区的系统性支撑问题的。如果每一个城市更新项目都追逐自身利益的最大化，并尽可能地回避公共贡献或者忽视系统性城市功能的完善，其结果就是片区甚至是城市整体利益受损。因此，通过更高层级的更新规划对城市更新单元规划进行统筹就显得尤为必要。此外，在拆除重建类城市更新项目占据更新市场较大份额的情况下，社会各界对城市更新的理解逐步窄化为城市更新等同于拆除重建、个体改造、地产开发，面对个体项目集合的城市更新单元规划实施中带来交通拥堵、设施不足和空间凌乱等问题，无法整体有效地改善。因此需要建立更综合、系统的解决方案，更新统筹规划研究成为必然。

具体来看，针对以上问题的城市更新统筹规划往往具有克服单元规

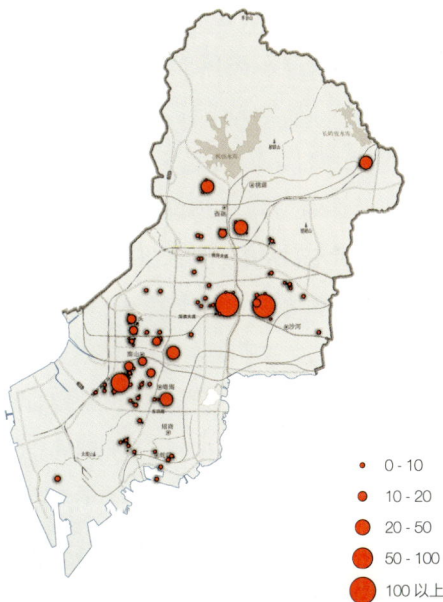

图 5-24　深圳南山区拆除重建类城市更新项目建筑量的量级分布。南山区拆除重建类城市更新项目产生的新增建筑量，对片区发展产生巨大的压力主要体现在交通上。一方面，由于轨道交通规模不足，密度偏低，全区南北向交通缺乏轨道覆盖，支撑不够；另一方面，现状主干道路交通压力大，拥堵严重。

0 - 10
10 - 20
20 - 50
50 - 100
100 以上

划个体改造弊端的直接目的，以拆除重建改造密集区域产生的问题为焦点，通过更新统筹规划进一步优化片区法定图则规划路网、市政基础设施等系统性要求，合理分配片区内各更新单元的实施责任，以解决合成谬误问题。

2. 情形二：基于优化调整法定图则的视角

在 2009 年《深圳市城市更新办法》出台后，一些辖区比如光明区、大鹏新区等自发组织开展了城市更新统筹规划研究工作。这一时期的城市更新统筹规划，一般主要由政府主体委托，规划范围往往是行政管理边界，大多以整个辖区或辖区内的一定街道为统筹对象。由于当时对于城市更新统筹规划并没有明确的政策要求，大多数规划研究成果对城市更新单元规划的实施并没有产生实质的影响，后来相关规划研究成果经调整优化后转化成为区层面的城市更新五年专项规划。随着城市更新工作逐步深入展开，拆除重建类城市更新单元的改造项目逐步增多，出现了一些更新单元以及不同权利主体之间争取甚至是突破开发量上限的问题。此时有两个亟待解决的困难摆在政府面前：一是相对科学合理的各种约束性指标的上限和下限在哪里；二是可预期的增量指标在不同的更新单元内如何分配。从规划管理的视角来看，一旦"自下而上"推动的城市更新单元进入计划申报、规划审批环节，相关技术性指标能不能批、批多少、如何批等诸多问题便随即出现。但是，仅依赖法规和政策作为技术性指标的批复依据远远不够。在此背景下，深圳城市更新工作亟待探索解决上述问题的统筹方法和平台。一方面，政府需要能够统筹各类城市更新项目、保障项目合理通过审批；另一方面，市场也需要在片区统筹协调的条件下明确相对稳定的更新单元设计条件，避免与政府在公共利益保障方面相互拉扯，这样双方的共同点便再次指向城市更新统筹规划。

与此同时，政府需要考虑的还有一个重要方面，即法定图则的优化调整。虽然深圳建成区已基本实现法定图则全覆盖，用地功能布局已明确，但是有的法定图则编制、审批时间较久远，无法及时反映地区发展目标变化带来的用地功能调整，有的法定图则中规定的现状保留用地，较多已被列入城市更新计划，功能改变和结构调整已经势在必行。这些都需要对法定图则做进一步优化评估，而用地功能的优化调整需要从片区发展目标、现状诉求等多方面综合考虑。片区层面的城市更新统筹规划恰好可以发挥这样的作用，实现优化片区空间结构、调整功能布局、协调用地结构控制的目标。

从弥补法定图则的不足、进一步优化调整法定图则的角度出发，深圳开展了已批法定图则片区的城市更新统筹规划研究。一方面结合产权现状、改造意愿以及市场的选择等，优化落实法定图则规划的公共配套设施及其他必要的公共利益；另一方面充分体现不同地区发展目标的差异化，比如产业创新、宜居品质提升、风貌保护等，借助法定图则整体功能结构布局优化针对性地进行指标配置。

3. 情形三：基于推动实施存量再开发的视角

当前开展的片区层面城市更新统筹规划绝大部分是由政府主导进行的。但对于市场主体而言，特别是一些范围较大的改造地区，如何通过更新统筹规划更好地实现利益协调成为必然选择。针对这样一些地区，政企合作开展城市更新统筹规划研究工作。其中包括由企业牵头组织开展更新统筹规划编制工作，由企业与政府协商确定更新统筹规划的内容和要点，借此推进一些范围较大地区的城市更新工作。

由政府主导即由政府组织开展的片区层面城市更新统筹规划，重点在于体现公共资源优化配置的目标。不仅需要实现公共产品的有效供给，而且也需要保障更新单元的实施可行性，因此政府主导下的片区层面城市更新统筹规划内容聚焦在开发容量的合理控制、利益分配机制的制定、保障大型公共设施的落实、产业用地的合理优化、保障性住房的合理配置等方面，价值导向明确指向优先保障公共利益。但政府主导的片区层面城市更新统筹规划由于在经济利益方面很难与市场需求完全合拍，所以该统筹类的更新规划在实施过程存在一些问题。比如，通过统筹虽然在一个片区内保障了不同更新单元在公共设施贡献方面的公平性，但是却可能由于布局分散导致了设施能级的降低，这反而会弱化公共设施的服务效果；此外原权利主体可能对统筹规划设定的增量分配方案不予执行。这样即使是由政府主导组织开展片区层面城市更新统筹规划，原权利主体和可能的开发运营企业的适时介入也是非常必要的。

高新北区内有企业数量约为 682 家，规划范围内共有 114 宗地（其

中产业用地 75 宗、居住用地 17 宗、配套用地 22 宗），现状用地功能
混杂，产权复杂。这样一个片区实施更新的难度极大。面对这样一个地
区，以服务产业转型升级为目标，开展了"政府主导、企业统筹"的城
市更新统筹规划编制工作。政府委托深圳市国资委直属的深圳市投资控
股有限公司（以下简称"深投控"）进行统一规划、建设、运营，由深
投控负责协调片区多个权利主体。在这一更新统筹总体思路引导下，深
投控充分发挥大企业自身的统筹优势，探索建立合理的统筹协调机制，
对园区内的用地进行统筹腾挪，并采取成熟一批、实施一批的改造策略，
制定近远期实施计划，使片区内城市更新项目有序推进，切实保障片区
内产业升级的顺利转型。由于这种在片区层面城市更新统筹中由企业主
导的方式尚在实验阶段，其"政府主导、统一规划、单一主体、企业统
筹"的效果有待检验。

5.4.2 更新统筹规划的作用机制

1. 区分不同作用导向，进行针对性统筹

从区域发展来看，城市更新统筹规划更有利于实现地区长远发展战
略。由于城市更新统筹规划的工作方法是以整个片区面临的实际问题为
出发点，一般根据不同片区的发展诉求，开展针对性的城市更新统筹规
划专项研究，可以侧重产业升级、品质提升和风貌保护等多种方向。

1）产业升级发展导向

城市更新通过制定系列政策措施，如"依据更新后的用地性质提供
保障性住房或创新型产业用房"等，较好地为政府调控居住类和产业类
用房提供了强有力的抓手。在取得积极成效的同时，城市更新单元规划
在引导产业转型发展方面依然存在一些不足之处。在市场主导推进城市
更新的过程中，对于需要进行产业升级的工业园区，其开发主体往往多
追求短期投资回报，投市场所好，变相改变产业空间功能，市场缺乏配
置政府鼓励发展产业的主动性。在城市更新项目个体化发展的格局下，

政府所期望的产业集聚效益无从体现。由于缺乏集中连片、成规模的产业空间，往往使新产业无法在空间上形成有效集聚，从而降低了产业发展效率，导致政府无法实现对战略产业培育与布局的有效引导。为了解决这些问题，需要通过城市更新统筹规划在产业空间资源把控、产业升级方向引导和产业运营管理等多个方面入手，对实施产业升级的城市更新项目进行专项统筹研究。

以产业升级为导向的城市更新统筹规划，需要重点关注产业和空间的匹配关系。对城市而言，最大目标是为所有行业和企业提供最优的竞争环境，使之获得尽可能大的利润，这使得城市更新必须使空间尽可能的多样化。根据不同类型企业的需求和产权状态，提供尽可能多的空间形式，防止单一更新空间供给，扭转短期一次性的资本型更新收益远远高于长期租赁性的现金型滚动收益的局势。

在新型产业用地和空间供给过程中，必须关注企业内在发展需求与城市更新供给之间存在的紧密作用关系。在这一关系作用过程中，城市更新带来的产业空间、公共配套、人才住房、公共环境等都会对企业发展升级产生影响，其结果直接表现在企业和城市两个层面的成本收益关系格局里。企业层面，一方面体现在企业内部核心产品的收益与成本的变化，如在城市更新带来人力、租金等成本提升的状况下企业产品收益下降；另一方面，企业基于城市发展获得的外部收益与成本变化，如企业自有物业功能转变带来的房地产升值或直接被"腾笼换鸟"。而对于城市来说，表现在由企业个体更新产生的整体外部效益的变化，如房地产导向下的更新不断蚕食制造业空间，制造企业生存成本上升，逐渐影响到整个城市制造企业的生态网络，出现城市实体产业流失，城市就业、税收、创新能力等受到负面影响。因此，在服务产业创新发展的城市更新统筹规划项目中，需要以产业和空间两条线索为切入点，因地制宜地结合产业需求，设计定制式产业空间与生活配套供给。在产业空间研究中，需要综合分析企业、园区空间和公共配套等要素，建立不同类型企业和空间的评价矩阵，筛选出不同企业的不同空间需求；在生活配套供给研究中，可以通过调研、访谈及大数据方法应用等，分析企业生产与员工生活双重需求。通过开展产业统筹类的城市更新规划，可以更好地研判区域产业资源，为片区产业发展进行有效、科学的引导。

具体来看，当前原特区内的产业升级类城市更新项目主要在一些成熟的综合性产业园区和高新产业园区展开，比如福田区的车公庙片区、保税区、梅林—彩田片区，南山区的高新区、南油工业区等。面对高密度的建成区，无序、碎片化的城市更新单元项目很容易推高改造成本，继而导致产业竞争力的丧失，特别是那些权属状况复杂、开发企业多头难以协调的，产业升级转型的成本高企。为了破解这一难题，城市更新统筹规划的技术方法及实施机制的重点在于对有限资源的优化重组。比如南山高新科技园中区，位于城市中心地带，产业发展基础良好，产权相对集中，但产业空间用地不足，外部竞争压力大，运营成本上升导致企业外迁。更新统筹规划重点在于增加产业用地和配套服务空间，集中配置居住用地，并探索政企合作模式。福田车公庙片区同样是位于城市中心地区的高新科技产业聚集地。其更新统筹规划则采用"新旧共生"的复合式更新模式，化解复杂的土地产权问题。通过"土地整备 + 拆除重建 + 综合整治"的方式，对产权到期的用地予以收回，重点布局为片区提升公共服务的配套设施，在用地构成上减少工业及居住用地比例，增加新型产业用地（M0）的比例，优化用地结构，实现空间资源的合理配置。

　　原特区外的产业升级类城市更新项目主要针对仍处于产业升级初级阶段的一些旧工业区。虽然这些旧工业区的改造潜力较大，但由于受到合法用地比例、改造年限等更新政策限制，致使城市更新项目规模小、分布零散，难以实施整体、规模化改造。针对这种情况，需要在对企业、园区和公共配套设施等要素进行充分详细地调研和综合分析评估的基础上，考虑企业生产与员工生活双重需求，调控完善产业空间保障、城市公共配套等定制式资源供给方式。宝安先进制造产业城与科技创新产业城面积约 69.5km^2，作为宝安制造业的集中区，产业相似度高，企业网络联系复杂。随着城市更新的推进，城市更新对本地企业生产成本与实业信心产生了巨大冲击。"十二五"期间，宝安旧工业区改造项目共 76 个，用地面积 475 万 m^2，其中"工改工"项目 27 个，仅占项目总数的 35.5%，用地面积 171.3 万 m^2，仅占总用地面积的 36%，城市更新去产业化、产业空间碎片化的现象凸显。与此同时，复杂的产权关系及现行项目式更新单元模式，导致大量公共配套无法落地，历史欠账严重，城区环境品质低，企业留不住人。如何让优质企业分享城市发展红利，如何维持中小企业的低成

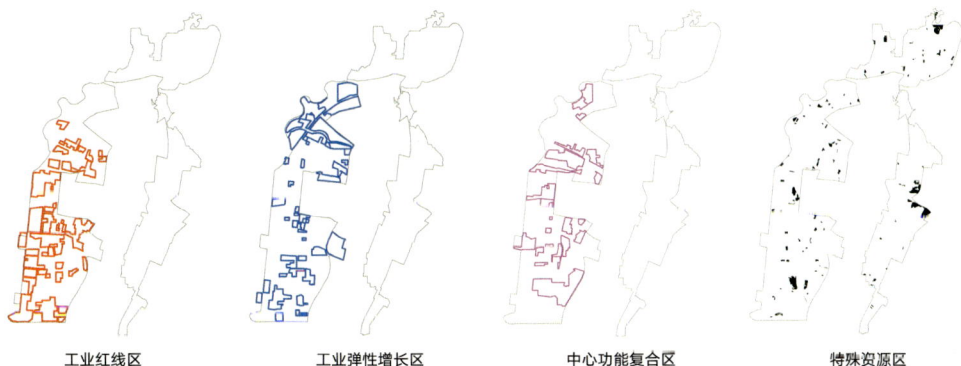

| 工业红线区 | 工业弹性增长区 | 中心功能复合区 | 特殊资源区 |

图 5-25　作为划定工业控制线的前期研究，《宝安区先进制造产业城空间总体规划研究》在总量控制的前提下结合现状产业结构，针对产业资源划定不同改造方式的更新片区，并明确相应的改造规模和开发建设管理规则。

本、高流动的生产网络和创新环境？如何突破现行个体项目式更新模式？如何通过政府主导和规划统筹，平衡社区与市场利益？成为更新统筹规划必须回答的问题，这样以"坚持政府主导、坚持有机更新、坚持共享发展、坚持民生为本"为目标，实施"针灸式"企业空间更新、产业邻里中心、差异化空间政策及产业统筹平台的探索应运而生。宝安采用空间分区与差异化政策供给划定工业红线控制区、工业弹性增长区、中心复合功能区和特殊资源区 4 类空间，在总量锁定、增量提质、存量优化、流量增效的目标下，针对不同分区的准入主体、改造方式、功能指引、总量控制、捆绑建设、转让方式等，提出差异化的政策指引，鼓励和倡导"工改工"项目，严控"工改商""工改居"项目，降低商业地产对产业地产的挤压。

2）城市品质提升导向

这类型更新统筹规划的主要技术特点在于"以物质空间入手，控制增量，提高公共服务设施水平"。罗湖是深圳最早的中心城区，当前城市建设用地极度匮乏，面临着产业空间供给不足、交通拥堵严重、公共服务设施老化等问题，是城市更新诉求最旺盛的行政区之一。罗湖区政府以既有线性公共空间的重塑为突破口，通过主干道路、城市河流的整体规划来带动周边地区的城市更新。《深南大道罗湖段沿线城市设计研究》《布吉河（罗湖段）沿线地区综合发展规划》等就是凭借"一横、一纵、双线"的深南大道与布吉河沿线展开的城市设计，推动实现罗湖的城区品质提升。《深南大道罗湖段沿线城市设计研究》中采取了"策略研究—标准制定—优化管理"的全流程措施，增强罗湖整体的都市视觉体验，同时通过慢行环境的联通，活跃周边商业氛围。

3）特色风貌保护导向

深圳滨海地区具有山海交融的生态特色、山海湾区绵延的岸线特色、渔港疍民传承的本土文化特色，城市更新既需要保护特色风貌，又要综合改善环境。大鹏新区位于深圳东部地区，生态敏感度高、历史人文气息浓厚、空间风貌特征明显。因此，这一地区城市更新的方式聚焦在"差异化、定制化、底线控制、有机更新"等方面，强调在原貌基础上进行复合式综合提升，加强分区管控和建筑风貌控制，全面提升市政设施与公共设施配套水平，塑造滨海特色风貌。《大鹏新区城市更新专项规划》

图 5-26　深圳大鹏南澳墟镇因渔港文化而起源，独具滨海人文特色。2016 年 1 月，深规院开展《南澳墟镇改造规划研究》，结合大鹏新区将南澳墟镇打造为"南海明珠"的目标，依照山海和谐，逐级退让的空间布局原则，对不同界面的建筑高度予以控制。

提出以微介入、针灸式的方式加强生态与人文资源的修复与活化。通过引入多元复合更新方式（包括修缮利用示范类、旧工业区转型升级试点类、旧村旅游文创提质试点类），划定三级更新方式管控分区，有效地导控片区的保护与发展。《南澳墟镇改造规划研究》同样采取有机更新模式，将拆除重建比例控制在 20%～30% 以内，其余均为综合整治、环境整治、建筑整治等类型。同时，对建筑高度进行了分区规划，将规划区域划分为 6 个高度分区，3 个建筑高度控制区，在充分协调山海环境的条件下，塑造了层次丰富、山海和谐的空间形象。

针对特色风貌保护而开展的城市更新统筹规划，侧重在最大程度上保护现有物质空间肌理，利用城市设计、旅游策划、文创产业吸引等途径活化片区空间，在物质空间品质提升的同时保护和延续历史文脉。

2. 优化更新规划管控体系

深圳城市更新强区放权以后，福田区组织开展了深圳首个辖区层面城市更新统筹规划——《福田区城市更新统筹规划工作指引》，建立了"全区—片区—更新单元"的三级城市更新规划管控体系，引导城市更新向"全局统筹、系统控制、精细管理"转变。

从区级层面来看，城市更新统筹规划主要是对覆盖整个行政辖区的城市更新进行统筹研究。主要集中在划分更新政策分区、明确更新时序、划定重点更新单元等方面，是一种引导性的策略规划。福田区城市更新统筹规划的管控内容主要是从框定总量规模、统筹片区增量、完善配套服务、落实支撑系统、导控空间格局等方面着手。在实施过程中紧紧围

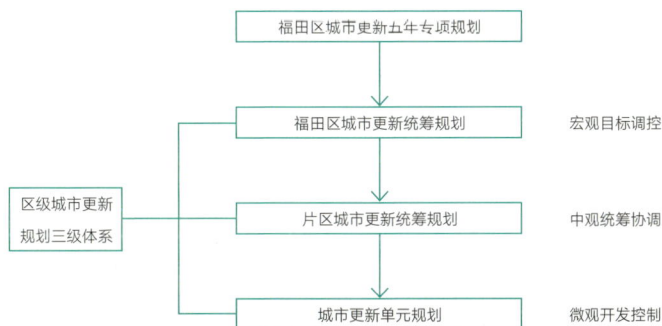

图 5-27　深圳福田区三级城市更新规划管控体系。

深圳福田区城市更新3种情境下发展规模分析表　　　　　表5-15

总量分类	结论		建设总量评价			人口总量评价		公共设施评价
	总建筑量	总人口	交通支撑预测	市政支撑预测	国际城区对比	人口密度对比	水资源承载力	
较优环境	1.15亿m²	196万人	1.1亿m²	—	1.2亿m²以内	2.5-3.0万/km² 150-180万人	166万人	公共设施均可满足,略有盈余
			拥堵主干路路段不超过10%,超90%的市民可接受		国际先进城区毛容积率在2.0以内(福田1.92)	对比国际先进城区,如巴黎、曼哈顿,人口密度控制在3.0以内(福田区建成区人口密度3.27)	通过现有供水条件可以满足	公园绿地人均指标降为6.1
适度环境	1.3亿m²	215万人	1.1-1.3亿m²	1.3亿m²	—	3.0-3.5万/km² 180-210万人	228万人	公共设施基本满足,体育设施有少量缺口,公园绿地人均指标降为5.6
			拥堵主干路路段比例10-35%,60-90%的市民可接受	市政配置饱和状态	—	对比国内先进城区,如北京、上海人口密度超过3.0开始减量发展(福田区建成区人口密度3.58)	需增加市政基础设施建设	
极限环境	1.4亿m²	235万人	1.45亿m²以上	1.4亿m²	—	—	250万人	公共设施出现缺口,体育、养老设施有20%缺口,公园绿地人均指标降为5.0
			拥堵主干路路段比例超过50%,35%以下的市民可接受	市政配置极限状态	—	—	采取较为复杂的水处理技术	

绕管理需求导向,将研究成果转化为工作手册与城市设计导则,形成了一个研究报告(说明书、文本、图集、附件)和一个工作手册。通过工作手册,可以将更新增量、配套设施、城市设计等控制引导内容落实于统筹片区层面的更新规划中,为编制片区城市更新统筹规划和城市更新单元规划提供依据,为审查更新单元计划申报、规划编制提供重要技术支持。

从片区级层面来看,更新统筹规划主要针对某个特定区域,一般是若干个城市更新单元组成的区域范围。研究重点集中在公共设施的落实、控制指标的细化等方面,可直接指导城市更新单元规划的实施。例如《深圳市梅林—彩田片区城市更新统筹空间规划》主要是以梅林—彩田片区的电子商务产业升级为导向,从产业发展的空间需求出发,结合不同类型企业的需求,提供差异化的环境与容量,并制定增量空间分配原则,实现片区空间资源的优化配置,促进片区产业的转型升级。

3. 强化片区空间资源优化配置

1）制定综合评价体系，框定总量规模

城市发展受土地、资源、交通等多方面因素影响，存在人口、开发容量的极限值。为了更加科学、合理地管控片区发展规模，留有一定适应发展不确定性的弹性增量空间，需要综合评价片区持续发展的承载力，框定片区总开发量，明确基于可预见条件限制下不容突破的容量"天花板"。

福田区通过城市更新统筹规划研究，对辖区范围内的不同片区框定了开发总量规模。深规院项目组在研究中构建了人居环境承载力、设施承载力、资源承载力的综合评价体系，以2030年为目标年，在土地、水资源和预期生活质量目标的多重约束下，从空间密度、交通支撑能力、市政支撑能力、水资源承载力等方面分别评估高、中、低开发规模下的承载力水平及人口发展情况，为确定近期城市更新的合理规模和控制节奏提供了依据。

2）协调空间增量分配

依据深圳现行城市规划标准和城市更新容积率审查规则，城市更新项目开发规模的确定已经得以明确。但由于现行密度分区是基于全市城市空间结构划定的，划分尺度较大，以片区为单位则显得整体空间均质，空间结构不突出。为了创造多元化、多样性的城市风貌，片区层面城市更新统筹规划尝试以片区为单元，对密度分区进一步优化，细化分解空间增量。

福田区城市更新统筹规划从辖区城市空间结构与功能结构出发，对现行密度分区进行优化调整。以现行《深标》密度分区为基础，对全区密度进行了 3 轮优化调整。第一轮，从全区"一体两翼、大鹏展翅、南北叠落、多点开花"的空间格局切入，从支持产业区转型升级的角度出发，进一步细化密度分区；第二轮，基于全区八大重点发展产业组团，以支持产业转型、避免均质化的城市空间形态为目标，结合城市更新后主导的产业功能，对产业片区密度分区等级进行了再优化；第三轮，结

合 TOD 开发，以开发权转移制度为支撑，局部调整优化车公庙、华强北等重点发展地区的密度管控要求。通过以上 3 轮的调整，使辖区范围内不同发展片区的密度等级得到了细分和优化，从而因地制宜地指引片区开发。

3）更新子单元划分与更新方式引导

对于较大范围内开展城市更新统筹规划的片区，不同更新单元范围的划定以及改造模式的选择，存在一定的相互影响。为了更好地推动更

图 5-28 深圳福田区城市更新统筹规划对不同片区现行密度分区进行优化调整。

新单元的实施，需要针对整个片区范围，统筹研究更新子单元的划分及适宜的更新方式。在某一城市更新统筹规划研究中，以主要道路围合为基本原则，对产业发展状态、空间环境品质、权属状态、建筑物建成年限、现状容积率等影响城市更新的因子进行综合分析，划定了统筹片区内的子单元控制范围。结合现行更新政策，进一步确定了不同子单元的拆除重建、综合整治、政府储备、现状保留的更新模式。

1）优化配置公共服务设施

由于片区功能改变及新的发展诉求，城市更新带来的新增建筑量都需要重新进行配置，从而满足片区发展必要的公共服务设施，这需要在更新统筹规划里对公共设施服务能力做进一步评估。

福田区通过"落实法定图则规划设施、现有设施挖潜、城市更新落实"等 3 种方式，对全区文化、教育、体育、医疗卫生以及福利设施等公共设施的规模、服务范围进行补充、完善，并对指标进一步细化。其中，对于新增独立占地的公共服务设施，明确通过土地整备等方式落实；对于现状设施挖潜，结合区各职能部门意见及各部门"十三五"规划，通过改造或扩建现状设施来提升服务水平；对于城市更新落实，根据已批更新单元规划对公共设施的要求，通过更新统筹规划和更新单元规划的结合，统筹公共服务设施的类型与布局。

5）加强公共空间系统设计与导控

因缺乏公共空间、慢行系统、地下空间、二层连廊等系统性的设计与导控要求，使得以个体项目推进的更新单元与周边地块的建设往往不同步。受制于片区公共空间导控规则的缺失，开发主体会以影响更新进度为理由而放弃对公共空间等进行系统性、联合式改善的契机。这样不仅难以形成地上地下空间联系，不利于特色空间的整体塑造，而且一旦个别更新单元项目实施完成，将会造成无法弥补的遗憾。城市更新统筹规划通过整合相关规划的城市设计控制要求，优化完善公共空间控制指引并落实到城市更新单元指引中，从而可以有效地补足这方面的短板。

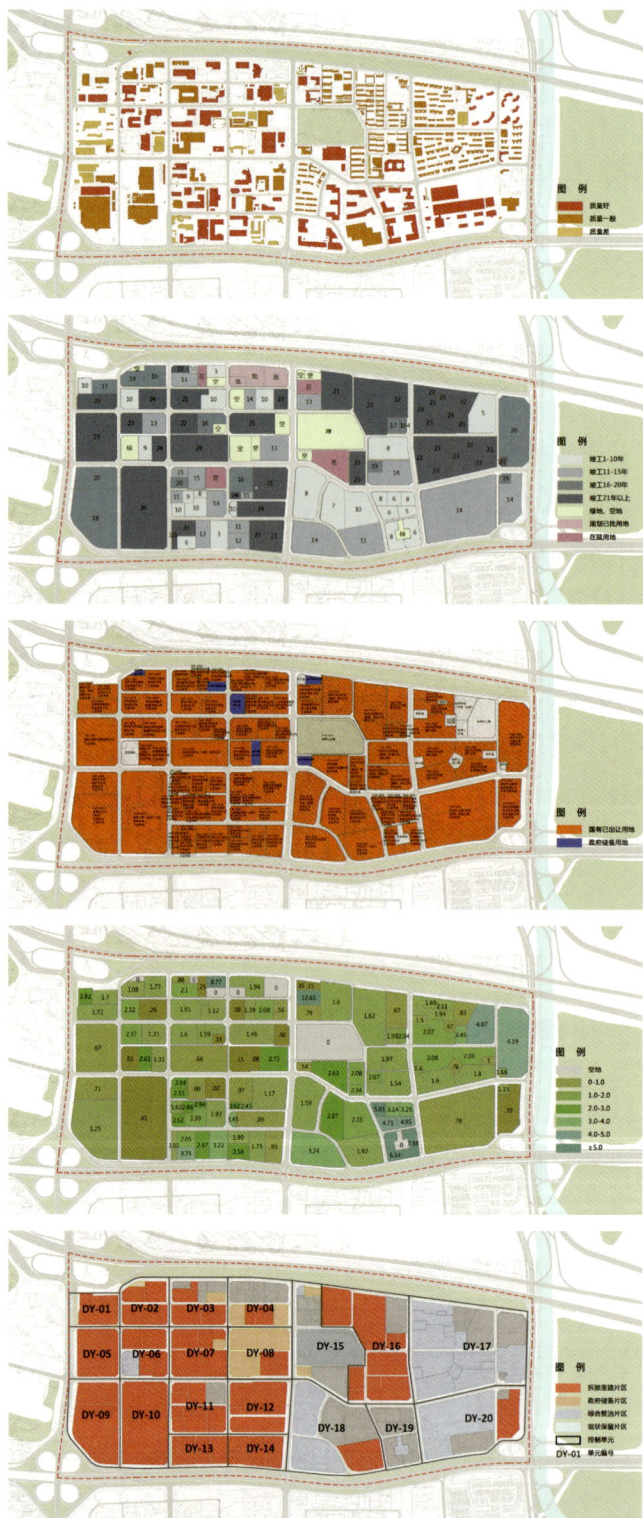

图 5-29 深圳某片区城市更新统筹规划中子单元划分。

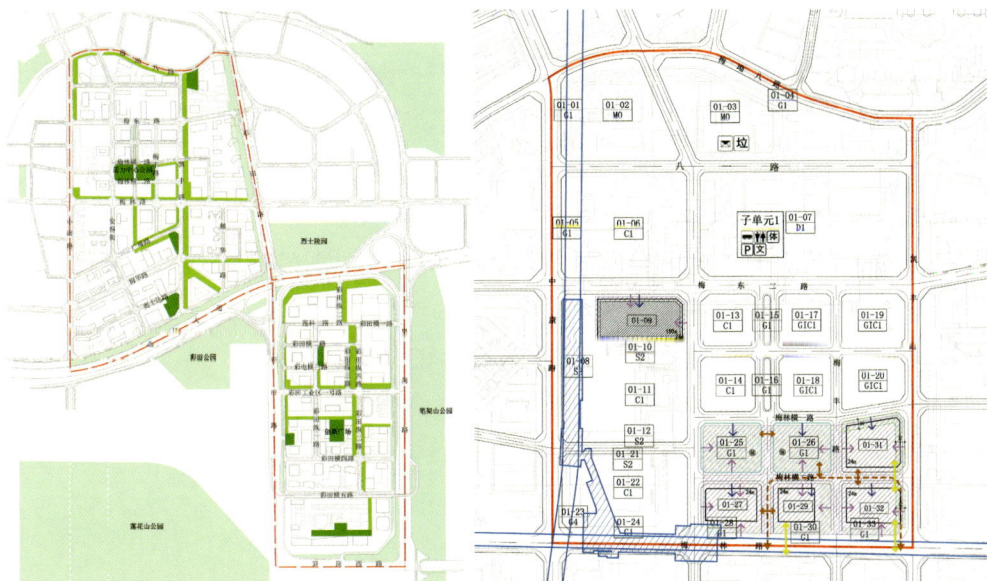

图 5-30　深圳某城市更新统筹规划对片区公共空间的系统规划。

4. 协调更新单元规划中的公共利益落实

面对一个片区内多个城市更新单元规划同时或接连实施的状况，片区层面的城市更新统筹规划可以从片区层面对各更新单元规划进行引导和调控，充分保障公共利益的实现。

1）完善规划路网并明晰道路实施责任

通过片区层面的城市更新统筹规划，可以对法定图则的规划路网、市政基础设施等开展进一步的梳理，结合片区范围内近期推进的城市更新单元改造范围，综合考虑规划路网的实施时序、设施使用效率与连续性，进一步优化路网系统的实施与责任分配。

2）协调重大公共设施落实

由于重大公共设施对用地规模要求较高，在城市更新单元规划中落实重大公共设施是一大难题。通过片区层面城市更新统筹规划的协调优化，可以解决片区内重大公共项目的落实问题，如综合医院、高中学校等。例如，在某片区的法定图则中规划有一处高中学校及一处医院用地，两者选址在同一更新单元范围内。对于这一个更新单元，很难同时解决高中学校和医院的落地问题。针对这一片区急需解决的学校缺口问题，更新项目从片区实际需求出发，重点提供中小学义务教育资源，对于医院及高中提供另行选址方案。在这一更新统筹规划研究中，通过多方案比较分析，明确了以下协调原则：一是公共配套设施的种类及规模数量不变，仅允许进行相关功能置换；二是确保提供的公共配套可解决片区急需解决的问题；三是确保提供的公共配套满足现状实施条件及远期规划；四是确保提供的公共配套对片区现状交通不产生过多压力。根据以上协调原则，统筹规划中最终排查并选取了具有置换可能性的其他城市更新项目，与当前这一城市更新项目进行公共配套设施配建责任的置换，最终有效地解决了重大公共设施落地的问题。

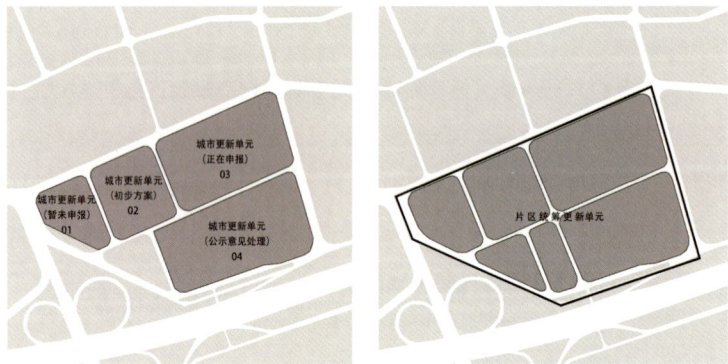

图 5-31　深圳某片区城市更新统筹规划对更新项目统筹研究。针对一个片区内已计划立项、正在申报计划、未启动计划申报等多种情况并存的现状，通过对多个更新单元进行统筹研究，打通道路系统，加快片区交通微循环，促进公共配套设施在多个更新单元间的合理分配。

图例
　　项目一
　　项目二
　　项目三

图 5-32　深圳某片区城市更新统筹规划路网优化研究。在城市更新单元范围外，统筹优化交通路网结构，通过取消和增设一定线位，改变畸形交叉路网、交通微循环不良等状况。经过优化后，明确了各城市更新单元项目需要主要解决的项目周边及内部道路的具体问题，与周边现状路网、规划路网良好对接。

3）优化保障性住房的指标与布局

当前深圳已出台关于城市更新项目配建保障性住房的政策要求，但仅要求改造方向含居住的项目才需配建，导致部分非居住片区、但临近就业岗位集中的地区缺乏就近居住的生活空间。针对部分产业地区职住不平衡问题，以促进产城融合为目标，片区层面城市更新统筹规划可以筛选并划定出片区内现状比较缺乏就业人员的居住空间以及就业岗位增量较大的片区。在保障性住房配建政策要求的基础上，与片区产业发展结合，提出因地制宜地保障性住房配建要求，并将具体指标落实到更新单元内，最大程度优化保障性住房的布局。

在福田区城市更新统筹规划研究中，通过更新统筹协调落实保障性住房。根据相关政策要求，福田区在"十三五"期间通过更新配建保障性住房的任务为 5000 套。对于这 5000 套保障性住房的空间分布，在城市更新统筹规划中进行了综合平衡。一方面考虑更新单元实施率，预计储备及列入更新计划阶段项目可提供保障性住房约 8.4 万 m^2，约 1400 套；另一方面为促进产城融合，提高公交出行比例，要求主要产业片区以及轨道枢纽站点周边地区提供保障性住房约 3600 套。通过对保障性住房的统筹协调安排，将更好地提高保障性住房与实际需求的匹配度，减少职住分离的不良影响。

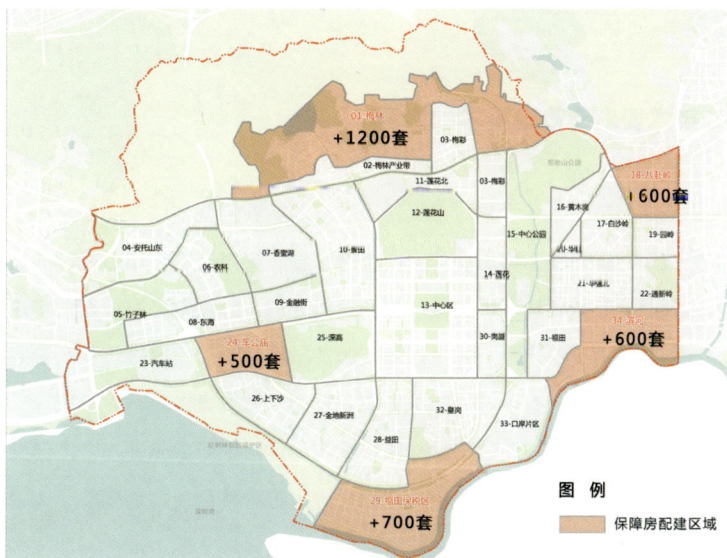

图 5-33　深圳福田区通过城市更新统筹规划落实保障性住房配给分布。

5.4.3 更新统筹规划的发展趋势

1. 规划的定位及其法定化的可能

片区层面城市更新统筹规划研究，目前大多尚未成为法定规划。进入 2016 年以来，深圳实施城市更新领域的强区放权，各区积极主动加强城市更新统筹研究，并在相关政策中逐步明确了城市更新统筹规划的作用和地位。虽然各区对更新统筹规划有了基本的要求，但是其法定化的路径尚未明晰。基于目前的法定规划体系，统筹规划的法定化可以通过"向上"和"向下"两个路径实现：

一是通过对法定图则的优化调整，落实统筹要求。更新统筹规划在实施过程中基于地区发展动力及目标，在法定图则框架内进行了用地布局优化、公共设施增配、城市功能调整及产业定位提升等多重调整。基于不同地区的战略价值，在更新统筹片区内出现定位、功能、基础设施、开发强度等新的调整时，需要以法定图则作为载体进行对接。涉及法定图则中强制性内容的调整，在大片区有所突破时，同步启动法定图则的调整。

二是结合更新项目实施进度及市场诉求，划分统筹单元，向下指导更新单元落实统筹要求，对于一些即将实施的城市更新单元，可在更新统筹规划中先行划定更新单元范围，结合更新统筹单元的要求具体指导更新单元的实施。

2. 技术要求与管理要求的协调

虽然城市更新单元是城市更新项目落地实施的基本单位，但是从城市更新单元规划编制和管理的主要思路来看，如果把单元规划编制的技术体系原样照搬到片区层面城市更新统筹规划，必然带来重复规划与过度规划的弊端，这实际上是对规划资源的一种浪费。因此城市更新统筹规划的技术要求应有别于城市更新单元规划的技术要求。

城市更新统筹规划是一种能够统筹不同城市更新单元规划事项但又不同于单元规划的、可以在更大空间尺度上进行整合的规划类型。无论是多大空间尺度的更新单元，它必定在城市和区域发展中承担一项或多项职能，这些职能可以分为基本职能和非基本职能两种类型。城市的共有功能如产业功能的布局、公共服务的配套、连续的步行空间、整体的风貌协调以及交通系统的布局等，它们都属于基本职能。城市更新统筹规划应统筹这些用于片区发展产生的共有功能，而另外用于单元内部使用的非基本功能则留给城市更新单元规划，它完全可以根据市场需要进行内部的优化调整，但基本职能一旦改变或打折，就会影响到项目自身地段甚至是整个片区或城市的发展。所以，城市更新统筹规划的内容应该聚焦在如何从更大程度上将单元规划需要提供的基本职能界定清楚，并做出基本的统筹控制，而不是将单元规划的内容上移全片区层级进行重复规划。

此外，当前更新统筹规划的控制，逐渐由纯技术性的通则，演变为契合区域发展需求可灵活推进的针对性规则。对于更新统筹规划中的一些整体性愿景，在具体实施中可能遇到诸多变化，如实施进度不统一、改造诉求达不到等情况。这需要对城市更新统筹规划给予更多的弹性和可协调空间，在上层级的规划指引和下层次的规划落实之间形成柔性的连接通道和传导途径。对更新统筹规划给予更多的顶层设计，以制度的方式保障政府与市场对更新统筹规划的共同预期，这将成为明晰更新统筹规划技术属性和管理属性的重要支撑。

5.5 城市更新规划的制度建构

5.5.1 城市更新规划体系的构建与现有城市规划体系的协调

城市更新规划是在城市不断发展转型过程中，在现行城市规划体系的基础上展开的更综合、更具实施性的探索。回顾城市规划体系的发展，1990 年 4 月起施行的《中华人民共和国城市规划法》中明确城市规划编制一般分为总体规划和详细规划两个阶段，大城市和中等城市可在总体规划基础上，编制分区规划，城市规划建立了总体规划—分区规划—详细规划的三层架构。深圳在结合自身城市发展需求的过程中，对城市规划的层次和对应的内容进行了改革，将国内惯用的城市总体规划、分区规划、详细规划三阶段扩大为五阶段，由一般性策略延伸至地方性具体规划。以 1998 年《深圳市城市规划条例》的颁布为标志，深圳形成了"总体规划—次区域规划—分区规划—法定图则—详细蓝图"的规划体系。其中，法定图则从 1996 年早期的点状编制逐步走向全域覆盖，将规划从"技术性行政行为"转变为"政策性行政行为"，在服务政府决策、执行和监督行为的转变中，迈出了重要的一大步（杜雁，2010）。在《中华人民共和国城乡规划法》的要求下，建立了法定图则市域全覆盖的管理和政策平台，这为规划落地奠定了最根本的制度基础。

城市更新规划在探索过程中，自然而然地嵌入这样的规划体系。在不同层级的城市规划中，都将城市更新作为一个专门的领域予以强化。首先，在规划层次上，建立了总体层面的专类改造总体规划纲要和城市更新五年专项规划、分区层面的城市更新五年专项规划，分区内部层面的片区更新统筹规划和以具体改造项目为支撑的更新单元规划这样四个层次，并与法定规划体系进行充分衔接。其次，在规划管理上，建立了城市更新单元计划、城市更新项目实施计划的管理条例，并与近期建设与土地利用规划年度实施计划进行了对接。

5.5.2 城市更新规划制度：从特定领域规划走向综合性协调规划

城市更新直观体现为建筑形态和功能的改变，但分析其内在逻辑，可以发现城市更新是通过重塑空间关系改变着城市的经济关系、进而促成社会关系的改变，同时在这一复杂的过程中，不断强化传统文化并衍生出新的城市文化。城市更新规划必须及时响应城市发展的本质要求，在编制的过程中，不仅发挥保障人居环境，孕育城市新功能，促成创新要素流动的作用，而且发挥其综合统筹、面向实施的积极作用，及时解决城市发展中出现的新问题。

聚焦城市更新单元规划来看，其作为深圳首创的一种存量规划类型，与城市更新活动联系密切，是兼顾城市更新各方利益、实现开放式协调、拥有法定地位的一种特定领域的城市规划类型。梳理深圳城市更新单元规划的编制发展脉络，可以发现深圳城市更新单元规划与增量土地开发导向下的资源分配性规划具有显著不同的特征。

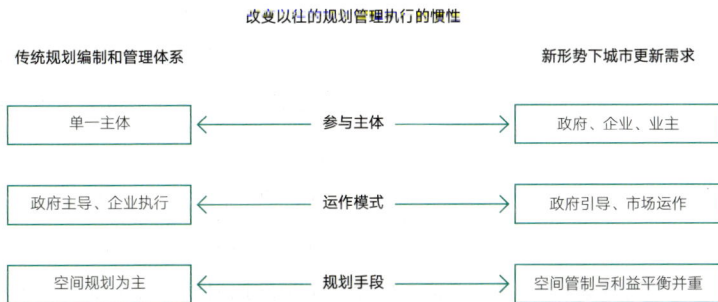

改变以往的规划管理执行的惯性

传统规划编制和管理体系		新形势下城市更新需求
单一主体	← 参与主体 →	政府、企业、业主
政府主导、企业执行	← 运作模式 →	政府引导、市场运作
空间规划为主	← 规划手段 →	空间管制与利益平衡并重

图 5-34 城市更新规划与传统规划的差异。

深圳城市规划体系　　　　　　　　深圳城市更新规划体系

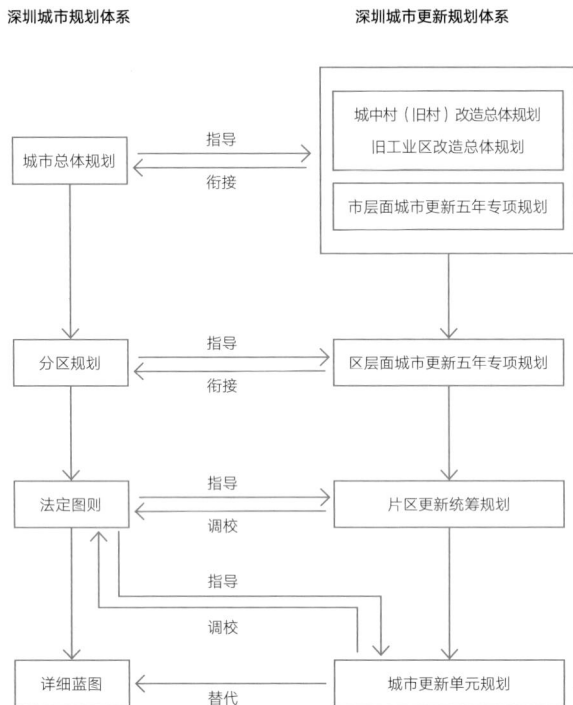

图 5-35　深圳城市更新规划体系与城市规划体系的关系。

基础：从尊重复杂的土地权属出发

存量土地存在着多样的空间布局和复杂的权属关系。深圳相较于其他一线城市，缺少新中国成立后国家层面推动的工业化的基础，因此没有大片的工业企业用地。在改革开放的浪潮中，城市很快被满足"三来一补"企业需求的、小而散的园区填充。随着城市建设的快速推进，土地利用日趋细碎而混杂。经济特区的政策因素加上岭南重商务实、开放兼容的文化特性，造就了深圳多元而活跃的土地权益诉求并形成了深圳"小政府、大社会"的社会结构。深圳的城市更新规划尽管本质是政府的公共政策，却不能按照"自上而下"的方式进行分配，必须保持对土地格局和权属关系的高度尊重，给予市场主体合法权益充分保障。

导向：公共价值的底线控制与弹性引导

多年来在大量更新规划的摸索过程中，深圳城市更新语境下的"公共价值"从一种抽象的概念日渐转变为有着切实的底线要求的清晰的公

城市规划体系		1990年	2000年	2005年	2010年	2015年
	城市总体规划	《深圳经济特区城市总体规划(1986-2000)》	《深圳市城市总体规划(1996-2010)》	《深圳市城市总体规划(1996-2010)》	《深圳市城市总体规划(2010-2020)》	《深圳市城市总体规划(2010-2020)》修编
	次区域规划	启动6个次区域规划编制	1993年启动组团规划编制(原特区内3个,原特区外8个)	实施11个组团规划,规划期至2020年		
	分区规划	1994-1998年,原特区内陆续启动分区规划编制	原特区内实施分区规划,规划期至2010年		个别区根据需要编制并实施综合发展规划,规划期至2030年或2035年	
	法定图则		1998年以后逐步开始编制法定图则	持续推动法定图则编制工作	2009-2012年法定图则大会战,基本生态控制线以外地区全覆盖	根据需求开展法定图则修改
	详细蓝图	根据项目需要来开展	根据项目需要来开展	根据项目需要来开展,存量地区逐步被城市更新单元规划取代	根据项目需要来开展,存量地区逐步被城市更新单元规划取代	

	年份	1990年	2000年	2005年	2010年	2015年	2020年

城市更新规划体系		2005年	2010年	2015年
	更新单元规划	根据项目需要编制改造专项规划	分别开展拆除重建类城市更新单元规划和综合整治类城市更新单元规划编制	分别开展拆除重建类城市更新单元规划和综合整治类城市更新单元规划编制
	更新统筹规划		各区根据需要组织开展不同层面的更新统筹规划研究	重点片区城市更新统筹规划
	更新专项规划(区层面)			各区城市更新"十三五"规划
	更新专项规划(市层面)		《深圳市城市更新("三旧"改造)专项规划(2010-2015)》	《深圳市城市更新"十三五"规划(2016-2020)》
	更新总体规划	《深圳市工业区升级改造总体规划纲要(2007-2020)》 《深圳市城中村(旧村)改造总体规划纲要(2005-2010)》		《深圳市工业区升级改造总体规划纲要(2007-2020)》修编 《深圳市城中村(旧村)综合整治规划(2019-2025)》

图 5-36　深圳城市更新规划与城市规划的发展。

共政策,从而保证更新中"公共价值"的控制和引导。通过精细化的更新配套政策,引导市场贡献更多的公共利益,为片区发展提供功能提升、环境再造所需的土地和空间。在这一过程中,更新规划中"公共价值"的具体实现形式也在不断创新,既要提供公共服务基本保障,同时也要顺应城市发展需要而预增服务未来的公共供给。"公共价值"作为原本定义模糊且持续变化的概念,通过城市更新长久以来的经验积累和多方共识,以底线要求及鼓励引导的方式组合成为灵活的公共政策杠杆,将契合不同阶段发展诉求的公共利益要求落实到各阶段城市更新中。

内容：调动市场能动性的空间供给侧革新

经过 20 世纪 80 年代的自发性、小规模拆旧建新，20 世纪 90 年代起深圳进入了以市场动力为主、政府进行积极导控的城市更新阶段。与国内大多数城市"自上而下"推动城市更新所不同，深圳通过城市更新实现了城市空间产品供给与市场需求之间的紧密互动。更新规划既要为敏锐多变的市场需求提供弹性空间，又要通过协商引导寻找市场需求与公共利益的平衡点。为此深圳创新了用地功能分类方式，允许围绕用地主导功能进行复合开发，提高空间的功能适应性，并相应地在更新规划编制中加强对功能的论证。此外，对公共利益用地和设施的供给方式也结合市场主导的条件进行了改变，不再单纯依靠政府主导的计划和投入，而是在政府引导之下鼓励市场参与公共利益的供给。

方法：面向实施、多元共商的综合规划

城市更新规划编制对象针对的是已建成地区，常规的分配式蓝图规划的技术路线和编制规定面临巨大挑战：一是由于不能体现原权利主体在更新过程中拆迁与安置的关联而丧失实施的可能性；二是不能反映城市更新对土地增值过程中增值收益的分配，特别是公共利益的贡献；三是缺乏市场主体和原权利主体的参与以及与审批机制并行的流程管理要求。与政府主导的增量规划对比来看，存量规划需要探索政府、社区和市场主体共同参与、兼顾各方利益、上下互动的协商式规划方法。存量规划的研究内容不仅包括传统的物质空间设计，还包括市场评估、财务分析、风险预判等，实施效果要求照顾到利益共享、责任共担。面对现状建设的分散复杂与城市发展的整体有序之间的突出矛盾，城市更新必然面临主体多样、诉求多元的难题。因此，深圳以城市更新规划为平台，构建多部门联动、多主体协商、多专业融合的通道，使政府部门、原权利主体、开发主体、设计单位得以在这一平台上互动协商。深圳建立了发改部门、产业部门、规划国土部门、住建部门等多部门联动的组织模式，联合审查，谋划合理可行的公共利益发展；原权利主体、开发主体通过参与城市更新规划编制，提出自身发展意向与需求；开展囊括城市规划设计、产业研究、建筑概念设计、交通研究、市政设施配套、经济可行性研究等多专业融合的城市更新规划，科学分配公私利益，合理布局城市发展增益与负担。可见，城市更新规划作为城市更新管理的主要依据，在调控城市空间资源、维护社会公平、保障公共安全和公众利益等方面发挥了重要作用，在协调长远利益与近期利益、整体利益与局部利益、公共利益与个体利益中发挥着重要的综合调节作用。

第 6 章

可生长的城市更新政策创新

作为存量发展的重要模式，城市更新的内涵已远远超出传统的空间规划层面，为了保障城市空间资源高效、公平配置的公共政策集合，需要进行完善的政策设计。由于城市更新政策的设计与实施涉及多个管控层级和不同事权领域，不仅需要综合产权、规划、土地、财税、金融等多种政策工具对既有利益格局进行调整优化，同时还需要与现行的土地管理、规划管理、建设管理和社会治理等多方面的政策相互协调，在集成和创新中持续优化。

6.1 城市更新政策的历史演化与现行政策
体系

　　深圳城市更新政策的生成及其演变不是一蹴而就的，而是伴随着城市更新的实践历程不断丰富和完善起来的。从时间尺度来看，深圳的城市更新政策经历了从个案试点的要点思考到系统性规则建构的转变；从空间区域来看，基于原特区内外在规划土地管理、房屋开发建设和行政管理等多方面实际情况，更新政策在不同区域层面逐步实施差异化和针对性发展；从政策架构来看，由于政策出台的先后时序与实践探索的需求程度是直接相关的，因此无论是上层政策的引导还是底层政策的细化，都是在互相联动的发展过程中同步演进。

　　正是由于深圳的城市更新政策在实践中积极响应社会需求，这使得城市更新政策的生长具备了足够丰厚的土壤，因而深圳的城市更新政策可以在 10 年内取得突破式增长。

6.1.1 城市更新政策的演进历经 4 个阶段

　　深圳城市更新政策体系的发展与壮大，体现了不同时期城市发展目标指引下城市更新探索与实践不断结合、不断互动发展的动态演进过程。从城市更新政策体系完善的角度出发，依据政策的完备情况可以大致区分为 4 个阶段。阶段一：2004 年之前。深圳各区自发式开展旧城、旧村和旧工业区的改造，个案做法不尽相同。这一阶段没有统一规范的政策支撑，主要依靠解决项目实施中遇到的关键问题来推动改造。阶段二：

2004～2009 年。全市层面明确启动城中村（旧村）改造工作，同时针对旧工业区杂乱无序的自发产业功能转变行为，出台旧工业区升级转型的统一管理文件。这一时期的政策以总体层面的引导居多，政策在可实施性方面存在障碍。阶段三：2010～2015 年。出台城市更新办法，积极构建并逐步完善城市更新政策体系，务实地逐步细化补充各项规定，使得城市更新工作得以显著推进。阶段四：2016 年至今。面对城市发展的新形势和新特点，城市更新政策积极适应全市强区放权的体制改革需要，相关政策在市、区两个层级不断丰富而更具地区特色。

1. 个案探索过程中政策思路生成

从政策方面来讲，这个阶段在市层面主要出台的政策以规范农村建房和处理违法建筑的居多。在旧城、旧村镇的改造层面并未出台统一的配套政策，主要依托各区自行开展。当时颁布的相关政策，以粗线条的管理要求为主，鼓励通过市场自主探索、个案开发的模式来推进改造项目。

对这个时期个案改造的相关政策进行分析，可以发现 3 种典型的更新路径：

第一种是业主自行筹资、自行改建。比如，罗湖东门旧城的扩建改建最早采取了自行改建的方式。由居民向街道居民委员会提出申请，在不影响邻里利益和环境卫生条件下一般可以得到建房准许证。由于当时没有贷款制度，需要积累到足够的资金才能开工，房屋的设计、选材也是业主自行解决，自主改建住房所需的平均建设成本大概是政府投入改建成本的一半。但是这类改造实施后的建筑形态与公共服务设施无法满足片区整体环境及功能需要，更无法提供更高能级的服务设施。所以在当时政府和市场力量均未介入的情况下，只是一种临时之举。

第二种是政府主导统筹协调推进。比如罗湖区渔民村改造，政府通过政策扶持使改造得以顺利实施。具体政策包括：考虑多种融资渠道，积极筹措资金，政府提供银行贷款、贴息等方式予以支持；政府组织统一编制改造规划，提升整个片区的空间品质；对于改建后的房屋实行原农村集体的统一管理，原村民按照股份进行利益分配，物业管理水平整体较高。这一操作模式中的若干做法有些逐步演变为后期政府主导推进城中村改造的一些政策思路，但这种模式受政府扶持的程度较大，全面推广存在一定困难。

第三种是市场主体实施改造。当时市场主体推进旧城、旧村改造的积极性很高，主要基于两大政策利好。一方面在利益获取方面，在1992～2003年间，工业用地采取的是协议出让方式，旧城、旧村涉及的改造项目也采取协议出让，开发商完成拆赔和贡献公共配套（当时公共配套贡献率在20%～30%左右），除此之外不需要交地价。这种零地价和协议出让的做法，可以减轻开发初期的资金压力并较好保障了开发完成后可实现的收益。另一方面在项目推进方面，当时旧城、旧村的改造审批工作在区政府层面就可以完成，审批流程相对简便，因此市场主体对改造项目较为积极。

进入21世纪后，国家层面逐步加强土地调控，土地出让政策从原来的以协议出让为主逐步转向严格要求按照招标、拍卖和挂牌等形式的公开市场出让方式。对于旧城、旧村改造的项目也逐步要求按照这一要求予以落实，因此各区旧城、旧村的改造工作逐步放缓。

2. 城中村和旧工业区改造政策框架形成

2004年前后，伴随着深圳经济、社会、空间的全面发展，"四个难以为继"的问题日益凸显。市政府组织开展了全市范围的城中村（旧村）、旧工业区的改造研究。2004年10月28日，市政府召开全市查处违法建筑暨城中村改造工作动员大会，成立城中村（旧村）改造领导小组，全面启动了城中村（旧村）改造工作。同年市政府出台《深圳市城中村（旧村）改造暂行规定》（深府〔2004〕177号）。2007年市政府针对工业区升级转型出台了《深圳市人民政府关于工业区升级改造的若干意见》（深府〔2007〕75号），这期间政府组织编制了《深圳市城中村（旧村）改造总体规划纲要（2005—2010）》和《深圳市工业区升级改造总体规划纲要（2007—2020）》，积极主动探索了相关政策和技术方法。以上文件的出台标志着政府开始统一开展城中村（旧村）和旧工业区升级改造，各区自行开展的相关工作逐步纳入全市统一管理的范畴。

这一时期，虽然城中村（旧村）和旧工业区改造有了引导性政策规定，但是改造工作的推进受相关因素的制约仍然存在。分析当时的政策条件，可以发现有两个主要影响因素。一是虽然在城中村改造方面形成了一定的政策，但是由于受到经营性用地"招拍挂"的有关规定以及政府主导下的城市房屋拆迁许可证制度等若干宏观政策约束，这一时期的拆迁、改造多为市政工程项目。在城中村改造方面以综合整治为主，拆除重建类项目推动乏力。部分项目例如南山光大木材厂地块、龙岗回龙埔旧村地块、宝安宝城 26 区地块以及福田锦龙新村地块等，根据当时改造项目要统一以"招拍挂"方式出让土地使用权的政策要求，在 2008 年底和 2009 年上半年通过挂牌方式进行了土地使用权出让。二是当时改造政策不配套的问题较为突出，针对城中村改造、旧工业区改造和旧城改造中碰到的若干具体问题没有足够细致的处理政策支撑，使得实质的改造工作因缺少可循的政策依据而陷入困境。

3. 城市更新政策体系的建构

随着特区一体化的快速铺开，深圳可建设空间日益紧缩。《深圳市土地利用总体规划（2006—2020 年）》在土地利用远景目标中明确提出了"建设用地的外延扩张基本结束，建设用地实现零增长"的发展目标。如何强化土地资源的可更新属性，通过城市更新等方式释放发展空间，推动城市发展由依赖增量土地向存量土地再开发转变，成为城市发展新阶段的必然要求。这一阶段，政府将城市更新作为一项战略性工作予以高度重视。

同时，城市更新运作的环境也在发生显著变化。一是随着2007年《中华人民共和国物权法》的颁布，个体物权的保护得到了法律的保障，城市更新涉及的土地权属问题必须得到妥善解决，政府在公共利益保障方面的作用得到重视。二是城市更新面对的对象和需要解决的问题日益复杂，各类问题的解决牵一发而动全身，改造路径必须统筹谋划。面对深圳城市化过程中城市与农村二元管理政策的差异，城市更新政策中必须将用地处置、土地出让、容积率管理、地价计收、产权确认等方面统筹考虑，配套一揽子的协同政策。三是社会对城市更新的需求已经从个案逐步成为常态，原有的个案审批方式必须转向规范化的城市更新管理体制机制。在这样的背景下，市政府加强推进全市城市更新政策的草拟工作，为有序推进城市更新工作做好了充分的准备。

2008 年 12 月，广东省人民政府与国土资源部在广州联合举行广东建设节约集约用地试点示范省启动仪式，签署《国土资源部广东省人民政府关于共同建设节约集约用地试点示范省的合作协议》。2009 年 8 月，作为推进节约集约用地的重要举措，广东省出台了《关于推进"三旧"改造促进节约集约用地的若干意见》（粤府〔2009〕78 号），鼓励因地制宜采取多种方式推动"三旧"改造，同时把广州、深圳、佛山、东莞等列为试点城市。

作为全国率先从"三旧"（旧城镇、旧厂房、旧村庄）改造入手开展存量土地盘活的省份，广东借节约集约试点平台在政策方面释放了三大红利。

一是考虑到城市更新项目用地的特殊性及其土地使用权出让的可操作性，明确可以采用签订补充协议或者补签出让合同的土地出让形式。这样土地协议出让方式再次得到运用，这是从 2004 年以来在国家强化土地公开市场化配置的背景下对存量土地供应方式的松绑，对于原权利主体和市场主体的改造积极性有了根本性的调动。

二是多管齐下统筹推进存量土地再开发政策联动。包括丰富改造方式（鼓励原权利人自行改造）、鼓励用地整合（一定的边角地、夹心地和插花地可并入改造范围，可以通过置换方式重新安排用地，可以通过收购等多种途径实施多宗相邻地块集中改造）、疏导历史用地分类处理（区分时间、条件和情形等对违法建筑合理处置）和地价优惠扶持（"工改工"提高容积率不加收地价）等。针对存量土地再开发改造中存在的政策瓶颈，通过组合拳的方式予以破解，极大地清除了存量用地改造道路上的政策障碍。

三是强化了"三旧"改造工作中规划计划统筹工作。对改造范围的确定、改造规划的编制、年度实施计划的开展以及相应的调查摸底和标图建库等工作进行了系统规范。这标志着存量再开发管理已走上系统化、程序化、信息化的规范道路，结束了以前个案处理的手法。

以 2009 年广东省 78 号文为契机，深圳市政府于同年 12 月 1 日颁布了《深圳市城市更新办法》（深圳市人民政府令第 211 号），这是深圳城市更新的纲领性文件，也是全国首部关于城市更新的政府规章。

在充分利用广东省"三旧"改造政策红利的基础上，深圳在城市更新领域，聚焦城市更新单元、城市更新规划计划管理、城市更新地价分类计收、城市更新历史遗留违法用地处置等方面进行了多项政策创新。城市更新政策体制机制建构全面推进，不仅政策调控的要点日益清晰，而且政策在可操作性方面收效显著。城市更新由过去的政府主导模式转变为政府引导下市场主导的市场化运作模式，城市更新项目取得明显的实施成效。

从这一时期开始，针对深圳现状存量土地的特征以及市场对改造的不同需求，在城市更新单元开发的基本思路下，不断扩展城市更新的对象。从旧村到城中村，再到旧工业区和旧商业区、旧住宅区以及各种功能混合区，深圳城市更新的对象不断扩大，基本将特定城市建成区内包括旧工业区、旧商业区、旧住宅区、城中村（旧村）及旧屋村等的城市更新活动全部囊括在内。

4. 城市更新强区放权后的政策发展

为加大城市更新领域强区放权改革，2016 年市政府颁布了《深圳市人民政府关于施行城市更新工作改革的决定》（深圳市人民政府令第288 号）。依据"依法依规、权责对等、提质提效、平稳过渡"四大基本原则，强化市级统筹和区级决策，通过职权调整实现审批提速提效，推动城市更新加快实施。

在这一改革背景下，城市更新政策持续深化发展。在市层面，专门针对新形势下城市更新实施工作中面临的若干问题出台了规范性指导意见，同时加强有关政策（比如旧屋村范围认定、保障性住房配建比例等）的优化调整；在区层面，全市各辖区陆续出台了城市更新实施办法及有关配套文件，进一步加强城市更新项目的规范管理。

6.1.2 市区两级更新政策配套

深圳在推进城市更新的过程中，除了市层面的政策以外，市辖各区根据自身的实际情况制定了相应的政策，形成了市、区两级在城市更新领域的政策配套体系。市级政策不断加强统筹调控的作用，区级政策则根据辖区发展具体目标和实际问题进行针对性的政策调整。

1. 市级更新政策配套及演变

2009 年以前，市层面发布的政策主要针对城中村（旧村）改造和旧工业区升级改造两个领域，核心政策为《深圳市城中村（旧村）改造暂行规定》（深府〔2004〕177 号）和《深圳市人民政府关于工业区升级改造的若干意见》（深府〔2007〕75 号）。

在城中村（旧村）改造领域，以"规划先行、整体开发、合理控制强度、完善功能配套、有利于调整产业结构、改善城市生态环境"为基本方向，对改造的对象、改造需要具备的条件以及改造的目标进行了明确，对鼓励进行改造的地价计收制定了具体的优惠标准，并且对于开展综合整治类改造涉及的资金扶持建立了完整的"市—区—街道"的管理路径。

在旧工业区升级改造领域，对符合一定情形的工业区实施升级改造分为综合整治和重建两种方式。同时为调动改造单位的积极性，提供了一定扶持政策，具体包括：安排一定资金用于升级改造工业区的市政基础设施建设；在产业技术进步资金中列出专项，资助相关改造规划费用和公共平台建设费用；涉及改建的，原有合法建筑面积不再计收地价，增加部分按当时地价标准的一半计收；允许适度发展配套生产服务业，按比例（一般控制在工业区总占地面积的7%以内）享受工业地价优惠等。

以上政策逐步搭建了后续在城市更新领域沿用的几个基本政策思路。一是建立规划计划的管理手段。通过《深圳市城中村（旧村）改造总体规划纲要（2005—2010）》和《深圳市工业区升级改造总体规划纲要（2007—2020）》全面统领全市相关改造工作，制定改造专项规划编制技术指引，进一步规范规划编制管理工作。建立年度计划管理制度，实施政府主导编制计划、政府履行改造年度计划实施考核工作的计划管理模式，奠定了城市更新项目按计划规划管理实现有序、稳步推进的政策基础。二是完善联合管理体制机制。成立改造领导小组，成员由各区政府及发改、贸工、财政、规划、国土房产、建设、环保、消防等相关职能部门的负责人组成。同时下设改造办公室，对具体改造工作进行落实，从而形成了协调解决问题的决策机制。三是明确提供多种扶持政策。城中村（旧村）改造和旧工业区升级改造往往涉及较多复杂问题，政府在提出改造的同时提供了多种扶持，包括有地价减免优惠、专项资金支撑、相关手续简化等举措。四是务实推进政策配套。一方面，明确各区配套各自的实施办法，加大各区城市更新配套政策的完善。另一方面，针对改造中存在的若干问题，明晰相关处理规定。比如，考虑到原特区内外在城中村（旧村）改造方面的差异，出台《关于推进宝安龙岗两区城中村（旧村）改造工作的若干意见》（2007）予以具体指引。此外，针对 2004 年以前开展的项目，出台《关于宝安龙岗两区自行开展的新安翻身工业区等 70 个旧城旧村改造项目的处理意见》（2006）。以上这些管理思路逐步贯穿到后续的城市更新工作中，城市更新政策逐步形成可生长性。

深圳城中村（旧村）改造主要政策列表（2004～2009 年）　表 6-1

序号	出台时间	政策名称	文号
1	2004	深圳市人民政府关于印发《深圳市城中村（旧村）改造暂行规定》的通知	深府〔2004〕177 号
2	2005	关于深圳市城中村（旧村）改造暂行规定的实施意见	深府〔2005〕56 号
3	2005	深圳市人民政府关于深圳市城中村（旧村）改造总体规划纲要（2005－2010）的批复	深府函〔2005〕127 号
4	2006	深圳市城中村（旧村）改造专项规划编制技术规定（试行）	深府〔2007〕24 号
5	2006	深圳市城中村（旧村）改造中长期计划（五年计划）	深城改办〔2006〕12 号
6	2006	关于推进宝安龙岗两区城中村（旧村）改造工作的若干意见	深府〔2006〕257 号
7	2006	关于宝安龙岗两区自行开展的新安翻身工业区等 70 个旧城旧村改造项目的处理意见	深府〔2006〕258 号
8	2007	关于印发《深圳市城中村（旧村）改造扶持资金管理暂行办法》的通知	深府〔2007〕24 号
9	2007	深圳市人民政府办公厅关于开展城中村（旧村）改造工作有关事项的通知	深府办〔2007〕159 号
10	2008	关于组织开展城中村改造专项规划草案公示工作的通知	深城改办〔2008〕4 号
11	2008	关于开展宝安龙岗两区城中村（旧村）全面改造项目有关事项的通知	深府办〔2008〕25 号

资料来源：深圳市政府、深圳市规划和国土资源委员会（市海洋局）相关网站。

深圳旧工业区升级改造主要政策列表（2004～2009 年）　表 6-2

序号	出台时间	政策名称	文号
1	2007	深圳市人民政府关于工业区升级改造的若干意见	深府〔2007〕76 号（已废止）
2	2007	深圳市旧工业区升级改造总体规划纲要（2007-2020）	2008 年 9 月 2 日获得市政府常务会通过
3	2008	深圳市人民政府《关于印发深圳市鼓励三旧改造建设文化产业园区（基地）若干措施（试行）》的通知	深府〔2008〕31 号
4	2008	关于推进我市工业区升级改造试点项目的意见	深府办〔2008〕35 号（已废止）
5	2008	深圳市人民政府办公厅印发《关于加快推进我市旧工业区升级改造的工作方案》的通知	深府办〔2008〕93 号

资料来源：深圳市政府、深圳市规划和国土资源委员会（市海洋局）相关网站。

在 2009 年以后，市层面出台了《深圳市城市更新办法》和《深圳市城市更新实施细则》，进一步细化涉及城市更新的相关政策规定，同时根据社会经济发展条件，分别于 2012 年、2014 年、2016 年连续出台《关于加强和改进城市更新实施工作的暂行措施》，并不断优化调整更新的对象、条件、处置路径等。此外，市规划国土委作为城市更新的主管部门，在技术规范和操作指引方面制定了多个政策对城市更新管理予以支撑。

这一阶段，深圳城市更新政策体现出两个显著特征。一是政策不断升级。2009 年的《深圳市城市更新办法》以深圳市人民政府令的形式颁布，相较之前的政策文件，政策的管理层级和管理效力进一步提升。2016 年《关于施行城市更新工作改革的决定》也以深圳市人民政府令的形式颁布，表明了政府在城市更新工作改革方面的重大决心。二是政策持续完善。作为全市城市更新工作的主管部门，市规划国土委以部门规范性文件的形式，不断出台并更新具体的技术规范和操作指引等，细致而持续地推进城市更新政策完善工作，为全市城市更新工作的规范化、体系化、流程化管理创造了良好的实施条件。

深圳城市更新主要政策列表（2009～2016 年）   表 6-3

序号	出台时间	政策名称	文号
1	2009	深圳市城市更新办法	深圳市人民政府令第 211 号
2	2010	深圳市人民政府《关于深入推进城市更新工作的意见》	深府〔2010〕193 号
3	2010	深圳市人民政府《关于授权市城市规划委员会建筑与环境艺术委员会审批城市更新单元规划的通知》	深府函〔2010〕42 号
4	2012	关于印发深圳市城市更新办法实施细则的通知	深府〔2012〕1 号
5	2012	深圳市人民政府办公厅印发《关于加强和改进城市更新实施工作的暂行措施》的通知	深府办〔2012〕45 号（已废止）
6	2014	深圳市人民政府办公厅印发《关于加强和改进城市更新实施工作的暂行措施》的通知	深府办〔2014〕8 号（已废止）
7	2016	深圳市人民政府关于施行城市更新工作改革的决定	深圳市人民政府令第 288 号
8	2016	深圳市人民政府办公厅关于贯彻落实《深圳市人民政府关于施行城市更新工作改革的决定》的实施意见	深府办〔2016〕32 号
9	2016	深圳市人民政府关于修改《深圳市城市更新办法》的决定	深圳市人民政府令第 290 号
10	2016	深圳市人民政府办公厅印发《关于加强和改进城市更新实施工作的暂行措施》的通知	深府办〔2016〕38 号

资料来源：深圳市政府、深圳市规划和国土资源委员会（市海洋局）相关网站。

2. 区级更新政策配套及演变

区级层面城市更新政策的发展与市级层面城市更新政策的发展存在着紧密的关联。

2004~2009 年，原特区外积极开展城市更新政策配套

这一时期，原特区内基本适用全市的城中村（旧村）改造以及旧工业区改造相关政策，因此原特区内的各区较少另行出台城市更新领域的配套政策。而原特区外的宝安和龙岗两区城市更新的对象和条件与原特区内的四个区存在较大差异，因此宝安和龙岗适应自身城市更新管理的需求大力开展了政策配套工作。

宝安区出台的主要政策有《宝安区旧城旧村改造管理暂行办法》（深宝府〔2004〕49 号）《深圳市宝安区旧城旧村（城中村）改造实施细则》（深宝府〔2005〕14 号）《关于加快旧村整治改造的实施意见》（深宝发〔2006〕14 号）《宝安区城中村（旧村）改造专项资金收支管理办法》（深宝府〔2006〕24 号）《深圳市宝安区旧村改造实施细则》（深宝府〔2006〕58 号）《关于旧工业区升级改造的实施意见》（深宝府〔2007〕67 号）《关于简化原村小改造程序的工作方案》（深宝府办〔2007〕111 号）和《关于进一步加强旧村整治改造与管理的若干措施》（深宝府〔2008〕12 号）等。

龙岗区出台的主要政策有《深圳市龙岗区旧村镇更新改造管理暂行办法》（深龙府〔2002〕5 号）、关于印发《龙岗区旧村镇改造实施原则与规定》及《龙岗区旧村镇改造工作流程》的通知（深龙府〔2003〕3 号）、《深圳市龙岗区城中村（旧村）改造实施办法（试行）》（深龙府〔2005〕61 号）《深圳市龙岗区城中村（旧村）改造扶持资金管理暂行办法》（深龙府办〔2007〕54 号）和《关于加快龙岗区老屋村改造的实施意见》（深龙府办〔2008〕63 号）等。

由于宝安和龙岗两区各自城市化发展的基础和过程不同，因此在城中村（旧村）和旧工业区的生长方面形成了不同的特征。基于这一实际情况，宝安和龙岗两区在城中村（旧村）和旧工业区改造方面的政策调控存在一定区别。具体来看：

关于改造对象。宝安区重点区分旧城和旧村两类对象开展改造工作。

其中，旧城为城市建成区内功能失调、配套设施不完善的旧住宅区、旧工业区、旧工商住混合区等，一般该类地区多以国有土地在 20 世纪 80年代到 90 年代之间建设的房屋为主。旧村指原村民及原村集体保留使用的建筑物使用年限较长、建筑质量低下、土地利用结构不合理、城市功能、环境质量等方面严重衰退的旧（祖）屋集中区。龙岗区沿用了市层面城中村（旧村）的提法，改造对象具体指城市化过程中依照有关规定由原村民及原村集体保留使用的建成区域，并未细分旧城、旧村等对象构成。

关于改造方式。宝安区旧城旧村（城中村）改造区分为经营式改造和自住自用式改造两种方式。前者鼓励市场单位可以通过单独竞标或与原村集体合作的方式进行再开发；后者主要为"统建上楼"、安置原居民的自改，但自改主体规定是改造项目所在的原村集体改制后的股份合作公司。龙岗区将改造方式分为综合整治和整体成片改造两种。综合整治不涉及房屋拆建，仅开展环境综合整治；整体成片改造明确要求改造范围内原有建筑物的建筑密度原则上需大于 35%，插花空地不得超过项目总用地面积的 10%，且不超过 3000 m^2。此外，龙岗区对工业区改造为商品住宅的项目予以明确禁止，要求产业项目实行专家评审制度。从两个地区政策的要点来看，宝安区更加侧重原村民居住区域的"统建上楼"和重建改造，龙岗区强调城中村的综合整治和产业转型引导。

关于改造意见征求。虽然当时市层面的城中村（旧村）改造政策并未对改造意见征集给予具体规定，但是宝安和龙岗两区从推进具体实施工作的角度出发，在政策中均明确提出相应的要求。宝安区明确参与改造的单位应与改造项目业主进行协商，与 90% 以上建筑面积的业主签订拆迁补偿意向书以后，才能向区旧改办提出申请。龙岗区要求经公示的改造项目预案经 90% 以上的业主同意后，由区城改办组织专家进行评审。两者采取的标准虽然有所差异，一个以建筑面积来衡量，一个以业主数量来衡量，但是都明确更新改造需要满足一定比例的同意要求。

关于相关指标控制。宝安区积极鼓励原农村旧（祖）屋进行统一规划、"统建上楼"，规定建筑户数原则上不超过需要安置的户数，每户住宅建筑面积不超过 480 m^2。龙岗区则为了防止出现圈地、烂尾现象，原则上要求"旧改"地块每期实施的规模不得超过 10 万 m^2，而且要求开发企业按照规定的标准，提交相应的监管资金作为拆迁补偿和完善公共设施的保证。

通过以上的分析可以看出，由于宝安和龙岗两区发展基础和发展条件的差异，使得两区在城市更新方面采取因地制宜的做法细化更新政策，这些政策的探索为随后全市层面形成统一的城市更新规则提供了直接的参考。

2010～2015 年，市辖各区不断细化城市更新管理细则

2009 年《深圳市城市更新办法》的出台统一了全市城市更新的基本思路，随着 2012 年《深圳市城市更新实施细则》的颁布实施，全市城市更新工作有了明确的操作依据。从这一时期开始，市层面的城市更新政策内容已经相对较细并且具有较强的可实施性，这样市辖各区主要按照市层面相关政策推进城市更新工作，各区自身更新配套政策的出台逐步转向具体更新工作的指导。

一是出台城市更新实施办法和相应的细则。这一类政策是贯彻落实全市城市更新办法和城市更新实施细则的配套文件，对辖区内的城市更新工作进行了明确和细化。主要包括计划申报、规划编制和审批、实施进度管控、搬迁安置要求、实施监管等方面，对涉及的相关单位及其责任事项进行了明确规定。各区强化对拆除重建类城市更新项目的规范管理，相继出台了针对拆除重建类城市更新项目实施管理的相关政策。通过进一步完善城市更新工作，为快速推动辖区内的城市更新项目提供保障。

二是细化城市更新资金管理。一方面，针对城市更新项目的专项资金，明确具体的管理要求。比如《盐田区城市更新专项资金管理办法》（2012）明确了城市更新专项资金的管理部门为区发改局、区财政局、区审计局和区城改办，更新专项资金采用计划管理，由区城改办编制辖区内城市更新年度使用计划，作为专项资金列支的依据，明确专项资金的审批、支付程序和监督监管规定。《龙岗区拆除重建类城市更新项目专项监管资金管理办法（试行）》（2016）中明确规定了针对拆除重建类城市更新的专项资金类型、核算标准及使用方式。另一方面，针对城市更新项目中某些特定的项目和类型，提供资金扶持。例如福田区基础设施和公共配套设施建设，罗湖区城中村自拆自建的改造项目以及产业转型升级项目，龙岗区关于鼓励社会资金参与城市更新项目公共设施

建设等，均设置专门的扶持资金，鼓励上述项目的改造建设，相关政策侧重于对资金扶持对象的认定条件和认定程序的规定。

三是明晰更新操作程序。一方面，针对城市更新整体工作的操作流程予以细化，比如《关于印发宝安区拆除重建类城市更新项目操作基本程序（试行）的通知》（2010），专门针对拆除重建类城市更新项目从计划申报、规划编制申报、房屋权属认定处理到改造实施主体确认等进行明确规定。另一方面，针对城市更新项目实施过程中的某个关键环节或核心领域提供更加具体的操作指引。比如，在实施主体确认环节，罗湖区出台了《罗湖区旧住宅区拆除重建类城市更新项目公开选择市场主体工作规程》（2014），提出由区政府组织制定搬迁补偿安置指导方案和公开选择市场主体方案，明确候选市场主体资格条件、选择市场主体的程序和规则等事项。宝安区、龙岗区分别出台了拆除重建类城市更新项目改造实施主体确认的相关工作方案，规定了实施主体资格确认申请书及申请提交的相关文件以及实施主体申请的审核部门为区城市更新主管部门的审核程序。在土地核查、搬迁安置等重点环节，龙岗区出台了《关于印发龙岗区老屋村征收清拆整治工作方案的通知》（2010）《龙岗区城市更新办公室关于开展城市更新拆除范围内无产权登记的土地房屋权利人认定核查工作的通知》（2013）《龙岗区拆除重建类城市更新项目搬迁补偿安置协议备案工作程序（试行）》（2015）《龙岗区拆除重建类城市更新项目回迁安置房补齐权利人操作规程（试行）》（2015）等，上述文件对龙岗区城市更新活动中各部门工作职责和分工进行了明确规定，积极处理城市更新项目中存在的各类问题，推动项目实施。

2016 年以后，市辖各区加强城市更新政策的改良与优化

2016 年全市部署实施城市更新改革工作，强化城市更新领域的市级统筹和区级决策，推动城市更新加快实施，城市更新项目的行政审批等职权调整至各区政府行使。为确保各区城市更新审批工作"接得住"，各部门适应城市更新工作管理下沉的需要，统一认知、明晰概念、厘清思路、强化引导。按照市委市政府强区放权的工作要求，市规划国土委在 2016 年底及时推动并完成了委托手续办理、信息平台搭建、前期政策培训及业务移交等工作，顺利完成与各区的工作交接。各区结合城市更新管理体制机制优化的若干要求，进一步细化城市更新的政策传导、规范表达，加强其规范性与适用性，陆续出台了相应的实施办法和"1+N"系列规范性文件。应对各区差异化发展需求，在政策方面积极改革创新，在简化审批流程、加大各区统筹、细化规划管理、加强实施监管等多个方面做出了有益尝试。具体来说：

一是简化审批流程。各区在现有的城市更新计划申报、规划审批和相关行政许可方面，根据各自的实际情况将相关工作涉及的审批环节进行了并联操作，主要简化计划和规划的申报流程。例如，罗湖和福田两区明确计划和规划同时报批。南山区可以先报计划再报规划，也可以同时申请计划、规划报批，一并上报计划、土地信息核查、更新单元规划的申报材料。宝安区明确要求强化公共配套设施建设的"四同步"，即城市更新项目配建的公共设施，在规划、建设、验收、使用 4 个环节需要与更新项目同步。

深圳各区城市更新实施办法列表（2016～2018 年）   表 6-4

辖区	出台时间	政策名称	备注
福田	2016 年	深圳市福田区城市更新实施办法（试行）	自发布之日起施行 试行时间 3 年
罗湖	2018 年	深圳市罗湖区城市更新实施办法	2018 年 12 月 14 日起施行 有效期 3 年
南山	2018 年	深圳市南山区城市更新实施办法（试行）	征求意见稿
盐田	2017 年	盐田区城市更新实施办法（试行）	自发布之日起施行 有效期 3 年
宝安	2017 年	《深圳市宝安区城市更新暂行办法》及 12 个配套文件	自发布之日起施行 有效期 3 年
龙岗	2017 年	深圳市龙岗区城市更新实施办法	自发布之日起施行 有效期 3 年
龙华	2017 年	深圳市龙华区城市更新实施办法	自发布之日起施行 有效期 5 年
坪山	2018 年	深圳市坪山区城市更新实施办法	自 2018 年 7 月 20 日起施行 有效期 3 年
光明	2018 年	深圳市光明区城市更新实施办法	自发布之日起 10 日后施行 有效期 3 年
大鹏	2017 年	深圳市大鹏新区城市更新实施办法（试行）	自发布之日起 5 日后施行 有效期 3 年

资料来源：深圳市各区政府网站。

二是加大各区统筹。各区均成立了城市更新领导小组，负责统筹和决策全区重大更新项目，同时建立了多部门联合运作机制，加强不同管理部门之间的协作互动，打通行政管理的壁垒。

三是细化规划管理。对城市更新涉及的规划层级及其申报审批要求不断细化。宝安区出台的《深圳市宝安区城市更新暂行办法》及 12 个配套文件对辖区内的城市更新活动进行细化规定，要求开展全区城市更新战略规划研究、片区规划研究、城市更新单元专项规划三层次规划，对城市更新活动进行管理，要求区城市更新主管部门参照详细规划深度开展城市更新片区规划研究，未开展城市更新片区规划研究的，区城市更新主管部门不得受理城市更新单元计划及专项规划的申报。

四是加大实施监管。各区根据实际情况，重点明晰后续开发建设的相关程序，包括实施主体确认、用地手续审批、建设工程规划与施工许可、规划和竣工验收以及项目监管的相关审核材料和具体要求。

6.1.3 三层政策架构

深圳城市更新在探索实践过程中，不断扩展和修订相应的更新政策，逐步建立了法律法规、地方规章、规范指引 3 个层级的基本政策框架。从市、区两级政策配套来看，地方规章和规范指引均可以细分出市级层面和区级层面，以下重点分析市级层面城市更新的政策架构。

1. 法律法规

法律法规是指通过深圳市人大会议，以条例等形式出台的政策文件，例如正在起草的《深圳经济特区城市更新条例》就属于这一层级。2013 年市城市更新办公室（2014 年调整为市城市更新局）着手开展《深圳经济特区城市更新条例》（草案稿）的研究工作，率先开启了全国层面城市更新领域法制建设的先河。政府希望通过城市更新条例的出台，借助法律手段解决城市更新工作中存在的一些棘手问题。这些问题聚焦在以下几个方面：一是业主诉求难以完全满足，钉子户时有出现，如何建立拆迁实施的保障机制。二是在市场主体互相竞争条件下，房屋拆赔比出现了恶性攀比的不良现象，如何规范市场主导条件下的房屋拆迁补偿标准，从而保障房屋拆迁工作的公平合理。目前《深圳经济特区城市更新条例》（草案稿）正在修改过程中，有关拆赔比设定、行政裁决机制建立等内容仍在完善之中，后续核心条款的深化将进一步跟进。

2. 地方规章

地方规章是指以深圳市人民政府、市政府办公厅，以及各区政府、区政府办公室名义发布的政策文件，一般是对城市更新活动的综合性管理规定，例如《深圳市城市更新办法》《深圳市城市更新办法实施细则》及各区城市更新实施办法等。以上政策构成了深圳城市更新政策的核心内容。

市层面的规章包括两大内核：一个是城市更新办法及相应的实施细则，奠定了深圳开展城市更新的基本政策依据；二是城市更新的暂行措施及其相应修订，反映了政府及时根据社会经济发展需要对城市更新政策进行的调校。

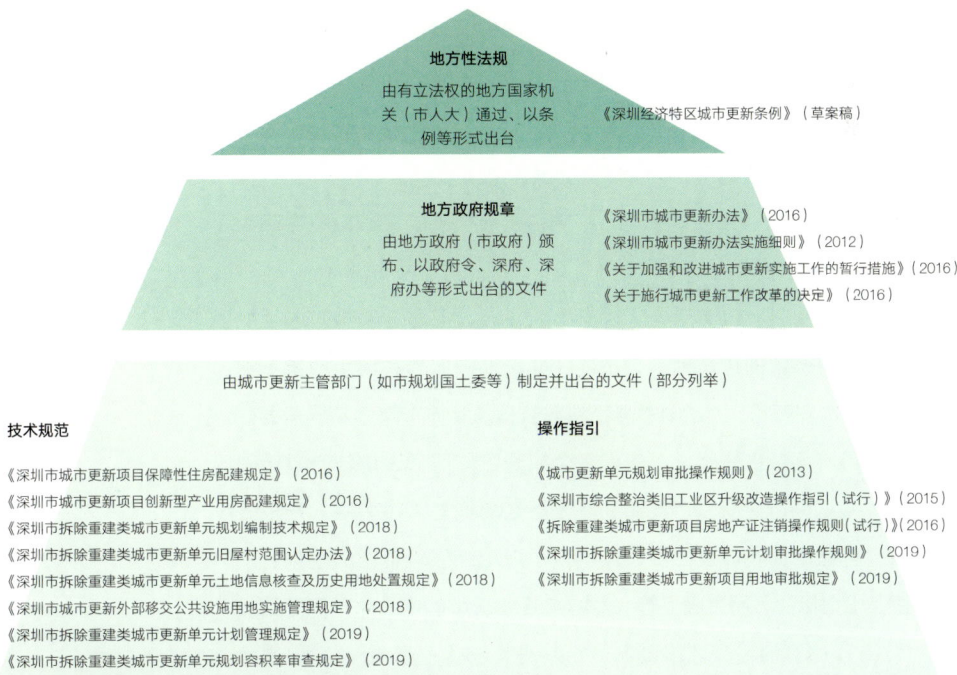

地方性法规
由有立法权的地方国家机关（市人大）通过、以条例等形式出台　　　《深圳经济特区城市更新条例》（草案稿）

地方政府规章
由地方政府（市政府）颁布、以政府令、深府、深府办等形式出台的文件
《深圳市城市更新办法》（2016）
《深圳市城市更新办法实施细则》（2012）
《关于加强和改进城市更新实施工作的暂行措施》（2016）
《关于施行城市更新工作改革的决定》（2016）

由城市更新主管部门（如市规划国土委等）制定并出台的文件（部分列举）

技术规范
《深圳市城市更新项目保障性住房配建规定》（2016）
《深圳市城市更新项目创新型产业用房配建规定》（2016）
《深圳市拆除重建类城市更新单元规划编制技术规定》（2018）
《深圳市拆除重建类城市更新单元旧村范围认定办法》（2018）
《深圳市拆除重建类城市更新单元土地信息核查及历史用地处置规定》（2018）
《深圳市城市更新外部移交公共设施用地实施管理规定》（2018）
《深圳市拆除重建类城市更新单元计划管理规定》（2019）
《深圳市拆除重建类城市更新单元规划容积率审查规定》（2019）

操作指引
《城市更新单元规划审批操作规则》（2013）
《深圳市综合整治类旧工业区升级改造操作指引（试行）》（2015）
《拆除重建类城市更新项目房地产证注销操作规则（试行）》（2016）
《深圳市拆除重建类城市更新单元计划审批操作规则》（2019）
《深圳市拆除重建类城市更新项目用地审批规定》（2019）

图 6-1　深圳市级层面城市更新政策架构图及主要政策列表。

城市更新办法及其修订

根据《中华人民共和国行政许可法》第二十四条：政府令具有规章法律效力，以政府令方式发布，使改革于法有据。2009 年 12 月 1 日，深圳市人民政府以第 211 号令的形式正式施行《深圳市城市更新办法》。2016 年 12 月 8 日，深圳市人民政府发布了第 290 号令，对 2009 年颁布实施的《深圳市城市更新办法》进行了首次修订。《深圳城市更新办法》是城市更新工作的重要纲领性文件。

《深圳市城市更新办法》（2009）总共有 7 章 51 条内容，相比以往的城中村（旧村）改造和旧工业区升级改造政策，该办法对城市更新工作进行了高度统筹，将一系列工作系统组织管理起来。其主要特点有：

一是定位高远。首次使用"城市更新"概念，将"城市更新"的目标明确为进一步完善城市功能，优化产业结构，改善人居环境，推进土地、能源、资源的节约集约利用，促进经济社会可持续发展。使用"更新"这一概念比起之前使用"旧改"概念，更加突出了城市永续发展的追求。

二是范围扩大。针对特定城市建成区，将更新改造范围扩大到旧工业区、旧商业区、旧住宅区、城中村（旧村）及旧屋村等，尽可能将需要实施城市更新的情形包含在内。

三是模式多元。提出了综合整治、功能改变和拆除重建三类改造模式，并且确立了"政府引导、市场运作、规划统筹、节约集约、保障权益、公众参与"的基本原则，在各种改造模式的开展过程中深入贯彻落实这一基本原则。

四是政策创新。首次引入了城市更新单元，倡导实施相对成片的城市更新，将一定的边角地、夹心地、插花地等低效利用土地统一纳入城市更新改造范围，更好地保障公共利益和满足城市整体发展需要。首次明确单一实施主体要求，规定多个权利主体可通过协议方式明确单一主体实施城市更新，切实保证城市更新实施过程中多主体产权处置。首次将城市更新涉及的多领域事项予以明晰，包括住房建设、产业升级、土地出让、民生服务等，为城市更新政策协调发展奠定基础。

2016 年修订的《深圳市城市更新办法》包括 7 章 48 条，这次修订主要涉及两个方面。一是要求对城市更新涉及的地价缴交另行单独出台具体办法，以便于对城市更新的地价计收体系进行一次系统调校。因此将原更新办法中涉及地价管理的第二十七条（有关功能改变类地价缴交）、第三十六条至第三十九条（有关拆除重建类地价缴交）的条款予以删除。二是明确在原更新办法基础上增加一条："为了推进强区放权，加快城市更新实施，市政府可以根据工作实际，调整职责分工，创新工作机制，并向社会公布"。这是后续各区深化城市更新工作、出台城市更新实施办法等规章制度的根本依据。

城市更新办法实施细则

为了更好地落实更新办法，2012 年 1 月 21 日市政府以 2012 年 1 号文的形式正式发布了《深圳市城市更新办法实施细则》。这一实施细则的内容非常翔实，总共有 7 章 77 条。该实施细则作为城市更新办法的配套性规定，对相关内容进行了细化和补充。一是明确城市更新单元划定的详细要求。对于拆除重建类城市更新项目的用地规模、可以纳入改造的国有未出让用地面积、改造需要提供的公共贡献要求等进行了明确。这些基本规则的确立对于后续规模化开展城市更新单元规划和计划的常态申报工作起到了非常重要的作用。二是加强城市更新工作的规范性并提高其操作性。实施细则中针对综合整治类城市更新、功能改变类城市更新和拆除重建类城市更新，均明确了相应的申报和审批要求，优化办事程序，规范操作流程。三是针对城市更新项目需要完善的与实施管理有关的内容，包括项目监管、政府组织实施等予以细化。更新实施细则的出台，使更新办法具备了实施的基础条件，自 2012 年以后深圳的城市更新项目逐渐呈现显著增长的态势。

城市更新暂行措施出台及其两次修订

随着社会经济发展形势的改变，市政府审时度势地根据实际情况，分别于 2012 年、2014 年和 2016 年出台了三版《关于加强和改进城市更新实施工作的暂行措施》。这三版措施的主旨目的均指向解决当时城市更新工作中面临的突出问题和主要难点。每一次新版的措施出台后，老的措施予以废止，政策不断进行更迭调整。

2012 年的《关于加强和改进城市更新实施工作的暂行措施》重点聚焦加快城市更新历史用地处置、完善城市更新地价政策和强化城市更新实施管理这三个方面，提出针对性举措，取得三大突破性的政策创新。首先，在城市更新历史用地处置方面。针对纳入城市更新计划的、城市更新单元范围内需要进行历史用地处置的情形，创新性地提出按一定比例予以土地收回的基本规则。这一政策被通俗地介绍为"20—15"法则，即将需处置用地中的20%纳入土地储备，剩余的处置用地与另外的合法用地一起还需要提供不少于15%的公共贡献用地。通过这种土地产权配置的思路，将一定比例的合法外用地纳入城市更新范围。其次，在城市更新地价政策方面。首次引入市场评估地价，通过公开随机方式确定3家市场评估机构和市规划国土委下属的评估机构对地价进行评估，按评估价平均值的85%来计收地价。这对于地价评估来讲，又是一种创新。这种做法将市场地价引入到城市更新领域，在全国开创了地价综合评估的方法。虽然这一方法在后来运作过程中因计算过程复杂、工作效率低等原因被取消，但是从政策本身的引导方向来看，这一步的迈出体现了政府对市场化配置土地资源的日益重视。最后，在强化城市更新实施管理方面。在完善更新管理相关部门职能基础上，明确提出建立城市更新计划的清理和调出机制，改变了以往城市更新项目只做加法不做减法的管理方式。

2012年《关于加强和改进城市更新实施工作的暂行措施》的出台，开启了深圳城市更新政策不断深化完善的探索路径，对针对性地解决城市更新实施中反映出的社会、经济等问题起到了明显的推动和支撑作用。这种形式被社会各界形象地称为"打补丁"的城市更新政策。在此基础上，2014年进一步明确了相关具体要求，包括完善城市更新历史用地处置政策、完善城市更新地价政策、鼓励旧工业区升级改造、试点开展小地块城市更新、强化城市更新实施管理等方面。

2016年《关于加强和改进城市更新实施工作的暂行措施》是继2012年、2014年之后出台的第三版措施。这一版的措施在前两版的基础上，以推进城市更新领域的强区放权为基本出发点，重点在以下7大领域进行改革：坚持规划引领，实现城市更新科学有序发展；优化计划管理，拓展城市更新范围；创新实施机制，试点重点更新单元开发；完善用地政策，促进城市更新项目实施；加大配套力度，提升公共设施服务水平；提倡有机更新，鼓励旧工业区转型升级；加强服务监管，保障更新项目有序实施。

在这 7 大领域，比较突出的亮点有 3 个。一是鼓励加大探索政府主导的重点更新单元开发。针对当前区位重要、对城市发展带动作用强但基础设施严重缺乏、市场动力不足或达不到现有政策要求的片区，提出采取政府主导、"自上而下"的运作模式。由区政府组织进行更新计划申报和更新单元规划编制，选择市场主体进行整体实施，充分发挥政府和市场的合力作用。二是提升公共设施配套水平。对于公共配套设施配建标准、人才住房和保障性住房配建比例、人才公寓配建等均提出了更高的要求。三是简化城市更新地价体系。加大整合地价标准类别，进一步明确公告基准地价标准适用条件，建立以公告基准地价为基础的地价测算体系，将城市更新地价测算逐步纳入全市统一的地价测算体系。

3. 技术规范与操作指引

区别来看，技术规范更侧重技术方法和指标标准等的确立，为技术领域的规范性文件；操作指引侧重政府行政管理程序的规范，为管理领域的规范性文件。两者共同为指导具体的城市更新活动提供政策支撑，共同构成了深圳城市更新政策的基础。技术规范和操作指引不仅包括市、区两个层面城市更新主管部门出台的有关文件（在市层面以市规划国土委制定的文件为主），而且可以根据管理的内容细分为规划计划、住房配建、用地处置、地价计缴、实施监管等多种类型。这两个领域的内容，既可以同时出现在一个政策中，也可以单独成文。

近年来，无论是技术规范还是操作指引，都在加快相关政策的修订工作。比如《深圳市拆除重建类城市更新单元规划编制技术规定》（2018）加强对更新单元规划编制过程中技术性指导；《深圳市拆除重建类城市更新单元土地信息核查及历史用地处置规定》（2018）对土地核查和历史用地处置的规则予以调整；《深圳市拆除重建类城市更新单元规划审批操作规则》（2018 年征求意见稿）对单元规划审批程序和相应职责进一步优化；《深圳市拆除重建类城市更新单元计划审批操作规则》（2019）对拆除重建类城市更新单元计划制定、调整和调出的审查及审批工作提供全面指引。由于这个层面涉及的政策较多，且调控领域复杂，为更直观地了解这些政策的要点，下文还是从技术规范和操作指引两个方面分别进行研究分析。

技术规范

市、区两级在城市更新技术规范建构方面开展了大量的工作。从市级层面来看，技术规范的要点主要在于进一步明确总体指导、规划计划管理、用地处置、住房配建、地价计缴、实施监管等方面的技术要求。比如，城市更新单元规划编制的相关技术包括城市更新单元规划制定计划申报指引、城市更新单元规划审批操作规则、城市更新单元规划编制技术规定、城市更新单元规划容积率审查技术指引等。从区级层面来看，技术规范主要落脚于适应各辖区自身实际情况，有针对性地对市级层面

深圳城市更新技术规范领域政策构成列表   表 6-5

政策类别	政策名称	文号
总体引导	关于规范城市更新实施工作若干问题的处理意见（一）	深规土〔2017〕214 号
	关于城市更新实施工作若干问题的处理意见（二）	深规土〔2017〕3 号
	市规划国土委关于深圳市城市更新工作有关情况的报告	深规土〔2018〕292 号
规划计划	深圳市城市更新单元规划编制技术规定（试行）	深规土〔2010〕706 号（已废止）
	深圳市拆除重建类城市更新单元规划编制技术规定	深规土〔2018〕708 号
	关于加强已批准规划城市更新项目容积率管理的通知	深规土〔2013〕9 号
	深圳市城市更新单元规划容积率审查技术指引（试行）	深规土〔2015〕525 号
	深圳市拆除重建类城市更新单元规划容积率审查规定	深规划资源规〔2019〕1 号
	深圳市拆除重建类城市更新单元计划管理规定	深规划资源规〔2019〕4 号
住房配建	深圳市城市更新项目保障性住房配建比例暂行规定	深规土〔2010〕843 号（已废止）
	关于印发《深圳市城市更新项目创新型产业用房配建规定》的通知	深规土〔2016〕2 号
	关于印发《深圳市城市更新项目保障性住房配建规定》的通知	深规土〔2016〕11 号
	市规划国土委关于施行《深圳市城市更新项目保障性住房配建规定》附图（修订）的通知	深规土〔2018〕75 号
用地处置	深圳市宝安区、龙岗区、光明新区及坪山新区拆除重建类城市更新单元旧屋村范围认定办法（试行）	深规土〔2010〕439 号（已废止）
	深圳市拆除重建类城市更新单元旧屋村范围认定办法	深规土规〔2018〕1 号
	深圳市城市更新历史用地处置暂行规定	深规土〔2013〕294 号（已失效）
	深圳市城市更新清退用地处置规定	深规土〔2015〕671 号
	深圳市城市更新外部移交公共设施用地实施管理规定	深府办规〔2018〕11 号
	深圳市拆除重建类城市更新单元土地信息核查及历史用地处置规定	深规土规〔2018〕15 号
地价计缴	关于明确城市更新项目地价测算有关事项的通知	深规土〔2015〕587 号
	深圳市地价测算规则	2018 年征求意见稿
实施监管	关于拆除重建类城市更新项目实施主体确认工作的通知	深规土〔2010〕207 号

资料来源：深圳市政府、深圳市规划和国土资源委员会（市海洋局）相关网站。

的技术规范予以细化。

　　自 2016 年实施城市更新强区放权改革后，市规划国土委先后出台了《关于规范城市更新实施工作若干问题的处理意见（一）》和《关于城市更新实施工作若干问题的处理意见（二）》，对城市更新实施中存在的若干问题如何处理做出进一步说明，从而加大城市更新的规范化管理。主要涉及的内容包括以下几个方面：一是对现有的城市更新相关名词予以清晰地界定，例如空地包括仅有临时建筑没有永久性建筑的地块等；二是对城市更新规划管理和用地管理中涉及衔接的事项做出了进一步明确，例如计划申报更新的主导方向与法定图则的衔接、与地价政策的衔接、与工业区块线政策的衔接等；三是对城市更新项目的操作程序予以补充和优化，例如已有城市更新单元计划的清理、城市更新贡献用地的审批、计划规划的审批流程、土壤环境风险评价等。2018 年初，市规划国土委针对城市更新工作的进展情况，发布了《市规划国土委关于深圳市城市更新工作有关情况的报告》（深规土〔2018〕292 号）。这一报告不仅系统梳理了城市更新的创新做法和工作成效，而且对城市更新工作中出现的一些新问题，比如成片开发不足、综合整治推进缓慢

深圳城市更新操作指引领域政策构成列表　　　　　　　　　　　　　表 6-6

政策类别	政策名称	文号
项目管理	关于试行《拆除重建类城市更新项目操作基本程序》的通知	深规土〔2010〕59 号
	深圳城市更新项目用地审查操作规程	深规土〔2011〕22 号
	深圳市拆除重建类城市更新项目用地审批规定	深规划资源规〔2019〕2 号
	深圳市综合整治类旧工业区升级改造操作指引（试行）	深规土〔2015〕515 号
	深圳市综合整治类旧工业区升级改造操作规定	2018 年征求意见稿
规划计划	深圳市城市更新单元规划制定计划申报指引（试行）	深规土〔2010〕16 号（已失效）
	市规划国土委关于加强城市更新单元规划审批管理工作的通知	2018 年征求意见稿
	关于试行《城市更新单元规划审批操作规则》的通知	深规土〔2010〕706 号（已废止）
	城市更新单元规划审批操作规则	深规土〔2013〕786 号
	深圳市拆除重建类城市更新单元计划审批操作规则	深规划资源规〔2019〕70 号
	深圳市拆除重建类城市更新单元规划审批操作规则	2018 年征求意见稿
用地处置	拆除重建类城市更新项目房地产证注销操作规则（试行）	深规土〔2010〕554 号（已废止）
	关于修订并印发《拆除重建类城市更新项目房地产证注销操作规则（试行）》的通知	深规土规〔2016〕3 号
	深圳市城市更新土地、建筑物信息核查及历史用地处置操作规程（试行）	深规土〔2013〕295 号（已失效）

资料来源：深圳市政府、深圳市规划和国土资源委员会（市海洋局）相关网站。

等进行了深入分析，同时提出协同推进城市更新、土地整备与棚户区改造的工作思路。

操作指引

区分城市更新的 3 种基本模式，即拆除重建类、综合整治类和功能改变类，在管理体系中分别细化不同路径下的城市更新项目管理流程，重点完善拆除重建类城市更新项目和综合整治类旧工业区升级改造项目的管理要求。从操作指引的具体内容来看，城市更新土地信息核查、历史用地处置操作以及计划审批操作规则等是操作指引细化的重点领域。在市级城市更新操作指引的基础上，各区细化了区级层面城市更新管理体制框架内的管理要求。市区两个层面操作指引的出台，大大提高了城市更新项目实施的规范性，减少了因城市更新运作规则不明晰带来的工作停滞或重复等，提高了城市更新项目的运作效率。

6.2 城市更新政策持续创新的重点领域

6.2.1 开展关键领域调控

1. 实施准入条件管控

　　深圳城市更新政策是在实践中不断摸索和完善的。出于减少政策风险和降低政策外部性的考虑，在深圳城市更新工作中，除了满足基本条件以外，还规定了一些具体的限制性条件。这些条件涉及拆除规模、楼龄限制、意见征集等多个方面，逐步形成了一个约束体系。政府可以根据社会经济发展需要，适时调整这些条件设定，从而对城市更新实施更为精细化的管理调控。由于拆除重建类城市更新和综合整治类城市更新两者开展的目标、方式、路径等存在明显差异，因此在约束条件设定时存在着明显不同。

拆除重建类更新项目准入条件管控

　　第一，在适用条件方面。根据《深圳市城市更新办法》，城市更新主要针对基础设施和公共服务设施亟待完善，环境恶劣或者存在重大安全隐患，现有土地用途以及建筑物使用功能或者资源、能源利用明显不符合社会经济发展要求以及依法或者经市政府批准应当进行城市更新的其他情形来实施。城市更新项目的筛选不仅强调公共设施保障，更要加强环境安全、资源利用效率等多方面成效。由于拆除重建类城市更新项目实施周期长、影响程度大，为了避免拆除重建的不当，政府加强对拆除重建类城市更新单元改造必要性的审查。对于申请以拆除重建方式实施城市更新的特定城市建成区，必须符合一定的情形，且无法通过综合整治或功能改变方式进行改善或消除。

符合采取拆除重建方式实施城市更新的情形包括以下几种：情形一是城市基础设施和公共服务设施亟待完善的地区。对于城市基础设施和公共服务设施严重不足的，按规划需要落实独立占地且用地面积大于3000 m²的医疗、教育、市政道路、供电设施、公共开放空间等城市基础设施和公共服务设施或城市公共利益项目的成片城市建成区。情形二是环境恶劣或者存在重大安全隐患的地区。包括环境污染严重、通风采光严重不足、不适宜生产、生活的成片城市建成区。经相关部门鉴定，建筑质量（主要指根据《危险房屋鉴定标准（JGJ125-99）》鉴定危房等级为D级）、消防安全（主要指消防通道、消防登高面等不满足相关规定）、经常性水浸等隐患严重的成片城市建成区。情形三是现有土地用途、建筑物使用功能或者资源、能源利用明显不符合社会经济发展要求，影响城市规划实施的地区。包括所在片区规划功能定位发生重大调整，现有土地用途、土地利用效率与规划功能不符，影响城市规划实施的成片城市建成区；属于禁止类和淘汰类产业，能耗、水耗严重超出国家、省和市相关规定的，或土地利用效益低下、影响城市规划实施并且可进行产业升级的成片旧工业区；其他严重影响城市近期建设规划实施的成片城市建成区。

第二，在规模要求方面。对于拆除重建类城市更新项目拆除用地面积的限定并不是一成不变的，其与政府引导的方向直接关联。2012年《深圳市城市更新办法实施细则》中，规定城市更新单元内拆除范围的用地面积应当大于10000 m²，2016年《关于加强和改进城市更新实施工作的暂行措施》对这一条件进行了调整。一方面要求实施重点更新单元开发，扩大重点更新单元的拆除范围用地面积，原特区内的原则上不小于15万 m²，原特区外的原则上不小于30万 m²。另一方面，开展小地块更新尝试。明确了位于原特区已生效法定图则范围内、拆除范围用地面积不足10000 m²但不小于3000 m²且符合一定条件的区域，可以申请划定小地块城市更新单元。但是由于小地块城市更新在实践中存在着公共利益无法有效保障以及与周边协调难度加大的问题，2018年《市规划国土委关于深圳市城市更新工作有关情况的报告》（深规土

〔2018〕292 号）中明确取消小地块城市更新政策，统一原特区内外拆除用地规模、所有城市更新拆除范围用地面积均要求 10000 m² 以上。

第三，在权利主体意见征集要求方面。《深圳城市更新办法实施细则》明确规定，若城市更新单元拆除重建范围内用地为单一地块、权利主体单一的，该主体必须同意后进行城市更新。对于建筑物为多个权利主体共有的，要求占份额 2/3 以上的按份共有人或者全体共同共有人同意进行城市更新。对于建筑物区分所有的，要求专有部分占建筑物总面积 2/3 以上的权利主体且占总人数占建筑物总面积 2/3 以上且占总数量 2/3 以上的权利主体同意进行城市更新。拆除重建范围内用地包含多个地块的，符合上述规定的地块的总用地面积应当不小于拆除范围用地面积的 80%。对于旧居住区改造，根据 2016 年《关于加强和改进城市更新实施工作的暂行措施》规定，旧居住区因规划统筹需要确需纳入拆除范围的，需要同时满足旧居住区总用地面积不超过拆除范围用地面积的 50%，由区城市更新局组织申报，权利主体的城市更新意愿应当达到 100%。旧居住区部分和其余部分的城市更新意愿应该分别进行计算，并且均应符合城市更新政策相关要求条件。

第四，在已出让用地纳入更新的条件方面。2016 年《关于加强和改进城市更新实施工作的暂行措施》对部分建成的已出让地纳入城市更新单元的条件放宽。规定国有已出让用地在 2007 年 6 月 30 日之前已建设、但建设面积不足合同或有关批准文件确定的建筑面积，不涉及闲置土地或闲置土地处置已经完成，因规划实施等原因需划入城市更新单元的，整宗土地可纳入城市更新单元拆除范围，适用城市更新政策。

第五，在建筑楼龄限制方面。为了避免市场主体过度圈占存量土地资源、过度开展不合理的拆除重建类城市更新项目，对于旧住宅区申请拆除重建类城市更新的，建筑物建成时间原则上应不少于 20 年。对于旧工业区、旧商业区申请拆除重建类城市更新的，建筑物建成时间原则上应不少于 15 年。因规划统筹和公共利益需要，旧工业区、旧商业区中部分建成时间未满 15 年的建筑物，在符合一定条件之下，可以纳入城市更新单元拆除范围进行统筹改造。

综合整治类更新项目管理要求

旧工业区综合整治是综合整治类城市更新项目的主要类型，涉及产业引入、扶持发展等多个过程，需要进一步细化相应的政策调控。

首先在加建、扩建要求方面。旧工业区出于消除安全隐患、完善现状功能等目的进行综合整治的，可增加面积不超过现状建筑面积 15%的电梯、连廊、楼梯等辅助性公用设施，不需列入综合整治类城市更新单元计划，由主管部门直接组织实施。对于符合深圳产业发展导向和法定图则用地功能，地上建筑物建成时间不少于 10 年，权利主体的城市更新意愿符合《深圳市城市更新实施细则》（2012）设定标准，权属清晰的合法土地面积占申报范围用地面积的比例不低于 50% 的旧工业区的，可申请列入综合整治类城市更新单元计划。在符合现行《深标》的前提下，通过加建扩建、功能改变、局部拆建这些方式增加生产经营性建筑面积。属于在原有建筑结构主体上进行加建的，加建的规模不得导致对原有结构安全和消防安全产生影响；属于空地扩建的，扩建范围内新批准的容积率不超过综合整治范围内现状合法容积率的 2 倍；属于局部拆建的，拆除范围面积不超过综合整治用地面积的 15% 且不大于 5000 m^2，拆除范围内新批准容积率按现行《深标》执行。

其次在拆除重建与综合整治关系处理方面。对于工业区内同一宗地上建成时间未满 10 年的建筑物，因规划统筹确需纳入综合整治范围的，其占地面积之和不超过该宗地面积的 1/2。对于单一宗地的"工改工"项目，部分建筑物未满 15 年但满足旧工业区综合整治类更新年限要求，且该部分建筑物集中成片，所在区域具备独立使用、独立成宗的条件，建筑面积不超过宗地总建筑面积 1/3 的，可开展以拆除重建为主、综合整治为辅的城市更新。以拆除重建为主、综合整治为辅的城市更新，其拆除范围用地面积应当大于 10000m^2，按照拆除重建类城市更新单元计划的要求进行申报，并在更新单元计划公示中一并公示初步划定的拆除重建和综合整治用地范围。更新单元计划批准后，计划申报主体同步编制拆除重建与综合整治的更新单元规划一并报审。更新单元规划批准后，办理拆除重建与综合整治范围的土地分宗手续，按照有关规定予以实施。符合产业发展导向，因企业技术改造、扩大产能等发展需要且通过综合整治、局部拆建等方式无法满足产业空间需求，在 2007 年 6月 30 日前建成的工业区，经区政府组织研究论证，可申请拆除重建，更新改造方向应为普通工业用地（M1）。

2. 有序处理产权问题

城市更新面对的主要对象是存量土地，区别于增量开发，在存量时代的土地利用活动中，存在多个利益主体，既有原用地主体，又有市场主体，还有政府和其他主体。由于存量土地已经使用，不管其产权是否完全明晰，基本都有使用主体存在，也相应地产生了使用收益。一旦存量土地进入城市更新，将对现有利益格局产生直接影响，利益的变动最终波及产权的调整。城市更新作为既有利益格局之下的一种土地发展权利重构，必然涉及对现有土地产权的梳理和重构（田莉等，2015），产权配置成为城市更新中必然面临的问题。在城市更新过程中，现状产权属性、产权是否变更及其变更的途径、用途管制和空间管制要求等诸多因素都会给产权主体带来不同的影响。而且随着经济社会的发展，不同产权主体利益诉求有明显差异。在城市更新中如何采取整体性和多样性的产权重构措施成为城市政策探索的重点领域。厘清城市更新过程中各类土地权属关系和以此体现的利益群体关系，对于推动城市更新十分必要。

深圳现有多种产权共存状况是在原特区内外不同步的城市化过程中逐步演变和派生而来。细分原农村土地不同的权属来源，可以分为国有已出让（划拨）用地、国有未出让用地、城中村用地、旧屋村用地、房

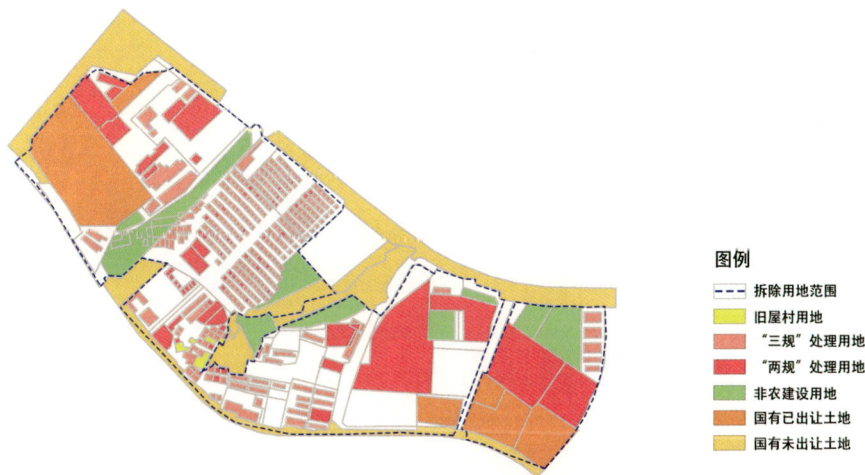

图例
- ---- 拆除用地范围
- 旧屋村用地
- "三规"处理用地
- "两规"处理用地
- 非农建设用地
- 国有已出让土地
- 国有未出让土地

图 6-2 以深圳某城市更新单元为例，多种不同来源的用地混杂分布，产权状况复杂。

地产登记历史遗留处理用地、城市化历史遗留违法建筑处理用地、未完善征转手续用地、其他用地等类型。其中，国有已出让（划拨）用地包括合同产权用地、协议出让用地、行政划拨用地；城中村用地包括非农建设用地、征地返还用地、原农村用地红线等；未完善征转手续用地是指未签订征（转）协议用地、已签订征（转）协议但土地或建筑物未作补偿的用地[1]。面对城市更新实施时，这些不同权属来源的土地往往交织分布在同一项目范围内，呈现破碎化和犬牙交错的状态。这使得对于实施单元开发的城市更新来说，必须对以上不同来源的用地问题予以一揽子的解决，这也是深圳城市更新政策从一开始就强化从产权角度予以政策配套的原因。在深圳城市更新过程中，不断探索与创新产权问题的解决路径，通过明晰增值收益分配规则来确定产权归属及其权益构成，从而推动土地产权的明晰，这样城市更新逐渐成为解决土地国有化转制中遗留问题的重要手段。

设置产权处置门槛

深圳早期在城中村改造领域严格限定为非农建设用地等合法用地，后来因原农村合法外土地远远大于合法内土地而且两者在空间上犬牙交错，实施单元开发的城市更新不得不将范围扩大至城中村土地。这里需要注意的是，城中村土地与城中村用地不是同一个词，城中村土地是对城中村范围内土地的统称，不代表其土地的合法性。由于产权处置并非易事，为了尽可能减小合法外用地产权确定的难度，深圳在城市更新相关具体政策中，将合法用地面积占项目用地面积的比例作为一个重要门槛条件，对于无法达到相关比例的合法外用地不得纳入城市更新范围。通过产权门槛的设定，可以在相对稳妥、有序推进的条件下对合法外用地予以逐步消解。

随着城市发展对空间需求的增加，原有的对合法用地所占比例的规定已经无法达到释放更多存量土地的目的，政府开始逐步降低城市更新单元内合法用地的比例。通过逐渐放宽合法用地比例以促进更多的合法外用地进入更新渠道的同时，加大土地收储的力度。

最早在 2012 年《深圳城市更新办法实施细则》出台后，不成文地

---

[1] 一般将国有已出让（划拨）用地、国有未出让用地、城中村用地、旧屋村用地、房地产登记历史遗留处理用地、城市化历史遗留违法建筑处理用地作为合法用地，未完善征转手续用地和其他用地等作为合法外用地。

规定拆除重建类城市更新项目的合法用地面积占项目用地面积至少达到
70%。其后 2014 年的《关于加强和改进城市更新实施工作的暂行措施》
中，对这一条件予以适当放宽。在合法用地面积占比方面明确提出申报
拆除重建类城市更新计划的城市更新单元，拆除范围内权属清晰的合法
土地面积占拆除范围用地面积的比例不低于 60%。申请通过综合整治
进行升级改造的旧工业区，权属清晰的合法土地面积占申报范围用地面
积的比例应当不低于 50%。2016 年的《关于加强和改进城市更新实施
工作的暂行措施》继续对这一条件进行松绑。申报拆除重建类城市更新
计划的城市更新单元，拆除范围内权属清晰的合法土地面积占拆除范
围用地面积的比例应当不低于 60%。合法用地比例不足 60% 但不低于
50% 的，拆除范围内的历史违法建筑可按规定申请简易处理，经简易
处理的历史违法建筑及其所在用地视为权属清晰的合法建筑物及土地。
此外，对于政府主导的重点更新单元，进一步降低合法用地比例，拆除
范围内合法用地的比例不低于 30%。

明晰土地和建筑物产权核查要求

根据城市更新管理要求，拆除重建类城市更新单元列入更新单元计
划后需进行土地信息核查工作，作为后续单元规划审批、完善土地征（转）
手续和地价测算的基础。为此，市规划国土委在 2013 年制订了《深圳
市城市更新历史用地处置暂行规定》和《深圳市城市更新土地、建筑物
信息核查及历史用地处置操作规程（试行）》两个技术规范性文件。为
进一步规范和完善拆除重建类城市更新单元土地信息核查及历史用地处
置工作，2018 年市规划国土委开展了土地信息核查和历史用地处置政
策的修订工作，颁布出台了《深圳市拆除重建类城市更新单元土地信息
核查及历史用地处置规定》，在延续原有政策基本精神的基础上，在落
实最新政策要求、简化审批内容和材料要求、优化工作程序和手续等方
面进行了修改完善。

创新土地和建筑物确权路径

尽管拆除重建类城市更新单元将合法用地的比例不断调低，依然需
要面对一定比例的合法外用地。对于这些合法外用地，一般是依据市政
府颁布的相关政策（主要为"两规"处理和"三规"处理政策），采取

现状确权的方式，通过对不同建筑产权属性的确定，借助补缴地价和补交罚款的做法，明晰土地权益，降低产权交易成本。但是这种现状确权的方式，采取的是先确权再纳入改造的途径，这种操作对于城市更新项目并不受欢迎，这既与城市更新项目对时间周期、简便程序等的要求有关，也与"两规"处理政策本身的局限性有关。

2010年《深圳市人民政府关于深入推进城市更新工作的意见》出台，明确要求在城市更新中加快土地历史遗留问题的处理，这样城市更新开始探索"改造确权"的路径。2012年《关于加强和改进城市更新实施工作的暂行措施》中首次提出了历史用地处置规则。针对深圳因历史原因存在的未征未转土地，采用"20—15"法则进行用地处置。具体思路如下：对于符合一定条件要求纳入城市更新单元的未征未转土地，将这些用地拿出20%无偿交给政府，剩下的80%土地与其他合法用地按照不低于15%的要求贡献公共利益用地。为了对纳入改造的这80%土地进行处置，按照110%基准地价计收，即基准地价上浮10%，以示对其予以的罚款。通过这一规则的制定，促进了这部分未征未转土地产权的合法化，在城市更新中逐步确立了"改造确权"的模式。这一政策极大地创新了城市更新中合法外用地的处置路径。

探索产权处置门槛与贡献土地比例相互联动的机制

2016年《关于加强和改进城市更新实施工作的暂行措施》对"20—15"法则进一步创新。针对重点更新单元，继续适度放宽拆除范围内合法用地比例的要求，进一步加大可纳入拆除重建类城市更新项目改造的合法外用地比例。同时建立可纳入城市更新中历史用地处置路径的用地比例和纳入政府储备的用地比例之间的联动机制。这样"20—15"法则原先基于20%的历史用地纳入土地储备和80%土地交由市场主体进行城市更新的规则，得到进一步的优化调整。根据纳入城市更新单元的历史用地越多、其需要提交给政府纳入储备的土地越多这一基本逻辑，在2016年《关于加强和改进城市更新实施工作的暂行措施》中明确了相应的规则。

这一规则进一步提高了城市更新项目的可实施性，同时保障了合法外用地在城市更新中平稳、可控的处理。由于针对不同产权用地采用了准入门槛和贡献土地相结合的调控手段，将存量土地再开发与存量土地的产权处置工作有机结合起来，将能够通过确权的土地权益明晰化，不能够确权的合法外用地通过利益共享机制实现其合理权益，从而实现利益平衡，使深圳复杂的产权问题在城市更新中得以积极地处理。

积极探索土地发展权转移的实现路径

随着深圳城市更新探索领域的扩大，对于因公共利益需要、生态保护要求等使得土地发展权利受损的地区，城市更新开展了土地发展权方面的思考。《深圳市城市更新"十三五"专项规划（2016—2020）》和 2016 年《关于加强和改进城市更新实施工作的暂行措施》中，均明确提出了城市更新统筹发展的理念。针对因规划调整为公共设施或者在基本生态控制线内的原权利主体土地，各区积极开展城市更新统筹规划研究。将上述土地发展权益受到限制的区域与其余不受限制区域的城市更新项目进行"肥瘦搭配"和利益共享，对因规划管制导致的利益受损通过土地开发权的转移来弥补。

2018 年《深圳市城市更新外部移交公共设施用地实施管理规定》出台，对外部移交用地的适用范围、包含情形、划定标准、权属转移及容积转移等方面做出了详细安排。这一政策的核心在于通过拆除重建类城市更新项目，可以采取与拆除范围外公共设施用地的捆绑处理，保障拆除范围外公共设施用地的移交。这样通过土地开发权的分离与赋予，对原权利主体形成了合理的城市更新激励机制，促进了空间管制地区的土地产权明晰化，同时也更好地保障了公共服务设施的落地，进一步降低了存量土地再开发过程中的交易成本。

深圳市拆除重建类城市更新项目历史用地处置比例表   表 6-7

拆除重建类城市更新项目		处置土地中交由继受单位进行城市更新的比例	处置土地中纳入政府土地储备的比例
一般更新单元		80%	20%
重点更新单元	合法用地比例≥60%	80%	20%
	60%＞合法用地比例≥50%	75%	25%
	50%＞合法用地比例≥40%	65%	35%
	合法用地比例≥40%	55%	45%

资料来源：《关于加强和改进城市更新实施工作的暂行措施》（2016）。

3. 凸显公共利益保障

关于公共利益，城市更新政策通过基础设施和公共服务设施建设、历史文化遗存保护、一定比例的政策性住房以及创新型产业用房配建等多种方式予以保障，这些都通过若干政策的逐步细化得以落实。

基于更新单元的用地贡献导控

城市更新中的用地贡献基本以城市更新单元为管理单位，城市更新单元的划定必须服从保障公共利益的安排。城市更新单元从确定伊始就与公共利益的实现关联起来。首先，城市更新单元的划定一方面需要满足城市空间管制的各项要求，不得违反基本生态控制线、一级水源保护区、重大危险设施管理控制区（橙线）、城市基础设施管理控制区（黄线）、历史文化遗产保护区（紫线）等城市控制性区域管制要求；另一方面，要求保证在基础设施和公共服务设施相对完整的前提下，综合考虑相关因素，划定相对成片的区域作为城市更新单元，从而有利于实现城市更新单元的划定与公共设施的服务范围相协调。其次，城市更新单元内可供无偿移交给政府用于建设城市基础设施、公共服务设施或者城市公共利益项目等的独立用地应当大于 3000 m² 且不小于拆除范围用地面积的 15%。最后，需统筹纳入城市更新单元的国有未出让用地，总面积不超过项目拆除范围用地面积的 10% 且不超过 3000 m²。城市更新单元范围内的边角地、夹心地、插花地等零星未出让国有土地应当优先用于基础设施和公共服务设施的建设。据市规划国土委统计，全市拆除重建类城市更新项目的土地移交率平均在 30% 左右。

明确保障性住房配建要求

住房是关系群众切身利益的重大民生问题。"住有所居"是建设社会主义的重要目标，是让人民群众共享改革发展成果的重要体现。当前遏制房价过快上涨，更好地满足人民群众住房需求，成为保障和改善民生的重大任务，是促进经济健康发展和社会和谐稳定的重大课题。自1998 年实行住房体制改革以来，深圳快速走上了住房市场化改革的道路。近年受整体住房供应市场的带动，以城市更新为主要手段的存量土地再开发受到市场单位的追捧，城市更新政策成为实施房地产调控的重要工具。与此同时，随着住房市场进一步细分，保障房建设、人才房建设、安居房建设等根据人口需求和人才引进要求不断得以明晰。在这些前提下，需要在城市更新中对保障房建设给予支持。

早在 2007 年，深圳就形成了《关于城中村改造工作配合落实保障性住房有关措施的报告》《关于确定城中村（旧村）综合整治改造项目扶持比例的请示》《关于审批宝城 26 区等 56 项城改项目改造范围的请示》等文件，明确鼓励根据城市更新项目的具体情况，在改造项目中鼓励配建一定比例的保障性住房。随着全市上下对保障性住房关注程度的显著提升，政府逐步开始在城市更新领域落实配建保障性住房的若干要求，不断细化和规范相关政策。

2010 年《深圳市城市更新项目保障性住房配建规定》中首次明确了全市不同地区（包括一类、二类和三类地区）城市更新中保障性住房配建的比例要求。2016 年 1 月颁布实施的《深圳市城市更新项目保障性住房配建规定》，对城市更新项目配建保障房的基准比例没有做调整，但是对于优化调整保障房配建比例的情形进一步细化。区分距离轨道交通站点的远近、土地移交率的大小、更新改造的方向（居住或新型产业）等设定了差别化的核增和核减比例。2016 年 12 月颁布的《关于加强和改进城市更新实施工作的暂行措施》，在此基础上进一步提高人才住房、保障性住房配建比例。拆除重建类城市更新项目改造后包含住宅的，要求在一类、二类和三类地区的人才住房、保障性住房配建基准比例分别由原规定的 12%、10%、8% 提高至 20%、18%、15%。对于旧工业区（仓储区）或城市基础设施及公共服务设施改造为住宅的，要求一类、二类和三类地区的配建基准比例分别由原规定的 20%、18% 和 16% 提

深圳拆除重建类城市更新项目保障性住房配建基准比例表　　　　表 6-8

政策出处	主要类型	一类地区	二类地区	三类地区
《深圳市城市更新项目保障性住房配建规定》（2010）	配建基准比例	12%	10%	8%
	旧工业区（仓储区）或城市基础设施及公共服务设施改造为住宅的核增 8%	20%	18%	16%
《关于加强和改进城市更新实施工作的暂行措施》（2016）	城中村及其他旧区改造为住宅的配建基准比例	20%	18%	15%
	旧工业区（仓储区）或城市基础设施及公共服务设施改造为住宅的配建基准比例	35%	33%	30%

资料来源：《深圳市城市更新项目保障性住房配建规定》（2010）《关于加强和改进城市更新实施工作的暂行措施》（2016）。

深圳拆除重建类城市更新单元保障性住房配建比例测算表   表 6-9

序号	类别		基准比例	核增、核减比例 计算公式	备注
1	开发建设用地面积（S）		—	—	含纳入的国有未出让零星用地面积
2	开发建设用地内总居住用地面积（S居）		—	—	居住用地面积指居住或其他包含居住的混合用地的面积
3	项目配建基准比例		（R基）： 一类地区 20%； 二类地区 18%； 三类地区 15%	—	项目拆除重建范围跨多个区域的，配建基准比例按各区域开发建设用地面积占总开发建设用地总面积比例加权平均
4	核减	城中村用地面积（S城）	（R城）：一类地区 8%； 二、三类地区 5%	r城 = R城 * S城 / S	R城指城中村核减基数，核减基数根据《配建规定》确定
		土地移交率	土地移交率超过 30% 但不超过 40%，保障性住房比例核减 2%；土地移交率超过 40%，保障性住房比例核减 3%	r移 = 2% 或 3%	r移指根据土地移交率确定的核减基数。核减基数根据《配建规定》确定；土地移交率 = （拆除范围用地面积 + 纳入的拆除范围外零星用地面积 - 开发建设用地面积）/ 拆除范围用地面积 ×100%
5	核增	轨道站点 500 m 范围内居住用地面积（S轨）	（R轨）：3%	r轨 = R轨 * S轨 / S居	R轨指轨道站点 500 m 范围内应核增基数，核增基数根据《配建规定》确定
		旧工业区（仓储区）或城市基础设施及公共服务设施用地面积改造为住宅（S工）	（R工）：15%	r工 = R工 * S工 / S	R工指旧工业区（仓储区）或城市基础设施及公共服务设施用地改造为住宅应核增基数，核增基数根据《暂行措施》确定；S工是指国有已出让（划拨）的工业（仓储区）或城市基础设施及公共服务设施用地
6	更新单元保障性住房配建总比例（R）		R = R基 - r城 - r移 + r工 + r轨		项目改造前拆除范围内包含多种用地类别的，核增核减顺序为城中村、旧屋村、国有已出让（划拨）的工业（仓储区）或城市基础设施及公共服务设施用地、其他权属清晰用地（含历史用地处置后的用地），当前几类用地之和大于开发建设用地面积时，后面的用地不再参与核算；拆除范围内土地权属及用地面积以《土地、建筑物信息核查意见的复函》为准

资料来源：《深圳市城市更新项目保障性住房配建规定》（2016）和《关于加强和改进城市更新实施工作的暂行措施》（2016）。

高至 35%、33% 和 30%，核增比例由原来的 8% 提高到 15%。不同更新项目的具体配建比例根据《深圳市城市更新项目保障性住房配建规定》（2016）进行核增、核减后确定。2017 年 7 月对《深圳市城市更新项目保障性住房配建规定》（2016）附图进行了动态修订：扩大了城市更新保障性住房配建比例适用的地区范围，实现了基本生态控制线外全覆盖，适用于所有改造为住宅和商务公寓的拆除重建类城市更新项目。目前深圳城市更新首创的保障性住房配建制度已被广东省国土资源厅在全省范围内推广。

在人才公寓方面，根据 2016 年《关于加强和改进城市更新实施工作的暂行措施》要求，拆除重建类城市更新项目改造后包含商务公寓的，位于《深圳市城市更新项目保障性住房配建规定》确定的一类、二类和三类地区的，建成后分别将 20%、18%、15% 的商务公寓移交政府，作为人才公寓。移交政府的商务公寓免缴地价，建成后由政府按照公共租赁住房的方式回购，产权归政府所有，纳入全市住房保障体系由住房建设主管部门进行管理。

在人才安居房方面，根据《关于利用存量用地及房源加快人才住房

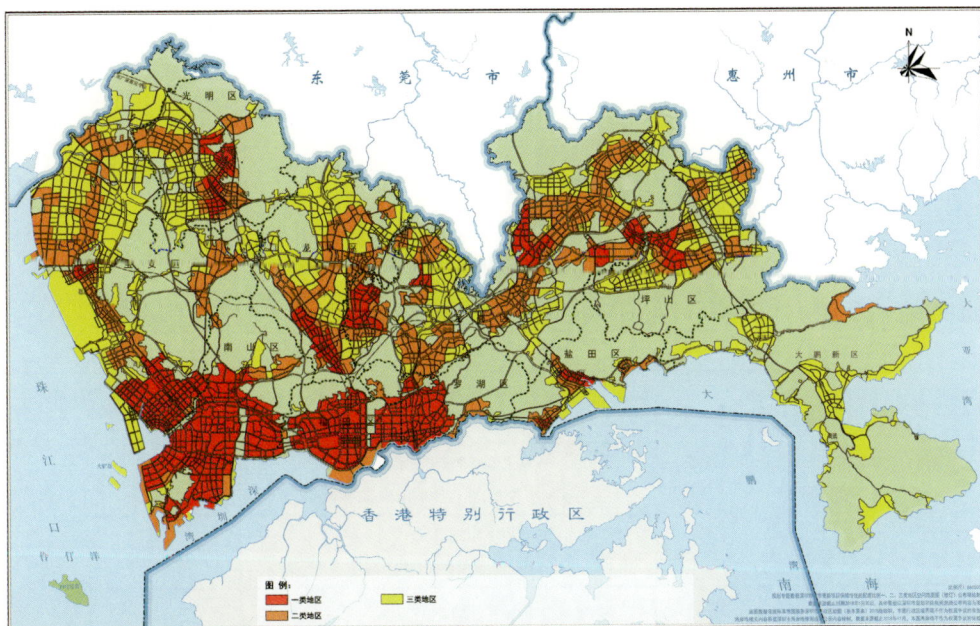

图 6-3　深圳市城市更新项目保障性住房配建比例空间范围图 | **图片来源：**深圳市规划和自然资源局。

建设筹集的实施意见》（在编）的内容，城市更新将成为未来深圳人才
住房配建的重要途径。其中城中村改造项目、改造后包含商务公寓的城
市更新项目须配建不低于 15% 的人才安居房，旧工业区、仓储区或城市
基础设施及公共服务设施改造为住宅须配建不低于 30% 的人才安居房。

加强创新型产业用房配建调控

根据《深圳市城市更新项目创新型产业用房配建比例暂行规定》
（2016）明确要求拆除重建类的城市更新项目升级为新型产业用地功
能的，需要按照一定比例配建创新型产业用房。配建比例是指项目改造
后提供的创新型产业用房的建筑面积占项目研发用房总建筑面积的比
例。这些物业由开发企业建设完成，并以建造成本价移交给政府或按照
政府指定的价格和对象进行销售。在城市更新中配建创新型产业用房，
可以发挥政府对产业发展的引导作用，有利于实现产业创新和产业扶持。

落实社区级公共配套设施移交管理

拆除重建类城市更新项目配建的社区级非独立占地公共设施应满足
法定图则、相关专项规划和《深标》要求，涉及的公共设施规模不小于
社区级公共配套设施汇总表中确定的规模；并在此基础上增配 50% 且
不小于 1000 m² 的社区级公共配套用房，具体功能在建设用地规划许可
前明确。

深圳拆除重建类城市更新配建创新型产业用房比例一览表   表 6-10

区域	类型	配建比例
前海合作区辖区范围内	—	另行制定
《深圳经济特区高新技术产业园区条例》适用范围内	权利主体为高新技术企业，自行开发的产业升级项目	10%
	权利主体为非高新技术企业，与高新技术企业合作开发的产业升级项目	12%
	权利主体为非高新技术企业，自行开发的产业升级项目	25%
其他区域	—	12%

资料来源：《深圳市城市更新项目创新型产业用房配建比例暂行规定》（2016）。

4. 推进多种更新方式

从深圳城市更新的总体进程来看，自 20 世纪 90 年代推动旧村改造起，主要以拆除重建方式为主。随着城中村（旧村）改造和旧工业区升级改造的提出，同步加大全面改造（包括整体拆建和局部拆建）及综合整治两种方式来组织实施改造工作。2009 年《深圳市城市更新办法》出台后，明确提出综合整治、功能改变和拆除重建 3 种不同的改造方式及相应要求。

以上 3 种类型的城市更新项目在改造对象、改造内容和实施管理等方面具有不同的特征。拆除重建类城市更新是将原有建筑物拆除后按照法定规划重新建设，拆除重建类项目能够在政府与市场之间有效实现利益平衡，是目前市场比较偏好的更新方式。综合整治类城市更新通过改善消防设施、基础设施和公共服务设施、进行环境整治等方面从而实现现有建筑的优化再利用。综合整治的主要对象包括城中村（旧村）和旧工业区两大类，基本以政府主导为主，近年来逐步鼓励市场运作。功能改变类城市更新按照法定图则等要求改变部分或全部建筑物使用功能，由于功能改变类城市更新项目的获利空间较小，因此市场积极性不高，实际成功案例较少。近年来，政府积极倡导因地制宜地综合使用拆除重建、综合整治和功能改变等多种方式，在城市更新领域加大有机更新的力度。

深圳社区级公共配套设施汇总表　　　　表 6-11

序号	项目名称	规模（m²）		地价标准	移交方式	接收部门
		建筑面积	用地面积			
1	社区警务室	≥50	—	免地价	无偿移交	区政府
2	社区管理用房	≥300	—	免地价	无偿移交	区政府
3	社区服务中心	≥400	—	免地价	无偿移交	区政府
4	文化活动室	1000～2000	—	免地价	无偿移交	区政府
5	社区健康服务中心	≥1000	—	免地价	无偿移交	区政府
6	社区老年人日间照料中心	≥750	—	免地价	无偿移交	区政府

注：城市更新单元若配置了表中的 6 类社区级公共配套设施，需额外配置表中对应设施建筑面积最低规模的 50% 且不小于 1000 m² 的社区级公共配套用房。

资料来源：《关于加强和改进城市更新实施工作的暂行措施》（2016）。

城市更新项目3种类型

综合整治类城市更新项目	主要包括改善消防设施、改善基础设施和公共服务设施、改善沿街立面、环境整治和既有建筑节能改造等内容，但不改变建筑主体结构和使用功能； 一般不加建附属设施，因消除安全隐患、改善基础设施和公共服务设施需要加建附属设施的，应当满足城市规划、环境保护、建筑设计、建筑节能及消防安全等规范的要求
功能改变类城市更新项目	改变部分或者全部建筑物使用功能，但不改变土地使用权的权利主体和使用期限，保留建筑物的原主体结构； 可以根据消除安全隐患、改善基础设施和公共服务设施的需要加减附属设施，并应当满足城市规划、环境保护、建筑设计、建筑节能及消防安全等规范的要求
拆除重建类城市更新项目	特定城市建成区具有符合有关规定情形之一，且通过综合整治、功能改变等方式难以有效改善或消除的，可以通过拆除重建方式实施城市更新； 拆除重建城市更新项目需符合的情形包括： （一）城市的基础设施、公共服务设施亟待完善； （二）环境恶劣或者存在重大安全隐患； （三）现有土地用途、建筑物使用功能或者资源、能源利用明显不符合社会经济发展要求，影响城市规划实施； （四）依法或者经市政府批准应当进行城市更新的其他情形

图 6-4　深圳城市更新项目的 3 种类型。

5. 发挥政府市场合力

　　虽然深圳城市更新按照"政府引导、市场运作"的模式大力推动存量土地再开发工作，但是城市更新项目并不全部是由市场主导来完成，在一定条件下，也存在政府主导的情形，从而形成了政府和市场共同发力的局面。

　　由政府组织实施的城市更新项目主要涉及以下情形：一是落实城市规划，保障城市安全及设施完善的情形。根据城市发展需要和全市城市更新专项规划等要求，为实施城市规划，由政府组织对具有危房集中、基础设施落后等情形的区域进行城市更新，需要调整使用土地的，政府相关部门应当按照《国有土地上房屋征收与补偿条例》进行房屋征收。二是实施主体未能确认、影响已批准项目实施的情形。拆除重建类城市更新项目在城市更新单元规划批准 2 年后，仍因搬迁谈判未完成等原因未能确认项目实施主体的，经综合判断确有实施的必要性和紧迫性且符合《国有土地上房屋征收与补偿条例》相关规定的，可以优先纳入征收范围。三是市场主体申请由政府组织实施的情形。市场主体通过房地产作价入股、签订搬迁补偿安置协议、房地产收购等方式，已取得项目拆除范围内建筑面积占总建筑面积 90% 以上且权利主体数量占总数量 90% 以上的房地产权益时，可以申请由政府组织实施该项目。政府根据项目实施的紧迫性和可行性、市场主体提供的收购补偿方案的真实性和合理性、剩余房地产权益取得的可实施性等因素进行统筹考虑和综合判断，决定是否组织实施。

由政府组织实施的城市更新项目，市、区政府可以通过房屋征收、土地和房地产收购等方式对城市更新单元内的用地产权进行整合。采用招标、拍卖、挂牌等公开方式出让土地使用权，或者成立、授权相关城市更新实施机构具体实施拆除重建类城市更新项目，具体的补偿形式包括货币补偿、回迁物业补偿及两者相结合的方式等。

6.2.2 实施差异化政策供给

城市更新的对象包括旧工业区、旧商业区、旧住宅区、城中村及旧屋村等多种类型，不同类型在更新改造模式的选择和使用方面均存在不同的需求，这就需要实施针对性的、差异化的政策调控。

1. 城中村（旧村）改造

由于城中村（旧村）以居住功能为主导，面对城市基础设施及公共设施配套不足、安全隐患突出、环境污染、通风采光环境差、涉及违法土地和违法建筑与土地历史遗留问题处理的特殊性等现实状况，城中村（旧村）统筹改造目前主要采取拆除重建和综合整治两种模式。

鼓励整体改造

在城中村（旧村）改造提出之初，政府明确要求城中村地区能够整体实施改造，系统解决城中村涉及的多重问题。在 2012 年《深圳市城市更新办法实施细则》中，规定"福田区、罗湖区、盐田区、南山区的原农村集体组织地域范围应当整村划定城市更新单元，鼓励其他各区参照执行"。但是在具体实施过程中，有些城中村（旧村）范围比较大，因此市场主体会选择城中村的一定区域而非整村范围实施整体改造，从而出现了"挑肥弃瘦"的现象，因此政府加大了对城中村整体改造的综合统筹和方式引导。

给予地价优惠

对于实施拆除重建的城中村（旧村）用地，相关政策中设定了地价计缴的优惠空间。2004 年《深圳市城中村（旧村）改造暂行规定》中首次对城中村（旧村）改造的地价优惠提出明确要求。该政策规定原特区内城中村改造项目建筑容积率在 2.5 及以下部分，免收地价；建筑容积率在 2.5 ~ 4.5 之间的部分，按照现行地价标准的 20% 收取地价；建筑容积率超过 4.5 的部分，按照现行地价标准收取地价。宝安、龙岗两区范围内城中村改造项目建筑容积率在 1.5 及以下部分，免收地价；建筑容积率在 1.5 ~ 3 之间的部分，按照现行地价标准的 20% 收取地价；建筑容积率超过 3.0 的部分，按照现行地价标准收取地价。宝安、龙岗两区范围内发展较快区域的城中村改造，经市政府批准后，其地价优惠政策可以参照原特区内的标准执行。个别特殊项目需要适当突破上述规定的，在不违反城市规划、保证有关功能设施配套的前提下，由区政府提出具体方案，报市政府批准后执行。

对于旧屋村用地，《深圳市人民政府关于推进宝安龙岗两区城中村（旧村）改造工作的若干意见》中明确指出，在市政府《关于发布深圳

深圳城中村用地和旧屋村用地适用地价标准及修正系数表　　　　表 6-12

更新类别	序号	用地类别	适用地价标准	地上部分修正系数	地下商业修正系数	备注
拆除重建类	1	城中村用地	公告基准地价	容积率 5 及以下部分：0 容积率 5 以上部分：1	1	适用于按照本暂行措施配建保障性住房或人才公寓的城市更新单元
				容积率 2.5 及以下部分：0 容积率 2.5 ~ 4.5 部分：0.2 容积率 4.5 以上部分：1		适用于未按照本暂行措施配建保障性住房或人才公寓的城市更新单元
	2	旧屋村用地		容积率 2 及以下部分：0 容积率 2 以上部分：1		适用于按照本暂行措施配建保障性住房或人才公寓的城市更新单元
				容积率 1.5 及以下部分：0 容积率 1.5 以上部分：1		适用于未按照本暂行措施配建保障性住房或人才公寓的城市更新单元

资料来源：《关于加强和改进城市更新实施工作的暂行措施》（2016）。

市宝安龙岗区规划国土管理暂行办法的通知》（深府〔1993〕283 号）
出台前已经形成的旧屋村，除以收回、收购等方式取得土地实行集中统
一管理外，可以参照《深圳市城中村（旧村）改造暂行规定》（2004）
组织改造，现状占地面积 1.5 倍的建筑面积免收地价，超出部分按照公
告基准地价标准收取。

　　2016 年《关于加强和改进城市更新实施工作的暂行措施》中，对
城市更新地价体系进一步简化，涉及城中村用地和旧屋村用地的适用地
价标准和修正系数进一步与全市地价测算规则相衔接。

积极实施综合整治

　　由于拆除重建类城中村（旧村）改造项目实施涉及多种因素，不仅
周期较长，而且很多因素容易发生变动，从而导致改造工作暂停或夭折。
为了尽快改善城中村（旧村）的环境、基础设施、安全状况等，政府积
极主动推动城中村（旧村）综合整治工作。城中村综合整治主要包括道路、
雨污分流、景观、环卫、强电下地、新建消防站等工程。从实施路径来看，
存在两种方式。方式一：政府组织实施，公共财政资金投入。这种方式
通常由政府主管部门牵头组织编制综合整治规划，制定分期实施计划，
提出保障整治项目顺利实施的建设管制规定以及其他相关配套措施，并
根据规划各项整治内容，编制项目预算，以此为依据，申请财政资金，
保障综合整治规划实施。方式二：政府引导，多方参与。由政府主管部
门牵头，形成由政府、原农村集体、原村民及市场企业共同参与的综合
整治规划编制平台。通过协商谈判方式，明晰各方利益，达成综合整治
方案，并由市场企业通过资本运作方式推动方案实施。这种方式实施后
取得的经济收益，将按前期达成的协议进行分配，形成共赢的改造局面。
比如，福田区水围村综合整治类城市更新就是采取的这种方式。2019
年《深圳市城中村（旧村）综合整治总体规划（2019—2025）》出台，
专门划定城中村综合整治和拆除重建区域，强调加强城中村综合整治相
关配套政策指引。

2. 旧住宅区更新

　　2009 年《深圳市城市更新办法》出台后，旧住宅区由于普遍区位好、

容积率低、土地性质为住宅而备受房地产开发企业青睐。在当时相关政策尚未完全明晰的条件下，房地产开发企业一拥而上，通过各种手段争取旧住宅区城市更新项目。对于权利主体更新意愿征集要求达到建筑面积和业主总人数的"双三分之二"的政策限定，房地产开发企业同时对旧住宅区的业主意愿资源开展了激烈的争夺，引发了种种乱象。多个房地产开发企业入驻一个小区，通过在该小区内设立的"更新改造办公室"征集业主意愿。由于不同开发企业均想争取更多的业主资源，因此出现了竞相抬高拆赔比的乱向，有的改造地区同时竟有多达4家房地产开发企业入驻，拆赔比甚至一度被抬高至1.3。

针对旧住宅区改造中的这一乱象，2012年出台的《深圳市城市更新办法实施细则》进一步收紧并抬高了政策门槛。首先，明确旧住宅区的更新不再允许房地产开发企业自行申报，而强调政府主导，由区政府组织开展现状调研、城市更新单元拟订、意愿征集、可行性分析等工作，需由区城市更新职能部门进行计划申报。其次，在城市更新单元规划经批准后，由区政府组织制定搬迁补偿安置指导方案和公开招标方案，公开选择市场主体，市场主体与所有业主签订搬迁补偿安置协议后，方可形成单一主体。最后，经由建筑面积和业主总人数的"双90%"的业主同意后可公开选择市场主体，但市场主体须"双100%"完成与业主签订搬迁补偿安置协议后，才能被认可为实施主体，开展下一步工作。自此以后，旧住宅区改造被全面收紧。2016年的《关于加强和改进城市更新实施工作的暂行措施》进一步明确，为了避免房地产开发企业在旧住宅改造领域的恶性竞争，相关政策明确旧住宅区的拆除重建工作不再允许开发企业自发进驻小区设立各类"改造办公室"、私自发布公告、意愿征集、签订改造补偿协议等，计划受理单位也不再受理市场主体上报的旧住宅区改造申请。

2016年的《关于加强和改进城市更新实施工作的暂行措施》中重申了政府推进旧住宅区拆除重建方面的审慎态度。但为了合理推进旧住宅区改造，区分了成片旧住宅区和零散旧住宅区两种情况分别优化调整政策。其中，对于"使用年限较久、房屋质量较差、建筑安全隐患较多、使用功能不完善、配套设施不齐全等亟待改善居住条件"的成片旧住宅区，符合棚户区改造政策的，优先按照棚户区改造相关规定实施改造。对于与其他各类旧区（旧工业区、旧商业区、城中村及旧屋村等）混杂的零散旧住宅区，依然明确由区政府组织升展前期工作，明确要求对城市更新意愿进行单独计算，要求权利主体 100% 达成更新意愿并 100% 签订搬迁补偿安置协议，拆赔比按照套内面积 1：1 进行。

2017 年《关于规范城市更新实施工作若干问题的处理意见（一）》中继续坚持旧住宅小区的改造由政府主导、稳步推进的基本原则。在城市更新强区放权改革的背景下，涉及城市更新的旧住宅区可由辖区街道办事处作为申报主体开展前期工作。成片旧住宅区确需通过城市更新实施拆除重建的，应当由区政府组织开展现状调研、城市更新单元拟订、意愿征集、可行性分析、更新计划申报、市场主体公开选择等工作。

3. 旧工业区升级转型

扶持产业升级类改造项目

一方面，进一步降低综合整治类产业项目的准入门槛。2014 年《关于加强和改进城市更新实施工作的暂行措施》针对通过综合整治申请升级改造的旧工业区，将产权准入门槛由不低于 60% 调低至不低于 50%，建筑年限准入门槛相对旧住宅区，缩短到 15 年。另一方面，鼓励开展"工改 M1"类更新项目。2016 年的《关于加强和改进城市更新实施工作的暂行措施》中规定，对于符合产业发展导向，通过综合整治、局部拆建等方式无法满足产业空间需求的旧工业区，经区政府组织研究论证，可申请拆除重建，更新改造方向应为普通工业用地（M1），鼓励产业转型升级。

加强工业用地改造的利益调控

深圳早期的旧工业区改造以工业业主的自发改造为主，上步片区和八卦岭片区的工业改商业最为典型。在此过程中，政府对工业区改造的功能和规模未进行专门地控制和引导。这样的功能改变增加了城市公共设施的压力，其带来的巨大土地增值收益却尽归企业业主所有，未能合理分配给代表公共利益的政府（谭维宁，1999）。随着旧工业区改造政策的不断完善，土地增值空间和利益分配的规则逐步明晰。在土地增值空间上，通过完善容积率计算规则和设定上限要求等手段进行界定和控制。在利益分配上，以地价补缴、征收增值收益和配建创新型产业用房、保障性住房等公共收益。

为了激活工业用地存量市场，提高工业用地和工业楼宇转让的市场活力，2013 年出台《深圳市工业楼宇转让管理办法（试行）》和相应的实施细则。这些政策中明确了城市更新项目可以进行工业楼宇转让的相关要求，对于城市更新中"工改工"项目有了更加具体的一些规定。在地价补缴方面，城市更新项目如欲全部分割转让，工业楼宇的全部建筑面积按工业和办公基准地价的平均值的一半予以补缴，配套设施按市场评估地价补缴。符合鼓励发展的产业项目，如总部企业、战略性新兴产业、现代服务业都可享有 0.5 的优惠。在分割转让方面，一般转让模式包含用地批准文件或土地合同约定的以及城市更新项目，特殊转让模式中包含了以租代售模式后期转房产证的实现途径。分割转让对象必须是企业，且政府设定准入条件项目必须由产业主管部门做资格审查。所有分割转让项目最小可划分到"间"，产权转让更加灵活。但原则上 5 年内不允许二手转让，需要转让的政府收缴全部增值收益，避免过度投资性行为，保障工业发展空间。此外，按照《关于加强和改进城市更新实施工作的暂行措施》（2016）相关条款完善历史用地处置的，其原有工业楼宇首次转让免收增值收益。

鼓励实施复合式更新

面对旧工业区更新的各方面诉求，政府制定了《深圳市综合整治类旧工业区升级改造操作指引（试行）》（2015）等相关政策，鼓励推进旧工业区复合式更新和实施综合整治，对符合相关条件的旧工业区更新项目提供一定的政策优惠。在《深圳市城市更新"十三五"规划（2016—2020》中规定"旧工业区以产业升级为目标，规划功能在符合法定图则或其他上层次规划要求的前提下，统筹运用拆除重建、综合整治、功能改变等多种更新方式，为产业发展提供优质空间"，并对工业区块线内的旧工业区提出了明确的改造方向要求。

开展以综合整治为主的旧工业区升级改造的城市更新，升级改造方式主要包括综合整治、功能改变、加建扩建和局部拆建。采取综合整治的，可对建筑外立面和内部残缺损坏的部分进行修补、防护加固、现状修整，达到使用的安全性和舒适性要求，同时可以综合适用现状保留、改善消防设施、改善基础设施和公共服务设施、改善沿街立面、环境整治和既有建筑节能改造等，不改变建筑主体结构和使用功能。采取功能改变的，可对建筑维护方式或对建筑内部的分隔方式发生改变，以达到改变功能的需要，宗地内建筑面积总量不发生变化。采取加建扩建的，可在原有建筑结构主体上进行加建，增加总建筑面积，加建的规模不得对原有结构安全和消防安全产生影响。

4. 重点片区统筹发展

为了加快重点片区的发展，2016 年《关于加强和改进城市更新实施工作的暂行措施》中明确提出集中开展重点类城市更新单元开发项目，聚焦城市各级中心和重点区域，试点探索该类地区城市更新的创新路径。重点城市更新单元的划定，需要结合上层次规划、全市优先拆除重建的更新对象分布以及符合拆除重建划定标准的更新对象所处区域的地理现状，划定相对成片的区域作为更新统筹片区。具体要求包括有：统筹片区规模在 3~5 km²；保障一定比例公共配套设施落地；与《深圳市国民经济和社会发展第十三个五年规划纲要》以及各区城市更新五年专项规划所列重点更新区域进行充分衔接；优先考虑法定规划不足的地区作为统筹片区。统筹片区由各区政府划定范围，报规划国土主管部门备案，由区政府组织编制城市更新单元规划，以公开方式选择一家市场主体予以实施。

6.2.3 优化若干政策联动推进

城市更新作为城市永续发展的一种主要模式，其自身政策体系的形成需要与城市发展过程中相关政策紧密互动，从而相互促进、互补互利。

1. 推动存量发展条件下规划土地政策联动

在我国人多地少的现实条件下，大规模进行土地粗放利用的扩张式增量发展模式难以为继，社会经济的持续发展必然转向由存量土地的再开发利用提供空间资源保障。然而存量土地的再开发利用与新增土地的开发建设存在着明显的不同，我国传统的土地征收→土地储备→土地出让→土地（房地产）交易的利用管理面临着较大的调整与完善。由于存量发展条件下土地权利关系复杂、收益分配需要兼顾各方、处置方式灵活多样，使得在存量土地管理中无法完全照搬新增建设用地管理政策，必须积极构建面向存量土地的、新型的规划土地管理政策思路。

存量土地供应政策创新为城市更新单元规划实施提供保障

深圳提出城市更新单元，不再以宗地为单位进行开发建设，而是由市场主体选择划定城市更新项目的实施范围。这一范围的确定原则上一般以现有法定图则等上位规划为依据，具有一定规模的同时相对成片。从保障公共利益的角度出发，对城市更新单元的划定需要满足开发用地面积、合法用地比例、零星用地规模等方面的限制条件，并要求提供道路、公共服务设施等独立占地的公共贡献用地。这样一来，现有产权边界与新的规划边界之间出现了不一致的状况，土地空间调整优化问题随之而来。

在深圳当前的城市更新政策探索中，积极实施土地置换和土地腾挪，将城市更新单元内外的国有储备地进行合理调换，并允许纳入一定面积的零星地块和国有储备用地。通过以上做法，使得经过更新单元开发可以获得相对完整的开发建设用地，同时也可以保障更新单元范围外的用地符合相关规划要求。此外，为了保障城市更新单元规划的整体落实，在土地出让政策方面进行了相应的突破。一是允许一定的零星空地不以"招拍挂"的方式供地，而是可以通过协议出让的方式一并出让给开发实施主体；二是积极探索招标方式，将整村异地迁建的改造权进行招标，由中标的市场单位予以实施。土地供应方式的多元化探索以及相关土地政策的配套，保障了城市单元规划制度的落实，从而使得存量土地再开发成为可实施的单元开发而非以原有宗地为单位的地块开发。

原农村土地利用管理政策为城市更新合法用地确认提供依据

深圳原农村土地利用管理的政策有其生成、发展、改变甚至是取消的特有历程。面对这样的特殊对象，深圳城市更新政策与原农村土地管理政策紧密关联，城市更新依托非农建设用地政策、征地返还地管理政策、历史遗留违法建筑和历史遗留违法用地处理政策、旧屋村政策等基础政策，合理有序地处理涉及原农村土地的再开发问题。

在非农建设用地政策方面。根据《深圳市宝安、龙岗区规划、国土管理暂行办法》（深府〔1993〕283 号文）和《深圳市宝安龙岗两区城市化土地管理办法》（深府〔2004〕102 号文）等政策，对原农村土地中非农建设用地的划定及管理进行对接。

在征地返还地政策方面，结合不同时期政策要求予以落实。1989年深圳出台了《关于深圳经济特区征地工作的若干规定》，允许采用征地返还地的形式优先免地价划拨土地给原农村集体，用以保障原农村集体发展。其后在 2000 ~ 2002 年间，广东省、深圳市先后出台了新的征地补偿规定，取消了征地返还地，明确补偿方式为货币补偿。2004 年之后，深圳征地补偿主要发生在历史遗留问题处理的相关领域。2015 年 9 月，深圳出台《关于征地安置补偿和土地置换的若干规定（试行）》（深府〔2015〕81 号），并于 2016 年 6 月出台了相关的实施细则，对历史上征收原农村集体土地的过程中遗留下来的安置和补偿问题予以进一步处理。根据以上政策规定，将征地返还地纳入城市更新合法用地类型。

在历史遗留违法建筑和违法用地处理政策方面，在城市更新中根据 2001 年出台的"两规"处理政策、2009 年的"三规"处理政策、2013 年的试点实施办法以及 2018 年的产业类和公共配套类处理办法等政策，对符合一定条件的用地采用简化程序予以处理后，纳入城市更新中的合法用地类型。

在旧屋村政策方面，按照《深圳经济特区处理历史遗留违法私房若干规定》等已经办理房产证的私房，在《深圳市宝安、龙岗区规划、国土管理暂行办法》（深府〔1993〕283 号文）发布前已经建成的，可以纳入旧屋村范围。2012 年《关于加强和改进城市更新实施工作的暂行措施》对城市更新可纳入的旧屋村范围进一步扩大，明确福田、罗湖、盐田、南山等区在 1992 年 6 月 18 日市政府《关于深圳经济特区农村城市化的暂行规定》实施前已经形成的原农村旧（祖）屋的集中分布区域，适用城市更新旧屋村有关政策。

土地贡献率、规划容积率、地价等协调联动

存量土地再开发利用的关键在于土地增值收益的合理分配。由于城市更新实施过程中必然涉及各方主体的利益博弈，不同主体利益诉求的

1980　　　　　　　　　　　　　　　　　1992

1982《深圳经济特区土地管理暂行规定》

1982《深圳经济特区农村社员建房用地的暂行规定》

1982《关于严禁在特区内乱建和私建房屋的规定》

1982《关于特区内农用规划地的几项规定》

1983《关于严禁在特区内乱建和私建房屋的补充规定》

1986《关于进一步加强深圳特区内农村规划工作的通知》

1987《关于特区内违法用地及违章建筑处理暂行办法》

1987《深圳市人民政府关于加强特区内已划红线用地管理的通知》

1988《深圳经济特区土地管理条例》

1988《深圳市人民政府关于处理违法违章占用土地及土地登记有关
　　　问题的决定》

1988《关于严格制止超标准建造私房和占用土地等违法违章现象的
　　　通知》

1989《关于深圳经济特区征地工作的若干规定》

1989《深圳经济特区征地拆迁补偿办法》

1989《深圳市人民政府关于制止农村违章使用土地／擅自出租土地
　　　的紧急通知》

1990《深圳经济特区土地使用费征收办法》

1991《深圳经济特区房屋拆迁管理办法》

1992《关于深圳经济特区农村城市化的暂行规定》

1992《深圳经济特区房地产登记条例》

1992《深圳经济特区房屋租赁条例》

1993《深圳市宝安、龙岗区规划、国土管理暂行办法》

1993《关于处理深圳经济特区房地产权属遗留问题的若干规定》

1993《深圳经济特区房屋租赁条例实施细则》

1993《深圳市房地产管理若干规定》

1994《深圳经济特区房屋拆迁管理办法》（2004 修正）

1994《深圳经济特区物业估价管理办法》（2004 修正）

1994《深圳市宝安区历史用地遗留问题处理办法》

1994《深圳经济特区土地使用权出让条例》（1998 修正）

1995《深圳经济特区规划土地监察条例》

1996《深圳市规划与国土资源局关于多功能使用年限问题的复函》

1996《深圳市人民政府关于土地使用权出让年期的公告》

1996《深圳经济特区住宅区物业管理条例》- 实施细则（2004 修正）

1997《深圳市人民政府关于调整深圳经济特区土地使用费征收标准
　　　的通知》

1998《深圳经济特区土地使用权招标、拍卖规定》

1999《深圳市土地征用与收回条例》

1999《深圳市人民代表大会常务委员会关于坚决查处违法建筑的
　　　决定》

2001《深圳市土地交易市场管理规定》

2001《深圳市城市规划条例》修编

2001《深圳经济特区处理历史遗留违法私房若干规定》

2001《深圳经济特区处理历史遗留生产经营性违法建筑若干规定》

2002《深圳市征用土地实施办法》

2002《深圳经济特区处理历史遗留违法私房若干规定》- 实施细则

2002《深圳经济特区处理历史遗留生产经营性违法建筑若干规定》-
　　　实施细则

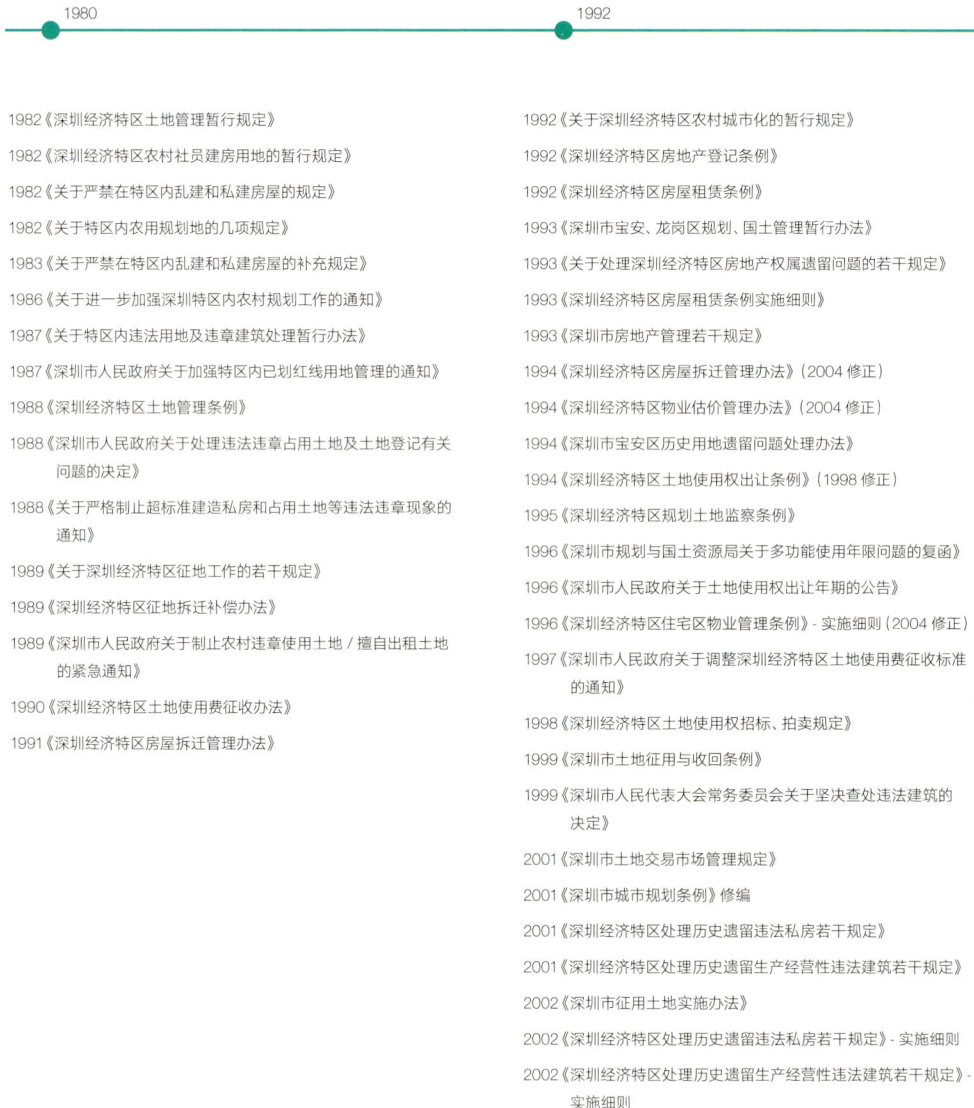

图 6-5　深圳土地政策与城市更新政策的发展脉络。

2004　　　　　　　　　　　　　　2009

2003《深圳市委 市政府关于加快宝安龙岗两区城市化进程的意见》

2004《关于坚决查处违法建筑和违法用地的决定》

2004《深圳市宝安龙岗两区城市化土地管理办法》

2005《关于印发深圳市宝安龙岗两区城市化土地储备管理实施方案的通知》

2005《关于印发深圳市宝安龙岗两区城市化转地工作实施方案的通知》

2005《深圳市社区建设发展规划纲要（2005－2010）》

2005《深圳市城中村（旧村）改造暂行规定》

2005《深圳市基本生态控制线管理规定》

2006《深圳市原村民非商品住宅建设暂行办法》

2006《深圳市宝安龙岗两区城市化转为国有土地交接与管理实施方案》

2006《深圳市临时用地和临时建筑管理规定》

2006《关于宝安龙岗两区自行开展的新安翻身工业区等 70 个旧城旧村改造项目的处理意见》

2006《深圳市政府关于推进宝安龙岗两区城中村（旧改）改造工作的若干意见》

2007《关于工业区升级改造的若干意见》

2007《深圳市城中村（旧村）改造扶持资金管理暂行办法》

2007《深圳市公共基础设施建设项目房屋拆迁管理办法》

2008《关于推进我市工业区升级改造试点项目的意见》

2008《关于开展宝安龙岗两区城中村（旧村）全面改造项目有关事项的通知》

2008《关于组织开展城中村改造专项规划草案公示工作的通知》

2008《深圳市创新型产业用房建设与管理暂行办法》

2009《深圳市城市更新办法》

2009《关于农村城市化历史遗留违法建筑的处理决定》

2010《关于深入推进城市更新工作的意见》

2010《深圳市宝安区、龙岗区、光明新区及坪山新区拆除重建类城市更新单元旧屋村范围认定办法》（试行）

2010《深圳市城市更新单元规划制定计划申报指引》（试行）

2010《城市更新单元规划审批操作规则》（试行）

2010《关于试行拆除重建类城市更新项目操作基本程序的通知》

2010《关于授权市城市规划委员会建筑与环境艺术委员会审批城市更新单元规划的通知》

2011《深圳市宗地地价测算规则》（试行）

2011《拆除重建类城市更新项目操作基本程序》

2011《深圳市城市更新项目保障性住房配建比例暂行规定》

2011《关于在城市更新规划管理中加强市政交通设施配置的通知》

2012《深圳市城市更新办法实施细则》

2012《深圳市城市更新单元规划编制技术规定》（试行）

2012《关于加强和改进城市更新实施工作的暂行措施的通知》

2013《深圳市优化空间资源配置促进产业转型升级"1+6"文件》

2013《深圳市城市更新历史用地处置暂行规定》

2014《城市更新单元规划审批操作规则》

2014《关于加强和改进城市更新实施工作的暂行措施的通知》

2014《深圳市非原村民新建住宅类历史遗留违法建筑临时使用管理办法》（试行）

2015《深圳市城市更新单元规划容积率审查技术指引》（试行）

2015《深圳市城市更新清退用地处置规定》

2015《深圳市综合整治类旧工业区升级改造操作指引》（试行）

2015《市规划国土委关于明确城市更新项目地价测算有关事项的通知》

2016《关于施行城市更新工作改革的决定》

2016 关于修改《深圳市城市更新办法》的决定

2016《关于加强和改进城市更新实施工作的暂行措施的通知》

2016《深圳市城市更新项目保障性住房配建规定》

2016《深圳市城市更新项目创新型产业用房配建规定》

2017《关于规范城市更新实施工作若干问题的处理意见》（一）（二）

2018《深圳市拆除重建类城市更新单元规划编制技术规定》

2018《深圳市拆除重建类城市更新单元旧屋村范围认定办法》

2018《深圳市拆除重建类城市更新单元土地信息核查及历史用地处置规定》

2018《深圳市城市更新外部移交公共设施用地实施管理规定》

差异需要通过多种手段的协调来实现平衡。

积极探索容积率转移和容积率奖励。拆除重建类城市更新项目的容积率管理非常关键，目前深圳城市更新项目的容积率计算区分为基础建筑量、转移建筑量和奖励建筑量 3 种类型，分别计算后再叠加得出项目的整体容积率。容积率计算方式细分的背后反映出政府对土地增值收益的调节逐步精细化，通过基准容积率的均衡调控和奖励容积率的差异化扶持，实现容积率管理的有机组织。其基本调控原理如下：首先，对接《深标》的密度分区实施基础建筑量的核定。其次，建立与土地贡献挂钩的转移建筑量，保障超额贡献可以产生一定的合法利益，这些利益也可以反馈给创造较大土地贡献水平的相关利益主体。最后，积极探索实施容积率奖励，对于提供配建物业、开展历史建筑保护等情形的均给予一定的容积率奖励。转移容积率和奖励容积率的探索，本身带有鼓励的性质，即鼓励多贡献者可以多得开发量。

建立差异化的地价调节体系。为了适应深圳特殊的产权特征、充分发挥地价调节土地收益的重要作用，深圳城市更新采取了协议出让、补缴地价的方式，并对地价计收的标准和计缴的方式等进行了不断的优化调整，逐步建立了适应存量土地再开发利益调控的地价管理体系。城市更新在地价调节方面主要遵循了以下规则：一是根据城市更新中建筑物改变的情形设定计缴对象。比如，实施功能改变类城市更新的，对改变用途后的建筑面积计算补缴地价；实施拆除重建类城市更新的，需要根据新建建筑面积（即通常所指的计容部分）计算补缴地价。二是采取不

深圳拆除重建类城市更新项目涉及的土地贡献率、容积率、地价联动机制   表 6-13

项目	土地移交率	保障性住房配建比例	创新型产业用房配建比例	人才公寓配建比例
土地移交率	超过 30% 但不超过 40% 的	核减 2%	按照实施主体不同分别为 10%、15%、25%	按照改造方式不同分别为 30% 和 65%
	超过 40% 的	核减 3%		
容积率	超过 30% 的产业升级类城市更新项目，可以核算转移容积率	保障性住房建筑面积可以作为奖励建筑面积	创新型产业用房建筑面积可以作为奖励建筑面积	建筑面积的 50% 计入容积率测算
地价	—	配建保障性住房免交地价；安居型商品房按照 50% 补缴地价；移交政府的商务公寓免交地价	政府回购，免交地价；政府不回购，按照 50% 补缴地价	配建人才公寓的更新项目可按照 80% 修正商住部分地价

资料来源：《深圳市城市更新项目保障性住房配建规定》（2016）、《关于加强和改进城市更新实施工作的暂行措施》（2016）。

同的计缴标准。在城市更新政策中，最早区分公告基准地价和市场评估地价。适用基准地价的一般指原有合法建筑面积以及一些特殊用地比如城中村用地、旧屋村用地；适用市场地价的主要指超出原有合法建筑面积的部分以及不适用基准地价的其他情形。在 2016 年《关于加强和改进城市更新实施工作的暂行措施》中，为进一步简化地价计算体系，取消了市场评估地价计算方式，统一采用基准地价的一定系数来予以计算，降低了市场地价评估引入后带来的计算复杂等问题。三是采取分段方式计收地价。将地价计收与容积率挂钩，超过一定基准容积率的，按照较高标准计收。此外随着建筑物的功能混合逐步常态化，在计算地价时采取地价调节系数、面积折算、平均容积率分摊等方式予以综合确定。四是实施地价分期缴交。区分首期和余款，分别规定相应的时限和缴交比例。当前深圳在城市更新工作推动中，不断加大城市更新地价计算体系的整合和简化，加强更新地价管理规则与一般地价管理规则的衔接。

加强土地贡献率、容积率、地价联动。深圳城市更新政策中不仅对土地分配、容积率、地价这些调控手段的运用进行了明确的规定，而且将这些调控政策有机联系起来，共同促进城市更新向城市引导的方向发展。规划土地政策的联动是深圳城市更新获得较好实施性的重要保障，也是城市更新政策的核心创新点。具体来说：对于土地贡献率较大的项目，如果改造为居住功能，保障性住房配建比例可相应核减；如果改造为产业升级类城市更新项目，可以核算转移容积率。此外，在基础容积率之上，因为土地贡献率较大或是负载保障性住房、创新型产业用房、人才公寓等政策性用房配建及公共设施配建、历史建筑保护等的情形，可以按照相关政策计算转移或者奖励容积率，鼓励市场主体在城市更新中保护公共利益。最后，对于保障性住房、创新型产业用房、人才公寓等政策性住房，降低地价缴交标准，通过地价来调控上述住房的用途和比例。通过上述手段联动调控，城市公共利益和整体利益得以落实，市场主体也获得了相应的补偿，城市更新活动向良性方向发展。

2. 完善资金融措、拆迁补偿、税费调节等经济手段

开展多渠道资金筹措

一方面，设立政府专项资金对城中村（旧村）综合整治予以扶持。

在各区自行开展旧村综合整治的过程中，各区均出台了一定的资金扶持政策。比如，《深圳市宝安区旧村整治改造实施细则》（2006）明确了基本不涉及房屋拆建而进行环境净化、美化的旧村实行综合整治，其综合整治资金由原农村集体经济组织的继受单位（村股份公司）自筹资金和政府补贴两部分组成，自筹资金不低于项目整治改造总资金的51%。2004年全市大力开展城中村（旧村）改造后，为保障城中村（旧村）改造的财政扶持力度，政府出台了《深圳市城中村（旧村）改造扶持资金管理暂行办法》（2007），明确提出"市财政专门设立市城中村改造专项资金"和"各区财政拨付的专门资金和区内城中村改造收取的地价收入设立区城中村改造专项资金"。这些专项资金可以用来支撑城中村改造专项规划编制及研究、相关市政基础设施和公共服务设施建设等方面的投入，补贴经济效益差而社会效益高的改造项目以及实施有关奖励等。目前，综合整治类城中村（旧村）改造主要由市城市管理和综合执法局和各区的城市建设局负责组织，按照市区两级财政各支付50%费用的方式予以实施。除了市层面提供的城市更新专项资金以外，市辖各区也加强对更新领域的资金扶持。比如《深圳市福田区支持城中村市政基础设施和公共配套设施建设专项资金管理实施细则》（福府办〔2013〕6号），要求对符合一定条件的城中村市政基础设施和公共配套设施提供补助，补助比例一般不超过50%。

另一方面，积极鼓励和吸引社会资金投入城市更新。在《深圳市城市更新办法实施细则》（2012）中，明确鼓励金融机构创新金融产品、改善金融服务，通过构建融资平台、提供贷款、建立担保机制等方式对城市更新项目予以支持。

协调解决拆迁补偿政策障碍

无论城市更新采取哪种实施方式，一般或多或少总会涉及房屋拆迁工作，其中拆除重建类城市更新产生的拆旧建新的建筑量最为明显，因此城市更新中对于房屋拆迁政策的把握也是重要领域之一。在这个领域主要关注3个方面：一是对接房屋拆迁的相关政策；二是开展房屋拆迁补偿标准的探索；三是对房屋拆迁总量给予安排和调控。

做好房屋拆迁相关政策的上下衔接。首先是与上位法规衔接。2011年1月21日国务院正式实施新的《国有土地上房屋征收与补偿条例》。为适应国家这一最新规定，2012 年《深圳市城市更新实施细则》中对于政府征收、政府收购这两类政府组织实施类项目的适用情形及程序等进行了细化。其中，政府征收的范围是危房集中、基础设施落后的区域，按照《国有土地上房屋征收与补偿条例》办理。政府收购分为直接补偿、委托市场主体进行补偿、通过捆绑"招拍挂"方式进行利益分成等 3 种模式。其次是与深圳本市的房屋拆迁相关管理办法相衔接。主要包括《深圳市人民政府关于进一步完善房屋征收补偿机制的若干意见》（2016）和《深圳市人民政府关于修改〈深圳市房屋征收与补偿实施办法（试行）〉的决定》（2017）等。

开展房屋拆迁补偿标准的探索。在 2004 年城中村（旧村）改造的相关政策中，曾提出制定全市统一的拆迁补偿标准。但是由于城市更新采取了市场主导的方式，统一拆迁补偿标准的难度较大。虽然在实际更新项目推进过程中，逐步形成了一些较为清晰的补偿规则，但是具体标准一直没有权威性发布。近年推进的城市更新强区放权改革工作，又将拆迁补偿标准的制定提上日程，这一方面的探索持续加强。

积极实施房屋拆迁总量调控。为了保障城市房地产市场的稳定发展，在《深圳市城中村（旧村）改造总体规划纲要（2005—2010）》的专题研究中，专门开展了公共财政研究，分析城中村改造释放量与城市房地产市场的匹配关系。为了保障房地产市场平稳发展，各区城市更新五年专项规划对于拆除重建和综合整治涉及的房屋拆迁规模等均进行了调控。

做好税费调节政策配套

城市更新涉及的税务，主要体现在拆迁补偿过程中拆迁方和被拆迁方双方的税务处理方面，一个是拆迁补偿对作为拆迁方的房地产开发商税款缴纳的影响，另一个是作为被拆迁方的法人或者自然人是否需要就取得的拆迁补偿所得缴纳税款的影响。

对于拆迁方而言，最关心的是拆迁补偿费涉及的税务筹划，根据上位政策的要求，主要要点包括拆迁补偿款应缴纳契税、拆迁补偿款可以在销售额前扣除、拆迁补偿款可以在土地增值税和所得税前扣除；对于被拆迁方而言，根据拆迁补偿的实现形式（分为现金补偿和拆迁还房补偿）来确定纳税处理，当前政策提供了免征营业税 / 增值税、免征土地增值税、免征个人所得税和缴纳企业所得税和契税的相应要求。此外，城市更新所采取的合作模式也对税收计缴产生了较大影响，比如合作建房、股权转让等合作模式的差异。税款缴交的数额会直接影响到城市更新项目的成本收益关系，而当前的指导文件相对不足，城市更新税务管理存在巨大的提升空间。

为规范城市更新项目的税费征收，《深圳市地方税务局关于重新发布〈关于旧城拆迁改造有关营业税问题的通知〉》（深地税发〔2003〕938 号）和《深圳市地方税务局办公室关于印发城市更新税务政策指引的通知》（深地税办发〔2012〕37 号）等相关政策对于城市更新涉及的税费均明确了相关的征收指引，并给予了一定的减免优惠，《深圳市城市更新办法实施细则》（2012）中也规定城市更新项目免收各种行政事业性费用。

3. 促进原农村社区产业升级、服务提升和环境改善的良性互动

原农村社区的转型发展是深圳深化城镇化改革的重点领域，原农村社区所涉及的城中村（旧村）改造和旧工业区改造，为社区转型发展提供了直接的落脚点。围绕社区转型开展的交流合作、企业管理、人才引进与培养，推动实施社区集体经济多元化、差异化发展，不断优化社区经济发展的内外部环境，在各区社区的发展转型方面不断加大政策引导。比如《龙岗区扶持股份合作公司转型发展若干办法》及其实施细则积极引导实现工业园区化、产业高端化和社区城区化等发展目标。罗湖区《关于进一步推进社区股份合作公司改革发展的指导意见》中突出物业经济的高端化转型、与区域高端产业链和价值链的关联关系构建以及培育"互联网＋"新业态和新的经济增长点。《坪山新区关于加快推进产业转型升级的若干措施》要求，社区股份公司需要进一步实现公司法人治理结构和现代化企业运营。城市更新无论是"工改工""工改 M0"，还是住宅、商业综合体开发，均是对社区原有相对低端产业结构的一次重构，有助于提高社区物业和集体资产价值，优化产业结构。社区通过城市更新改善了人居环境和配套设施，有助于实现更多高端管理人才以及随之而来的现代化管理方式进驻，真正实现城区化管理。

图 6-6　深圳福田城村共生图景 | **图片来源：**大勇工作室。

6.2.4 强化全过程管理协调

1. 加强申报、审批、实施三大环节调控

城市更新的推进涉及存量土地再开发实施的每个环节，一般历经立项申报、计划规划制定和审批、用地手续办理、项目分期实施、产品售卖及移交等一系列工作。根据政府引导、市场运作的主要原则，在城市更新相关政策中不断强化申报、审批、实施 3 大环节调控。

在申报领域，主要涉及 3 个方面的申报。一是项目申报，其中涉及产业类项目需要获得产业主管部门的批准；二是城市更新计划申报，由区政府组织开展，相关主体根据计划申报指引进行申报；三是城市更新单元规划申报，由相关主体委托规划编制单位开展单元规划的编制工作。

在审批领域，主要涉及两项审批。一是城市更新计划和城市更新单元规划的审批，相关审批事项有明确的政策指引；二是实施主体确认手续的审批，主要加强实施主体管理，形成单一主体后需确认实施主体并

签订项目实施监管协议。

在实施领域，根据我国建设用地供应管理的基本要求，建立从原房地产证注销→建设用地报备→建设用地方案图和建设用地规划许可证办理→宗地图制作→土地出让合同签订→房屋拆迁许可证办理等在内的全流程行政服务体系，同时结合拆除重建工作本身的复杂性，在土地出让合同签订后，后续增加了建筑物拆除监管、公共设施及配建物业移交等相关服务监管要求。另外，对于实施不力的城市更新项目要求予以定期清理。根据2016年《关于加强和改进城市更新实施工作的暂行措施》，对于符合以下三种情形之一的，按程序调出计划。具体情形有：对于自更新计划公告之日起1年内未完成土地及建筑物信息核查和城市更新单元规划批准的；自城市更新单元规划批准之日起2年内，项目首期未确认实施主体的；自实施主体确认之日起1年内，未办理用地出让手续的。在2016年《罗湖区城市更新实施办法》中，对以上条件进行了细化和拆解，增加了在特殊情况下的延期处理方式，对于调出更新计划的更新单元，规定调出计划之日起1年内不得申报计划。

从以上3个环节调控可以看出，作为存量土地再开发的一种重要手段，城市更新工作凸显出事项复杂、管理链条长和管理事权协调要求高等多种特征。深圳的城市更新政策正是基于这样的特征，对城市更新工作给予了相对细致和明确的工作安排，明晰了相关主体的责权边界，使得城市更新工作无论是政府的行政审批还是市场的主动作为，都发挥了良好的协调作用。

除此之外，深圳明确各区城市更新五年专项规划编制、重点更新单元申报、旧工业区综合整治等工作目标任务和时间要求，通过批次计划和年度计划的纳入和调出，实现城市更新项目的动态化管理，并且将通过审批的城市更新规划成果纳入一张图管理系统，实现城市更新与现行规划国土行政管理相结合的统一数据管理体系。

2. 加强拆除重建类、综合整治类、功能改变类城市更新项目的 分类管理

城市更新的实施是通过一个一个项目来实现的，城市更新的项目管理对于城市更新的推进产生了重要的影响。虽然深圳城市更新涉及的拆

除重建、综合整治、功能改变这 3 种类型在更新实施方面存在一定差异，相应的具体程序和管理要求方面也存在一定不同，但是不同更新方式均持续强化全流程、精细化的管理要求。

拆除重建类城市更新项目管理

对于拆除重建类城市更新，一般一个项目就是一个更新单元，通过制定单元计划和单元规划，对后续开发建设行为进行严格管理。对于较大规模的拆除重建类城市更新项目，可以根据实施需要将城市更新单元切分成一个或者多个子项目，按一定时序安排分别开发建设。当前拆除重建类城市更新项目采取市、区两级管理方式，具有规范的项目管理办法和程序，须严格按照城市更新单元规划、城市更新年度计划的规定实施。

拆除重建类城市更新单元计划经市政府批准后，由计划申报主体委托具有相应资质的机构，结合主管部门的土地核查结果，编制城市更新单元规划并报主管部门审查。城市更新单元规划涉及未制定法定图则地区或者改变法定图则强制性内容的，还应当按程序报市政府或其授权的机构批准。城市更新单元规划的批准视为对已完成法定图则相应内容的编制和修改，是相关规划许可的依据。

拆除重建类城市更新项目的实施方式非常灵活，包括权利主体自行实施、市场主体单独实施、合作实施及政府组织实施等。拆除重建类城市更新项目的市场参与度较高，同时政府也高度重视项目实施情况，城市更新单元规划经批准后，由区政府组织制定更新单元的实施方案，并组织、协调方案的落实。更新单元实施方案一般包括更新单元内项目基本情况、进度安排、单一主体形成指导方案、搬迁补偿安置指导方案、搬迁及建筑物拆除进度安排、监管措施等内容。

综合整治类城市更新项目管理

对于综合整治类城市更新，按照改造对象的不同，采取不同的管理方式。以政府投资为主导的城中村（旧村）综合整治，目的在于消除城中村（旧村）的安全隐患，完善公共服务设施，改善城中村（旧村）环境品质。一般采取项目管理方式，各区政府作为实施主体，组织编制综合整治规划，制定综合整治投资估算，并按照审查批准的综合整治规划方案予以实施。对于单独编制的综合整治类旧工业区升级改造类城市更新，则要求采取单元管理方式编制综合整治类城市更新单元规划。

综合整治类城市更新项目的全流程可概括为 4 个阶段：计划制定阶段、立项管理阶段、方案审批阶段和资金安排阶段。

在计划制定阶段，区政府按年度制订本区综合整治类项目和资金安排计划草案，由市城管部门统筹平衡并按程序报批后组织实施。已批城市更新单元规划确定的单独实施的综合整治类项目，应当优先纳入综合整治类项目计划进行管理。按照已批准城市更新单元规划，纳入拆除重建类项目一并作为综合整治的区域，不单独进行计划申报，由拆除重建类项目的实施主体一并实施。

在立项管理阶段，列入计划的综合整治类城市更新项目一般由市、区政府统筹推进。市城管部门组织、协调、指导和督促全市综合整治类城市更新工作。发改、财政、规划国土、人居环境、住房建设、水务、消防等部门，按照各自职责分工承担综合整治类城市更新具体管理工作。各区政府及其相应的职能部门负责组织实施本辖区内的综合整治类项目。

在方案审批阶段，在综合整治类项目纳入计划并经批准立项后，区政府应当组织实施单位依照项目审批文件及相关技术规范，开展综合整治规划、初步设计和项目总概算的编制等前期工作，形成实施方案。区政府在组织编制实施方案过程中，应当征求市规划国土、产业、人居环境、住房建设、水务、城管、消防等部门的意见。市规划国土部门对综合整治规划进行审批，并将审批结果抄送市城管部门。依照有关法律、法规等规定须办理有关建设、环保、水务、消防等许可的，实施单位应当依法申请并取得许可后方能实施综合整治。

在资金安排阶段，涉及市、区政府财政投资的，市、区发改部门根据需要安排前期工作的必要经费。综合整治类项目涉及的改善城市基础设施、公共服务设施和市容环境的工程，根据政府投资项目管理有关规定申报立项，该部分费用按照市、区政府投资事权划分有关规定承担。

功能改变类城市更新项目管理

功能改变类城市更新一般采取项目管理方式，按照有关政策规定进行土地使用功能调整的申请与批准。功能改变类城市更新项目全流程分为 5 个阶段：项目申请、主管部门受理、核发规划许可证、项目实施及房地产变更登记。

在项目申请阶段，实施功能改变类更新项目的土地使用权人应当按照有关法律法规规定的建筑物改变使用功能的程序，向市规划国土主管部门及相关主管部门申请办理规划许可变更和相关手续。在主管部门审查阶段，主管部门受理申请后，根据申请改变使用功能的建筑物所在区域的相关规划及其他申请材料进行审查。不符合功能改变条件的，应当书面答复申请人并说明理由；符合功能改变条件的，应当在项目现场、深圳特区报或者深圳商报及本部门网站上就相关事宜进行公示。在核发规划许可文件阶段，公示结束后，主管部门对相关意见进行汇总和处理。有关异议经核实成立或者暂时无法确定的，应当书面答复申请人并说明理由；公示期内未收到意见或者有关异议经核实不成立的，应当向申请人核发规划许可文件，并通过与申请人补签土地使用权出让合同或者签订土地使用权出让合同补充协议（或者增补协议）的方式完善用地手续。在项目实施阶段，申请人办理完成相关规划和用地手续后，可以实施功能改变类城市更新，实施费用全部由申请人自行承担。项目实施涉及规划国土、环保、建设、城管、消防等其他行政审批事项的，由申请人按照有关规定办理。在房地产变更登记阶段，项目实施完成后，相关权利主体应当及时向房地产登记部门申请办理房地产变更登记，签订土地使用权出让合同补充协议或者补签土地使用权出让合同，并按照相关规定缴纳地价。

3. 注重管理工作的衔接反馈，不断提高管理效率

加强启动条件设置和后续监管措施，做好前后工作衔接

城市更新每一项工作有其前置条件和后续配套要求，一环扣一环，这些前后动作的规范是城市更新能够顺利推进的重要保障。除了城市更新计划和单元规划本身需要的条件许可以外，当前城市更新还加强了以下几个重点工作。首先在更新计划和单元规划工作之间，加强了土地及房屋确权和登记的重要环节，建立土地及建筑物信息核查的数据基础支撑。其次在单元规划和用地手续办理之间，加强房屋拆迁许可环节，强化建筑物拆除监管。这些环节的加强，均适应了存量土地产权复杂和房屋拆迁困难等区别于新增用地的典型特征，为实质性解决存量土地再开

发的困境提供了重要的支撑。

做好涉及政府行政审批工作的时间管理，提高管理效率

城市更新推进过程中，相关事项均需通过政府主管部门的审批管理，为了加快城市更新项目推进，从建设服务型政府的要求出发，政府在若干政策中明确规定了相应办理时效，并不断尝试简化审批程序、提高工作效率。在 2016 年施行城市更新工作改革之后，各区在出台城市更新实施办法过程中，对相关程序再次进行了优化。比如《宝安区城市更新暂行办法》中提出，"如创新实施计划规划同步申请，缩短办文期限 80 天；贡献独立占地移交，及该用地的方案图、建设用地规划许可证核发并联，缩短办文时限 30 天"。

加强城市更新单元规划的上下衔接，提高单元规划实施性

进一步保障城市更新单元规划的控制与引导作用，向上衔接法定图则、向下控制并指导规划与土地管理，提高更新单元规划的实施性。具体来看，在法定图则强制性内容的基础上，明确城市更新单元规划强制性内容包括单元主导功能、单元总建筑面积（含地下规定建筑面积，不含配套设施建筑面积）、居住及商务公寓建筑面积、道路系统及其控制宽度、公共绿地用地规模及其布局、配套设施规模及重要公共配套设施类型和布局、滨海地区或重点地区城市设计要求等，加强城市更新单元规划编制与城市更新单元规划审批的衔接。在土地出让管理环节中，在城市更新单元规划编制过程中加大衔接用地出让管理，加强对拆除范围内及拆除范围外涉及土地清退、用地腾挪、零星用地划入的土地与建筑物信息核查工作。以此为基础，基于土地整理需要，划定更新单元范围线。进一步明晰用地腾挪的概念，衔接《广东省人民政府关于推进"三旧"改造促进节约集约用地的若干意见》（粤府〔2009〕78 号）与《深圳市城市更新办法实施细则》（深府〔2012〕1 号）关于用地腾挪的规定。

4. 构建多部门合作机制，协同推进城市更新工作

不论是市级层面还是区级层面的城市更新主管部门，均着力统筹协调各部门之间的合作互动。市区城市更新主管部门负责具体组织、协调、

监督城市更新工作，并且依据相关法定规划，定期组织编制城市更新五年专项规划、指导相应范围内的城市更新单元划定、城市更新计划制定和城市更新单元规划编制。

在城市更新单元规划审批过程中，市、区城市更新主管部门负责对方案进行初审并征求发改、财政、人居环境、住房建设、教育、文体、水务、消防等部门的意见，各部门按照各自的职责分工承担具体的城市更新管理工作。城市更新项目涉及产业升级的，必须在计划申报阶段编制产业专题研究，并征得市、区产业主管部门同意。市产业部门对城市更新单元的产业规划、产业定位是否为市政府鼓励发展产业等情况进行核查和认定，并在规划申报阶段将具体意见反馈给市城市更新主管部门。城市更新单元规划审批通过之后，区城市更新主管部门组织制定城市更新单元实施方案，报市规划国土委备案，并确认主体资格。实施主体制定拆除方案并向区住建局备案，完成建筑拆除之后实施主体依次向区城市更新主管部门和区住建局申请建设用地方案图、建设用地规划许可证和建设工程规划许可证。

随着市规划和自然资源局的组建，城市更新和土地整备相关业务管理合二为一，市、区两级在城市更新和土地整备的多部门合作机制将进一步得以优化和协调。

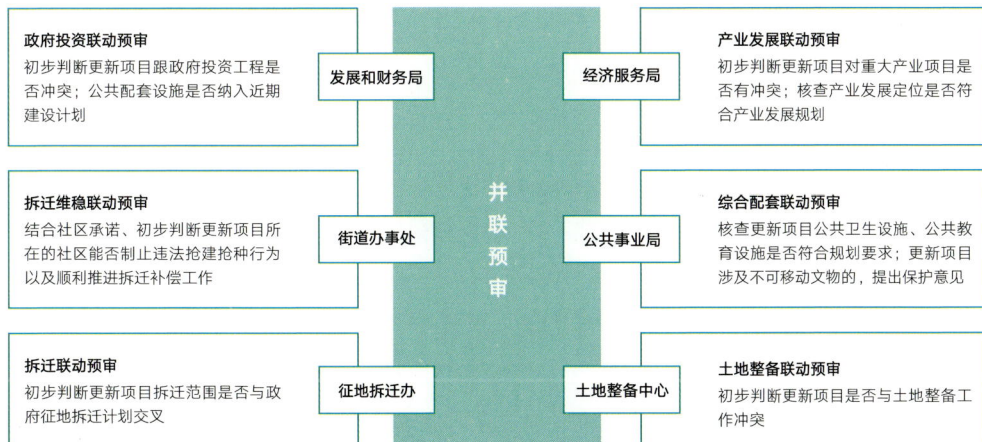

政府投资联动预审
初步判断更新项目跟政府投资工程是否冲突；公共配套设施是否纳入近期建设计划

发展和财务局

并联预审

经济服务局

产业发展联动预审
初步判断更新项目对重大产业项目是否有冲突；核查产业发展定位是否符合产业发展规划

拆迁维稳联动预审
结合社区承诺、初步判断更新项目所在的社区能否制止违法抢建抢种行为以及顺利推进拆迁补偿工作

街道办事处

公共事业局

综合配套联动预审
核查更新项目公共卫生设施、公共教育设施是否符合规划要求；更新项目涉及不可移动文物的，提出保护意见

拆迁联动预审
初步判断更新项目拆迁范围是否与政府征地拆迁计划交叉

征地拆迁办

土地整备中心

土地整备联动预审
初步判断更新项目是否与土地整备工作冲突

图 6-7　深圳城市更新项目计划审批阶段中的多部门合作。

6.3 城市更新政策实践的主要特征及价值导向

6.3.1 政策实践的主要特征

深圳城市更新政策是在实践过程中不断发展起来的，其基本的逻辑是顺应社会经济发展的需求不断进行适应性的调整改进，从而逐步走上规范化、系统化、法制化的制度建构历程，在这一历程中体现出以下几个重要特征。

1. 从简单控制走向多元引导

深圳城市更新政策的探索不断在丰富和发展。无论是在改造方式、空间保障还是在运作手段和平台建设方面，都朝着多元细分的领域实施更加精细化的管理。

从改造方式来看，综合考虑物质形态改变和非物质文化遗存的关系，将简单的建筑改造逐步与产业发展、社区融合、历史记忆等多种诉求契合起来。从 2004 年城中村（旧村）、旧工业区提出的以全面改造和综合整治为主，到 2009 年提出的拆除重建、功能改变和综合整治 3 种方式，当前重点寻求拆、改、留有机组合、相互融合的可持续发展模式。

从空间营造来看，平面式的基础设施和各类空间开发逐步发展成地上地下空间、空中连廊的立体化开发，强调便捷、高效、舒适的空间营造，关注人的需求。加大公共空间供应和多种功能复合，不断提升公共服务配套功能的占比，保障存量时代不同人群的差异化需求。

从公共服务的供给来看，从简单地按照相关标准配置公共服务设施，发展成为集创新性产业用房、保障性住房、人才住房、多类公共服务设施等为一体的多元供给体系。

从调控手段来看，城市更新政策适应深圳各类改造对象的复杂特征，在公共政策的统一平台上，逐步探索差别化的政策工具，从而更加精准地调控利益分配，实现整体利益的平衡。

从平台建设来看，公众参与的深度、广度代表了城市更新社会化的程度，也是体现城市更新社会属性的主要方式。通过多主体责权利边界的进一步清晰，各方主体以合作共赢为统一目标来开展城市更新，从而为达成城市发展的共同愿景提供了重要路径。

2. 政策的可操作性不断得以改进

对比上海、广州等地的更新政策发展脉络，可以发现深圳的城市更新政策调整周期短、配套范围广。正是因为不断持续地扩大、调整、深化，深圳城市更新政策没有停留在僵化的状态，而是逐步成为有生命力、不断响应社会经济发展需求的有机生长体系。为了提高政策的可实施性，深圳建立了政策前期研究与事先评估、政策制定及其过程中意见征求、政策实施中效果评价及问题查找和政策动态修正调整的工作路线。区分主要的政策调整阶段来看，受土地"招拍挂"出让等政策的约束，2009 年以前城中村（旧村）改造的效果并不理想。2009 年《深圳市城市更新办法》出台，但由于相应操作规则当时尚未完全厘清，所以在其出台后的两三年内市场开展的更新项目并不多。2012 年《深圳市城市更新办法实施细则》出台，解决了城市更新项目在推进中涉及的具体操作问题，更新项目申报的数量明显增加。随后为了更好地解决已申报更新项目遇到的实际困难，政府从 2012 ~ 2016 年连续 3 次出台推进城市更新工作的暂行措施，打开症结问题的政策通道。随着一大批试行政策的到期，近两年政府加快推进各类更新政策的修订工作，政策的可操作性不断得以改进。

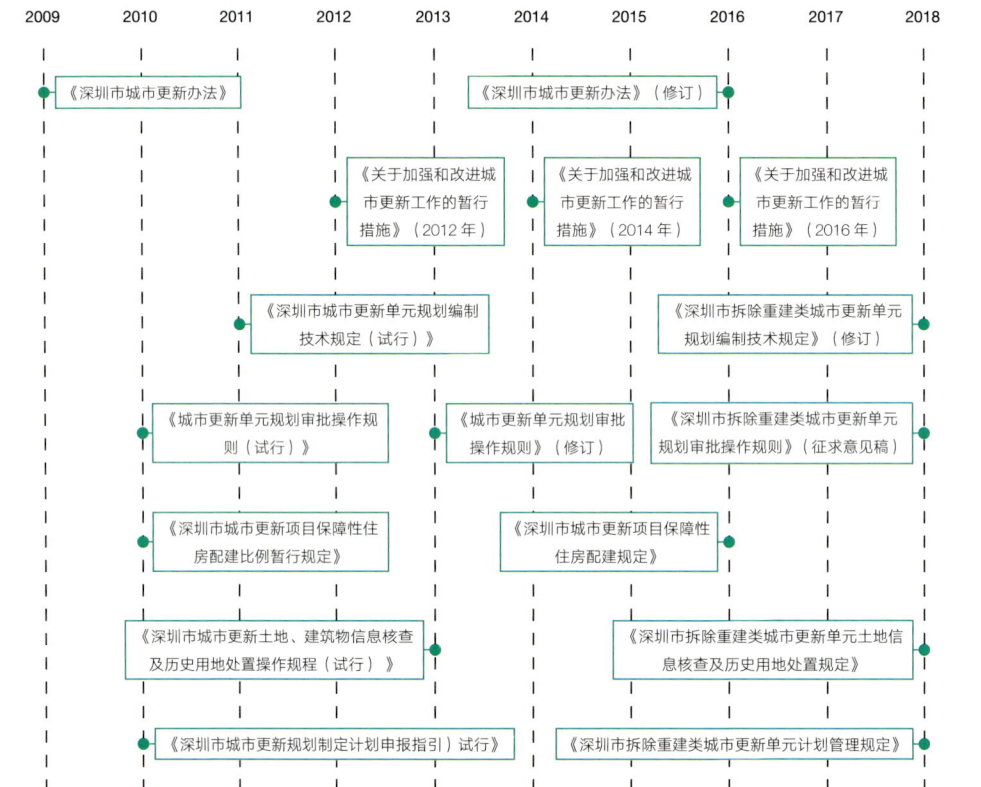

图6-8 深圳城市更新政策的修订（2010～2018年）。

3. 政府与市场协作的体制机制不断优化

在多年的实践过程中，深圳城市更新呈现出以市场化运作为主、政府引导并积极参与、市场与政府共同推动城市更新的特征。无论是政府还是市场，都自发将"自上而下"与"自下而上"的工作路径相互结合起来。通过多元主体的协调运作，使得城市更新政策在施行过程中，产生了良性的互馈机制，而这种机制的生成又促进了城市更新工作在更大层面的协调发展。

从"自上而下"的角度来看，政府在推进城市更新过程中一般需要开展政策制定、计划审批、规划审批、行政审批、实施监管和信息公开等工作；从"自下而上"的角度来看，市场在城市更新项目推进过程中，一般需要完成信息掌握、政策认知、计划申报、规划编制、手续办理和实施推进等事项。

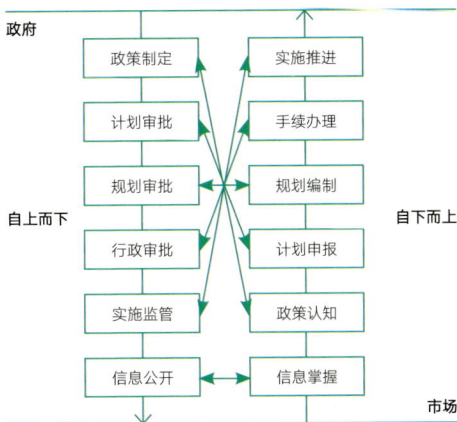

图6-9 深圳城市更新过程中政府和市场运作机制的联系。

不论是"自上而下"，还是"自下而上"，政府和市场可以通过直接或间接的方式进行互动，两者之间保持了良好的协作关系。基于这种协作关系，政府和市场两者的角色相辅相成，政府和市场这两只手在城市更新中得以灵活运用。

6.3.2 基于利益协调的价值导向

《马克思恩格斯选集》指出"利益在本质上属于社会关系范畴，社会主体维持自身的生存和发展，只能通过对社会劳动产品的占有和享有才能实现，社会主体与社会劳动产品的这种对立统一关系就是利益"。利益是通过一定的社会关系表现出来的，因此当主体和客体之间产生冲突和矛盾时，为了避免产生利益损耗，一般会通过某些方式对利益冲突进行协调。这些方式可以有经济手段、法律手段、行政手段等。利益协调的核心目标是对利益协调制度进行重新调整，对各方主体的利益关系予以引导、规范、约束和激励。

存量时代土地再开发根本在于既有利益格局下资源的高效再分配，必然会涉及各个利益主体之间的协调博弈。随着 20 世纪末期我国的经济体制改革，市场经济的逐步成熟和法制的不断完善，深圳进入多元利益主体日趋分化的阶段，城市更新由原来的单一利益主体分化为政府、房地产开发企业、权力主体、公众等多元利益主体，主体之间利益诉求互不相同又彼此关联。

城市更新是对城市资源的再次配置，在这一过程中必然涉及众多主体的利益调整，产生利益冲突。这些冲突可以体现为个人、集体、公众、城市相互之间的利益冲突，也可以体现为当前利益与长远利益、物质利益和精神利益等之间的冲突。为了保障城市资源的公平和高效配置，城市更新必须寻找协调解决各类利益冲突的途径和模式。城市更新是否真正可行，关键取决于各类主体之间的利益平衡，并建立与之相匹配的制度框架来保证城市更新的顺利实施，及时消减实施过程中的负面社会影响。深圳的城市更新在实践过程中，一直着力探索多元主体之间的利益平衡路径，在实践的基础上通过政策的不断调整完善，逐步勾勒出清晰的政策内核，即在公共利益保障下的增值收益再分配，借助多元的协调实现利益的平衡。

1. 公共利益保障

明确公共利益保障的底线及其合理性

深圳城市更新要求在每个城市更新单元中，确保大于 3000m² 且不小于拆迁范围用地 15% 的面积，用于建设道路、学校、医院、公交场站、公共绿地等城市公共设施，相关设施的立项优先安排，并与城市更新项目同步建设。每个城市更新单元必须提供不低于 15% 的公共贡献用地这一规则的确定，保证了深圳城市更新活动中公共利益的基本底线，成为最基本的公共利益的保障规则。

捆绑公共利益实现的责任

深圳城市更新单元实施开发过程中，除了移交一定比例的公共设施用地和落实法定图则规定的各类设施外，还包括如下两点要求。一是移交土地上由法定图则规定的各类设施，须由房地产开发企业结合城市更新项目统筹拆除重建，建成之后统一移交政府。二是必须提供一定比例的建筑面积，用于建设政策性用房，其中政策性用房包括针对规划为居住功能的保障性住房和针对产业功能的创新型产业用房，根据不同的区位和项目类型，提出两者需要提供的合理比例。

不断扩展公共利益及范畴

公共利益作为一个极为丰富的概念，随着社会不断发展，人们对于公共利益的认识也在不断延伸。深圳及时根据社会经济发展不断扩展公共利益的范畴，逐步将保障性住房和创新型产业用房配建的责任落实在城市更新项目上。在城市更新实践中，目前对于公共利益的实现主要涉及战略目标、指令指标、用地指标等的布局和分配，注重强调效率与公平、时间与空间、整体与个体的协调平衡。随着公共利益范畴不断丰富发展，城市更新中保障公共利益的内容将更加广泛。

2. 增值收益分享

城市更新实施的主要动力来源于相关利益主体可以参与分享未来的土地增值收益，而产生这种增值收益空间最重要的影响因素则为用途改变性增值和强度改变性增值。其中强度改变性增值以容积率改变为核心，也与土地用途改变存在密不可分的关系。因此，现状大多数城市更新特别是拆除重建类城市更新中，均涉及土地用途或者开发强度的调整。对于这类城市更新，亟待构建完善的增值收益分配制度，预防土地使用用途和开发强度不合理改变的状况下产生的风险。

基于土地利用用途或利用强度调整带来的收益改变是城市更新中利益协调的主要内容，城市更新需要探索形成适应存量土地利益调整的分配规则。通俗来说，政府通过城市更新做大利益的"蛋糕"，继而通过一定程度赋予土地发展的权益，形成有效的激励机制，从而促进土地产权关系的高效、合理转化，推动土地再开发实现。

明晰增值收益可分享的空间

从操作层面来看，一般在更新政策中，首先应明确界定城市更新项目该承载的公共利益要求，然后在可以分配的土地增值收益中，通过协调博弈，实现多个主体之间的利益平衡。这包括了公共利益与市场经济利益之间的协调以及市场经济利益中各方利益主体（市场主体与权利主体）之间的协调。在利益动态协调过程中，深圳城市更新逐步明晰了不同利益主体分享增值收益的基本边界条件，推动形成更新改造多赢格局的基础支撑。

强化市场主体与权利主体的利益协商

深圳"自下而上"的城市更新强化了权利主体的话语权。更新政策规定在城市更新项目申报的初始阶段，实施主体必须征得一定比例的原权利主体同意，提交更新意愿证明材料。在前期协商谈判过程中，原权利主体与市场主体之间的利益关系必须得以较为明确的切分。在充分的协商过程中，原权利主体与市场主体因反复博弈而产生的交易成本不断下降。

构建鼓励贡献的市场机制

深圳城市更新在基本空间发展权基础上，设置了转移和奖励空间发展权的获取规则。关于转移空间发展权益的获取，对于因规划实施要求，实际土地移交率超出了基准土地移交率的城市更新项目，可以按照超出部分和用地面积核算转移建筑面积。关于奖励空间发展权益的获取，为了鼓励更新单元提供更多的公益性设施，并从历史文化、城市设计上进行优化，同时使设施在单元内具体建设过程中能够真正落到实处，对承担各类公益设施的项目，给予适度的开发增量作为奖励。

探索政府救济扶持

当城市更新单元由于承担了过多的配套设施建设，导致经济上无法平衡的状况下，政府可视情况启动相应的救济，帮助改造项目实现更新。一方面，政府可直接对开发主体进行财政补贴以达到收支平衡；另一方面，政府可降低保障性住房或创新型产业用房的配建标准以达到收支平衡，但这些都必须保证城市更新单元内必需的公共设施的落实。

3. 多元手段协调共生

深圳城市更新通过土地用途和使用功能调整创造土地增值收益，继而通过利益分配机制对增值收益进行合理分配。作为存量再开发的重要模式，城市更新涉及多个层级和领域，需要综合产权、规划、土地、公众参与等多种技术手段，对既有利益格局进行调整优化。

土地管理制度改革与城市更新规划创新的相互促进与衔接

在综合手段应用中，主要突破口在于不断推动土地政策创新与更新规划创新的相互促进，将相关利益分配规则的探索与现行的土地管理制度、城市规划管理制度相衔接。在现行相关管理制度的共同运用的条件下，实现对多元主体的利益协调，保障城市更新利益规则的合理性和可实施性。

城市更新的过程就是土地使用制度改革不断作用的结果。深圳城市更新从计划申报之前的更新意愿确定，到计划规划阶段的各类用地框定，再到实施阶段各种协议的签订，不断探索完善土地使用权调整的规则，在土地管理政策上协调实现了多方利益主体的土地使用权再分配。

城市更新单元规划编制规则的建立和完善，有助于更加有效地将城市更新活动纳入城市发展轨道。深圳出台了具体的城市更新单元规划编制技术指引，结合城市更新的实施反馈，强化土地核查与处置、海绵城市建设、历史文化保护等多项管理要求，从技术支撑方面保证城市更新单元规划的导向和结果更加符合城市发展的长远利益。

存量土地再开发多路径的协调

深圳目前存在多种存量土地再开发的路径，如土地整备、房屋征收、非农建设用地开发等。上述路径在调控目标、准入门槛、实施方式、补偿安置等方面都存在差异，对于不同的改造项目具备不同的应用适用性。这需要在存量土地再开发的顶层政策设计方面进行综合协调，避免不同政策路径之间相互矛盾和打架。

多种存量土地再开发路径的协调，需要从以下两个方面着力深化。一是构建统一的政策基础。重点在于将不同政策的价值观高度统一于城市发展需求，统一其利益分配规则，亦即对于同一个改造项目，不同政策的利益分配格局基本一致。二是政策实施路径差异化。重点在于区分不同政策的价值导向设置不同的改造项目准入门槛，厘清市场和政府关系，尽可能使各种存量土地再开发路径相互补充，不同改造项目能够找到最适合的政策路径。

图 6-10   深圳福田区市民中心广场　|　**图片来源：**大勇工作室。

6.3.3 更新政策的发展趋势

综上所述，城市更新政策的核心是对利益分配规则的制定。但是这一规则不是固定不变的，而是在不同的城市发展阶段，跟随社会经济发展的需求以及社会经济环境的状态不断变化。在城市发展过程中，城市更新政策作为城市管理的主要工具之一，需要根据城市发展不同阶段的不同需求做出快速反应并不断动态调整。其中既包含根据城市长远发展目标制定的原则和底线，也包含根据城市更新实践活动中各相关主体反馈的现实要求，进行有利于项目实施的技术和程序的调整。

当前在把握好关于公共利益和城市整体利益的基础上，需要抓紧落实重点城市更新单元、历史文化保护区、工业区块线等片区实施城市更新的基本规则，将其规则与现有城市管理制度进行有效衔接，明确这些领域政府和市场的作用边界。这样，城市更新政策逐步发展成为可以在政策导向、利益格局和法定程序的基础上，为不同更新项目提供差异化

　　的政策响应，最终发展形成在城市更新政策约束和指引下，守住城市底线、明确各方价值、效率与质量并重的良好局面。

　　此外，还需要将城市更新政策放在城市公共政策的集合里予以统筹协调。一方面，要平衡好不同政策在利益调控方面的差异，避免政策之间形成非互补合作的不良关系；另一方面，要加强政策配套程度与地方政府执行力的匹配度，在政策动态生成的过程中避免一味求全。

　　回应新时代新期待，城市更新作为重要的发展模式，需要进一步搭建政府、市场、权利主体、公众等多方协作格局，促进公民意识和城市精神的培育，不断完善有利于深化城市治理的城市更新制度体系。

7.1 市区两级城市更新管理体制的建构

　　伴随城市更新的探索与实践，深圳城市更新的管理体系逐步建立与完善，从强调管控到完善服务，从被动应对拆迁改造到主动建立市场机制，逐步走出一条市、区两级政府和市场有机协调的城市更新管理道路。

　　回顾深圳城市更新管理体制建构的演变历程，可以主要区分为3个时期。2004年以前在城市更新工作处于萌芽阶段，政府逐步应对旧城、旧村改造管理的需要，搭建形成了城市更新管理体制的雏形。2004～2015年，政府积极引入市场机制，逐步建构完善了市决策、区实施的城市更新管理体制。2016年至今，在实施城市更新强区放权改革之后，政府对城市更新的管理从要点式审批转向全面加强统筹协调和服务。经过不同时期的发展，深圳的城市更新管理体制不断优化，形成政府协同多元主体共同推进城市更新实施的局面。

7.1.1 旧城、旧村改造需求下城市更新管理架构雏形生成

1. 市区两级行政管理体制的发展

　　虽然深圳于1979年设市，但直至1990年国务院批准深圳设立福田区、罗湖区和南山区，才正式建立区一级政府，形成市、区两级的城市管理架构。为了适应从计划经济向市场经济的转变，推进特区的建

设发展，深圳持续开展了多轮行政管理体制改革，不断适应城市和市场经济发展需要，明晰市、区权责划分。1993 年，以"三定"（定职能、定机构、定编制）为核心，进一步明晰了行政管理体制（李醉吾，1995）。1998～2003 年，深圳开展了两轮审批制度改革，规范审批行为，提高行政效率。2003 年，为了统一原特区内外的行政、经济和社会管理体制，深圳出台了《关于加快宝安龙岗两区城市化进程的意见》，将镇村两级管理改为街道办和居委会。至此，深圳真正取消了农村建制，形成了原特区内外统一的"市—区—街道—居委会"的行政组织架构，为推进实施城市管理提供了基础条件。2003～2005 年，为充分调动各级政府管理机构的积极性，深圳开展了市、区事权改革，把市政府有关职能部门的部分审批权和管理权交给区政府，并要求各区政府有计划、有步骤地向下属街道办下放部分城市管理权限。

2. 规划国土垂直管理架构的建立

1992 年当时的深圳市建设局划分出大部分职能，正式成立深圳市规划与国土资源局。在管理职能方面，由该局主要负责全市规划、国土、房地产和矿产资源管理，其中包括对土地征用、拆迁和安置业务统一管理、协调和监督等职责。在管理架构方面，1994 年由市、区分级管理调整为由市规划国土局派出机构直接管理，市规划国土局下设规划国土分局，分局下设规划国土管理所。全市 5 个规划国土分局受市规划国土局和区政府的双重领导，负责组织实施辖区范围内的工作，并接受市规划国土局的业务指导和监督；36 个规划国土管理所，原特区内的按照街道办、原特区外的按照镇来进行区划设置。规划国土三级垂直管理架构有利于保障规划的迅速落实，并能反映地区实际情况，深入基层协调，促进了规划国土管理效率的提高（计重光，1994）。在机构设置和部门职责方面，由于 1992 年原特区内已完成了农村城市化，因此市规划国土局并没有设置专门负责征地拆迁的职能处室，当时旧村、旧城改造规划属于详细蓝图和城市设计范畴，由城市设计处进行管理（张宇星，1998）。为了推进原特区外的城市化工作，宝安、龙岗 2 个规划国土分局相较原特区内增设了征地拆迁办公室和土地开发管理科。在管理规程方面，1994 年市规划国土局制定并实施了《深圳市规划国土房地产管理操作规程（试行）》。该操作规程分为 12 个部分，征地与拆迁管理是其中之一。操作规程一方面明确界定了市局、分局和管理所三级机构的管理权限，对所有管理业务及办事环节做出具体规定，明确了每个岗位的责、权，建立了规划国土行政管理工作的规范和制度（许重光，1994）；另一方面体现了规划国土管理的"政出一门"，将规划国土在管理操作层面进行统筹。1996 年，市规划国土局颁布了《深圳市规划国土局依法行政手册》，进一步深化细化了规划国土的行政管理要求，成为深圳规划国土依法行政、按章办事的重要依据。

深圳规划国土的统筹管理和垂直架构及相应管理操作规程的建立，为征地拆迁管理和后续的城市更新管理提供了基础支撑。

3. 市区两级旧村改造统筹管理体制的探索

基于城市重大公共服务设施和市政基础设施建设的需要，为了加快推进旧村拆除重建工作，1991 年深圳成立了旧村改造领导小组，并于1992 年开始在区政府层面成立旧村改造领导小组及办公室。市旧村改

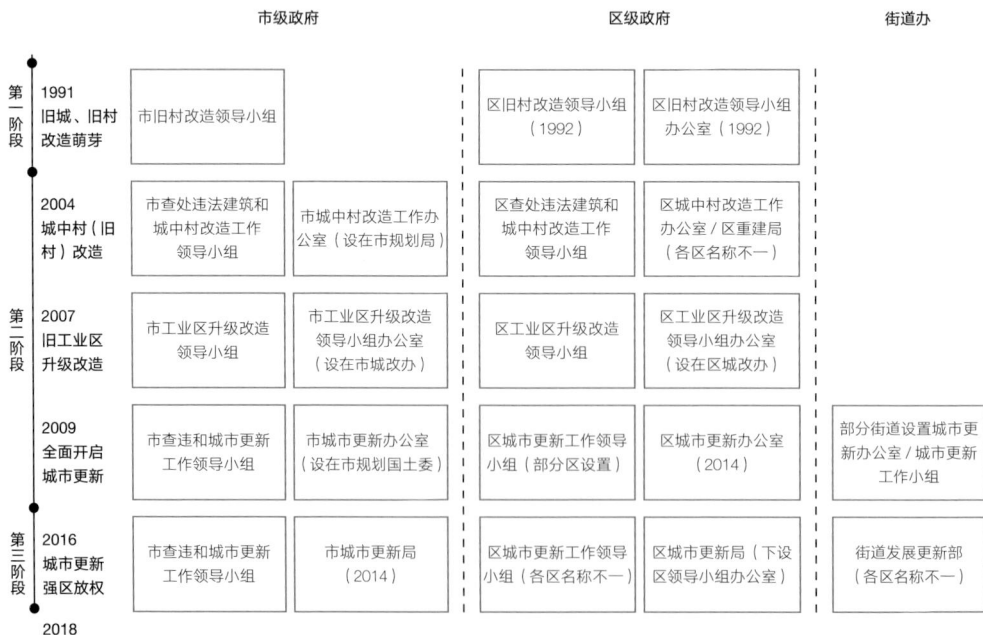

图 7-1 深圳城市更新管理中市、区、街道的组织架构。

造领导小组负责统筹协调与重要决策，区旧村改造领导小组负责管理辖区内旧村土地使用权的转让并推动实施旧村土地开发、开展旧村改造工作。这是深圳首次成立组织机构负责统筹协调旧村改造工作。由于旧村改造领导小组办公室并非正式的行政管理机构，其管理职责、决策制度等管理机制并不明晰，难以很好地承担旧村拆除重建工作所需的统筹协调任务，后来予以撤销。

7.1.2 "市决策、区实施"的城市更新管理体制建构

2000 年以来，历经了快速城市化建设发展之后，深圳以土地资源短缺为首的"四个难以为继"的困境日益凸显。城市更新作为重要的发展手段，其对象和范围从零星的拆旧重建扩展到全市域以城中村(旧村)、旧工业区为主的更新，更新模式也更为多元化，这些引发了系统化完善城市更新管理体制的迫切需求。政府在积极面对市场需求的过程中，逐步建构了以"市决策、区实施"为特征的市区两级城市更新管理体制。

1. 市区两级"领导小组—办公室"城市更新管理架构的完善

2004 年，政府开始高度重视城中村问题。为了加强管理，上下协同大力推进城中村（旧村）改造，市政府成立了以市长为组长的"深圳市查处违法建筑和城中村改造工作领导小组"，下设市城中村改造工作办公室（以卜简称市城改办）。各区级政府也同时成立了区城中村改造领导小组以及区城改办（或区重建局），市区两级"领导小组—办公室"的城市更新管理架构形成。2007 年，为了推进工业区升级改造，成立了市区两级工业区升级改造领导小组和办公室，并将工业区升级改造办公室与城中村改造办公室合并设在城改办。

2009年，随着《深圳市城市更新办法》的颁布实施，深圳将城中村(旧村）改造和旧工业升级改造两套管理体制统一为城市更新的市区两级管理体制。市区两级城市更新领导小组分别以市长、区长为组长，以相关职能部门领导为小组成员。市区两级城市更新办公室为常设日常工作机构，负责组织开展城市更新工作。

市区两级城市更新职能部门逐步专职化

与 1991 年成立的市区两级旧村改造管理架构相比较，2004 年成立的城改办在市区层面均有设立，并解决了编制问题，由事业单位调整为正处级行政事务机构，进一步理顺了其行使更新管理和协调的行政职权。2009 年，市城市更新办的成立扩大统一了更新管理的范畴，并由原市规划局的内设处室调整为市规划国土委的直属管理部门。2014 年，市城市更新办更名为市城市更新局，作为城市更新专职管理机构，其独立性和专责管理职能进一步增强，各区城市更新职能部门亦统一更名为区城市更新办公室。

市区两级城市更新管理体制的建立

虽然作为市城市更新主管部门的市规划国土委在规划国土管理上采用典型的市、区垂直型管理体制，但在城市更新管理上则采用了属地管理体制。市城市更新办设在市规划国土委，区城市更新办则是独立的区属职能部门，仅在业务上与市城市更新办存在关联。在这样的属地管理模式下，区级政府享有对辖区内城市更新管理工作较强的主导权，有利于调动基层积极性，但这也增大了市区两级管理工作协调和贯彻实施的难度。

2. "市决策、区实施" 的职能分工

以规范性文件明确界定市、区职责分工

2004 年以前，深圳市区两级在旧城、旧村改造管理的职责分工和权限范围方面较为模糊。自 2004 年以后，为了建立规范的城中村（旧村）管理体制，在相继出台的《深圳市城中村（旧村）改造暂行规定》（2004）和《关于深圳市城中村（旧村）改造暂行规定的实施意见》（2005）等政策文件中，明确了市、区职责分工，对市区两级城市更新管理的事权和财权等，在管辖范围和权限方面进行了较为清晰的划分与界定。在管理内容上，强调以改造计划、专项规划和改造专项资金为抓手；在管辖范围上，市政府负责全市层面，区政府负责各自辖区内的工作；在事权划分上，市政府负责整体部署和决策审批，区政府负责组织实施。以城中村（旧村）改造总体规划和专项规划的管理为例，全市城中村（旧村）

改造总体规划纲要由市城改办组织编制，报市城中村改造工作领导小组审查，由市城市规划委员会审批；各个城中村（旧村）改造专项规划由各区政府依据城中村（旧村）改造总体规划纲要组织编制并审查，通过后由市规划主管部门综合协调报市城市规划委员会批准。2009 年以来，深圳进一步结合具体更新管理事项，调整市区两级政府的部分管理权限，并通过系列操作性文件明晰各层级政府管理部门在城市更新管理各环节中的相应职责。

持续调整市区分权，强化"市决策、区实施"

2004～2009 年期间，市政府充分意识到统筹管理更新改造的重要性，将一定的决策权限予以上收。《关于深圳市城中村（旧村）改造暂行规定的实施意见》（2005）明确了城中村（旧村）改造工作的决策和办事规则，强调了市政府层面的统筹、决策、审批职责。与此同时，全市开始调整市区两级政府部分管理权限，下放部分审批权和管理权，上收部分的决策权。在城市更新领域，市政府将综合整治类的自主权全部下放给区政府，由区政府组织编制并审批"城中村（旧村）环境综合整治规划"。这一举措充分调动了区政府推进综合整治工作的积极性，从 2005 年至 2009 年，城中村综合整治项目的完成率达 70%，取得了良好的成效。2009 年，深圳大力推进以决策、执行、监督行政权"三分"为核心的"大部制"改革。市政府层面进一步集权，将城市更新的决策和审批权全面上收到市层面，同时将综合整治类的规划审批权也一并上收至市规划国土部门，区政府只负责辖区内城市更新专项规划的组织实施。但是，在市级政府统筹决策权不断强化的同时，造成市级层面集聚了大量的更新协调和审批工作，导致城市更新项目出现审批流程多、耗时漫长、部门协调困难等问题。城市更新项目从立项申报、用地核查到单元规划编制审批往往至少需要两三年时间。而对于更新项目实施需求更为迫切的区政府，因没有足够的权限难以参与协调推进，导致基层政府的能动性受到限制。

3. 明晰相关部门在城市更新中的管理职责

城市更新管理涉及多个部门，为了减少部门管理职能的交叉重叠，

深圳在城市更新系列政策文件中逐步明确相关部门的管理职责和协作
要求。

细化相关部门管理职责，明晰不同部门作用边界

随着城市更新工作的深化，相关部门的职责在这一过程中逐渐得到
明晰。早在《深圳市城中村（旧村）改造暂行规定》（2004）明确要
求相关部门包括建设、城管、规划、国土及房地产、环保、公安、民政
等部门负责依法办理城中村（旧村）改造项目涉及的行政许可，对有关
工作提供业务指导，但当时对这些部门具体承担的职责并没有明确界定。
为了推进工业区升级改造，《深圳市人民政府关于工业区升级改造的若
干意见》（2007）中明确涉及有关产业的事项，由市贸易工业局协助
和配合。这样在城市更新管理中增加了产业主管部门的审批意见，着重
细化明确了其相应的职责。随后《深圳市工业区升级改造总体规划纲要
（2007—2020）》中提出由市贸易工业局负责工业区改造项目规划的
审批和产业技术进步资金的管理等工作。《关于加快推进我市旧工业区
升级改造的工作方案》（2008）中则进一步细化了产业主管部门的职
责和管理内容，包括对升级改造的旧工业区的产业发展方向进行严格把
关，设定产业准入条件，重点解决企业总部办公用房和生产（研发）用
房问题，扶持重点企业发展。可见，从 2007 年开始，在城市更新管理
领域，针对产业部门的职责不断得以明晰，但其他相关部门的职责在这
一时期并未得到细化。

2009 年，在深圳大力推进大部制改革、部门管理职能重新整合的
背景下，《深圳市城市更新办法》（2009）明确并细化了各部门的管
理职责分工，要求各相关主管部门依法在各自职能范围内为城市更新活
动提供服务并实施管理。作为全市城市更新工作的主管部门，市规划国
土委负责组织、协调、监督全市城市更新工作，具体职责包括：依法拟
订城市更新相关的规划土地管理政策，统筹城市更新的规划、计划管理，
制定城市更新相关技术规范，组织编制城市更新单元规划，负责城市更
新过程中的土地使用权出让、收回和收购工作。除市规划国土委以外，
相关配套政策文件中也进一步细化明确了发改、财政、城管等部门在城
市更新中承担的职责范围以及其在更新各环节的审批权责，有效减少了
部门间的推诿扯皮和政出多门。

加强相关部门协调，建立部门联动管理机制

城市更新由于涉及管理部门众多，而各部门的管理对象和管理内容各有侧重，需要满足多部门管控需求。自 2004 年开始，深圳城市更新开始探索建立部门协调联动管理的机制，取得了一定的成效。

首先，通过领导小组的设立搭建多部门统筹协调平台。以市、区领导挂帅的市、区城市更新工作领导小组建立了城市更新管理的决策机制。领导小组成员包括发改、贸工、财政、规划、国土房产、建设、环保、消防等相关职能部门的负责人，相关人员通过领导小组会议加强部门协调。

其次，建立多部门联动的更新管理机制。从 2007 年的工业区改造升级开始，相关政策明确在改造规划审批的流程中，涉及相关部门的，需要由相关部门提出具体意见。2009 年，相关政策进一步细化明确了各个部门在城市更新审批环节中具体承担的职责内容，以及与其他部门的协作要求。比如在城市更新单元规划的审查阶段，城市更新职能部门需要对城市更新单元的规划目标及方向、配建责任、实施分期安排等进行核查；产业部门需要对城市更新单元的产业现状、产业定位是否为市政府鼓励发展产业等情况进行核查和认定；教育主管部门需要对更新单元的教育设施配置要求和落实情况予以核实，并将书面意见反馈至更新主管部门。在城市更新多部门联动机制建立的过程中对部门协调的内容和要求进行了明确界定和规范，对于协调整合多部门力量推进城市更新发挥了重要作用。

7.1.3 强区放权后市区两级城市更新管理体制的优化

1. 市区管理向"市统筹、区决策"转变

此轮更新体制机制改革的显著特征体现在市区分权由"市决策、区实施"向"市统筹、区决策"转变，将决策权大幅下放到区层面。

深圳市政府于 2015 年 9 月颁布了《深圳市人民政府关于在罗湖区开展城市更新工作改革试点的决定》。以罗湖区为试点，将涉及城市更新审批的规划国土、住建、经信、环保、城管、交警、消防等 7 个市

层面职能部门事权集中下放到区里，将外部协调转变为内部沟通。在短短的一个月内，罗湖区就承接了原来分散在各职能部门的 22 项城市更新审批权 [1]，将审批环节压缩近半。

在 2016 年 1 月 31 日市六届人大二次会议上，市政府要求进一步推进城市更新强区放权改革，解决城市更新项目审批链条长、环节多、时间长、效率低等问题，进一步厘清市、区、街道的职能定位，实施精准放权，将事权、审批权、财权等下放到基层，给予基层更大的自主权。这轮强区放权改革以规划国土体制机制改革为重点，成为深圳进一步优化市区两级管理体制、促进城市更新实施的积极探索。

为了进一步推进城市更新领域的强区放权，2016 年 10 月，深圳市政府颁布第 288 号政府令，即《关于施行城市更新工作改革的决定》。该决定明确原由市规划国土委及其派出机构行使的城市更新项目的行政审批、行政确认、行政服务、行政处罚、行政检查等职权，除地名许可、测绘查丈、房地产预售、房地产权登记、档案管理等事项外，调整至各区政府（含新区管委会）行使。除了对法定图则强制性内容作出调整的更新单元规划仍需要报市建环委审批以外，其他的城市更新审批工作基本上均在区政府各职能部门层面进行审批决策。在此基础上，2016 年 11 月市政府颁布《关于贯彻落实〈深圳市人民政府关于施行城市更新工作改革的决定〉的实施意见》，进一步明确市区两级更新管理职权调整的细则。各区随后分别制定了相应的实施办法，明确了承接各项城市更新审批职权的具体职能部门，并确定了城市更新项目在强区放权后的审批流程。

2. 优化市区两级城市更新管理架构

为实施强区放权，市区两级城市更新管理体制进行了优化调整。一方面，在市城市更新局成立的基础上，区城市更新办统一更名为区城市更新局，建立了"市城市更新局—区城市更新局"的市区两级更新管理架构；另一方面，各区基本形成"区领导小组—区城市更新局"的区级城市更新管理组织架构。区领导小组为各区城市更新的决策机构，由区

---

[1] 资料来自 2017 年 1 月 10 日《深圳特区报》报道文章《强区放权激发城市新活力》。

委、区政府主要领导任双组长，由区属相关职能部门和市直派出机构相关负责人任成员。个别区在此基础上更加细化完善，如宝安区设立"宝安区城市更新工作委员会"作为城市更新工作的最高决策机构，其下设1 个委员会办公室以及 6 个专业委员会，包括规划（交通市政）专业委员会、公共资源和民生发展专业委员会、产业发展专业委员会、住房保障专业委员会、整治提升专业委员会和廉政建设专业委员会。

同时，市区两级城市更新管理部门的职责进行了较大的调整。在市级层面进一步强化宏观统筹管理职能，城市更新单元规划的审批除了部分重点单元以外，市城市更新局基本上不再介入。市城市更新局的职责转变为以政策、规则、标准的拟定，全市和各区宏观层面城市更新五年专项规划的制定和审查，城市更新专项资金管理以及绩效考核等为主。各区规划国土管理局负责的大部分行政许可和审批职能调整至各区城市更新局，各区规划国土管理局主要负责对城市更新工作提出意见和建议，协助配合各区城市更新局开展有关工作。在区级层面，各区城市更新局在强区放权后承担了各区城市更新管理的核心职能，除了行使《关于施行城市更新工作改革的决定》及《关于贯彻落实〈深圳市人民政府关于施行城市更新工作改革的决定〉的实施意见》所赋予的职权以外，还负责统筹组织、协调全区城市更新工作。具体而言，区城市更新局主要负责城市更新单元计划和规划的初审及收到反馈意见后的审查，土地、建筑物信息核查，城市更新项目实施主体确认，建设用地审批、地价测算及土地使用权出让合同签订，建设用地规划许可、建设工程规划许可及建设工程规划验收，以及项目的实施监管等工作。

此外，街道办事处承担了比以往更多的职责，除了协调处理有关城市更新工作的投诉和信访的维稳工作，协调原农村集体股份合作公司的城市更新相关事务并提出初步意见以外，各区根据自身的更新管理需求进一步扩展了街道办的职责权限。比如在区政府主导旧住宅区改造的城市更新项目中，由街道办作为申报主体组织开展现状调研、城市更新单元拟定、意愿征集等前期工作。

7.2 政府统筹协调和综合服务机制的完善

7.2.1 完善城市更新全流程管理

深圳从 2005 年出台《关于深圳市城中村（旧村）改造暂行规定的实施意见》开始，初步建立城中村（旧村）改造的审批管理流程，并明确了各个职能部门在各审批阶段的职责。但由于城中村（旧村）改造涉及职能部门众多，各部门按照各自的行政审批程序管理更新项目，加上当时也并未明确审批各环节的时间要求，导致该阶段城中村（旧村）改造项目的审批效率低下，耗时漫长，面临不确定性增多、改造规划不断调整的问题，更新项目推进缓慢。

自《深圳市城市更新办法》颁布后，《深圳市城市更新办法实施细则》《城市更新单元规划审批操作规则（试行）》《深圳市城市更新单元规划制定计划申报指引（试行）》等系列文件的出台明确了城市更新全链条的审批环节、申报材料、审批部门、审批标准和时限等要求。深圳城市更新审批管理机制日趋精细化与规范化，逐步形成了一套较为成熟的操作流程。

考虑到更新项目类型、实施主体和实施方式等方面的差异，不同的城市更新项目流程在实际操作过程中会有所差别。以拆除重建类城市更新项目为例，其全流程管理基本可以归纳为"三阶段、十三个环节"。第一阶段：城市更新单元规划计划制定，主要包括更新项目启动及初步评估、更新项目申报主体确认、城市更新单元计划申报与审批、土地信息核查和历史用地处置 4 个工作环节。第二阶段：城市更新单元规划编制与审批，主要包括城市更新单元规划编制和城市更新单元规划审批两个工作环节。第三阶段：城市更新项目实施与监管，主要包括制定实施方案、确定实施主体、房地产权注销、建设用地审批、签订土地出让合同、缴交地价和项目监管 7 个工作环节。

1. 城市更新单元计划制定

根据深圳城市更新政策，城市更新单元规划的制定实行计划管理，只有列入"城市更新单元计划"内的城市更新项目，才能获准编制城市更新单元规划。因此，城市更新单元计划成为政府实施城市更新项目管控的重要抓手。深圳在城市更新管理实践中逐步建立和完善了城市更新单元计划的制定、申报、审批、调整和清理机制，并形成了城市更新年度计划管理制度和城市更新单元五年计划规模调控制度。

在具体管理过程中，更新计划管理关注以下 2 种情形：一种是拆除重建类的，这类城市更新项目必须严格进行计划管理；一种是综合整治类的，其中：对于单独实施的综合整治项目，按照《深圳市城市更新办法实施细则》有关规定纳入综合整治类项目计划进行管理；按照已批准城市更新单元规划，纳入拆除重建类项目一并实施综合整治的区域，不单独进行计划申报，由拆除重建类项目的实施主体一并实施；旧工业区出于消除安全隐患、完善现状功能等目的进行综合整治的，可增加面积不超过现状建筑面积 15% 的电梯、连廊、楼梯等辅助性公用设施，不需列入综合整治类城市更新单元计划，由主管部门直接组织实施。

对于拆除重建类城市更新项目，在制定计划阶段，主要包括项目启

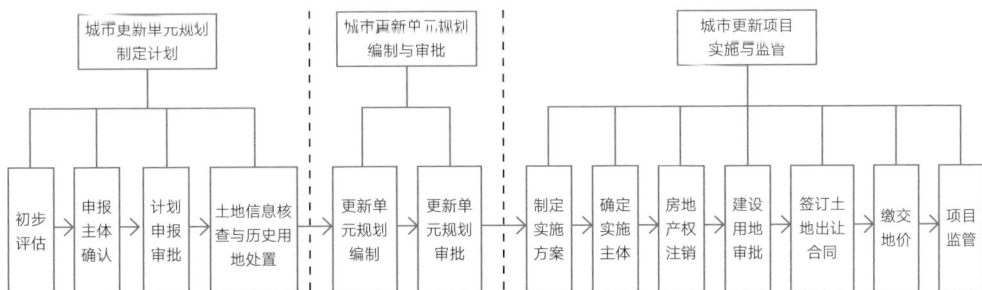

图 7-2 深圳拆除重建类城市更新项目"三阶段、十三个环节"流程图。

动及初步评估、项目申报主体确认、城市更新单元计划申报与审批、土地信息核查和历史用地处置 4 个环节的工作内容。

项目启动及初步评估

意向申报主体对拟申报拆除重建的城市更新项目进行前期调研，了解项目基本情况，并进行初步评估。项目前期启动阶段，需要掌握和了解的内容主要包括：现状土地权属情况、现状建筑物基本情况、权利主体更新改造意愿、城市更新及相关政策适用情况、上层次及相关规划要求等。在此基础上，对更新项目的开发规模、功能配比、实施分期、预期收益、法律风险等方面进行评估，并决定是否正式启动城市更新项目。

项目申报主体确定

拆除重建类城市更新单元计划的申报需要单一申报主体，计划申报主体可以按照以下 3 种方式之一进行确定。方式一：权利主体自行申报。其中城市更新单元内用地属于城中村（旧村）、旧屋村或者原农村集体经济组织和原村民在城中村、旧屋村范围以外形成的建成区域的，可由所在原农村集体经济组织继受单位申报。方式二：权利主体委托单一市场主体申报。方式三：市、区政府相关部门申报。以旧住宅区为主的城市更新单元，应当由区政府组织开展现状调研、城市更新单元拟订、意愿征集、可行性分析等工作，由区城市更新职能部门申报。

本环节仅确认城市更新单元的计划申报主体资格，并不确定项目更新改造的实施主体资格。计划申报主体确定后，将负责申报更新单元计划、委托编制城市更新单元规划等。

城市更新单元计划申报与审查

城市更新单元计划实行常态申报机制，可以由政府部门组织申报，也可以由权利主体或开发主体进行申报，由市城市更新局负责拟定城市更新单元计划申报指引，报市政府批准后实施。在权利主体的更新意愿满足相关政策要求的前提下，申报主体可以准备相关材料向区政府申报，经区政府审批通过后列入城市更新年度计划。

城市更新单元计划的申报与审批流程主要可划分为 4 个环节，包括：申报材料制作、申报材料提交、城市更新单元计划审查和纳入城市更新年度编制计划。

具体途径为：由申报主体向拟申报更新单元所在地的市规划国土委各管理局或区政府（含新区管委会）城市更新职能部门提交申报材料，其中以市、区政府相关部门作为申报主体的，直接将申报材料报送主管部门审查。各管理局或区政府（含新区管委会）城市更新职能部门对申报材料进行审查并征询区政府（含新区管委会）意见，符合要求的，将对更新意愿达成情况及计划申报主体资格进行认定，对更新单元内的建设现状情况进行核查，对申报进行城市更新的必要性及更新单元范围的合理性等因素进行综合判断，区政府（含新区管委会）城市更新职能部门在进行更新意愿达成情况认定时，主管部门应当协助提供相关土地、建筑物权属资料。符合相关要求的，上报市规划国土委审查，市规划国土委将对纳入计划的城市更新单元相关内容进行审议，审议通过的城市更新单元计划按程序公示，按批次统筹形成城市更新单元计划草案，会同区政府（管含新区委会）进行公示后，报市政府审批。审批通过的，由主管部门会同区政府进行公告。城市更新工作实施强区放权改革后，城市更新单元计划的审查部门由市规划国土委调整为各区政府城市更新领导小组。

为有利于城市更新单元计划立项，在此阶段，计划申报主体往往会组织编制城市更新单元概念规划方案。一方面，用于向政府展现更新改造的目的和预计实施效果；另一方面，方便计划申报主体与相关权利主体进行沟通，达成更新改造共识，提高更新意愿同意比例。

深圳城市更新单元计划实施动态管理。首先，城市更新单元计划按照年度分批次发布。其次，实施城市更新五年计划管理。为了有效发挥城市更新单元计划的管控作用，科学调控计划规模，有序推进计划审批，深圳在城市更新五年专项规划中明确了 5 年内全市新增城市更新单元计划规模的总量，并给予了各区上下限值的分配安排，要求各区在规划期内不得突破上限值。各区在此基础上进一步明确制定更新五年计划目标，并通过建立更新预警机制对更新计划进行管理调控。最后，建立城市更新计划清理机制。《关于加强和改进城市更新实施工作暂行措施》（2016）明确了需要进行计划清理的情形，被清理出计划的更新项目将不能再开展后续相关工作及办理相关手续。

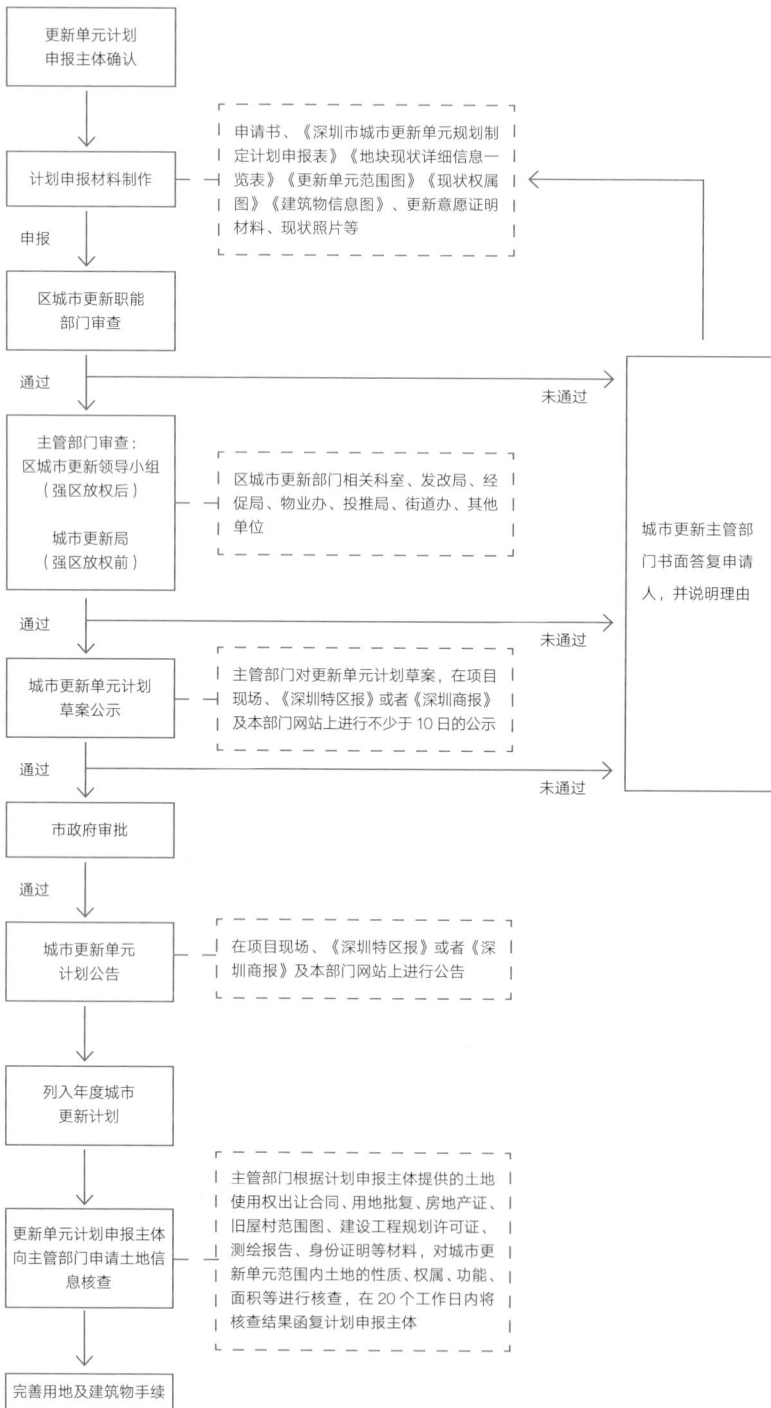

图 7-3　深圳拆除重建类城市更新单元计划申报及审批流程示意。

土地信息核查和历史用地处置

城市更新单元计划经市政府批准后，在城市更新单元规划编制之前，计划申报主体应当向主管部门申请对城市更新单元范围内的土地信息进行核查、汇总。主管部门根据计划申报主体提供的土地使用权出让合同、用地批复、房地产证、旧屋村范围图、建设工程规划许可证、测绘报告、身份证明等材料，对城市更新单元范围内土地的性质、权属、功能、面积等进行核查，将核查结果函复计划申报主体。城市更新单元内土地和建筑物需完善手续的，应当按照相关程序加以完善才能确权。

土地信息核查和城市更新单元规划的报批应当在更新单元计划公告之日起一年内完成。逾期未启动及完成的，更新主管部门可以按有关程序进行城市更新单元计划清理，将该城市更新单元调出计划。

2. 城市更新单元规划编制与审批

城市更新单元规划是多方利益协调的重要平台，经批复的城市更新单元规划具有等同于法定图则的法律效力，是指导城市更新项目规划实施、管理城市更新建设行为的基本依据。

城市更新单元计划经政府批准后，计划申报主体应当委托具有相应资质的规划编制机构，结合主管部门的土地核查结果，编制城市更新单元规划并报主管部门审查。这一阶段，主要包括城市更新单元规划编制和城市更新单元规划审批两个环节。

城市更新单元规划编制

由计划申报主体委托具有相应资质的规划编制机构，根据《深圳市拆除重建类城市更新单元规划编制技术规定》（2018）相关要求，编制城市更新单元规划。规划成果由技术文件和管理文件两部分构成，内容包含产权梳理、用地整理、空间方案、容积率测算以及各类专题或专项研究。

城市更新单元规划审批

城市更新单元规划编制完成后，由计划申报主体提交主管部门审查。主管部门对申报材料进行核对，符合要求的，向区城市更新职能部门征求意见。区政府（含新区管委会）城市更新职能部门对城市更新单元的

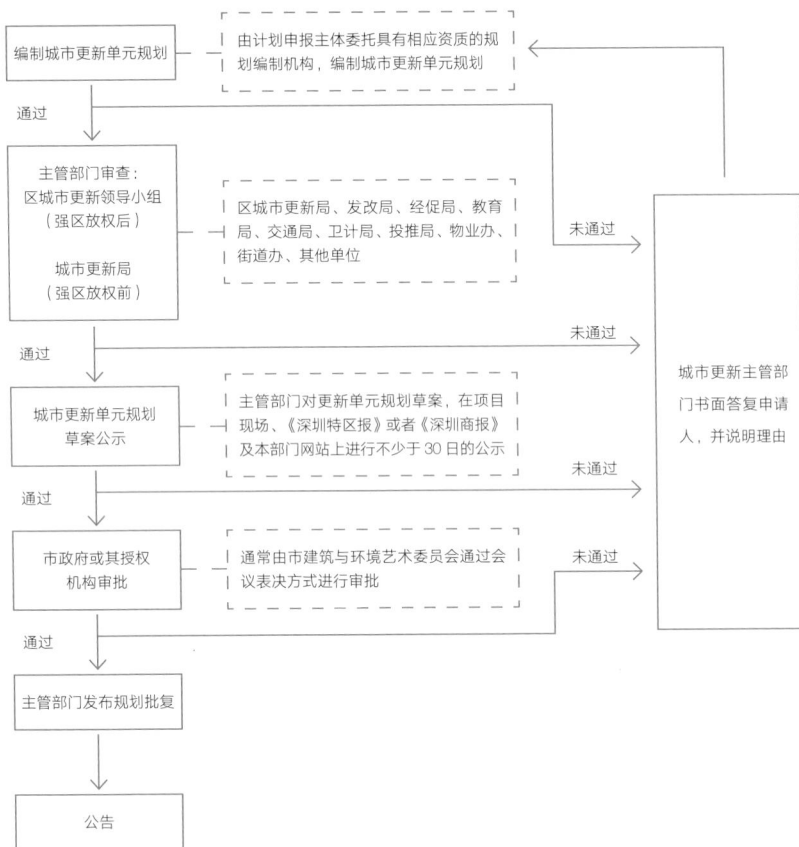

图 7-4　深圳拆除重建类城市更新单元规划编制和审批流程示意。

规划目标及方向、配建责任、实施分期安排等进行核查。城市更新项目
涉及产业转型发展的，还应当征求市产业部门的意见。市产业部门对城
市更新单元的产业现状、更新后的产业定位是否为市政府鼓励发展产业
等情况进行核查和认定。主管部门根据已生效的法定图则等规划对申报
材料进行审查，在收到相关部门意见后，会同区城市更新职能部门在城
市更新单元现场和本部门网站上进行不少于 30 日的公示。公示结束后，
主管部门对相关意见进行汇总和处理，并对城市更新单元规划草案进行
审议。审议通过的，函复申请人。城市更新单元规划涉及未制定法定图
则地区或者改变法定图则强制性内容的，还应当按程序报市政府或者其
授权的机构比如市建环委批准。城市更新单元规划经批准后，主管部门
应当在本部门网站上就规划内容进行公告，并将相关内容函告区城市更

新职能部门。城市更新单元规划的批准视为对已完成法定图则相应内容的编制和修改。经批准的城市更新单元规划是相关行政许可的依据。城市更新工作强区放权后，城市更新单元规划审查的主管部门由市城市更新局调整为各区政府城市更新领导小组。

完成公告的城市更新单元规划，将依照规定程序纳入规划"一张图"综合管理系统，实现城市更新单元规划成果的动态化管理，为城市更新管理提供现时准确的信息。

3. 城市更新项目实施与监管

城市更新单元规划的实施，包括了制定实施方案、确定实施主体、房地产权注销、建设用地审批、签订土地出让合同、缴交地价和项目监管等环节。各环节具体的政策要求，随着城市更新实践工作的深化，持续进行优化调整。城市更新项目由政府组织实施的，可由政府统一征收，并公开选择市场主体予以实施。

制定实施方案

城市更新单元规划经批准后，区政府应当依据近期建设与土地利用规划年度实施计划确定的本辖区城市更新年度土地供应规模，按照已批准的城市更新单元规划，组织制定城市更新单元的实施方案，并组织、协调实施方案的落实。城市更新单元实施方案应当包括更新单元内项目基本情况、进度安排、单一主体形成指导方案、搬迁补偿安置指导方案、搬迁及建筑物拆除进度安排、监管措施等相关内容。区政府应当将其制定的城市更新单元实施方案及时报送主管部门备案，并定期报送实施方案的落实情况。

确定实施主体

城市更新项目实施主体的确定，一般需要经历形成单一主体、签订搬迁补偿安置协议和实施主体资格核查三个步骤。符合特定情形的拆除重建类城市更新项目，可由政府组织实施。

形成单一主体。拆除重建类城市更新项目需要由单一主体进行实施，城市更新单元内项目拆除范围存在多个权利主体的，所有权利主体通过

制定城市更新
单元实施方案

区政府按照已批准的城市更新单元规划，组织制定更新单元的实施方案，并组织、协调实施方案的落实，更新单元实施方案应当包括更新单元内项目基本情况、进度安排、单一主体形成指导方案、搬迁补偿安置指导方案、搬迁及建筑物拆除进度安排、监管措施等相关内容

形成单一主体

城市更新单元内所有权利主体需通过规定的方式将房地产的相关权益转移到同一主体，以单一主体作为申请项目实施主体的前提

确定城市更新项目实施主体

签订搬迁补偿
安置协议

权利主体和搬迁人应当在区政府组织制定的更新单元实施方案的指导下，遵循平等、公平的原则，签订搬迁补偿安置协议

区城市更新职能部门书面答复申请人，并说明理由

由政府组织实施城市更新项目
（一）落实城市规划，解决城市安全及设施完善的情形
（二）实施主体未能确认，影响项目实施的情形
（三）市场主体申请由政府组织实施项目

实施主体资格
审查

区城市更新职能部门对单一主体提交的申请材料进行审查，确定是否具备作为实施主体的资格

公示

区城市更新职能部门应当在项目现场、《深圳特区报》或者《深圳商报》及区政府或者本部门网站，就申请人提供的土地、建筑物权属情况及单一主体的形成情况进行不少于 7 日的公示

未通过

通过

房地产权注销

搬迁人被确认为项目实施主体，并在区政府的组织和监督下完成建筑物拆除后，应当及时向区城市更新职能部门申请就建筑物拆除情况进行确认，并向房地产登记部门申请办理房地产权属证书的注销登记

建设用地审批

确定由实施主体进行开发的用地及地下空间，应向主管部门申请建设用地审批，签订土地出让合同并核发建设用地规划许可证

办理用地出让
手续

办理用地出让手续的时间为更新项目完成建设用地审批后，实施主体向市规划国土部门申请签订土地使用权出让合同的受理时间

缴交地价

按照城市更新项目地价测算规则缴交项目地价

项目监管

项目申请房地产预售时和项目申请规划验收时，主管部门将向区城市更新职能部门征求项目实施的履约情况意见，有效监督项目实施

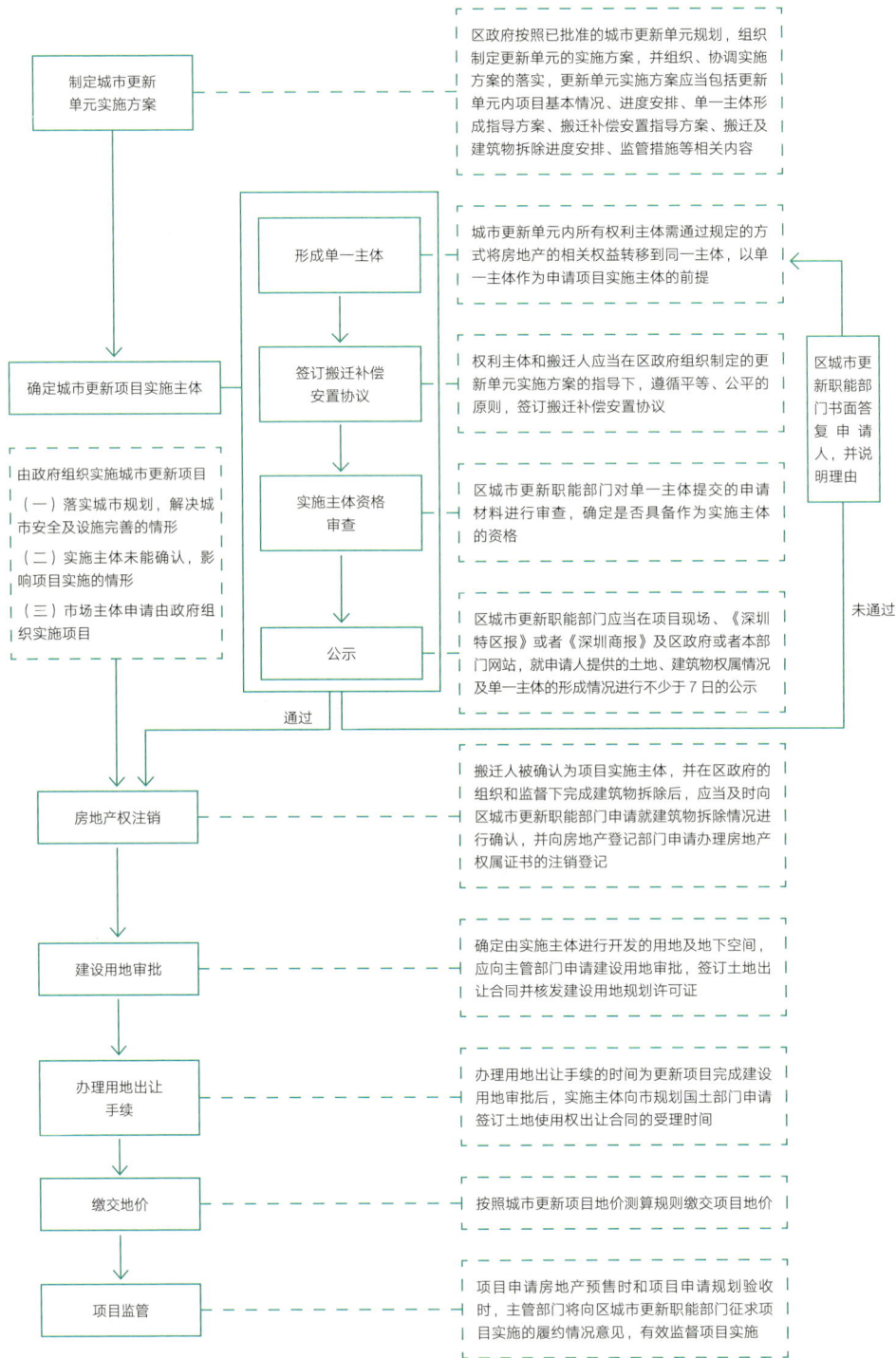

图 7-5 深圳拆除重建类城市更新项目实施管理流程示意。

以下方式将房地产的相关权益移转到同一主体后，形成单一主体。方式
一：权利主体以房地产作价入股成立或者加入公司。方式二：权利主体
与搬迁人签订搬迁补偿安置协议或权利主体的房地产被收购方收购。方
式三：属于合作实施的城中村改造项目，单一主体还应当与原农村集体
经济组织继受单位签订改造合作协议。属于以旧住宅区改造为主的改造
项目的，区政府应当在城市更新单元规划经批准后，组织制定搬迁补偿
安置指导方案和市场主体公开选择方案，经占建筑物总面积 90% 以上
且占总数量 90% 以上的业主同意后，公开选择市场主体。市场主体与
所有业主签订搬迁补偿安置协议后，即为单一主体。

　　签订搬迁补偿安置协议。多个权利主体通过签订搬迁补偿安置协议
方式形成实施主体的，权利主体和搬迁人应当在区政府组织制定的城市
更新单元实施方案的指导下，遵循平等、公平的原则，在搬迁补偿安置
协议中约定补偿方式、补偿金额和支付期限，回迁房屋的面积、地点和
登记价格，搬迁期限、搬迁过渡方式和过渡期限，协议生效的时间和条
件等相关事项。搬迁补偿安置协议还应当对房地产权属证书注销后附着
于原房地产的义务和责任的承担作出约定。没有约定的，相关义务和责
任由搬迁人承担。搬迁补偿安置协议的签订应由公证机构进行公证。搬
迁人应当及时将已签订的搬迁补偿安置协议报区城市更新职能部门备
案。因履行搬迁补偿安置协议发生纠纷的，应当按照协议约定的争端解
决途径，申请仲裁或者向人民法院起诉。

　　实施主体资格核查。单一主体应当向区城市更新职能部门申请实施
主体资格确认，并提供以下材料：项目实施主体资格确认申请书，申请
人身份证明文件，城市更新单元规划确定的项目拆除范围内土地和建筑
物的测绘报告、权属证明及抵押、查封情况核查文件，申请人形成或者
作为单一主体的相关证明材料（包括：申请人收购权利主体房地产的证
明材料及付款凭证，申请人制定的搬迁补偿安置方案及与权利主体签订
的搬迁补偿安置协议、付款凭证、异地安置情况和回迁安置表），权利
主体以其房地产作价入股成立或者加入公司的证明文件，申请人本身即
为权利主体或者权利主体之一的相关证明文件，以合作方式实施的城中
村改造项目的改造合作协议，以及其他相关文件资料。

　　区城市更新职能部门对收到的项目实施主体的申请材料进行核查。
经核查申请人符合实施主体确认条件的，区城市更新职能部门应当在项

目现场、《深圳特区报》或者《深圳商报》及区政府或者本部门网站，就申请人提供的土地、建筑物权属情况及单一主体的形成情况进行公示。区城市更新职能部门应当在公示结束后完成公示意见的处理。公示期内未收到意见或者有关异议经核实不成立的，与申请人签订项目实施监管协议，并向申请人核发实施主体确认文件。实施主体确认文件应当抄送主管部门及相关单位。

房地产权注销

权利主体与搬迁人签订搬迁补偿安置协议时，应当在协议中约定相应房地产权益由搬迁人承受，并在办理房地产权属证书注销之前向搬迁人提交被搬迁房屋的房地产权属证书及注销房地产权属证书委托书；没有房地产权属证书的，应当提交相应的产权证明文件及房地产权益由搬迁人承受的声明书。搬迁人被确认为项目实施主体并在区政府的组织和监督下完成建筑物拆除后，应当及时向区政府（含新区管委会）城市更新职能部门申请就建筑物拆除情况进行确认，并向房地产登记部门申请办理房地产权属证书的注销登记。

申请房地产权属证书注销时应提供以下材料：申请表，申请人身份证明及委托书，房地产权属证书，城市更新单元规划成果，项目实施主体确认文件，与申请注销房地产权属证书相对应的搬迁补偿安置协议，区城市更新职能部门出具的建筑物已经拆除的确认文件，以及法律、法规、规章及规范性文件规定的其他文件。

建设用地审批

建筑物拆除和房地产证注销工作完成后，实施主体应当持实施主体确认文件、项目实施监管协议、相关土地权属证明文件等材料，就城市更新单元规划确定由实施主体进行开发建设的用地及地下空间，向主管部门申请建设用地审批。主管部门在批准项目建设用地后与实施主体签订土地使用权出让合同，并核发建设用地规划许可证。更新项目涉及农用地转用建设用地的，应当办理转用报批手续。出让给项目实施主体进行开发建设的用地，总面积不得大于城市更新单元项目拆除范围内手续完善的各类用地及可以一并出让给实施主体的零星用地的总面积。

办理用地出让手续

办理用地出让手续的时间为城市更新项目完成建设用地审批后，实施主体向市规划国土部门申请签订土地使用权出让合同的受理时间。城市更新项目土地使用权出让合同应当明确以下内容：一是明确按照城市更新单元规划需要独立占地的城市基础设施、公共服务设施和城市公共利益项目等用地的移交入库要求；二是明确出让给实施主体的开发建设用地的建设、管理要求；三是明确保障性住房、创新型产业用房、城市基础设施和公共服务设施等的配建要求；四是按照项目搬迁补偿安置方案和项目实施监管协议的要求，用于补偿安置的房产不得申请预售；五是城市更新单元规划明确及项目实施监管协议约定的其他相关内容。

缴交地价

城市更新项目地价计取标准经历了多轮调整后，通过整合地价标准类别，简化城市更新项目地价测算规则，建立了以公告基准地价标准为基础的地价测算体系。在保持城市更新地价水平相对稳定的前提下，城市更新地价测算逐步纳入全市统一的地价测算体系。城市更新项目地价可不计息分期缴交，首次缴交比例不得低于 30%，余款一年内交清。

项目监管

在项目实施过程中，政府在重要节点对城市更新项目实施情况进行核查，以确保城市更新单元规划及各项实施监管协议落实到位。

关于项目监管节点。城市更新项目实施的监管主要设置在两个重要节点，即项目申请房地产预售时和项目申请规划验收时，主管部门将向区城市更新职能部门征求项目实施的履约情况意见，有效监督项目实施。

关于项目监管内容。城市更新项目实施情况的监管内容包括：项目搬迁补偿安置方案和项目实施监管协议履行情况、规划城市基础设施和公共服务设施落实情况、项目产业准入情况和项目转让情况等。

关于项目搬迁补偿安置方案和项目实施监管协议履约情况。在项目申请房地产预售时，主管部门应当就项目搬迁补偿安置方案和项目实施监管协议的履行情况征求区城市更新职能部门的意见。搬迁补偿安置方案确定用于补偿安置的房屋不得纳入预售方案和申请预售。搬迁补偿安置方案确定用于回迁的房产，应当按照经区城市更新职能部门备案的搬迁补偿安置协议，以被搬迁人为权利人办理分户登记。登记价格以搬迁补偿安置协议约定的价格为准，未约定的由协议双方协商并进行补充约定。

关于规划城市基础设施和公共服务设施落实情况。市、区政府相关部门对城市更新单元规划确定的独立占地的城市基础设施和公共服务设施的建设立项应当予以优先安排，与城市更新项目同步实施。相关部门也可以委托城市更新项目实施主体代为建设，在建设完成后按照有关规定予以回购。按照土地使用权出让合同及监管协议相关内容，由项目实施主体建设并无偿移交给政府的相关配套设施，应当以政府相关管理部门为权利人办理登记。

关于项目产业准入情况。拆除重建类城市更新项目实施完成后，市产业部门将会同相关部门对项目的产业准入进行监管，保证城市更新单元规划确定的产业导向落实到位。实施完成后实际进驻的产业经市产业部门认定不属于市政府鼓励发展产业的，由市产业部门责令改正。

关于项目转让情况。已经区城市更新职能部门确认的项目，应当由该实施主体办理相关规划、用地、建设等手续并实施项目开发建设，在项目工程竣工验收之前不得转让。

7.2.2 优化城市更新审批机制

1. 加强多环节公示公告

通过在城市更新项目全流程重要节点设置公示、公告环节，保障更新项目相关权利人与公众的知情权。公示、公告环节的设置贯穿于城市更新单元计划制定、单元规划编制和单元规划实施三个阶段，包括了城市更新单元计划草案公示、城市更新单元计划公告、涉及原农村集体土地参与城市更新的相关公示、城市更新单元规划草案公示、城市更新单元规划公告和城市更新单元实施主体公示等环节。在公示内容上，包括对更新意愿的达成情况、更新计划草案和更新单元规划草案的主要内容等；在公示地点上，包括项目现场、项目所在地的街道办、主管部门办公场所等；在公示媒介上，可以通过主管部门网站，也可以通过报纸媒体等。在公示期间，公众可以向辖区城市更新职能部门提出意见。在公

城市更新单元计划规划实施管理公示公告环节设置

- 城市更新单元制定计划阶段
  - 城市更新单元计划草案公示
    - 公示内容：更新单元位置、辖区、单元名称、申报主体、拟拆除重建用地面积、更新改造方向、承诺贡献公共利益内容
    - 公示方式：主管部门对更新单元计划草案，在项目现场、《深圳特区报》或《深圳商报》及本部门网站上进行不少于 10 日的公示
  - 城市更新单元计划公告
    - 公告方式：在项目现场、《深圳特区报》或者《深圳商报》及本部门网站上进行公告
  - 原农村集体土地参与的公示情形
    - 资产评估环节："三会"表决确认，社区内张榜公示（10 日）
    - 制定合作招商方案："三会"表决确认，社区内张榜公示（15 日）
    - 引进合作方，进行民主决策：竞争性谈判，项目情况公示 15 日，"三会"表决确认，需 4/5 及以上通过公证机构公证、街道集体办现场监督
- 城市更新单元规划编制阶段
  - 城市更新单元规划草案公示
    - 公示内容：更新单元区域位置、拆除与建设用地范围、地块划分与指标控制、总平面布局示意、主要技术经济指标等
    - 公示方式：主管部门对更新单元规划草案在项目现场、《深圳特区报》或《深圳商报》及本部门网站上进行不少于 30 日的公示
  - 城市更新单元规划公告
    - 公告方式：在项目现场、《深圳特区报》或者《深圳商报》及本部门网站上进行公告
- 城市更新单元实施阶段
  - 城市更新单元实施主体公示
    - 公示内容：申请人提供的土地、建筑物权属情况及单一主体的形成情况
    - 公示方式：区城市更新职能部门应当在项目现场、《深圳特区报》或者《深圳商报》及区政府或者本部门网站上进行不少于 7 日的公示

图 7-6　深圳城市更新单元计划规划管理中公示、公告环节设置。

示结束后，由辖区城市更新职能部门对相关意见进行汇总和处理，并将公示有异议且异议成立的事项告知申报主体进行完善。

2. 细化计划和规划审查事项

　　城市更新单元计划和规划的审查是计划规划管理过程中的关键环节。为维护城市更新相关主体合法权益、规范城市更新单元计划审批规程，城市更新单元计划的审查重点包括城市更新的必要性审查、申报主体确定、权利主体更新意愿审查、拆除范围审查、更新方向审查、用地贡献审查、更新项目可实施性审查等。其中，城市更新必要性的审查，主要判断是否通过拆除重建方式予以实施；申报主体的审查强调其是否具有相应的资格；权利主体的更新意愿强调满足多数人同意的条件下方可申报；对于城市更新单元拆除范围的审查，则是以落实公共利益为导向，优化调整拆除范围；城市更新方向的审查关注申报更新方向与上层次规划尤其是法定图则的衔接；用地贡献的审查要求严格落实更新项目对公共利益用地的保障要求；可实施性审查则是对城市更新单元的规划建筑总量进行预估，继而评判开发建设的可行性。通过对计划审查，可以明确申报的城市更新单元是否符合纳入全市拆除重建类城市更新年度计划的相关政策要求，从而指导下阶段更新单元规划的编制工作。

拆除重建类城市更新单元规划的审查，主要在以下 3 个方面展开。

一是，审核申报的规划内容是否与项目计划公告的要求一致。在更新方向、规模目标及用地功能方面保证规划与计划基本吻合。城市更新单元规划原则上应与更新计划保持一致，并落实城市更新计划的相关要求。审查内容包括：更新范围是否一致；规划目标定位和主导功能是否一致；清退用地责任落实是否一致；配建责任是否按计划要求落实，包括独立占地公共服务设施、道路及绿地等，以及附建式公共服务设施等；以及城市更新计划对项目提出特定的发展要求的落实情况（例如强调某更新单元需落实历史建筑保护工作等）。

二是，是否以法定图则为依据。重点审核对法定图则的落实情况，对法定图则调整的，需判断项目对于法定图则中规划内容的调整是否合理。城市更新单元规划应与法定图则的规划主导功能一致，并且要落实法定图则规定的各类公共利益项目。一般来说，市图则委审查通过 2 年以内的法定图则，涉及已启动城市更新的更新单元规划须按已批图则要求编制。涉及城市更新单元规划调整法定图则主导功能的情形，需要按规定先对城市更新单元规划范围内法定图则进行调整，待法定图则调整审批通过后，再申请城市更新单元规划的审批。

三是，是否以相关规划和政策为依据。依据《深圳市拆除重建类城市更新单元规划编制技术规定》（2018）以及城市更新的各项政策要求，审查内容包括：规划的内容和深度是否满足要求；土地移交率是否符合要求；更新单元涉及土地利用总体规划情况的审查；更新单元范围内土地出让（含划拨）情况、农用地管理等内容的审查；涉及的道路交通、市政配套设施、公共服务设施、文化风貌等内容的审查；涉及片区城市设计内容的审查；更新单元范围内用地权属（含地籍管理）、基本生态控制线、基本农田、闲置土地、土地历史遗留问题等内容的审查；更新单元涉及覆压矿床、地质灾害易发区、地质灾害隐患点等问题及相应治理方案的审查；更新单元范围内土地涉及征转地情况的审查等；其他相关规定。

拆除重建类城市更新的计划审查与规划审查之间存在着紧密的联系。纳入计划内的城市更新单元，可以获准编制城市更新单元规划。城市更新单元规划审核通过，符合相关要求并纳入城市更新年度实施计划后方可实施。

3. 实施分级审批管理

城市更新单元规划编制包括更新单元规划的制定、修改、调整，以及可由更新单元规划制定优化已批城市更新计划内容的具体情形。城市更新单元规划制定是指首次编制更新单元规划；城市更新单元规划修改是指修改已批更新单元规划非强制性内容；城市更新单元规划调整是指调整已批更新单元规划强制性内容。根据城市更新单元规划编制的不同情形，新编的城市更新单元规划或者涉及强制性内容调整的城市单元规划需要由市建环委来实施审批，其他情形则从提高审批效率的角度出发由属地的规划国土管理局（强区放权后由区城市更新领导小组）来实施相应的审批。

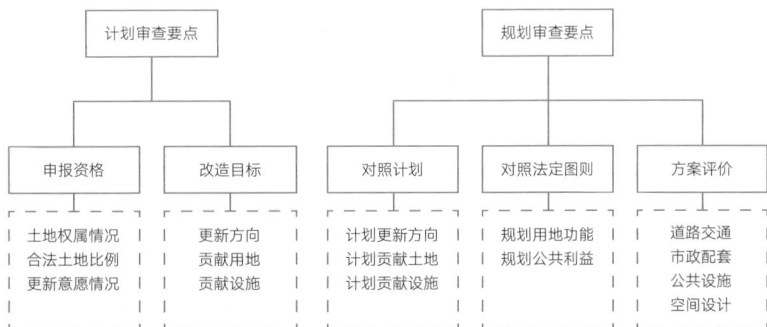

图 7-7　深圳城市更新单元规划计划编制审查主要技术要点。

城市更新单元规划制定的审批规则

城市更新单元规划制定符合已批准法定图则用地性质、建筑总量、道路交通、配套设施等强制性内容的，或符合《城市更新单元规划审批操作规则》（2013）相关规定情形，由市规划国土委各管理局（强区放权后由区城市更新领导小组）负责审批。更新单元规划制定涉及已批法定图则的强制性内容调整的，且不符合《城市更新单元规划审批操作规则》（2013）相关规定情形的，由市建环委负责审批。

由市规划国土委各管理局（强区放权后由区城市更新领导小组）负责审批的具体内容包括：在已批法定图则规定的建筑总量、用地性质、配套设施内容与用地规模不变的前提下，优化地块划分、配套设施用地边界和位置；原则上按照《深标》或各类经批准的专项规划要求，增加配套设施用地和建筑规模；增加支路或优化支路的线位；除已批法定图则文本、图表中注明的城市设计或建筑限高要求（如滨海地区或重点地区限高等）外，改变其他城市设计或建筑限高要求；符合《深标》，且有效使用面积不减少的前提下，将独立占地的垃圾转运站、公交首末站、公共停车场及社区级公共配套设施改为附属建设；因《深标》修订了配套设施面积标准而减少已批法定图则确定的配套设施占地面积，并经市建环委审定。

城市更新单元规划修改的审批规则

根据《城市更新单元规划审批操作规则》（2013），在符合《深标》的前提下，由市建环委批准的城市更新单元规划的修改，属于以下情形的，由市规划国土委各管理局（强区放权后由区城市更新领导小组）负责审批。具体内容包括：在建筑总量、各计容积率建筑功能分项建筑面积不增加，且原则上捆绑拆除责任与贡献公共利益用地不减少的前提下，优化拆除范围、地块划分、开发建设用地边界、配套设施用地边界、支路线位，增加配套设施用地与建设规模；非公共利益、非技术误差等原因造成的开发建设用地减少，相应计容建筑面积应从建筑总量中扣除；在各地块建筑总量不作大的调整，且不修改各地块主导用地性质及更新单元内分项建筑功能的前提下，修改地块内各建筑功能分项建筑面积的；修改建筑限高（更新单元规划批复中明确属于滨海地区、重点地区建筑限高的除外）、停车位、出入口、建筑覆盖率、绿化覆盖率、退让用地红线距离以及其他非强制性城市设计要求；在保障各分期利益平衡方案合理可行，配套设施及保障性住房建设责任不减少，各项公共利益设施及用地优先落实的前提下，修改实施分期；除重要配套设施（如学校、医院、养老院、综合体育中心、公共绿地、公交首末站、变电站等）之外，修改配套设施及保障性住房位置；在符合城市设计相关要求和市政管网敷设要求的前提下，拆除用地范围内，不同地块申请以连廊或通道进行地上或地下空间连通。

在符合《深标》的前提下，属于因修改地块内各建筑功能分项建筑面积，导致地块主导用地性质改变的；增加或减少更新单元内分项建筑功能的；修改重要公共配套设施位置与内容；修改移交政府的用地地下空间配套设施内容（不含连廊、通道等）及开发规模等情形的已批更新单元规划的修改，需报市规划国土委审议通过后由其管理局负责审批（强区放权后需报区城市更新职能部门审查后，由区政府城市更新领导小组审批）。

城市更新单元规划调整的审批规则

除符合城市更新单元规划修改规定情形的，对于调整已批更新单元规划主导功能、建筑总量（含地下商业）、道路交通、更新单元规划批复中明确的滨海地区或重点地区城市设计要求等其他内容的，以及减少配套设施用地规模的，须报请市建环委审批。

城市更新单元规划制定与计划优化

属于《城市更新单元规划审批操作规则》（2013）规定的改变已批更新单元计划内容，但未改变已批法定图则强制性内容的更新单元规划制定，更新单元规划及计划调整一并由市规划国土委各管理局审批（强区放权后由区城市更新领导小组审批）。具体包括：在满足《深标》要求且不减少有效使用面积的前提下，将独立占地的垃圾转运站、公交首末站、公共停车场及其他社区级配套设施改为附属建设的；因更新计划制定过程中的技术误差（含坐标误差、现状地形图误差、放点误差、权属误差等）导致已批计划拆除范围变化的；因《深标》修订了配套设施面积标准而减少已批图则确定的配套设施占地面积，还需报市建环委审定。

在未制定法定图则地区或突破已批法定图则强制性内容的更新单元

规划制定，属于《城市更新单元规划审批操作规则》（2013）规定的改变已批更新单元计划内容的情形，城市更新单元规划及计划调整一并报请市建环委审批。具体包括：因上层次城市规划调整导致已批计划要求变化的；因更新计划制定过程中的技术误差（含坐标误差、现状地形图误差、放点误差、权属误差等）导致已批计划拆除范围变化的；因城市基础设施、公共服务设施以及其他公共利益项目建设需要导致已批计划拆除范围扩大的；因规划统筹需扩大已批计划拆除范围，若扩大的拆除范围部分内包含开发建设用地的，扩大部分面积原则上不得超出原已批计划拆除范围面积的 10%，且不超过 3000 m²，扩大部分内权属清晰的用地比例须符合更新计划申报相关规定；在满足《深标》要求且不减少有效使用面积的前提下，将独立占地的垃圾转运站、公交首末站、公共停车场及其他社区级配套设施改为附属建设的；因《深标》修订了配套设施面积标准而减少已批法定图则确定的配套设施占地面积的。

城市更新单元规划制定符合上述情形的，由区城市更新职能部门依据更新计划制定相关规定，负责完成更新意愿征集工作。除以上规定情形之外，其他涉及在更新单元规划制定阶段调整已批计划的，按计划调整程序办理。

4. 加大精简提效的探索

为了创新城市更新工作机制，2015 年 9 月，深圳率先在罗湖试点城市更新体制改革。在罗湖区取得城市更新工作改革试点经验基础上，2016 年 11 月深圳市政府颁布《深圳市人民政府关于施行城市更新工作改革的决定》（市政府令第 288 号令），全面推进城市更新强区放权。该决定颁布实施后，原由市规划国土委及各管理局行使的大部分城市更新项目的职权都调整至各区政府行使，涉及的行政职权多达 425 项，城市更新审批流程简化一半以上，城市更新的审批管理机制进一步简化。按照之前的流程，城市更新审批需要经过城市更新单元计划审批、城市更新单元规划审批、实施主体确认三大步共计 20 多个流程，优化后精简为 10 个左右流程即可完成审批，显著加快了城市更新的审批进度。

2016 年在城市更新强区放权改革以后，城市更新计划和规划的审批权已绝大部分下放至区政府，具体的审批流程由各区政府制定和公布。

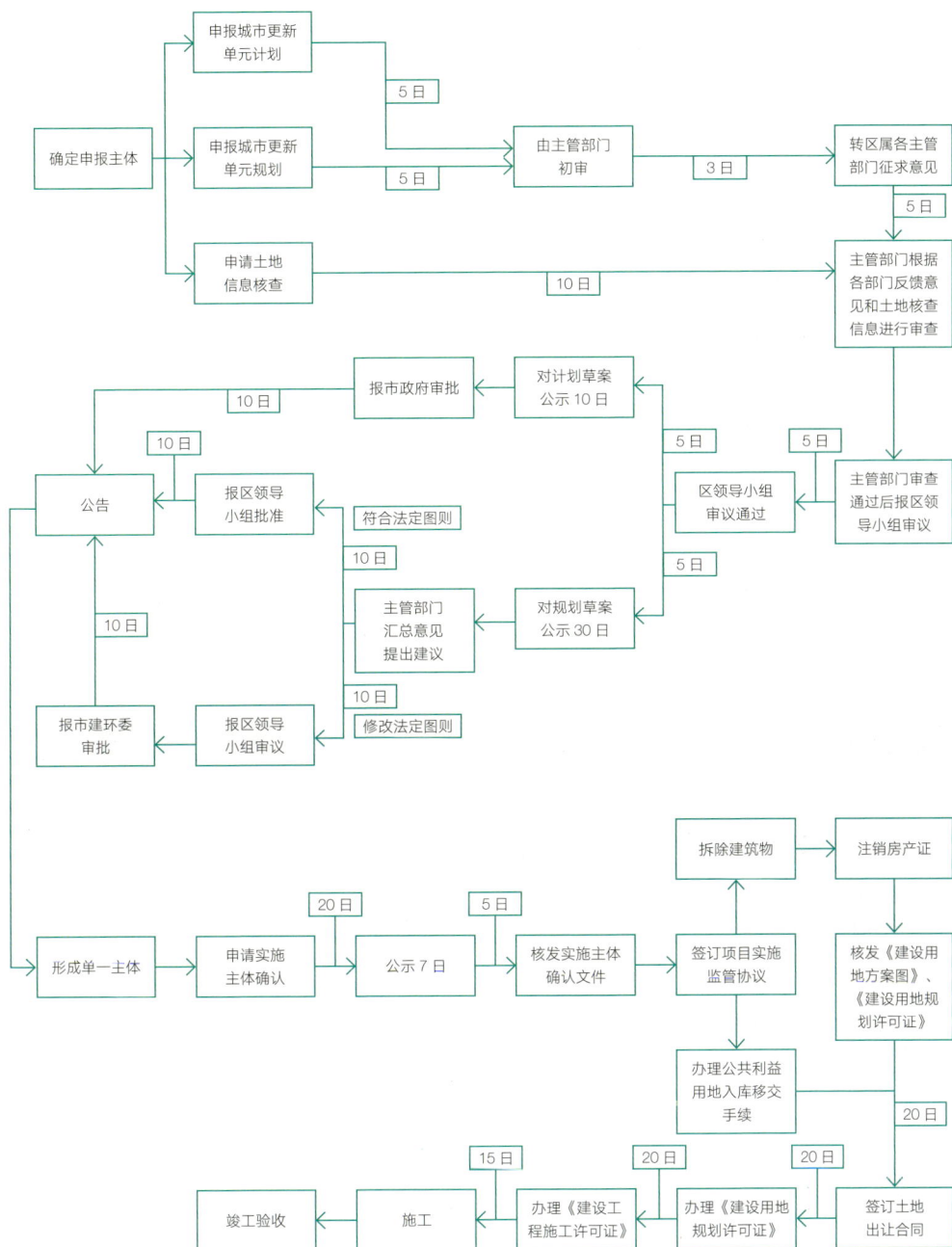

图 7-8　深圳罗湖城市更新试点期更新项目审批流程图。

虽然各区审批流程根据自身实际情况有所差异，但基本聚焦在以下几个方面。首先，城市更新计划可以与规划同时申报。根据各区颁布的城市更新实施办法，大部分区要求申报主体同时向主管部门申报城市更新单元计划及城市更新单元规划，并同时向主管部门申请土地信息核查。更新计划、规划、核查的同步开展，减少了重复的资料提交和部门的重复核查审批，有助于为计划的审查提供更为翔实的内容。其次，加强部门并联审批。尽可能减少审批层级、将部门串联审批转为并联审批，将多个事项合并为一个事项一次完成审批。最后，建立涵盖城市更新全流程的网上申报及管理系统。由市规划国土委会同各区政府，建立涵盖城市更新全流程的网上申报及管理系统，目的是将所有审查事项均纳入网上办事大厅进行监管，严格按照统一标准和时限进行办理，杜绝在法定程序之外增设审查事项。

7.2.3 多元组织实施城市更新

1. 激发更新改造的市场活力

2009 年以前，深圳城市更新的实施由政府主导，政策配套并不完善，市场机制也不成熟。2009 年以后，广东省《关于推进"三旧"改造促进节约集约用地的若干意见》的出台，释放了土地协议出让的红利，加之房地产经历 2008 年低谷期后的迅速上扬，极大地激发了市场主体参与城市更新的热情。

同时，政府出台的系列政策明确市场主体可以通过单独或合作实施的方式参与城市更新。其中，单独实施是将更新项目拆除重建区域内权利主体的房地产权益转移到单一市场主体后由其实施；合作实施则可通过与原农村集体经济组织签订改造合作协议，或者通过公开方式与政府确定合作实施。

灵活多元的参与方式开拓了市场主体参与城市更新的路径，市场主体可以通过并购、谈判、合作等市场化竞争方式争取土地资源，吸引了大批房地产开发企业进入城市更新领域，市场成为深圳城市更新实施的主导力量。

2. 加强重点更新单元的统筹

2016 年以来，政府针对前一阶段城市更新实施过程中出现的一些问题，比如居住空间密集、交通负荷加大、大型公共设施难以落地、保障性住房推进缓慢等，开始加强城市更新的统筹。《关于加强和改进城市更新实施工作的暂行措施》（2016）明确对重点更新单元和旧居住区采用政府主导城市更新的模式，由区政府组织进行城市更新计划申报、城市更新单元规划编制，并通过公开招标选择市场主体进行实施。在《深圳市城市更新"十三五"规划（2016—2020）》中，也要求加强更新统筹片区和重点单元改造，同时政府积极鼓励多元主体参与城市更新，以实现政府主导、市场运作、业主自改、合作更新等多种模式共同推进城市更新实施的格局。

7.2.4 完善监督管理机制

1. 完善监督检查制度

深圳城市更新主要通过 3 方面完善监督机制。一是与实施主体签订"项目实施监管协议"，明确实施监管的具体内容；二是要求实施主体缴纳监管资金，并通过银行保函方式进行项目监管，监管资金金额按公共配套设施、市政基础设施、回迁房屋等的建设成本评估确定；三是各相关职能部门依据各自职权范围对实施主体进行监管，比如城市更新项目涉及产业空间的，由产业主管部门对其产业规划落地进行引导、协调与监督，保证城市更新单元规划确定的产业导向落实到位。

2. 建立投诉处理制度

城市更新相关部门积极建立城市更新工作投诉处理制度，对受理的投诉及时进行调查和处理。在强区放权后，各区明确由街道办事处负责协调处理有关城市更新工作的投诉和信访维稳工作。

3. 加大违法建筑监察力度

为了加大对违法建筑的监察力度，深圳出台系列政策将查处违法建筑与农村城市化历史遗留违法建筑的处理工作并行推进，并将查违工作作为政府考核的重要指标。同时，查违工作加强基层执法，市规划国土委的土地监察局加挂市查处违法建筑和处理农村城市化历史遗留问题领导小组办公室牌子，主要负责统筹协调和政策制定等职责，具体查违执法行动则由基层规划土地监察机构与城管综合执法机构共同执行。

7.3 多方参与者的互动响应

　　政府主体、市场主体和权利主体三方构成城市更新的核心协调圈层，同时公众与相关服务机构作为城市更新的重要参与者，构成城市更新的扩大影响圈层。政府不断适应城市发展需求，积极根据市场反馈完善政策和管理机制。市场主体、权利主体及其他参与者则在此过程中不断调整自身的利益诉求及参与方式。以上主体和参与者互动协同，从而推进了城市更新实施机制的不断优化完善。

7.3.1 市场主体的运作

　　深圳城市更新积极适应市场需求，建立了"政府引导，市场化运作"的工作机制，政府不断完善市场主体的参与机制，市场主体积极对接政府的政策管理要求，开展与权利主体的利益协商和合作谈判，汇集多方资源，在城市更新中发挥重要的作用。

1. 政府鼓励市场主体的参与

　　一方面，深圳城市更新政策明确并完善了实施主体确认的要求，充分保障了市场主体的利益。《深圳市城市更新办法实施细则》（2012）要求实施主体为单一主体，向区城市更新职能部门申请实施主体资格确认，须提供单一主体形成情况的相关证明材料，通过公示后确认实施主体。市场主体在向权利主体征集更新意愿、进行利益协商和合作谈判形成单一主体的过程中，往往需要较大的人力、时间和资金投入。实施主体的确认能够为其提供权益保障，降低开发风险，充分调动其投入复杂前期工作的积极性。

另一方面，深圳城市更新政策明晰了市场主体参与城市更新的环节与相应的审批管理流程,通过公开透明的管理建立稳定的市场运作环境。其中，市场主体具体参与更新意愿征集、更新计划申报、更新单元规划编制、实施主体确认等环节。在市场主体被确认为更新实施主体后，可办理相关行政许可文件和土地出让合同，并接受政府的监督管理。

2. 市场主体积极完善自身管理运作机制

在政府不断适应城市发展和市场需求优化调整更新政策和管理机制的同时，市场主体也不断根据政策规定和市场环境的变化，积极调整优化自身的管理架构和运作机制,力图更好更快地推动完成城市更新项目。

建立城市更新专职部门，优化管理组织架构

房地产开发企业作为主要的市场主体，在参与城市更新的过程中，逐步调整建立了与政府城市更新管理相适应的组织管理架构，其中成立城市更新事务的专职部门成为主要趋势。在 2009 年前后，大部分房地产开发企业一般通过成立具体项目部或项目公司的方式推进城市更新项目，并利用公司职能部门的资源开展相关工作，如由公司发展部获取更新资源、由公司前期部与政府管理部门对接、由公司设计部和工程部分别进行设计和工程管理等。随着 2012 年以后城市更新政策和管理的不断细化完善，城市更新项目在运作上的要求与其他房地产开发项目的差异日益明显，房地产开发企业自身对建构针对性、精细化的城市更新运作管理部门有了一定的需求。部分房地产开发企业，尤其是深圳本地民营企业，积极适应城市更新管理要求，率先成立了城市更新专职部门。城市更新专职部门在不同房地产开发企业的具体设置上有所差异，但通常根据城市更新项目前期工作较为复杂的特点，有针对性地强化前期工作涉及的部门和岗位。比如从资源获取出发设立专门的区域拓展部，根据项目管理协调推进需要成立具体的城市更新项目部，并针对规划、报

批等与政府管理部门对接的环节，以及拆迁谈判等与权利主体对接的环节成立专业部门或岗位。从在公司内部成立城市更新部到成立专门的城市更新公司，房地产开发企业的城市更新专职部门日益独立化、专业化。

以某房地产开发企业成立的城市更新公司为例，公司下设区域拓展部和多个更新项目部，并设置规划部、报批部、财务部和行政人事部，面向政府主体和权利主体，负责完成更新项目从资源获取到获得相关行政许可的工作，进入具体项目建设实施阶段的工程、采购、营销等工作则仍交由公司总部的相关职能部门负责。具体而言，区域拓展部一般负责更新项目的前期拓展工作，寻找合适的更新资源，完成房地产开发企业的土地储备需求，对内与各部门联系，对外则与市规划国土委、市城市更新局、街道办等相关部门联系。更新项目部负责各个具体城市更新项目的前期推动、拆迁谈判等相关事宜，包括所在更新项目拆迁补偿方案的编制、签约进度的把控、项目成本的控制，以及完成签约工作，协助项目专项规划的报批报建工作。规划部负责组织编制和审查城市更新单元规划，与规划、建筑、交通等专业设计机构对接，并与政府相关部门进行沟通。报批部门主要对接政府城市更新管理要求，负责更新单元计划申报、单元规划报批、实施主体确认以及房屋拆迁许可证、建设用地规划许可证等相关行政许可的办理。

除了专职部门的设置以外，房地产开发企业往往针对性地设置专业岗位。比如应对城市更新中与权利主体的拆迁谈判，在城市更新项目部

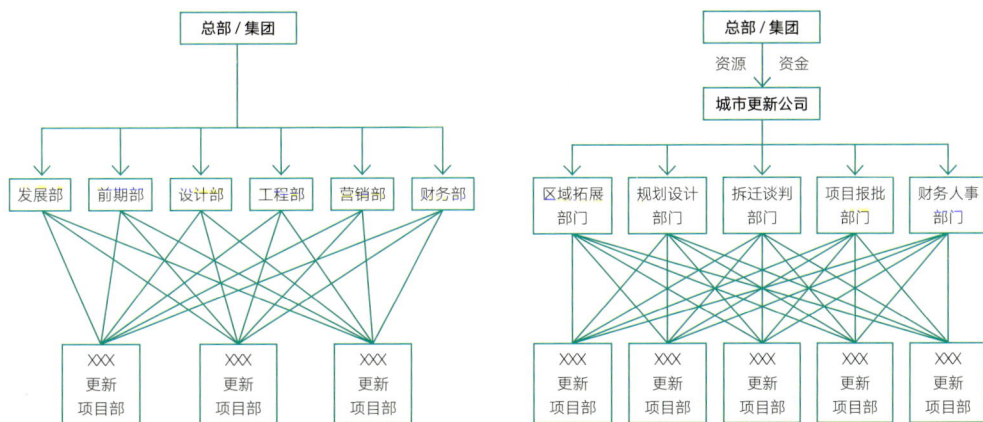

图 7-9　房地产开发企业城市更新项目的运作组织架构。

内设置专职拆迁岗位，主要负责拆迁方案拟定、与拆迁户开展拆迁工作谈判，负责与拆迁所涉及的原农村集体股份合作公司、街道办、城市更新局、市规划国土委等的沟通协调。

加强多方协调，优化更新运作机制

随着城市更新市场机制的不断成熟，房地产开发企业作为实施主体承担多方协调推进项目的作用不断加强，其主要协调对接对象为政府主体、权利主体和相关服务机构。

对接政府主体。房地产开发企业需要持续跟进和准确把握政府最新的城市更新政策和具体的管理要求，安排开展包括更新计划申报、规划报批、实施主体确认、相关行政许可办理、实施监管协议签订等相关工作。在此过程中，需要不断与政府相关部门，包括街道办、城市更新局、市规划国土委、区政府等进行沟通协调，明晰项目的实施推进方向。房地产开发企业通过细分设置区域拓展、规划和报批等专职岗位或部门，跟进对接相关环节的具体工作。

对接权利主体。在现行更新政策之下，市场主体可以与权利主体开展合作或收购，作为主体申报计划及编制更新单元规划。由于权利主体可自主选择市场主体，因此权利主体资源是房地产开发企业之间激烈争夺的标的。在此背景下，更新意愿的征集、与权利主体的合作以及拆迁补偿的谈判成为房地产开发企业争取更新资源的重要工作。尤其在城中村改造项目中，房地产开发企业的更新项目部往往需要合理筛选更新目标，拟定策略性的合作协议和拆迁补偿谈判计划，投入大量的拆迁谈判专员开展与原农村集体股份公司和原村民的谈判工作，形成各方接受的利益分配方案，积极争取签订合作协议。

对接服务机构。房地产开发企业通过委托规划、产业、金融、财务、法律等多类专业服务机构，完成更新计划和规划的申报审批、获取融资、完善税务策划和法律保障等。因此，房地产开发企业往往通过设置专职的规划、财务、法务等岗位或部门，安排既熟悉城市更新政策要求、又具有专业背景的人员与各类专业服务机构进行充分对接，审查方案并提出意见。

7.3.2 权利主体的参与

在市场机制下，凭借城市更新政策，权利主体的利益得到了充分的保障。权利主体不再是被动的被拆迁者，而具有充分的主动权表达更新意愿、选择更新方式以及合作的市场主体，谋求自身利益最大化。对于城中村（旧村）、旧工业区、旧居住区等不同改造对象，权利主体在与政府主体和市场主体的互动协调中逐步形成了具有自身特色的参与方式。

1. 原村民

深圳当前原农村土地开发、建设、管理现状的形成，涉及城乡二元分割管理向城乡一体化管理转变过程中政策、体制、机制等多方面原因，导致原农村土地的权利主体及其权益构成较为复杂而特殊。原村民和原农村集体作为原农村土地的主要权利主体，在城市更新过程中扮演着极为重要的角色。如何高效且公平地组织原村民统一决策、保障集体资产处置权益、协调各方实现利益平衡，成为推进改造的关键环节。

《深圳市城市更新办法》和《深圳市城市更新办法实施细则》中要求城中村（旧村）进行拆除重建的，应当经原农村集体股东大会按照有关规定表决同意后方可进行城市更新，作为股民的原村民对于是否进行更新、以什么方式更新、是否与房地产开发企业合作、选择哪家房地产开发企业、是否同意搬迁补偿方案等方面享有决策权。

充分的信息共享和传递是实现平等沟通的重要前提，也是协商的重要基础。针对原村民缺乏城市更新专业知识的问题，在城市更新过程中需要采用更为通俗易懂、界面友好的信息传递方式，让原村民更新意愿的收集建立在信息透明和充分的知情基础上。因此，一般在召开股东大会之前，原农村集体股份合作公司、市场主体或政府主体等会根据需要单独或联合开展面向原村民的前期沟通工作，在保障原村民了解更新政策、更新方案和拆迁补偿内容等信息的基础上，征询其意愿。

以福田上步村为例，其城市更新的前期沟通工作在下属的 5 个自然村（埔尾村、玉田村、旧墟村、沙埔头村和赤尾村）分别开展，通过城市更新政策讲解、城市更新多方案模拟、专家讲课和答疑、实地考察不同模式下改造的城中村案例、制作公众咨询手册等多元化的方式，尽可能提供给原村民充分的信息进行决策。咨询过程中改变传统单调的宣讲模式，采用了互动的形式，设置多个环节鼓励各方发表意见，针对关键性的改不改、改哪里、怎样改等问题，设置一些互动式参与环节，并结合实体模型、图纸等道具，调动原村民参与讨论的积极性。整个沟通工作由上步实业股份有限公司与福田区政府联合开展，共举行了两轮各五场公众咨询会、四场专家讲课、一次专家论坛、两轮问卷调查，试图探索建立一种平等、相互尊重、公开的协商式沟通对话机制。

2. 原农村集体股份合作公司

原农村集体股份合作公司在城中村（旧村）的更新改造中同时扮演权利主体与组织管理者的双重角色。一方面，原农村集体股份合作公司是城中村（旧村）集体资产（包括原农村集体土地和集体物业）的主要权利主体。另一方面，尽管政府推行多年"村改居"，但原农村集体股份合作公司仍普遍政企合一，与社区党组织、居委会、社区工作站"四块牌子，一套人马"，既承担经济发展任务，又承担社会管理职能，其与原村民在地缘、血缘上的关系，使之成为城中村（旧村）改造的重要组织者。在此双重角色下，作为权利主体，原农村集体股份合作公司需要完善集体资产的管理，使之符合原村民和原农村集体的长远利益；作为组织管理主体，原农村集体股份合作公司需要与政府、原村民、市场等充分协调对接，推动城市更新项目的实施。

图 7-10　深圳福田上步村城市更新公众咨询会现场 | 图片来源：林辰芳。

建立阳光化的集体资产管理机制

虽然原农村集体股份公司拥有一定的集体股，但由于集体股的产权主体不明晰、在股东代表大会中没有席位等因素，导致集体资产存在原农村集体股份合作公司自操自办、由公司高层说了算、决策程序比较随意等问题。在城中村（旧村）的改造过程中，原农村集体资产作为利益博弈的焦点，尤其容易滋生腐败，造成集体资产的流失。为了维护集体资产的安全和股东的切身利益，促进原农村集体经济健康稳定发展，政府和原农村集体股份合作公司均着力完善集体资产的监督管理机制。

一方面，政府强化监督管理，出台了系列加强集体资产管理的政策，并建立了集体资产监管系统，主要措施包括完善监管政策、设立监管机构和建立监管平台等。在完善监管政策方面，2013 年深圳出台了《关于加强股份合作公司资金资产资源管理的意见（试行）》，此基础上各区进一步细化相应的实施细则，比如龙岗区出台了《龙岗区股份合作公司集体用地开发和交易监管实施细则》。在设立监管机构方面，设置了市集体资产管理部门作为原农村集体股份合作公司的主管部门，在各区设立区集体资产管理部门，并进一步在街道办也设置了集体资产管理办公室。在建立监管平台方面，各区相继建立了集体资产交易平台，要求集体资产交易均须进入平台管理，通过平台系统的动态化监管，促使原农村集体股份合作公司把集体资产放在阳光下运营。以龙华区为例，建设了"四个平台"系统，将辖区内所有股份合作公司的集体资产交易、集体资产管理、财务实时监管和出国（境）证照管理都纳入统一平台进行管理。具体包括：土地、厂房、商铺等所有集体资产的具体资料均需要录入系统；集体资产交易的评估、谈判、确认开发主体等各环节所召开的历次股东代表大会决议的证明材料，均须上传到系统；集体资产需要通过平台系统进行交易。

另一方面，原农村集体股份合作公司不断完善管理体制机制，加强其自我监控。2013 年出台的《中共深圳市委深圳市人民政府关于推进股份合作公司试点改革的指导意见》，要求强化原农村股份合作公司集体资产管理委员会职能，落实集体股在收益分配和重大事项表决中的权利，明确集体股的资产代表人为公司集体资产管理委员会。集体资产管理委员会主要负责集体股的股利分配、集体土地的征地收益、城市化转地补偿收益等因集体资产处置收益的使用方案的制定、审议，并对董事、高级管理人员执行公司职务的行为进行监督、向股东代表大会提出提案。

积极实施城市更新项目管理

原农村集体股份合作公司在城市更新中承担的管理工作主要包括：

一是申报城市更新单元计划。原农村股份合作公司作为申报主体或委托单一市场主体作为申报主体的，在单元计划申报阶段，需要自行开展或配合开展以下几方面的工作：对更新单元范围划定提出初步方案、核算更新单元权属清晰的合法土地比例、征集更新单元意愿、组织更新单元申报材料。

二是申请进行历史用地处置。在城市更新项目纳入城市更新计划且获得土地信息核查的复函后，需要由原农村集体股份合作公司申请进行历史用地处置。

三是组织编制城市更新单元规划。原农村股份合作公司作为申报主体或委托单一市场主体作为申报主体的，在编制更新单元规划阶段，需要自行开展或配合开展以下几方面的工作：申请认定旧屋村和核查土地权属、编制和申报更新单元规划，反馈更新单元规划意见。

四是确定参与方式和合作企业。原农村股份合作公司参与城市更新的方式，可以自行改造，或者委托市场主体改造，或者与市场主体合作改造，股份合作公司需结合自身情况确定参与方式。选择委托市场主体改造或与市场主体合作改造的，还需要按照相关程序的要求，做好合作企业的选择工作。在市场主体与股份合作公司进行城市更新项目合作开发过程中，通常由项目公司与原农村集体股份合作公司签订合作协议或共同成立项目公司。

五是推动城市更新项目实施。在城市更新项目实施过程中，涉及原农村集体物业（含土地）搬迁的，股份合作公司是原权利人，同时股份合作公司因地缘、管辖等方面的优势，又是城市更新活动的重要组织者之一。因此，在推动城市更新项目实施方面，原农村集体股份合作公司不仅需要按照城市更新政策、集体资产处置管理规定等要求，妥善将属于其的房地产权益转移给意向实施单位。同时需要发挥自身优势，在更新项目编制实施方案、编制搬迁补偿安置方案、认定产权房屋权利人、开展搬迁补偿谈判、分配安置房屋等工作中发挥协调、配合或组织作用。

六是组织召开相关股东会议。原农村股份合作公司涉及城市更新的事项，一般都属于重大事项，需要由股份合作公司组织召开股东会议针对具体事项进行决议。以城市更新项目的计划申报为例，城市更新项目的计划申报经基层的社区及居民小组股份合作公司（分公司）讨论后，进一步报社区股份公司董事会和社区党委形成意见，并由社区党委向街道办事处提出申请，提请区城市更新领导小组会议审议。社区股份合作公司获得审议结果后，安排社区及居民小组股份合作公司（分公司）召开民主决策会议，通过民主决议后，再与市场主体签订合作意向书，进一步向区级相关部门申报城市更新计划立项。

3. 旧居住区业主联盟

针对深圳早期建设的部分住宅区存在房屋危旧、配套落后、环境破败等问题，旧居住区逐步纳入城市更新范围。虽然居民有需求、房地产开发企业有利益、政府想改善，但是旧居住区面临产权极为分散、物业业主意愿难以统一的难题。在此背景下，物业业主自身积极抱团形成联盟，力图加强与政府和房地产开发企业的沟通，表达和争取自身的利益诉求，探索物业业主参与城市更新的实施路径。与普通商品房房地产小区的业主委员会不同，旧居住区业主联盟是旧居住区物业业主之间基于城市更新中的共同利益形成的结盟，对内主要负责征集和统一业主更新意愿，对业主进行政策宣传和解释工作；对外负责与政府、房地产开发企业、媒体等方面沟通，反映业主的更新利益诉求，进行谈判博弈。在利益诉求分化下，业主联盟呈现出独特的运作机制特征。

在城市更新进程中，旧居住区业主的利益诉求逐步分化，城市更新的意愿、房地产开发企业的选择和赔偿标准成为业主意见分歧的关键焦点。在严苛的签约业主和建筑面积"双100%"方可拆迁改造的现行更新政策要求下，业主意愿是否统一，成为旧居住区改造项目能否采取城市更新方式推进的关键核心。在此背景下，旧居住区众多业主之间基于各自不同的利益诉求，自发抱团形成不同的业主联盟，不同的联盟均积极争取作为主导方。由于在城市更新项目发展过程中，不同阶段的矛盾焦点不同，这些业主联盟之间也会不断整合和分化。以罗湖区木头龙城市更新项目为例，2007 年 20 多位有更新意愿的业主邀请益田集团参与木头龙旧改，益田集团积极回应，同年进驻木头龙小区开展业主改造意愿征集工作。该阶段业主工作围绕是否具有更新意愿、是否选择益田集团作为实施主体、是否同意赔偿标准等展开。2010 年木头龙小区项目获批列入深圳市首批城市更新单元计划，并于 2013 年获批通过城市更新单元规划，绝大部分业主已认可益田集团及其赔偿标准并搬迁，签约率达到 90% 以上。但由于小部分"钉子户"导致木头龙更新项目长期无法推进，因此该阶段业主清晰地分为"已签约"和"未签约"两派，各自通过多种路径表达诉求。2014 年，已签约并搬迁的业主联合拟定并发布了"致留守木头龙邻居们的倡议书"，希望通过积极沟通推进更新进程。2016 年，木头龙城市更新项目的业主签约率及签约面积均突破 98%，但还有约 30 户未签约业主仍在僵持。2017 年 10 月，木头龙小区城市更新单元规划进行修改，拟分成两期实施木头龙城市更新项目。

旧居住区业主联盟的运作机制主要通过以下 2 种方式来实现：一是以业主大会推进决策。业主联盟主要通过组织业主大会的方式宣传更新、商议具体事项，争取业主的支持。在木头龙更新项目中，益田集团在业主联盟代表以及社区工作站的协助下，召开了 9 次业主大会，收集业主对改造的意愿，商讨改造的具体标准和条款，参加人数每次均超过 100 人。通过多次业主大会的商讨，益田集团的补偿标准从最初的 1:1.1 提高到 1:1.3，获得了大部分业主的认可，推进了业主签约的进程。二是由业主代表进行沟通谈判。业主联盟主要采用业主代表制，由业主成员推举的业主代表牵头组织活动，并进行内外沟通谈判。由于谈判事项涉及各个业主的切身利益，为防止业主代表与房地产开发企业私自勾结获取利益，业主联盟还建立了监督机制。比如在 2016 年底，木头龙 30 户未签约业主组成团体与益田集团进行谈判过程中，由 2 名业主作为代表，与益田集团高层直接对话，谈判次数超过 10 次，2 名业主同时参与、相互监督，从而获得其他业主的信任和支持 [1]。

4. 工业企业业主

旧工业区改造是深圳产业转型升级的重要手段，获得了政府的大力支持与推动。同时，由于旧工业区权属较为简单清晰，改造成本较低，

---

[1] 资料来自 2016 年 12 月 12 日《南方都市报》报道文章"木头龙旧改：30 名强硬派业主为何集体签约"。

对房地产开发企业具有很强的吸引力。因此近年来，"工改"类项目成为深圳城市更新的重要领域。在此背景下，工业企业业主希望在实现自身的转型升级发展的同时也能获得土地增值收益。工业企业业主与政府、房地产开发企业、运营商和入驻企业、专业咨询服务机构等充分协调合作，共同推进旧工业区改造，在促进城市产业升级方面发挥着重要作用。

工业企业业主之间的协商合作

深圳城市更新政策要求旧工业区改造主体为依法取得工业区改造项目范围内全部产权或者已与工业区改造项目范围内全部产权单位签订委托改造或合作改造协议的法人企业。因此，对于权利人不止一个的旧工业区改造，首先需要进行改造主体的确定。

以福田梅林片区的旧工业区为例，普遍存在一个宗地内有多个权利主体的情况，而且往往各自仅拥有一两栋厂房，占地面积较小，布局混杂，导致权利主体之间必须开展合作，形成合理规模，才能实现整体环境提升。对于具有迫切更新诉求或具有较大面积比例的工业企业业主往往希望主导更新，积极与其他业主开展更新意愿征询、收购或补偿等协商谈判，作为改造主体与其他业主签订改造合作协议。

当不止一个业主希望主导更新、造成僵持的局面时，政府从片区整体发展的角度出发，对工业企业业主进行协调。比如，福田梅林片区某宗地面积不到 1hm²，宗地内有 2 家企业业主都希望主导更新，在僵持之下其中一家业主提出了分宗改造方案。但由于地块面积过小，分宗后存在建筑难以布局、土地利用效率低且难以满足消防规范要求等一系列问题，对城市产生不利影响。为此福田区城市更新办组织了多次该地块全体业主参加的协调会议，促进企业业主之间的沟通合作，最终业主之间通过协商谈判确认了一家改造主体。

与房地产开发企业多种模式合作

相较于城中村（旧村）改造和旧居住区改造，在旧工业区改造中企业业主与房地产开发企业的合作模式更加多元，主要包括收购、合作和代建几种模式。

对于部分中小型的生产型工业企业，尤其是在深圳产业转型进程中面临生产环节转移或面临淘汰的企业，虽然拥有作为旧工业区权利主体的资源，但并不具备产业升级的能力和开发运营的经验。该类企业往往接受以权利换资金的方式，成为房地产开发企业竞相收购的对象。地产公司可以通过完全货币补偿的方式与工业企业签订拆迁补偿安置协议，成为该旧工业区更新单元的实施主体。这类模式在"工改居""工改商"中较为常见，通过原工业企业的退出、房地产开发企业作为改造主体进入自身擅长的商住开发和运营领域，改变原有的用地使用功能。

积极谋求产业转型升级的工业企业通常采取与房地产开发企业合作的模式开展改造，包括股份合作和物业补偿两种主要的方式，这样工业企业业主的土地产权权益以新的内容在原用地上得以延续。这类模式在"工改工"，尤其是"工改 M0"项目中较为常见。工业企业利用房地产开发企业在开发建设和融资方面的经验能力，打造高品质的新型产业园区。工业企业业主除了获得自身需要的产业升级空间以外，部分企业还与房地产开发企业合作运营新增产业空间，包括工业楼宇和配套房产的租售等，与房地产开发企业分享增值收益。参与此类更新的房地产开发企业通常具有运营产业空间的意愿与能力，拥有一定的企业引入资源，了解企业的诉求。在此过程中，城市通过更新获得与产业转型升级要求适配的新增空间资源。

符合城市产业转型升级方向的大型或行业引领型工业企业的业主，由于其更新目的以获得自用产业空间为主，则更多采用代建的形式与房地产开发企业合作，主要利用房地产开发企业的建设经验。此类项目中房地产开发企业不参与运营，由工业企业自主进行运营。工业企业业主通常利用自身在行业中的影响力，吸引产业链相关企业入驻，对城市打造产业集群具有积极效应。

7.3.3 公众的参与

1. 参与机制的建立与完善

城市更新包含复杂多元的利益诉求，围绕城市的保护与发展、开发权益的实现与公共利益的保障、权利人自身利益的维护等诉求，容易产生种种问题和矛盾。城市更新中的公众包括作为直接利益相关者的权利主体和作为间接利益相关者的其他主体。为了协调潜在的利益冲突，在城市更新中加强公众的参与具有重要意义。深圳在城市更新过程中，一方面，在城市更新政策中确立了以权利主体意愿作为申报更新计划的前提条件，并明确城市更新单元规划的编制应保障相关权利主体的合法权益；另一方面，深圳在更新单元计划、规划审批和实施主体确认的流程中增加公示、公告环节，拓展公示、公告媒介，完善间接利益相关者的参与机制。虽然深圳在城市更新的公众参与机制方面进行了积极的探索，但当前作为间接利益相关者的社会公众在城市更新的利益博弈中仍处于相对弱势地位，需要进一步优化完善公众的参与机制。

2. 参与平台的搭建

在公众参与城市更新时，可以通过规划平台、公共活动平台、信息交流平台等多种平台来实现。

在规划平台方面，城市更新单元规划作为协商式的公众参与平台，在编制、审批、管理的过程中，通过多方协商寻找利益平衡的路径。城市更新单元规划具有的开放性、协商性特征，使得政府、市场、权利主体、公众等，以规划为平台，通过对规划方案的公开交流，展开对规划方案的权衡，在此基础上支撑科学决策。

在公共活动平台方面，借助深港城市/建筑双城双年展（UABB）等公共活动，吸引社会大众关注城市更新、理解城市更新。深港城市/建筑双城双年展，从 2005 年开始创办，2007 年香港加入，聚焦于城市与城市化主题，成为双城互动、一展两地的独特类型展览。深港城市/建筑双城双年展的展场既有旧工业区，也有城中村。其中三次展场分别选定华侨城创意义化园南区、蛇口浮法玻璃厂、蛇口大成面粉厂，对激活这些地区的工业区向艺术空间转化起到了根本的推动作用。2017 年，第七届双城双年展以南头古城城中村为主展场，探讨多元共生的城市模式。这些具有开放性、参与性乃至介入性的活动有利于提升社会对城市更新的理解认知，唤起社会对城市更新的深入思考。

深圳市城市设计促进中心组织的"设计＆生活"系列活动中，聚焦城中村开展"城中村和我们的城市生活"公共活动，通过专家解读、实地观察和切身体验，带领市民思考城中村和城市生活之间的关系。这一公共活动主要由4个部分组成：城市公开课、感观城中村、主题沙龙、原创作品大赛。城市公开课，主旨为在开放的平台上，由城市行业专家引导公众搭建个人对城市的理性认知。感观城中村，通过实地考察与公众讨论结合的形式，充分调动大众的视觉、听觉和味觉，倡导公众用身体去感知城市的肌理和脉动，培养城市主人意识和公共参与意识。主题沙龙，通过业内人士与活跃公众对谈的方式，尝试探讨城中村目前面临的困境与问题，并尝试提出有效的政策建议或者解决办法。原创作品大赛，鼓励公众将自己对城中村的所见、所思、所想通过各种作品形式进行表达，收集到的原创作品将在促进中心微信平台更新发布，并通过微信公众投票分组评选的方式评奖。

在信息交流平台方面，不同地区的不同主体在城市更新领域形成良好的互动机制，通过调研、互访、交流、考察等多种形式实现城市更新信息的共享。其中对城市更新政策的理解和把握是促成社会各界积极参与城市更新的重要基础，各类主体采用多样的形式开展政策宣传工作。比如，市规划国土委除了日常的政策宣讲以外，还会专门针对新出台的政策组织编制政策解读、开展政策答疑等；区城市更新职能部门会定期召开城市更新业务培训会，组织辖区内相关管理人员进行定期培训；城市更新协会和相关行业协会等，通过沙龙、会议等方面积极开展经验交流和案例解析；原农村集体积极组织进行城市更新政策学习，邀请各类专家提供专业指导。

图 7-11　阮仪三教授现场调研罗湖湖贝古村，开展交流座谈活动 | **图片来源：**大勇工作室。

3. 参与形式的多元化

社会公众、第三方组织、新闻媒体、专家协会等逐步更广泛地参与到城市更新活动中，比如在湖贝古村保护事件中，通过专家建言、公开活动、公共讨论、媒体报道等多种方式，各方主体充分表达自身的意见和建议。在政府、市场与公众不断的沟通对话中，形成了相对兼顾多方诉求的规划方案，这一过程中公众参与形式的多样化予以充分展现。

专家学者积极建言

专家学者作为具有权威性和影响力的专业人士，在湖贝古村保护中相继发声、明确主张。2016 年 5 月，吴良镛等六位院士联名写信致深圳市委书记，要求保留湖贝古村；2016 年 7 月，同济大学的古城保护专家阮仪三教授现场调研湖贝古村，提出湖贝古村是保留完整、具有浓郁民居风味的古村落，是深圳具体的历史遗产，是值得深圳留下的乡愁记忆，并建言建立"未定级不可移动文物先予保留"机制。

学术机构开展深入研究

深圳的"土木再生"城乡营造研究所联合"未来＋学院"发起了"身边的城市"系列独立研究计划——"湖贝请留门"，系统评估了湖贝村的物质空间和社会价值，分析了湖贝村拆迁的影响，积极探寻可以实现经济精明增长和空间生产可持续发展的模式。同济大学、香港大学、深圳大学等学术机构参与其中，形成了丰富的研究成果。

工作坊进行专题研讨

2016 年 5 月，由一批规划师、建筑师、社会学者、艺术家等发起的"湖贝古村 120 城市公共计划"行动开启，该行动发出了"留住湖贝门"的呼吁，并举办了一系列公开活动，由饶小军、孟岩担任主持人，邀请了文化和社会方面的学者马立安、史建、廖虹雷、杨阡、王大勇、滕斐、张星、张琴，以及规划和建筑方面的专家朱荣远、曾群、杨晓春、费晓华、汤桦、张之杨等参与，专家们现场设计了 18 个方案，对湖贝旧改项目方案提出了保护和发展的相关建议。2017 年 12 月，作为"湖贝古村 120 城市公共计划"的一次公益展出，"湖贝生死进行时——

城市更新迷宫的第三方公共参与攻略"亮相于 2017 年"深港城市 / 建筑双城双年展"。

媒体报道

媒体对湖贝村保护的系列事件进行了跟踪报道。2016 年 6 月,《深圳晚报》率先发表聚焦湖贝古村旧改的整版专题《湖贝古村旧改,能否留住深圳墟乡愁?》,7 月《深圳商报》以《湖贝可以为后辈留下乡愁》为题报道了"湖贝古村 120 城市公共计划"和阮仪三教授为湖贝古村保护建言献策的"对话湖贝"论坛。同时大量互联网新闻平台,以及作为公民媒体的微信公众号也积极关注湖贝事件,并通过微信和互联网等新媒体渠道进行跟踪报导并发表评论和建议。湖贝共识呼吁:"拯救我们的历史记忆"签名等活动也在网络上进行。媒体呈现了更为多元的声音,较为客观地呈现了湖贝村的价值与改造困境,以及保护事件中专家、政府、房地产开发企业、村民、租户、市民等多方不同的立场和意见,有助于更为广泛的公众多维客观地了解事件和参与讨论。传统媒体与互联网新媒体的共同发力搭建了更为开放的公众讨论的平台,并形成了有专业影响力的舆论力量。

在城市更新发展进程中,旧城改造与文化保护之间如何平衡?改造带来的巨大经济效益和保存历史文化背后的长久综合效应之间如何取舍?不同的立场、不同的人,会发出不同的声音。这样事关公共的事件,如何让各方表达意见、如何达成共识,成为城市的一个新课题。充分的表达,充足的讨论,积极的回应,对于达成共识,无疑是有明显的益处的,"深圳湖贝旧改"的实践正在成为一个案例。

——《南方日报》"湖贝旧改:打开公共事件的讨论空间"

图 7-12 "湖贝古村 120 城市公共计划"论坛现场 | 图片来源:大勇工作室。

7.3.4 服务机构的支撑

随着深圳城市更新实践的推进，政府、市场、权利主体等对于规划、设计、融资、法律等领域专业化、精细化的服务需求日益增强。在此背景下，越来越多的相关专业服务机构参与城市更新，并形成专门业务板块。此外，城市更新的相关协会学会逐步成立，为城市更新参与者提供信息共享和交流平台。

1. 专业咨询与服务机构

规划研究

城市更新触及城市规划实施层面多方面具体问题的解决，需要积极寻求专业化的学科专家和机构支撑，而城市规划所具有的综合性学科特点，使规划机构适合作为统筹机构，联合各专业机构合作共同编制规划。面对城市更新项目复杂性高、政策多而更替快、技术要求细致且实施性强、协调难度大、不确定性高等特点，规划设计单位需要强化技术综合统筹、加大过程咨询服务、拓展交流广度和深度等，在明晰规划、产业、市政、交通、建筑、设计等专业各自技术要领的基础上，加强整体的统筹协调力度，完成多专业合作的目标。规划师们需要积极掌握相关学科知识，在统筹工作中充分发挥引导、沟通、判断和协调作用，在不断的价值碰撞和技术融合中，为城市更新提供更高质量的综合性解决方案。

作为规划研究的综合性单位，深规院深度参与了深圳的城市更新工作，在跟随深圳城市更新发展进程中，提供了全面的政策与技术规定的研究与制定，开展了各类更新规划的编制，并积极推进城市更新全过程技术咨询等，成为深圳城市更新的重要规划技术服务力量。在城市更新项目的实践中，深规院积极应对城市更新规划在实施中遇到的突出问题，比如如何处理更新地块复杂的权属问题、如何平衡多元主体利益、如何实现公共利益、如何延续历史文化脉络等方面开展了积极的探索，积累了丰富的实践经验。在这一过程中，为了更好地服务各方主体的需求，深规院专门成立了城市更新规划研究中心，加强对城市更新政策、规划技术、数据信息等方面的综合研究，充分把握城市更新发展的动态趋势和前沿领域；采用了创新的管理机制，建立项目预评审制度，加强城市更新项目的质量把控，提高城市更新项目技术服务的运作效率；积极开展更新相关业务培训，提升城市更新的认识和技术水平；积极与多元主体沟通协调，在规划的过程中持续深入了解政府、市场主体、权利主体、公众等多元主体的诉求，向多元主体解读政策和沟通规划方案，制定和调校利益平衡方案，协助组织公众咨询等，促进共识的达成，让更新规划成为一个面向实施的开门规划。

建筑设计

城市更新单元规划作为面向实施的规划，其在编制过程中对建筑空间（包括地上、地下空间在内）的使用功能、布局与产权等进行了重新分配，需要对建筑方案的设计同步展开。建筑设计团队的引入，不仅有助于协调落实更新单元的公共设施与公共空间，而且也可以为空间的优化提供更多的可能。因此，市场主体为了城市更新单元规划与后续开发建设方案高效衔接，往往聘请建筑团队尽早介入，并一直至少服务到建

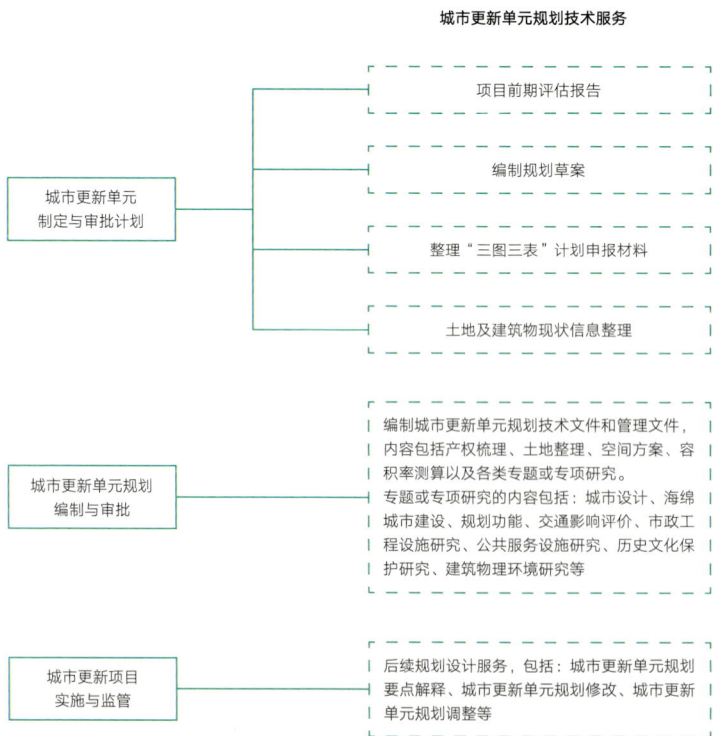

城市更新单元规划技术服务

城市更新单元制定与审批计划	项目前期评估报告
	编制规划草案
	整理"三图三表"计划申报材料
	土地及建筑物现状信息整理

| 城市更新单元规划编制与审批 | 编制城市更新单元规划技术文件和管理文件，内容包括产权梳理、土地整理、空间方案、容积率测算以及各类专题或专项研究。专题或专项研究的内容包括：城市设计、海绵城市建设、规划功能、交通影响评价、市政工程设施研究、公共服务设施研究、历史文化保护研究、建筑物理环境研究等 |

| 城市更新项目实施与监管 | 后续规划设计服务，包括：城市更新单元规划要点解释、城市更新单元规划修改、城市更新单元规划调整等 |

图 7-13 深圳城市更新单元规划技术服务概要。

筑方案初步设计阶段。此外，由于城市更新项目的周期远大于一般新建开发项目，为了在方案设计前期与权利主体商谈赔偿安置事宜，也需要尽量让更新规划初步方案与后期的建筑初步方案保证一致，避免后期建筑实施方案改动较大，引发更新地块与周边联系的改变，导致更新单元审批后再调整。在这种情况下，建筑方案往往与规划方案同步编制，建筑设计团队和规划编制这两个团队工作衔接的重点在于步行公共空间、建筑形态的整体意向、场地与机动车交通出入口设置等带有公共属性的内容，形成方案协同讨论会审机制，确保规划的合理性和可实施性。

信息咨询

由于城市更新工作的复杂性与专业性，信息量大，除了政策研判以外，还需要对房地产市场等进行综合分析，权利主体和市场主体往往寻求专业咨询顾问机构协助。在市场需求下，目前已有针对权利主体和市场主体等不同细分市场的专业化更新咨询顾问机构成立，部分地产咨询服务公司也开拓了针对城市更新的业务板块。城市更新咨询顾问机构主要针对权利主体和市场主体提供政策解读、更新业务培训、技术咨询、项目对接等服务。比如戴德梁行、世联行等地产咨询服务公司主要为房地产开发企业提供项目定位、功能策划等服务。

房地产评估

针对城市更新涉及的房地产收购、拆迁赔偿等问题，房地产评估机构为政府、房地产权利人以及房地产开发企业提供了专业化的评估技术服务支撑。其中，深圳市房地产评估发展中心作为官方评估机构，主要为政府部门制定有关政策开展研究工作，在政府主导的城市更新项目中进行补偿安置费用的评估测算。而市场化的房地产评估公司则主要为房地产开发企业、原农村集体经济组织以及房地产权利人提供城市更新项目可行性研究、现状土地调查摸底、拆赔方案研究、房地产收购价格评估、专业顾问等服务。

法律服务

由于城市更新中涉及权利转移，合作开发、拆迁补偿等多方主体的复杂利益关系，过程涉及系列法律疑难问题，存在较大的纠纷争议风险。

为了保障合法权益，政府、房地产开发企业和业主普遍需要寻求专业化的法律咨询服务。在此背景下，律师事务所开拓了贯穿城市更新全过程的专项法律咨询服务业务。其中，城市更新项目的前期阶段由于涉及与多方权利人的利益谈判和合作关系，律师事务所作为法律顾问发挥尤为重要的作用。律师事务所在该阶段主要负责的内容包括：一是就城市更新项目开展尽职调查工作，对项目可行性进行评估，并对项目所涉风险等提供法律咨询。二是从法律角度对相关政策进行解读和提供咨询。三是参与拆迁补偿、权利转移、合作开发、收购等方面事项的磋商谈判；起草、审查、修订相关拆迁安置补偿方案、合作协议、合同等法律文件。四是指导拆迁过程中的证据保全工作，以及协助协调在此过程中的纠纷等事项。律师事务所在城市更新进程中对于提示风险、规范操作、保障权利主体的合法权益、协调各方利益等方面发挥着积极作用，有助于推进城市更新项目在法律框架下推进。

金融服务

在市场化运作的城市更新项目中，实施主体的融资能力是项目推进实施的重要保障。政府鼓励市场创新金融服务以拓宽实施主体的资金筹措渠道。由于城市更新的融资与"招拍挂"地块融资有较大不同，因此城市更新项目的金融服务有其自身的特征。具体来看，"招拍挂"项目在拿地后即须立即支付大笔土地出让金，房地产开发企业融资数额较大，需要通过开盘销售后的回款偿还融资本息，导致部分融资利息较高的房地产开发企业需通过快周转的方式，尽力压缩从拿地到开盘的时间，以减少利息成本的支出。城市更新项目虽然时间周期较长，但由于土地可以协议出让、拆迁补偿主要采用物业回迁的方式，因此房地产开发企业的融资数额较小，主要用于前期阶段的清偿债务、拆补费用、补缴地价以及后续开发建设。从提供融资的主体来看，银行作为主要的金融服务机构，为城市更新项目提供金融服务，只要更新项目的拆迁率达到60%，即可申请银行的拆迁贷，由银行资金接盘。银行还与房地产开发企业在授信等多个业务方面开展战略合作，比如工商银行为木头龙城市更新项目提供30亿元授信服务，为项目建设提供资金保障。除了银行外，信托和基金机构也为城市更新提供融资服务。对信托和基金机构而言，在城市更新前期提供融资服务，可以通过较少的融资持有开发项目公司较多的股权，从而掌控城市更新项目的权益，相较于银行，信托和基金机构能够提供更为灵活多元的融资来源，对于中小型的房地产开发企业较为适合。

2. 相关组织

随着越来越多的房地产开发企业参与城市更新，城市更新相关社会组织运作机制日益完善，逐步成为房地产开发企业交流和沟通的重要平台，其中深圳市城市更新开发企业协会和深圳城市更新开发企业商会发挥了重要作用。

深圳市城市更新开发企业协会于 2016 年 6 月成立，其前身为深圳市龙岗区城市更新开发企业协会，是目前为止国内首家城市更新开发企业协会和市级城市更新行业组织。协会以打造行业交流平台、建立政企沟通渠道、提供多元会员服务、保障行业公平竞争等为主要目标，通过引领行业发展、规范行业行为，更好地发挥市场在城市更新资源配置中的积极作用。协会下设规划、财税、法律、金融、产业 5 个专业委员会，可以为会员企业提供政策法规内训、实操经验分享、对标企业参访、服务商甄选推介等一系列活动，全方位解决会员企业在城市更新板块的各类咨询、培训、服务购买等需求。

深圳市城市更新开发企业商会于 2016 年 11 月成立，其功能包括有城市更新全流程咨询服务、房地产政策咨询服务、项目投资及对接咨询服务、解决房地产历史遗留问题，以及代办计划、规划、用地报批、土地确权、报建等城市更新相关手续等，主要通过各种会员活动促进更新资讯的交流互通。

市场主体——推动者、实施者，在规则内寻求利益空间

作为城市更新的关键推动者与实施者，市场力量在推动和实施城市更新项目过程中发挥了巨大的作用。伴随着一线城市新增土地资源供应日益紧缺，城市更新几乎成为市场主体立足一线城市的必然选择。虽然逐利是市场主体的天性，但随着深圳 2009 年以来城市更新，制度和规则不断完善，以及权利主体对物业私权维护意识的不断提升，房地产开发企业的利润空间逐步规范化，在一定程度上减少了早期大量超额利润向市场实施主体倾斜的情形。市场实施主体的心态和参与方式，也随着城市更新活动的日益规范化逐步变得更加客观和理性。

7.4.2 全程开放的多方互动

1. 协同机制的特征

一是全程性。在城市更新项目推进的不同阶段，协同机制均发挥着重要作用。具体来说：在计划立项阶段，市场主体与权利主体达成更新共识，并由政府主管部门协调初步利益分配格局；在规划编制阶段，市场主体根据政府制定的更新规则，不断与权利主体、政府主体和技术咨询服务方等进行沟通协调；在规划审批阶段，市场主体和权利主体认可的规划方案在政府相关部门的协同参与下进一步调整深化，实现多方合作下的共赢。

二是开放性。城市更新存在于城市发展的大环境之中，必然会反映城市经济、产业、文化、生态、社会发展的需求。深圳城市更新中逐渐纳入城市管理的产业发展、产权核查与处置、历史文化保护、公共服务管理运营、海绵城市建设，以及建筑风貌设计等多个领域的内容，整个实施过程面向多元主体开放。

三是互动性。城市更新并非一个静态博弈过程，每个权利主体的决策行为都将影响其他主体的博弈决策，从而产生新的平衡。深圳的城市更新在必要规则建构之外，设置了一定的弹性空间来实现多元协同过程中的互动性。通过博弈过程中政府、市场、权利主体以及利益相关方的沟通互动，达成可以实施的共识和建设方案。

2. 各阶段多元主体的互动协同运作

在深圳城市更新项目推进的不同阶段，多元主体围绕不同的博弈内容，形成了相互促进而又相互制衡的协同运作机制，达成利益平衡的合作博弈目标。多元主体共同治理的机制成为推进深圳城市更新实施的重要基础，下面以拆除重建类城市更新项目进行重点分析。

计划申报阶段

在城市更新项目的计划申报阶段，博弈主要围绕权利主体和市场主体之间的利益分配展开，政府在其中发挥引导和协调的作用。

权利主体通过更新意愿表的签署，拥有政府赋权，因而在该阶段掌控话语权。在权利主体不止一个的情况下，权利主体之间首先需要进行更新意愿的整合，形成单一权利主体，进而对选择自主改造还是合作改造的更新方式，以及选择哪家房地产开发企业等关键事项进行决策。在市场主体与权利主体之间，合作方式和拆迁补偿是双方博弈的核心。市场主体处于"被选择"的地位，不仅面临来自权利主体的利益博弈，还面临来自其他房地产开发企业的激烈竞争。在这一格局下，权利主体不仅能保障自身的基本产权权利，甚至能够在与市场主体之间的博弈竞争中获取更高的土地增值收益。当然这样的机制能够减小城市更新的社会矛盾，但是有些权利主体对"选择权"的不合理运用会带来新的社会矛盾。市场主体与权利主体在这个阶段的博弈平衡以双方签订合作协议、形成更新计划的申报主体为标志。

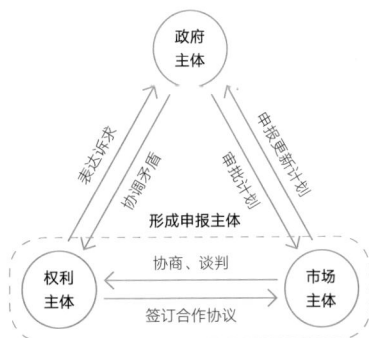

图 7-14　深圳城市更新计划申报阶段各方主体协同关系图。

位处"弱势"的市场主体在这一更新资源争取的关键阶段表现的积极主动，除了补偿方案以外，各房地产开发企业的实力条件、开发经验、融资能力、开发方案等成为争取权利主体意愿的重要方面。比如，在涉及权利主体较多的旧居住区改造的早期，市场主体通常设立更新改造办公室并驻点派驻谈判专员开展工作，协助征集和整合权利主体的更新意愿，先期介入者往往能够拥有较多的竞争优势。由于与权利主体博弈的前期工作耗时漫长、繁复，且具有不确定性，房地产开发企业之间在竞争中也形成了特殊的合作机制。某些具有地缘优势的中小型房地产开发企业专注于前期工作，在获取更新资源后，通过被收购或者部分股权转让等方式将更新资源转手给其他房地产开发企业，在其中获取利益。目前，这种驻点以及更新项目转手行为已经得到政府的严控，从而避免出现房地产开发企业不良运作带来的风险。

政府在这个阶段主要发挥引导与协调作用，并不直接参与该阶段的利益博弈。政府结合市、区城市更新五年专项规划对更新计划的审批进行引导把控。当符合政府近期引导更新计划的项目，在权利主体之间的意愿整合以及权利主体与开发主体的利益博弈陷入僵局的时候，政府通过促进沟通进行协调，并通过制定相关规则进行规范，将双方的利益博弈约束在合理的范围内，以推进更新项目的开展。

规划审批阶段

在城市更新项目的规划审批阶段，博弈围绕政府主体、权利主体、市场主体和公众之间的利益平衡展开，专业机构在其中发挥协助作用。

在上阶段市场主体与权利主体达成合作意愿、捆绑形成利益共同体的基础上，本阶段博弈的核心是政府与市场之间的公共利益与市场获利分配。市场主体追求利益最大化，力图争取更多的可开发（获利）建筑面积，但需要在满足政府制定的分配规则之内与政府进行沟通协商；政府作为规则制定者和规划审批者，在博弈中占据主导地位，但也需要在综合考量城市发展需求和承载能力等的基础上，把握好利益蛋糕的大小和切分，在保障城市公共利益的同时，给予市场主体合理的利益空间，以推进更新项目的实施。

由于城市更新的外部性影响，权利主体以外的公众虽不直接参与利益分配，但在更新规划对其自身利益或城市公共利益造成影响时会发声

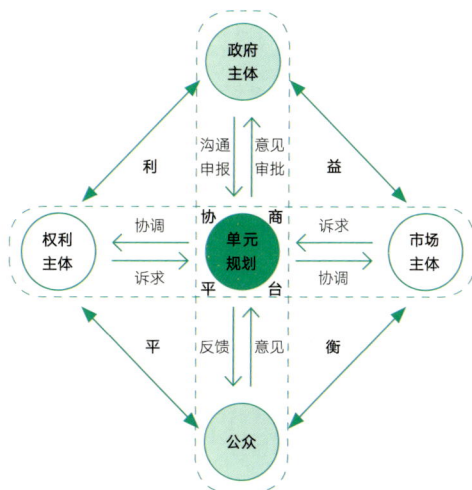

图 7-15　深圳城市更新规划审批阶段各方主体协同关系图。

提出意见，对政府与市场之间的利益博弈起到一定的制衡作用。在公众参与机制尚不完善的背景下，网络媒介成为公众意见的重要表达渠道，舆论的力量和政府的立场成为其参与博弈的筹码。

在此阶段多元主体的博弈过程中，专业机构发挥协助作用，促进多元主体的互动协同。城市更新单元规划由申报主体委托，在政府制定的规则内编制，并由政府审批的机制，使其成为多元主体利益协调的重要平台。城市规划专业机构承担统筹产业规划、城市与建筑设计、市政交通等支撑专题的职责，并在规划编制的进程中促进政府主体、权利主体、市场主体和公众以规划为平台进行充分的沟通协商，在达成多方利益的合作博弈过程中发挥重要作用。

行政许可阶段

在城市更新项目的行政许可阶段，博弈围绕权责的确认与合法化在市场主体、权利主体和政府主体之间展开，该阶段对利益分配结果进行固化并赋予法律保障非常重要。

市场主体和权利主体双方博弈的核心为搬迁补偿安置协议的签订，市场主体需与所有权利主体签订该协议，方能符合实施主体确认条件，而权利主体则具有签与不签的自主权。因此，市场主体需要依托与权利主体在先期签订的合作协议和通过审批的城市更新单元规划，进一步开展拆迁补偿的协商谈判；而权利主体在争取自身利益的同时，需要考虑避免利益过度博弈导致项目无法继续推进的双输格局。在此机制下，市场主体和权利主体必须充分互动沟通协同以达成双方均可接受的利益分配方案。由于拆迁补偿的利益关系限定在市场主体和权利主体之间，政府并不陷入利益博弈中，而是发挥服务和协调作用，促进合作博弈的达成。

博弈平衡的结果通过搬迁补偿安置协议的签订被赋予法律效应，市场主体和权利主体双方的权益与责任得到明确。为防范风险，双方通常委托专业法律顾问机构参与起草、审查《搬迁补偿安置协议》《业主搬迁承诺书》《拆迁公告》等法律文书，通过法律约束保障双方的合法权利。

在此基础上，市场主体可以向政府申请实施主体确认、签订土地出让合同、补缴地价以及相关系列报批报建手续的办理，通过政府的行政许可赋予其拆迁和建设行为的合法性。政府则通过行政许可的审批对房地产开发企业行为进行规范化管理和监督。由于系列相关行政许可涉及多个政府职能部门，手续较繁杂，市场主体通常成立专门的部门或岗位负责与政府对接报批报建工作。

建设实施阶段

在城市更新项目的建设实施阶段，市场主体开展具体的拆迁、建设、补偿移交等工作。该阶段政府主体和权体主体共同对市场主体进行监督以保障更新项目的实施。

政府通过行政手段对市场主体进行监督，与市场主体签订"项目实

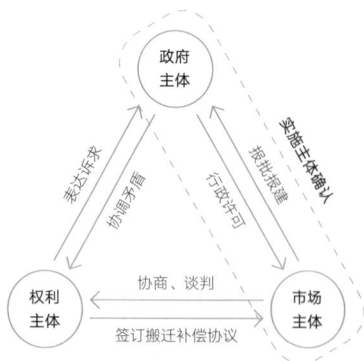

图 7-16 深圳城市更新行政许可阶段各方主体协同关系图。   **图 7-17** 深圳城市更新建设实施阶段各方主体协同关系图。

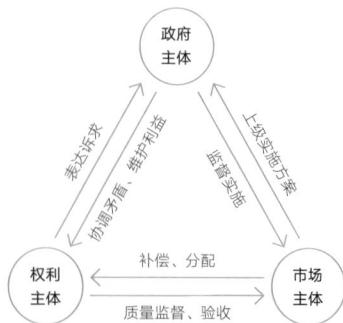

施监管协议 ", 以保障公共利益和相关权利人的合法权益。监督主管单位为各区城市更新职能部门, 监督执行单位为项目所在地的街道办事处。项目实施监管协议要求改造实施单位缴纳监管资金, 并对改造实施单位应完成的主要工作及时限、建设资金保障措施、权利义务等进行约定, 要求改造实施单位优先保障交付回迁安置房以及配建的保障性住房和公共设施。如果市场主体未能履行监管协议约定内容, 则政府有权撤销实施主体认定文件及相应资格, 并对城市更新项目地块采取 " 招、拍、挂 " 等处理措施, 另行选择其他市场主体。

权利主体在房屋已拆除的条件下, 实际上承担了较大的风险, 对市场主体有强烈的实施监督诉求。权利主体一方面依托政府对房地产开发企业进行监督管理, 另一方面则在专业机构的协助下对市场主体的建设进行质量监督和验收。

第 8 章

永不止步的城市更新变革

深圳建设可持续发展的全球创新城市，需要进一步提升自身的产业创新能力，提供多元包容的工作生活环境，培育独特的本土特色与活力，全面实现高质量的城市治理。基于这样的目标，需要从更多元、更长远的价值观出发，反省过往城市更新，不断纠偏与改良，在更新中实现可持续发展。

受现实土地资源的紧约束，深圳大力推动城市更新，保障土地供应、促进产业转型升级的同时，提升了土地利用效益，改善了城市人居环境与公共服务水平。深圳作为全国最先迈进城市更新制度化的城市，城市更新制度日益完善，更新规划、技术、政策越发成熟。

然而，在深圳当前繁荣的土地和房地产市场背景下，城市更新带来的某些问题近年来引发了广泛的讨论。比如空间增量的得与失、拆除重建的快与慢、开发强度的大与小等，都成了市场、权利主体以及政府关注的焦点。在城市更新快速改变城市样貌的同时，社会各界对城市更新过程中存在的钉子户获得巨额赔偿、原村民变为亿万富翁、地产商获取巨大利润、房价快速上涨等现象日益关注。同时，对于当前这种超前求快、以拆旧建新为主导、过分追求空间增量的城市更新模式及其带来的空间"绅士化"、产业创新成本提升、社会文脉和城市历史断裂、城市特色泯灭、社会多元化生境破坏以及社会阶层分化等深层次问题逐步开始思考与探究。

下一阶段的城市更新，需要更多地通过创意性、针灸式的空间设计手法，寻找旧空间的新价值；需要更加注重本土化和地域特色，塑造特色意象及文化感知场所，沉淀有厚度的城市体验；需要进一步凸显公共利益优先，加强并优化公共资源配置；需要加大完善公众参与，提升市民的话语权与归属感，积极构建包容共享、充满机遇的社会环境。

图 8-1   深圳福田中心区林立的高楼 | **图片来源：** 大勇工作室。

8.1 多元化产业创新生境培育

迭代共生是深圳产业发展的主要特征。改革开放初期，深圳利用廉价的劳动力和充足的土地资源吸引外来投资，成为背靠香港的产业基地。这些在 20 世纪 80 年代末至 90 年代初引进的初级加工企业为深圳产业发展打下了基础。进入 21 世纪后，深圳高新技术产业园、前海深港现代服务业合作区、后海中心区总部基地等地区孕育成长。处于产业链上不同阶段、不同纬度的企业相互促进和相互制约，共同形成产业生态图谱，这使得深圳从初级加工、高端制造到高新技术产业均在这片土地上获得适应自身成长的空间。

深圳产业的高速发展还得益于不同辖区分工协作的产业格局。罗湖和福田两区的产业起步与转型较早，以金融业、现代服务业、文化创意产业为主；南山区依托高新园区与蛇口工业区重点发展 IT、通信、新材料、新能源、生物医药等高新技术产业以及港口物流产业；原特区外的宝安、龙岗、光明、龙华 4 区的工业基础雄厚，重点发展电子信息、机械制造、新材料、现代物流等先进制造产业以及互联网、软件、节能环保等战略新兴产业；盐田、大鹏两区则依托良好的山海生态资源，重点发展旅游、航运、生命健康、海洋生物等产业。来访深圳的硅谷学者都感叹于深圳相互配合支撑的产业生态之良好，能够不断孕育出创新企业和明星企业，使深圳作为中国最具创新力的城市，从而跻身全球高端创新链体系。

这些年围绕深圳产业发展方向有不同争论。一种观点认为深圳应学习香港，将第二产业逐步转移出去，大力发展现代服务业；另一种观点主张借鉴新加坡，在大力发展现代服务业的同时，促进传统工业转型升级,着力引进和发展高附加值的先进制造业,形成二、三产的良性互动(孙新华,2011)。然而,近年来世界经济贸易创新的竞争格局已经清楚地揭示,没有工业支撑,生产服务终会萎靡,难以持续。香港由于产业空心化问题,即便其拥有全球排名前 100 的 5 所高校与众多科研院所,也深陷研究成果转化乏力的困境。而新加坡为保持制造业的国际竞争力,将制造业占 GDP 的比重维持在 20%~25%(王勤,2015),成为三产发展的有力支撑。

深圳应该守住现有产业迭代共生以及规模集聚的发展优势,针对资本利益驱动下工业用地被蚕食、过度拆建造成产业空间"绅士化"、产业空间供需失配以及服务配套滞后等问题进行反思。进而从工业区块线管控、鼓励产业空间微改造、多元供给产业空间以及促进产城融合等方面提出改良措施,满足产业发展的多样化需求,进一步提升产业梯度优化组合的竞争力。

8.1.1 城市更新中产业发展面临的问题

1. 产业转型期的市场冲动与失配：空间供给与需求不匹配

为缓解产业用地供应不足的困境,2013 年深圳市政府以 1 号文的形式,发布了《深圳市人民政府关于优化空间资源配置促进产业转型升级的意见》及其 6 个配套文件,作为统筹产业发展和创新土地政策的抓手予以力推。其中,在释放产业发展空间方面,鼓励推进旧工业区拆除重建升级改造,通过政策优惠、手续简化等手段,引导城市更新中发展更多的"工改工"(主要指"工改 M0"类,即普通工业改为创新型产业用地)产业升级项目。同时,明确扶持创新型产业用房建设。现行《深标》中明确了新型产业用地(M0)这一用地类型,规定了相应的规划建设管理等一系列要求。

这一时期,政府对新型产业用地(M0)在地价、容积率、税收、分拆销售等方面提供了较大的政策扶持。比如新型产业用地(M0)的容积率上限可以到 6.0。在地价计收方面,如果是基准地价就按照办公用地和工业用地两者基准地价的平均值确定,如果是市场评估地价就按照同片区办公楼面地价的 80% 确定。这些政策对引入新型产业发展起到了明显的支撑作用。在这一政策激励下，市场开始关注城市更新中的"工改 M0"类项目，较大的获利使市场对"工改 M0"趋之若鹜。

为了获得更高的容积率与经济利益，在"工改工"时市场主体更愿意将新型产业用地（M0）作为改造方向，并冠以"总部基地、研发中心"的名号，实质提供的是同一种空间产品，即商业办公用房，有的甚至被直接改造成公寓出售。根据政府公布的城市更新年报统计，2012～2016 年底，深圳共审批了 48 个涉及产业升级类城市更新项目，供给产业用地约 200 hm^2，其中约九成的改造方向为新型产业用地（M0），空间总量超过 800 万 m^2。龙华区 2017 年申报的 20 多个项目全部为新型产业用地（M0）。宝安区规划主管部门在 2016 年就明确指出现状城市更新项目供给的研发办公用房过多，超出未来发展需求，缺少真正的用于生产制造的工业厂房和中试空间，因此计划对新型产业用地内建筑的用途加以控制。

"工改 M0"浪潮下低成本空间的丧失带来了产业空心化风险。原来处于产业链中低端，但对整个城市产业发展起到支撑作用的企业迫于成本压力，向周边东莞、惠州、内陆地区甚至东南亚国家迁移。企业腾出的空间成为资本的猎物，建成高楼林立的总部基地、研发中心、写字楼。无疑，这场城市更新带来的产业空间变化会引发诸多问题。虽然深圳的产业重点是发展战略性新兴产业和未来产业，重化、五金、电镀、制革、印染等低层次、高能耗产业已经基本被淘汰。但是，由于上下游产业链的需求关系，深圳还需要留存一定的以制造为主的产业，如果进一步减少这些具有生产环节的产业空间，流出的产能将可能是智能制造中不可或缺的那部分基本供应。虽然产业更迭、受产业要素变化带来的产业外迁属于正常现象，但是这种变化如果发生得过快而导致位于产业上下游之间的一些环节发生断裂，对整个产业的影响是极其巨大的，而深圳也将丧失迭代共生的发展优势。

政府鼓励产业升级转型的初衷是好的，但没想到市场同质化产品的供给短期内剧增。然而不同的产业因生产要素的不同需要差异化的空间载体，比如：金融业需要总部楼宇，制造业需要大空间厂房，研发产业需要一定的中试空间，而互联网、文创产业则需要开敞透明、能够激发创意的 LOFT 空间等。如果传统工业用地全部改成 M0 用地，必然会造成对传统工业企业的挤出效应，同时新增巨量的研发小公楼宇也难以被市场消化。此外，很多旧工业区更新改造的动因并不是建筑老化，而是城市功能和结构的调整，"工改 M0"不仅造成了资源浪费而且对片区承载力也带来了严峻的挑战。特别是，现有原特区外的很多企业，都是直接通过租赁在原农村集体用地上建设厂房来进行生产活动。随着这些工业企业的升级转型，原有的租赁空间基本无法满足需求，导致企业不得不多处租地、多地办公，还有的企业受现有空间约束无法增加新的生产线，有的企业则选择将一部分生产功能外迁。在现行"工改 M0"政策影响下，这些工业企业的用地需求不仅得不到满足，反而更困难。产业在空间供给方面的失衡，对产业生态链带来极大的危害。

2. "用脚投票"的企业与人才：房地产挤压下的工业发展困境

2016 年有关"华为出走"的新闻引发了大众的围观，深圳是不是又一次被抛弃成为社会关注的焦点[1]。虽然事后华为官方否认了总部搬迁的传闻，但是搬迁一事却不是空穴来风，华为陆续将终端业务和企业数据中心等从深圳坂田搬到东莞松山湖。华为总裁任正非曾说过"深圳房地产太多了，没有大块的工业用地，工业现代化最主要的，要有土地来换取工业的成长"。

与此同时，房地产挤压的并不仅仅是工业用地，而保障工业发展的配套基础设施建设同样遇到了困难。2010 年龙岗区启动了"华为科技城规划"（2015 年更名为"坂雪岗科技城"）工作，旨在改善华为片区的交通、教育、医疗、商业、产业等各方面配套，促进产业升级和城市发展的良性互动。但这一片区各类商业项目借"华为科技城"的概念进行宣传，涌入的大多是房地产项目。一个个新建楼盘不断崛起，但片区极为落后的基础设施配套问题却没有得到有效解决。由于涉及社会利益的再分配，使得城市更新中存在复杂的利益矛盾。"政府搭台，市场运作"的原则虽然提高了资源的配置效率，但由于城市更新计划立项缺乏对产业发展的宏观指导，缺乏对市场的有效干预，会造成类似"华为科技城"的现象发生（王鹏和单樑，2018）。

---

[1] 资料来自 2016 年 5 月 23 日中房网报道文章《深圳对华为或失吸引力 房地产过度发展挤出工业》。

　　而对于那些通过租赁方式获取土地开展生产活动的企业，快速上涨的租金成本给自身带来了巨大的压力。根据深圳市出租屋综合管理办公室发布的 2015 年上半年房屋租赁指导租金数据，与 2014 年相比，厂房类出租屋上升幅度高达 11%，而在住宅类房价高涨的带动下，工业用房租金将继续上涨。以宝安区为例，这一片区内有的电子产品制造企业，其自身利润中占近 1/3 的比例要用来支付厂房租金；同时，还要面临不断上涨的租金压力甚至是原权利主体不愿继续租赁的风险。低成本产业空间的消失使创新创业者失去容身之所，高成本最终会导致城市产业生态的断裂。

　　优质完善的生活环境、可支付的生活成本是人才选择根植的基本需求。如果这方面做得不好，人才则会"用脚投票"离开城市。自 2005 年以后，深圳商品房价格一路上涨，高房价的挤出效应加速驱赶着城市低收入群体和新生代人才群体，社会多元性、创新力受到严重挑战。根据国家统计局数据，2015 年 12 月深圳新建商品住宅价格指数同比涨 47.5%，二手住宅价格指数同比涨 42.6%；2015 年全市的平均月租金水平为 63.33 元 /m^2，较 2014 年大幅提升，涨幅高达 19.7%。而根据《深圳市住房保障发展"十三五"规划》，深圳符合政策性住房申报条件的人群超过 400 万，但深圳现状建成的保障房不足 40 万套，仅占深圳全市住房总量的 3%，而占比高达 62% 的城中村等非正规住宅早已成为了产业人才的落脚地。像大冲村、白石洲这样的落脚地正在一个个消失，人口再分布将加剧城市的职住分离。这也难怪华为在提出搬离深圳的计划后，很多年轻的员工表示支持，都认为高房价下住房需求难以满足已成为制约深圳产业创新发展的核心问题，而东莞能够给他们提供更舒适、更低成本的居住与生活服务。

　　在这种形势下，城市更新必须在促进产业升级转型的同时加强产业配套服务并积极满足人才安居的需求。虽然现有的城市更新政策允许工业改造类项目配置 30% 的产业配套设施，但是一度对其户型面积、供给对象与销售价格缺少限制，部分宿舍户型面积超过 90 m^2，有的甚至为跃层设计，房价与商品房不相上下。这些配套实际并没有起到保障人才住房的作用，大多都流入市场成为炒房客、投资者的盘中餐。

8.1.2 供给低成本、多样化、配套完善的产业空间

1. 划定工业区块线：保障工业用地规模，有序引导升级

作为一种经济规律，产业梯度转移是不可避免的，也是必要的，在竞争中城市用地不断配置向效益更高的用途。在粗放发展模式带来增量土地枯竭的背景下，深圳现有大大小小的工业区近 4000 个，而其工业用地单位产出效益仅为新加坡的 1/5（汤丽霞和海闻，2014）。需要通过城市更新挖掘存量土地空间潜力，将那些产能低下、甚至已停产的企业腾挪出去，让出宝贵的土地资源给那些具有高成长性、急需厂房的优质企业。但同时为了保持深圳产业迭代共生的优势，城市更新应该坚持消长平衡的原则，控制好产业转移的节奏，有序引导。

划定工业控制线是合理引导工业区改造的主要政策措施。美国中西部经济中心——芝加哥作为传统工业重镇，针对工业外迁、经济衰退、就业岗位减少等产业空心化问题，划定了 24 个工业走廊和 13 个制造业基地。用地类型包括政府和公共服务设施用地、商业用地、工业用地和仓储用地，并用区划条例确定以上区域的工业用地不能转换，合理控制工业用地总规模和空间分布，保障制造业发展需求并避免受到房地产市场的冲击（贺传皎等，2012）。同样为应对产业空心化与转型乏力的问题，上海市政府在 2013 年出台了《关于统筹优化全市工业区块布局若干意见》，对市内三类工业用地，即"104 区块""195 区域"和"198 区域"实施动态化、差异化的管理，统筹优化产业空间布局。"104 区块"为规划工业区块，主要进行结构调整和能级提升，重点发展先进制造业、战略性新兴产业和生产性服务业。"195 区域"为规划工业区块外、集中建设区内的现状工业用地，面积为 195 km²，这一区域内的工业用地将按照规划加快转型，分类指导引进的工业企业，支持重点企业改造升级，并完善城市公共服务功能，鼓励发展现代服务业。"198 区域"为规划产业区外、规划集中建设区以外的现状工业用地，面积为 198 km²，这一区域要求强化业态管理和综合治理，加大土地整理复垦力度。

深圳为保障产业健康发展，稳定工业用地规模，于 2018 年 8 月出台《深圳市工业区块线管理办法》，在全市划定了 270 km² 的工业区块线，

优先将制造业基础良好、集中成片的产业园区划入区块控制线，并对工业区块线的划定和调整以及线内用地管理、规划建设、产业发展、监督管理等多个方面予以明确，严管"工改 M0"类更新项目。具体来看：在占地规模方面，各区工业区块线内工业用地的面积不得低于辖区工业区块线总用地面积的 60%，单个工业区块线内的工业用地面积原则上不低于该工业区块总用地面积的 60%，严格保护工业区块线内的规划工业用地，除因公共服务设施、市政和交通基础设施、绿地等公共利益需要，原则上不得作为其他非工业用途。在改造比例方面，对于工业区块线内普通工业用地调整为新型产业用地的，要求南山区工业区块线内的新型产业用地面积最多占 80%，宝安、龙岗、龙华、坪山和光明的相应比例不超过 20%。在分割转让方面，工业区块线一级线内工业用地或工业楼宇分割转让，受让方应当是深圳规模以上工业企业或从事制造业生产 3 年以上并合法纳税的企业。在建筑设计方面，要求工业建筑不得类住宅化，禁止将厂房改为公寓，研发用房和配套设施建筑平面不得采用住宅套型式设计。可以预见，未来作为城市产业发展根基的工业用地将得到进一步的保护，而通过"工改"之名、行房地产售卖之实的渠道基本被斩断。

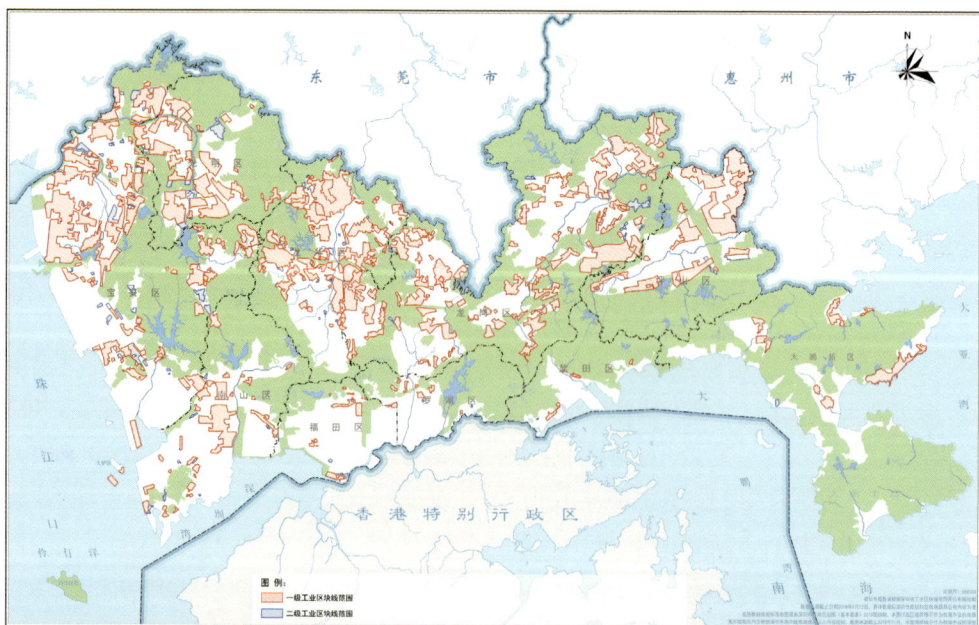

图 8-2 深圳市工业区块线范围图 | **图片来源**：深圳市规划和自然资源局。

2. 形成产业创新生态雨林：鼓励微更新，促进多元空间共存

1988 年任正非开创了华为，30 年后的今天，华为已经成长为通信领域世界级的领导者之一。在深圳这样的创业奇迹比比皆是，马化腾的腾讯、汪滔的大疆都是从这些不起眼、低成本的空间中一步一步走出来的。企业一般会经历孕育期、成长期、成熟期和衰退期等多个阶段，每个阶段企业对空间与环境的需求都有所差异。城市更新供给的产业空间不应该只满足规模化、资本雄厚的龙头企业与明星企业，还要关注那些正在孕育成长、处于初创期的种子企业，通过满足身处不同阶段企业的发展需求，促使其逐步实现产业升级，降低突变风险。

深圳何以成为中国乃至全球独一无二的创新中心关键在于其超强的兼容性，形成了类似热带雨林的创新生态圈。这个生态体系有足够大的差异性与多样性，让创意、人才和资金能够以极低的成本流动，不断催生创新。未来的深圳既需要注重高端创新研发载体的培育，也要留住那些处于关键环节的实体经济。城市更新应实现产业功能的多元化引导与产业空间的迭代式供给，这是深圳创新发展的基础。

在创新活跃、创业空间需求大的地区，旧工业区更新改造应侧重功能活化，采取微更新的方式。这种更新改造，一方面可以大大降低高额的改造成本，另一方面可以减少对现有环境的破坏程度。此外，工业空间具有较强的可塑性，使改造的开发弹性大、灵活度高、可以个性化定制的特点凸显出来，从而满足不同主体的多元诉求。经过微更新的产业空间，提供了低成本的创新、创业和生活空间，营造了开放、共享的城市创新生态。

目前在深圳已经开展的综合整治类旧工业区升级改造中，通过多种方式积极实施产业空间的微更新和复合式更新。具体做法有：最大化地保留现状有价值的工业建筑，通过艺术化的设计改造和空间优化重组，对工业厂房进行适应性再利用；适当加建、扩建、改建以及局部拆建，付出较低的建设成本打造兼容多种业态、品味高雅、符合现代人才创业需求的产业空间；加速功能置换，植入现代文化创意要素，拓展创意产业空间，倡导用地混合开发，赋予休闲、娱乐、文化等功能，营造低成本的创业环境和高品质服务。宝安在《关于强区放权前 20 个已列入市城市更新单元计划未批专项规划"工改 M0"类项目的专项规

划编制指导意见》（2017）中，明确要求新型产业用地应建设一定比例的厂房，鼓励研发用房按厂房设计。同时要求根据各街道现状产业情况，对于新型产业用地建筑功能比例进行限制。比如，在新安街道不宜低于 20%，西乡街道不宜低于 30%，航城、福永、石岩街道不宜低于 40%，沙井、松岗、福海、新桥街道不宜低于 50%。通过以上举措，力求将宝安打造成一个各级要素自由流动、能够满足人才与企业全周期成长需求的产业创新生态雨林。

伴随全市《深圳市城市更新"十三五"规划（2016—2020）》的出台，政府进一步加大力度推动以综合整治为主的旧工业区改造。在"十三五"规划期内，深圳城市更新确定的目标是：城市更新拆除重建与综合整治用地比例将达到 4∶6。通过加大综合整治力度，力争完成 100 个旧工业区复合式更新和综合整治项目，为产业一体化发展和创新驱动发展提供空间，带动产业结构调整升级。

位于龙华的万科星火 Online 项目，是万科品牌升级"城市配套服务商"战略的重要组成部分，现已成为坂田区重要的创新型产业形象地

图 8-3　深圳龙华区坂田万科星火 ONLINE 项目，通过对原有厂房的改造，形成创库展厅、星火院子、星火云餐厅、泊寓星火等多功能融合空间 |
图片来源：大勇工作室。

标。其前身为欧威尔空调厂，万科在原有厂房建筑基础上改造成极具
Loft 工业风格的办公空间，保留了原厂房低密度、层高大、视野开阔的
特点。以"智能硬件研发 + 互联网 + 文化设计"三大产业为主，延续
使用老建筑剩余的合理使用期，满足办公、商业、展示、生态、健康、
环保等多方面需求，实现了从车间厂房向现代化多功能产业空间的转型。

在宝安立新湖大洋工业区城市更新中，针对片区内不同片区工业厂
房的特点，差异化安排多元空间产品供给以满足价值链各级要素的需求，
形成开放的创新产业生态体系。其中，对于片区内西北部建筑质量较好
的旧厂房，保留旧厂房的建筑形态，同时通过功能置换引入更有生命力
的产业，提升产业附加值。对于片区内东侧建筑质量较差的厂房，通过
拆除重建供给高品质、规模化的产业空间，吸引创业孵化器和研究机构
进驻，加速互联网、人工智能、新一代信息技术和集成电路等重点企业
研发总部的集聚。

3. 通过综合整治开展规模化租赁：拓宽住房保障供给途径，
   提升定居吸引力

人才是企业发展的核心竞争力。在高房价的背景下，提升城市对人
才的根植力是深圳产业创新发展的关键。而城市更新作为提升城市配套
服务水平的重要路径，应在人才与保障性住房的供给模式与配建政策方
面实现创新。2016 年市政府出台《关于完善人才住房制度的若干措施》，
提出了新增用地供应、棚户区改造、旧工业区"工改保"、公共设施上
盖或配建、租购社会存量住房等 15 种人才住房和保障性住房的筹集建
设渠道。

一方面以政府为主导，加大对城中村的综合整治力度，创新独具深
圳特色的保障房供给模式。《深圳市人民政府办公厅关于加快培育和发
展住房租赁市场的实施意见》（2017）中，要求引导城中村通过综合
整治开展规模化租赁，将符合安全、质量、消防、卫生等条件和依据相
关规定查处的存在违法建筑的城中村改造成租赁住房并对外长期租赁经
营。《深圳市城中村综合治理 2018～2020 年行动计划》中也要求对于
基础设施条件较好、改造意愿较强的城中村加大实施综合治理。另一方
面，进一步发挥市场资本在资源配置中的作用，鼓励一些位置适宜但利

用低效的工业用地或建筑楼宇转变功能，满足属地人才住房和保障性住房需求，促进生活休闲、研发生产、商务服务等多功能高度融合。

福田水围村的改造是一次政企合作推动城中村综合整治的创新实验。该项目作为深圳城中村改造人才公寓计划的首个试点，由福田区政府公共财政投入 1 亿元作为改造资金，由深业集团对符合条件的城中村进行提质改造，建成后由深业集团向水围股份合作公司统一返租后交由福田区政府按照人才公寓进行市场配置。通过政府、企业与原农村股份合作公司的联合运作，使得城中村更好地发挥保障人才住房需求的功能。

南山西丽集悦城通过利用塘朗工业区的旧厂房，引入现代艺术创意团队改造整体空间环境，一改原有破旧的工厂空间形象，现已成为青年公寓园区。这座宜创、宜住、宜商的园区由 80 多栋、10000 多套 Loft式公寓组成。公寓空间为年轻人提供自由灵活的居住空间，通过浓郁的文化氛围和丰富的社区生活吸引创新人才入住。同时，Loft 功能为周边

图 8-4　深圳福田水围村柠盟人才公寓，通过对城中村住房内部和外部环境的同步提升，营造出现代化国际生活社区 |
图片来源：金隽，李理。

图 8-5　深圳南山西丽集悦城项目由旧厂房改造成青年长租公寓，社区配备完善，图书馆、健身房、公用厨房、共享洗衣机、直达专线巴士等一应俱全 |
图片来源：王鹏。

企业、高等院校等提供了低成本创新空间，吸引了大量创新企业和创业孵化器入住，为年轻人提供了多种创客空间，为片区带来了新的业态。

4. 加大产城融合：统筹产业创新平台与城市生活圈的共同生长

2016 年，"坂雪岗科技城"的城市设计国际竞赛引起了社会关注。"坂雪岗科技城"坐落于龙岗坂田街道，辖区内有华为等国际知名和领先的高科技企业。"坂雪岗科技城"作为科技创新聚集地，是广深科技创新走廊十大核心创新平台之一，是深圳东进战略的先行示范区，也是

8.2.1 城市风貌维系与人文活力营造存在的问题

1. 快速拆旧建新背后的忧思：特色地区逐渐消失，人文精神无处体现

深圳通常被描述为由小渔村发展而成的国际大都市。在市场经济快速发展中，土地价值不断高涨，拆旧建新作为寻求城市发展空间的重要手段，被快速推进。在这一过程中，一方面，代表深圳老的历史文化建筑不断被拆除，取而代之的是一栋栋高楼和一座座综合体；另一方面，一些能够反映城市发展历程和集体记忆、具有城市公共价值的特色地区或快速消失，或正面临破坏的风险。快速建设的车轮不断碾压这片土地上生长出来的各类建筑，城市特色日益淹没在水泥森林中。

深圳虽然建市不足 40 年，但是作为深圳前身的老宝安县有近两千年的历史，深圳墟、南头古城和大鹏所城所在的古村落、古牌坊、古城门等是真实记录这一历史的重要场所。在市场资本的驱动下，以拆除重建为主导的城市更新不同程度加速了这些历史文化资源的抹灭。截至 2016 年底，对于《深圳历史风貌保护区和优秀历史建筑保护规划》中划定的具有历史风貌保护价值的地区，其中有 13 处已经完成拆除重建更新单元规划的审批，湖贝村和水贝村等地区正在进行更新单元立项申报。一些特色风貌地区缺乏针对性的保护管理，建筑年久失修直至荒废。比如位于基本生态控制线内水源保护区的西丽麻磡村，由于缺乏资金，导致房屋修缮和村内古迹修缮等难以开展，以至于原村民只能眼见村内房屋逐渐破败。南山区南油集团总部所在的南油大厦，曾经是 80 年代深圳地标之一，是蛇口开山破土精神的体现之一，现如今已经拆除建设成为两栋200m 左右的高层建筑。此外，建于 1997 年的华强北嘉华市场，曾经创造了买家怀揣几十万元现金购买外贸产品的神话，现如今也一去无踪。深圳大剧院、晶都酒店这些当时的地标建筑，也即将纳入拆除重建计划。美国建筑评论大师保罗·高柏（Paul Goldberger）格曾经说过"建筑师营造地方，营造记忆。城市的脉动是一种推向社会的脉动，是把大家结合起来，并且接受虽然彼此天差地别，却有某些事情让我们成为一体"。人们追忆那逝去的记忆，总是需要一定的场所。当这样的场所消失，记忆就无法再现。正如有网友所言，这座城市之所以让人没有归属

感，归根结底不是没有房，而是没有共同的记忆。

虽然《深圳市城市更新办法实施细则》和《深圳市拆除重建类城市更新单元规划编制技术规定》等政策中均对特色风貌地区的保育提出了具体要求，但由于尚无立法，导致相关管控内容刚性不足，缺少严格的建设行为管控，难以遏制市场资本的力量。湖贝旧村的保护是经历了一场战役后才引起关注的，而多数旧村并没有这样的幸运。从湖贝旧村的城市更新历程可以看出，对非定级但有历史价值和特色风貌的地区实施城市更新，仅仅依靠情怀和热情始终是临时之举，必须针对非定级但有历史价值和特色风貌的地区实施立法保护才是长久之道。

2. 城中村的"绅士化"运动：乡愁难觅，社会多元性减弱

英国社会学家卢斯·格拉斯（Ruth Glass）在 1964 年首次界定了"绅士化"（Gentrification）一词，描述所谓的城市上层阶级进入城市旧居住区，对其进行修缮并取代原有低收入住户的现象（钱洛阳和朱海森，2008）。反映在深圳城市更新过程中，突出表现在城中村在这场"绅士化"运动中不断面临被拆除的风险。

岗厦，500 栋旧楼倒下去，一片高楼拔地而起，成为深圳福田中心区的标志性综合体；大冲，紧挨深圳著名的高新技术产业园区，作为无数科技园"码农"跻身之处，如今已改造成高层写字楼、高档酒店、超大型购物中心与商务公寓、住宅于一体的城市综合体；白石洲，作为一代"深漂"的生活缩影，即将全部推倒重建，未来总建筑面积达到 550 万 m²，规划为集高层住宅、写字楼、商业为一体的综合体，原有的强烈市井气息和移民城市文化烙印将不复存在；湖贝，尽管经历旧村保护战后，旧村得以原址保留，但是这里也将进行重点改造，规划建筑面积约 200 万 m²，未来建成集总部办公、购物中心、会议展览、五星级酒店、住宅公寓和公园等元素于一体的超大型综合性商业中心。

文化是历史的积淀，存留于城市和建筑中，融汇在人们的生活中，对城市的建造、市民的观念和行为起着无形的影响，是城市和建筑之魂（国际建筑师协会，1999）。城中村作为一种现代低收入人群的居住载体，它以廉价的租金降低了深圳的居住成本，间接提升了深圳的竞争力（郭立源，2005）。城中村里活跃生动的市井体验，是本土特色文化与生

体量、建筑高度都与原有的空间形态形成较大的差异。城市更新带来了新的地标性高度，但却也一定程度破坏了原有的舒缓开敞的整体空间形态。如果任由这样的小地块按照高强度改造的方式持续下去，华侨城的低密度、花园式的整体特色必将随之淡化甚至消失。与之相似的还有蛇口片区的某一更新项目，市场开发主体为了在拆迁安置、土地贡献、配套设施预留及保障房配建的前提下保证充足的利润空间，将改造后的开发建筑量提高到现状建筑量的 2.6 倍，改造后容积率高达 7.5(周彦吕等，2016)。改造后形成的封闭式豪宅社区以及底层广场和停车场等消极用途的街道，破坏了原蛇口片区渔港街市的总体风貌特色。建筑是局部，城市才是整体。高密度地区城市更新往往以考虑自身尺度范围内的诉求为出发点，对于整体城市设计中控制的高度、视线廊道、人文特色等约束条件考虑不足，从而导致了城市肌理的断裂。

相较于现代消费主义导向下被设计出来的布景式城市，城中村中密度极高的物理空间形态出奇生动，显示出人类在创造人类自己家园中展现的魅力,在建筑师的眼里,城中村不应成为推土机下的冤魂(刘晓都等，2006)。然而在大冲村改造空间的构成中，商业综合体、写字楼与高端住宅是基本配置，是城市更新业主们的偏爱。但这些空间的整体功能复合性弱，缺少街区生活和场所参与性，主题性欠佳，忽视了城市空间与人们活动之间的互动关系。空间密度、功能复合性以及场所设计决定了城市活力，老城区历经多年形成了有温度的市井生活，沉淀出有厚度的城市体验。巴黎老城中心一直都是城市活力营造的优秀范本，将改造

图 8-7　深圳某城市更新项目坐落于华侨城片区，右图的规划方案为 67 层，无论是形态肌理、建筑体量还是建筑高度都与左图原有的空间形态形成较大的差异。

感，归根结底不是没有房，而是没有共同的记忆。

虽然《深圳市城市更新办法实施细则》和《深圳市拆除重建类城市更新单元规划编制技术规定》等政策中均对特色风貌地区的保育提出了具体要求，但由于尚无立法，导致相关管控内容刚性不足，缺少严格的建设行为管控，难以遏制市场资本的力量。湖贝旧村的保护是经历了一场战役后才引起关注的，而多数旧村并没有这样的幸运。从湖贝旧村的城市更新历程可以看出，对非定级但有历史价值和特色风貌的地区实施城市更新，仅仅依靠情怀和热情始终是临时之举，必须针对非定级但有历史价值和特色风貌的地区实施立法保护才是长久之道。

2. 城中村的"绅士化"运动：乡愁难觅，社会多元性减弱

英国社会学家卢斯·格拉斯（Ruth Glass）在1964年首次界定了"绅士化"（Gentrification）一词，描述所谓的城市上层阶级进入城市旧居住区，对其进行修缮并取代原有低收入住户的现象（钱洛阳和朱海森，2008）。反映在深圳城市更新过程中，突出表现在城中村在这场"绅士化"运动中不断面临被拆除的风险。

岗厦，500栋旧楼倒下去，一片高楼拔地而起，成为深圳福田中心区的标志性综合体；大冲，紧挨深圳著名的高新技术产业园区，作为无数科技园"码农"跻身之处，如今已改造成高层写字楼、高档酒店、超大型购物中心与商务公寓、住宅于一体的城市综合体；白石洲，作为一代"深漂"的生活缩影，即将全部推倒重建，未来总建筑面积达到550万 m^2，规划为集高层住宅、写字楼、商业为一体的综合体，原有的强烈市井气息和移民城市文化烙印将不复存在；湖贝，尽管经历旧村保护战后，旧村得以原址保留，但是这里也将进行重点改造，规划建筑面积约200万 m^2，未来建成集总部办公、购物中心、会议展览、五星级酒店、住宅公寓和公园等元素于一体的超大型综合性商业中心。

文化是历史的积淀，存留于城市和建筑中，融汇在人们的生活中，对城市的建造、市民的观念和行为起着无形的影响，是城市和建筑之魂（国际建筑师协会，1999）。城中村作为一种现代低收入人群的居住载体，它以廉价的租金降低了深圳的居住成本，间接提升了深圳的竞争力（郭立源，2005）。城中村里活跃生动的市井体验，是本土特色文化与生

活的最佳代言。国际知名规划大师约翰·福瑞德曼（John Friedmann）曾评价福田下沙村"与整齐漂亮的华侨城相比，下沙更代表着深圳文化，只有后者的社会风貌和社会氛围才是深圳的特色"。深圳著名学者张宇星如是评价，"我们可以在城中村里发现许许多多现代城市空间中正在消失的景象：活力、生机、年轻、混合、复杂、交融等，这样一些日常生活场景的存在本身，或许已经证明了城中村蕴含的深刻价值……城中村的核心价值在于其'未来性'，它们具有不可复制性和不可再生性，都是具有世界文化遗产价值的当代城市空间"。

但少量的原住民与巨量的租户并未形成利益共同体。在每一次城中村拆迁造富神话的背后，与原住民动辄几千万甚至上亿的赔偿形成鲜明对比的是，租住其中数以万计的外来人口无奈搬家——大多数从交通较为便捷的城市中心区域的城中村迁移至较为偏远的城中村。以2017年6月公示拆迁草案的白石洲改造为例，在这块面积达60 hm^{2}的拆除改造范围内，有2527栋农民房，提供了50473套出租房，容纳了约15万人口。有调查显示，一旦拆迁，白石洲租客在综合考量租金成本和时间成本之后，很可能将轨道交通便利的西丽、西乡、福永、坂田等地的城中村作为落脚城市的下一站。伴随着区位优越地段内这些城中村的消失，租户只能是越搬越远。

在深圳两千多万人口里有约九百万人住在城中村，城中村以约17%的空间容纳了深圳45%的城市人口[1]，这里有小白领、也有小商贩。在这些城中村不断被拆除后，被驱逐的人群去了哪里？这些人还能回到原来栖居的地点吗？没有了情感记忆可以寄托的地方，那些乡愁如何寻觅？根据腾讯房产针对深圳市民关于城中村更新意愿的调查研究，表明67.7%的人不希望城中村被拆掉，58.1%的人认为没有城中村，深圳将失去活力[2]。可见城中村作为无数深圳人曾经的栖身之地，多年来形成了独特的市井文化氛围，如果任由其在大拆大建中消失殆尽，将使得深圳本土文化特色消退。

---

[1] 资料来自2017年12月28日搜狐网报道文章《细读 | 2017年深双——"城市共生"展览主题文章》。

[2] 资料来自2016年7月30日搜狐网报道文章《没了城中村的深圳，你还会继续留守吗？他们选择》。

城中村于是成为一个标记，一个个人成长与否的标记，从城中村离开的人，摇身一变，腰缠万贯，出入高耸写字楼，挥金如土。未来没有城中村，以后的世界将展现为成功者的深圳，而从此以后，我们找不到与爱人最初邂逅的那座桥，找不到那个曾经可以让我们发呆的角落……老的原住居民们，或许会在被拆的家门口担心去哪里看舞麒麟、鱼排灯，这种想念，不是在那些坐在办公室里哼哼的文化研究者所能体会的。没有了城中村，他们怎么办、他们又能怎么办？也许到了下一代，他们不需要舞麒麟、鱼排灯了，只需要花几十元到电影院看看美国大片就能满足了……

——摘自《未来没有城中村：一座先锋城市的拆迁造富神话》

（陈文定主编 . 中国民主法制出版社 2011 年出版）

3. 标准化"车间"：资本价值导向下孵化的空间严重同质化

城市更新中资本利用文化的特殊性赋予城市空间更多的剩余价值，被建造的空间成了资本驱动的标准化"车间"，资本在城市更新中破坏了空间资源和当地文化资源的特殊性，使空间变得同质化（张京祥和胡毅，2012）。

在追求全球化、国际化的过程中，多个缺乏辨识度，同质化严重的综合体、总部基地以及高端住区如流水线般诞生，打着时尚和品位的旗号迎合特定群体需要，抹灭原有的市井文化。据不完全统计，截至2016 年，全市由城市更新改造在建的商业综合体数量高达 70 个，它们几乎都位于城市中心地带。很多综合体造型雷同，满铺的大型商业上盖居住塔楼，在空间布局上与周边环境缺乏联系，封闭而不够开放，没有街道生活，缺少户外公共空间。受滨海地区亚热带气候特征影响，岭南建筑倡导空间开敞、造型轻盈、色彩淡雅，与自然融合一体。早年建设的上海宾馆、深圳博物馆（老馆）、地王大厦等较好地反映了地区建筑风格，凝结出高辨识度的城市特色。然而在短期经济利益的驱动下，为了控制建造成本与建造周期，追求功能实用性，这种诉求显得弱不禁风。当我们谈起华润城、来福士抑或太古城时，很难形成鲜明的意象认知。

追求高容积率、地标效应的更新改造，严重影响了地区整体风貌特色的维系。比如，位于华侨城片区深南大道北侧的某一工业区更新项目，更新后由原 6 ～ 7 层变为 67 层的超高层建筑，无论是形态肌理、建筑体量、建筑高度都与原有的空间形态形成较大的差异。城市更新带来了新的地标性高度，但却也一定程度破坏了原有的舒缓开敞的整体空间形态。如果任由这样的小地块按照高强度改造的方式持续下去，华侨城的低密度、花园式的整体特色必将随之淡化甚至消失。与之相似的还有蛇口片区的某一更新项目，市场开发主体为了在拆迁安置、土地贡献、配套设施预留及保障房配建的前提下保证充足的利润空间，将改造后的开发建筑量提高到现状建筑量的 2.6 倍，改造后容积率高达 7.5（周彦吕等，2016）。改造后形成的封闭式豪宅社区以及底层广场和停车场等消极用途的街道，破坏了原蛇口片区渔港街市的总体风貌特色。建筑是局部，城市才是整体。高密度地区城市更新往往以考虑自身尺度范围内的诉求为出发点，对于整体城市设计中控制的高度、视线廊道、人文特色等约束条件考虑不足，从而导致了城市肌理的断裂。

相较于现代消费主义导向下被设计出来的布景式城市，城中村中密度极高的物理空间形态出奇生动，显示出人类在创造人类自己家园中展现的魅力，在建筑师的眼里，城中村不应成为推土机下的冤魂（刘晓都等，2006）。然而在大冲村改造空间的构成中，商业综合体、写字楼与高端住宅是基本配置，是城市更新业主们的偏爱。但这些空间的整体功能复合性弱，缺少街区生活和场所参与性，主题性欠佳，忽视了城市空间与人们活动之间的互动关系。空间密度、功能复合性以及场所设计决定了城市活力，老城区历经多年形成了有温度的市井生活，沉淀出有厚度的城市体验。巴黎老城中心一直都是城市活力营造的优秀范本，将改造

图 8-7　深圳某城市更新项目坐落于华侨城片区，右图的规划方案为 67 层，无论是形态肌理、建筑体量还是建筑高度都与左图原有的空间形态形成较大的差异。

后南山大冲地区与巴黎老城中心进行对比分析，发现大冲的建筑高度为巴黎老城中心的 5 倍，但建筑密度却不到巴黎的 1/3，而开发强度仅为巴黎的 1/2，单位面积可步行的街道界面长度不及巴黎老城的 1/4，且商业、文化休闲功能占比不足巴黎老城中心的 1/2。原先草根的大冲村摇身变为精英汇集的华润城，原本交织纵横的小街巷变成了甲级写字楼与高端住区，原本城中村活跃生动的生活图景与几代传承的社会生态不复存在。除了采取街区布局模式的"万象天地"相较于传统大体量商业综合体略有特色外，其他高塔楼、低密度的片区建筑布局松散、缺少可供交流的街道与公共空间，很难再孕育出曾经的城市活力。

8.2.2 发现微更新的价值

1. 新老拼贴：活化再生，寻找旧空间的新价值

纵观世界级国际都市，都具有高度的文化自觉和文化自信，皆关注对城市中由于历史、文化和社会等因素长期积淀形成的具有鲜明地域特点或时代特征的建筑或地区的保护与传承，彰显各具特色的城市风貌与精神。一个城市的规划，有时对于老旧空间巧妙地再利用、活化与设计，可以创造出更好的机会。回归到空间使用的真正重点来看，我们需要的不是无止境的现代新型建筑与特炫外观，而是将空间使用拉回到生活于其中的人，以及其散发出的空间文化与内涵（陈幸均等，2013）。

美国纽约的高线公园是城市活力与特色空间再造的典范。高线公园是纽约曼哈顿中城西侧的线形空中花园，为 1930 年修建的一条连接肉类加工区与哈德逊港口的铁路专用线。在城市产业转型和功能更新中，曾衰落为杂草丛生的无人区，一度面临拆迁的危险。但是在一家非盈利组织即"高线之友"（FHL）以及社会共同努力下，政府的态度得以转变，最终保留并将其设计为开放空间。通过全球创意竞赛和引入第三方运营、公众参与等多方共同努力，保护与创新结合，将原有的遗址空间打造为融合工业时代记忆与现代都市场景的空中花园，成为再造城市活力与特色空间的典范。高线公园的成功再次引发对历史空间的保护和更新再利用的关注，城市空间的兴衰演替不可避免，但对承载历史记忆的载体应

更多地得到保护并赋予新功能。

由上海南市发电厂改造的当代艺术博物馆是近年来我国城市文化延续并塑造活力的范例。上海当代艺术博物馆坐落于黄浦江畔，地处上海现代工业的发源地，同时也是 2010 年上海世博会"城市未来馆"场址所在。作为城市文化的"生产车间"延续和发展，从历经风雨的发电厂蜕变成充满人文气息与艺术魅力的城市公共文化平台，体现了在都市乡愁导向下城市更新与历史文化保护的完美结合，实现了历史与现实、艺术与技术、功能与形象的统一。

对极具深圳特色的城中村和工业遗产地区，做到既要留旧也要树新，既要保护也要保育。跳出原有狭隘的、静态的历史观，采用一种动态的、

图 8-8 纽约高线公园，由废弃的高架铁路线改建而成的城市标志性线形空中花园。公园总长约 2.4 km，跨越 22 个街区，距离地面约 9.1 m 高。公园针对游客、附近社区居民、儿童等不同人群，设计了不同的游览项目 | **图片来源：** 杜雁。

图 8-9 上海当代艺术博物馆，前身为具有百年历史的南市发电厂，改造后蜕变成充满人文气息与艺术魅力的城市公共文化平台，但其外表仍然保留老厂房的建筑形态 | **图片来源：** 图虫创意。

"大历史"观点，在对物质空间留存的基础上，更要注重对人文环境的留存，而不应该为了留下传统风貌而驳回原住民追求生活改善的权利。其次，城市的历史地段、滨水地段等能够激发城市活力，使其成为城市再生的触媒区块，应在城市更新中加强城市设计引导，并通过奖励措施及相关政策激励等多种手段激发新价值产生。

大鹏艺象 ID TOWN 前身为鸿华印染厂，始建于 20 世纪 80 年代，占地近 8hm^2，藏身于深圳东海岸山峦谷地之中，群山环绕之间层层叠叠的标准化厂房蔚为壮观（何建翔和蒋滢，2015）。在工业功能剥离后荒废近 20 年之久后，呈现出鲜明的工业文化遗产特色。2012 年，鸿华印染厂被选为全市 9 个旧工业区综合整治类试点项目之一。通过建筑的新与旧、空间的内与外、艺术与自然的融合，形成独特的空间体验，成为集创作交流、展示传播、孵化配套服务等功能于一体的国际设计大师文化创意园。其成功经验主要集中于 3 个方面：第一，创意产业与工业遗产再利用的结合，延续历史记忆，焕发新的生机；第二，适应性生态技术的应用，提升工业遗产建筑再利用的品质；第三，文化创意产业与旅游产业的融合发展，衍生出新产品，提升经济价值与社会价值。大鹏艺象 ID TOWN 的成功，为探索城市工业遗迹保护提供了参照样本，同时推动了《深圳市综合整治类旧工业区升级改造操作指引》的颁布以及一系列关于旧工业区综合整治相关政策的制定。

图 8-10 深圳大鹏艺象 ID TOWN | **图片来源：**云发。

2. 从较场尾到甘坑小镇：个性化定制改造

城市更新不仅要创造物质层面的公共空间，更要塑造精神层面的空间场所，场所是情感化的、具有归属感的公共空间，就像把"住所"变成"家"一样的感觉。空间区位和历史文脉是决定一个公共空间场所精神的基础，每一个场所从视觉上、感受上和城市传承的历史和文化中都显露出清晰、统一的意象。

城中村的意义恰恰在于因其所处的灰色地带而被保育和发展出蓬勃的"自下而上"的自发潜力[1]。从某种程度上讲，城市更新应鼓励民众在政府制定的规则下自发地改造，激发其自改造的意愿，进而有效延续和传递属于"此地"的归属感与意象，留住城市特有的地域、环境、文化和建筑等特征，培育城市机能和本土文化，展现鲜活的生活场景。而这种自改效应一旦形成，原住民将更加珍视并不断挖掘自身文化特质，创造出符合时代特征、又各有差异化的城中村，使其成为城市新生活的发酵空间。

位于大鹏新区的较场尾就是这样一个原村民与游客和设计师互相激发共同推动改造的范例。较场尾背山面海，东临大鹏所城、东山寺等历史古迹。根据"保护优先"和"边保护、边发展"的思路，围绕民宿发展需求，引入社区建筑师，原村民按规划自行改造私宅和庭院，政府改善基础市政设施,通过综合整治完善市政基础设施和公共服务配套设施。截至2016年12月底，较场尾有民宿287家，成为珠三角远近闻名的"民宿小镇"（王庆等，2017）。

位于龙岗区吉华街道的甘坑村，走出了一条以建设特色小镇为目标、文旅融合社区营造的有机更新模式。甘坑村四山环抱、活水长流，保存良好的客家排屋形成一种独特的客家文化载体。2016年，华侨城集团进驻甘坑小镇，对原有的客家建筑进行局部修缮改造，完善整体的公共空间网络。同时，华侨城集团通过挖掘本地非物质文化遗产，将舞麒麟、客家山歌、客家凉帽等客家特有的民俗活动有机植入到村落里，使得原本萧条的古村落摇身变成为集客家人乡土饮食、传统民居生活、蔬菜种植、土特产展示、乡土文化休闲、观光等功能于一体的假日旅游目的地。

[1] 资料来自2017年12月28日搜狐网报道文章《细读 | 2017年深双——"城市共生"展览主题文章》。

2014 年甘坑客家小镇被确定为深圳文博会主会场，2017 年 7 月该镇入选首批国家级文旅特色小镇。

3. 多面趣城：建构多元意象，提升在地辨识度

每个城市都有其独具一格的特性，一种专属的、排他性的、从本土生长出的气质。充分挖掘本土特色，找出自己最与众不同的要素，是凝聚城市特色的有效载体。在深圳开展的"趣城计划"包括了《趣城·深

图 8-11　深圳大鹏较场尾民宿 | **图片来源**：大勇工作室。

图 8-12　深圳甘坑客家小镇 | **图片来源**：李理。

圳美丽都市计划》《趣城·深圳城市设计地图》《趣城·深圳建筑地图》《趣城·社区微更新计划》等（刘冰冰和洪涛，2015）。"趣城计划"不是针对景观轴线、重点区域、重要节点，而是直接从具体的场地入手，填补城市微观层面设计和研究的不足（王迪，2016）。2013 年，盐田区首次开展"趣城计划"，通过艺术装置、小品构筑和景观场所这三大类计划的构想与实施，激发城市的活力与趣味性。"趣城计划"是一种全新的尝试，不是激进的、全面的、运动式的，而是温和的、持续的、散点式的，以一种新的人本主义城市规划思路，对宏观叙事下的传统城市规划进行修正和补充（张宇星，2015）。这种尝试从城市公共空间的细微处着眼，根据人本主义需求，因地制宜地打造可感知的独特空间及精神意象。这些计划中的很多，比如公园边缘柔化计划、河流暗渠激活计划、消极空间趣味化改造计划等，都已经陆续得以实施，城市正在因为这些"兴趣点"的生成更加舒适与迷人。

4. 数字更新：应用城市信息模型，实现城市更新数字化管理

现代城市空间是各种要素交汇、大量信息交融、多种空间交叉的复杂综合体，信息技术加速了知识、技术、人才、资本等的时空交换与流动，促进了产业重构和空间重组，进而改变着城市或区域的空间格局（秦萧和甄峰，2013）。目前，移动宽带通信、互联网、物联网、云计算、大数据等信息技术广泛被应用于城市建设中。通过对相关数据信息进行模拟分析，搭建智慧城市信息模型（City Information Modeling，简称CIM），将信息技术与城市更新融合，可以指导更新功能与规模确定，促进城市风貌维系和人文活力营造，对城市建设成果评估以及规划管理等。

在更新功能与规模研究方面，可以根据手机或者社交软件的签到与定位功能，获取城市不同场所的使用需求与强度，从而明确未来城市更新中需要增补的功能与空间。在风貌营造方面，可以借助数据模型的搭建，以网格式取点的方式，进行视线分析，得出可以见山、见海、见河或见绿地的比例，比较不同方案的景观视觉效果。此外，利用信息技术和大数据模拟分析，也是解决城市交通拥堵、碳排放增多等诸多问题的重要途径。

在规划管理上，一方面，城市更新信息的统一管理可以提高城市更新管理决策的科学性和便捷性；另一方面，通过整合现有城市数据资料，可以搭建共享开放的城市更新信息网络平台，提供更新领域的路径推荐、信息纠错、线索梳理等信息。

5. 共生实验：呼唤多元共生的城市营造模式

2017 年深港城市\建筑双城双年展以"城市共生"作为展览主题，强调城中村的空间与社会价值在于其包容性和多元性。通过"城市共生"

图 8-13　2017 年深港城市\建筑双城双年展的主会场为深圳南头古城。通过在旧工业厂房或城中村引入一系列"艺术介入城市"的直接行动，将对城市文化的想象注入城中村的市井生活 | 图片来源：王鹏。

可以从根源上融合不同的价值观，推动城市发展走向多元与差异。

　　这次展览以南头古城作为主展场。和其他的城中村一样，这里包含了对社会多元价值和生活方式的认同，不仅拥有超过 1700 年的古城遗址，也有从近代到当下城中村发展演变的空间存在。该次展览通过对城中村的微更新，将设计师的创意表达在南头古城的不同空间当中，让艺术植入日常生活。

　　"深港城市 \ 建筑双城双年展"提供了各类思想跨界融合的机会，通过多种方式呈现城市生活之美，借助"自下而上"的民间力量，打造多元且有活力的城市景象。

8.3 实现公共利益供给创新

　　所谓公共利益，一般来说，是指满足社会或群体中全体成员或大多数成员需求、实现他们的共同目的、代表他们的共同意志、使其共同受益的一类事务（席恒，2003）。公共利益源自于社会群体的公共需求，并以制度、权利、物理环境等形式表现出来。清洁的空气、安全而舒适的街道、便利的公共服务与交通等，这些事关社会福祉的公共物品都是公共利益的载体，是城市发展的价值保障。

　　从效率上讲，市场是资源配置的最佳方式。但由于存在公共物品、外部效应、信息不完全等问题，市场无法实现资源配置最优，从而造成市场失灵。城市更新作为一种城市空间行为，包含（政府）公共部门、个人、社区、市场开发商等多元主体之间复杂多变的相互联系与角色关系。相较于其他规划类型，资本的力量更加强大，在动辄十亿、百亿的改造项目中，公共利益如何保障一直是城市更新项目最大的博弈焦点。

　　深圳在城市更新政策的制定上，一直将公共利益实现作为重要内容。在 2009 年出台的《深圳市城市更新办法》中，要求所有城市更新项目必须拿出不少于 15%、大于 3000 m² 的土地用于建设公共设施。在后续的政策中，又进一步明确了关于保障性住房、开放空间等满足公共利益要求的配置标准。然而在长期的规划实践中，在公共利益保障领域从认知到制度设计等方面，依然存在由于局部变化积累到一定程度后导致系统性公共服务不足的问题，存在问题出现后制度才补救的后知后觉现象。当前有关公共利益的调控，不是优先，而是滞后，甚至缺乏。

8.3.1 城市更新中公共利益面临的问题

1. 公共利益的内涵：如何明确和细化公共利益

一方面，公共利益在不侵害私利的前提下怎样才能得以明确和保障。《深圳市城市更新办法》及其配套政策并没有对公共利益内涵进行明确的界定，而在我国现行的法律体系和法理阐释方面也没有对公共利益的明确认知达成一致。增进公共利益是城市更新实施程序合法性、正当性的基础。在公共利益和私利发生冲突的情形下，主张和实现公共利益，难免意味着对私人权利的限制。在私利得到《中华人民共和国物权法》等法规保障的背景下，在城市更新过程中需要明确公共利益的衡量标准与程序，让公共利益在不侵害私利的前提下得以保障。

另一方面，在城市生活品质不断提高的条件下，公共利益的内涵及其延伸该如何考虑。在深圳城市更新过程中，通常意义的公共利益保障，主要涉及土地贡献、公共服务配套落实、产业空间保障、保障性住房和创新性产业用房配建、历史文物保护等几个方面。通过设定比例、标准和划定保护红线等方式进行保障，并最终体现为规划的约束指标。但是符合城市多元需求的公共空间活力塑造、城市记忆、邻里关系等软性公共利益保障机制的构建等被忽视，公共利益的内涵和保障方式尚需进一步明确和细化。

2. 重堵区车公庙：更新增量突破城市综合承载力，产生负外部性

城市综合承载力包括城市资源承载力、城市环境承载力、城市生态系统承载力、城市基础设施承载力、城市安全承载力和公共服务承载力等 6 个方面（傅鸿源等，2009）。城市综合承载力是衡量城市可持续发展能力的关键指标。在我国土地公有制的背景下，城市综合承载力的载体在某种意义上可以等同于公共资源。

任何资源的过分使用会引起报酬的递减，在某些城市更新行为中为了最大化土地价值，土地资源被过分使用，对城市综合利益造成损害。初步统计，深圳拆除重建城市更新单元普遍的开发强度都是开发改造前的 2~2.5 倍，带来大量的空间增量。虽然这些改造项目内部按照政策

要求实现了公共利益的保障，但是从外部来看，这些因大量的空间增量带来的公共设施负载会转嫁为对城市公共资源的过度占有。比如，城市更新活动带来的空间增量会造成城市交通承载力过载，当拥堵产生后，作为城市公共物品的道路就有了排他性，带来诸多负外部效应，主要表现在长距离钟摆式交通带来的出行成本增加、环境污染等。基于城市承载力的需求和供给的均衡被打破，产生负外部效应。

福田车公庙片区的城市更新改造直观地反映了个体项目式城市更新活动由于缺少片区统筹与承载力预判，导致更新产生的大量空间增量对片区交通带来的超负荷问题。车公庙工业区占地 118km²，分为东西两个片区，被从中间穿过的香蜜湖路一分为二。天安数码科技园位于东区，西区是车公庙（泰然）工业区。车公庙地区原本为 20 世纪 80 年代的港资工业园区，由于地处福田，临近福田中央商务区，区位条件优越。1985 年，创建初期的车公庙工业区主要承接"三来一补"的工业来料加工业，支撑了深圳创建初期的工业发展和西部崛起。随着城市的迅速发展和市中心区的西移，车公庙地区离中心区的距离缩短为不到一公里，

图 8-14　深圳福田车公庙中央商务区。车公庙是深圳产业转型升级的重要区域，作为高密度的商务办公区之一，车公庙站是地铁 1、7、9、11 四线交汇的轨道交通枢纽节点，上下班高峰时期车水马龙，交通拥挤 | **图片来源：** 大勇工作室。

该地不可避免地开始往加工工业区转型。从 2005 年开始，这里城市更新活动频繁，随着天安数码城和泰然金谷等项目的实施，沿深南路发展了多栋高层写字楼，车公庙迅速转型成深圳最活跃的商务区和科技产业园区之一。但由于存在缺少片区更新发展的整体统筹，已通过更新单元规划审批的几个更新项目其单元容积率基本都在 8.0 左右（按深圳密度分区高限确定，而原法定图则平均容积率仅为 3.0），平均拆建比达到 4.2。在道路支路网密度不足、公共交通分担率不高的情况下，现状交通严重饱和，高峰时段片区内部以及片区周边交通通行能力差，出行者需要承受长时间的堵车。

3. 难以兑现的承诺：公共设施建设与实际需求产生偏差

城市更新项目"自下而上"的申报机制具有较大的灵活性，但同时也具有明显的局限性。市场主体以追求利益最大化为目标，容易陷入短期主义的一次性变现，忽视公共利益等长远城市价值的实现。在公共设施配置的过程中，一方面，容易出现供给与需求无法匹配的局面，另一方面由于城市更新项目实施周期长，公共设施的短缺问题难以在短期得以解决。公共设施的供给并不是一项简单的事情，各项政策之间互为关联、互相影响，需要从多个角度予以综合考量。

在深圳的人口构成里，中青年占绝大部分比例，生育水平相对较高。而且随着全面二孩政策的实施，新生儿数量会持续增长。据深圳市教育局统计，深圳每年小学学位缺口达到 3 万～4 万个，而城市更新带来的大量新增人口会引发所在地区大量的就学需求。虽然在城市更新改造中，对于达到一定规模的、改成居住用途的城市更新项目，要求配建相应的学校保障该片区学位的供给，但是个别项目也会在符合政策要求的条件下尽可能取低限配或者不配，从而导致学位配给依然存在一定漏洞。比如，位于配套设施服务水平相对薄弱的光明中心区某一城市更新项目，占地约 7hm^2，相较法定图则，更新规划增加 25000 m^2 的居住面积，30000 m^2 商务公寓。本来根据这样的居住规模，房地产开发企业需要配建小学。但开发企业依据周边学位富余、地块规模受限、道路绿地贡献较大等理由并没有配置小学。虽然该更新单元规划最终获批，但却造成原有已按片区人口规模配置的教育资源被这些新增的学位需求占有，使得学位出现紧张状况，给其他本身安排了学位供给的楼盘带来学位无法供给的危机。

　　此外，在很多商改的项目中，相对于酒店、办公等功能，房地产开发企业更倾向于市场回报率更高且不受限贷政策影响的商务公寓。据市规划国土委统计，2012 ~ 2016 年，城市更新共配置了 520 万 m² 的商务公寓。虽然现行更新政策针对城市更新单元中公共服务设施配套提出了要求，但是缺少对商务公寓的公共配套标准要求。尽管政府在 2016 年已经明确要求商务公寓必须计入学位需求，但这之前通过更新供给的商务公寓并没有核算人口以及公共设施配置要求，这就出现了通过商改项目供应的商务公寓产生的学位需求无法通过项目本身来解决的问题。商务公寓的快速供给造成地区学位供给不足，这个压力传导到教育主管部门，不得不对商务公寓的学位使用采取一定的政策限制。而这种限制对于购买了商务公寓用于居住且有学位需求的居民来讲，备受诟病。

　　城市更新项目涉及复杂的利益博弈，审批环节较多，从列入计划到达成各方共识后的最终实施，需要一个较长时间的规划审批流程与实施周期。代表着公共利益的公共物品，诸如学位、医疗等需求紧迫的公共设施，难以在短期内高效地实施落地。据市规划国土委统计，2009 年以来，全市 300 余个城市更新单元规划审批项目签订土地合同的不足 100 个，公共服务设施从规划到落地还需一定时日。位于南山中心区的南园村改造项目于 2012 年列入城市更新计划，在计划中承诺移交 6 万 m² 的公共利益项目用地，用于落实法定图则要求的学校、道路、绿地以及社区服务设施。项目立项已过去 5 年，由于业主一直就开发容量与政府进行博弈，更新单元规划仍未获批准，导致地区打通道路、建设学校的构想仍未兑现，保障性住房也没有落实，地区民生没有得到改善。

4. 政策均质化：缺少差异化调控，激励机制不健全

　　一方面，深圳各区基础条件及发展水平差异较大，目前缺少精细化、规范化的分区指标管控。就更新项目论更新指标，很容易造成服务设施供求失配、单元间利益分配不均。《深圳市城市更新办法实施细则》确定，城市更新单元应当提供大于 3000 m²，且不小于拆除重建用地面积 15% 的独立用地，无偿移交给政府用于建设城市基础设施、公共服务设施和

城市公共利益项目。然而由于深圳历史上土地一元化发展阶段的差异，原特区内外建设水平差距明显，原特区外公共服务设施与基础设施配套薄弱，缺口较大，这就导致按照全市统一的标准要求落实的贡献用地仍然难以满足不同辖区特别是原特区外的公益性设施建设要求。近年来，各辖区根据实际需求，不同程度地提高了对城市更新项目土地贡献率的要求。据市规划国土委统计，2012 年以来全市城市更新贡献公共利益用地比例的平均水平在 30% 左右，2015 年贡献公共利益用地的比例接近 35%。但这是平均水平，不同区域、不同项目之间的差异依然较大，用一个均一的标准来要求所有的城市更新项目，总会出现无法针对项目特点实施有效调控的局面。比如，有的项目规划道路较多，天然的土地贡献率就较高，有的房地产开发企业就以此为理由，减少其他基础设施的配置。

另一方面，关于公益性设施配建的奖励制度仍待完善。2015 年出台的《深圳市城市更新单元规划容积率审查技术指引》对城市更新活动中转移建筑面积与奖励建筑面积的条件作了明确，但是这一政策在使用过程中仍然存在一定问题。比如，如何认定可奖励的公共开放空间以及提供什么样的公共开放空间，成为政府和开发主体博弈的焦点（伍炜和蔡天抒，2017）。根据台湾经验，容积率奖励制度在建设过程中容易出现开发主体巧立名目博得奖励的情形，因此在相关制度建设方面更需考虑周全。随着公共空间类型的日益多样化，比如架空连廊、建筑架空层和地下通道等如何奖励、奖励多少等都需要进一步予以规范。落实公共资源配置的激励机制的建立和完善，有利于实施城市更新政策的精准调控，从而实现城市的精细化管理。

8.3.2 优化公共资源配置，保障公共利益

1. 统筹试验：搭建承载力评价与利益平衡分配机制，构建更新统筹体系

统筹规划，是深圳针对市场失灵、公共利益受损等局部利益影响整体公平问题，正在探索的一种模式。如更新方式的整体统筹，严格审查

拆除重建，增大综合整治力度，有效平衡不同更新模式的规模、时序。另外，针对小地块更新项目无法落实公共配套，单个项目的经济利益严重影响了社会公共资源共享的问题，深圳禁止小地块拆除重建，通过划定一定更新范围、统筹不同更新主体的方式，整体解决更新地块经济利益与社会贡献之间的矛盾，最大限度地保障和提高公共设施的落地。

为了加强城市更新对公共资源的高效配置，福田区开展了《福田区城市更新统筹规划工作指引》研究，实施"辖区—（重点）片区—街坊（街道）—单元"等多个层次的更新统筹。该研究分别从开发容量、交通配套、设施支撑、环境承载等方面对辖区层面城市更新的基底特征进行评估；并针对重点更新片区内更新总体增量、市区级公共服务设施配置、政策用房配置、市政交通建设等公共利益保障提出明确要求；对于城市设计，综合考虑地区的景观营造要求，对开放空间的位置与规模以及建筑的高度、形态、风格色彩提出相应要求。根据辖区层面更新统筹的要求，福田区组织开展了重点片区（比如梅林—彩田、八卦岭、车公庙等）的城市更新统筹规划，对 1~2 km² 范围内的城市更新项目进行统筹谋划。主要内容包括：基于上层次规划确定的更新总量，科学划定更新控制单元，合理设定不同更新单元的增量，对道路交通、公共服务设施、二层连廊以及地下空间等公共责任进行系统安排，明确不同单元内不同主体可分得的空间增量和必须承担的拆迁责任、土地移交、配套建设及其他绑定责任等。此外针对一些由多个单元组成的街坊，要求进一步开展街坊层面的更新统筹研究，在重点片区更新统筹规划的基础上进一步深化。随着城市更新统筹规划实践的不断丰富，逐步发展形成区层面、重点片

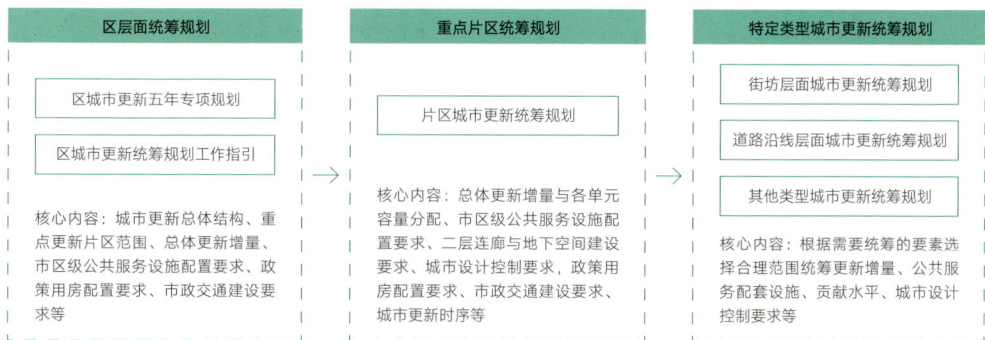

区层面统筹规划	重点片区统筹规划	特定类型城市更新统筹规划
区城市更新五年专项规划	片区城市更新统筹规划	街坊层面城市更新统筹规划
区城市更新统筹规划工作指引		道路沿线层面城市更新统筹规划
		其他类型城市更新统筹规划
核心内容：城市更新总体结构、重点更新片区范围、总体更新增量、市区级公共服务设施配置要求、政策用房配置要求、市政交通建设要求等	核心内容：总体更新增量与各单元容量分配、市区级公共服务设施配置要求、二层连廊与地下空间建设要求、城市设计控制要求、政策用房配置要求、市政交通建设要求、城市更新时序	核心内容：根据需要统筹的要素选择合理范围统筹更新增量、公共服务配套设施、贡献水平、城市设计控制要求等

图 8-15　深圳城市更新统筹规划的多层次关系。

区层面以及针对道路或街坊的特定类型层面这三层相互配合、相互支撑的更新统筹管理机制。

2. 公共服务的供给侧创新：发挥非公资本优势，鼓励多方供给

政府和市场的良性博弈助推了深圳城市更新机制创新。为了维护社会资源公平分配与提高公共服务的配置效率，西方国家公共服务供给由政府单一主体垄断向政府、市场、个人及第三部门等多元互动模式演进（高军波和苏华，2010）。借鉴这一做法，在城市更新领域，可以通过放宽非公资本的准入门槛，鼓励多元主体通过多种途径参与公共服务设施供给，推动公共服务在供给端发力。政府不再作为公共服务的单一提供方，而是转向成为公益设施供给多方参与机制的监管和协调方。通过构建适当的合作机制与激励措施，促进多方合作最优运作，其实现方式可以有以下几种：其一，政府购买公共服务。政府将原来直接提供的公共服务事项，通过直接拨款或公开招标方式，交给有资质的社会服务机构来完成（刘晓凤，2015）。其二，社会组织提供公共服务。充分发挥社会组织在社区公共服务中的重要作用，通过建设区级社会组织孵化园和街道社会组织服务中心，依托社区社会组织联合会等孵化网络，形成社会组织培育发展新模式和综合平台，引导和协调社区社会组织开展各种服务活动（孙彩红，2015）。其三，经营性组织提供公共服务。对于物业管理、教育服务、安全管理服务等，可以由业主委员会选择市场化的物业公司来完成，进一步提高公共服务的专业化和市场化。

3. 强区放权：因地制宜实施政策定制化

存量时代的城市治理强调多元融合的共治模式，政府不再担任管制角色，而更多地引导宏观城市发展方向，体现政府服务职能，实现政府权力下放，市民权力增长以及政府与市民权力的对话与制衡，从而促进市民社会的成熟，推动"强政府—强社会"的形成。深圳城市更新在经过了政府主动转型和市民社会被动成长之后，需要明确政府在新时代的管理角色是什么，通过权力进一步下放来引导市民社会主动成长、自我研究与自我治理，最终实现新时代城市社会共治的发展目标。

　　强区放权，是深圳作为经济特区在分权层面下的快速发展产物。近几年来，深圳不断调整区级行政体的数量，将一些大区分解成小区，将新区调整为区级行政主体，从根本上来讲，都是不断分权、激活地区活力的体现。在这个过程中，城市更新也推动从市到区的分权。城市更新强区放权后，各个辖区公共设施的规划与建设、运营与管理以及与供需平衡等主要依靠区一级政府完成。各区根据自身的自然环境、历史遗留问题、人口结构、功能区位、发展定位等差异，在符合市级层面整体政策、标准与规范引导的前提下，根据有利于本区经济社会发展的实际需求，因地制宜地制定适合本地区的城市更新计划、配套政策等，有效推动了城市更新在不同区级行政边界内的实施与创新，通过城市更新实现公共设施的精准化服务。

　　举例来看，在保障公共利益方面，宝安区结合自身实际情况，针对重点需要补足及引导的公共设施给予特别规定，提高相应的配置标准，并要求一些公共服务设施欠账较大的地区进一步提高更新单元的土地贡献率以满足相应地区公共设施建设的需求。福田区以文化强区为出发点，对城市更新中文化设施的建设给予了特别的奖励。罗湖区在推动旧居住区改造过程中，为有效限制房地产项目的开发强度，缓解片区的交通压力，保证片区的生活品质，创新采用在明确地价和回迁物业建筑面积的条件下，往低容积率进行竞争的拍卖方式，实现了开发强度控制和公共利益保障的双赢。

　　从政策定制化的角度出发，可以积极借鉴国外差异化容积率奖励与换地开发权转移政策的成功经验。美国在纽约《切尔西地区计划》中为了实现对高架公园周边环境的建筑退线与特殊高度的限制目标，制定了针对性的容积率转移制度。比如，对于有助于高架公园空间结构整理优化的更新项目，可以获得一定的容积率奖励。对于按照管理规则进行退线或提供楼梯的更新项目，可获 2.5 倍的奖励，而针对这一项的奖励标准在其他地区仅为 1～2 倍。英国在伯克利生态城市滨水区建设过程中，允许根据滨水区的土地价值对城市土地开发权进行交换，通过提高可开发容积率、减免税收以及提供政府支持等多类调节政策，推动地区特色化的塑造。

4. 柔性管理：实现刚性规则与弹性调控的共存

由于城市更新的每个环节在符合刚性规则要求的同时都或多或少地涉及弹性调控问题，两者的协调存在不同的力度，需要运用合理的方式方法予以解决。深圳城市更新非常生动而全面地展现了行政管理与市场运作的关系，在这一过程中寻求刚性规则与弹性调控的共存，从而推动实现公共资源的优化配置。

对于政府而言，一方面适时出台全市城市更新的法规、程序与规定、技术编制规范与标准；另一方面，通过强区放权给予各区充分的自主裁量与主动性，在政府的市、区政策传递中生成了一定的弹性与自主空间。专业咨询机构也在刚性与弹性的共建共存过程中，发挥着重要的作用。这些专业机构不仅承担协调系统内部的各方利益主体，还承担沟通市场多个利益角色与政府公共利益角色的使命，及时反馈城市更新的现实诉求，推动政策及规则的及时调整。公众及社会的及时反馈也有助于刚性与弹性的及时转化，如城市风貌与历史留存，虽然可能因不属于历史文化保护对象未列入刚性保护范围，但却受到越来越多的社会关注而被纳入"城市历史风貌保护"的范围。

8.4 构建包容共享的社会生境

深圳在土地资源严重不足的困境中能保持经济高速发展，城市更新功不可没。但在更新的过程中，由于资本动力过度驱动，社会参与不充分，机制体制跟不上等原因，使得城市更新出现了以房地产为驱动的不良现象。城市更新中的社会冲突比如旧居住区改造中集体斗个人的闹剧、拆迁钉子户催生的一夜暴富现象等成为城市社会矛盾积累、激化的最直接体现，这将给城市公权力的合法性与权威性带来损害并直接制约城市的可持续发展。

8.4.1 城市更新带来的社会矛盾问题

1. 改造后的白石洲：社会生境割裂，社会阶层分化

当"白石洲成为深圳旧改航母的更新样本""千亿元级别的旧改货值让白石洲成为各路房企的必争之地""白石洲更新进度：约 350 万 m² 旧改巨鲸浮现"这样的标题遍布网络的时候，多数人会畅想地区未来高楼林立的景象，感叹这场造富运动又将带来多少个身家亿万的"拆二代"，而又有多少人会关心曾在这里居住的 15 万低收入者的去留。

白石洲的历史可以追溯到 200 多年前。因为临近南山中心区和高新科技园，20 世纪 90 年代以来，白石洲一直是外来务工者理想的栖息之处。白石洲不是深圳最大的城中村，却拥有市区最集中最大规模的农

民房，在 0.6 km² 的面积上居住了约 15 万人，从 20 世纪 90 年代至今，至少容纳 300 万人 [1]。

城市存在的真正价值是让每位市民分享城市发展的红利，最大限度地提升居民幸福感与归属感，让每一个来到这里的人都感受到对未来充满信心。然而在城市更新过程中，由于相关社会主体参与不充分、动力机制畸形、民主政治体制跟进滞后、城市更新价值观的贫乏甚至导向错误等原因，使得当前中国许多的城市更新在相当程度上演化成为以房地产为驱动的"空间谋利"的代名词（张京祥，2010）。对于白石洲的更新改造，本质上是一种资本规划，只考虑了房屋拥有者的权益，而忽视租房者的权益，导致租住在这里的企业或低收入群体无家可归。城市本是以人为主，提供人们衣食住行的地方，如果一个城市一味发展经济而不考虑人们的生存，它是否已经失去了它本来的性质？它是否能一直这样发展下去？这与"来了就是深圳人"这样响彻华夏大地的口号是否又是背道而驰？

实践证明，依靠政府与市场之手，一次性、大规模拆除重建所遗留的巨大社会成本不能保障城市空间与社会的可持续发展（单樑等，2015）。产业转型升级、棚户区改造提升、历史文化保护等容易成为更新的动人标语，而老旧住宅被光鲜亮丽的新地标取代的背后却是原有社会生境的断裂。那些被迫迁出城市中心区、迁往城市边缘的居民并没有享受到城市更新带来的红利，相反他们可能失去发展机会，贫富分化进一步加剧。中国当前社会问题不断积累、发酵，城市空间被作为纯粹商品被消费从而抹杀空间的社会公平性，重物质建设轻社会空间再造、

深圳南山区城市更新前后廉价住房供应规模变化   表 8-1

类别		更新前廉价住房		更新后廉价住房
		城中村	旧住宅	保障性住房
折算比例		1 人 /25 m²	3.2 人 /100 m²	3.2 人 / 90 m²
68 个列入更新计划的拆除重建类项目	建筑面积（万 m²）	655.06	21.67	16.8（约 1866 套）
	可承载人口（万人）	32.7	0.7	0.59
	可承载人口合计（万人）	33.4		0.6

资料来源：《南山区城市更新项目社会发展影响评估（2016）》。

[1] 资料来自 2017 年 7 月 1 日搜狐网报道文章《白石洲：深圳"旧改航母"的更新样本》。

重视"国际化范式"而忽视地方社会独特性和文化多样性，市民的社会认同感和归属感逐渐被这些趋同化的空间消解（张京祥和胡毅，2012）。

在深规院开展的《南山区城市更新项目社会发展影响评估》研究中，项目组针对南山区 2016 年 1 月之前列入城市更新计划的 68 个拆除重建类更新项目，分析了其中城中村改造前后的人口承载力与人口结构。根据居住建筑与居住人口的折算，发现南山区更新片区现状住房约可为 33.4 万人提供低成本廉价居住空间，而更新后的保障性住房仅能为大约 6000 人提供 1866 套住房（周彦吕等，2016）。更新前的城中村、旧住宅区住房等为城市提供了大量的低成本住房，而更新后这些将很难完全依靠数量有限的保障性住房得以消纳。

2. 钉子户乱象：市场补偿与利益共享机制存在缺陷

房屋拆迁安置与城镇化扩张如影相随。珠三角的本地农村物业一直享有改革开放带来的丰厚租金或者赔偿回报，这种情形在深圳演化成为原村民"一夜暴富"的真实神话。与全国其他地区主要以政府"一口价"的拆迁安置补偿完成城中村的一次性转化不同，深圳乃至整个珠三角经济活跃地区，受制于原村民强大的利益诉求和历史模糊问题的争议，采取了政策逐步覆盖、各个突破的长久型协商方式。但政府并未明确市场化路径下的房屋拆迁补偿标准，哪怕是给出一个参考价，导致深圳的房屋拆迁安置转化为房地产开发企业与原村民的个案谈判，就高不就低，补偿的标准随着深圳房价的一路攀升而迅速提高。随着政府对城市建设的财政持续投入，土地升值，房价大涨，原村民的资产大大增值。但溢价产生的公有价值却无法反映在城中村及集体物业的总体价值内，增值部分管理主体缺失，更无法以税收或者征收土地的方式共享原村民所获得的巨大增值收益。由于政府不介入商业拆迁谈判，无论原村民物业是否合法，原村民与房地产开发企业都会用双方可以接受的物业返还"和谐解决"。但这种"点状和谐"却损害了城市的"整体和谐"。城市更新项目拆除重建产生的新的建筑量几乎一半以上都会一次性赔付给原村民，强制配套的公共资源，如内部支路、幼儿园、公交首末站、小学等也基本上在本地块内消化，无法提供可辐射更大地区的公共服务。此外，房屋拆迁赔偿中是赔物业还是补货币也是一个主要症结，房地产开发企业更愿意通过赔物业来减少前期成本支出，但物业的预期增值并未计算在被拆迁人的收益调控中，没有税收杠杆调控。

在深圳城市更新政策调控之下，房地产开发企业之间产生了激烈的竞争，使得城市更新的成本水涨船高。近年来，媒体上带有"村民一夜暴富""最牛钉子户""全国最贵钉子户""拆二代"字样的新闻层出不穷，原村民对更新后获利的预期不断提高。《未来没有城中村》中如此描述，"豪宅遍地、一夜暴富，深圳原住民身家过亿并不是稀奇事，补偿差异带来社会公平问题"。

我国收益分配的基本原则是按劳分配，兼顾效率与公平，而拆迁赔偿所产生的大额或巨额获利显然与此相悖。土地之所以价值连城，是因为成千上万来深建设者共同创造了整座城市的价值，应该让所有深圳人共享城市发展所带来的收益。然而拆迁补偿规则的缺位导致房地产开发企业相互竞争，更新项目的拆赔比不断飙高，而对原村民过高的补偿也无形抬高了城市更新的门槛，导致城市更新项目进展缓慢、社会负面成本提升等问题频出。最终，这笔负担将转嫁给城市的广大从业者。

导致利益博弈的根源在于土地产权的"模糊性"和"不确定性"（王嘉和黄颖，2015）。在经历了几次大规模的违建浪潮后，深圳原农村合法外建设用地占全市建设用地面积近 1/3，原农村集体实际使用的土地中合法外土地占近 3/4。城市更新如果给违法建筑主体完全市场化的补偿，隐含了一个将违法建筑用地合法化的过程，虽然由集体自行理顺违建经济关系，但前提是开发商给各违建主体同等等价补偿（刘芳和张宇，2015）。在深圳城市更新中，以保障原村民和原村集体利益为出发点的政策设计，忽视了违法建筑背后复杂的利益主体，对市场运作下补偿机制的默许使得土地增值收益外溢，导致原本用来扶持原农村集体发展的利益扩散到非原农村集体和非原村民，从而催生了市场上对"小产权房"的炒作热潮以及博赔现象。

3. 难以凝聚的共识：纯市场行为缺少公权力约束与救济

开发主体和权利主体之间的冲突主要表现为交易性冲突，基本依赖市场规则得以解决。但在实际情况中，权利主体和开发主体间的利益冲突往往表现为交易的不平等性，单纯依靠市场规则并不能完全解决冲突问题。比如在旧居住区改造过程中，一些城市更新项目就是因为剩下最后几户业主无法达成搬迁补偿安置协议而搁置数年，开发主体无法获得政府的批准成为实施主体，从而影响了整个项目的进度。2010年木头龙、金钻豪园、南苑新村、鹤塘小区、华泰小区、龙溪花园、海涛花园和桥东片区8个旧住宅小区改造项目被列入深圳城市更新单元第一批计划。迄今除了规模较小仅200户业主的鹤塘小区以外，其余均在业主意愿统一这一点上卡壳，推进十分困难。

罗湖区爱国路木头龙小区始建于20世纪80年代，2007年开始酝酿改造，2010年被纳入深圳首批老旧住宅区类城市更新规划制定计划。尽管社会各方对于小区改造的必要性看法高度一致，然而将近7年过去了，新的木头龙小区并未能像绝大多数签约业主期盼的那样拔地而起[1]。2014年元旦木头龙小区业主在深圳论坛上发表一篇名为《我们为什么不签约、不搬迁——木头龙小区城市更新的事实与真相》的博文，引起强烈反响。文中提到由于小区业主众多，对补偿标准难以达成共识，虽然该小区1340户业主中多数已完成签约，剩余的300余户被认

图 8-16　深圳罗湖木头龙小区改造持续数年，周边建设日新月异，而小区内部环境已经破败凋敝 | **图片来源：** 大勇工作室。

[1] 资料来自于2014年2月11日《凤凰网》报道文章《木头龙旧改签约户：何时能回新家园》。

定为钉子户（截至当时），业主之间的利益分化冲突严重。在这种情况下，小区的道路、水管、气管和安全监控系统都已被拆除，又进一步激发了尚未搬离的业主与开发主体之间的矛盾，旧住宅区改造难度加大。

根据现有的深圳城市更新政策，旧居住区业主通过意愿征集和市场主体的选择体现自身的权利，参与城市更新。在此过程中，业主通过与市场主体的拆赔谈判，将权利转化成利益。关于旧住宅区城市更新，其推进困难的直接缘由来自城市更新政策中对"双100%"业主意愿的要求。这一标准的严苛原意在于保护每个业主的合法权益，但是这种看似绝对公平的业主参与机制，在现实上成了部分业主坚持当钉子户追逐更大自身利益的政策利器，从而带来了绝大部分业主的利益以及公共利益受损的状况。在开发主体与部分小业主之间无法达成协议的情况下，现行的法律框架并没有提供政府、法院等第三方强制介入的路径，从而导致现实中出现了开发主体威逼利诱、小业主之间互斗等异化的矛盾处理方式。

4. 公众话语权不足：公共参与如何避免形式化

根据美国学者谢里·安斯坦（Sherry Amstein）提出的公共参与阶梯理论，深圳目前城市更新中的公众参与停留在通告和咨询阶段，呈现出参与权利的封闭化和参与过程的形式化特点。一是公众参与形式单一、机制不完善，仅仅征询和体现权利主体的更新意愿，而忽视其他利益相关者的意愿。如城中村（旧村）改造中，相关租户由于没有组织、无对话渠道、行动分散，其意愿往往无人问津，长期积累下来，对城市劳动力供给将产生至关重要的影响。与之类似，城市更新虽然提升了区域土地价值，同时也带来了租金的上涨，对于更新项目本身租用企业和周边小微企业来说，运营成本大幅提升，甚至面临不得不外迁的选择，从而影响城市产业多元发展的活力。二是作为业主的公众，其公共意识仍有待进一步培育提升。目前业主参与的核心诉求在于获取更多的赔偿，而较少关注城市更新给片区带来的产业、交通、环境、配套等领域的承载压力和负面影响。

真正意义的公众参与，必须以公共利益和责任意识为基石。当城市更新在既有的政府主体、市场主体和权利主体3个核心角色之外，逐

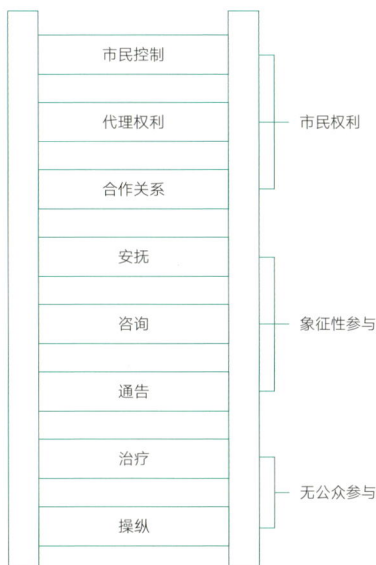

市民控制

代理权利

合作关系

市民权利

安抚

咨询

通告

象征性参与

治疗

操纵

无公众参与

图 8-17　公众参与的 Arnstein
阶梯理论。

步纳入租户、市民、新闻媒体、专家协会等利益相关方和公众，建立促进各方主体良性互动的机制。一方面有必要进一步"开言"，明确各方利益主体的参与机制与角色作用，为每一类主体参与城市更新，表达自身诉求建立一套合理的、高效的工作机制；另一方面需要"谨行"，建立一套可筛选过滤和相互协商的机制，通过政策约束，尽量避免任何一方独断导致的失衡。只有城市更新利益分配格局受到更大范围的代表公共利益群体的监督，才能实现利益分配结果的合理化和可持续性，并在这个过程中培育和提升市民参与社会治理的意识和能力。

8.4.2 公民社会下的共享更新

1. 寻找城中村的另一种可能：尊重不同的利益诉求，维系公平的社会生态

城市更新应该是一个正当的社会行动，不应该只允许资本进入空间生产和利益分配，所有的利益相关方都应从城市更新带来的城市价值提升中受益。记者丘濂 2016 年采写了一篇文章——《深圳湖贝村："城中村"的另一种选择》，通过对湖贝事件中牵涉的各方代表的采访，说明与湖

贝有关的人对湖贝牵挂的理由各不相同，但他们愿意湖贝保留下来的想法是共同的，湖贝的命运应考虑到这些人的选择。只要保留下来，活化就有多种可能，前提是保留[1]。今天的深圳不缺资本与地标，缺少的是文化内核，虽然看不见却很重要。像湖贝、白石洲这样真正被使用着的，承载着几万甚至十几万深圳人居住机会的城中村应该被保留下来。布吉大芬村、大鹏较场尾的实践证明我们完全有能力在保护与维系的语境下加强对城中村物质空间、人文空间和生态空间的修复与活化，为城中村找到新的出路。

正如深圳自由艺术家杨阡所说，"深圳也许是中国唯一一个曾经不必看一个人的家庭背景、学历出身，存款多少和城乡差别而可以落脚并获得机会的城市。这样的移民历史，让我们的共同性是可以超越自己原来的优势与劣势，在一个新身份的期待中，形成社会团结的基础——这是我们这个城市最大的，也是可持续的社会资源"。

2. 棚户区改造：建构多元互促、多轮驱动的新模式

2017 年以来深圳开始加强棚户区改造的力度，拓展人才住房和保障性住房建设筹集渠道，推进住房供给侧结构性改革，落实住房的居

图 8-18 "来了就是深圳人"——这是深圳这个以外来移民为主的城市的宣传口号，无论这些人来自于哪里，在他们生活的空间中总会或多或少地留下城中村的记忆 | **图片来源：**大勇工作室。

---

[1] 资料来自于 2016 年 8 月 11 日《三联生活周刊》报道文章《深圳湖贝村："城中村"的另一种选择》。

住属性。城市建成区内集中成片、使用年限在 20 年以上、容积率较低、使用功能不完善、配套设施不齐全、存在安全隐患、群众改造意愿强烈的老旧住宅区应当纳入棚户区改造政策适用范围。位于城市中心区、人才密集区等重点发展区域，特别是轨道交通站点（含规划站点）1000m 范围内，并且尚未纳入城市更新计划的城中村，可以纳入棚户区改造政策适用范围。老旧住宅区类改造项目少数权利人（原则上不超过 10%）无法达成搬迁补偿安置协议，严重阻碍棚户区改造项目推进的，区政府可以参照《深圳市房屋征收与补偿办法（试行）》（2013）规定对相关房屋进行征收。2018 年出台的《关于加强棚户区改造工作的实施意见》进一步明确了棚改的适用范围、搬迁安置补偿和奖励标准、实施模式、地价计收标准、规划实施的组织机构与工作流程等内容。

棚户区改造由政府主导，城市更新由市场主导，棚户区改造解决了城市更新中的拆迁及补偿难题，而城市更新更有利于各方面优势资源的配置，处理得当可以获得多方共赢。相对于城市更新中旧居住区拆除重建的具体做法，棚户区改造在以下几个方面明确了政策规定：一是，棚户区改造搬迁补偿安置采取货币补偿、产权调换以及两者结合等方式，由权利主体自愿选择，选择产权调换的按照套内建筑面积 1∶1 或不超过建筑面积 1∶1.2 的比例，确定辖区内老旧住宅区棚户区改造项目的产权调换标准。这一标准的确立，减少了市场谈判拆迁补偿情形下房屋业主在利益博弈方面的获利空间，杜绝发生拆赔比无序竞争等不良现象。二是，棚户区改造中依法实施房屋征收和行政处罚，对于签约期内达不成补偿协议或房屋所有人不明确的，区政府可以根据公共利益的需要依法实施房屋征收，如发现涉及违法行为的，区政府依法启动行政处罚程序。对比通过城市更新方式实施的旧居住区改造，棚户区改造所具有的房屋征收、行政处罚这两大政策"利剑"，将极大地破解个别房屋业主拒不签约、拒不搬迁的阻碍，保障旧居住区改造的整体、综合利益实现。

目前，罗湖区"二线"插花地[1] 范围内的玉龙片区、木棉岭片区和布心片区，共计 60 多万 m² 占地面积，各类楼宇 1300 多栋，已经完成拆迁工作。宝安区 43 区碧海花园于 2017 年经小区业主申请，项目

---

[1] 深圳修建特区管理即"二线关"时候，这一管理线并未完全与行政区划线吻合，从而形成了管理上一定的"真空区"，一般称为"二线插花地"，房屋产权状况较为复杂，受地质灾害、滑坡等影响较大，安全隐患多。

转为棚户区改造项目。位于宝安区的新乐花园、海乐花园，积极推进探索"政府主导＋国企实施＋人才房建设"的"棚改"新路径。不难看出，在城市更新的基础上，随着棚户区改造的强力推进、土地整备的逐步推广，市场主体也正在针对利益分配的新格局寻求新的平衡点。不论是政府主导下的棚户区改造还是市场主导下的城市更新，在利益格局方面朝着公平与效率兼顾的方向均衡发展。未来深圳存量土地的再开发将进入"城市更新＋棚户区改造＋土地整备"多元互促、多轮驱动的政策窗口期。但无论是哪一种改造模式，都是一项系统性工程。政府需要不断完善各项制度建设，从推动改造实施落地的角度出发，构建更为完整的地区更新开发框架，整合更新策略、化解现实冲突，引导地区实现更高质量的发展。

3. 控制预期：公权力介入，建立合理补偿标准

城市更新往往要改变一个区域的空间权益分配，涉及多方主体的利益，而不应仅仅是开发主体和业主之间的博弈，公权力机关必须伸出有形之手，规范和提升市民的话语权，加强城市更新中利益分配的调控。在城市更新过程中，应当考虑长远受益，要为政府、市场主体和原业主三方的增值收益分配搭建一个沟通协商的平台（王嘉和黄颖，2015）。针对钉子户的问题，政府现阶段最关键的就是控制补偿预期，建立合理补偿标准。一是通过产权界定明确城市更新中各种私人利益之间、私人利益与公共利益之间的边界，确认法律保障和利益归属。二是规定权责关系，建立产权的取得与丧失、保障与限制、侵害与救济等规则。

近年来社会上关于学习香港和台湾经验，引入"多数决"机制，并限定赔偿标准的呼声不绝（胡明，2016）。深圳城市更新政策也试图以《中华人民共和国物权法》为基础，完善房屋补偿机制。2016年初深圳颁布了《关于进一步完善房屋征收补偿机制的若干意见》，明确了旧屋村的补偿不得超过房屋价值的1.5倍，从政策层面对旧屋村补偿进行了规范。除了引入"多数决"，还可以在单一主体促成方面进行积极探索。香港土地实行强制售卖制度，香港的发展商在成为物业的多数份数（80%以上）拥有人后，可以向土地审裁处申请强制售卖整个物业，在公开竞争中获取全部物业所有权后按照确定的比例向少数份数拥有人

支付物业对价。这一制度保护了多数人的意识自治，解决了因少数业主不愿意出售物业而难以进行城市更新的困境（邹广，2015）。

4. 多方参与：提升市民的话语权与归属感

城市更新作为公共资源配置的重要手段，涉及社会各方的利益分配格局，注重公共利益显得尤为重要。因此，城市更新需要谋求更大的社会共识，统筹片区整体的发展，让多元主体以"伙伴"的角色参与到更新中来，实现城市发展的共赢和共享。

公众参与，是深圳城市更新一直在不断改进与探索的一种工作机制。随着社会公众对更新项目的日益关注，除政府、市场和权利主体三者外，更多的间接影响群体也加入到了城市更新的行动计划、公共政策、项目推进等互动与参与过程。通过建立一整套更大范围的、以社会公共利益为主导的协商、监督机制，推动城市更新利益分配的更加合理化和整体平衡，维护与提高"来了就是深圳人"的城市精神与认同感。

在构建公民社会的语境下，可借鉴台湾社区参与的成功经验，建立完善专业设计人员参与城市更新的社区规划师制度，引导社区居民积极参与地方公共事务，增强居民的社区共同体意识。同时，基于参与式设计概念的互动机制，倡导一户一设计，给居民提供家园设计的实践参与机会，形成政府、居民、开发主体之间互相学习、互相激发的协作式过程。

建立覆盖城市更新全过程的听证会制度，为不同利益主体提供开放的公共参与平台。从更新的提出更新的推进，再到实施后的评估，开展切实形式多样、内容丰富的听证会，在保障公众知情权、监督权的同时，进一步了解公众的需求，保障决策的准确性。

增强原农村集体经济组织的自主更新能力，通过政府在人才、技术和管理等方面的引导和扶持，克服原农村集体经济组织在企业经营、投融资及管理等方面的弱势，开展自主更新。由于原农村集体经济组织更为了解所在区域的环境、人文等情况，实行自主更新，既可以提高城市更新的操作性，又可以促进社会和谐。

第 9 章

城市更新与未来城市

城市作为一个生命体，自身一直在不断地更新。城市更新一方面需要在制度上进行顶层设计，建立利益平衡机制，供给多元公共产品，营造多样人性空间；另一方面围绕机制、规划、科技、民生的改善，需要城市更具创新性、更加自由，社会文化更富有包容性、充满活力，从而可以持续地从旧的环境当中衍生出独具特色的地方性和先进性。

图 9-1　深圳福田香蜜湖高空俯瞰中心区 ｜ **图片来源：**大勇工作室。

托起我们的身体使我们浮出水面的，
是希望，是对生活的价值和我们努力的不可解释的信念，
是心灵深处源自我们力量之发挥的潜意识。

——小奥利弗·温德尔·霍姆斯（美国）
（Oliver Wendell Holmes）

图 9-2　深圳后海湾夜景｜图片来源：大勇工作室。

　　今天，我们探讨城市发展与城市更新，展现了以深圳为样本的城市更新涉及的政策体系、规划编制与审批、实施机制等的探索。经过 20余年的更新实践，以资本驱动的城市更新目前已经进入到深水期：在新增土地资源匮乏的现实条件下，经济发展需要依赖城市更新保持增速，改造成本较低的片区已经陆续获批实施，剩下的申报更新的片区其建成的容积率多在 2.0 以上，按照现行的房地产开发企业与权利主体形成的赔偿惯例，未来多数实施拆除重建类城市更新的片区其建设密度和物业成本将直逼香港。深圳政府，特别是区一级政府，将直接面临经济发展压力和生存成本高企导致企业和人才流失的两难境地，这种资本带动的增量更新引发了业界和社会的争议。这时我们必须回到一个基本点：城市的出现、发展、更新最终是基于人（法律上的人）的需求。城市更新必须回归人的需求，从充满希望、价值、信念的需求中寻求未来的方向。

　　深圳，就像历史上许多伟大的城市一样，从设立之初就是一座给人以希望的城市。40 年的发展使很多"深圳人"实现了自己的希望、价

值和理想。从经济学视角，最直接地表现为各种收益或未来预期的实现，如土地价值或房价上升带来的增值、职业发展带来的精神价值和物质价值、可以享受公平和高质量的城市公共服务、良好的创业创新氛围、作为"深圳人"的一种人生经历或资本、发展支撑要素的持续自由流动等。

当城市中每个个体的希望汇集起来，就变成了这座城市的希望、价值、信念、精神，由此带来城市发展。所以我们探讨深圳城市更新与未来城市，更多的是回到"城市更新如何给人以希望、机会"这一原点。我们将深圳城市更新的展望分成了两个维度：首先，结合国家的发展理念、深圳的现实需求，从制度创新的维度上，探讨深圳城市更新的历史使命和主要期望。与此同时，我们把深圳放到人类城市的历史坐标下，去对标那些不断自我更新的伟大城市，从城市文明维度上，思考深圳对全球城市文明、人类自由和社会公平的价值。

9.1 深圳城市更新制度的创新与展望

　　城市是一个多元复合的有机体。在增量扩张的发展阶段，众多城市服务、社会公平等矛盾往往被高速的投资拉动所掩盖。当城市进入到相对平缓的发展阶段，特别是叠加了经济下行、外围挤压等多重不利因素之后，维持城市公平、可持续的发展就成为考验城市治理水平的重要指标。如何提供更为优质的公共服务，行政权限能否与其经济体量变化相适应？如何及时理性地回应公众的诉求，做大经济总量同时还要"公平分蛋糕"，更好地统筹社会、市场与政府的发展关系？这些在以往40年快速发展期较少涉及的城市治理问题，随着经济发展周期和国际形势的变化，在我国各大城市逐步凸显。

　　城市更新相较常规的新区建设，更能触及上述城市治理的核心，成为城市治理的重要领域。深圳活跃繁荣的房地产市场、多元产业发展带来的市场活力、新增开发用地严重匮乏等问题的"倒逼"，使得各路资本大举进入城市更新领域。虽然这些年城市更新项目的快速建设实施，在一定程度上补足了历史累积的公共服务设施和道路基础设施欠账，但这些补足的公共资源基本被自身的增量需求（主要为居住、商务办公、公寓等）所消化和享用，难以满足更高层次的公共服务设施需求，更减少了未来发展过程中多样的更新机会。这种趋势下，深圳在没有成为成熟的全球创新中心城市之前，快速的拆旧建新将快速拉高城市发展成本，城市红利将被提前透支与消耗，从而无法持续为人才和企业提供一种相对优势和低成本的空间供给。至此，深圳引以为豪的年轻成本优势、旺盛的流动性是否会因此而失去或停滞？深圳是否会变成一座暮气重重、被资本和既得利益捆绑的普通城市，失去其"先锋先行"的核心价值？

讨论深圳在哪些方面能有所作为之前，我们必须清醒地看到，深圳快速发展的优势一直得益于开放共享的社会环境，得益于多样化造就的低成本创业。深圳的发展最好地诠释了哲学家罗素"须知参差多态，乃是幸福的本源"这一至理名言。更为重要的是，深圳的发展在根源上来自于制度的持续创新：始终坚持敢闯敢试、敢为天下先的城市精神，积极响应国家发展战略，持续推动城市发展转型，使得深圳成为全球制度成本的洼地。

无疑，深圳在转型发展过程中，要想保持持续的发展能力，就得避免城市沦为权贵资本的"狩猎场"，要坚定不移地走"创新、协调、绿色、开放、共享"的科学发展道路。深圳到底能做什么？恐怕只有在制度创新上做文章了，这其中城市更新的制度首当其冲。城市更新涉及城市管理的方方面面，城市更新制度的建立和完善直接影响了城市治理的水平。无论是整体的土地制度、规划管理、财税管理、金融政策、法律规制等，还是具体的保障房建设、违法建筑处理、拆迁补偿标准制定、社会风险评估等都与之相关。对于深圳而言，从推动城市高质量发展的角度出发，需要继续利用国家的制度优势、深圳的特区优势、政府与市场互动的体制优势保持发展的活力，通过公共利益、公共产品和公共环境 3 方面的供给制度创新，进一步释放制度红利。

9.1.1 探索一：构建利益平衡机制

利益需求是推动城市更新的原动力和直接目标，涉及需求对象、行动主体和分配规则等。深圳城市更新在多元主体利益协调的过程中，已经逐步搭建了利益分配的基本框架并形成了一定的利益格局。但是如何推动城市更新同时实现公平和效率、如何平衡好短期利益与长期利益的关系，这些仍然面临很多严峻的挑战。政府需要抓住城市更新的供给结构、主体激励和收益调节等关键领域，加大对城市更新利益平衡机制的探索。

1. 协调土地和空间资源的供给

城市更新通过供给新的土地和空间资源，带动社会经济文化的发展。无论新产生或新修缮的空间是用来售卖还是租赁，城市更新都将直接受到房地产市场的影响。基于城市更新本身位于供给端发力的特点，使得城市更新供给模式的合理调控需要在房地产市场调控的大背景下开展。在这一过程中，应避免采用一次性行政手段等短期措施，而是需要结合城市更新的供给需求，实现以下两个转变：

第一，从批租制下的快速拆除重建到年租制下的有机更新转变，通过资产长期增值实现城市可持续发展。城市更新的关键是"地"，其次是"房"。目前的城市更新方式，只要房地产开发企业能拿到地，后面就是融资、谈判、利益分配的问题。世界级城市规划大师彼得·霍尔（Peter Hall）曾警告那些"世界上最新的大城市地区"，如果它们"不顾一切代价拼命增长，有这样的危险，把保持和提高生活质量的需要忘得一干二净，将来肯定要感到遗憾。随着成本的提高，特别是土地成本的攀升，投资者完全可以扛着家伙继续上路，前往欠发达的地区，他们不会愿意为自己造成的社会成本买单"。城市更新必须鼓励由拆除重建产生的一次性资本获取转向由有机更新等促进持续性的流动收益，从而避免城市发展成本不断攀升导致城市竞争力下降的风险。借鉴香港土地批租制与年租制共同存在的混合体制，将现有城市更新拆除重建的一次性售房比例降低，持有物业比例提高，延长现行的更新项目核算周期，使一次性的巨额投入和收益改为渐进式的长期经营和收益，这样房地产开发的金融风险随之降低，房价和城市成本得到控制。在这一供给模式中，需要政府、企业、市场达成一定的利益平衡。政府需要改变土地的供给模式，通过掌握一定公共物业和建立差别化税收体系，有针对性地降低城市发展的成本，提高城市的吸引力和活力；企业通过政府提供的低成本创业空间以及产业基金补贴等，保障良好且持续的产业创新条件，大力推动企业增长；市场在新的供给模式中通过持续性流动收益取得稳健的发展空间，避免房屋销售租赁比失衡，从而保障房地产市场长期的健康发展。

第二，从个体更新的局部利益到片区统筹更新的规模效益转变，发挥城市的规模和集聚效益优势。目前以项目方式运作的单个的城市更新项目，对片区的市政、交通、生态等的承载力带来较大的挑战，在一定程度上增加了城市整体发展的外部成本。城市更新中这种项目式的局部利益获取方式降低了城市规模效益，从城市发展全局来看，将会导致少数利益大于整体效益。因此，需要在城市更新过程中，进一步加强城市更新统筹综合发展的引导，通过不同层次、不同尺度的统筹更新，积极平衡公共产品供给、公共环境打造和公共利益保障，降低局部更新导致的合成谬误，促进城市更新实现合理有效的发展。

2. 激励并规范多元主体运作

第一，进一步鼓励多元主体参与城市更新，探索政企合作、权利主体自改、多主体合作等多种更新模式，丰富多元主体的获利途径。合理配给政府和企业资源，实现市场自由调配资源和政府宏观引导、规划统筹的有效供给。探索政府和企业合作推进重点地区或战略地区大规模城市更新的实施路径（胡盈盈等，2014）。鼓励拥有自有物业的优质制造企业在既有园区内进行产业、物业的升级，并支持此类改造优先纳入城市更新计划。鼓励企业积极通过有机更新，增加研发、中试等生产性配套空间，合理配建人才公寓等生活配套设施。对产业孵化器、实验室、创新基地等，探索按比例作价入股的方式，多方合作推动企业发展，破解企业资源整合的障碍。

第二，建立城市更新信用评估机制，规范企业行为。针对城市更新过程中存在的暗箱操作、囤积倒卖更新项目、扰乱房地产市场等问题，筛选出城市更新全过程中的信用风险点，明确低信用的房地产开发企业、金融服务企业、产业经营企业等的惩罚、淘汰机制，建立动态更新的城市更新企业管理信用监管体系，形成城市更新的企业准入门槛。

3. 强化收益分配调节

综合运用经济手段（租、税、费）、行政管理手段（如公共服务供应）、规划管理手段（如容积率）、法律管理手段等多种方式，统筹平衡各方主体的收益。

第一，从房地产市场健康发展的角度出发，增强房地产开发企业的融资调控。一般地，开发商进行房地产开发，资本金和社会融资比例大体上为 1:3，现在全国房地产平均融通量保守估计 1:9，有的开发商可能达 1:50，"地王"不断出现的背后，不仅是土地短缺、拍卖机制的问题，还和无限透支金融有关 [1]。在城市更新领域，必须加强融资的管控，逐渐去杠杆，避免将土地使用的决定权过度让位给投机资本。

第二，从土地循环利用的角度出发，平衡拆除重建类城市更新、综合整治类城市更新、功能改变类城市更新和现状使用类非城市更新项目的获利水平，防止拆除重建类城市更新获利过大。这一领域尤为注意工业用地的循环使用问题，对于工业用地续期管理、"工改 M0 类"用地的租税费调控以及工业用地的短期利用和短期租赁等，积极实施政策引导，坚决扭转级差地租对产业发展和规划建设的"倒逼"。

第三，从更新可持续发展的角度出发，加大对更新后增值收益的调控。对于更新后安置阶段的税收政策，应该根据社会发展情况及时进行调整，对超额或不合理的补偿进行调控，保障拆迁补偿的公平性和合理性。

第四，从更新政策协调的角度出发，进一步协调与平衡各类更新政策，发挥政策的合力。面对深圳当前城市更新政策、土地整备政策、棚户区改造政策存在一定矛盾的局面，进一步梳理支撑这些政策的基本面，比如拆迁补偿标准、历史遗留用地的处理、规划容积率管理与调节等，在政策基本面协同一致的基础上优化调整各类政策，平衡不同政策在利益分配方面的差异，形成出路各异但目标一致的存量土地再开发政策合集。

城市更新是一个持续发展的过程，收益平衡机制也需要持续地调整和完善。虽然在深圳的城市更新实践中，围绕更新规则的制定和更新制度的完善一直在寻找政府、市场与公众之间的平衡，但面对复杂的、不断涌现新需求的利益博弈时，这种平衡无法完全固化为某种套路，必须根据社会经济发展现状进行持续地、适应性地调整。

---

[1] 资料来自 2017 年 5 月 26 日全国人大财经委员会副主任黄奇帆在复旦大学中国经济中心主办的"中国大问题"讲堂第 11 期做的"关于建立房地产基础性制度和长效机制的若干思考"的讲座。

9.1.2 探索二：保障公共产品的供给

安居乐业是个人及家庭在城市发展的原动力和直接目标。城市更新直接的空间产品可分为市场性和公共性两类，其中保障城市相对低成本生态的关键是公共产品的供给。从如何维护具有公共产品属性的职住空间供给，发挥市场配置公共产品的积极作用，以及搭建公共产品供给的预警机制这 3 个方面，需要加大政府和市场的合力，进一步思考公共产品供给与需求的匹配关系，并主动反馈到供给端进行调校、改革。

1. 维护具有公共产品属性的职住空间供给

第一，完善多类型住房空间供给。首先，结合城市更新项目，合理布局各类保障性住房。在轨道站点周边优先实施 TOD 综合开发和轨道上盖保障性住房建设，使得保障性住房与商品房大体形成合理的搭配比例。加大保障性住房周边配套的公共服务设施建设。其次，加大培育城市更新的租赁用房市场。鼓励多元主体参与和提供住房租赁产品，积极发展整体租赁、合作租赁等。对于住房租赁业务，形成一套激励政策，比如使用住房公积金付租金、减免一定的个人所得税等，推动房屋租赁市场氛围的形成。

第二，提供不同成长阶段的产业空间有效供给。除自有物业的企业参与城市更新外，建立区级优质中小企业发展基金，延长中小企业物业租赁周期，由现状普遍的 3 ~ 5 年租赁期提高到 10 年以上。鼓励大型国有企业与原农村合作，参与原农村旧工业区更新改造，收购或长期租赁社区产业物业，定向租赁给具有高成长性的中小企业，让企业在资本和人力的长期投放方面吃下定心丸。

2. 发挥市场配置公共产品的积极作用

除基本公共配套以外，根据社区实际居住人口的状况，推动公共产品从计划性安排向市场灵活调节方向的转变。比如，深圳当前对保障性住房和创新型产业用房——这"两房"目前的配置思路基本靠计划指标分解给各区，由各区自己主动建设或通过区内城市更新项目进行配建。

但是按照这种对"两房"的计划安排模式，可能存在"两房"空间配置与实际需求和现状条件错配的状况出现。为了避免公共产品出现供需失衡的状况，在公共产品的保障方面，除了按规划指标进行配置以外，应鼓励探索更加灵活有效的市场运作机制，按照市场规律对公共产品的需求进行供需协调。比如，可以借鉴美国旧金山湾区设立公共产品保障资金池的经验，为不同类型的保障性公共项目提供资金支持，允许保障性公共产品的配建指标可通过保障资金进行折算并转移实现，从而实现保障性公共要素的灵活流转和按需配置。

积极建立公共产品供给的竞争机制，提高公共产品供给的质量和效率。深圳城市更新中公共产品的构成日益丰富，各种公共产品与非公共经营性物业的经济联系越来越紧密，比如商业大厦地下空间与轨道交通接驳的公共空间供给、写字楼群之间的公共连廊建设等。通过引入多元的市场主体，搭建多元的公共产品供给秩序，可以有效提高公共产品供给和服务的综合效益。

3. 搭建公共产品供给的预警机制

公共产品的供给大多来自"自上而下"的规划，作为一种指标指令性的安排，供给的够不够、好不好很难简单地从指标大小上得到论证。此外，公共产品的供给还存在后知后觉的问题，一般在建成后使用的过程中才逐步暴露出各种状况。结合公共产品供给和使用的特征，需要在前端公共产品供给时就能进行全面、系统、科学的预测分析，建立公共产品供给预警机制。

在这一领域，大数据应用、物联网管理等有着广阔的应用空间。美国纽约市前市长迈克尔·布隆伯格（Michael Bloomberg）指出"技术革命的核心是不断提高我们利用数据改善政府服务的能力，如果你无法衡量数据，就无法管理它，这需要我们致力于利用数据更好地服务市民"（史蒂芬·戈德史密斯和苏珊·克劳福德 / Stephen Goldsmith and Susan Granford，2019）。在城市更新领域，我们需要想办法了解如何基于大数据平台建立更新预警机制。运用先进的数据分析工具，我们可以将城市更新前后的开发容量、公共配套、交通供给、市政支撑等各种基础信息进行分析和整合，模拟城市更新公共产品供给的效果，从而为公共配套设施的规划安排、更新项目前置条件设定以及公共利益保障等提供直接参考。其中，需要特别关注基础性公共教育资源（主要包括幼儿园、小学和初中）的配置，尽快建立城市更新项目公共教育资源供给的预警机制，严格审批或禁止无法提供自身公共教育配套且增加现有公共教育负担的小地块更新项目。此外，未来在物联网中将产生大量的来自各种感应装置的数据，这些数据可以反映城市环境、人的行为偏好等方面的各种变化（比如车流噪声、道路拥挤程度、公共场所使用习惯、街道通行效率等）。城市更新中需要加强对物联网数据的应用，帮助找到提供公共产品的更佳方案。

9.1.3 探索三：营造多样的人性空间

如果未曾生产一个合适的空间，那么改变生活方式、改变社会都是空话（Lefebvre，1979）。公共环境是人在城市中能体会到的最具有公共属性的实体。这些空间的趣味性、开放性、日常性可以直接影响最广泛的群体。因此，城市更新需要从增强空间的在地属性、重视日常空间的微更新和让空间承载更多的文化艺术想象等方面营造多样的人性空间。

1. 增强空间的"在地"属性

中山大学何艳玲教授指出，"在城市的（in the city）治理"将城市当成一个物理容器而忽略了其社会属性和社会场景，与其不同的"属于城市（of the city）的治理"指的是人民对城市而言的主体性，城市空间设计需考虑到生活在这个城市中人的需求及其回应[1]。以居民的需求和感受为出发点，可以将城市化建设中环境的塑造与居民自身的历史文化、价值认同融合起来，这种相互适应令人感到幸福，让人在城市生活中找到安全感和归属感。当从"属于城市（of the city）"的角度出发，可以发现在主动地、用有归属感的管理思维引导下，让模糊的"我""我们"有了明确的构成，这使得城市空间的成长具有真正的生命力，从而避免

---

[1] 资料来自 2017 年 6 月 30 日 UPDIS 共同城市报道文章《何艳玲专访 从深圳故事到深圳模式》。

图 9-3　广场、连廊、公园、社区、菜市场、车站里的人群，构成了深圳这座城市最美的风景 | **图片来源：**大勇工作室。

像北京大学李迪华教授在《"与人为敌"的人居环境》的演讲中列举的不友好的城市设计。

回到深圳，我们发现有很多的可能让空间拥有在地属性。比如深圳常年气温较高，在阳光暴晒下的出行是件苦差事，通过修建公共交通连接的通道、在大片绿地广场上提供可遮阴避雨的场所、增加室外人群密集活动地点的喷雾加湿系统等，让生活在这里的人们可以更加舒适地进行户外活动。又比如我们经常提到的城市街道，作为日常生活中最具有现实意义的空间，需要被重塑（恢复）为"自由空间"（张宇星，2017）。可以通过提供更具弹性的空间，让临街商业"热闹与友善"地对外传递，让其中的日常生活变得自由活泼、气韵生动。

2. 重视日常空间的微更新

城市快速发展以及居民生活节奏的加快，使人们对城市的感知通常由片断、主题性的影像和符号组成，导致城市认知与真实的、日常生活场所的分离，呈现出意义的"零度化"（王吉勇，2016）。所谓的"零度化"，就是用一种符号的意义来解释另外一种符号，或者说就是缺少具象的感知。外地人对深圳的城市认知，大多最直接的体验来自现代化的标志性楼宇和广场等城市景观，缺少对深圳本土文化和日常生活的感知。

"深圳人"来自五湖四海，在2000万的实际管理人口中，常住人口占50%左右，不足400万的户籍人口中80%来自市外地区。主动关注"深圳人"在日常居住、工作、出行、旅游、娱乐、教育、养老、医疗等方面的具体需求，发挥城市空间的日常性特征，是深圳这座移民城市必须正视的问题。建立一种基于日常真实生活的城市治理模式，回归城市"以人为本"的日常生活本质（王吉勇，2016）。

日常生活空间的改善，可以体现在方方面面。比如，去除公园的围栏，在公园里增设洗手池和直饮水设备，对公园进行阶梯改坡道、透水路面铺装、绿道沿线路灯加密等设计改造，将花坛四周的围挡直接设计成休闲座椅等；对老旧小区的公共空间进行升级，更新健身设施，更换老旧电梯，将小型垃圾场站附设于地下，还地面更多的活动空间；设计更平顺的车行道与人行道接驳断面，改变地铁出入口仅单侧设置垂直电梯的状况，在居住区与公园联系方面增加网络化慢行坡道，提供更友好、更关爱的广播声音系统，这些可以提高公共活动空间的便利性、舒适性和安全性。在这些空间营造的过程中，要及时疏导与解决不同社会群体的日常生活交往需求，形成社会交流的积极空间。比如，对于人口密集的城中村和产业集聚区，需要关注居住人口和产业人口的休闲文化体验；对于社区式管理的小区，需要关注家庭活动、不同年龄阶段的老人和儿童等的日常微需求。对一座城市的感情，并不仅仅来自主题式、节庆式的大型公共空间，更来自于居家生活、交通出行、休闲聚会的日常微空间。

3. 让空间承载更多的文化艺术想象

社会和经济的多样性、包容性需要空间相应的匹配，而文化艺术可以让这些空间更有黏性、更能激发人们创意。通过联结当前的城市话题与空间特色，让稀松平常的生活景象变身为"有人情味"的城市印象。这些重新被文化艺术设计打开的空间，可以再次唤醒那些遗忘的记忆，承载更多的美好想象。

比如，水城威尼斯尽管在规划设计方面十分严谨，但是"艺术的灵感"却闪耀在威尼斯的每个角落（吕克·布莱尔 / Luc Boulet，2016）。独具匠心的全城照明系统、古老的门铃和信箱的保留与普及使用、定期翻新楼房并保持建筑风格不变、历史建筑的保护与再生等，整座城市和谐统一，散发着独特的城市魅力。香港每年三月会开展香港艺术月，吸引了世界各地热门的艺术展览，通过大型开放、趣味、鲜艳的壁画创作以及精彩纷呈的街头艺术，让街道空间充满浓郁的艺术氛围，给旧城区注入了新的活力。

未来我们需要采取一种灵活的、开放的、拼贴式、艺术化的规划手段，创造一种包容、多元、复合的社会和空间系统，塑造一座有思想、有灵魂的城市。这座城市既要有高品质的环境质量，满足现代生活的需要；又能传承古老的历史文明，具有丰富的人文精神。此外，对于那些随机的、自我调节下产生的非正式空间，更需要发挥艺术的想象力，让其成为城市里生活的来源地。这些场所可以打破常态模式，提供社会生活的多样性。

9.2 未来城市对深圳的期许

当我们把深圳放到人类城市的历史发展坐标，去对标已经存在的、并不断自我更新的伟大城市，包容、公平、活力、创新等是这些城市成功的基因，也是不断追求的目标和奋斗方向。我们希望结合人类文明的发展趋势，超越机制、手段、空间等策略，更加忠实于生命世界而非物体，更加强调公平而非利益，更加关注自由而非控制。深圳需要紧跟世界科技进步与新经济发展的步伐，不断提供多样低成本的城市服务与公共产品，保持城市资源最大程度的共享，围绕全球人才、区域人口、大学移民、本地儿童与家庭等，培育城市发展新活力和社会进阶的新希望。面对全球城市文明以及人类自由和公平时，想象深圳在建设未来城市的过程中，未来城市发展的各种可能。

9.2.1 全球化：创新、共享、流动

全球化作为历史潮流不可阻挡。当前被称为"全球化 4.0：第四次工业革命时代"的新一轮全球化正在如火如荼地展开。在以规则为基础的全球化治理过程中，城市作为聚集众多人口的重要地区，需要通过全球化所释放出来更多的正面效应，解决城市发展遇到的各种挑战。

1. 走向创新城市：集聚"城市知识资本"

创新是城市激发活力、永续发展的动力来源。当前，新一轮的科技产业革命正在全球范围内孕育兴起，能否充分利用科技革命和产业变革带来的重大发展机遇，成为世界各大城市未来发展面临的一大挑战，这其中创新驱动是重中之重。

在创新城市建设的过程中，无论是创新载体的丰富，还是创新梯级链条的延伸，都离不开创新人才的培养。在全球目前最活跃的 20 个创业生态圈中，美国早期的人口政策和多元的教学机构给硅谷带来了人才上的优势，硅谷的人才供给远远超过紧随其后的纽约、洛杉矶、伦敦，这成为硅谷成功的关键（饭遥，2016）。深圳作为我国面积最小的特大城市，其最大优势来自于大量低成本、快速集成的制造业创新和快速跃升的高新技术产业创新。而支持这些优势的基础是来自国内外其他地区不断流入的年轻人，形成了深圳独特的、自我顽强的创新企业孵化和生长土壤。

在深圳这一创新的土壤中，不同知识背景、文化背景、成长背景的人们互相学习，构成了独特的"城市知识资本"。未来实现深圳国际化的城市愿景，建立真正意义上的全球运作网络，最重要的是让生活在这里的创新、创业者能找到生存并可以持续创新的方式，进而不断地创造出"城市知识资本"。这些"知识资本"可以广泛渗透到城市发展的方方面面，推动经济格局和产业形态深刻调整，进一步改善社会环境。

2. 走向共享城市：更为紧密地共建共享

党的十八届五中全会提出了"共享发展"的理念，其内涵包括全民共享、全面共享、共建共享和渐进共享 4 个方面。将观察的视角投向城市更新，可以发现只有在更新过程中持续地进行共建，才能达成共享的目标。这里的共建，并不仅仅简单地体现在开发建设领域，从其内涵而言，包含了更为广泛的参与和共同行动。而资源共享的实现则需要城市公共产品供给能力的不断提升。比如，提高公共资源的覆盖密度（如公共绿地、学校、医院等），根据公共资源的服务能级配套相应的公共资源，提高公共交通的便捷度和公共资源的可达性，丰富公共空间的复合功能等。

实现更为紧密的共建共享，是深圳城市更新最具社会价值和维护社会公平的制度设计。在这一制度设计过程中，需要关注共享资源的形成机理。牛津大学地理学家戴维·哈维（David Hawery）在《叛逆的城市》中指出，共享资源并不是一种特定的事物、特定的资产甚至特定的社会过程，而是一种不稳定的和可以继续发展的社会关系，创造共享资源实践的核心是社会集团和作为共享资源对待的环境之间的关系，它将是集体的和非商品化的，不受市场交换和市场估价逻辑的限制（戴维·哈维，2016）。我们必须意识到，使用共享资源的权利属于所有创造这份共享资源的人们，我们必须保护好城市的这些共享资源。

3. 走向流动城市：构建零边际成本社会

科技发展和共享协同带来的是全球信息、产品、服务、人力，甚至资本的自由流动和成本降低。杰里米·里夫金（Jeremy Rifkin）在《零边际成本社会》中预言，"零成本"现象孕育着一种新的混合式经济模式，这将对社会产生深远的影响（杰里米·里夫金，2014）。当经济稀缺逐渐让步于经济过剩时，可以通过商品使用权的创新（这些商品可以是城中村、旧工业区，也可以是投资性房地产和公益性的服务空间），从而改变当前的城市更新模式，推动城市更新主体、周期、规则等一系列的改变。

深圳要借助自身市场发育较为成熟的优势，更多地运用市场机制来配置和汇聚全球的优质资源，将城市更新融入全球网络体系。通过全面促进产业投资、教育科研、人才培养、设施联通、平台建设等方面合作机制的建立，破解影响资源、资产和资本自由流动的瓶颈和制约。在协同共享中不断降低交易成本，为城市可持续发展源源不断地提供低成本服务和产品，打造稳定的、透明的和可预期的发展环境。

9.2.2 本地化：包容、活力、学习

加拿大哲学家查尔斯·泰勒（Charles Taylor）曾说过"我们未来的

世界将是这样的：所有的社会从机制到表象都经历变化。这些变化的一部分可能会类似，但不会趋同，因为新的差别会从旧的当中出现"。不管科技、信息、全球化如何发展，我们最终要回到本土的机理，即深圳的地方性和现实性。

1. 走向包容城市：社会公平与共同生活

深圳城市发展是在社会主义意识形态下引入资本和市场机制，以发展、效率和结果为导向的社会主义特色实践。政策、资本、劳动力、意识、模仿、土地等是深圳本地化发展的动力。之所以把包容（围绕社会公平与共同生活的思考）放到本地化探讨的首位，是基于我们对一些全球城市发展历程的认识。一个城市的政策、企业、资本、精英都是相对

图 9-4　深圳目前已建成 942 座公园和 2443km 的各级绿道网络，登山、骑行、跑步等运动让城市中高压力、快节奏的人们得到身心的释放 |
图片来源：大勇工作室，于光宇。

的，或者说是变化、流动的。当城市出现衰退或收缩，即使曾经通过降低居住成本吸引移民，这些要素也会离开或失效、闲置，留下的只有钢筋混凝土及走不了的人。所以，这不仅仅是供给侧分配不平等的问题，也是社会日趋不平等和极端的分化。这就是萨斯基娅·萨森（Saskia Sassen）所说的"掠夺性构造"的形成，即精英和以金融为关键手段的系统能力的混合推动财富的极端集中（萨斯基娅·萨森，2017）。因此，与供给侧制度设计、全球化融入问题相比，我们认为社会的包容公平或者说"谁拥有城市"的城市权利问题，是深圳城市更新与社会可持续发展的根本问题，也是探索与实现"社会主义先行区"的基石。

在构建包容、公平这一城市发展愿景的过程中，我们必须审视到底哪些人被包容，而哪些人被排斥。这时必须遵循3个原则：不从法律上排斥任何人、不从对话中排斥任何人、不从庆祝中排斥任何人（张宇星，2017）。面对现实的城市，我们希望把社会包容和公平问题转化为城市中的共同生活。也就是说，不同的群体都可以在城市中找到适合自己的生活方式，有一种希望的存在。同时城市也提供多样的价值观，拒绝单一价值路径，如资本导向、成功导向、精英导向等。在这样的价值导向下，我们必须更深刻地理解和承认人的多重性，并且将这种多重性带入城市的公共决策和城市的管理过程，不仅在空间的更新与供给方面持续地多样化（以教育产品为例，需要高等教育与职业教育、私立与公立义务教育等），而且在空间上尽可能混合不同群体，尽量使不同群体在享用公共产品的同时实现共同生活。

2. 走向活力城市：从新移民到新市民的群体智慧

深圳城市的活力包含很多因素，如政策的及时性、开放的市场活力、包容的社会生境等。这里我们想探讨两个很重要的活力要素。

一是"深圳人"的思想、意识形态，如开放、敢为、包容、奋斗等。和其他城市不一样，"深圳人"大多有开放的态度和开放的思想，他们对生活充满着希望、憧憬，有着敢拼敢搏的冒险精神。这是深圳自成立以来最重要的发展动力，也逐渐形成了最重要的城市集体符号资本。在城市更新过程中，并不仅仅是直接利益主体的更新活动，而更多涉及城市的公共服务、市政设施、交通出行、财税、房价等，关系到城市中的每个人。我们在城市更新过程中，要有意识地创造一个关键的希望空间：在这里文化生产和改革进步都能找到持续不断的力量，整个社会可以持续地同向发力。从新移民到新市民，"深圳人"独具的集体符号资本将使这座城市释放巨大的活力。

二是不断流入的人口红利。随着全球化、区域发展平衡及城市成本提高，未来深圳人口红利的关键是依靠本地大学（职业培训、特色教育等）持续提供的高素质、低成本的人口红利，同时能够不断继承与发展城市的集体精神。深圳未来将陆续有 20 多所大学落地[1]，大学（职业培训、特色教育学院等）给城市带来的不仅是直接充当产业结构调整的驱动力，最大的资源是可以持续不断地给深圳带来高学历、年轻的大学移民，并以高校基因重塑城市文化生态。围绕大学周边地区的城市更新，需要与周边的社区形成联动式公共治理，预留足够的公共空间、城市文化设施，满足创新人群工作和居住的需要。

3. 走向学习城市：实现人的"邂逅"交流

城市是一个交流的地方，当城市思想和人口红利不断流动时，城市更新最重要的是创造和提供一种可以相互学习、交流的场所。尤其是在科技信息技术不断发展的趋势下，"面对面交流"显得更加重要。这里，我们用"邂逅"来表达这种交流，思考城市更新中社会交往的重要性。

人类最重要的能力就是相互学习的能力。根据英国经济学家威廉姆·斯坦利·杰文斯（William Stanley Jevons）的互补定理（杰文斯悖论），随着信息技术不断进步，远距离交流的便利会导致面对面的交流学习并没有减少反而是更加频繁了。我们需要在城市更新中，把"邂逅"看成是城市生活的鲜活成分，使用规划的方式和方法，扶植"邂逅"，增加"邂逅"空间的可能性，在不断的"邂逅"中碰撞出新的思想、创意。这也是创造新企业、新群体以及增加对城市希望和认同的重要方式，如荷兰阿姆斯特丹的"布雷丁场"、加拿大多伦多的"安全城市项目"。

关于"邂逅"，我们必须关注到在城市中生活成长的儿童，他们是城市发展活力和社会稳定的新希望，所有我们在现实中的思考、努力都

---

[1] 2016 年深圳市委市政府正式发布《关于加快高等教育发展的若干意见》，明确了深圳高等教育未来 10 年发展的总体思路和目标，到 2025 年深圳高校数量翻一番，达到 20 所左右，在校生达到 25 万人。

图 9-5 位于深圳福田中心区的深圳图书馆。深圳从 2003 年开始建设"图书馆之城",首创城市街区 24 小时自助图书馆。分布在大型住宅区、工业区及科技园区、公共文化场所、综合办公区、交通枢纽、地铁沿线等,为市民提供便捷的借阅服务 | **图片来源:** 大勇工作室。

是为了他们美好的未来。目前深圳统计有 138.5 万名儿童,占常住人口的 12.85%,深圳每年新生儿出生量在 20 万以上,预计 2030 年,儿童(0 ~ 14 岁)人口将达到 360 万左右[1]。为全面建构儿童友好的城市环境,深圳 2016 年在全国率先提出全面建设成为儿童友好型城市,并将此目标纳入"十三五"规划,提出了鼓励儿童参与社会公共事务、实施普惠型儿童社会保障和全面建构儿童友好空间的三大核心战略。而与上述目标和实施战略背离的现实是,各种相对封闭的兴趣班成为大多数城市儿童的选择。未来城市更新可以要求社区公共活动中心与幼儿园、小学等做紧邻布置,方便儿童放学就可以到社区中心活动,而社区本身需要配置较完善的公共空间、图书馆等,为儿童提供丰富的活动和交流场地。另外,我们需要注意到,因有儿童,家庭之间的"邂逅"会变得容易发生,成年人与成年人、家庭与家庭,会为了共同的目标一起活动,而在其他

---

[1] 资料来自《深圳市建设儿童友好型城市战略规划》。

情况下，他们可能永远不会相遇或甚少交流。所以，城市更新要关注儿童家庭成员的交往场所，这些空间能够成为参与者重要的联系点。这就是萨米尔·阿明（Samir Amin）所说的"微型公共空间"，这一空间以家庭为单元，可以逐步产生广泛的城市交往并提高社区存在感，加强家庭、企业和政府部门间合作关系的建立。通过这些"微型公共空间"的打造，可以不断建立深圳这座移民城市本身的社会认同感与文化渊源，降低社会及更新的交易成本。在一个儿童友好型城市中长大成人，他身上势必带有"真实、包容、热情、公平"等适应未来社会的种种优秀品质，他们代表着深圳的未来。

9.3 城市希望：想象力与创造力

　　深圳，从小渔村到特大城市，城市生活的创造力推动形成了中国极具快速发展特征的城市混血空间。与日本建筑师家本由晴形容东京的建筑是混血的建筑（包括使用上的混血、构筑上的混血和美学上的混血）相类似，深圳在现代城市多元需求与多元变化的过程中，形成了一种具有生存竞争能力的、发展有机的、具有自我微调能力的城市空间。这种混血空间代表了我国自改革开放以来制度、资本、空间、社会等诸多发展要素在城市这一空间载体上的自由发展与最大可能的融合。然而，随着城市发展初期的成本低廉、政策集中扶持、体制相对灵活等优势的逐渐丧失，城市发展从快速发展阶段的要素充足、相对自由转向了用地存量条件下有限资源的激烈竞争。随着资本的高度集中，密集的城市中心不断得以强化，成为以竞争为动机的"角斗场"。在这种竞争下，层级分明、高强度固定功能的构筑物让生活于其中的人越来越渺小，空间生产日益被资本力量所控制。

　　然而，"人"作为城市生活的主体，是城市更新的内生动力，是自由的、可呼吸的。任何城市的更新都必然回归到为"人"而生的原始出发点上。无论是物质生产还是科技进步，都不能践踏"人所以为人"的尊严，更无法取代"人"的价值。我们需要运用自己的想象力和创造力，从人性中最基础的自由、平等、诚信等道德伦理出发，建立一种基于人与人之间的"原始诚信"的交易、交换、交往空间。这种空间既包括一定受限制空间，比如住宅、公寓，政府、机关团体用地，公共的学校、医院、图书馆、广场、公园等；也包括一定的自由空间，比如具有较低边际成本的共享空间、维护城市集体记忆的集体符号空间、面对面交流学习的"邂逅"空间、城市边缘和临时性的非确定性空间、社区自治与真实生活的日常性空间等。这些空间为城市生活提供有机发展的各种可能，而各种创造力也在这样的空间中得以产生。

城市生活的创造力正是来源于其中生活的各类人群，无论是文化还是物质，彼此竞争，继而创造出一篇篇生动的生活故事。这些创造的自由越多，城市更新的活力和持续发展的可能性就越大。这样，深圳城市的更新将不仅仅是空间的更新、技术的升级、资本的滚动、财力的增长，最终将成为城市新希望培养的母体，孕育出独具深圳特质的城市文明。

回到城市诞生与发展的原点。

参考文献

1. （比利时）吕克·布莱尔.面向未来的城市,新鲁汶大学城——欧洲新城镇建设的范例[M].朱杉,译.武汉大学出版社,2016.

2. （加拿大）查尔斯·泰勒.自我的根源:现代认同的形成[M].韩震,译.译林出版社,2012.

3. （美）戴维·哈维.叛逆的城市——从拥有城市权利到城市革命[M].叶齐茂,倪晓晖,译.商务印书馆,2016.

4. （美）杰里米·里夫金.零边际成本社会:一个物联网、合作共赢的新经济时代[M].赛迪研究院专家组,译.中信出版社,2014.

5. （美）萨斯基娅·萨森.驱逐——全球经济中的野蛮性与复杂性[M].何淼,译.江苏凤凰教育出版社,2017.

6. （美）史蒂芬·戈德史密斯,苏珊·克劳福德.数据驱动的智能城市[M].车品觉,译.浙江人民出版社,2019.

7. （日）池泽宽.城市风貌设计[M].郝慎钧,译.天津大学出版社,1989.

8. （英）彼得·罗伯茨,休·赛克斯.城市更新手册[M].叶齐茂,倪晓晖,译.中国建筑工业出版社,2009.

9. 北京市住房和城乡建设委员会.北京:紧密围绕"五大核心"问题创新推进棚改[J].城乡建设,2015(5):63-64.

10. 曹南薇.旧工业区的更新实施机制创新研究——以深圳市笋岗－清水河片区整体城市更新贡献率研究为例[M]//中国城市规划学会.城市时代,协同规划——2013中国城市规划年会论文集.青岛出版社,2013.

11. 曾崇富.深圳市开发区经营管理的基本经验[J].特区经济,1997(1):26-28.

12. 车志晖,张沛,吴淼,张中华.社会资本视域下城市更新可持续推进策略[J].规划师,2017,33(12):67-72.

13. 陈蕾.地方政府失信及其治理研究[D].黑龙江大学,2015.

14. 陈晓键.公众诉求与城市规划决策:基于城市设施使用情况调研的分析和思考[J].国际城市规划,2013,28(1):21-25.

15. 陈幸均,徐莹峰,陈琳,等.URS城市里的创意群落.台北市都市更新处,2013.

16. 陈远鹏."别让华为跑了"的背后[J].小康,2016(12):64-65.

17. 成元一.聚焦公共要素的城市更新机制探讨——以上海市杨浦区长白社区228街坊"两万户"项目为例[J].上海城市规划,2017(5):51-56.

18. 褚冬竹,严萌.城市更新"退型进化"现象、机制与前瞻[J].建筑学报,2016(7):11-16.

19. 单皓.城市更新和规划革新——《深圳市城市更新办法》中的开发控制[J].城市规划,2013,37(1):79-84.

20. 单樑,王鹏,顾雪.双线思维导向的城市更新方法探究——以深圳市大鹏新区为例[M]//中国城市规划学会.新常态:传承与变革——2015中国城市规划年会论文集.中国建筑工业出版社,2015.

21. 董玛力,陈田,王丽艳.西方城市更新发展历程和政策演变[J].人文地理,2009,24(5):42-46.

22. 杜杰.都市里村庄的世纪抉择——关于深圳市罗湖区原农村城市化进程的调查报告[J].城市规划,1999(9):15-17,64.

23. 杜雁,司马晓,郭晓建.提高土地效能,创新规划与国土"双平台"管理机制[J].城市规划学刊,2010(S1):6-11.

24. 杜雁.深圳法定图则编制十年历程[J].城市规划学刊,2010(1):104-108.

25. 樊行,李江,胡盈盈,贺传皎.快速城市化下对深圳城市更新的反思和对策研究[M]//中国城市规划学会.城市规划和科学发展——2009中国城市规划年会论文集.天津科学技术出版社,2009.

26. 樊华,盛鸣,肇新宇.产业导向下存量空间的城市片区更新统筹——以深圳梅林地区为例[J].规划师,2015,31(11):110-115.

27. 饭遥.盘点全球最活跃的20个创业生态圈[J].杭州科技,2016(1):47-49.

28. 范丽君.深圳城市更新单元规划实践探索与思考[M]//中国城市规划学会.城市时代,协同规划——2013中国城市规划年会论文集.青岛出版社,2013.

29. 傅鸿源,胡焱.城市综合承载力研究综述[J].城市问题,2009(5):27-31.

30. 高洁.城市规划的利益冲突与制衡[J].华东经济管理,2006,20(1):32-36.

31. 高军波,苏华.西方城市公共服务设施供给研究进展及对我国启示[J].热带地理,2010(1):8-12,29.

32. 郜昂,邹兵,刘成明.由"单一"转向"复合"的深圳旧工业区更新模式探索[J].规划师,2017,33(5):114-119.

33. 顾哲,侯青.基于公共选择视角的城市更新机制研究[M].浙江.浙江大学出版社.2014.

34. 关烨,葛岩.新一轮总规背景下上海城市更新规划工作方法借鉴与探索[J].上海城市规划,2015(3):33-38.

35. 广州市人民政府法制办公室,广州市城市更新局.广州市城市更新政策释义[J].中国建筑工业出版社,2016.

36. 郭立源.从"自然村"到"城中村"深圳城市化进程中的村落形态演变[D].深圳大学,2005.

37. 郭少帆,王成晖.更新进程中的深圳城市更新问题研究[M]//中国城市规划学会.转型与重构——2011中国城市规划年会论文集.东南大学出版社,2011.

38. 国际建筑师协会.北京宪章[J].中外建筑,1999(3):6-8.

39. 韩荡."城中村"改造的理论框架及案例研究[J].规划师,2004,5(20):13-15.

40. 何芳.城市土地再利用产权处置及利益分配研究——城市存量土地盘活理论与实践[M].科学出版社,2014.

41. 何健翔,蒋滢.艺象总述——山海间的国际艺术区[J].城市环境设计,2015(9):204-205.

42. 贺传皎,李江.深圳城市更新地区规划标准编制探讨[J].城市规划,2011,35(4):74-79.

43. 贺传皎,王旭,邹兵.由"产城互促"到"产城融合"——深圳市产业布局规划的思路与方法[J].城市规划学刊,2012(5):30-36.

44. 贺辉义,张京祥,陈浩,等.双重约束和互动演进下城市更新治理升级——基于深圳旧村改造实践的观察[J].现代城市研究,2016(11):86-92.

45. 胡细银.对深圳城市更新发展的思考[J].特区经济,2002(9):39-40.

46. 胡毅,张京祥.中国城市住区更新的解读与重构——走向空间正义的空间生产[M].中国建筑工业出版社,2015.

47. 胡盈盈,秦正茂,缪春胜.新型城镇化背景下城市更新策略选择及制度设计——以深圳市为例[C]//第二届全国规划实施学术研讨会.中国城市规划学会,2014.

48. 黄健文,徐莹.从"旧城改建"到"三旧改造"——对我国旧城改造的历程与相关称谓回顾[J].华中建筑,2010,28(11):146-147,150.

49. 黄金.深圳城市更新研究历程及发展方向探讨[D].同济大学,2006.

50. 黄汝钦,程龙.践行城市经营理念,实现城市转型发展[M]//中国城市规划学会.多元与包容——2012中国城市规划年会论文集.云南科技出版社,2012.

51. 黄卫东,母少辉,张玉娴.新形势下深圳上步工业区的空间发展应对[C]//理想空间:城市产业空间创新与实践.
同济大学出版,2011.

52. 黄卫东,唐怡.市场主导下的快速城市化地区更新规划初探——以深圳市香蜜湖为例[J].城市观察,2011,12(2):
86-94.

53. 黄卫东,张玉娴.市场主导下快速发展演进地区的规划应对——以深圳华强北片区为例[J].城市规划,
2010,34(8):67-72.

54. 黄卫东.城市规划实践中的规则建构——以深圳为例[J].城市规划,2017,41(4):49-54.

55. 江奇,叶晶晶.京沪杭三地城市更新经验对广州市的启示[J].中国房地产,2016(31):65-67.

56. 姜杰,宋芹.我国城市更新的公共管理分析[J].中国行政管理,2009(4):11-14.

57. 姜杰,张晓峰,宋立焘.城市更新与中国实践[M].山东大学出版社,2013.

58. 敬宏愿,杨妍.深圳城市更新经验的沉淀与输出[M]//中国城市规划学会.新常态:传承与变革——2015中
国城市规划年会论文集.中国建筑工业出版社,2015.

59. 李江,胡盈盈.转型期深圳城市更新规划探索与实践[M].东南大学出版社,2015.

60. 李江,王芬芳.资源紧约束条件下的深圳城市更新政策评价与对策研究[M]//中国城市规划学会.规划50年——
2006中国城市规划年会论文集.中国建筑工业出版社,2006.

61. 李其荣.对立统一:城市发展历史逻辑新论[M].东南大学出版社,2000.

62. 李启军.从响应到引导——深圳产业转型的规划应对[M]//中国城市规划学会.新常态:传承与变革——2015
中国城市规划年会论文集.中国建筑工业出版社,2015.

63. 李文婷.深圳坪山自主改造型城中村发展研究[D].华南理工大学,2014.

64. 李醉吾.深圳特区行政体制改革的回顾与前瞻[J].特区理论与实践,1995(9):31-33.

65. 刘冰冰,洪涛.公共开放空间规划与管理实践——以深圳为例[M]//中国城市规划学会.新常态:传承与变革——
2015中国城市规划年会论文集.中国建筑工业出版社,2015.

66. 刘芳,张宇.深圳市城市更新制度解析——基于产权重构和利益共享视角[J].城市发展研究,2015,22(2):
25-30.

67. 刘贵文,易志勇,刘冬梅,等.我国内地与香港、台湾地区城市更新机制比较研究[J].建筑经济,2017,38(4):
82-85

68. 刘洁.公平正义视角下的城市更新实施策略研究——以台湾都市更新为例[D].长安大学,2016.

69. 刘满衡.福田区农村城市化十周年的思考[J].特区经济,2002(9):45-47.

70. 刘天河,易纯.多目标导向下的城市更新规划研究[J].城市学刊,2016,(06):74-78.

71. 刘晓都,孟岩,王辉.城中村:有机整改VS整体重建[J].建筑创作,2006(3):66-83.

72. 刘晓凤.政府购买社会组织公共服务监管问题研究[D].郑州大学,2015.

73. 刘昕.城市更新单元制度探索与实践——以深圳特色的城市更新年度计划编制为例[J].规划师,2010,26(11):
66-69.

74. 刘应明,何瑶.城市更新规划中市政设施配置标准研究——以深圳市为例[J].现代城市研究,2013,28(8):
21-24,43.

75. 吕晓蓓,赵若焱.城市更新中的政府作为——深圳市城市更新制度体系的初步研究[M]//中国城市规划学会.
生态文明视角下的城乡规划——2008中国城市规划年会论文集.中国建筑工业出版社,2008.

76. 吕晓蓓，赵若焱.对深圳市城市更新制度建设的几点思考[J].城市规划，2009，33（4）：57-60.

77. 马航.深圳城中村改造的城市社会学视野分析[J].城市规划，2007，31（1）：26-32.

78. 马克思恩格斯选集[M].人民出版社，2012.

79. 苗阳.我国传统城市文脉构成要素的价值评判及传承方法框架的建立[J].城市规划学刊，2005（4）：40-44，27.

80. 缪春胜，王旭，谭艳霞.规划引领和政策管控双视角下的更新实施路径探索——以深圳城市更新为例[M]//中国城市规划学会.规划60年：成就与挑战——2016中国城市规划年会论文集.中国建筑工业出版社，2016.

81. 南方都市报，陈文定.未来没有城中村：一座先锋城市的拆迁造富神话[M].中国民主法制出版社，2011.

82. 倪慧.西欧城市更新的发展及其借鉴与启示[D].东南大学，2007.

83. 钱洛阳，朱海森.西方国家"绅士化"研究进展综述[J].世界地理研究，2008，17（4）：66-70.

84. 秦波，苗芬芬.城市更新中公众参与的演进发展：基于深圳盐田案例的回顾[J].城市发展研究，2015，22（3）：58-62，79.

85. 秦萧，甄峰.基于大数据应用的城市空间研究进展与展望[M]//中国城市规划学会.城市时代，协同规划——2013中国城市规划年会论文集.青岛出版社，2013.

86. 深圳市规划和国土资源委员会.深圳市城市规划标准与准则[S].中国标准出版社，2013.

87. 深圳市委政策研究室课题组.深圳城市更新的若干重要问题[J].特区实践与理论，2008（4）：38-42.

88. 施卫良，邹兵，金忠民，等.面对存量和减量的总体规划[J].城市规划，2014，38（11）：16-21.

89. 舒亚丽.探讨城市更新规划在规划体系中的定位及其影响[DB].城市建设理论研究（电子版），2013-06-15.

90. 苏甦.上海城市更新的发展历程研究[M]//中国城市规划学会.持续发展　理性规划——2017中国城市规划年会论文集.中国建筑工业出版社，2017.

91. 孙彩红.治理视角下的社区公共服务——基于深圳市南山区的案例分析[J].学习与探索，2015（3）：63-68.

92. 孙晓东，冯学钢.中国邮轮旅游产业：研究现状与展望[J].旅游学刊，2012，27（2）：101-112.

93. 孙新华.深圳产业发展的若干问题[J].特区实践与理论，2011（1）：37-41，1.

94. 谭维宁.对旧区重建中社会和经济问题的思辩——以深圳市八卦岭工业区改造为例[J].城市规划汇刊，1999（4）：30-34，79.

95. 汤丽霞，海闻.深圳国际化城市建设比较研究报告[M].中国发展出版社，2014.

96. 唐文.深圳创客运动发展的路径、缘由及启示[J].深圳信息职业技术学院学报，2015，13（3）：63-69.

97. 唐燕，克劳斯•昆兹曼(Klaus R.Kunzmann)等.文化、创意产业与城市更新[M].清华大学出版社，2016.

98. 田莉，姚之浩，郭旭，殷玮.基于产权重构的土地再开发——新型城镇化背景下的地方实践与启示[J].城市规划，2015，39（1）：22-29.

99. 田宗星，李贵才.基于TOD的城市更新策略探析——以深圳龙华新区为例[J].国际城市规划，2018，33（5）：93-98.

100. 王迪.后城市化背景下城市微空间的设计与探究[D].湖南大学，2016.

101. 王吉勇.共同城市：深圳移民城市的空间转型与城市治理探索[J].规划师，2016，32（11）：33-38.

102. 王吉勇.艺术改变生活——以公共艺术空间引导城市治理转型[C]//中国城市规划学会.城乡治理与规划改革——2014中国城市规划年会论文集.中国城市规划学会，2014.

103. 王嘉，郭立德.总量约束条件下城市更新项目空间增量分配方法探析——以深圳市华强北地区城市更新实践为例[J].城市规划学刊，2010（S1）：22-29.

104. 王嘉，黄颖.基于多主体利益平衡的深圳市城市更新规划实施机制研究[M]//中国城市规划学会.新常态：传承与变革——2015 中国城市规划年会论文集 . 中国建筑工业出版社，2015.

105. 王敏坚 . 基于博弈论的深圳城中村改造模式研究 [D]. 中南大学，2007.

106. 王鹏，单樑 . 存量规划下的旧工业区再生——以深圳旧工业区城市更新为例 [J]. 城市建筑，2018 (3)：62-65.

107. 王勤 . 论新加坡现代化发展五十年 [J]. 厦门大学学报 (哲学社会科学版)，2015 (4)：70-77.

108. 王庆，胡卫华，罗健强 . 深圳较场尾民宿小镇成功的经验与启示 [J]. 园林，2017 (3)：26-29.

109. 王如渊，孟凌 . 对我国失地农民 " 留地安置 " 模式几个问题的思考——以深圳特区为例 [J]. 中国软科学，2005
     （10）：14-20.

110. 王如渊 . 西方国家城市更新研究综述 [J]. 西华师范大学学报 (哲学社会科学版)，2004 (2)：1-6.

111. 王卫城 . 深圳城市更新的主要类型、问题及建议——城市空间结构的视角 [M]// 中国城市规划学会 . 规划 50
     年——2006 中国城市规划年会论文集 . 中国建筑工业出版社，2006.

112. 魏立志 . 北京居住型四合院及胡同微改造研究——以前门草厂地区改造为例 [D]. 北京建筑大学，2017.

113. 吴良镛 . 北京旧城居住区的整治途径——城市细胞的有机更新与 " 新四合院 " 的探索 [J]. 建筑学报，1989 (7)：11-18.

114. 伍炜，蔡天抒 . 城市更新中如何落实公共开放空间奖励——以深圳市南湖街道食品大厦城市更新单元规划实践
     为例 [J]. 城市规划，2017，41 (10)：114-118.

115. 席恒，公共物品供给机制研究 [D]. 西北大学，2003.

116. 徐丰，王立春 . 毛细现象和城中村更新——北京旧城改造中的参数化设计研究 [J]. 西部人居环境学刊，2014，
     29 (6)：36-42.

117. 徐新巧 . 城市更新地区地下空间资源开发利用规划与实践——以深圳市华强北片区为例 [J]. 城市规划学刊，
     2010 (S1)：30-35.

118. 许重光 . 深圳规划国土实行新的管理体制 [J]. 城市规划通讯,1994 (10)：8.

119. 严若谷，周素红，闫小培 . 城市更新之研究 [J]. 地理科学进展，2011，30 (8)：947-955.

120. 严雅琦，田莉 . 1990 年代以来英国的城市更新实施政策演进及其对我国的启示 [J] 上海城市规划，2016 (5)：
     54-59.

121. 阳建强，吴明伟 . 现代城市更新 [M]. 南京：东南大学出版社，1999.40 (1)：72-74.

122. 阳建强，杜雁，王引，段进，李江，杨贵庆，杨利，王嘉，袁奇峰，张广汉，朱荣远，王唯山，陈为邦 . 城市
     更新与功能提升 [J]. 城市规划，2016，(01)：99-106.

123. 阳建强，杜雁 . 城市更新要同时体现市场规律和公共政策属性 [J]. 城市规划，2016，40 (1)：72-74.

124. 阳建强 . 西欧城市更新 [M]. 东南大学出版社，2012.

125. 杨毅栋，洪田芬 . 城市双修背景下杭州城市有机更新规划体系构建与实践 [J]. 上海城市规划，2017 (5)：35-39.

126. 姚之浩，田莉 . 21 世纪以来广州城市更新模式的变迁及管治转型研究 [J]. 上海城市规划，2017 (5)：29-34.

127. 叶伟华，丁强，陈晓，叶阳 . 深圳近年法定图则全覆盖工作的探索和实践 [M]// 中国城市规划学会 . 多元与
     包容——2012 中国城市规划年会论文集 . 云南科技出版社， 2012.

128. 殷录文 . 市场经济条件下土地利用规划新模式——城市灰色用地规划研究 [D]. 苏州科技学院，2009.

129. 袁田 . 珠江啤酒广东营销策略研究 [D]. 桂林理工大学，2012.

130. 岳隽，陈小祥，刘挺 . 城市更新中利益调控及其保障机制探析——以深圳市为例 [J]. 现代城市研究，2016(12)：
     111-116.

131. 张更立 . 走向三方合作的伙伴关系: 西方城市更新政策的演变及其对中国的启示[J]. 城市发展研究，2004,11(4)：
     26-32.

132. 张建荣. 从违法低效供应到合法高效供应——基于产权视角探讨深圳城市住房体系中的城中村 [J]. 城市规划,
    2007, 31 (12): 73-77.

133. 张京祥, 陈浩. 空间治理: 中国城乡规划转型的政治经济学 [J]. 城市规划, 2014, 38 (11): 9-15.

134. 张京祥, 胡毅. 基于社会空间正义的转型期中国城市更新批判 [J]. 规划师, 2012, 28 (12): 5-9.

135. 张京祥. 公权与私权博弈视角下的城市规划建设 [J]. 现代城市研究, 2010, 25 (5): 7-12.

136. 张磊. "新常态"下城市更新治理模式比较与转型路径 [J]. 城市发展研究, 2015, 22 (12): 57-62.

137. 张宇星. 城市规划管理体系的建构与改革——以深圳市规划管理体系为例 [J]. 城市规划, 1998 (5): 18-21.

138. 张宇星. 街道: 重塑自由空间的可能性 [J]. 时代建筑, 2017 (6): 12-17.

139. 张宇星. 趣城·深圳美丽都市计划 [J]. 城市环境设计, 2015 (9): 163.

140. 张宇钟, 凯文. 走向深度城市化的多元路径——深圳土地二次开发模式探析 [J]. 国土资源, 2015 (6): 41-43.

141. 张玉娴. 城市内部快速发展演进地区的规划策略——对深圳上步片区的研究 [D]. 同济大学, 2009.

142. 赵民, 孙忆敏, 杜宁, 赵蔚. 我国城市旧住区渐进式更新研究——理论、实践与策略 [J]. 国际城市规划,
    2010, 25 (1): 24-32.

143. 赵若焱. 对深圳城市更新"协商机制"的思考 [J]. 城市发展研究, 2013, 20 (8): 118-121.

144. 中国城市科学研究会. 中国城市更新发展报告(2016—2017)[M]. 中国建筑工业出版社, 2017.

145. 周林. 换一个视角看深圳特区的城中村 [J]. 开放导报, 2005 (3): 60-62.

146. 周盼, 吴佳雨, 吴雪飞. 基于绿色基础设施建设的收缩城市更新策略研究 [J]. 国际城市规划, 2017, 32 (1):
    91-98.

147. 周锐波, 闫小培. 集体经济: 村落终结前的再组织纽带——以深圳"城中村"为例 [J]. 经济地理, 2009, 29 (4):
    628-634.

148. 周彦吕, 洪涛, 刘冰冰. 深圳城市更新空间发展及反思——以南山区为例 [M] // 中国城市规划学会. 规划60年:
    成就与挑战——2016中国城市规划年会论文集. 中国建筑工业出版社, 2016.

149. 朱荣远. 深圳市罗湖旧城改造观念演变的反思 [J]. 城市规划, 2000 (7): 44-49.

150. 朱宇. 基于 GIS 平台的城市土地集约利用探讨——以上海城市更新应用为例 [J]. 中国国土资源经济,
    2015, 28 (11): 68-72.

151. 朱昭霖. 空间生产理论视野中的历史街区更新 [J]. 东岳论丛, 2018 (3): 173-179.

152. 邹兵. 国家创新型城市发展中的规划作用——兼论深圳产业布局规划的思路演变与实施成效 [J]. 城市规划,
    2017, 41 (4): 41-48.

153. 邹广. 深圳城市更新制度存在的问题与完善对策 [J]. 规划师, 2015, 31 (12): 49-52.

154. Brennan A.et, al. The Distribution if SRB Challenge Fund expenditure in relation to local-area need in England[J].
    Urban Studies, 1999, (36): 2069-2084.

155. Carley M. Urban Partnerships, Governance and the Regeneration of the Britain's Cities [J].International Planning
    Studies, 2000, (05): 272-297.

156. Clos Joan.Public Private Partnerships in Housing and Urban Development[R]. United nations human settlements
    programme. Nairobi. 2011.

157. Davies J. Partnerships and Regimes: the Politics of Urban Regeneration [M]. Aldershot: Ashgate. 2001.

158. Lefebvre, Henri. Space: Social Product and Use Value[M]. Critical Sociology: European Perspective. New York:
    Irvington. 1979.

159. Murray, C. Loosing Ground: American Social Policy, 1950 – 1980[M].NewYork: Basic Books, 1984:134-178.

160. Priemus Hugo, Gerard Metselaar. Urban Renewal Policy in A European Perspective [J]. Netherlands journal of housing and the built environment,1993(08): 447-470.

161. Raco, M. 2005. A step change or a step back? The Thames Gateway and the re-birth of the urban develop ment corporations, Local Economy 20: 141–153.

162. Roberts P. The Evolution, Definition and Purpose of Urban Regeneration. In: Roberts P, Sykes H, Urban regeneration. London7 Sage; 2000.

163. Sassen, S. Restructuring and the American city [J]. Annual Review of Sociology, 1990,16(4): 465-490.

164. United Nations Economic Commission for Europe. Guidebook on Promoting Good Governance in Public-Private Partnerships[M]. Geneva: United Nations.2008.

165. United Nations Human Settlements Programme, Public-Private Partnerships in Housing and Urban Development[R]. Nairobi 2011.

166. Urmi S. Government Intervention and Public-Private Partnerships in Housing Delivery in Kolkata. Habitat International[R]. Newcastle: Elsevier. 2004.

167. Sherry Arnstein. A Ladder of Citizen Participation.1969. Richard T. LeGates & Frederic Stout(Ed.), The City Reader(second edition), Rout ledge Press, 2000. 240-241.

图文说明：本书中无特别说明来源的图片，均为作者自绘或来自深圳市城市规划设计研究院项目组。

致　谢

　　深圳的城市更新从无到有，经历了一个快速且不断变化的过程，涉及纷繁复杂的多个线索。面对这样一个主题，我们在此书酝酿的过程中，持续思考、不断延展、日益深化。从刚开始以城市更新规划制度为着眼点，逐步扩展至城市更新规划、城市更新政策、城市更新体制这三大关键领域。在此基础上，我们继续延伸对深圳整个城市发展脉络与城市更新演变关系的识别，并结合更加开阔的场景来思考未来城市更新的各种可能。

　　这一书稿的形成，得益于深圳市城市规划设计研究院多年来在城市更新领域的探索和实践。无论是改造规划编制、更新政策制订、更新技术方法改良，还是若干持续推动的城市更新项目，"深规人"在城市更新过程中不断更新理念和技术方法，持续进行技术升级。伴随着渔农村改造、上步片区城市更新、大冲村改造、金威啤酒厂改造、湖贝村改造等城市更新项目的实施，"深规人"在这个过程中不断成长。"深规人"多年的经验累积为我们深入思考城市更新提供了丰厚的土壤。

　　感谢原深圳市规划和国土资源委员会主任王芃（现任深圳市政协党组成员）、深圳市规划和自然资源局局长王幼鹏，深圳市住房和建设局副局长薛峰，以及原深圳市规划和国土资源委员会副主任徐荣，深圳市规划和自然资源局地区规划处处长谭权，原深圳市规划和国土资源委员会城市与建筑设计处处长张宇星，他们富有远见的思想为我们探索城市更新提供了广阔的视野。感谢各级城市更新主管部门的相关负责人和技术人员，他们务实而卓有成效的指导为我们开展城市更新工作提供了重要的支持。感谢在城市更新工作中，与我们一起并肩作战的合作单位，感谢中国城市规划设计研究院深圳分院、深圳市城市交通规划设计研究中心、中国（深圳）综合开发研究院、深圳市规划国土发展研究中心、深圳市建筑设计研究总院有限公司、深圳市市政设计研究院有限公司和戴德梁行、世联地产、北大纵横等。

感谢曾经在书稿写作过程中提供支持的顾正江、古杰、王书华、陈彤、杨梅、王紫瑜。

城市更新是个开放的平台，政府部门、研究学者、市场单位、社会大众都可以从不同角度解读更新，希望我们的这本书可以为了解深圳城市更新打开一个更有广度的空间。

本书作者

2019 年 2 月于深圳